Kommunalwirtschaftliche Schrankentrias und Konkurrenzschutz unter besonderer Berücksichtigung von § 102 Abs. 1 der Gemeindeordnung für Baden-Württemberg

Europäische Hochschulschriften
Publications Universitaires Européennes
European University Studies

Reihe II
Rechtswissenschaft

Série II Series II
Droit
Law

Bd./Vol. 4406

PETER LANG
Frankfurt am Main · Berlin · Bern · Bruxelles · New York · Oxford · Wien

Stefan Erich Meßmer

Kommunalwirtschaftliche Schrankentrias und Konkurrenzschutz unter besonderer Berücksichtigung von § 102 Abs. 1 der Gemeindeordnung für Baden-Württemberg

PETER LANG
Europäischer Verlag der Wissenschaften

Bibliografische Information Der Deutschen Bibliothek
Die Deutsche Bibliothek verzeichnet diese Publikation in der Deutschen Nationalbibliografie; detaillierte bibliografische Daten sind im Internet über <http://dnb.ddb.de> abrufbar.

Zugl.: Erlangen, Nürnberg, Univ., Diss., 2006

D 29(n2)
ISSN 0531-7312
ISBN 3-631-55463-X

www.peterlang.de

Vorwort

Die vorliegende Arbeit wurde im Wintersemester 2005/2006 von der Juristischen Fakultät der Friedrich-Alexander-Universität Erlangen-Nürnberg als Dissertation angenommen. Am 24. März 2006 wurde das Promotionsverfahren mit dem Rigorosum abgeschlossen.

Rechtsprechung und Literatur sind bis Mitte 2005 berücksichtigt. Nach Fertigstellung des Manuskripts hat der baden-württembergische Landtag das Gesetz zur Änderung des Gemeindewirtschaftsrechts (vom 1. Dezember 2005, GBl. Nr. 17 vom 8. Dezember 2005, S. 705, in Kraft getreten am 1. Januar 2006) verabschiedet und in § 102 Abs. 1 Nr. 3 GemO eine „verschärfte" Subsidiaritätsklausel eingeführt. Diese soll ausweislich der Gesetzesbegründung Drittschutzwirkung für private Konkurrenten der Kommunen entfalten. Damit entspricht die Neuregelung weitgehend dem Tenor der vorliegenden Arbeit.

Besonderen Dank schulde ich meinem Doktorvater und akademischen Lehrer, Herrn Professor Dr. Max-Emanuel Geis, für die fachkundige Betreuung dieser Arbeit und die lehrreichen Jahre am Lehrstuhl für Staats- und Verwaltungsrecht an der Universität Konstanz. Herrn Professor Dr. Prof. Dr. Bernd Grzeszick, LL.M. danke ich für die zügige Erstellung des Zweitgutachtens.

Ich widme diese Arbeit meinen Eltern, Hilde und Erich Meßmer, in Dankbarkeit für ihre immer währende Förderung und die glückliche und sorgenfreie Studienzeit, die sie mir ermöglicht haben. Größter Dank gebührt auch Swantje Schubert für ihre unermüdliche Geduld und Unterstützung während der Erstellung dieser Arbeit.

Kleinbottwar, im April 2006 Stefan Erich Meßmer

Inhaltsverzeichnis

Abkürzungsverzeichnis

a. A.	andere Ansicht
a. a. O.	am aufgeführten Ort
AbfallR	Abfallrecht (Zeitschrift)
ABl.	Amtsblatt
abl.	Ablehnend
Abs.	Absatz, Plural
abw.	Abweichend
a. E.	am Ende
a. F.	alte Fassung
AfK	Archiv für Kommunalwissenschaften (Zeitschrift)
AG	Die Aktiengesellschaft (Zeitschrift)
ähnl.	Ähnlich
allg.	allgemein, allgemeines, je nach Zusammenhang
Alt.	Alternative
Anh.	Anhang
Anm.	Anmerkung, Plural
AöR	Archiv des öffentlichen Rechts (Zeitschrift)
Art./Artt.	Artikel/Plural
AT	Allgemeiner Teil
Aufl.	Auflage
ausf.	Ausführlich
BayVBl.	Bayerische Verwaltungsblätter (Zeitschrift)
BB	Betriebs-Berater (Zeitschrift)
Bd.	Band
Beil.	Beilage
Beschl.	Beschluss
Bes. VerwR	Besonderes Verwaltungsrecht
BGBl.	Bundesgesetzblatt
BGH	Bundesgerichtshof
BGHZ	Entscheidungen des Bundesgerichtshofs in Zivilsachen
Bsp.	Beispiel, Plural

bspw.	Beispielsweise
BT-Drs.	Bundestagsdrucksache
BVerfG	Bundesverfassungsgericht
BVerfGE	Entscheidungen des Bundesverfassungsgerichts
BVerwG	Bundesverwaltungsgericht
BVerwGE	Entscheidungen des Bundesverwaltungsgerichts
BW	Baden-Württemberg
BWGZ	Die Gemeinde (Zeitschrift)
bzw.	Beziehungsweise
DB	Der Betrieb (Zeitschrift)
ders.	Derselbe
d. h.	das heißt
DGO	Deutsche Gemeindeordnung
dies.	Dieselbe
DNV	Die Neue Verwaltung (Zeitschrift)
DÖD	Der Öffentliche Dienst (Zeitschrift)
DÖV	Die Öffentliche Verwaltung (Zeitschrift)
DV	Die Verwaltung (Zeitschrift)
DVBl.	Deutsches Verwaltungsblatt (Zeitschrift)
Einl.	Einleitung
endg.	Endgültig
etc.	et cetera
EWiR	Entscheidungen zum Wirtschaftsrecht: Kurzkommentare (Zeitschrift)
f./ff.	folgende/Plural
Fn.	Fußnote
FS	Festschrift
G.	Gesetz
GG	Grundgesetz für die Bundesrepublik Deutschland
GemO	Gemeindeordnung für Baden-Württemberg
GemeindeR	Gemeinderecht
GewArch	Gewerbearchiv (Zeitschrift)
ggf.	Gegebenenfalls
GK BW	Die Gemeindekasse Baden-Württemberg (Zeitschrift)

GmS OGB	Gemeinsamer Senat der Obergerichte des Bundes
GRUR	Gewerblicher Rechtsschutz und Urheberrecht (Zeitschrift)
GS	Gedächtnisschrift; Großer Senat, je nach Zusammenhang
h. M.	herrschende Meinung
h. A.	herrschende Ansicht
HdBStR	Handbuch des Staatsrechts
Hrsg.	Herausgeber, Plural
hrsg.	Herausgegeben
HS	Halbsatz
i. d. F.	in der Fassung
i. d. R.	in der Regel
i. S.	im Sinne
i. S. v.	im Sinne von
i. V. m.	in Verbindung mit
insbes.	Insbesondere
JA	Juristische Arbeitsblätter (Zeitschrift)
JurA	Juristische Analysen (Zeitschrift)
Jura	Juristische Ausbildung (Zeitschrift)
JuS	Juristische Schulung (Zeitschrift)
JZ	Juristenzeitung (Zeitschrift)
Kap.	Kapitel
KOM	Europäische Kommission
KommunalR	Kommunalrecht
krit.	Kritisch
LG	Landgericht
LKV	Landes- und Kommunalverwaltung (Zeitschrift)
LS	Leitsatz
LT-Drs.	Landtagsdrucksache
MDR	Monatsschrift für Deutsches Recht (Zeitschrift)
m. w. N.	mit weiteren Nachweisen
NdsVBl.	Niedersächsische Verwaltungsblätter (Zeitschrift)
n. F.	neue Fassung
NJW	Neue Juristische Wochenschrift (Zeitschrift)
NordÖR	Zeitschrift für öffentliches Recht in Norddeutschland (Zeit-

	schrift)
Nr.	Nummer, Plural
NVwZ	Neue Zeitschrift für Verwaltungsrecht (Zeitschrift)
NVwZ-RR	Neue Zeitschrift für Verwaltungsrecht – Rechtsprechungsreport (Zeitschrift)
NWVBl.	Nordrhein-Westfälische Verwaltungsblätter (Zeitschrift)
NZBau	Neue Zeitschrift für Baurecht und Vergaberecht
Öff.	Öffentliches, öffentliche, je nach Zusammenhang
OLG	Oberlandesgericht
ÖPNV	Öffentlicher Personennahverkehr
OVG	Oberverwaltungsgericht
RAnz.	Reichsanzeiger
RGBl.	Reichsgesetzblatt
RL	Richtlinie
Rn.	Randnummer, Plural
Rspr.	Rechtsprechung
S.	Satz bzw. Seite/n, je nach Zusammenhang
SächsVBl.	Sächsische Verwaltungsblätter (Zeitschrift)
Slg.	Sammlung der Rechtsprechung des Europäischen Gerichtshofs
sog.	sogenannte/n
st.	Ständige
StaatsR/StR	Staatsrecht, Staatsorganisationsrecht, je nach Zusammenhang
teilw.	Teilweise
ThürVBl.	Thüringer Verwaltungsblätter (Zeitschrift)
u.	Und
u. a.	unter anderem bzw. und andere, je nach Zusammenhang
umstr.	Umstritten
Urt.	Urteil
u. U.	unter Umständen
v.	von bzw. vom, je nach Zusammenhang
v. a.	vor allem
VBlBW	Verwaltungsblätter für Baden-Württemberg (Zeitschrift)
VerfGH	Verfassungsgerichtshof

VergabeR	Vergaberecht (Zeitschrift)
VerwArch	Verwaltungs-Archiv (Zeitschrift)
VerwR	Verwaltungsrecht
VGH	Verwaltungsgerichtshof
vgl.	Vergleiche
VO	Verordnung
Vorbem.	Vorbemerkung
VR	Verwaltungsrundschau (Zeitschrift)
VVDStRL	Veröffentlichungen der Vereinigung der Deutschen Staatsrechtslehrer
WirtschaftsR	Wirtschaftsrecht
wiss.	Wissenschaftliche
WiVerw	Wirtschaft und Verwaltung (Zeitschrift)
WRP	Wettbewerb in Recht und Praxis (Zeitschrift)
WUW	Wirtschaft und Wettbewerb (Zeitschrift)
z. B.	zum Beispiel
ZG	Zeitschrift für Gesetzgebung (Zeitschrift)
ZHR	Zeitschrift für das gesamte Handelsrecht und Wirtschaftsrecht (Zeitschrift)
Ziff.	Ziffer, Plural
ZIP	Zeitschrift für Wirtschaftsrecht (Zeitschrift)
ZögU	Zeitschrift für öffentliche und gemeinwirtschaftliche Unternehmen (Zeitschrift)
zust.	Zustimmend

Erster Abschnitt: Grundlagen

A. Einleitung und Problemstellung

Das Thema kommunale Wirtschaftsbetätigung und Rechtsschutz privater Konkurrenten gegen „Übergriffe" durch solche Tätigkeiten gehört zu den „klassischen" Themenkreisen des Kommunalrechts und hat in den letzten Jahren wieder sprunghaft an Bedeutung gewonnen, was nicht zuletzt an der kaum mehr überschaubaren Zahl von Veröffentlichungen hierzu deutlich wird. Die Entwicklung der kommunalen Wirtschaftsbetätigung steht derzeit im Mittelpunkt des politischen, rechtlichen sowie rechtspolitischen Interesses.[1] Auch die Zahl der dazu ergangenen Urteile verdeutlicht die ungebrochene juristische Aktualität sowie die politische Brisanz dieses Themenkomplexes. Dabei ist bereits eingangs die Feststellung angebracht, dass kaum ein anderes Thema in gleicher Weise „polarisierend" wirkt und die diesbezüglichen Argumentationslinien deshalb oftmals primär interessengerichtet und von Emotionen geprägt sind. Befürworter und Gegner kommunalwirtschaftlicher Betätigung sowie die Interessenvertretungen beider Seiten, jeweils unterstützt durch Vertreter der rechtswissenschaftlichen Lehre, stehen sich gegenüber.[2] Ursächlich für diese Diskussion sind v. a. die Problematik der Erschließung neuer Geschäftsfelder und die Ausweitung kommunaler Tätigkeiten um sog. „Annextätigkeiten". Im Schrifttum hat dabei *Ehlers* für diese Entwicklung das vielzitierte Schlagwort der „Goldgräbermentalität" der Gemeinden geprägt, die einen erstaunlichen Einfallsreichtum bei der Erschließung neuer Geschäftsfelder an den Tag legten.[3] Hinsichtlich letzterer lassen sich zwei Kategorien feststellen: Zum einen handelt es sich um neue Tätigkeiten der Kommunen zur Deckung externen Bedarfs, die sie bislang weder für ihren eigenen Bedarf noch für den nun damit angesprochenen Fremdbedarf ausgeübt haben; zum anderen fallen darunter Tätigkeiten, die bisher lediglich zu internen Zwecken ausgeübt wurden und nun erstmalig – aufgrund der bei

---

1 *Henneke,* Der Landkreis 1999, 577; vgl. exemplarisch den Tagungsbericht über den 2. Hamburger Wirtschaftsrechtstag 1999 mit dem Titel „Staat und Kommunen als Konkurrenten der Privatwirtschaft?" von *Brauser-Jung/Gerking*, DVBl. 1999, 1491.

2 *Henneke,* Der Landkreis 1999, 577; *Karst*, DÖV 2002, 809 (810); *Plumbaum*, Der Landkreis 2000, 433 (434); vgl. im Hinblick auf die Daseinsvorsorge *Schwarze,* in: Schwarze (Hrsg.), 9 (20 f.).

3 *Ehlers*, DVBl. 1998, 497 (497 f.); Bsp. für neue Geschäftsfelder bei *Pielow*, NWVBl. 1999, 369 (370); *Moraing*, WiVerw 1998, 233 (239 f.); *Held*, WiVerw 1998, 264 (274 ff.); *Enkler*, ZG 1998, 328 (329 f.); *Henneke*, NdsVBl. 1998, 273 (273); *ders.*, Der Landkreis 1999, 226 (226); *Hill*, Kommunalwirtschaft, S. 59 f.; *Oster*, in: Gabler/Höhlein/Klöckner/u. a., GemO Rh.-Pf., Vorbem. zu §§ 85-92 Erl. 1.1., § 85 Erl. 2; *Schünemann*, in: Stober/Vogel (Hrsg.), 41 (41 ff.); *ders.*, WRP 2000, 1001 (1002 f.).

den Kommunen vorhandenen, aufgrund Rationalisierungseffekten nicht mehr im bisherigen Umfang notwendigen Ressourcen – auch Dritten zugänglich gemacht werden.[4] Beispiele für solche neuen Geschäftsfelder sind kommunale Telekommunikationsdienstleistungen[5], trotz der gesetzlichen Liberalisierung noch immer die Abfall-[6] und Energiewirtschaft (nunmehr auch Energiehandel und Energiedienstleistungen)[7], Beratungs- und sonstige Dienstleistungen[8], das sog. Facility Management[9] und städtisch betriebene Onlineportale.[10] Die Ausweitung der bisherigen kommunalen wirtschaftlichen Betätigung und die Erschließung neuer Geschäftsfelder beruhen dabei auf mehreren Ursachen:

Aufgrund der seit etlichen Jahren angespannten Haushaltslage der Kommunen und der Bundesländer ist die finanzielle Leistungskraft und Eigenverantwortung der Gemeinden erheblich eingeschränkt; ihre Haushalte bedürfen der Konsolidierung.[11] Diese Situation veranlasst sie vielfach dazu, nach neuen Einnahmequellen – etwa in Gestalt neuer Geschäftsfelder – zu suchen und solche zu erschließen.[12]

---

4 *Oster*, in: Gabler/Höhlein/Klöckner/u. a., GemO Rh.-Pf., § 85 Erl. 2.; *Henneke*, NdsVBl. 1998, 273 (276 f.); *Meininger*, in: Fabry/Augsten (Hrsg.), Teil II Rn. 27; *Katz*, Kommunale Wirtschaft, Rn. 38 f.

5 Umstr. ist dabei insbes., ob das Privatisierungskonzept des Art. 87 f Abs. 2 S. 1 GG der „Rückverstaatlichung" durch Hinzutreten öffentlicher Unternehmen entgegensteht, vgl. *M. Müller*, DVBl. 1998, 1256 (1260 ff.); *ders.*, in: Stober/Vogel (Hrsg.), 145 (147 ff.); *Möstl*, BayVBl. 1999, 547 (549 f.); *Pünder*, DVBl. 1997, 1355 (1355 f.); *Müller-Terpitz*, NWVBl. 1999, 292 (293 ff.); *H. Wolff*, VR 1999, 420 (422 ff.); *Pielow*, NWVBl. 1999, 369 (374 f.).

6 Umstr. ist hier v. a. die Abgrenzung der Tätigkeitsbereiche der privaten und der kommunalen Entsorgungswirtschaft, vgl. *Weidemann*, VerwArch 90 (1999), 533; *ders.*, DVBl. 2000, 1571; *Frenz*, DÖV 2000, 802; *ders.*, WRP 2003, 455 (458); *Cosson*, DVBl. 1999, 891; *R.-G. Müller*, DVBl. 2002, 1014; *Paschlau/Wendler*, AfK 1998, 354.

7 Vgl. *Nagel*, NVwZ 2000, 758; *Heintzen*, NVwZ 2000, 743; *Löwer*, NWVBl. 2000, 241; *Wieland*, NWVBl. 2000, 246.

8 *Kluth*, in: Stober/Vogel (Hrsg.), 23 (23); *Nagel*, NVwZ 2000, 758 (760).

9 *Nagel*, NVwZ 2000, 758 (760).

10 Bsp. Online-Informationsportale, vgl. *Stapel-Schulz*, VBlBW 2003, 90.

11 *Oster*, in: Gabler/Höhlein/Klöckner/u. a., GemO Rh.-Pf., Vorbem. zu §§ 85-92 Erl. 1.1.; *Rennert*, DV 35 (2002), 319 (320); *ders.*, JZ 2003, 385 (385); *Kluth*, in: Stober/Vogel (Hrsg.), 23 (23 f.); *Henneke*, NdsVBl. 1998, 273 (274 f.); *ders.*, Der Landkreis 1999, 226 (226 f.); *ders.*, in: Wurzel/Schraml/Becker (Hrsg.), Rechtspraxis, Teil A Rn. 7 ff.; *Moraing*, WiVerw 1998, 233 (240 f.).

12 *Rennert*, DV 35 (2002), 319 (320); *ders.*, JZ 2003, 385 (385 f.); Bericht des Unterausschusses „Kommunale Wirtschaft", S. 17 f.; *Katz*, Kommunale Wirtschaft, Rn. 15; krit. *Kluth*, in: Stober/Vogel (Hrsg.), 23 (36 f.).

Zudem haben sich die Rahmenbedingungen für kommunalwirtschaftliches Handeln durch die aufgrund europarechtlicher Vorgaben[13] erfolgte Abschaffung ehemaliger gemeindlicher Monopole und die damit verbundene Liberalisierung der Märkte auf den Gebieten des EnWG[14] und des KrW-/AbfG[15] erheblich verschlechtert.[16] Weitere europarechtlich motivierte Änderungen zeichnen sich in der Wasserwirtschaft[17] und im ÖPNV ab.[18] Auch die Änderungen im Telekommunikationsrecht beruhten auf europarechtlichen Vorgaben.[19] Diese Vorgaben werden von der Vorstellung getragen, dass der Staat auf ein immer schmaler umschriebenes Tätigkeitsfeld zurückzuführen sei und dass dem Wettbewerb bei der Versorgung der Bevölkerung mit Gütern und Dienstleistungen effizienzsteigernde Kraft zukommt.[20] Die kommunalen Unternehmen befürchten deshalb, in eine subsidiäre Stellung zurückgedrängt zu werden. Angesichts des erreichten Standes von Wissenschaft und Technik, Finanz- und Kapitalwesen können nämlich Tätigkeiten, die noch zu Beginn des 20. Jahrhunderts nur unter erheblichen technischen, organisatorischen und finanziellen Anstrengungen von der staatlichen Gemeinschaft erbracht werden konnten, heute regelmäßig auch von jedem Privatunternehmer geleistet werden.[21] Gegenüber diesen Liberalisierungsbestrebungen wird von Seiten der Kommunalwirtschaft kritisiert, dass die Gemeindeunternehmen dadurch Kunden und erhebliche Marktanteile verlieren. Die gewinnträchtigen Großkunden würden von der privaten Konkurrenz angelockt

---

13 RL 96/92/EG v. 19.12.1996, ABl. L 27 v. 30.1.1997 für den Elektrizitätsbinnenmarkt; RL 98/30/EG v. 22.06.1998, ABl. L 204 v. 21.7.1998 für den Erdgasbinnenmarkt; *Henneke*, in: Wurzel/Schraml/Becker (Hrsg.), Rechtspraxis, Teil A Rn. 16 ff.; *Dohms*, in: Schwarze (Hrsg.), 41 (49) weist zu Recht darauf hin, dass viele Themenbereiche, zu denen die Bundesländer und Kommunen Besorgnisse geäußert hätten, von den EG-Wettbewerbs- und Binnenmarktregeln gar nicht erfasst würden.

14 G. zur Neuregelung des Energiewirtschaftsrecht v. 24.4.1998, BGBl. I S. 730; zu dessen Verfassungsmäßigkeit *Leidinger*, DÖV 1999, 861; zu den Auswirkungen für Stadtwerke *C. Braun*, SächsVBl. 1999, 25 (26 ff.) u. allg. Menold Herrlinger Rechtsanwälte/Ernst & Young, Stadtwerke im liberalisierten Energieversorgungsmarkt.

15 KrW/AbfG v. 27.9.1994, BGBl. I S. 2705; vgl. insbes. §§ 13, 15 KrW-/AbfG.

16 Vgl. *Oster*, in: Gabler/Höhlein/Klöckner/u. a., GemO Rh.-Pf., Vorbem. zu §§ 85-92 Erl. 1.2.1. u. 3.; *Rennert*, DV 35 (2002), 319 (320); *ders.*, JZ 2003, 385 (386); *Enkler*, ZG 1998, 328 (330); *Henneke*, NdsVBl. 1998, 273 (276); *ders.*, Der Landkreis 1999, 226 (227 f.); *Nagel*, Gemeindeordnung als Hürde?, S. 25 f., 28 f.; *Moraing*, WiVerw 1998, 233 (235 ff.); relativierend *Rennert*, JZ 2003, 385 (388).

17 Zur Privatisierung in der Wasserwirtschaft vgl. BerlVerfGH, NVwZ 2000, 794 = DVBl. 2000, 51; *Wolfers*, NVwZ 2000, 765; *Hecker*, VerwArch 92 (2001), 261; *Schmehl*, JuS 2001, 233.

18 *Nagel*, Gemeindeordnung als Hürde?, S. 29 f.; *Moraing*, WiVerw 1998, 233 (238 f.).

19 *Nagel*, Gemeindeordnung als Hürde?, S. 26 ff.

20 KOM (2001), 598 endg. v. 17.10.2001 – Leistungen der Daseinsvorsorge, Rn. 7, 48 f.

21 *Rennert*, DV 35 (2002), 319 (320); *ders*, JZ 2003, 385 (385); *Siekmann*, in: Stober/Vogel (Hrsg.), 103 (114 f.).

(sog. „Rosinenpicken"), während den Gemeindeunternehmen lediglich der weniger attraktive, oftmals sogar defizitäre Rest des Kundenstammes erhalten bliebe, zu deren (flächendeckenden) Versorgung sie verpflichtet blieben. Für die verbleibenden Aufgaben würden dann aber die notwendigen finanziellen Mittel fehlen. So sehen sich die Kommunen mittel- oder langfristig insgesamt vom Markt verdrängt.[22]

Schließlich sind in den verbliebenen kommunalen wirtschaftlichen Aufgabenbereichen auch vielfach die Grenzen des Wachstums erreicht.[23] Durch das mit der zunehmenden Globalisierung verbundene Zusammenrücken in- und ausländischer Märkte sehen sich die kommunalen Unternehmen einem erhöhten Konkurrenzdruck ausgesetzt, wobei nicht verkannt werden darf, dass sich daraus wiederum neue Betätigungsfelder außerhalb des Gemeindegebiets ergeben.[24]

Mit diesen Entwicklungen korrespondiert schließlich auch ein neues kommunales Selbstverwaltungsverständnis und -konzept unter der Bezeichnung „Neues Steuerungsmodell". Durch eine auf Dezentralisierung, Entstaatlichung und „Bürgernähe" angelegte Reform der Verwaltung versuchen die Kommunen, ihre Position zu stärken und ihre Leistungsfähigkeit zu verbessern.[25] Damit sollen eine wirtschaftliche und kostenbewusste Verwaltungsführung gesichert, gleichzeitig aber auch neue Finanzquellen erschlossen und die Gemeinde insgesamt zu einer Art Dienstleistungsunternehmen bzw. „Konzern" geformt werden.[26] Die Fach- und Ressourcenverantwortung mit autonomer Budgetverantwortung wird in einzelnen Fachbereichen ähnlich den sog. „profit centers" der Privatwirtschaft zusammengeführt. Die damit erreichten Rationalisierungseffekte und Effizienzgewinne ziehen das Vorhandensein nicht ausgelasteter, „brach liegender" (personeller) Kapazitäten nach sich und begünstigen so Tendenzen zur Auslastung auch dieser Bereiche und damit zu einer Ausweitung der Kommunalwirtschaft auf andere, ertragreiche Bereiche.[27]

Wendet man sich dem Rechtsrahmen für die kommunale wirtschaftliche Betätigung zu, wird von kommunaler Seite vorgebracht, dass die derzeitigen Rahmen-

---

22 *Rennert*, JZ 2003, 385 (386); *Leutner/Lattmann*, DNV 4/2000, 8 (11).

23 Vgl. *Moraing*, WiVerw 1998, 233 (240 f.); Bericht des Unterausschusses „Kommunale Wirtschaft", S. 17 f.

24 *Pielow*, NWVBl. 1999, 369 (369 f.).

25 *Badura*, DÖV 1998, 818 (819); *Oster*, in: Gabler/Höhlein/Klöckner/u. a., GemO Rh.-Pf., Vorbem. zu §§ 85-92 Erl. 1.1. m. w. N.; *Henneke*, NdsVBl. 1998, 273 (275 f.); *ders.*, Der Landkreis 1999, 226 (227); *Moraing*, WiVerw 1998, 233 (240 f.); *Katz*, Kommunale Wirtschaft, Rn. 16.

26 *Hill*, BB 1997, 425 (426); *Kluth*, in: Stober/Vogel (Hrsg.), 23 (24).

27 *Badura*, DÖV 1998, 818 (819); *Held*, WiVerw 1998, 264 (264); *Hill*, BB 1997, 425 (426); *Oster*, in: Gabler/Höhlein/Klöckner/u. a., GemO Rh.-Pf., Vorbem. zu §§ 85-92 Erl. 1.1.; zu den Ursachen vgl. *Enkler*, ZG 1998, 328 (329 f.); Darstellung eines Bsp. bei *Zilkens*, NWVBl. 2002, 294 ff.

bedingungen eine faire Teilnahme kommunaler Unternehmen am Wettbewerb nahezu unmöglich machten, z. B. durch die Beschränkungen durch die Gemeindeordnungen – etwa das Örtlichkeitsprinzip – oder die Bindung an das Vergaberecht.[28] Angesichts der veränderten wirtschaftlichen Rahmenbedingungen wird deshalb von Seiten der Kommunen und teilweise auch im Schrifttum die Zulässigkeit der Betätigung in neuen Geschäftsfeldern bejaht[29] und vielfach gefordert, die de lege lata geltenden öffentlich-rechtlichen Bindungen des Gemeindewirtschaftsrechts über eine „flexible" Auslegung des geltenden Rechts zu lockern oder diese Vorschriften am besten gleich zu ändern bzw. gänzlich aufzuheben. Als Kompensation für die Liberalisierung kommunaler Märkte und zur „Rüstung" der kommunalen Unternehmen für den Wettbewerb wird teilweise sogar eine allgemeine kommunale wirtschaftliche Betätigungsfreiheit verlangt.[30] Diesem Ansinnen ist aber entgegenzuhalten, dass allein veränderte Rahmenbedingungen die bestehenden rechtlichen Zulässigkeitsvoraussetzungen nicht außer Kraft setzen und somit eine Ausweitung der wirtschaftlichen Tätigkeitsfelder nicht pauschal rechtfertigen können.[31] Damit würde auch der Wille des Gesetzgebers ignoriert; dieser muss deshalb von sich aus tätig werden, soll eine Neubewertung der gesetzlichen Vorschriften angesichts der veränderten Umstände vorgenommen werden.[32]

Besetzen die Kommunen zusätzlich zu ihren angestammten neue Tätigkeitsfelder oder weiten sie ihre bisherigen Aktivitäten aus, treten sie damit zwangsläufig in wirtschaftliche Konkurrenz zu privaten Unternehmen und können deren Marktstellung teilweise erheblich beeinträchtigen. Der kommunalen Konkurrenz wird deshalb vielfach der Vorwurf der Wettbewerbsverzerrung entgegengehalten und dies mit verschiedenen – „natürlichen" oder ad hoc gewährten – „Wettbewerbsvorteilen" der Kommunen begründet:[33] Beispielsweise werden genannt

---

28 *Leutner/Lattmann*, DNV 4/2000, 8 (10); *Wittig*, VR 2002, 90 (95 f.); *Paschlau/Wendler*, AfK 1998, 354 (362); Darstellung der Sicht der kommunalen Unternehmen bei *Gottschalk*, in: Wallerath (Hrsg.), 39 ff.; *Quensell*, in: Stober/Vogel (Hrsg.), 159 ff.; skeptisch *Kluth*, in: Stober/Vogel (Hrsg.), 23 (24 f.).

29 *Singer*, ZKF 1996, 170 (171 ff.); *Nagel*, NVwZ 2000, 758 (760).

30 Vgl. etwa *Moraing*, WiVerw 1998, 233 (258); dazu vgl. Bericht des Unterausschusses „Kommunale Wirtschaft", S. 63 f.; abl. aber die h. A., vgl. *Cosson*, DVBl. 1999, 891 (897 f.); *Knemeyer/Kempen*, in: Achterberg/Püttner/Würtenberger (Hrsg.), Bes. VerwR II, § 17 Rn. 44; *Enkler*, ZG 1998, 328 (346); *Henneke*, Der Landkreis 1999, 226 (238).

31 Bericht des Unterausschusses „Kommunale Wirtschaft", S. 25; *Henneke*, NdsVBl. 1999, 1 (3); *ders.*, Öff. Finanzwesen, Finanzverfassung, Rn. 513; *W. Meyer*, WiVerw 2003, 57 (62); *Krölls*, GewArch 1992, 281 (288); *H. Wolff*, VR 1999, 420 (424) für Subsidiaritätsklauseln und Markterkundungsverfahren.

32 Bericht des Unterausschusses „Kommunale Wirtschaft", S. 64; *Enkler*, ZG 1998, 328 (346).

33 *Ehlers*, Gutachten DJT, S. 66 f.; *Wohltmann/Döring*, DNV 5/1998, 11 (13); *Döring/Wohltmann*, AfK 1999, 45 (50 f.); *Krölls*, GewArch 1992, 281 (287).

vollstreckungs- und steuerrechtliche Privilegien, das mangelnde Konkursrisiko, personelle Verflechtungen und Nähe zum gemeindlichen bzw. staatlichen Willensbildungsprozess, Bonitätsvorsprung bei Kreditvergabe und Kreditkonditionen, Gewährung von Finanzhilfen und öffentlichen Aufträgen, Unterschiede im Hinblick auf die Sozialversicherung, Vorteile auf dem Versicherungsmarkt, Quersubventionierung und schließlich Leistungserbringung mit Dumpingpreisen ohne Kalkulation der Bruttolöhne und kalkulatorischer Kosten u. a.[34] Das Vorhandensein dieser sicherlich nicht gänzlich widerlegbaren „Vorteile“ wird teilweise durch den Hinweis zu relativieren versucht, dass die Finanzkraft der Kommunen in Anbetracht ihrer prekären finanziellen Situation und der rigiden Haushalts- und Sparsamkeitsgrundsätze des Kommunalrechts nicht mehr ernsthaft als Wettbewerbsvorsprung angesehen werden könne.[35] Auch die Konkursunfähigkeit öffentlicher Unternehmen wird neuerdings unter Bezugnahme auf die Verordnungsermächtigung in § 12 Abs. 1 Nr. 2 InsO vehement in Frage gestellt.[36] Die ganze Diskussion lässt sich allerdings bereits in tatsächlicher Hinsicht erheblich dadurch entschärfen, dass die Annahme, kommunalwirtschaftliche Betätigungen dienten einer verbesserten Einnahmesituation der Kommunen, sich angesichts der ermittelten tatsächlichen Zahlen saldierend nicht bestätigen lasst. Das wirtschaftliche Engagement kostete die Kommunen danach im Regelfall deutlich mehr Geld als es einbrachte.[37] Gleichwohl fordern die privaten Konkurrenten, das kommunale Vordringen in neue Geschäftsfelder zu verbieten.[38]

Insgesamt gesehen kommt der kommunalwirtschaftlichen Betätigung eine beachtliche Bedeutung zu, auf sie entfällt insgesamt ein Anteil von etwa 11-12 % der gesamten Bruttowertschöpfung,[39] ein Volumen, welches die Relevanz und Brisanz des Themas für sämtliche Beteiligte verdeutlicht. Angesichts dieser gesamtwirtschaftlichen Bedeutung kommunaler wirtschaftlicher Betätigung rückt

---

34 Bsp. bei *Selmer*, in: Stober/Vogel (Hrsg.), 75 (93); *Heintzen*, Rechtliche Grenzen und Vorgaben, S. 7 f.; *Pielow*, NWVBl. 1999, 369 (375); *R. Schmidt.*, Öff. Wirtschaftsrecht AT, S. 523; *Pöpel*, JA 1988, 127 (133); *Emmerich*, AG 1985, 293 (295); *Hubmann*, WiVerw 1983, 41 (41); *Niebuhr*, Wettbewerbsteilnahme, S. 20 ff.; *Huber*, Konkurrenzschutz, S. 312; *Reinhard*, DÖV 1990, 500 (503); a. A. *Scholz*, DÖV 1976, 441 (446); Darstellung der Sicht der Privatwirtschaft bei *Rothe*, in: Wallerath (Hrsg.), 43 ff.; vgl. auch die Argumente bei *Alber*, in: Schwarze (Hrsg.), 73 (77 f.).

35 *Hannamann*, Der Städtetag 1996, 738 (739).

36 *Schwintowski*, ZögU 26 (2003), 283 (305).

37 *Darsow*, LKV 2002, 1 (1 f.); *Sollondz*, LKV 2003, 297 (298) u. *Tintelnot/Pommer*, SächsVBl. 2003, 205 (205) weisen auf den hohen Verbindlichkeitsstand bei sächsischen Eigengesellschaften hin.

38 *Wolff/Bachof/Stober*, VerwR I § 23 II 3 Rn. 9b mit Bsp.; a. A. *Moraing*, WiVerw 1998, 233 (239 ff.).

39 *Kunze/Bronner/Katz/v. Rotberg*, GemO f. BW, § 102 Rn. 2; *Katz*, Kommunale Wirtschaft, Rn. 40 f.

die Frage in den Vordergrund, ob und wie sich private Konkurrenten gegen solche Tätigkeiten mit juristischen Mitteln erfolgreich zur Wehr setzen können: In Betracht kommt zum einen die Möglichkeit einer allgemeinen Leistungsklage gegen die Aufnahme oder erhebliche Erweiterung einer wirtschaftlichen Betätigung vor den Verwaltungsgerichten. Nach der bislang noch überwiegenden Ansicht in Rechtsprechung und Schrifttum wird allerdings den kommunalwirtschaftlichen Vorschriften über die Zulässigkeit wirtschaftlicher Betätigung die drittschützende Wirkung zugunsten privater Konkurrenten abgesprochen, so dass verwaltungsgerichtliche Unterlassungsklagen meist nicht erfolgreich sind. Daneben können sich die privaten Konkurrenten nach ständiger Rechtsprechung auch nicht – von bestimmten Ausnahmekonstellationen abgesehen – mit Erfolg auf eine Verletzung ihrer Grundrechte aus Artt. 12 Abs. 1, 14 Abs. 1, 2 Abs. 1 und 3 Abs. 1 GG berufen. Erfolgversprechender war es hingegen v. a. um die Jahrtausendwende, Verfahren gegen die kommunalen Konkurrenten vor den Wettbewerbssenaten im ordentlichen Rechtsweg anzustrengen. „Leitentscheidungen" waren hier die Urteile der Oberlandesgerichte Düsseldorf und Hamm, die auf § 1 UWG a. F. gestützte Unterlassungsansprüche gegen die jeweiligen Gemeinden wegen eines gemeindlichen Verstoßes gegen kommunalwirtschaftliche Normen bejaht hatten. Von den Zivilgerichten wurde dabei den gemeindewirtschaftsrechtlichen Bestimmungen teilweise explizit drittschützende Wirkung zugesprochen. Im April 2002 setzte eine grundlegende Entscheidung des BGH dieser Entwicklung ein Ende. Die Frage nach effektiven Rechtsschutz für die privaten Konkurrenten der Kommunen fokussiert sich deshalb nunmehr auf die mögliche Ableitung eines subjektiven öffentlichen Rechts aus den gemeindewirtschaftsrechtlichen Bestimmungen über die Zulässigkeit wirtschaftlicher Betätigung.

Im weiteren Fortgang dieser Untersuchung wird zunächst ein Überblick über die Erscheinungsformen und den Regelungegehalt der kommunalen Wirtschaftsklauseln gegeben und die spezifische Terminologie geklärt. Anschließend werden im Zweiten Abschnitt die rechtlichen Grundlagen kommunaler Wirtschaftsbetätigung dargestellt und darauf folgend im Dritten Abschnitt die vom allgemeinen Wirtschaftsrecht vermittelten Anspruchsgrundlagen gegen unzulässige kommunale wirtschaftliche Konkurrenz erörtert. Im Vierten Abschnitt wird – nach der Entwicklung der Dogmatik des subjektiven öffentlichen Rechts – zunächst die Frage grundrechtlicher Abwehransprüche herausgearbeitet. Den Schwerpunkt der Untersuchung bildet die darauf anschließende Untersuchung des möglichen drittschützenden Gehalts der kommunalen Wirtschaftsklausel und insbesondere der Subsidiaritätsklausel des § 102 Abs. 1 Nr. 3 GemO in der Fassung vom 20.7.1999 zugunsten privater Konkurrenten.

B. Die kommunalrechtlichen Wirtschaftsklauseln - Erscheinungsformen und Regelungsgehalt

I. Anwendungsbereich

Hinsichtlich der Anwendung der kommunalwirtschaftsrechtlichen Vorschriften ist zuerst zu ermitteln, ob und in welchem Maße sich die jeweiligen Vorschriften nur an die Gemeinde als Unternehmensträgerin selbst oder auch an das kommunale Unternehmen richten. Daraufhin ist zu klären, ob die jeweilige Tätigkeit als „wirtschaftliche" oder als „nichtwirtschaftliche" zu qualifizieren ist. Schon diese Abgrenzung kann problematisch sein und teilweise unvorhersehbare Auslegungsergebnisse hervorbringen.[40] Ist schließlich eine „wirtschaftliche" Betätigung zu bejahen, greifen die jeweiligen kommunalrechtlichen Wirtschaftsklauseln, verstanden im Sinne der Schrankentrias von öffentlichem Zweck, Leistungsfähigkeit und Subsidiaritätsklausel ein.[41] Dabei kommt speziell die Subsidiaritätsklausel erst und nur dann zur Anwendung, wenn das kommunale Unternehmen durch einen öffentlichen Zweck gerechtfertigt ist.[42] Die kommunalrechtlichen Wirtschaftsklauseln gelten dabei nach dem Wortlaut der meisten Gemeindeordnungen unmittelbar nur für die Errichtung, Übernahme und wesentliche Erweiterung des wirtschaftlichen Unternehmens selbst.[43] Im Folgenden wird deshalb zunächst der allgemeine Regelungsgehalt der kommunalrechtlichen Wirtschaftsklauseln dargestellt. Anschließend ist der Begriff des „wirtschaftlichen Unternehmens" bzw. der „wirtschaftlichen Betätigung" zu definieren und von der „nichtwirtschaftlichen Betätigung" abzugrenzen. Darauf folgen Klärungen der Begriffe der „Errichtung", „Übernahme" und „wesentlichen Erweiterung". Abschließend wird ein kurzer Überblick über die möglichen Organisations- und Handlungsformen der wirtschaftlichen Unternehmen gegeben.

II. Überblick über den Regelungsgehalt

Vorgängervorschrift der verschiedenen landesrechtlichen Bestimmungen über die Zulässigkeit kommunalwirtschaftlicher Betätigung war § 67 Abs. 1 DGO[44]: *„Die Gemeinde darf wirtschaftliche Unternehmen nur errichten oder wesentlich erweitern, wenn 1. der öffentliche Zweck das Unternehmen rechtfertigt, 2. das Unternehmen nach Art und Umfang in einem angemessenen Verhältnis zu der Leistungsfähigkeit der Gemeinde und zum voraussichtlichen Bedarf steht, 3. der*

---

40 VerfGH Rh.-Pf., DVBl. 2000, 992 (993 f.) = NVwZ 2000, 801 m. Anm. *Henneke*, DVBl. 2000, 997 u. *Ruffert*, NVwZ 2000, 763; *Burgi*, NZBau 2003, 539 (541).

41 *Burgi*, NZBau 2003, 539 (541).

42 VerfGH Rh.-Pf., DVBl. 2000, 992 (994 f.).

43 VerfGH Rh.-Pf., DVBl. 2000, 992 (994) m. w. N.

44 DGO v. 30.1.1935, RGBl. I S. 49; RAnz. Nr. 27 v. 1.2.1935, 1. Beil., S. 1 f.

Zweck nicht besser und wirtschaftlicher durch einen anderen erfüllt wird oder erfüllt werden kann." An diese „Schrankentrias" haben die meisten Bundesländer im Wesentlichen angeknüpft, auch wenn die einzelnen Regelungen mittlerweile vielfache Veränderungen und Ausdifferenzierungen durch die Landesgesetzgeber erfahren haben.[45] Nach der den primären Anknüpfungspunkt der folgenden Darstellung bildende Normierung des § 102 Abs. 1 GemO darf die Gemeinde „*ungeachtet der Rechtsform wirtschaftliche Unternehmen nur errichten, übernehmen, wesentlich erweitern oder sich daran beteiligen, wenn 1. der öffentliche Zweck das Unternehmen rechtfertigt, 2. das Unternehmen nach Art und Umfang in einem angemessenen Verhältnis zur Leistungsfähigkeit der Gemeinde und zum voraussichtlichen Bedarf steht und 3. bei einem Tätigwerden außerhalb der kommunalen Daseinsvorsorge der Zweck nicht besser und wirtschaftlicher durch einen anderen erfüllt wird oder erfüllt werden kann.*"

Erste Zulässigkeitsvoraussetzung für eine wirtschaftliche kommunale Betätigung ist somit das Erfordernis eines öffentlichen Zwecks. Dieses Erfordernis ist in allen Gemeindeordnungen enthalten. Damit wird die Festlegung der Kommunalwirtschaft auf nicht abschließend beschreibbare Gemeinwohlbelange zum Ausdruck gebracht.[46]

Desweiteren ist als zweite Voraussetzung kommunaler Wirtschaftstätigkeit die sog. „Relationsschranke"[47] einzuhalten. Die in den verschiedenen Gemeindeordnungen ebenfalls weitgehend unverändert nach dem Vorbild des § 67 Abs. 1 Nr. 2 DGO übernommenen Anforderungen haben zur Folge, dass selbst bei Bejahung eines öffentlichen Zwecks die Errichtung, Übernahme, wesentliche Erweiterung oder Beteiligung an einem wirtschaftlichen Unternehmen unterbleiben muss, wenn diese aufgrund der Größe und der örtlichen Struktur unwirtschaftlich wäre und die gemeindliche Leistungsfähigkeit übersteigen würde.[48]

Die dritte Zulässigkeitsvoraussetzung in Gestalt der sog. Subsidiaritätsklausel steht derzeit im Zentrum der rechtswissenschaftlichen Diskussion und auch der vorliegenden Untersuchung. Die diesbezüglichen Regelungen wurden dabei in

---

45 Vgl. die Synopsen bei *Hidien*, Gemeindliche Betätigungen, S. 29; *Schmidt-Jortzig*, in: Püttner (Hrsg.), HKWP V, § 93 B, S. 51; *ders.* KommunalR, Rn. 686; *Schliesky*, Öff. Wettbewerbsrecht, Anhang II, S. 497 ff.; *Schönershofen/Binder-Falcke*, VR 1997, 109 (116 f.); *Schink*, NVwZ 2002, 129 (130 f.); *Oster*, in: Gabler/Höhlein/Klöckner/u. a., GemO Rh.-Pf., Vorbem. zu §§ 85-92 Erl. 1.2.2.; *Backhaus*, Öff. Unternehmen, S. 165 f.; *Katz*, Kommunale Wirtschaft, S. 143 ff.; *Neutz*, in: Wurzel/Schraml/Becker (Hrsg.), Rechtspraxis, Teil C Rn. 51.

46 *Ehlers*, JZ 1990, 1089 (1091); *ders.*, DVBl. 1998, 497 (498); *Henneke*, NdsVBl. 1999, 1 (2); *Schink*, NVwZ 2002, 129 (132).

47 Begriff nach *Wolff*, AfK 1963, 149 (165).

48 *Kunze/Bronner/Katz/v. Rotberg*, GemO f. BW, § 102 Rn. 39; *Oster*, in: Gabler/Höhlein/Klöckner/u. a., GemO Rh.-Pf., § 85 Erl. 2.2.

den einzelnen Bundesländern v. a. in jüngster Zeit vielfachen Änderungen unterworfen, ohne dass diese Entwicklung als abgeschlossen zu bezeichnen wäre. Jede Darstellung kann somit lediglich eine Momentaufnahme darstellen. Die Subsidiaritätsklausel wurde zunächst vereinzelt nicht in die jeweilige kommunalrechtliche Regelung übernommen,[49] überwiegend geschah dies jedoch unverändert im Vergleich zu § 67 Abs. 1 Nr. 3 DGO. Nach dieser auch als „Funktionssperre" bezeichneten einfachen (oder „unechte") Subsidiaritätsklausel ist die kommunale wirtschaftliche Betätigung dann zugelassen, wenn der Zweck durch einen anderen Träger, das heißt insbesondere auch durch einen privaten, nicht besser und wirtschaftlicher erfüllt wird oder erfüllt werden kann.[50] Anders gewendet ist die Gemeinde an wirtschaftlicher Betätigung nur dann gehindert, wenn der jeweilige Konkurrent die Aufgaben besser und wirtschaftlicher erfüllen kann, bei Leistungsparität ist eine kommunale Betätigung zulässig.[51] Die verschärfte („echte") Subsidiaritätsklausel erlaubt hingegen die Betätigung durch die Kommune nur dann, wenn der Zweck nicht ebenso gut und wirtschaftlich durch einen anderen erfüllt wird oder erfüllt werden kann. Voraussetzung für ein gemeindliches Tätigwerden ist damit, dass diese besser und wirtschaftlicher arbeiten kann als Private oder andere öffentlich-rechtliche Stellen; ein gemeindliches Tätigwerden ist bereits bei Leistungsparität versagt.[52] Verschärfte

---

49 So in Hessen bis zum Inkrafttreten des Gesetzes zur Änderung der Hessischen Gemeindeordnung und anderer Gesetze v. 31.1.2005, GVBl. 2005 I S. 142; bis zum Inkrafttreten des Gemeindewirtschaftsrechtsänderungsgesetzes vom 19.7.1999 war auch in Baden-Württemberg keine solche Regelung enthalten. Bei der brandenburgischen Klausel ist die Qualifizierung als Subsidiaritätsklausel umstr., vgl. *Knauff/Nolte*, VR 2003, 3 (4 m. Fn. 22). Ihre derartige Qualifizierung wird teilweise gänzlich verneint, vgl. *Gröning*, WRP 2002, 17 (19); zutreffenderweise ist sie als verschärfte Subsidiaritätsklausel anzusehen, vgl. *W. Meyer*, WiVerw 2003, 57 (70 m. Fn. 70); *Fuest/Kroker/Schatz*, Wirtschaftliche Betätigung von Kommunen, S. 19.

50 § 102 Abs. 1 Nr. 3 GemO; § 68 Abs. 1 Nr. 3 KV MV; § 108 Abs. 1 Nr. 3 Nds. GO; § 107 Abs. 1 S. 1 Nr. 3 GO NRW; § 97 Abs. 1 S. 1 Nr. 3 Sächs. GO; § 101 Abs. 1 GO SH; dazu vgl. Stellungnahme Wirtschaftsministerium BW, LT-Drs. 12/1329, S. 5 f.; Gesetzentwurf Landesregierung BW, LT-Drs. 12/4055, S. 24; *Wolff/Bachof/Stober*, VerwR I, § 23 Rn. 9e; *Kluth*, Grenzen, S. 89; *Moraing*, WiVerw 1998, 233 (260 f.); *Schönershofen/Binder-Falcke*, VR 1997, 109 (112); Bericht des Unterausschusses „Kommunale Wirtschaft", S. 41: „(...) einfache Subsidiaritätsklausel entspricht dem Gebot der sparsamen und wirtschaftlichen Haushaltsführung."; *Ade*, GemO BW, § 102 Erl. 2; *Lang*, GK BW 1999, 241 (244); *Weiblen*, BWGZ 2000, 177 (180); *Werner*, VBlBW 2001, 206 (209); *Sollondz*, LKV 2003, 297 (301).

51 *Kaltenborn*, WuW 2000, 488 (493); *Cronauge*, AfK 1999, 24 (32); *Werner*, VBlBW 2001, 206 (209); *Döring/Wohltmann*, AfK 1999, 45 (51); *Schmid*, in: Faiss/Giebler/Lang/Notheis/Schmid, Kommunales WirtschaftsR in BW, Rn. 901; *R.-G. Müller*, DVBl. 2002, 1014 (1019).

52 Stellungnahme Wirtschaftsministerium BW, LT-Drs. 12/1329, S. 5 f.; Gesetzentwurf Landesregierung BW, LT-Drs., 12/4055, S. 41; *Hadamek*, Ausarbeitung wiss. Dienste des Bundestags, S. 19; *Moraing*, Der Städtetag 1998, 523 (524); *ders.*, WiVerw 1998,

Subsidiaritätsklauseln existieren derzeit in Bayern, Brandenburg, Rheinland-Pfalz, Saarland, Sachsen-Anhalt, Hessen und Thüringen, während eine solche in Mecklenburg-Vorpommern wieder abgeschafft wurde.[53] Dieser Befund macht es erforderlich, im weiteren Gang der Untersuchung zwischen den verschiedenen Formen der Subsidiaritätsklausel zu differenzieren.

Die im Zuge des Gemeindewirtschaftsrechtsänderungsgesetzes vom 19.7.1999 in § 102 Abs. 1 GemO eingefügte Nr. 3 verlangt, dass *„bei einem Tätigwerden außerhalb der kommunalen Daseinsvorsorge der Zweck nicht besser und wirtschaftlicher durch einen anderen erfüllt wird oder erfüllt werden kann"*. Insofern liegt eine einfache Subsidiaritätsklausel vor, mit der Besonderheit, dass die Subsidiaritätsklausel nur für den Fall des Tätigwerdens außerhalb der kommunalen Daseinsvorsorge eingreift.[54] Welche Tätigkeitsfelder unter den Begriff der „Daseinsvorsorge" zu fassen und damit dem Anwendungsbereich der Subsidiaritätsklausel entzogen sind, ist gesetzlich ebenso wenig wie der unscharfe Begriff der „Daseinsvorsorge" selbst definiert. Im Gesetzentwurf der Landesregierung werden aber einige Bereiche exemplarisch aufgelistet: Darunter sollen „z.B. die Stadtplanung und Stadtentwicklung, der soziale Wohnungsbau, die kommunale Wirtschaftsförderung in Form der Bereitstellung der notwendigen Infrastruktur, Maßnahmen im Zusammenhang mit der kommunalen Sozial- und Jugendhilfe, das Krankenhauswesen, die Förderung von Kultur, Bildung und Sport, der öffentliche Personennahverkehr, die Wasser- und Energieversorgung sowie die kommunale Entsorgungswirtschaft (Abfall und Wasser)" fallen, jeweils bezogen auf den örtlichen Wirkungskreis.[55] Der verbleibende Anwendungsbereich dieser Klausel ist auf den ersten Blick recht beschränkt. Eine ähnliche Beschränkung der (dort allerdings verschärften) Subsidiaritätsklausel findet sich auch in Bayern.[56] Dabei ist zu bemerken, dass der von der Landesregierung wiedergegebene Katalog nicht als „Freifahrkarte" für die Kommunen zu verstehen ist, da es im

---

233 (249 f.); *Oster*, DNV 5/1998, 8 (9); *Oster*, in: Gabler/Höhlein/Klöckner/u. a., GemO Rh.-Pf., § 85 Erl. 2.3; *Schönershofen/Binder-Falcke*, VR 1997, 109 (112); *Cronauge*, AfK 1999, 24 (32); *Döring/Wohltmann*, AfK 1999, 45 (51).

53 Vgl. Art. 87 Abs. 1 Nr. 4 Bay. GO; § 100 Abs. 3 Bbg. GO; § 85 Abs. 1 Nr. 3 GO Rh-Pf; § 108 Abs. 1 Nr. 3 Saarl. KSVG; § 116 Abs. 1 Nr. 3 Sachs.-Anh. GO; § 121 Abs. 1 S. 1 Nr. 3 Hess. GO; § 71 Abs. 1 Nr. 4 Thür. KO; für Mecklenburg-Vorpommern fordert *Rothe*, in: Wallerath (Hrsg.), 43 (45) die Wiedereinführung der verschärften Subsidiaritätsklausel.

54 *Umlandt*, DNV 5/2000, 12 (15); *Weiblen*, BWGZ 1999, 1005 (1006 f.); *Reichert/Baumann*, KommunalR BW, Rn. 145a.

55 Gesetzentwurf Landesregierung BW, LT-Drs. 12/4055, S. 24; erläuternd *Kunze/Bronner/Katz/v. Rotberg*, GemO f. BW, § 102 Rn. 42; vgl. die Auflistung der zulässigen wirtschaftlichen Unternehmen bei *Ade*, GemO BW, § 102 Erl. 2; ähnl. *Köhler*, BayVBl. 2000, 1 (7 f.).

56 *Knemeyer*, BayVBl. 2000, 1 (4); *Köhler*, BayVBl. 2000, 1 (7 f.); *Hösch*, GewArch 2000, 1 (4).

Einzelfall immer darauf ankommt, ob ein Unternehmen dem Bereich der Daseinsvorsorge (noch) zuzuordnen ist oder nicht.[57]

III. Begriffsklärungen

1. „Wirtschaftliche Betätigung" bzw. „Wirtschaftliches Unternehmen"

Wenngleich teilweise nicht zwischen „wirtschaftlicher Betätigung" und „wirtschaftlichen Unternehmen" getrennt wird,[58] erscheint dennoch eine möglichst genaue begriffliche Präzisierung, soweit sie angesichts der fließenden Grenzen überhaupt möglich ist, sinnvoll und geboten. Festzuhalten ist zunächst, dass der Begriff der „wirtschaftlichen Betätigung" einen Oberbegriff zum „wirtschaftlichen Unternehmen" darstellt und schon deshalb beide nicht synonym verwendet werden können.

a) „Wirtschaftliche Betätigung"

Trotz zahlreicher Versuche einer Definition der „wirtschaftlichen Betätigung" konnte bis heute kein Einverständnis über den Bedeutungsgehalt dieses Begriffs erzielt werden. § 107 Abs. 1 S. 3 GO NRW definiert als wirtschaftliche Betätigung *„den Betrieb von Unternehmen, die als Hersteller, Anbieter oder Verteiler von Gütern oder Dienstleistungen am Markt tätig werden, sofern die Leistung ihrer Art nach auch von einem Privaten mit der Absicht der Gewinnerzielung erbracht werden könnte"*. Ähnlich lautet die Legaldefinition des § 100 Abs. 1 Bbg. GO.[59] Diese Definitionen entsprechen dem sog. „Popitz-Kriterium", auf das im weiteren Verlauf noch zurückzukommen sein wird.[60] Im europäischen Gemeinschaftsrecht wird der Begriff „wirtschaftliche Betätigung" weit ausgelegt. Unter einer wirtschaftlichen Betätigung i. S. der Art. 81 ff. EGV wird jede Tätigkeit verstanden, die darin besteht, Güter oder Dienstleistungen auf einem bestimmten Markt anzubieten; unerheblich ist dabei, ob eine Gewinnerzielungsabsicht besteht; ebenso wenig kommt es darauf an, ob die Außenbeziehungen dem öffentlichen oder dem privaten Recht unterliegen.[61]

Ausgehend von der grundsätzlichen Unterscheidung zwischen den Bereichen Verwaltung und Wirtschaft ist Gemeindewirtschaft und besonders die wirtschaftliche Betätigung in ihrer heutigen Ausprägung im Wesentlichen das Ergebnis eines Kompromisses, eines Zusammenführens der früher für unvereinbar

---

[57] *Werner*, VBlBW 2001, 206 (210).

[58] So z. B. *Kunze/Bronner/Katz/v. Rotberg*, GemO f. BW, § 102 Rn. 17; *Erichsen*, Gemeinde und Private, S. 10; *Lindner*, Verwaltungsgerichtliche Klagemöglichkeit, S. 16 ff.

[59] Vgl. dazu *Seeberg*, LKV 1995, 353 (353 f.).

[60] *Schmahl*, LKV 2000, 47 (49); *Schneider*, DVBl. 2000, 1250 (1250).

[61] *Gerhold*, in: Bennemann/Beinlich/Brodbeck/u. a., HGO, § 121 Rn. 4.

gehaltenen Begriffe „Wirtschaften“ und „Verwalten“.[62] Vom Ausgangspunkt der sog. „neoliberalen Schule“ aus sollte der Staat nämlich in seinem Handeln auf die Hoheitsverwaltung beschränkt werden, während wirtschaftliche Betätigung als eine dem privaten, gesellschaftlichen Bereich vorbehaltene Tätigkeit verstanden wurde. Wirtschaftliche Betätigung des Staates ist danach ein Herausbrechen bzw. Übergreifen aus seiner Sphäre, welches grundsätzlich zu missbilligen ist.[63] Mit solchen oder ähnlichen Argumentationsmustern wird an Normen und Verhaltensmuster des privatwirtschaftlichen Systems angeknüpft. Sie dienen zwar einer ersten Annäherung, können aber nicht zu einer exakten Festlegung der Begriffe führen. Die wirtschaftliche Betätigung kann nämlich nicht auf defizitäre Versorgung einerseits und gewinnträchtige Erwerbswirtschaft andererseits reduziert werden, vielmehr hängen die Betätigungsfelder auch von der jeweiligen Sozialstruktur, vom jeweiligen Selbstverständnis kommunaler Selbstverwaltung und weiteren Determinanten ab.[64]

Ein anderer Ansatz legt einen betriebs- und nicht handlungsbezogenen Maßstab für die wirtschaftliche Betätigung an: Die Definition in § 107 Abs. 1 S. 3 GO NRW stelle auf den Betrieb eines Unternehmens ab, das in bestimmter Weise am Markt tätig wird, nicht auf die einzelne Tätigkeit des Herstellens, Anbietens oder Verteilens von Gütern oder Dienstleistungen und nicht auf einzelne unternehmerische Handlungen, die bei Gelegenheit der Verfolgung des Unternehmensgegenstandes vorgenommen werden. Entscheidend sei, ob sich das Unternehmen mit der jeweiligen Tätigkeit noch im Rahmen des Unternehmensgegenstandes bewege, was sich nach ähnlichen Maßstäben wie im Gesellschaftsrecht bestimme.[65]

Zusammenfassend lässt sich konstatieren: Der Begriff der „wirtschaftlichen Betätigung ist nicht exakt definierbar. Ausgangspunkt kann dabei die Anknüpfung an die äußere Erscheinungsform der Tätigkeit und die Verhaltensmuster und Organisationsformen, die auch von Privatunternehmern verwendet werden, sein. Nach überwiegender Ansicht ist zur Erfüllung dieses Merkmals die planmäßige, auf Beteiligung am Markt ausgerichtete Produktion und/oder Bereitstellung sowie der Vertrieb von Waren und Dienstleistungen erforderlich.[66]

---

62 Vgl. *Kunze/Bronner/Katz/v. Rotberg*, GemO f. BW, § 102 Rn. 17.

63 Vgl. *Dickersbach*, WiVerw 1983, 187 (197 f.); *Kluth*, Grenzen, S. 3 f.; ähnl. *H. Pagenkopf*, KommunalR, Bd. 2, S. 149

64 *Kluth*, Grenzen, S. 4 f.; *Scholz*, DÖV 1976, 441 (445).

65 OVG NRW, NVwZ 2003, 1520 (1522) = DVBl. 2004, 133 m. Anm. *Antweiler*, NVwZ 2003, 1466; *Schliesky*, DVBl. 2004, 138.

66 *Erichsen*, Gemeinde und Private, S. 10; *Stern/Püttner*, Gemeindewirtschaft, S. 64; *Ehlers*, Verwaltung, S. 206; *Gerke*, Jura 1985, 349 (351); *Kunze/Bronner/Katz/v. Rotberg*, GemO f. BW, § 102 Rn. 1; *Möstl*, Grundrechtsbindung, S. 3; *Kluth*, Grenzen, S. 5.

b) „Wirtschaftliches Unternehmen"

Noch kontroverser diskutiert wird die Einordnung des Begriffs des „wirtschaftlichen Unternehmens", zumal die Gemeindeordnungen diesen zwar verwenden, aber regelmäßig keine Definition dieses Begriffes vorgeben.

Einen ersten Anhaltspunkt für die Begriffsbestimmung liefert Art. 2 Abs. 1 b der Transparenzrichtlinie.[67] Danach ist ein öffentliches Unternehmen *„jedes Unternehmen, auf das die öffentliche Hand auf Grund Eigentums, finanzieller Beteiligung, Satzung oder sonstiger Bestimmungen, die die Tätigkeit des Unternehmens regeln, unmittelbar oder mittelbar einen beherrschenden Einfluss ausüben kann*" und wenn es sich um Unternehmenstätigkeiten handelt, die im Interesse der Allgemeinheit erbracht und mit spezifischen Gemeinwohlverpflichtungen verknüpft werden (vgl. Art. 86 EGV).[68] Da das öffentliche Unternehmen aber einen Oberbegriff zum wirtschaftlichen Unternehmen (und zum nichtwirtschaftlichen Unternehmen) darstellt, ist er nicht eins zu eins übertragbar. Ebenso wenig weiterführend ist die Gleichstellung der wirtschaftlichen Unternehmen mit den Betrieben gewerblicher Art (BgA) von Körperschaften des öffentlichen Rechts im Sinne von § 1 Abs. 1 Nr. 6 Körperschaftssteuergesetz (KStG). Denn der Begriff „Betrieb gewerblicher Art" ist ein steuerrechtliches Konstrukt und keine rechtliche Organisationsform. Unter Betrieben gewerblicher Art werden auch öffentliche Einrichtungen verstanden, die nicht als wirtschaftliche Unternehmen anzusehen sind, da ihnen die Absicht der Gewinnerzielung fehlt und sie sich nicht am allgemeinen wirtschaftlichen Verkehr beteiligen.[69]

Nähert man sich dem Begriff des wirtschaftlichen Unternehmens im kommunalwirtschaftsrechtlichen Sinne an, so hängt dieser zunächst unstreitig weder von der Rechtsform des Unternehmens noch von der Ausgestaltung des Leistungs- und Benutzungsverhältnisses ab.[70] Nach allgemeiner Ansicht handelt sich dabei um rechtlich selbständige oder unselbständige Zusammenfassungen persönlicher und sächlicher Mittel in der Hand von Rechtsträgern – mit gewisser organisatorischer Selbständigkeit – zum Zwecke der Teilnahme am Wirtschaftsverkehr mit der regelmäßigen Absicht der Gewinnerzielung.[71] Der kommunalrechtliche Begriff des wirtschaftlichen Unternehmens basiert auf dieser Definition und erfasst nach h. A. alle Einrichtungen, die auch von einem Privaten mit der Absicht der Gewinnerzielung betrieben werden können („Popitz-

---

67 RL 80/723/EWG vom 25.6.1980, ABl. EG Nr. L 195/35.

68 Vgl. *Kunze/Bronner/Katz/v. Rotberg*, GemO f. BW, § 102 Rn. 18.

69 Vgl. § 4 Abs. 1 KStG; *Schmid*, BWVP 1995, 106 (107).

70 *Kunze/Bronner/Katz/v. Rotberg*, GemO f. BW, § 102 Rn. 20; *Katz*, Kommunale Wirtschaft, Rn. 47; *Schmid*, BWVP 1995, 106 (107); *Gern*, KommunalR BW, Rn. 391; *Püttner*, Öff. Unternehmen, S. 35; *Ade*, GemO BW, § 102 Erl. 1.

71 So *Gern*, KommunalR BW, Rn. 391; *Oster*, in: Gabler/Höhlein/Klöckner/u. a., GemO Rh.-Pf., § 85 Erl. 1.3.; *Klein*, Teilnahme, S. 80 f.

Kriterium"),[72] mit Ausnahme der Unternehmen, zu deren Unterhaltung die Kommune gesetzlich verpflichtet ist, deren Gemeinnützigkeit im Vordergrund steht oder die der Deckung des eigenen Bedarfs dienen.[73] Maßgeblich ist somit der Begriff der „Gewinnerzielung". Die h. M. knüpft dabei an die Ausführungsanweisung zu § 67 DGO[74] und in Baden-Württemberg an die im Wortlaut fast identische Verwaltungsvorschrift Nr. 1 zu § 102 GemO[75] an, nach denen es entscheidend darauf ankommt, dass die wirtschaftlichen Unternehmen auch von einem Privatunternehmer „mit der Absicht der Gewinnerzielung" betrieben werden können.

Dagegen wird zutreffend eingewandt, dass mit dem Begriff der Gewinnerzielungsabsicht keine allgemein gültige Präzisierung des Begriffs des „wirtschaftlichen Unternehmens" gewonnen werden kann. Denn bei entsprechender vertraglicher bzw. gesellschaftsrechtlicher Gestaltung können fast alle Unternehmen mit Gewinn betrieben werden.[76] Insofern wäre diese obige Definition zumindest dahingehend einzuschränken, dass darunter nur Unternehmen fallen, die „unter den jeweiligen Verhältnissen mit realer Aussicht auf Gewinn von Privaten betrieben werden könnten und voraussichtlich auch betrieben würden".[77] Die obige Definition ist aber auch insofern unbrauchbar, als sie nur auf formale Kriterien abstellt.[78] Dazu kommt, dass die Gewinnerzielungsabsicht grundsätzlich auch als nur hypothetische Gewinnmöglichkeit verstanden werden kann. Denn nach § 102 Abs. 2 HS 1 GemO ist der Hauptzweck wirtschaftlicher Betätigung die Erfüllung des öffentlichen Zwecks, die Pflicht zur Erzielung eines Gewinns ist nach § 102 Abs. 2 HS 2 GemO lediglich in Form einer „Sollvorschrift" als Nebenzweck statuiert.[79] Im Übrigen kann die Gewinnerzielungsabsicht auch nur eines von verschiedenen möglichen Unternehmenszielen sein. Welche Unternehmensziele jeweils verfolgt werden, ergibt sich aus der freien Bestimmung

---

72 Vgl. *Hidien,* Gemeindliche Betätigungen, S. 42 f.; *Maurer,* in: Maurer/Hendler (Hrsg.), S. 242; *Badura,* DÖV 1998, 818 (820); *H. Pagenkopf,* KommunalR, Bd. 2, S. 149 f.; *Tettinger,* Bes. VerwR, Rn. 201; *Reichert/Baumann,* KommunalR BW, Rn. 144; *Gern,* KommunalR BW, Rn. 391; *Erichsen,* Gemeinde und Private, S. 11; *Gerhold,* in: Bennemann/Beinlich/Brodbeck/u. a., HGO, § 121 Rn. 3; krit. *Püttner,* KommunalR BW, Rn. 292 ff.; *Stapel-Schulz,* VBlBW 2003, 90 (92 f.); *Oebbecke,* ZHR 164 (2000), 375 (377); abl. *Möstl,* Grundrechtsbindung, S. 3 f.; *Schmid,* in: Faiss/Giebler/Lang/Notheis/Schmid, Kommunales WirtschaftsR in BW, Rn. 880; *ders.,* BWVP 1995, 106 (106).

73 *Vollmöller,* in: Schmidt (Hrsg.), Kompendium, § 5 Rn. 36.

74 Ausführungsanweisung zu § 67 DGO vom 22.03.1936, RMBliV S. 475.

75 Abgedruckt u. a. bei *Kunze/Bronner/Katz/v. Rotberg,* GemO f. BW, § 102.

76 *Schulz,* BayVBl. 1997, 518 (518).

77 *Stern/Püttner,* Gemeindewirtschaft, S. 59; ähnl. *Schneider,* DVBl. 2000, 1250 (1250).

78 *Schmidt-Jortzig,* in: Püttner (Hrsg.), HKWP V, § 93 B, S. 53; *Ade,* GemO BW, § 102 Erl. 1.

79 *Kunze/Bronner/Katz/v. Rotberg,* GemO f. BW, § 102 Rn. 18 m. w. N.; ebenso *Knemeyer/Kempen,* in: Achterberg/Püttner/Würtenberger (Hrsg.), Bes. VerwR II, § 17 Rn. 36.

durch den Unternehmer.[80] Bereits diese Gegenargumente erhellen, dass die Gewinnerzielungsabsicht kein konstitutives Begriffsmerkmal eines „wirtschaftlichen Unternehmens“ darstellen kann, sondern lediglich Indizwirkung entfaltet.[81]

Angesichts der Vielzahl rechtlich zulässiger Unternehmensformen im kommunalen Wirtschaftsrecht ist vielmehr fraglich, ob eine zufrieden stellende positive Festlegung oder abschließende Festlegung des Begriffs des wirtschaftlichen Unternehmens überhaupt möglich ist. Dieser Begriff muss als „Kompromissformel“ nämlich einerseits für die vorhandenen Einheiten und realen Gegebenheiten eine tragfähige Formulierung finden und andererseits der Tatsache gerecht werden, dass die gemeindliche Wirtschaftstätigkeit ständig an die sich verändernden örtlichen, technischen, wirtschaftlichen und kommunalpolitischen Entwicklungen anzupassen ist.[82] Vor diesem Hintergrund liegt es auf der Hand, dass von der Literatur verschiedene Versuche einer weitergehenden Präzisierung und Begriffsklärung unternommen wurden:

Regelmäßig verschiedene objektive Kriterien formeller und materieller Art angeführt: So sei die Anwendung der Arbeits- und Organisationsweise der gewerblichen, kaufmännischen Wirtschaft maßgeblich,[83] zusätzlich müsse die Wirtschaftsbetätigung nachhaltig betrieben werden, dürfe nicht völlig untergeordnet sein und müsse eine gewisse organisatorische Eigenständigkeit erfordern.[84] Nach anderer Ansicht besteht der Unternehmensbegriff zusätzlich zum „Popitz-Kriterium“ aus einem materiellen Unternehmensbegriff, der die Merkmale „Wertschöpfung“, „dauerhafte Organisationseinheit“, „Selbständigkeit“, „Fremdbedarfsdeckung“ und „Anwendung wirtschaftlicher Arbeitsmethoden“ aufweist.[85] Teilweise wird verlangt eine produzierende, verteilende oder dienstleistende Tätigkeit in einem Wirtschaftszweig zur Befriedigung materieller Lebensbedürfnisse mit wirtschaftlicher „Wertschöpfung“, wirtschaftliche Arbeitsmethode und Rechnungsführung sowie Teilnahme am geschäftlichen Verkehr;

---

80 *Lindner,* Verwaltungsgerichtliche Klagemöglichkeit, S. 18 f. m. w. N; *Schmid,* in: Faiss/Giebler/Lang/Notheis/Schmid, Kommunales WirtschaftsR in BW, Rn. 881; *ders.,* BWVP 1995, 106 (106).

81 *Kunze/Bronner/Katz/v. Rotberg,* GemO f. BW, § 102 Rn. 18; *Schmahl,* LKV 2000, 47 (49); *Stern,* AfK 1964, 84 (96 f.); *Bulla,* DVBl. 1976, 643 (644); *Klein,* Teilnahme, S. 80; *Schmidt-Jortzig,* in: Püttner (Hrsg.), HKWP V, § 93 B, S. 53: „Zirkelschluss“.

82 *Kunze/Bronner/Katz/v. Rotberg,* GemO f. BW, § 102 Rn. 17; *Schneider,* DVBl. 2000, 1250 (1250); *Schmid,* BWVP 1995, 106 (107); *Knemeyer/Kempen,* in: Achterberg/Püttner/Würtenberger (Hrsg.), Bes. VerwR II, § 17 Rn. 35.

83 *Stern/Püttner,* Gemeindewirtschaft, S. 64; *Stern,* AfK 1964, 84 (95 f.); *Knemeyer/Kempen,* in: Achterberg/Püttner/Würtenberger (Hrsg.), Bes. VerwR II, § 17 Rn. 37 f., 40.

84 *Stern/Püttner,* Gemeindewirtschaft, S. 67 f.; zust. *Klein,* Teilnahme, S. 80.

85 *Hidien,* Gemeindliche Betätigungen, S. 42 ff.; *Schmidt-Jortzig,* in: Püttner (Hrsg.), HKWP V, § 93 B, S. 53 ff.; ähnl. *Zumpe,* Rechtliche Grenzen, S. 19 ff., 41; wohl auch *Stapel-Schulz,* VBlBW 2003, 90 (92); a. A. *Oebbecke,* in: Wallerath (Hrsg.), 13 (15 f.)

faktische oder rechtliche Eigenständigkeit gegenüber der nichtwirtschaftlichen öffentlichen Verwaltung und Inhaberschaft der öffentlichen Hand, welche regelmäßig das Eigentum der öffentlichen Hand an der Unternehmenssubstanz einschließt.[86] Die Einordnung anhand dieser Kriterien sei aber immer eine Frage des Einzelfalls und auch von der Einschätzungsprärogative der Gemeinde beeinflusst.[87] Andere Ansätze berücksichtigen daneben auch subjektive Elemente. So sei neben einer gewissen organisatorischen Verselbständigung der Wille zur selbständigen wirtschaftlichen Betätigung erforderlich.[88]

Gemeinsam ist diesen Definitionsansätzen, dass eine gewisse organisatorische Verselbständigung des „wirtschaftlichen Unternehmens“ gegenüber der Gemeinde gefordert wird. Die anderen Definitionsmerkmale stellen lediglich auf einzelne Aspekte und Kriterien wirtschaftlicher Betätigung ab, ohne eine endgültige Klärung des Begriffs erzielen zu können. Maßgeblich hierfür ist nämlich der Regelungszweck des jeweiligen Gesetzes. Insofern kann es einen einheitlichen Unternehmensbegriff auch nicht geben.[89] Der Begriff des wirtschaftlichen Unternehmens hängt somit von den Regelungen der jeweiligen Gemeindeordnungen ab. Die Einordnung wird aber dadurch erleichtert, dass auf die zulässigen und anerkannten Formen gemeindlicher wirtschaftlicher Unternehmen zurückgegriffen werden kann.

Für die weitere Untersuchung ist daher von einem Begriff des wirtschaftlichen Unternehmens auszugehen, der durch eine gewisse rechtliche oder faktische Verselbständigung und Verstetigung gekennzeichnet ist.[90] Als Hilfestellung ist die Erste Ausführungsanweisung zur EigDVO vom 22.3.1939 heranzuziehen, die eine beispielhafte, wenn auch nicht abschließende Aufzählung wirtschaftlicher Unternehmen bietet und insofern der Orientierung dient.[91]

---

86 *Püttner*, Öff. Unternehmen, S. 35; *Held*, in: Held/Decker, GO f. NRW, § 107 Erl. 2.1.; *Oster*, in: Gabler/Höhlein/Klöckner/u. a., GemO Rh.-Pf., § 85 Erl. 1.3.

87 *Kunze/Bronner/Katz/v. Rotberg*, GemO f. BW, § 102 Rn. 22.

88 *Emmerich*, Wirtschaftsrecht, S. 63; ähnl. *Lindner*, Verwaltungsgerichtliche Klagemöglichkeit, S. 21 f.

89 *Emmerich*, Wirtschaftsrecht, S. 51; *Kunze/Bronner/Katz/v. Rotberg*, GemO f. BW, § 102 Rn. 19.

90 *Kluth*, Grenzen, S. 6.

91 RMinBliV S. 633; vgl die Aufzählungen bei *Oster*, in: Gabler/Höhlein/Klöckner/u. a., GemO Rh.-Pf., § 85 Erl. 1.3; *Schmid*, BWVP 1995, 106 (107 ff.); *Kunze/Bronner/Katz/v. Rotberg*, GemO f. BW, § 102 Rn. 23; *Katz*, Kommunale Wirtschaft, Rn. 37; Betätigungsfelder auch bei *Hidien*, Gemeindliche Betätigungen, S. 35 ff.

2. „Nichtwirtschaftliche Betätigung" bzw. „Nichtwirtschaftliche Unternehmen"

In vielen Gemeindeordnungen findet sich ein Ausschluss bestimmter wirtschaftlicher Tätigkeiten vom Anwendungsbereich der kommunalen Wirtschaftsklauseln in Form einer Negativausgrenzung dahingehend, dass die betreffenden Tätigkeiten, etwa die Abwasserbeseitigung oder die Abfallentsorgung, als „nichtwirtschaftlich"[92] qualifiziert werden. Die hiervon erfassten Tätigkeiten werden dadurch von vorneherein und umfassend nicht von der kommunalen Wirtschaftsklausel erfasst, sondern von den dort normierten Anforderungen gewissermaßen „freigestellt".[93] Diese Ausnahme erfolgt rechtstechnisch im Wege einer Fiktion unabhängig davon, ob es sich bei den betroffenen Unternehmen um „wirtschaftliche Unternehmen" im materiellen Sinne handelt und ob die Unternehmen dem Bereich der Daseinsvorsorge zuzuordnen sind oder nicht.[94] Die nichtwirtschaftlichen Einrichtungen unterscheiden sich von den wirtschaftlichen Unternehmen dadurch, dass bei ersteren quasi das Vorliegen eines öffentlichen Zweckes gesetzlich vermutet wird.[95] Ist das Eingreifen der Vermutungswirkung im Einzelfall aber zweifelhaft, muss die Rechtfertigung des kommunalen Handelns am Maßstab der öffentlichen Zwecksetzung aber ebenfalls wie bei den wirtschaftlichen Unternehmen geprüft werden.[96]

Die Zuordnung bestimmter Tätigkeiten zu den nichtwirtschaftlichen und die genaue Reichweite dieser Zuordnung im Einzelfall sind oftmals heftig umstritten und nicht immer einleuchtend.[97] Teilweise wird eine enge wortlautgetreue Auslegung des gesetzlichen Katalogs der nichtwirtschaftlichen Betätigung dahin gehend gefordert, dass unter diese Bestimmungen nur solche Unternehmen fallen sollen, die der Daseinsvorsorge dienen und denen daher der öffentliche

---

92 Vgl. etwa § 102 Abs. 3 GemO.

93 *Britz*, NVwZ 2001, 380 (382); *Oster*, in: Gabler/Höhlein/Klöckner/u. a., GemO Rh.-Pf., § 85 Erl. 1.2.; *Meininger*, in: Fabry/ Augsten (Hrsg.), Teil II Rn. 3 f.; *Neutz*, in: Wurzel/Schraml/Becker (Hrsg.), Rechtspraxis, Teil C Rn. 60, 73; demgegenüber fordert *Ehlers*, Gutachten DJT, S. 85, dass für den Fall, dass die private Konkurrenz das Gemeinwohl besser und wirtschaftlicher erfüllt, mindestens die gleiche Eignung auch im Hinblick auf die als nichtwirtschaftlich geltenden Einrichtungen gegeben sein müsse; a. A. VerfGH Rh.-Pf., DVBl. 2000, 992 (993 f.).

94 *Oster*, in: Gabler/Höhlein/Klöckner/u. a., GemO Rh.-Pf., § 85 Erl. 1.2.; *Werner*, VBlBW 2001, 206 (208); *Dazert/Mahlberg*, NVwZ 2004, 158 (159); *Neutz*, in: Wurzel/Schraml/Becker (Hrsg.), Rechtspraxis, Teil C Rn. 56.

95 *Otting*, NWVBl. 2000, 206 (208); „privilegierte" Kommunaltätigkeiten, vgl. *Katz*, Kommunale Wirtschaft, Rn. 50.

96 *Ehlers*, Gutachten DJT, S. 75.

97 *Ehlers*, Gutachten DJT, S. 29 f.

Zweck gleichsam „auf der Stirn" geschrieben stehe.[98] Der gesetzliche Ausschluss im Wege einer Fiktion könne eine materielle Rechtfertigung nämlich nicht ersetzen.[99] Das im Zusammenhang mit nichtwirtschaftlicher Betätigung bestehende Konflikt- und Diskussionspotential wird an einer ganzen Reihe von Entscheidungen über die Zulässigkeit kommunaler Abfallentsorgungseinrichtungen gem. § 107 Abs. 2 Nr. 4 GO NRW und deren gemeindegebietsüberschreitender Betätigung im Wege der Teilnahme an öffentlichen Ausschreibungen anderer Gebietskörperschaften deutlich.[100] Dabei stellte die Rechtsprechung zutreffend fest, dass die gesetzgeberische Entscheidung hinzunehmen sei[101] und die gesetzliche Fiktion, es handele sich nicht um ein wirtschaftliches Unternehmen, auch nicht durch eine Gewinnerzielung dieses Unternehmens entfalle.[102] Angesichts der andauernden Diskussion über Zulässigkeit und Reichweite der gesetzlichen Normierung nichtwirtschaftlicher Unternehmen haben deshalb einige Landesgesetzgeber die Unterscheidung zwischen wirtschaftlicher und nichtwirtschaftlicher Betätigung zwischenzeitlich ganz aufgegeben.[103] Gegenstand der vorliegenden Untersuchung ist aber nicht die Zulässigkeit und Reichweite klassischer nichtwirtschaftlicher Betätigungen wie Verkehrsbetriebe, Ver- und Entsorgungsbetriebe, sondern vielmehr die Reichweite und der Schutzzweck der kommunalen Wirtschaftsklauseln, die sich mit der Zulässigkeit „wirtschaftlicher" Unternehmen bzw. Betätigungen befassen. Vor diesem Hinter-

---

98 *Ehlers*, DVBl. 1998, 497 (498); ebenso *Oster*, in: Gabler/Höhlein/Klöckner/u. a., GemO Rh.-Pf., § 85 Erl. 1.2.; *Werner*, VBlBW 2001, 206 (208 f.).

99 *Weidemann*, DVBl. 2000, 1571 (1577); *Beckmann/David*, DVBl. 1998, 1041 (1043 f.).

100 OLG Düsseldorf (Vergabesenat), NVwZ 2000, 714 (714) (AWISTA) = NJW 2000, 714 = NZBau 2000, 155 m. Anm. *Horn*, NVwZ 2001, 647; OLG Düsseldorf (2. Zivilsenat), DVBl. 2000, 284 (284) (Altauto-Entsorgung) = DÖV 2000, 157 = NVwZ 2000, 111 = GewArch 2000, 169 = NWVBl. 2000, 75; m. abl. Anm. *Otting*, NWVBl. 2000, 206; *M. Müller*, NVwZ 2000, 769; zust. *R.-G. Müller*, DVBl. 2002, 1014 (1017); *Jaeger*, in: Schwarze (Hrsg.), 165 (168 ff.); abl. *Uechtritz/Otting*, in: Hoppe/Uechtritz (Hrsg.), § 6 Rn. 97 ff.; vgl. als Revisionsinstanz BGH, DVBl. 2003, 267 (Altautoverwertung) = WRP 2003, 262 m. Anm. *Heßhaus*, NWVBl. 2003, 173; aus der verwaltungsgerichtlichen Rechtsprechung vgl. OVG NRW, NZBau 2005, 167 (167).

101 OVG NRW, NZBau 2005, 167 (167).

102 OVG NRW, NZBau 2005, 167 (167); daneben bejahte das OVG NRW auch die Zulässigkeit der gemeindegebietsüberschreitenden Tätigkeit ohne weiteres, da die einschränkende Vorschrift des § 107 Abs. 3 GO NRW für nichtwirtschaftliche Betätigungen nicht gelte, NZBau 2005, 167 (168); demgegenüber hatte das OLG Düsseldorf, WuW/E Verg 611 (622 ff.) (DAR) für eine die Grenzen des eigenen Gemeindegebiets überschreitende Abfallentsorgungstätigkeit jedenfalls einen fördernden Zusammenhang mit der gebietsbezogenen Erfüllung des öffentlichen Zwecks, zu dem die Abfallentsorgungseinrichtung gegründet wurde, gefordert, zur Diskussion vgl. *Teufel/Kempkes*, AbfallR 2005, 57 (61 ff.).

103 Bayern, Brandenburg, Sachsen-Anhalt und Thüringen; zust. *Storr*, Der Staat als Unternehmer, S. 441.

grund erübrigt sich für die vorliegende Untersuchung eine vertiefte Auseinandersetzung mit der gesetzgeberischen Privilegierung „nichtwirtschaftlicher" Unternehmen.

3. Errichtung, Übernahme und wesentliche Erweiterung

Die kommunalen Wirtschaftsklauseln beziehen sich regelmäßig nur auf die Errichtung, Übernahme oder wesentliche Erweiterung eines wirtschaftlichen Unternehmens durch die Kommune. Während der Bedeutungsgehalt der Begriffe des öffentlichen Zwecks, der Verhältnismäßigkeit zu Leistungsfähigkeit und Bedarf und der Subsidiaritätsklausel erst im weiteren Gang der Untersuchung erörtert werden, sind nachfolgend kurz die weiteren Tatbestandsmerkmale der kommunalen Wirtschaftsklauseln zu definieren:

Die Errichtung eines wirtschaftlichen Unternehmens liegt vor, wenn die Gemeinde ein solches Unternehmen gründet, d. h. selbst neu erstellt und einrichtet, was sachlogisch die erstmalige Aufnahme der Haupttätigkeit voraussetzt.[104] Darunter fällt auch die Übernahme eines neuen Tätigkeitsfeldes in Gestalt einer neuen Gemeindeaufgabe, beispielsweise durch Aufnahme anders gearteter, neuer Geschäftszweige,[105] nicht aber eine lediglich organisatorische Umgestaltung eines vorhandenen Unternehmens ohne Änderung des Unternehmenszwecks aufgrund technischer oder sonstiger Entwicklungen.[106] Eine Errichtung liegt auch dann nicht vor, wenn Teile der Gemeindeverwaltung rechtlich verselbständigt werden.[107]

Die Übernahme eines wirtschaftlichen Unternehmens umfasst diejenigen Tatbestände, bei denen die Gemeinde ein bereits bestehendes, in fremder Hand befindliches Unternehmen durch Kauf, Tausch, Pacht oder anderweitige Übertragung erstmalig in eigene Trägerschaft überführt.[108] Nicht erforderlich ist, dass die Gemeinde Eigentümerin des Unternehmens wird, es reicht aus, wenn die Gemeinde aufgrund schuldrechtlicher Regelungen bzw. faktisch die Verantwor-

---

104 *Hidien*, GewArch 1983, 177 (179); *Kunze/Bronner/Katz/v. Rotberg*, GemO f. BW, § 102 Rn. 27; *Widtmann/Grasser/Glaser*, Bay. GemO, Art. 87 Rn. 6; *Meininger*, in: Fabry/Augsten (Hrsg.), Teil II Rn. 12; *Gerhold*, in: Bennemann/Beinlich/Brodbeck/u. a., HGO, § 121 Rn. 25; *Schmid*, in: Faiss/Giebler/Lang/Notheis/Schmid, Kommunales WirtschaftsR in BW, Rn. 895.

105 *Kunze/Bronner/Katz/v. Rotberg*, GemO f. BW, § 102 Rn. 27.

106 *Masson/Samper*, Bay. GemO, Art. 87 Rn. 17.

107 *Widtmann/Grasser/Glaser*, Bay. GemO, Art. 87 Rn. 6.

108 *Hidien*, GewArch 1983, 177 (179); *Widtmann/Grasser/Glaser*, Bay. GemO, Art. 87 Rn. 6; *Masson/Samper*, Bay. GemO, Art. 87 Rn. 18; *Oster*, in: Gabler/Höhlein/Klöckner/u. a., GemO Rh.-Pf., § 85 Erl. 2.; *Schmid*, in: Faiss/Giebler/Lang/Notheis/Schmid, Kommunales WirtschaftsR in BW, Rn. 895.

tung für die Betriebsführung erhält.[109] Notwendig ist aber, dass die Gemeinde selbst verantwortlicher Träger des Unternehmens wird; bei einer Errichtung oder Übernahme eines Unternehmens durch eine gemeindliche Eigengesellschaft liegt lediglich eine Beteiligung vor.[110] Die Umwandlung eines schon bisher rechtlich selbständigen Unternehmens der Gemeinde, d. h. eines selbständigen Kommunalunternehmens oder einer Eigengesellschaft, fällt hingegen mangels eines fremden Unternehmensinhabers nicht unter den Begriff der Übernahme.[111]

Sind die obigen Begriffsdefinitionen vergleichsweise unumstritten, wird die „wesentliche Erweiterung" eines wirtschaftlichen Unternehmens kontrovers diskutiert, dies v. a. vor dem Hintergrund, dass damit auch die Frage der Zulässigkeit sog. „Annextätigkeiten" zu kommunalen Tätigkeitsbereichen zusammenhängt: Für die Begriffsbestimmung gilt es zunächst festzuhalten, dass die wesentliche Erweiterung als der Errichtung und Übernahme gleichartig und gleichwertig anzusehen ist.[112] Die Erweiterung eines wirtschaftlichen Unternehmens ist die Ausweitung von Umfang und Leistungen der wirtschaftlichen Betätigung gegenüber dem früheren Zustand.[113] Dabei kommt es darauf an, dass dieses mit dem Auftritt auf dem Markt eine zusätzliche neue Aufgabe durch Aufbau eines neuen Betriebszweiges mit einer erheblichen Leistung übernimmt (gegenständliche Ausdehnung), wofür eine faktische/wirtschaftliche Eigenständigkeit ausreicht.[114] Der Begriff der Erweiterung kann aber auch bereits bei einer erheblichen Steigerung der bereits laufenden Produktion des Unternehmens erfüllt sein.[115] Entscheidend ist somit für den Begriff der Erweiterung, dass Maßnahmen vorgenommen werden, die dazu dienen, Umfang und/oder Leistungsfähigkeit des Unternehmens auszuweiten oder zu verbessern (quantitative oder qualitative Ausdehnung).[116] Die Frage der Wesentlichkeit der Erweiterung

---

[109] *Gerhold*, in: Bennemann/Beinlich/Brodbeck/u. a., HGO, § 121 Rn. 26; *Kunze/Bronner/Katz/v. Rotberg*, GemO f. BW, § 102 Rn. 28.

[110] *Widtmann/Grasser/Glaser*, Bay. GemO, Art. 87 Rn. 6; *Gerhold*, in: Bennemann/Beinlich/Brodbeck/u. a., HGO, § 121 Rn. 26.

[111] *Masson/Samper*, Bay. GemO, Art. 87 Rn. 18.

[112] *Köhler*, BayVBl. 2000, 1 (2).

[113] *Oster*, in: Gabler/Höhlein/Klöckner/u. a., GemO Rh.-Pf., § 85 Erl. 2; *Gerhold*, in: Bennemann/Beinlich/Brodbeck/u. a., HGO, § 121 Rn. 27; *Neutz*, in: Wurzel/Schraml/Becker (Hrsg.), Rechtspraxis, Teil C Rn. 95.

[114] *Stehlin*, NVwZ 2001, 645 (646); *Werner*, VBlBW 2001, 206 (211); *Hidien*, GewArch 1983, 177 (179); ausf. *Köhler*, BayVBl. 2000, 1 (2); *Oster*, in: Gabler/Höhlein/Klöckner/u. a., GemO Rh.-Pf., § 85 Erl. 2.

[115] *Hidien*, GewArch 1983, 177 (179); *Widtmann/Grasser/Glaser*, Bay. GemO, Art. 87 Rn. 6; a. A. für Kapazitätserhöhungen infolge gestiegener Nachfrage *Masson/Samper*, Bay. GemO, Art. 87 Rn. 19.

[116] *Kunze/Bronner/Katz/v. Rotberg*, GemO f. BW, § 102 Rn. 29; *Widtmann/Grasser/Glaser*, Bay. GemO, Art. 87 Rn. 6; *Gerhold*, in: Bennemann/Beinlich/Brodbeck/u. a., HGO, § 121 Rn. 27.

ist dann Tatfrage im Einzelfall.[117] Die Wesentlichkeit ist beispielsweise zu bejahen, wenn Stadtwerke neben der Stromversorgung erstmalig auch die Gasversorgung anbieten.[118] Die Wesentlichkeit bestimmt sich dabei durch das Verhältnis der Vergrößerung der Betriebsanlagen zum bisherigen Bestand, aber auch zur „Leistungsfähigkeit" der Kommune.[119] Vorgeschlagen wird als Richtwert eine Erweiterung des Unternehmens um 10 bis 20 %, bezogen auf die Bilanzsumme oder den Umsatz.[120] Dagegen kommt es angesichts des Abstellens auf die funktionale Expansion als solche nicht darauf an, dass den kommunalen Unternehmen eine zusätzliche Aufgabe zugewiesen wird und dafür zusätzliche Mittel bereitgestellt werden.[121] Nicht unter den Begriff der wesentlichen Erweiterung fallen die Erneuerung und Modernisierung bestehender Anlagen, Einrichtungen und Produktionsmittel, der Arbeitsabläufe und –methoden sowie sonstige Rationalisierungsmaßnahmen.[122]

IV. Organisations- und Handlungsformen der kommunalen Wirtschaft

Kommunale wirtschaftliche Unternehmen können in unterschiedlichen Organisations- und Rechtsformen geführt werden, wobei die Befugnis zur eigenverantwortlichen und selbstbestimmten Wahl und Gestaltung der jeweiligen Organisationsform Ausfluss des kommunalen Selbstverwaltungsrechts ist. Die Gemeinde kann nach ihrem Ermessen sowohl eine öffentlich-rechtliche als auch eine privatrechtliche Unternehmensform wählen, ist dann aber an die für die jeweils gewählte Rechtsform geltenden gesetzlichen Zulässigkeitsvoraussetzungen gebunden.[123] Beispielsweise verwendet § 102 Abs. 1 GemO zwar den Begriff des „wirtschaftlichen Unternehmens", nach dem eindeutigen Wortlaut (*„un-*

---

117 *Kunze/Bronner/Katz/v. Rotberg*, GemO f. BW, § 102 Rn. 29; *Oster*, in: Gabler/Höhlein/Klöckner/u. a., GemO Rh.-Pf., § 85 Erl. 2.

118 VerfGH Rh.-Pf., DVBl. 2000, 992 (994); *Stehlin*, NVwZ 2001, 645 (646); *Gröning*, WRP 2002, 17 (18); ähnl. *Hidien*, GewArch 1983, 177 (179); *Schmid*, BWVP 1995, 129 (131); *Neutz*, in: Wurzel/Schraml/Becker (Hrsg.), Rechtspraxis, Teil C Rn. 96.

119 *Kunze/Bronner/Katz/v. Rotberg*, GemO f. BW, § 102 Rn. 29.

120 *Schmid*, BWVP 1995, 129 (131); *ders.*, in: Faiss/Giebler/Lang/Notheis/Schmid, Kommunales WirtschaftsR in BW, Rn. 895; *Meininger*, in: Fabry/Augsten (Hrsg.), Teil II Rn. 12.

121 So *Köhler*, BayVBl. 2000, 1 (4); wie hier aber *Gröning*, WRP 2002, 17 (18).

122 *Kunze/Bronner/Katz/v. Rotberg*, GemO f. BW, § 102 Rn. 29; *Gerhold*, in: Bennemann/Beinlich/Brodbeck/u. a., HGO, § 121 Rn. 27.

123 *Gerke*, Jura 1985, 349 (352); *Knemeyer/Kempen*, in: Achterberg/Püttner/Würtenberger (Hrsg.), Bes. VerwR II, § 17 Rn. 34, 61 ff.; allg. *Möstl*, Grundrechtsbindung, S. 9; *Keßler*, DNV 4/2000, 14 ff.; *Schoepke*, VBlBW 1994, 81 ff.; *Häuselmann*, VBlBW 1983, 230 (230); *Vollmöller*, ThürVBl. 1996, 193 (195); *Kunze/Bronner/Katz/v. Rotberg*, GemO f. BW, § 102 Rn. 82 ff.; *Katz*, Kommunale Wirtschaft, Rn. 78 ff.; *Henneke*, Öff. Finanzwesen, Finanzverfassung, Rn. 468 ff.; *Fabry*, in: Fabry/Augsten (Hrsg.), Teil 1 Rn. 10 ff.

geachtet der Rechtsform") kommt es aber auf eine bestimmte Rechtsform für dieses Unternehmen nicht an.[124] Unternehmen mit privatrechtlicher Organisationsform sind grundsätzlich auf die Verwendung privatrechtlicher Handlungsformen beschränkt. Öffentlich-rechtlich können sie nur tätig werden, wenn ihnen Hoheitsbefugnisse verliehen worden sind. Öffentlich-rechtliche Unternehmen haben dagegen ein Wahlrecht zwischen privat- oder öffentlich-rechtlichen Handlungsformen, soweit nicht eine bestimmte Handlungsform ausdrücklich vorgeschrieben wurde.[125]

In Betracht kommen als klassische öffentlich-rechtliche Organisationsformen[126] der in die Gemeindeverwaltung eingegliederte, rechtlich, organisatorisch, personell, haushalts- und rechnungstechnisch unselbständige Regiebetrieb[127], der organisatorisch und wirtschaftlich verselbständigte und den Vorschriften des Eigenbetriebsgesetzes unterworfene, dennoch eine unselbständige Anstalt darstellende Eigenbetrieb[128], die Möglichkeit der Führung eines wirtschaftlichen Unternehmens durch mehrere Gemeinden in interkommunaler Zusammenarbeit als Zweckverband[129] und – mit Abstrichen – die örtliche Stiftung nach § 101 GemO[130]. In einigen Bundesländern, z. B. Bayern, Berlin, Hamburg, Nordrhein-Westfalen und neuerdings Niedersachsen, wurde in den letzten Jahren die neue öffentlich-rechtliche Organisationsform des selbständigen Kommunalunternehmens in Gestalt einer Anstalt des öffentlichen Rechts eingeführt.[131] Damit kam man der kommunalen Forderung nach, eine öffentlich-rechtliche Rechtsform mit

124 *Stapel-Schultz*, VBlBW 2003, 90 (92); *Schmid*, in: Faiss/Giebler/Lang/Notheis/Schmid, Kommunales Wirtschaftsrecht in BW, Rn. 895.

125 *Ronellenfitsch*, in: HdBStR III, § 84 Rn. 28; *Gerhold*, in: Bennemann/Beinlich/Brodbeck/u. a., HGO, § 121 Rn. 9; *Gern*, KommunalR BW, Rn. 394.

126 Allg. *Gerhold*, in: Bennemann/Beinlich/Brodbeck/u. a., HGO, § 121 Rn. 10 ff.; *Oster*, in: Gabler/Höhlein/Klöckner/u. a., GemO Rh.-Pf., Vorbem. zu §§ 85-92 Erl. 3.

127 *Ronellenfitsch*, in: HdBStR III § 84 Rn. 20; *Klein*, Teilnahme, S. 33; *Gern*, KommunalR BW, Rn. 402 m. w. N.; *Reichert/Baumann*, KommunalR BW, Rn. 147; *Möstl*, Grundrechtsbindung, S. 8.

128 *Püttner*, KommunalR BW, Rn. 307; *Gerke*, Jura 1985, 349 (354); *Möstl*, Grundrechtsbindung, S. 8; *Häuselmann*, VBlBW 1983, 230 (231); *Kunze/Bronner/Katz/v. Rotberg*, GemO f. BW, § 102 Rn. 86 ff.; ausf. *Zeiss*, in: Püttner (Hrsg.), HKWP V § 95 C, S. 153 ff.; *Bolsenkötter/Dau/Zuschlag*, Gemeindliche Eigenbetriebe.

129 *Gern*, KommunalR BW, Rn. 403, 488 – 490; *Kunze/Bronner/Katz/v. Rotberg*, GemO f. BW, § 102 Rn. 101 ff.; *Oster*, in: Gabler/Höhlein/Klöckner/u. a., GemO Rh.-Pf., Vorbem. zu §§ 85-92 Erl. 2.2.2 u. 2.2.3.

130 *Gern*, KommunalR BW, Rn. 401.

131 Forderung von *Ehlers*, Verwaltung, S. 172; *Mann*, NVwZ 1996, 557; *Schulz*, BayVBl. 1996, 129; *ders.*, DNV 4/2000, 22 (23); *Knemeyer*, in: Henneke (Hrsg.), 131 (135 ff.); *Thode/Peres*, BayVBl. 1999, 6; *Menzel*, BWGZ 2000, 198; *Jänicke/Betz*, AbfallR 2003, 232; *Erdmann*, NdsVBl. 2003, 261; *Ehlers*, ZHR 167 (2003), 546; vergaberechtliche Aspekte untersucht *Schröder*, NZBau 2003, 596.

mehr Spielraum als beim Eigenbetrieb und gleichzeitig besserer Steuerungsmöglichkeit als bei privatrechtlichen Organisationsformen zu schaffen.[132]

Von den privatrechtlichen Organisationsformen kommen nur solche in Betracht, bei der die Haftung der Gemeinde im Außenverhältnis begrenzt wird.[133] Dies sind insbesondere die Gründung oder Beteiligung an einer Aktiengesellschaft, einer Gesellschaft mit beschränkter Haftung oder als Kommanditist an einer KG.[134] Die auf Großunternehmen zugeschnittene Rechtsform der AG erscheint dabei zumindest im Regelfall für die Gemeinde nachteilhaft. Von den Gemeindeordnungen statuierte Einwirkungspflichten und Weisungsrechte gegenüber Vorstands- und Aufsichtsratsmitgliedern ändern aufgrund des sog. „Vorrangs des Gesellschaftsrechts" nichts an der Verpflichtung von Vorstand (§ 76 Abs. 1 AktG) und Aufsichtsrat, aufgrund ihrer selbständigen Stellung bei ihren Entscheidungen nur die Belange der Gesellschaft zu berücksichtigen.[135] Deshalb ist in einigen Gemeindeordnungen mittlerweile auch ein sog. „Nachrang" der AG statuiert.[136] Demgegenüber erlaubt das GmbH-Recht aufgrund größerer Disponibilität der §§ 6, 35 ff. GmbHG, dass der Gesellschafterversammlung durch Satzungsbeschluss Weisungsrechte gegenüber der Gesellschaft eingeräumt oder die Geschäftsführer durch die öffentliche Hand bestellt werden.[137] Kommunale Wirtschaftsunternehmen in Privatrechtsform sind deshalb überwiegend als GmbH organisiert.

Bei den privatrechtlichen kommunalen Gesellschaften ist weiter zu unterscheiden zwischen juristischen Personen, deren Anteile vollständig in der Hand einer Gebietskörperschaft liegen (sog. „Eigengesellschaften") und solchen unter Beteiligung verschiedener Gebietskörperschaften (als Form interkommunaler Zu-

---

132 *Möstl*, Grundrechtsbindung, S. 9.

133 Vgl. § 103 Abs. 1 S. 1 Nr. 4 GemO: „auf einen ihrer Leistungsfähigkeit angemessenen Betrag"; allg. *Oebbecke*, in: Wallerath (Hrsg.), 13 (31 ff.); *Stober*, NJW 1984, 449; *Burgi*, in: Ruffert (Hrsg.), 55 (59 f.) weist darauf hin, dass Funktion und Form dabei auseinander fallen.

134 *v. Mutius*, JuS 1979, 342 (343).

135 *Ronellenfitsch*, in: HdBStR III, § 84 Rn. 25, 29; *v. Mutius*, JuS 1979, 342 (343); *v. Arnauld*, DÖV 1998, 437 (442 f.); *Zugmaier*, BayVBl. 2001, 233 (235 f.); *Tomerius/Breitkreuz*, DVBl. 2003, 426 (432); *Schwintowski*, ZögU 26 (2003), 283 (304); allg. hierzu *Engellandt*, Einflussnahme, S. 23 ff., insbes. zum Vorrang des Gesellschaftsrechts; a. A. *Nagel*, Gemeindeordnung als Hürde?, S. 21.

136 Bspw. § 103 Abs. 2 GemO, vgl. die Gesetzesbegründung, LT-Drs. 12/4055, S. 20.

137 *Ronellenfitsch*, in: HdBStR III, § 84 Rn. 25; *Zugmaier*, BayVBl. 2001, 233 (235); zu den Einflussrechten der Gemeinde in der GmbH vgl. *Altmeppen*, NJW 2003, 2561; *Brenner*, LKV 2002, 7 ff.; *ders.*, AöR 127 (2002), 220 (232 f.); zum GmbH-Konzernrecht *Paschke*, ZHR 152 (1988), 263.

sammenarbeit durch eine sog. „gemischt-öffentliche Gesellschaft").[138] Daneben gibt es auch noch die „gemischt-wirtschaftlichen Unternehmen", an denen private Rechtssubjekte und juristische Personen des öffentlichen Rechts beteiligt sind.[139] Insbesondere solche „Public Private Partnerships" erleben in jüngster Zeit eine Renaissance.[140] Dabei lässt sich je nach Beteiligungsgrad unterscheiden zwischen verwaltungsbeherrschten, verwaltungskontrollierten und privatbeherrschten gemischt-wirtschaftlichen Gesellschaften.[141] Problematisch ist bei privatrechtlichen Gesellschaftsformen jeweils die Sicherstellung der kommunalen Einwirkungspflicht bzw. Einwirkungsrechte auf die Gesellschaft.[142]

Notwendig für die Auswahl der passenden Organisationsform durch die Gemeinde ist immer eine sorgfältige Prüfung des funktionellen Auftrags und der für diesen Auftrag relevanten Faktoren. Die ausgewählte Organisationsform sollte die „optimale Synthese" zwischen einer möglichst kraftvollen Unternehmensgestaltung und der möglichst sicheren Gewährleistung der Erfüllung des öffentlichen Zwecks darstellen. Dafür ist eine möglichst klare Vorgabe der wirtschaftlichen Zielsetzungen, der Prioritäten und der Beilegung eventueller Zielkonflikte wesentlich.[143] Es gilt eine Organisationsform zu finden, welche die Gewährleistung eines Höchstmaßes an Wirtschaftlichkeit des Betriebs bei gleich bleibendem Leistungsangebot verspricht und gleichzeitig sicherstellt, dass der durch Mehrheitsentscheidung der unmittelbar demokratisch legitimierten kommunalen Vertretungskörperschaft repräsentierte maßgebliche kommunalpolitische Wille in ausreichender Weise bei den Unternehmensentscheidungen berücksichtigt wird.[144]

---

138 *Ehlers*, JZ 1990, 1089 (1092); *Schmidt-Aßmann*, BB 1990 Beil. 34, S. 2 f.; *Gerke*, Jura 1985, 349 (354); *v. Mutius*, JuS 1979, 342 (343); *Pencereci*, LKV 2005, 137; vergaberechtliche Aspekte untersucht *J. Müller*, VergabeR 2005, 436.

139 *Pieroth*, NWVBl. 1992, 45; *Zimmermann*, JuS 1991, 294 (297).

140 *Gröning*, ZIP 2001, 497 (497); *Hattig/Ruhland*, VergabeR 2005, 436; *Schröder*, NVwZ 2005, 25; *Katz*, Kommunale Wirtschaft, Rn. 192 ff.; vgl. nunmehr auch das Gesetz zur Beschleunigung der Umsetzung von Öffentlichen Privaten Partnerschaften und zur Verbesserung gesetzlicher Rahmenbedingungen für Öffentlich Private Partnerschaften vom 1.9.2005, BGBl I 2005, S. 2676.

141 *Ehlers*, Verwaltung, S. 10.

142 Weiterführend *Ronellenfitsch*, in: HdBStR III, § 84 Rn. 29; *Strobel*, Verschwiegenheits- und Auskunftspflicht, S. 69 ff.; *dies.*, DBVl. 2005, 77; *Katz*, Kommunale Wirtschaft, Rn. 126 ff.

143 *Kunze/Bronner/Katz/v. Rotberg*, GemO f. BW, § 102 Rn. 12; *Engellandt*, Einflussnahme, S. 28 f.; *Hill*, Kommunalwirtschaft, S. 13 f.

144 Letzteres betont *Püttner*, KommunalR BW, Rn. 306; zu den Konflikten im Hinblick auf demokratische Kontrolle einerseits und den Tendenzen kommunaler Unternehmen zur Emanzipation andererseits vgl. *Kunze/Bronner/Katz/v. Rotberg*, GemO f. BW, § 102 Rn. 8.

Festzuhalten ist in diesem Zusammenhang noch, dass für die gemeindlichen Unternehmen in der Gemeindeordnung keine oder nur wenige Verpflichtungen statuiert sind, während für die Gemeinde selbst weit reichende Pflichten enthalten sind.[145] So richten sich beispielsweise die Zentralnorm des § 102 Abs. 1 GemO und die entsprechenden Parallelregelungen ausschließlich an die Gemeinde als Normadressat und nicht an das kommunale Unternehmen.[146]

145 *Jarass*, NWVBl. 2002, 335 (336).
146 *Köhler*, BayVBl. 2000, 1 (3).

Zweiter Abschnitt: Der Rechtsrahmen kommunaler Wirtschaftstätigkeit

A. Europarechtliche Vorgaben

Der Vorrang des europäischen Gemeinschaftsrechts vor dem nationalen Recht und dessen zunehmende Regelungsintensität bringen es mit sich, dass sich heute auch nahezu das gesamte Kommunalwirtschaftsrecht gegenüber dem Gemeinschaftsrecht rechtfertigen muss. Dem Gemeinschaftsrecht geht es dabei in erster Linie darum, den grenzüberschreitenden Wirtschaftsverkehr zu ermöglichen. Das kann sich sowohl zugunsten als auch zu Lasten der Kommunen auswirken.[147] Das Gemeinschaftsrecht verfolgt dabei die Zielsetzung, den grundsätzlichen Vorrang einer „offenen Marktwirtschaft mit freiem Wettbewerb" und ein System zu verwirklichen, das den Wettbewerb innerhalb des Binnenmarkts vor Verfälschungen schützt, d. h. die Wettbewerbsfähigkeit der europäischen Wirtschaft in zunehmend offenen Weltmärkten stärkt und damit einen Verbraucherschutz und –vertrauen durch Gewährleistung eines hochwertigen Angebots von Produkten zu günstigen Preisen sicherstellt, vgl. Art. 3 und 4 EGV.[148] Allerdings finden die Binnenmarktvorschriften grundsätzlich keine Anwendung auf nichtwirtschaftliche Tätigkeiten wie beispielsweise die Wahrnehmung der inneren Sicherheit, die Justizverwaltung sowie die Errichtung und Erhaltung eines Bildungssystems.[149] Auch auf rein innerstaatliche Sachverhalte sind die EG-Wettbewerbsregeln nicht anwendbar, was insbesondere für Daseinsvorsorgeleistungen auf regionaler und lokaler Ebene relevant werden kann.[150] Vor dem Hintergrund expandierender kommunaler wirtschaftlicher Betätigungen und zunehmender Infragestellung des Territorialitätsprinzips steigt die Wahrscheinlichkeit erheblich an, dass auch kommunale wirtschaftliche Betätigungen geeignet sind, den zwischen-staatlichen Handel zu beeinträchtigen und damit den Anwendungsbereich des EG-Vertrags zu eröffnen.[151]

---

147 *Ehlers*, DVBl. 1998, 497 (506); zur Weiterentwicklung des kommunalen Wirtschaftsrechts aufgrund EG-Rechts vgl. *Henneke*, in: FS Maurer, 1137 ff.; zur Berücksichtigung kommunaler Forderungen im EU-Verfassungsentwurf vgl. *Glietsch*, BWGZ 2003, S. 674.

148 *Katz*, Kommunale Wirtschaft, Rn. 67.

149 KOM (2000), 580, S. 13.

150 *Dohms*, in: Schwarze (Hrsg.), 41 (48 f.).

151 Auf die Problematik eine möglichen Unzulässigkeit der Subventionierung kommunaler Unternehmen nach Art. 87 Abs. 1 EGV und die Diskussion um die Zulässigkeit der Gewährträgerhaftung kann im Rahmen dieser Untersuchung nicht eingegangen werden.

Auf der Ebene des Europarechts tritt die Frage, durch wen oder mit welchen Mitteln die wirtschaftlichen Tätigkeiten erbracht werden, allerdings in den Hintergrund. Der EG-Vertrag nimmt vielmehr eine aufgabenbezogene Betrachtung gemeinwohlorientierter Leistungen vor, ohne dass es darauf ankäme, von wem diese erbracht werden.[152] Da nicht die Gestalt des Unternehmens (im Sinne des „Ob"), sondern allein seine Tätigkeit (das „Wie") gemeinschaftsrechtlich relevant ist, lässt das eigentumsrechtliche Neutralitätsgebot des Art. 295 EGV die Eigentumsordnung der Mitgliedsstaaten unberührt und schützt damit auch die Eigentumsverhältnisse der öffentlichen Unternehmen.[153] Aus diesem Grunde zwingt das Gemeinschaftsrecht auch nicht zu Privatisierungen.[154] Aufgrund dieser Neutralität kennt das Gemeinschaftsrecht auch kein Verbot einer wirtschaftlichen Betätigung der Mitgliedstaaten oder von öffentlichen Unternehmen.[155] Es überlässt die Entscheidung über das „Ob" und den Umfang einer öffentlichen Wirtschaft vielmehr den Mitgliedsstaaten[156] und fordert weder eine Privilegierung noch rechtfertigt es eine Diskriminierung öffentlicher Unternehmen. Vielmehr gilt der Grundsatz der Gleichbehandlung von öffentlichen und privaten Wirtschaftsunternehmen.[157]

Somit ist die wirtschaftliche Betätigung auch der Unternehmen der öffentlichen Hand nach Maßgabe der Artt. 86 Abs. 1 und 87 EGV grundsätzlich erlaubt.[158] Art. 86 EGV soll verhindern, dass die öffentliche Hand ihren Einfluss nutzt, um öffentlichen Unternehmen ungerechtfertigte Wettbewerbsvorteile zu ermöglichen.[159] Aus Art. 86 EGV ergibt sich, dass das allgemeine Wettbewerbsprinzip des Art. 3 Abs. 1 g) EGV auch für den Wettbewerb zwischen privaten und öffentlichen Unternehmen gilt.[160] Behinderungen des Marktzutritts privater Unternehmen müssen sich jedoch an den EG-Grundfreiheiten, dem Wettbewerbsrecht und dem Sekundärrecht messen lassen.[161] Die im innerstaatlichen Bereich un-

---

152 *Henneke*, in: Wurzel/Schraml/Becker (Hrsg.), Rechtspraxis, Teil A Rn. 26.

153 *Kämmerer*, NVwZ 2002, 1041 (1045 f.); *Classen*, in: Wallerath (Hrsg.), 85 (85); *Hailbronner*, NJW 1991, 593 (598 f.); *Burgi*, NZBau 2003, 539 (540 f.); *Katz*, Kommunale Wirtschaft, Rn. 67.

154 *Dohms*, in: Schwarze (Hrsg.), 41 (54); abw. *Ehlers*, DVBl. 1998, 497 (507 f.) m. w. N.: beachtlicher Privatisierungsdruck durch Gemeinschaftsrecht.

155 *Schneider*, DVBl. 2000, 1250 (1252); *Nagel*, Gemeindeordung als Hürde?, S. 39.

156 *Ehlers*, Gutachten DJT, S. 73, 90; *Kämmerer*, NVwZ 2002, 1041 (1045).

157 *Badura*, in: Schwarze (Hrsg.), 25 (28 f.); *Dohms*, in: Schwarze (Hrsg.), 41 (54 f.); *Dolde*, ZHR 166 (2002), 515 (515) m. w. N.; *Nagel*, Gemeindeordung als Hürde?, S. 39, 44 ff.; *ders.*, ZögU 23 (2000), 428 (435 f.); *Hailbronner*, NJW 1991, 593 (598 f.); *Scharpf*, EuZW 2005, 295 (295); *Katz*, Kommunale Wirtschaft, Rn. 67.

158 *Britz*, NvwZ 2001, 380 (381 m. Fn. 14); *Portz*, AbfallR 2005, 160 (160); *Scharpf*, EuZW 2005, 295 (295).

159 *Schneider*, DVBl. 2000, 1250 (1252).

160 *Nagel*, Gemeindeordnung als Hürde?, S. 47; *ders.*, ZögU 23 (2000), 428 (436).

161 *Ehlers*, Gutachten DJT, S. 90.

mittelbar anwendbare Vorschrift des Art. 86 Abs. 1 EGV erzwingt insoweit eine eindeutige Fixierung des öffentlichen Zwecks, indem die Mitgliedstaaten dazu verpflichtet werden, keine dem Vertrag widersprechenden Maßnahmen zu treffen oder beizubehalten.[162] Die daraus resultierende Bindung an die Wettbewerbsregeln der Art. 81 ff. EGV läuft auf eine weitgehende Gleichbehandlung von öffentlichen und privaten Unternehmen durch das Gemeinschaftsrecht hinaus und verbietet insbesondere eine staatliche Wirtschaftsbetätigung aus rein erwerbswirtschaftlichen Motiven nicht.[163]

Für Unternehmen, die mit „Dienstleistungen von allgemeinem wirtschaftlichem Interesse" betraut sind, gelten gemäß Art. 86 Abs. 2 EGV die Vorschriften dieses Vertrages, insbesondere des Wettbewerbsrechts, soweit die Anwendung dieser Vorschriften nicht die Erfüllung der ihnen übertragenen Aufgaben rechtlich oder tatsächlich verhindert. Im Rahmen des Erforderlichen und unter Würdigung der Regelung in Art. 16 EGV für die Dienstleistungen von allgemeinem wirtschaftlichem Interesse sind danach Ausnahmen vom Wettbewerbsrecht zulässig, und zwar sowohl für öffentliche als auch für private Unternehmen.[164] Durch diese Vorschrift wird konkludent der Vorbehalt zugunsten der Mitgliedstaaten bestätigt.[165] Erforderlich ist somit das Vorliegen eines Betrauungsaktes in Form eines staatlichen Hoheitsaktes, woraus sich auch das Erfordernis ergibt, dass das Kommunalrecht die Ausrichtung auf den öffentlichen Zweck eindeutig fixiert und steuerungstauglich präzisiert.[166] Der EuGH qualifiziert Art. 86 Abs. 2 EGV als eng auszulegende Ausnahme von den wettbewerblichen Vorschriften des Vertrags.[167] Dabei legt er den Mitgliedstaaten die Beweislast auf, wenn sie sich in einem Verfahren vor dem EuGH auf diese Ausnahmevorschrift berufen.[168] Im Hinblick auf die konkrete Auslegung der einzelnen Tatbestandsmerkmale des

162 *Ehlers*, JZ 1990, 1089 (1095), *ders.*, DVBl. 1998, 497 (500); *ders.*, Jura 1999, 212 (213); *Schneider*, DVBl. 2000, 1250 (1253).

163 *Ehlers*, Jura 1999, 212 (213); zust. *Henneke*, Der Landkreis 1999, 577 (579); *Classen*, in: Wallerath (Hrsg.), 85 (86) sieht hierin erhebliches Konfliktpotential.

164 *Schneider*, DVBl. 2000, 1250 (1253); *Dolde*, ZHR 166 (2002, 515 (515 f.); *Nagel*, Gemeindeordung als Hürde?, S. 39 ff.

165 *Badura*, in: Schwarze (Hrsg.), 25 (29).

166 *Ehlers*, JZ 1990, 1089 (1095); *ders.*, DVBl. 1998, 497 (500); *Dohms*, in: Schwarze (Hrsg.), 41 (58 ff.).

167 EuGH, Slg. 1997, I S. 5699 (5778); S. 5815 (5834); ausf. hierzu *Götz*, in: FS Maurer, 921 (921 ff., 926 ff.); der EuGH wagte sich erst 1993 in der Rechtssache „Corbeau" (Slg. 1993, I S. 2533 (2568 ff.)) erstmals an die Auslegung des Art. 86 Abs. 2 EG, vgl. *Kämmerer*, NVwZ 2002, 1041 (1042); *Alber*, in: Schwarze (Hrsg.), 73 (75, 90, 103 f.); nach *Badura*, in: Schwarze (Hrsg.), 25 (29) hat die Auslegung des EuGH die Ausnahme des Art. 86 Abs. 2 EG so weit erstreckt, dass die gemeinwohlorientierten Unternehmen eine gesicherte Vorrangstellung im marktwirtschaftlichen Wettbewerb erlangen könnten.

168 EuGH, Slg. 1997, I S. 5699 (5782); S. 5815 (5843); ausf. *Schneider*, DVBl. 2000, 1250 (1254); *Alber*, in: Schwarze (Hrsg.), 73 (91 f.).

Art. 86 Abs. 2 EGV nimmt der EuGH aber eine relativ großzügige Position ein, indem er die Definitionsbefugnisse bezüglich der „Dienstleistungen von allgemeinem wirtschaftlichen Interesse" den Mitgliedstaaten überlässt. Diese Gestaltungsbefugnis unterliegt lediglich einer Missbrauchskontrolle durch die Kommission und nachfolgend den EuGH.[169] Die Kommission hat diesbezüglich in einer „Mitteilung zu Leistungen der Daseinsvorsorge in Europa" vom 20.9.2000[170] aber grundlegende Feststellungen getroffen.[171] Insbesondere für die Kommunalwirtschaft ist daneben der Bericht der Kommission für den Europäischen Rat in Laeken zu den „Leistungen der Daseinsvorsorge" von Bedeutung.[172] Solche Leistungen sind im gemeinschaftsrechtlichen Sinn gemeinwohlorientierte Leistungen, die – marktbezogen oder nicht – „im Interesse der Allgemeinheit erbracht und daher von den Behörden mit spezifischen Gemeinwohlverpflichtungen verknüpft werden".[173] Dabei wird darauf hingewiesen, dass der Daseinsvorsorge auf europarechtlicher Ebene erst mit der Schaffung des Art. 16 EGV ein konstruktiver, positiver Stellenwert zuerkannt wurde.[174] Zumindest wurden die Dienste der Daseinsvorsorge durch diesen Artikel in gewisser Weise aufgewertet, indem die Bestimmung zwar kein subjektives Recht der Bürger auf qualifizierte Versorgung mit einem Mindeststandard einschlägiger Leistungen gewährt, aber zumindest auch alternative Wirtschaftsformen neben der wettbewerbsorientierten Marktwirtschaft akzeptiert.[175] Obwohl die kommunale Wirtschaftstätigkeit somit in den letzten Jahren mehrfach in das Blickfeld der Kommission geraten ist, ist das Europarecht gegenüber der kommunalen Wirtschaftstätigkeit weiterhin neutral.[176]

---

169 EuGH, Slg. 1997, I S. 5699 (5779); S. 5815 (5834); *Papier*, DVBl. 2003, 686 (693); *Schneider*, DVBl. 2000, 1250 (1254); *Burgi*, VerwArch 93 (2002), 255 (265); *Dohms*, in: Schwarze (Hrsg.), 41 (58); *Alber*, in: Schwarze (Hrsg.), 73 (75); KOM (2000), 580, S. 11, 22; *Kämmerer*, NVwZ 2002, 1041 (1043).

170 KOM (2000) 580 endg.

171 Dazu *Henneke*, in: FS Maurer, 1137 (1138 ff.); *Papier*, DVBl. 2003, 686 (693 f.); *Badura*, in: Schwarze (Hrsg.), 25 (32 ff.); *Dohms*, in: Schwarze (Hrsg.), 41 (42 ff.)

172 vom 17.10.2001, KOM (2001) 598 endg.; Beilage Nr. III/2002 zu NVwZ Heft 9/2002; dazu *Kämmerer*, NVwZ 2002, 1041 (1041 ff.).

173 Kommission der Europäischen Gemeinschaften, Leistungen der Daseinsvorsorge, Bericht für den Europäischen Rat in Laeken, KOM (2001) 598 endg., S. 24; krit. *Kämmerer*, NVwZ 2002, 1041 (1041) im Hinblick auf die Adaption dieses Begriffes, vgl. auch Schwarze, in: ders. (Hrsg.), 9 (12); *Alber*, in: Schwarze (Hrsg.), 73 (82 f.).

174 *Kämmerer*, NVwZ 2002, 1041 (1042); *Burgi*, VerwArch 93 (2002), 255 (265 f.) will die Daseinsvorsorge aber nicht allein deshalb als „Vertragsprinzip" anerkennen; ebenso *Alber*, in: Schwarze (Hrsg.), 73 (84); *Dohms*, in: Schwarze (Hrsg.), 41 (64 f.) weist darauf hin, dass danach keine weitergehenden Ausnahmen erlaubt sind, als bereits nach Art. 86 Abs. 2 EG zulässig sind.

175 *Schwarze*, in: Schwarze (Hrsg.), 9 (13 f.); *Badura*, in: Schwarze (Hrsg.), 25 (30).

176 Vgl. Grünbuch zu Dienstleistungen von allgemeinem Interesse vom 21.5.2003, KOM (2003), 270 endg.; dazu vgl. *Glietsch*, BWGZ 2003, S. 679.

Für die Frage der Zulässigkeit der kommunalen wirtschaftlichen Betätigung lassen sich aus den europarechtlichen Rahmenbedingungen keine Schlussfolgerungen ableiten. Der aufgabenbezogene Ansatz des Gemeinschaftsrechts und die Neutralität gegenüber der Person des Aufgabenträgers führen im Hinblick auf die Frage möglicher subjektiver Rechte privater Konkurrenten gegenüber unzulässiger kommunaler wirtschaftlicher Betätigung nicht weiter.

Demgegenüber wird vereinzelt sogar vertreten, dass die kommunalwirtschaftsrechtlichen Vorschriften europarechtswidrig seien: Art. 3 Abs. 1 S. 1 der Elektrizitäts- und Art. 3 Abs. 1 der Erdgasbinnenmarktrichtlinie werden als Ausprägungen des allgemeinen Gleichbehandlungsgrundsatzes in Art. 3 Abs. 2 EGV so verstanden, dass alle Wettbewerber unabhängig von ihrem Status als privates oder öffentliches Unternehmen gleich zu behandeln seien.[177] Werde die Zulassung von Privaten zu einer Tätigkeit erst durch eine europarechtlich geforderte Deregulierung von Gesetzen ermöglicht, welche eine Tätigkeit bisher den Kommunen oder zumindest der öffentlichen Hand vorbehalten hatten, so entstünde die paradoxe Situation, dass das Ziel der gemeinschaftsrechtlichen Maßnahme, die Durchsetzung des Wettbewerbsprinzips, durch das kommunalrechtliche Verbot der Mitgliedstaaten konterkariert werde. Die Umsetzung in nationales Recht sei dann fehlerhaft. Aus dem Anwendungsvorrang des europäischen Gemeinschaftsrechts folge, resultierend aus dem Grundsatz des bundesfreundlichen Verhaltens zur Vermeidung von Vertragsverletzungen durch die BRD, die Verpflichtung der Bundesländer zur entsprechenden Korrektur der Gemeindeordnungen, um solche Diskriminierungen zu vermeiden.[178] Diesem Ansatz ist bereits deshalb zu widersprechen, weil aus den europäischen Normen lediglich folgt, dass die kommunalen Unternehmen in Deutschland keinen Anspruch auf Befreiung von den Bestimmungen der Gemeindeordnungen haben, da es Sache des nationalen Rechts ist, zu bestimmen, wer subjektive öffentliche Rechte auf Freiheitsausübung hat und wer kompetenzgebundene öffentliche Aufgaben erfüllt. Da es den Gemeinden insoweit an einem entsprechenden Recht zu (unbeschränkter) Marktteilnahme fehlt, sind sie von vorneherein nicht solche Wettbewerber, die abgeleitet aus dem Europarecht eine Gleichbehandlung mit privaten Unternehmen im Inland verlangen können.[179] Die Mitgliedsstaaten sind nämlich – wie bereits ausgeführt – gemeinschaftsrechtlich nicht gehindert, den öffentlichen Unternehmen Selbstbeschränkungen aufzuerlegen.[180] Deshalb kann Kommunen nach der Gemeindeordnung auch eine gewinnorientierte Tätigkeit

177 *Nagel*, Gemeindeordnung als Hürde?, S. 47 ff.; *ders.*, ZögU 23 (2000), 428 (437 f.); *ders.*, NVwZ 2000, 758 (761); ähnl. *Wittig*, VR 2002, 90 (95).

178 *Nagel*, Gemeindeordnung als Hürde?, S. 64 f.; *ders.*, ZögU 23 (2000), 428 (430).

179 *Hösch*, WiVerw 2000, 159 (181-183); *ders.*, DÖV 2000, 393 (406).

180 *Ehlers*, Gutachten DJT, S. 41 f.; *Dolde*, ZHR 166 (2002), 515 (515); *Burgi*, VerwArch 93 (2002), 255 (264).

untersagt werden, während eine solche für private Unternehmen eine tragende Grundlage ist.[181]

B. Verfassungsrechtliche Vorgaben

Die wirtschaftliche Betätigung des Staates und der Gemeinden spielt sich innerhalb eines Regelungsrahmens ab, der für diese Aktivitäten teilweise sehr strenge Voraussetzungen statuiert, teilweise aber auch erstaunliche Freiheiten gewährt. Der Blick auf die verfassungsrechtlichen Vorgaben ist notwendig, weil sich bereits aus der Verfassung rechtliche Grenzen für eine kommunalwirtschaftliche Betätigung ergeben und die verfassungsrechtlichen Wertentscheidungen zudem auch bei der Interpretation der einfachrechtlichen Zulässigkeitskriterien kommunalwirtschaftlicher Unternehmen zu berücksichtigen sind.

I. Aussagen des GG zur Zulässigkeit kommunaler wirtschaftlicher Betätigung

1. Das „Subsidiaritätsprinzip"

Als mögliche Beschränkung gemeindlicher Wirtschaftstätigkeit wird vielfach das „Subsidiaritätsprinzip" herangezogen. Dieses enthält zwei Grundaussagen: Subsidiarität bedeutet zum einen den Vorrang der jeweils kleineren Einheit; d. h. der Staat darf erst tätig werden, wenn die gesellschaftlichen Kräfte zur Problembewältigung nicht ausreichen. Zum anderen muss Maxime staatlicher Intervention die größtmögliche Schonung gesellschaftlicher Substanz sein.[182] Übertragen auf die wirtschaftliche Betätigung wäre staatliches und kommunales unternehmerisches Eingreifen erst dann gerechtfertigt, wenn die Privatinitiative versagt hätte und auch andere nichtstaatlichen Stellen außerstande wären, die betreffende wirtschaftliche Tätigkeit zu erfüllen.[183] Gemeindliche Unternehmen müssten danach darauf angelegt sein, durch ihre Tätigkeit den Gemeindeangehörigen nur das zu bieten, was diese durch ihre eigene Tätigkeit nicht zu leisten vermögen.[184] Das Subsidiaritätsprinzip kann somit grundsätzlich in zweierlei Hinsicht fruchtbar gemacht werden: In erster Linie im Verhältnis des Einzelnen zum

---

181 OLG München, GewArch 2000, 279 (281) = NVwZ 2000, 835.

182 *Isensee*, Subsidiaritätsprinzip, S. 71 f.; ähnl. BVerfGE 10, 59 (83); *Rocke*, DVBl. 1973, 398 (400); *Faber*, DVBl. 1991, 1126 (1134); *Emmerich*, Wirtschaftsrecht, S. 108 f.

183 *Kunze/Bronner/Katz/v. Rotberg*, GemO f. BW, § 102 Rn. 14; *v. Mutius*, KommunalR, Rn. 292; *Hösch*, WiVerw 2000, 159 (171).

184 *Gerke*, Jura 1985, 349 (355); *Hösch*, WiVerw 2000, 159 (172).

Staat, zum anderen aber auch als Grundsatz, der eine Konkurrenz staatlicher Kompetenzen auflöst.[185]

Subsidiarität als allgemeines Verfassungsprinzip des GG hat, bis auf Art. 23 GG, der sich auf die Beziehungen der Bundesrepublik Deutschland zur Europäischen Union bezieht und deshalb keine Ableitungen für das Verhältnis des Staates zur Gesellschaft zulässt,[186] keine positive Erwähnung im Text des GG gefunden.[187] Im Verfassungskonvent von Herrenchiemsee wurde die Aufnahme des Subsidiaritätsprinzips in das GG verlangt, konnte aber nicht durchgesetzt werden.[188] Ob es als ungeschriebenes Verfassungsrecht normative Kraft entfaltet, wird von der h. A. abgelehnt.[189] Dagegen spricht auch die Tatsache, dass staatliche Eigenbetätigung im Wirtschaftsbereich schon von jeher üblich war.[190] Eine naturrechtliche Fundierung des Subsidiaritätsprinzips scheidet nach überwiegender Meinung ebenfalls aus. Nach dem Ursprünge bereits bei Aristoteles und Thomas von Aquin auszumachen sind, war seine bedeutendste Ausprägung das auf der Enzyklika „Quadragesimo anno" Papst Pius' XI. vom 15.5.1931 fußende Konzept der katholischen Soziallehre.[191] Das Subsidiaritätsprinzip stellt sich danach als ein „sozialphilosophischer Leitsatz" bzw. „sozialpolitisches Pro-

---

185 Vgl. hins. des zweitgenannten Aspekts Art. 5 EGV; *Sodan*, DÖV 2000, 361 (368); *Schmidt-Jortzig*, in: Schmidt-Jortzig/Schink, Subsidiaritätsprinzip, S. 3.

186 *Otting*, DVBl. 1997, 1258 (1260); *Nagel*, Gemeindeordnung als Hürde?, S. 24.

187 *Geis*, Öffentliche Förderung, S. 88; *Peters*, AfK 1967, 5 (9); *Ehlers*, Verwaltung, S. 98 f.; *ders.*, JZ 1990, 1089 (1096); *Henneke*, NdsVBl. 1998, 273 (277); *ders.*, Der Landkreis 1999, 226 (228); *Koehler*, VR 2000, 44 (46); relativierend *Hösch*, WiVerw 2000, 159 (171 f.).

188 *Bulla*, DVBl. 1975, 643 (649); *Erdmann*, DVBl. 1998, 13 (14); *Klein*, Teilnahme, S. 164; *Schmidt-Jortzig*, in: Schmidt-Jortzig/Schink, Subsidiaritätsprinzip, S. 8; *Stober*, ZHR 145 (1981), 565 (577).

189 BVerwGE 23, 304 (306); 39, 329 (338); *Geis*, Öffentliche Förderung, S. 88 ff.; *Kunze/Bronner/Katz/v. Rotberg*, GemO f. BW, § 102 Rn. 14; *Ronellenfitsch*, in: HdBStR III, § 84 Rn. 33; *Isensee*, Subsidiaritätsprinzip, S. 313; *Dickersbach*, WiVerw 1983, 187 (196); *Backhaus*, Öffentliche Unternehmen, S. 147; *Gusy*, JA 1995, 166 (170); *Emmerich*, Wirtschaftsrecht, S. 109; *Held*, WiVerw 1998, 264 (271); *Cronauge*, AfK 1999, 24 (30, 34); *Hill*, BB 1997, 425 (428); *Rocke*, DVBl. 1973, 398 (400); *Sailer*, BayVBl. 1974, 549 (549); *Stober*, ZHR 145 (1981), 565 (577); *Bulla*, DVBl. 1975, 643 (649); *Henneke*, NdsVBl. 1998, 273 (277); *Ruffert*, NVwZ 2000, 763 (764); *ders.*, VerwArch 92 (2001), 27 (44); *Faber*, DVBl. 2003, 761 (763); a. A. *Ackermann*, DVBl. 1965, 353 (353).

190 *Arndt*, in: Steiner (Hrsg.), Rn. 128; *Held*, WiVerw 1998, 264 (268 f.).

191 *Geis*, Öffentliche Förderung, S. 88 m. w. N.; *Isensee*, Subsidiaritätsprinzip, S. 18 ff.; *Faber*, DVBl. 1991, 1126 (1133 f.); *Brede*, ZögU 26 (2003), 176 (176); Übersetzung bei *Schmidt-Jortzig*, in: Schmidt-Jortzig/Schink, Subsidiaritätsprinzip, S. 5 u. *Hoffmann-Becking*, in: FS Wolff, 445 (445); *Sodan*, DÖV 2000, 361 (368 m Fn. 100); *Klüber*, GemeindeR, S. 239.

gramm" dar.[192] Spätestens seit Ende der 50er Jahre des vorigen Jahrhunderts ist weitgehend anerkannt, dass Subsidiarität kein überpositiver Rechtssatz ist, sondern ihm normative Kraft nur in Verbindung mit konkreten Aussagen des GG zukommen kann.[193] Dabei lassen sich verschiedene Ansätze zur Herleitung des Subsidiaritätsprinzips aus der Verfassung unterscheiden: Im staatsorganisatorischen Bereich wird es den Vorschriften über den Staatsaufbau, insbesondere den Kompetenznormen der Artt. 30, 70 GG sowie Art. 28 Abs. 2 GG entnommen.[194] Im Verhältnis des Staates zum Einzelnen bzw. der Gesellschaft wird das Subsidiaritätsprinzip meist aus der systematischen Abfolge der Individualgrundrechte in den Artt. 1, 2, 6, 9, 20, 79 und 28 GG herausgelesen.[195] Dieser Ansatz ist insofern aber nur bei einem engeren Verständnis richtig: Die Subsidiarität nimmt ihren Ausgang nur in der in Art. 1 Abs. 1 und Art. 2 Abs. 1 GG begründeten Garantie der freien Selbstentfaltung und –verantwortung. Daraus ergibt sich zweierlei: zum einen das Primat der Individualfreiheit vor staatlichem Handeln, zum anderen die Aufgabe des Staates, für die Verwirklichung der Freiheit zu sorgen. Damit wird die Freiheitsausübung nicht nur gegen, sondern auch im Staat gewährleistet. Der Staat trägt deshalb die „Beweislast", wenn er in gesellschaftliche Prozesse eingreift.[196] Eine staatliche Tätigkeit muss sich für ihre Rechtfertigung deshalb als notwendig erweisen, wobei an die diesbezügliche Prüfung ein strenger Maßstab anzulegen ist.[197] Gleichwohl bleibt festzuhalten, dass das Subsidiaritätsprinzip mangels grundgesetzlicher Verankerung einer wirtschaftlichen Betätigung des Staates und der Gemeinden nicht entgegensteht und eine solche nicht wirksam beschränken kann.[198]

---

192 *Schmidt-Jortzig*, in: Schmidt-Jortzig/Schink, Subsidiaritätsprinzip, S. 5 m. w. N.

193 Diverse Ansätze bei *Schmidt-Jortzig*, in: Schmidt-Jortzig/Schink, Subsidiaritätsprinzip, S. 8 ff.

194 Vgl. *Geis*, Öffentliche Förderung, S. 89 m. w. N.; *Hösch*, WiVerw 2000, 159 (171); *Rechenberg*, Ausarbeitung wiss. Dienste des Bundestags, S. 4; *Faber*, DVBl. 1991, 1126 (1133) m. w. N.

195 Vgl. die (abl.) Darstellung von *Bulla*, DVBl. 1975, 643 (649); *Hösch*, WiVerw 2000, 159 (171): „Grundrechte als negative Kompetenzvoschriften".

196 *Geis*, Öffentliche Förderung, S. 90; ausf. *Schmidt-Jortzig*, in: Schmidt-Jortzig/Schink, Subsidiaritätsprinzip, S. 10 ff.; *Peters*, AfK 1967, 5 (10 f.).

197 Ausf. *Sodan*, DÖV 2000, 361 (369) m.w.N.; ähnl. *Hösch*, WiVerw 2000, 159 (172).

198 h. A., vgl. Hess. VGH, NVwZ-RR 2005, 425 (427); VG Gießen, NVwZ-RR 2005, 201 (202); *Ehlers*, Jura 1999, 212 (214); *Engellandt*, Einflussnahme, S. 17 f.; *Erichsen*, Gemeinde und Private, S. 31 f.; *Henneke*, NdsVBl. 1998, 273 (277); *ders.*, Öff. Finanzwesen, Finanzverfassung, Rn. 480; *Hidien*, Gemeindliche Betätigungen, S. 130 f.; *R. Schmidt*, Öff. Wirtschaftsrecht AT S. 520; *Stober*, BB 1989, 716 (718); *Moraing*, Der Städtetag 1998, 523 (523); *ders.*, WiVerw 1998, 233 (242 f.); *Pöpel*, JA 1988, 127 (129); *Erdmann*, DVBl. 1998, 13 (14); *Krölls*, GewArch 1992, 281 (282); *Pieroth/Hartmann*, DVBl. 2002, 421 (427); *Britz*, NVwZ 2001, 380 (381); *Werner*, VBlBW 2001, 206 (207) m. w. N.; *Cronauge/Westermann*, Kommunale Unternehmen, Rn. 248;

2. Die „wirtschaftspolitische Neutralität" des GG

Das GG verzichtet im Gegensatz zur Weimarer Reichsverfassung[199] und einigen Landesverfassungen auf eine Regelung der Wirtschaftsverfassung, insbesondere kann ihm auch kein verfassungskräftiges Bekenntnis für ein bestimmtes Wirtschaftssystem entnommen werden.[200] Auch wenn der Befund der „wirtschaftspolitischen Neutralität" bis in unsere Tage hinein immer wieder bestritten wird,[201] ist aus guten Gründen an ihm festzuhalten. Denn das GG garantiert weder die wirtschaftspolitische Neutralität der Regierungs- und Gesetzgebungsgewalt noch die nur mit marktkonformen Mitteln zu steuernde „soziale Marktwirtschaft". Das GG ist vielmehr insoweit wirtschaftspolitisch neutral, als sich der Verfassungsgeber nicht ausdrücklich für ein bestimmtes Wirtschaftssystem entschieden hat. Der Gesetzgeber kann deshalb die ihm jeweils sachgemäß erscheinende Wirtschaftspolitik verfolgen, sofern er dabei das GG, genauer die bundesstaatliche Kompetenzverteilung, den staatlichen Auftrag, die rechtsstaatlichen Verfassungsgrundsätze und die grundrechtlichen Verfassungsgrundsätze, beachtet. Die gegenwärtige Wirtschafts- und Sozialordnung ist lediglich eine nach dem GG mögliche Ordnung.[202] Insofern ist der Gesetzgeber innerhalb des vom GG vorgegebenen Rahmens frei, sich für ein Wirtschaftssystem zu entscheiden, wobei der Rahmen der Verfassung extreme wirtschaftspolitische Modelle wie eine völlig liberalistische Marktwirtschaft auf der einen Seite oder eine Zentralverwaltungswirtschaft auf der anderen Seite ausschließt.[203]

Stober, in: FS Maurer, 827 (851) fordert, dem Subsidiaritätsprinzip als Leitprinzip der Zukunft verstärkt Geltung zu verschaffen.

199 Art. 151 ff. WRV.

200 BVerfGE 30, 317 (319); BVerwGE 39, 329 (336) (Bestattungsordner) = DB 1972, 1332 = MDR 1972, 804 = JuS 1972, 596 = BayVBl. 1973, 49 = VBlBW 1972, 105 m. Anm. *Emmerich*, JuS 1972, 596; *Di Fabio*, in: Maunz/Dürig, Art. 2 Abs. 1 Rn. 76; *Stober*, in: FS Maurer, 827 (830 f.); *Faber*, DVBl. 2003, 761 (763); *Hidien*, Gemeindliche Betätigungen, S. 126; *Dickersbach*, WiVerw 1983, 187 (196); *Ehlers*, Verwaltung, S. 88 f.

201 Zur Konzeption *Nipperdeys* vgl. *Sodan*, DÖV 2000, 361 (362); *Stober*, ZHR 145 (1981), 565 (574 f.); zur Diskussion vgl. auch *Tettinger*, DVBl. 1999, 679 (679 f.).

202 BVerfGE 4, 7 (17 f.); 7, 377 (400); 12, 354 (363); 14, 263 (275); 21, 73 (78); 25, 1 (19 f.); 30, 292 (317, 319); 50, 290 (336 ff.); 57, 139 (167); *Ehlers*, JZ 1990, 1089 (1089); *ders.*, Gutachten DJT, S. 33 f.; *Badura*, ZHR 146 (1982), 448 (459); *J. Becker*, DÖV 1984, 313 (316); *v. Gamm* WRP 1984, 303 (303); *Hill*, BB 1997, 425 (428); *Koehler*, VR 2000, 44 (46); *Maurer*, StaatsR, § 8 Rn. 87 f.; *H. Meyer*, LKV 2000, 321 (321 f.); *Moraing*, WiVerw 1998, 233 (243); *Stober*, ZHR 145 (1981), 565 (569); *M. Pagenkopf*, GewArch 2000, 177 (179); *Pöpel*, JA 1988, 127 (128); *Schliesky*, JA 1997, 902 (903); *ders.*, DVBl. 1999, 78 (81); *Zundel*, VR 1996, 340 (341); krit., *Sodan*, DÖV 2000, 361 (362 ff.).

203 BVerfGE 4, 7 (17 f.); *Frotscher*, Wirtschaftsverfassungs- und WirtschaftsverwaltungsR, Rn. 26; *Ehlers*, JZ 1990, 1089 (1089); *Di Fabio*, in: Maunz/Dürig, Art. 2 Abs. 1 Rn. 88; *Henneke*, NdsVBl. 1998, 273 (277); *ders.*, Der Landkreis 1999, 226 (228); *ders.*, Öff.

Aus der nicht vorhandenen Festlegung auf ein bestimmtes Wirtschaftssystem zugleich ein Verbot wirtschaftlicher Betätigung der öffentlichen Hand ableiten zu wollen, geht allerdings fehl.[204] Vielmehr akzeptiert das GG grundsätzlich die wirtschaftliche Betätigung als Form staatlichen Handelns. Dies ergibt sich aus der Sozialstaatsklausel und den punktuellen Regelungen der Artt. 105 Abs. 1, 106 Abs. 1, 108 Abs. 1, 109 Abs. 2, 110 Abs. 1 GG, 115 Abs. 2, 134 und 135 Abs. 6 GG, auch wenn diese die Zulässigkeitsfrage nicht ausdrücklich beantworten.[205] Auch Gewinne aus wirtschaftlicher Betätigung sind zulässige Einnahmequellen, sofern sie im Rahmen der Aufgabenstellung der Hoheitsträger und den Grenzen der Finanzierungsregelungen öffentlicher Aufgaben im GG, speziell des Steuerverfassungsrechts, erzielt werden.[206] Mangels eines ausdrücklichen Bekenntnisses zu einem bestimmten Wirtschaftssystem gebietet die Verfassung zudem auch nicht, einfach-gesetzliche Normen über die Zulässigkeit der wirtschaftlichen Betätigung von Gemeinden restriktiv auszulegen, um der Wirtschaftstätigkeit der Kommunen möglichst enge Grenzen zu ziehen.[207]

Ergänzend ist darauf hinzuweisen, dass sich entsprechenden landesverfassungsrechtlichen Normierungen teilweise ähnliche Aussagen entnehmen lassen,[208] sich teilweise aber auch eine andere Bewertung ergeben kann. So schreibt Art. 51 LV Rh.-Pf. in bewusster Abkehr von der These einer wirtschaftspolitischen Neutralität der Verfassungsordnung die soziale Marktwirtschaft als Grundlage der Wirtschaftsordnung fest. Eine öffentlichen Zwecken verpflichtete Kommunalwirtschaft bleibt mit dem marktwirtschaftlichen Modell – namentlich

---

Finanzwesen, Finanzverfassung, Rn. 479. Aus der Bindung des Staates an das Grundgesetz und v. a. an die Grundrechte aus Art. 12, 14 und 9 GG, aus der Regelung des Art. 1 Abs. 3 S. 1 des Vertrages über die Schaffung einer Währungs-, Wirtschafts- und Sozialunion zwischen der Bundesrepublik Deutschland und der DDR vom 18. Mai 1990 (StV) und aus Art. 4 Abs. 1 EG folgert *Sodan*, DÖV 2000, 361 (362 – 368) die verfassungsrechtliche Entscheidung für die soziale Marktwirtschaft als Leitprinzip der Wirtschaftsverfassung; abgeschwächt *Maurer*, StaatsR, § 8 Rn. 90 – 92; gegen *Sodan* aber *Stober*, in: FS Maurer, 827 (830 f.); *Krölls*, GewArch 1992, 281 (281 f.).

204 BVerwGE 39, 329 (336); VGH BW, VBlBW 1995, 99 = NJW 1995, 274 = BB 1994, 1956; *Gusy*, JA 1995, 166 (168); *Enkler*, ZG 1998, 328 (331); *Held*, WiVerw 1998, 264 (269); *Pöpel*, JA 1988, 127 (118); nach *Ronellenfitsch*, in: HdBStR III, § 84 Rn. 32 werden staatliche Einflussnahmen auf die Privatwirtschaft durch die Geltung der Grundrechte verfassungsrechtlich aber zur Ausnahme.

205 *Ehlers*, Verwaltung, S. 89; *Dickersbach*, WiVerw 1983, 187 (197); *Grupp*, ZHR 140 (1976), 367 (378 f.); *Stober*, ZHR 145 (1981), 565 (570 f.); *ders.*, BB 1989, 716 (718); *R. Schmidt*, Öff. Wirtschaftsrecht AT, S. 521; ebenso in Bezug auf rein fiskalische Staatstätigkeit *Backhaus*, Öff. Unternehmen, S. 151 f.; weitere Normen bei *Schliesky*, JA 1997, 902 (903); *ders.*, DVBl. 1999, 78 (81).

206 *Gern*, KommunalR BW, Rn. 388; *Stober*, NJW 2002, 2357 (2361).

207 *H. Meyer*, LKV 2000, 321 (322 f.).

208 *Dickersbach*, WiVerw 1983, 187 (197).

seinen sozialen und ökologischen Komponenten – aber weiterhin vereinbar.[209] Es entspräche aber den Gesetzen und Zielen der Marktwirtschaft, der Privatinitiative dort Vorrang zu geben, wo das gemeinsame Wohl der Einwohnerschaft eine eigene Wirtschaftstätigkeit der Gemeinde nicht erfordert.[210]

3. Das Prinzip des „Steuer- und Abgabenstaats" des GG

Ein entscheidender Einwand zumindest gegen eine rein erwerbswirtschaftliche Betätigung der öffentlichen Hand ergibt sich aus der verfassungsrechtlichen Entscheidung für den Abgabenstaat in den Artt. 105 ff. GG. Das Prinzip des Abgaben- bzw. Steuerstaats beruht auf dem Primat der wirtschaftlichen Betätigung Privater bei Vermeidung unbegrenzter finanzieller Risiken durch die öffentliche Hand.[211] Dadurch soll verhindert werden, dass sich Staat und Selbstverwaltungsträger am privaten wirtschaftlichen Wettbewerb beteiligen müssen, um ihre Aufgaben finanzieren zu können.[212] Diese sollen ihre Einnahmen vielmehr durch Teilhabe am jeweiligen Ertrags- und Tauschwert privater Leistungen und durch Erbringung von öffentlichen Leistungen gewinnen. Steuern sollen dabei die Haupteinnahmequelle bilden. Dem Abgabenstaat ist eine unternehmerische Motivation fremd, weil es an der öffentlichen Zielsetzung fehlt. Dies kommt auch in der Einräumung der Abgabenhoheit zum Ausdruck.[213] Die Gewinnerzielung durch Gewerbetriebe juristischer Personen des öffentlichen Rechts würde der von der Abgabenhoheit bezweckten Freistellung von der Teilnahme am wirtschaftlichen Wettbewerb zuwiderlaufen.[214] Im Übrigen würde der Staat durch Beteiligung an der ökonomischen Konkurrenz zwangsläufig seine

---

[209] VerfGH Rh.-Pf., DVBl. 2000, 992 (996 f.); *Ronellenfitsch*, in: HdBStR III, § 84 Rn. 32; skeptisch *Ruffert*, NVwZ 2000, 763 (764).

[210] VerfGH Rh.-Pf., DVBl. 2000, 992 (996 f.); *Oster*, in: Gabler/Höhlein/Klöckner/u. a., GemO Rh.-Pf., Vorbem. zu §§ 85-92 Erl. 2.2 m. w. N.

[211] *Henneke*, NdsVBl. 1998, 273 (282 f.); *ders.*, Der Landkreis 1999, 226 (232); *ders.*, Öff. Finanzwesen, Finanzverfassung, Rn. 502; *Stober*, BB 1989, 716 (720).

[212] *Löwer*, VVDStRL 60 (2001), 416 (420 f.); *P. Kirchhof*, in: HdBStR IV, § 88 Rn. 310; *Stober*, ZHR 145 (1981), 565 (587 f.); *ders.*, BB 1989, 716 (719); *Isensee*, DB 1979, 145 (149); *Müller-Terpitz*, NWVBl. 1999, 292 (297); *Krölls*, GewArch 1992, 281 (286); *Kluth*, in: Stober/Vogel (Hrsg.), 23 (26 f.); *Ehlers*, Jura 1999, 212 (214); *Papier*, DVBl. 2003, 686 (688 f.); *Berg*, WiVerw 2000, 141 (153) weist darauf hin, dass Träger öffentlicher Gewalt sich nicht doppelt finanzieren dürfen.

[213] *Stober*, BB 1989, 716 (719 f.); *ders.*, NJW 2002, 2357 (2362); *ders.*, ZHR 145 (1981), 565 (588); a. A. *Jarass*, DÖV 2002, 489 (490): Einnahmeerzielung durch erwerbswirtschaftliche Tätigkeiten unschädlich, solange Steuern die primäre Einnahmequelle sind; abl. auch *Storr*, Der Staat als Unternehmer, S. 127 ff.

[214] *Stober*, BB 1989, 716 (719); *Henneke*, NdsVBl. 1998, 273 (282 f.); *ders.*, Öff. Finanzwesen, Finanzverfassung, Rn. 500; *Papier*, DVBl. 2003, 686 (689); *Selmer*, in: Stober/Vogel (Hrsg.), 75 (88 f.) verneint hingegen die Relevanz der Finanzverfassung für die Erschließung fiskalischer Betätigungen.

eigene ökonomische Existenzgrundlage untergraben.[215] Diese Entscheidungen der Finanzverfassung dürfen nicht durch das Betreiben öffentlicher Unternehmen unterlaufen werden. Defizitäre staatliche Aufgaben im Steuerstaat sind vielmehr zwangsläufig von der Allgemeinheit zu finanzieren.[216] Mangels Kompetenz zur gewerblichen Betätigung ist rein gewerbliches Handeln der öffentlichen Hand nur ausnahmsweise bei Vorliegen einer Einzelfalllegitimation zulässig, da ansonsten das Tätigwerden des Staates und der Kommunen überhaupt nicht eingrenzbar wäre.[217]

4. Das Rechtsstaatsprinzip

Aus dem Rechtsstaatsprinzip ergeben sich ebenfalls gewisse Beschränkungen für die kommunale Wirtschaft: Aufgrund der Bindung an Vorrang und Vorbehalt des Gesetzes müssen die öffentliche Hand und ihre Unternehmen die bestehenden Gesetze beachten. Dies erfordert für eine Beteiligung der öffentlichen Hand am privaten Wirtschaftsverkehr eine besondere Legitimation, die sich explizit oder implizit aus dem Gesetz ergeben muss.[218] Im Rechtsstaat unterliegt der Staat im Gegensatz zum totalen Staat nämlich einem Begründungszwang, wenn er durch seine wirtschaftliche Tätigkeit in die dem Privaten vorbehaltene Sphäre vordringt, und unterliegt auch dem Übermaßverbot.[219] Der Wettbewerb auf dem Markt ist aus Sicht der Verfassung Ausdruck privater Autonomie, in dem der Staat nur dann als Marktteilnehmer auftreten und damit in den Raum privater Freiheit intervenieren kann, wenn sich diese Teilnahme auf eine Rechtfertigung stützen kann.[220] Diese wird überwiegend darin gesehen, dass der Staat

---

215 *Berg*, GewArch 1990, 225 (230); *Krölls*, GewArch 1992, 281 (286); *Stober*, ZHR 145 (1981), 565 (588 f.).

216 BVerfGE 93, 319 (342) m. Hinw. auf BVerfGE 78, 249 (266 f.); BVerfGE 82, 159 (179); *Ehlers*, Verwaltung, S. 92 f.; *ders.*, DVBl. 1998, 497 (499 f.); *ders.*, Jura 1999, 212 (214); *Stober*, BB 1989, 716 (720); *Kluth*, in: Stober/Vogel (Hrsg.), 23 (27); *Henneke*, NdsVBl. 1998, 273 (282 f.); *ders.*, Der Landkreis 1999, 226 (232); *ders.*, Der Landkreis 1999, 577 (579); *Hösch*, DÖV 2000, 393 (397); *Pöpel*, JA 1988, 127 (129); *Pielow*, NWVBl. 1999, 369 (377); *Ronellenfitsch*, DÖV 1999, 705 (709); *Schmahl*, LKV 2000, 47 (51); *Sodan*, DÖV 2000, 361 (370); *Zundel*, VR 1996, 304 (342); *Löwer*, VVDStRL 60 (2001), 416 (421); relativierend *Dickersbach*, WiVerw 1983, 187 (202); krit. *Jarass*, DÖV 2002, 489 (490 f.); a. A. *Hennerkes*, AfK 1999, 65 (67), nach dem die städtische Wirtschaft für die ausreichende Finanzausstattung einen wesentlichen Beitrag leisten könne; ebenso *Otting*, DVBl. 1997, 1258 (1260).

217 *Ronellenfitsch*, in: HdBStR III, § 84 Rn. 42; *Henneke*, NdsVBl. 1998, 273 (282 f.); *ders.*, Der Landkreis 1999, 226 (232); *Pöpel*, JA 1988, 127 (129); *Wolf*, GewArch 1999, 177 (179).

218 *Hösch*, WiVerw 2000, 159 (160); *Ehlers*, Gutachten DJT, S. 46.

219 *R. Schmidt*, Öff. Wirtschaftsrecht AT, S. 520 f.; *Held*, WiVerw 1998, 264 (270); *Hösch*, WiVerw 2000, 159 (160).

220 *Löwer*, VVDStRL 60 (2001), 416 (418 f., 434); *Hösch*, WiVerw 2000, 159 (160).

nur in Verfolgung öffentlicher Zwecke bzw. zur Erfüllung einer öffentlichen Aufgabe tätig werden darf, zumindest aber einem öffentlichen Interesse dienen muss, mit anderen Worten, dass jedes öffentliche Unternehmen durch Erfordernisse des Gemeinwohls hinreichend gerechtfertigt sein muss.[221] Als Konkretisierung wird vorgeschlagen, dass die konkrete wirtschaftliche Betätigung „vernünftigerweise geboten" sein müsse, was im Rahmen einer Güterabwägung, in die Erwägungen der Verhältnismäßigkeit und Subsidiarität einfließen könnten, zu ermitteln sei.[222] Die Legitimität der Teilnahme der öffentlichen Hand am Wirtschaftsleben aus rein erwerbswirtschaftlichem Gewinnstreben wird fast einhellig mit der Begründung verneint, dass die bloße Erzielung von Gewinnen der Steuer vorbehalten ist und als Nebenziel nur insoweit zulässig ist, als dadurch die Erfüllung des öffentlichen Zwecks nicht beeinträchtigt wird.[223] Durch eine solche erwerbswirtschaftliche Betätigung würde der Staat um der Finanzierung seiner Aufgaben willen grundrechtliche Freiheit gewinnen, die ihm nicht zusteht.[224]

Eine rechtsstaatlich befriedigende Begrenzung der wirtschaftlichen Betätigung der öffentlichen Hand ist indes dadurch noch nicht möglich, da dieser wegen der Beliebigkeit des Inhalts des öffentlichen Zwecks zumindest auf Verfassungs-

---

221 OLG Karlsruhe, NJW-RR 1996, 231 (Schilderverkauf im Bürgeramt) = WRP 1995, 857; *R. Schmidt*, Öff. Wirtschaftsrecht AT, S. 520 f. m. w. N.; *ders.*, in: Achterberg/Püttner/Würtenberger (Hrsg.), Bes. VerwR I, § 1 Rn. 204; *Ronellenfitsch*, in: HdBStR III, § 84 Rn. 39; *P. Kirchhof*, in: HdBStR IV, § 88 Rn. 309; *Scholz*, in: *Maunz/Dürig*, GG, Art. 12 Rn. 402.; *Badura*, in: FS Schlochauer, 3 (5 f.); *ders.*, ZHR 146 (1982); 448 (449); *Pieroth/Hartmann*, DVBl. 2002, 421 (427 f.); *Kämper/Heßhaus*, NWVBl. 2001, 377 (378 f.); *Berg*, WiVerw 2000, 141 (149); *ders.*, ThürVBl. 1994, 145 (147) leitet dieses Erfordernis aus den Grundrechten ab; *Burgi*, VerwArch 93 (2002), 255 (260 f.); *Löwer*, VVDStRL 60 (2001), 416 (419); *Held*, WiVerw 1998, 264 (270); *Hill*, BB 1997, 425 (430); *Pöpel*, JA 1988, 127 (129); *Schliesky*, JA 1997, 902 (903); *ders.*, DVBl. 1999, 78 (80 f.); *Wolf*, GewArch 1999, 177 (178); *Dolde*, ZHR 166 (2002), 515 (516); *Papier*, DVBl. 2003, 686 (689); *Rennert*, JZ 2003, 385 (390); gänzlich abl. *Dickersbach*, WiVerw 1983, 187 (198 ff.); *Backhaus*, Öff. Unternehmen, S. 143: „Tautologie".

222 *Ronellenfitsch*, in; HdBStR III, § 84 Rn. 39 m.w.N.; ähnl. *Gern*, KommunalR BW, Rn. 395; krit. *Löwer*, VVDStRL 60 (2001), 416 (428), da sich solche Gründe durchaus finden ließen.

223 OLG Karlsruhe, NJW-RR 1996, 231; ausf. *Ehlers*, Verwaltung, S. 92 ff.; *ders.*, JZ 1990, 1089 (1091); *ders.*, Jura 1999, 212 (213 f.) m. w. N.; *Held*, WiVerw 1998, 264 (270); *Zundel*, VR 1996, 340 (342); *Pieroth/Hartmann*, DVBl. 2002, 421 (428); *Isensee*, DB 1979, 145 (149); *Rennert*, JZ 2003, 385 (390); *Püttner*, Öff. Unternehmen, S. 131; differenzierend *Fröhler/Kormann*, GewArch 1984, 177 (182); zweifelnd *Kluth*, in: Stober/Vogel (Hrsg.), 23 (25 f.); *R. Schmidt*, in: Achterberg/Püttner/Würtenberger (Hrsg.), Bes. VerwR I, § 1 Rn. 204; Betrachtung der wirtschaftlichen Motive bei *Siekmann*, in: Stober/Vogel (Hrsg.), 103 (139 ff.); a. A. *Jarass*, DÖV 2002, 489 (491).

224 *Löwer*, VVDStRL 60 (2001), 416 (419); krit. *Jarass*, DÖV 2002, 489 (491 f.).

ebene keine substantielle allgemeine Schranke gezogen werden kann.[225] Die Bindung der Kommunen an Recht und Gesetz gem. Artt. 1 Abs. 3 und 20 Abs. 3 GG impliziert aber zumindest einen lückenlosen Schutz gegen rechtswidrige Übergriffe durch deren wirtschaftliche Betätigung.[226] Die verfassungsrechtliche Unzulässigkeit einer wirtschaftlichen Betätigung aus rein erwerbswirtschaftlichen Motiven findet sich aber auch auf einfach-gesetzlicher Ebene in den Bestimmungen über den „öffentlichen Zweck" in den Gemeindeordnungen wieder, auf die im weiteren Verlauf der Untersuchung zurückzukommen sein wird.

5. Aspekte des Sozialstaatsprinzips

Ein Argument für eine weithin zulässige kommunale wirtschaftliche Betätigung könnte sich demgegenüber aus dem Sozialstaatsgebot ergeben, falls dieses ein Gebot wirtschaftlicher Betätigung für die Gemeinden beinhaltete.[227] Allerdings würde mit einer solchen Forderung die Bedeutung des Sozialstaatsprinzips verkannt und seine Leistungskraft überfordert.[228] Die Sozialstaatsbestimmung des Art. 20 Abs. 1 GG ist zwar ein elementares Gestaltungsprinzip der gesellschaftlichen Ordnung, das auch die Gemeinden verpflichtet, zur Gewährleistung gleichmäßiger Lastenverteilung, zum Ausgleich und zu sozialer Gerechtigkeit tätig zu werden und im Rahmen ihrer Zuständigkeit für das Vorhandensein von Einrichtungen zu sorgen, die zur Versorgung der Bevölkerung erforderlich sind.[229] Zur Erfüllung dieser Verpflichtung können von den Kommunen auch ihre wirtschaftlichen Unternehmen eingesetzt werden.[230] Das Sozialstaatsprinzip verlangt zu seiner Verwirklichung aber das Tätigwerden des Gesetzgebers, der sich dabei um einen erträglichen Ausgleich der widerstreitenden Interessen und um die Herstellung erträglicher Lebensbedingungen für alle zu bemühen hat.[231] Dabei kommt ihm ein breiter Beurteilungsspielraum zu.[232] Schon deshalb ist das Sozialstaatsprinzip allein keine tragfähige Grundlage für ein wie auch immer geartetes Gebot kommunaler wirtschaftlicher Betätigung. Zudem bezieht sich dieses Prinzip nicht auf das „Ob", sondern auf das „Wie" staatlichen Handelns.[233] Rückschlüsse darauf, ob die wirtschaftliche Betätigung der öffentlichen Hand im Vergleich zu Privaten überhaupt zulässig ist, können aus ihm nicht ge-

---

225 *R. Schmidt*, Öff. Wirtschaftsrecht AT, S. 520 f.; *Löwer*, VVDStRL 60 (2001), 416 (418).

226 *Wolf*, GewArch 1999, 177 (178) m. w. N.

227 Aufgeworfen von *Erichsen*, Gemeinde und Private, S. 14.

228 *Erichsen*, Gemeinde und Private, S. 14 m. w. N.

229 *Boysen*, VR 1996, 73 (75); *Wolf*, GewArch 1999, 177 (178).

230 *Wolf*, GewArch 1999, 177 (178); *Ehlers*, Verwaltung, S. 89.

231 BVerfGE 1, 97 (105); 65, 182 (193); 75, 348 (359); *Dickersbach*, WiVerw 1983, 187 (202); *Hösch*, WiVerw 2000, 159 (165); *Bleckmann*, StaatsorganisationsR, § 11.

232 *Bleckmann*, Grundrechte, § 24 Rn. 147; *Ehlers*, Verwaltung, S. 90.

233 *Held*, WiVerw 1998, 264 (271 f.).

zogen werden.[234] Konkretisierungen des Auftrags des Sozialstaatsprinzips sind lediglich die Regelungen in den Gemeindeordnungen über die Verpflichtung zur Schaffung und Unterhaltung der nach den örtlichen Erfordernissen notwendigen öffentlichen Einrichtungen, auf deren Benutzung ein Anspruch der Gemeindeeinwohner besteht.[235] Aber auch diese Verpflichtung steht wiederum unter dem Vorbehalt der finanziellen und administrativen Leistungsfähigkeit der Gemeinde.[236]

6. Das Demokratieprinzip

Innerhalb der kommunalen Verwaltung dürfen keine rechtsfreien Kontrollvakuen entstehen; die vom Demokratiegebot geforderte Ableitung aller Staatsgewalt vom Volk verlangt vielmehr die Rückführbarkeit der Staatsgewalt sowie der Verwaltungsentscheidungen auf das Volk.[237] Da jede Art kommunaler Verwaltungstätigkeit letztlich der Kontrolle des vom Bürger gewählten Rates unterliegen muss, finden das Organisationsermessen und die freie Wahl der Rechtsform bei der Gründung von wirtschaftlichen Unternehmen und deren Tätigkeit dort ihre Grenze, wo die Legitimationskette zwischen dem Gemeinderat/Bürgermeister und dem gemeindlichen Unternehmen nicht mehr gesichert ist. Dies gilt auch für die wirtschaftende Verwaltung.[238] Die delegierenden Verwaltungsträger dürfen sich daher nicht des notwendigen Mindestmaßes an Aufsichts- und Kontrollrechten entäußern. Das BVerfG hat in seiner Rechtsprechung den Rahmen des Zulässigen dahingehend abgesteckt, dass die demokratisch legitimierte Verwaltung zumindest ein letztentscheidendes Einflussrecht auf verselbständigte Verwaltungsteile behalten müsse. Wenn die Leistungserbringung für die Einwohner einer Kommune angesichts der Bedeutung der Leistung von einigem politischen Gewicht sei, müsse die Gemeinde sogar von Verfassungs wegen die Aufgabenerfüllung in ihrem eigenen Einflussbereich halten.[239] Die erforderliche demokratische Legitimation kann durch das Zusammenwirken unterschiedlicher Mittel hergestellt werden, insbesondere durch die Bestellung des Personals durch die Verwaltungsspitze (personelle Legitimation),

---

234 *Held*, WiVerw 1998, 264 (271 f.); *Dickersbach*, WiVerw 1983, 187 (202); nach a. A. wird aus dem Sozialstaatsprinzip geschlossen, daß der Staat nur zu einem sozialen, d.h. zu einem gemeinnützigen oder dem Gemeinwohl dienenden Handeln legitimiert sei; vgl. *Pöpel*, JA 1988, 127 (129).

235 In BW in § 10 Abs. 2 S. 1 u. 2 GemO geregelt.

236 *Boysen*, VR 1996, 73 (75).

237 *Maurer*, StaatsR, § 7 Rn. 21 ff.; *Katz*, BWGZ 1998, 687 (687).

238 *Held*, WiVerw 1998, 264 (270 f.); *Boysen*, VR 1996, 73 (74 f.); *H. Meyer*, LKV 2000, 321 (324); *Wahl*, in: *Henneke* (Hrsg.), Organisation, 15 (29 f.); *Grupp*, ZHR 140 (1976), 367 (381 f.).

239 BVerfGE 93, 37 (67 ff.) = NVwZ 1996, 574; VerfGH Berlin, NVwZ 2000, 794; *Ehlers*, Gutachten DJT, S. 45; *Boysen*, VR 1996, 73 (74 f.); *Engellandt*, Einflussnahme, S. 20 ff.

Bindung an Recht und Gesetz (inhaltlich-sachliche Legitimation) und Aufsicht und Weisung (institutionelle Legitimation). Die Legitimation muss umso höher sein, je bedeutsamer die Materie für die öffentliche Aufgabe ist.[240] Das Demokratieprinzip fordert aber keine „ständige Gängelei und fortwährende Kontrolle" der ausführenden Organisation, vielmehr sind Organisationsbedingungen und Steuerungsmöglichkeiten ausreichend, die ausschließen, dass die Vorstellungen des Rates als dem legitimierten Organ der Bürger in der Gemeinde jedenfalls in wesentlichen Entscheidungen vorbehaltlos übergangen werden können.[241] Die Einwirkungspflicht bezieht sich in erster Linie auf die Vorgabe und Kontrolle der Unternehmensziele und der grundsätzlichen Aufgabenstellung der Beteiligungen.[242] Diesen verfassungsrechtlichen Anforderungen haben die Länder dadurch Rechnung getragen, dass sie in ihren Gemeindeordnungen beispielsweise der Gemeinde auferlegen, sicherzustellen, dass sie einen angemessenen Einfluss in den Organen des privatrechtlich organisierten gemeindlichen Unternehmens erhält.[243]

Neuerdings wird im Schrifttum die Unauflösbarkeit der Spannung zwischen Demokratie- und Wirtschaftlichkeitsprinzip problematisiert und aus der daraus folgenden Unmöglichkeit einer dem Demokratieprinzip gerecht werdenden Steuerung staatlicher Wirtschaftseinheiten geschlossen, dass eine unternehmerische Betätigung der öffentlichen Hand prinzipiell untersagt ist.[244] Dieser verfassungsrechtliche Widerspruch muss zwar aufgelöst werden,[245] wird aber überschätzt, weil im einfachen Gesetzesrecht die Anforderungen an gemeindliche Unternehmen konkretisiert und Umsetzungsinstrumente zur Verwirklichung der Zwecksetzungen bereitgestellt werden.[246] Letztlich ist zusammenfassend festzuhalten, dass sich auch aus dem Demokratieprinzip keine wirksamen Begrenzungen kommunaler Wirtschaftstätigkeit ableiten lassen.

---

240 BVerfGE 93, 37 (70 f.); *Schmehl*, JuS 2001, 233 (234); *Wolfers*, NVwZ 2000, 765 (765 f.).

241 *Held*, WiVerw 1998, 264 (289 f.); *Wolf*, GewArch 1999, 177 (178); *Engellandt*, Einflussnahme, S. 21.

242 *Engellandt*, Einflussnahme, S. 21 f.; *Ehlers*, in: Wurzel/Schraml/Becker (Hrsg.), Rechtspraxis, Teil B Rn. 43.

243 *Glauben*, ZG 1997, 148 (151).

244 *Gersdorf*, Öff. Unternehmen, S. 476 ff., 488 ff., 500 f.; krit. *Burgi*, VerwArch 93 (2002), 255 (261 f.); abl. *Ehlers*, Gutachten DJT, S. 45.

245 *Stober*, NJW 2002, 2357 (2362).

246 *Burgi*, VerwArch 93 (2002), 255 (262); *Ehlers*, Gutachten DJT, S. 45; a. A. *Stober*, NJW 2002, 2357 (2362).

II. Verfassungsrechtliche Vorgaben für die Kommunalwirtschaft

1. Die Grundrechtsbindung gem. Art. 1 Abs. 3 GG i. V. m. Art. 20 Abs. 3 GG

Die Grundrechte binden gem. Art. 1 Abs. 3 GG Gesetzgebung, vollziehende Gewalt und Rechtsprechung als unmittelbares Recht. Damit sind alle staatlichen Funktionsträger und die Funktionen als solche gebunden, gleichgültig von wem sie ausgeübt werden, sofern sie sich unmittelbar oder mittelbar als Wahrnehmung staatlicher Gewalt erweisen.[247] Abgezielt wird auf eine lückenlose, vollumfängliche Bindung der Staatsgewalt bei jeglichem Handeln, mag die gesetzliche Formulierung auch offen lassen, unter welche Funktion die jeweilige staatliche Tätigkeit zu subsumieren ist.[248]

a) Grundrechtsbindung bei wirtschaftlicher Betätigung

Die Grundrechtsbindung der Gemeinde selbst als Gebietskörperschaft kann nicht ernsthaft in Frage gestellt werden. Zweifel ergeben sich aber hinsichtlich ihrer wirtschaftlichen Unternehmen. Hat die Gemeinde hierfür eine öffentlich-rechtliche Organisationsform gewählt, hat dies keine Auswirkungen auf die Grundrechtsbindung dieses Unternehmens, da sich allein dadurch nichts an der grundsätzlichen Zuordnung zur Gemeinde und zur staatlichen Sphäre geändert hat.[249] Problematisch im Hinblick auf die Grundrechtsbindung sind hingegen die Fälle, in denen sich die Gemeinde bei der Gründung ihrer wirtschaftlichen Unternehmen für Rechtsformen des Privatrechts entscheidet.[250]

Ob und inwieweit Träger der öffentlichen Gewalt auch bei privatrechtlichem Handeln unter den Begriff der „vollziehenden Gewalt“ in Art. 1 Abs. 3 GG fallen und damit grundrechtsgebunden sind, wird seit Jahrzehnten unter dem Oberbegriff „Fiskalgeltung der Grundrechte“ diskutiert. Früher wurde die Grundrechtsbindung und generell die Bindung an die Kompetenzgrenzen der Artt. 30, 28 Abs. 2, 83 ff. GG bei wirtschaftlicher Betätigung abgelehnt, weil diese bei wirtschaftlicher Betätigung dem Bürger als gleichberechtigter Mitbewerber und

247 *Stern*, Staatsrecht, Bd. III, S. 1204; *Erichsen/Ebber*, Jura 1999, 373 (374 f.); *Jarass*, in: Jarass/Pieroth, GG, Art. 1 Rn. 19; *Grupp*, ZHR 140 (1976), 367 (378); *Isensee*, DB 1979, 145 (148).

248 *Rüfner*, in: HdbStR V, § 117 Rn. 1; *Schliesky*, JA 1997, 902 (904); *ders.*, DVBl. 1999, 78 (81); *Ackermann*, DVBl. 1965, 353 (353); ausf. zur Fiskalgeltung der Grundrechte *Klein*, Teilnahme, S. 165 ff.

249 *Oster*, in: Gabler/Höhlein/Klöckner/u. a., GemO Rh.-Pf., Vorbem. zu §§ 85-92 Erl. 3.4.1.1.; *Erichsen*, Gemeinde und Private, S. 24 f.; *Selmer*, in: Stober/Vogel (Hrsg.), 75 (96).

250 *Heimlich*, NVwZ 2000, 746 (748); abl. hinsichtlich einer Differenzierung nach Handlungs- und Organisationsformen bzw. den verfolgten Zwecken *Kluth*, Grenzen, S. 59.

nicht unter Inanspruchnahme öffentlicher Gewalt gegenüberträten.[251] Diese Ansicht widerspricht aber den grundgesetzlichen Vorgaben, wonach prinzipiell zwischen den Sphären des Staates und der Gesellschaft und damit zugleich zwischen öffentlicher Verwaltung und Privatwirtschaft zu unterscheiden ist. Die Privatwirtschaft darf für sich die Privatautonomie in Anspruch nehmen, während die öffentliche Verwaltung grundsätzlich als ganzes kompetenzgebunden ist und einer kompetenziellen Grundlage für ihr Handeln bedarf.[252] Deshalb vertritt heute die h. A. eine umfassende Grundrechtsbindung auch bei Tätigwerden in privater Rechtsform. Auszugehen ist dabei von dem Gedanken, dass die Form staatlichen Handelns für die Grundrechtsbindung letztlich nicht ausschlaggebend sein kann, v. a. nicht in den Bereichen, in denen die öffentliche Hand die Form wählen kann.[253] Die äußere Form als solche darf nicht soweit verabsolutiert werden, dass man den Staat aus seiner Grundrechtsbindung entlassen wollte, nur weil er seine Tätigkeit in privatrechtlicher Rechtsform erbringt.[254] In diesem Zusammenhang kann der viel zitierte Satz von der „Flucht von Staat und Gemeinde in das Privatrecht"[255] fruchtbar gemacht werden. Die Gemeinde kann sich nicht durch Wahl privatrechtlicher Organisationsformen öffentlich-rechtlichen Bindungen entziehen.[256] Im Zuge dieser Diskussion wurden drei Fallgruppen herausgearbeitet: das fiskalische Hilfsgeschäft, das der Bedarfsdeckung zur Erfüllung staatlicher Aufgaben dient, die erwerbswirtschaftliche Betätigung des Staates sowie die unmittelbare Wahrnehmung von Verwaltungsaufgaben in privatrechtlichen Formen (sog. Verwaltungsprivatrecht).[257] Relativ unstreitig besteht in der letzten Fallgruppe eine unmittelbare Grundrechtsbindung des Staates,[258]

---

251 Sog. „Fiskus-Theorie"; vgl. *Wieland*, NWVBl. 2000, 246 (248); *Moraing*, Der Städtetag 1998, 523 (525); *ders.*, WiVerw 1998, 233 (244 f.); abl. *Henneke*, NdsVBl. 1998, 273 (278 f.).

252 *Ehlers*, Gutachten DJT, S. 43 f.

253 *Rüfner*, in: HdBStR V, § 117 Rn. 40, 41; *Held*, in: Henneke (Hrsg.), 113 (119); *Schmittat*, ZHR 148 (1984), 428 (445 f.).

254 *V. Arnauld*, DÖV 1998, 437 (442), *Oster*, in: Gabler/Höhlein/Klöckner/u. a., GemO Rh.-Pf., Vorbem. zu §§ 85-92 Erl. 2.2.6.; *Glauben*, ZG 1997, 148 (153 f.); a. A. *Pieroth*, NWVBl. 1992, 85 (88).

255 Dieser Begriff geht zurück auf *Fritz Fleiner*, Institutionen des Deutschen Verwaltungsrechts, 8. Aufl. 1928, S. 326.

256 *Maurer*, Allg. VerwR, § 3 Rn. 9; *Ehlers*, Gutachten DJT, S. 39; *Tomerius/Breitkreuz*, DVBl. 2003, 426 (430); *Kunze/Bronner/Katz/v. Rotberg*, GemO f. BW, § 102 Rn. 55; *Püttner*, in: FS Maurer, 713 (715); *Stober*, NJW 1984, 449 (453); abl. *Erichsen*, Gemeinde und Private, S. 27.

257 Krit. *Stober*, BB 1989, 716 (720); abl. auch *Grupp*, ZHR 140 (1976), 367 (378).

258 BGHZ 52, 325 (327 ff.); 91, 84 (96 ff.); *v. Arnauld*, DÖV 1998, 437 (438); *Stober*, BB 1989, 716 (720); *Emmerich*, Die kommunalen Versorgungsunternehmen, S. 41; *Erichsen*, Gemeinde und Private, S. 23, 27.

während diese Bindung in den beiden übrigen Fällen umstritten ist,[259] im Rahmen dieser Untersuchung aber offen bleiben kann, da im Falle gemeindlicher wirtschaftlicher Betätigung durch juristische Personen des Privatrechts in privatrechtlicher Form Verwaltungsprivatrecht gilt, weil die Gemeinde auf Grundlage von Art. 28 Abs. 2 GG öffentliche Zwecke verfolgt, deren Erreichung der demokratischen und rechtsstaatlichen Kontrolle unterliegen muss, auch wenn sie privatrechtlich agiert. Verwaltungsprivatrecht bedeutet insofern, dass die Gemeinde an die öffentlich-rechtlichen Kompetenznormen, Grundrechte sowie sonstigen Grundsätze des öffentlichen Rechts gebunden ist und diesen zur Durchsetzung verhelfen muss.[260] Dieser Befund darf zumindest in den Bereichen als gesichert gelten, in denen gemeindliche Monopole bestehen[261] bzw. Aufgaben der Daseinsvorsorge im engeren Sinne erbracht werden.[262] Aber auch darüber hinausgehend verfängt die Erwägung, dass Eigengesellschaften nicht Ergebnis privatautonomer Zusammenschlüsse, sondern nur verselbständigte Erfüllungsgehilfen der Verwaltung sind.[263] Somit kann die gesamte Leistungsverwaltung unter den Begriff des Verwaltungsprivatrechts fallen.[264] Mag man auch der Unbestimmtheit des Kriteriums „unmittelbar öffentliche Zwecke“ kritisch gegenüberstehen, so ist diese Unbestimmtheit als unvermeidlich hinzunehmen. Denn dieses Kriterium ist als Korrektiv notwendig, da der Staat gerade gegenüber dem privaten Partner auch eine öffentliche Aufgabe wahrnimmt.[265]

Somit bleibt die Grundrechtsbindung der Gemeinde und ihrer Tochter- und Beteiligungsunternehmen auch beim Tätigwerden in privaten Rechtsformen beste-

---

259 Verneinend BGHZ 36, 91 (95 f.); 97, 312 (316); *Starck*, in: v. Mangoldt/Klein/Starck, GG, Art.1 III Rn. 196; vgl. *v. Arnauld*, DÖV 1998, 437 (439); bejahend *Jarass*, in: Jarass/Pieroth, GG, Art 1 Rn. 23; *Stern*, StaatsR Band III, S. 1412 f.; *Denninger*, in: AK GG, Art. 1 II, III Rn. 30; *Pieroth/Schlink*, Grundrechte, Rn. 171; *Stober*, BB 1989, 716 (720); *Erichsen/Ebber*, Jura 1999, 373 (375); *Erichsen*, Gemeinde und Private, S. 24; *Scholler*, Grundzüge, S. 230.

260 BVerwG, NvwZ 1991, 59; BGHZ 52, 325 (327 ff.); 65, 284 (287); 91, 84 (96 f.); 93 372 (381); NJW 1994, 586 (589); *Ronellenfitsch*, in: HdBStR III, § 84 Rn. 47; *Boysen*, VR 1996, 73 (74); *v. Gamm*, WRP 1984, 303 (304); *Kunze/Bronner/Katz/v. Rotberg*, GemO f. BW, § 102 Rn. 55; *Oster*, in: Gabler/Höhlein/Klöckner/u. a., GemO Rh.-Pf., Vorbem. zu §§ 85-92 Erl. 3.4.1.1. f.; *Vollmöller*, ThürVBl. 1996, 193 (195); *Arndt*, in: Steiner (Hrsg.), Rn. 117; *Hösch*, Kommunale Wirtschaftstätigkeit, S. 55 f.; *R. Schmidt*, in: Achterberg/Püttner/Würtenberger (Hrsg.), Bes. VerwR I, § 1 Rn. 199; aus der Geltung der Grundrechte über das Privatrecht leitet *Brenner*, AöR 127 (2002), 220 (230 f.), eine Schutzpflicht des Staates zur Einwirkung auf die Eigengesellschaften ab.

261 *V. Arnauld*, DÖV 1998, 437 (439).

262 *Grupp*, ZHR 140 (1976), 367 (377); krit. *Erichsen*, Gemeinde und Private, S. 26.

263 *Boysen*, VR 1996, 73 (74); ausf. *Hösch*, WiVerw 2000, 159 (169).

264 *Scholler*, Grundzüge, S. 229; *Badura*, in: FS Schlochauer, 3 (10 f.).

265 *Ronellenfitsch*, in: HdBStR III, § 84 Rn. 47.

hen.[266] Die privatrechtlichen Einrichtungen sind dabei selbst unmittelbare Grundrechtsadressaten. Die Durchsetzung eines Grundrechts über die Einwirkungsmöglichkeiten des Muttergemeinwesens wäre in der Rechtswirklichkeit zu unsicher, weil seine praktische Wirkung dadurch zu sehr begrenzt würde und AG und GmbH gegenüber der Gemeinde als Mutterkörperschaft rechtlich verselbständigt sind.[267] Sonst könnte die Kommune durch die Wahl der Organisationsform die Reichweite der Grundrechte wenngleich nicht rechtlich, so doch zumindest faktisch bestimmen.[268]

b) Besonderheiten bei gemischt-wirtschaftlichen Unternehmen

Auf die gemischt-wirtschaftlichen Unternehmen sind die obigen Ausführungen nicht uneingeschränkt übertragbar, da bei diesen die Rechte der privaten Anteilseigner zu berücksichtigen sind. Nur der öffentliche Anteilseigner ist dabei zur unmittelbaren Beachtung der Grundrechte verpflichtet, der seinen Einfluss nicht grundrechtswidrig, sondern nach Möglichkeit im Sinne der Grundrechte geltend machen muss. Dadurch wird eine Umgehung der staatlichen Grundrechtsbindung ausgeschlossen.[269] Namentlich BVerwG und BGH bejahen aber die Grundrechtsbindung, wenn die privatrechtliche Organisationseinheit vom Staat beherrscht wird, d. h. der Staat oder seine Untergliederungen etwa aufgrund der Beteiligungsverhältnisse das Handeln des Unternehmens steuern können.[270] Für die Frage, ab welcher Beteiligung die Grundrechtsbindung des Staates das anteilig in seinem Eigentum stehende Unternehmen erfasst, werden differenzierte Lösungen vorgeschlagen.[271] Die überwiegende Literaturansicht lehnt dagegen eine Grundrechtsbindung in solchen Fällen generell und unabhängig vom Umfang der staatlichen Beteiligung ab.[272] Bei Beteiligung Privater ändere

266 Plakativ *Ehlers*, DVBl. 1998, 497 (504): „Die öffentliche Verwaltung bleibt auch dann Verwaltung, wenn sie wirtschaftet.“; *ders.*, Gutachten DJT, S. 43; *Held*, WiVerw 1998, 264 (267); *Rüfner*, in: HdBStR V, § 117 Rn. 2; *Katz*, BWGZ 1998, 687 (687); *ders.*, BWGZ 2003, 207 (208); *Dreier*, in: *Dreier* (Hrsg.), GG, Art. 28 Rn. 82; *Badura*, DÖV 1998, 818 (822); *Berg*, WiVerw 2000, 141 (146).

267 *Püttner*, Öff. Unternehmen, S. 119; *Maurer*, Allg. VerwR, § 3 Rn. 9, § 17 Rn. 1.

268 *Jarass*, in: Jarass/Pieroth, GG, Art. 1 Rn. 24; *Rüfner*, in: HdBStR V, § 117 Rn. 47 f.; *Scholler*, Grundzüge, S. 230; a. A. *Püttner*, Öff. Unternehmen, S. 119 f.

269 *Rüfner*, in: HdBStR V, § 117 Rn. 49; *Ehlers*, Gutachten DJT, S. 39 f.; *Oster*, in: Gabler/Höhlein/Klöckner/u. a., GemO Rh.-Pf., Vorbem. zu §§ 85-92 Erl. 2.2.6.

270 BGH NJW 1985, 197 (200); BVerwG, DÖV 1990, 614 f.; *Stern*, StaatsR Band III, S. 1421 f.; *Boysen*, VR 1996, 73 (74).

271 Weiterführend *v. Arnauld*, DÖV 1998, 437 (445).

272 *Rüfner*, in: HdBStR V, § 117 Rn. 49; *Dreier*, in: Dreier (Hrsg.), GG, Art. 1 III Rn. 52; *Starck*, in: v. Mangoldt/Klein/Starck, GG, Art. 1 III Rn. 145; *Ehlers*, Gutachten DJT, S. 39.

sich nicht nur die Form, sondern auch die Trägerschaft der Aufgabenwahrnehmung und läge keine Staatsgewalt mehr vor.[273]

2. Grundrechtsfähigkeit der Gemeinde

a) Grundrechtsfähigkeit bei öffentlich-rechtlicher Rechtsform

Das Recht auf wirtschaftliche Betätigung können die Gemeinden ausschließlich aus Art. 28 Abs. 2 GG und Art. 71 LV, dem kommunalen Selbstverwaltungsrecht, ableiten. Bei diesen Normen handelt es sich um öffentlich-rechtliche Kompetenznormen, an welche die Gemeinde gebunden ist. Art. 28 Abs. 2 GG ist dagegen kein Grundrecht für die Gemeinde und gewährt ihr kein subjektives öffentliches Recht gegenüber dem Staat.[274] Dafür spricht zum einen das formale Argument, dass dieser Artikel in den organisatorischen Teil des GG eingeordnet ist und im Gegensatz zur Regelung des Art. 127 WRV außerhalb des Grundrechtskatalogs steht, zum anderen das materielle Argument, dass die kommunale Selbstverwaltung selbst „im Staat steht".[275] Dies ergibt sich auch aus dem Fehlen einer individuellen Bestandsgarantie für Gemeinden sowie dem spezifischen Schutzzweck der Grundrechte zur Abschirmung der Freiheitssphäre von Individuen gegenüber dem Staat, nicht aber zum Schutz von Verwaltungssphären oder –ebenen. Auch die Möglichkeit der Erhebung einer Kommunalverfassungsbeschwerde gem. Art. 93 Abs. 1 Nr. 4 b GG, § 91 BVerfGG ändert an diesem Befund nichts.[276] Dennoch ist die Gewährleistung wenigstens strukturell mit einem Grundrecht vergleichbar.[277]

Die Diskussion um die „Unternehmerfreiheit der Kommunen", die im Anschluss an die grundrechtsgleichen Gewährleistung in Art. 127 WRV auch noch nach Inkrafttreten des GG weitergeführt wurde,[278] ist spätestens seit der *„Sasbach"*-

---

273 *Erichsen/Ebber*, Jura 1999, 373 (376 f.); *Erichsen*, Gemeinde und Private, S. 28.

274 *Dürig*, in: Maunz/Dürig, GG, Art. 19 III, Rn. 48.

275 *Kimminich*, Schutz kommunaler Unternehmen, S. 54 f. m. w. N.; *Katz*, BWGZ 2003, 207 (208); *Schoch*, Verfassungsrechtlicher Schutz, S. 96; *ders.*, Jura 2001, 121 (122); *Hösch*, DÖV 2000, 393 (393); *Dreier*, in: Dreier (Hrsg.), GG, Art. 28 Rn. 88; *Nierhaus*, in: Sachs (Hrsg.), GG, Art. 28 Rn. 31; *Tettinger*, in: v. Mangoldt/Klein/Starck, GG, Art. 28 Abs. 2 Rn. 159.

276 *Kimminich*, Schutz kommunaler Unternehmen, S. 54 f.; *Mückl*, Finanzverfassungsrechtlicher Schutz, S. 53 f.; *Pieroth*, in: *Jarass/Pieroth*, GG, Art. 28 Rn. 11; *Rechenberg*, Ausarbeitung wiss. Dienste des Bundestags, S. 4; *Schönershofen/Binder-Falcke*, VR 1997, 109 (109).

277 In diese Richtung *Maurer*, DVBl. 1995, 1037 (1041 f.); vgl. auch VerfGH Rh.-Pf., DVBl. 2000, 992, der Art. 28 Abs. 2 GG wie ein Grundrecht prüft; krit. *Ruffert*, NVwZ 2000, 763 (763).

278 *Heintzen*, Rechtliche Grenzen und Vorgaben, S. 25.

Entscheidung des BVerfG,[279] in der die Berufung einer Gemeinde auf Art. 14 Abs. 1 GG abgelehnt wurde, beendet: Juristische Personen des öffentlichen Rechts können grundsätzlich nicht Inhaber materieller Grundrechte sein, insbesondere nicht bei der Wahrnehmung öffentlicher Aufgaben, da diese sich grundsätzlich aufgrund von Kompetenzen vollziehe, die vom positiven Recht zugeordnet und inhaltlich bemessen und begrenzt seien.[280] Dies gelte auch außerhalb der Wahrnehmung öffentlicher Aufgaben.[281] Öffentliche Körperschaften genössen bei ihrer wirtschaftlichen Betätigung verschiedene „Vorrechte", die Privaten nicht zustünden und insofern bei der Beurteilung der Schutzwürdigkeit in Betracht zu ziehen seien.[282] Auch untersage das Gemeindewirtschaftsrecht weithin eine wirtschaftliche Betätigung der Gemeinden ohne Bezug zu ihren öffentlichen Aufgaben, insbesondere mit der alleinigen Zielsetzung der Mehrung des Gemeindevermögens.[283] Die Nutzung von Vermögen und die erwerbswirtschaftliche Betätigung öffentlich-rechtlicher Körperschaften seien somit in der Regel nur im Zusammenhang mit der Wahrnehmung öffentlicher Aufgaben zulässig. Soweit die Gemeinden sich außerhalb ihres eigentlichen Aufgabenbereichs bewegten, sei auch deren Schutzbedürftigkeit gemindert.[284] Dass die Gemeinden nach der geltenden Rechtsordnung privatrechtliches Eigentum innehaben könnten, setze nicht voraus, dass dieses grundrechtsgeschützt sein müsse. Art. 14 GG als Grundrecht schütze nicht das Privateigentum, sondern das Eigentum Privater.[285]

Weiterhin trägt das Argument, dass die Gemeinde grundrechtsverpflichtet ist und deshalb nicht gleichzeitig grundrechtsberechtigt sein kann.[286] Eine Berufung auf die Grundrechte ist der Gemeinde auch nach ganz h. A. in der Literatur verwehrt.[287] Die Kommunen entfalten ihre wirtschaftlichen Aktivitäten nicht wie

---

279 BVerfGE 61, 82 (100 ff.) (Sasbach).

280 BVerfGE 61, 82 (101).

281 BVerfGE 61, 82 (105).

282 BVerfGE 61, 82 (105 f.)

283 BVerfGE 61, 82 (106 f.).

284 BVerfGE 61, 82 (108).

285 BVerfGE 61, 82 (108 f.).

286 Sog. „Konfusions-Argument"; BVerfGE 21, 362 (370); 68, 193 (205 f.); NJW 1996, 1588 f.; NJW 1997, 1634 f.; *Stober*, BB 1989, 716 (719) m. w. N.; *Gassner*, JuS 1994, 684 (685); *Krölls*, GewArch 1992, 281 (282); *R. Schmidt*, in: Achterberg/Püttner/Würtenberger (Hrsg.), Bes. VerwR I, § 1 Rn. 199.

287 *Kunze/Bronner/Katz/v. Rotberg*, GemO f. BW, § 102 Rn. 7; *Boysen*, VR 1996, 73 (74); *Dreier*, in: Dreier (Hrsg.), GG, Art. 28 Rn. 82; *Enkler*, ZG 1998, 328 (331) m. w. N.; *Burmeister*, in: Püttner (Hrsg.), HKWP V, § 93 A, S. 43 ff.; *Ronellenfitsch*, in; HdBStR III, § 84 Rn. 40; *Hösch*, WiVerw 2000, 159 (172 f.); *Tettinger*, in: v. Mangoldt/Klein/Starck, GG, Art. 28 Abs. 2 Rn. 127, 245; *Maurer*, StaatsR § 9 Rn. 34; *Heintzen*, Rechtliche Grenzen und Vorgaben, S. 27; *Werner*, VBlBW 2001, 206 (207)

Privatrechtssubjekte in Ausübung ihrer Privatautonomie, sondern als Bestandteil der Verwaltung.[288] Weitgehende Übereinstimmung besteht aber dahingehend, dass das Eigentum von Gemeinden insoweit durch Art. 28 Abs. 2 GG geschützt wird, als es Gegenstand und Grundlage kommunaler Betätigung ist.[289] Daneben bleibt es juristischen Personen des öffentlichen Rechts unbenommen sich auf die grundrechtsähnlichen Rechte der Art. 101 Abs. 1 S. 2 und Art. 103 Abs. 1 GG zu berufen.[290] Denkbar ist auch eine Berufung auf eine Verletzung des Gleichheitssatzes bzw. des rechtsstaatlichen Willkürverbots.[291]

b) Grundrechtsfähigkeit gemeindlicher Wirtschaftsunternehmen in Privatrechtsform

Gem. Art. 19 Abs. 3 GG gelten die Grundrechte auch für inländische juristische Personen, wenn sie ihrem Wesen nach auf diese anwendbar sind. Begründet wird dadurch eine eigene Grundrechtsfähigkeit der juristischen Personen, nicht nur der hinter diesen stehenden natürlichen Personen.[292] Allerdings muss die Ausübung der Grundrechte kollektiv möglich sein und darf ihr Inhalt nicht unmittelbar mit der menschlichen Person als solches verbunden sein. Danach sind Artt. 2 Abs. 1, 4 Abs. 2, 8, 9, 12 und 14 GG grundsätzlich auf juristische Personen anwendbar.[293] Im Gegensatz zur Ansicht des BVerfG, nach dem die Grundrechte ihrem Wesen nach nur dann auf juristische Personen anwendbar sind, wenn sie ein „personales Substrat" erkennen lassen,[294] stellt das Schrifttum auf die „grundrechtstypische Gefährdungslage" ab.[295] Maßgeblich seien Art der wahrzunehmenden Aufgaben und von der juristischen Person ausgeübte Funkti-

m. w. N.; *Dürig*, in: Maunz/Dürig, GG, Art. 19 III, Rn. 48; *R. Schmidt*, Öff. Wirtschaftsrecht, AT, S. 521 ff.

288 *Berg*, WiVerw 2000, 141 (146); *Grawert*, in: FS Blümel, 119 (129); *Ruffert*, VerwArch 92 (2001), 27 (34); *Ronellenfitsch*, DÖV 1999, 705; a. A. *Hellermann*, Örtliche Daseinsvorsorge, S. 157.

289 BVerwGE 97, 143 (151); *Pieroth*, in: Jarass/Pieroth, GG, Art. 28 Rn. 13; *Jarass*, in: Jarass/Pieroth, GG, Art. 14 Rn. 25.

290 BVerfGE 61, 82 (104 f.); *Maurer*, StaatsR, § 9 Rn. 35, *Jarass*, in: Jarass/Pieroth, GG, Art. 19 Rn. 15; *Broß*, VerwArch 77 (1986), 65 (66); *Knemeyer/Wehr*, VerwArch 92 (2001), 317 (327).

291 *Knemeyer/Wehr*, VerwArch 92 (2001), 317 (327); *Jarass*, DÖV 2002, 489 (496).

292 *Bleckmann/Helm*, DVBl. 1992, 9 (12); abw. *Badura* DÖV 1990, 353.

293 Vgl. *v. Arnauld*, DÖV 1998, 437 (448) u. *Krüger*, in: Sachs (Hrsg.), GG, Art. 19 Rn. 65-80; vgl. auch *Pieroth/Schlink*, Grundrechte, Rn. 150 f.

294 BVerfGE 21, 362 (369); *Krebs*, in: v. Münch/Kunig, GG, Art. 19 Rdn,. 37 ff.; krit. *Bleckmann/Helm*, DVBl. 1992, 9 (14).

295 *Dreier*, in: Dreier (Hrsg), GG, Art. 19 III Rn. 21; *Pieroth*, NWVBl. 1992, 85 (86); *Arndt*, in: Steiner (Hrsg.), Rn. 134.

on.[296] Im Ergebnis dürften beide Ansätze meist zu identischen Ergebnissen führen.

Kommunale Eigengesellschaften sind danach nicht grundrechtsfähig.[297] Die Grundrechtsfähigkeit wäre sonst entsprechend der Grundrechtsbindung in nicht geringem Umfang von den jeweiligen Organisationsformen abhängig.[298] Ein ganz der öffentlichen Aufgabe der gemeindlichen Daseinsvorsorge gewidmetes Unternehmen, das sich ausschließlich in der Hand eines Trägers der öffentlichen Verwaltung befinde, stellt nach Ansicht des BVerfG nur eine besondere Erscheinungsform öffentlicher Verwaltung dar.[299] Ebenso wurde die Grundrechtsfähigkeit verneint, wenn eine juristische Person des Privatrechts erst durch staatlichen Akt die Rechtsfähigkeit erlangt hat und durch Gesetz mit Aufgaben öffentlicher Verwaltung betraut worden ist.[300] Dem schließt sich der überwiegende Teil der Literatur an.[301] Da die Grundrechte Abwehrrechte des Bürgers gegen den Staat seien, könne dieser keine subjektiven Rechte daraus ableiten.[302] Der vereinzelt vertretenen Gegenauffassung, die allein auf die Rechtsform als solche und den nicht zwischen juristischen Personen des Privatrechts und des öffentlichen Rechts differenzierenden Wortlaut des Art. 19 Abs. 3 GG abstellt,[303] ist entgegenzuhalten, dass Art. 19 Abs. 3 GG nicht die äußere Form als solche, sondern die Rechtsform der juristischen Person um der in ihr verkörperten priva-

---

296 *Pieroth/Schlink*, Grundrechte, Rn. 152; *Grawert*, in: FS Blümel, 119 (130).

297 BVerfGE 61, 82 (101 f.); die dortigen Ausführungen beziehen sich explizit auf kommunale Eigengesellschaften; *Held*, in: Held/Decker, GO f. NRW, § 107 Erl. 3. m. w. N.

298 BVerfGE 45, 63 (80); *Zimmermann*, JuS 1991, 294 (300); so aber *Pieroth*, NWVBl. 1992, 85 (86); krit. auch *Barden*, ZögU 25 (2002), 375 (377 f.).

299 BVerfGE 45, 63 (78 ff.); BVerfG NJW 1980, 1093; ausf. *Zimmermann*, JuS 1991, 294 (295 f.); krit. *Barden*, ZögU 25 (2002), 375 (376 ff.), nach dem diese Rechtsprechung an der Entwicklung im Bereich der öffentlichen Unternehmen in den vergangenen Jahren vorbeigeht.

300 BVerfG NJW 1985, 1385 (1386 f.) (Zahntechniker); NJW 1987, 2501 (2502) (TÜV).

301 *Badura*, DÖV 1990, 353 (354); *Dreier*, in: Dreier (Hrsg.), GG, Art. 19 III Rn. 48; *Koppensteiner*, NJW 1990, 3105 (3109); *Krebs*, in: v. Münch/Kunig (Hrsg.), GG, Art. 19 Rn. 42; *Enkler*, ZG 1998, 328 (331) m. w. N.; *Gern*, KommunalR BW, Rn. 394; *Burmeister*, in: Püttner (Hrsg.), HKWP V, § 93 A, S. 43 ff.; ausf. *Stern/Püttner*, Gemeindewirtschaft, S. 130 ff.; *Ronellenfitsch*, in; HdBStR III, § 84 Rn. 40; *Hösch*, WiVerw 2000, 159 (172 f.); *Koppensteiner*, NJW 1990, 3105 (3109); *Grawert*, in: FS Blümel, 119 (130 f.); *Oster*, in: Gabler/Höhlein/Klöckner/u. a., GemO Rh.-Pf., Vorbem. zu §§ 85-92 Erl. 2.2.5.

302 *Badura*, DÖV 1990, 353 (354).

303 Krit. gegenüber der h. A. *Broß*, VerwArch 77 (1986), 65 (72 f.); *Pieroth*, NWVBl. 1992, 85 (87 f.); *Püttner*, Öff. Unternehmen, S. 120 f.; *Stern/Püttner*, Gemeindewirtschaft, S. 127; *Barden*, ZögU 25 (2002), 375 (376 ff., 382).

ten Initiative willen schützt.[304] Zudem schließt diese Ansicht in verfehlter Weise von der Rechtsform auf die Rechtsfähigkeit.[305]

Bei den gemischt-wirtschaftlichen Unternehmen lehnt das BVerfG die Grundrechtsfähigkeit jedenfalls dann ab, wenn der jeweilige Hoheitsträger die Möglichkeit habe, entscheidenden Einfluss auf die Geschäftsführung zu nehmen. Abgestellt wird auf die rechtlichen Bindungen der juristischen Person: Die Grundrechtsfähigkeit wird verneint, wenn diese „insbesondere im Hinblick auf Versorgungspflicht und Versorgungsbedingungen so starken Bindungen" unterliegt, „dass (...) von einer privatrechtlichen Selbständigkeit nahezu nichts übrig bleibt".[306]

Nach der h. A. in der Literatur stellt eine hoheitliche Beteiligung von Hoheitsträgern noch kein Indiz für die Möglichkeit der entscheidenden Einflussnahme dar und wird deshalb die Grundrechtsfähigkeit dieser Unternehmen bejaht.[307] Die starken gesetzlichen Bindungen des Unternehmens könnten keine Rolle spielen, denn solche seien auch bei Unternehmen mit ausschließlich privaten Anteilseignern gegeben.[308] Aus Gründen der Normenhierarchie könne nicht aus einfachen Gesetzen auf das Nichtbestehen der Grundrechtssubjektivität geschlossen werden.[309] Schließlich sei auch der Minderheitenschutz der privaten Anteilseigner zu beachten.[310] Zudem sei die Lösung des BVerfG unpraktikabel, da keine Kriterien für das Vorliegen eines entscheidenden Einflusses angegeben seien.[311] Deshalb wird mit unterschiedlicher Begründung die Grundrechtsfähig-

---

304 *V. Arnauld,* DÖV, 1998, 437 (451).

305 *Niebuhr,* Wettbewerbsteilnahme, S. 184.

306 In der zugrundliegenden HEW-Entscheidung befand sich die juristische Person zu 72 % in öffentlicher Hand; BverfG, JZ 1990, 335 m. abl. Anm. *Kühne*; dazu vgl. *Schmidt-Aßmann*, BB 1990 Beil. 34; *Sachs*, JuS 1990, 755; *Koppensteiner*, NJW 1990, 3105; *Zimmermann*, JuS 1991, 294; *Pieroth*, NWVBl. 1992, 85; *Gassner*, JuS 1994, 684; nach *Jarass*, DÖV 2002, 489 (495 f.) kommt es entscheidend darauf an, dass das gemischtwirtschaftliche Unternehmen im überwiegenden Eigentum der öffentlichen Hand steht oder aus anderen Gründen von ihr beherrscht wird; ebenso *Tomerius/Breitkreuz*, DVBl. 2003, 426 (430 f.).

307 *Koppensteiner*, NJW 1990, 3105 (3109); *Kühne*, JZ 1990, 335; *Zimmermann*, JuS 1991, 294 (297 ff.); *Pieroth*, NWVBl. 1992, 85 (87); vgl. die Kriterien bei *v. Arnauld*, DÖV 1998, 437 (442 f.); zur Einflussnahme *Ehlers*, JZ 1990, 1089 (1093 f.); *Pielow*, NWVBl. 1999, 369 (372); krit. *Niebuhr,* Wettbewerbsteilnahme, S. 212 ff.; Darstellung der Argumente bei *Barden*, ZögU 25 (2002), 375 (383 f.).

308 *Koppensteiner*, NJW 1990, 3105 (3109); krit. *Hartung*, DÖV 1992, 393 (398).

309 *Zimmermann*, JuS 1991, 294 (299).

310 *Koppensteiner*, NJW 1990, 3105 (3110); BVerfG NJW 1979, 699; *Zimmermann*, JuS 191, 294 (299f.); *Kühne*, JZ 1990, 335 (336), ebenso *Pieroth* NWVBl. 1992, 85 (87).

311 *Kühne*, JZ 1990, 335 (336); krit. *Niebuhr,* Wettbewerbsteilnahme, S. 209.

keit unter denselben Voraussetzungen wie für Privatunternehmen bejaht.[312] Einerseits wird wieder auf die private Rechtsform abgestellt.[313] In materieller Hinsicht wird angeführt, dass die privaten Anteilseigner auch bei geringer staatlicher Beteiligung des Schutzes ihrer Grundrechte durch Art. 19 Abs. 3 GG bedürften.[314] Bei der Zusammenfügung von Vermögen in einer Kapitalgesellschaft handele es sich nämlich um einen Fall kollektiver Freiheitsnutzung.[315] Dem wird entgegengehalten, dass sich die privaten Anteilseigner in Kenntnis der Risiken freiwillig an der Gesellschaft beteiligt haben.[316] Eine Ausnahme sei allenfalls denkbar, wenn eine geringe Beteiligung nur Alibifunktion habe.[317] Eine Verneinung des Grundrechtsschutzes wäre eine unverhältnismäßige Verkürzung des Schutzes privater Interessen.[318] Selbst wenn man dieser Auffassung folgt, wäre dennoch die öffentliche Hand selbst weiterhin verpflichtet, auf die Einhaltung der Grundrechte (beispielsweise im Verhältnis zu den Kunden der Gesellschaft) durch die Gesellschaft hinzuwirken.[319] Denn sie selbst bleibt auch bei der Einflussnahme auf Zielsetzung und „Geschäftspolitik" der privatrechtlichen Gesellschaft an ihre Kompetenzgrundlagen gebunden und ist deshalb verpflichtet, auf die Einhaltung dieser Kompetenzgrundlagen auch durch die gemischtwirtschaftliche Gesellschaft selbst hinzuwirken.[320]

---

312 *Jarass*, in: Jarass/Pieroth, GG, Art. 19 Rn. 15; *Stern*, StaatsR Band III, S. 1169 f.; *Rüfner*, in: HdBStR V, § 116 Rn. 81; *Püttner*, Öff. Unternehmen, S. 120 f.; *v. Arnauld*, DÖV 1998, 437 (450 f.); *Bleckmann*, Grundrechte, § 9 Rn. 12; *Krüger*, in: Sachs (Hrsg.), GG, Art. 19 Rn. 63.

313 *Püttner*, Öff. Unternehmen, S. 120 f.; *Pieroth*, NWVBl. 1992, 85 (87).

314 *Bleckmann*, Grundrechte, § 9 Rn. 12; *Ehlers*, JZ 1990, 1089 (1096); *Koppensteiner*, NJW 1990, 3105 (3109 ff.); *Stern*, StaatsR Band III, S. 1169 f.; relativierend *Niebuhr*, Wettbewerbsteilnahme, S. 204 f.

315 *Koppensteiner*, NJW 1990, 3105 (3113).

316 In diese Richtung auch *Huber*, in: v. Mangoldt/Klein/Starck, GG, Art. 19 III Rn. 306.

317 *Schmidt-Aßmann*, BB 1990 Beil. 34, S. 10; *Koppensteiner*, NJW 1990, 3105 (3113); *Hartung*, DÖV 1992, 393 (397); *Pieroth*, NWVBl. 1992, 85 (88); ausf. *Niebuhr*, Wettbewerbsteilnahme, S. 210 ff.

318 Ausf. *Schmidt-Aßmann*, BB 1990 Beil. 34, S. 12 ff.

319 *Held*, in: Held/Decker, GO f. NRW, § 107 Erl. 3.2.; *Ehlers*, Verwaltung, S. 85; *Erichsen*, Gemeinde und Private, S. 28 f.

320 *Ehlers*, Verwaltung, S. 85.

3. Die Selbstverwaltungsgarantie, Art. 28 Abs. 2 S. 1 GG, Art. 71 Abs. 1 S. 1 LV BW

a) *Verfassungsrechtliche Einordnung*

Art. 28 Abs. 2 GG[321] auf Bundes- und Art 71 Abs. 1 S. 1 LV auf Landesebene garantieren die Selbstverwaltung der Gemeinden in „allen Angelegenheiten der örtlichen Gemeinschaft“.[322] Diese Norm ist Grundlage der Bestimmung der kommunalen Kompetenzen, obwohl sie ihrem Wortlaut nach nur die Länder zur Schaffung einer dem Art. 28 Abs. 2 S. 1 GG entsprechenden Garantie in den Landesverfassungen verpflichtet.[323] Die grundgesetzliche Gewährleistung stellt dabei eine Mindestgarantie dar, an die die einzelnen Länder gebunden sind, die sie durch das jeweilige Landesverfassungsrecht aber ergänzen und erweitern können.[324] Aufgrund des zwingenden Charakters dieser Garantie ist die Einordnung nicht als Normativbestimmung, sondern als Durchgriffsnorm, d. h. als für Gesetzgebung, Verwaltung und Rechtsprechung im Bund gleichermaßen wie in den Ländern ohne Transformationsakt unmittelbar geltendes und anwendbares Recht, gerechtfertigt.[325]

---

321 Auf den Entwurf zur Europäischen Verfassung, in dem die kommunale Selbstverwaltung in Artikel I-5 Abs. 1 („Die Union achtet die nationale Identität ihrer Mitgliedstaaten, die in deren grundlegender politischer und verfassungsrechtlicher Struktur einschließlich der regionalen und kommunalen Selbstverwaltung zum Ausdruck kommt.“) aufgenommen wurde, wird angesichts dessen derzeit unklarer Zukunft im Rahmen dieser Untersuchung nicht eingegangen.

322 Zur Entstehungsgeschichte der Selbstverwaltungsgarantie *Maurer*, DVBl. 1995, 1037 (1037-1039); *Knemeyer/Wehr*, VerwArch 92 (2001), 317 (322); zum historischen Hintergrund *Karst*, DÖV 2002, 809 (813 f.); diese erfüllt nach *Rennert*, DV 35 (2002), 319 (322 – 324) eine vierfache Funktion: Allokationsfunktion, Initiativfunktion, Partizipationsfunktion und Instrumentelle Funktion.

323 *Ehlers*, DVBl. 2000, 1301 (1301); *Maurer*, DVBl. 1995, 1037 (1040) weist aber zu Recht darauf hin, dass auch der Bundesgesetzgeber diese zur Vermeidung von Widersprüchen zu beachten hat.

324 *Tettinger*, in: v. Mangoldt/Klein/Starck, GG, Art. 28 Abs. 2 Rn. 134, 141; *Dreier*, in: Dreier (Hrsg.), GG, Art. 28 Rn. 86; *Zajonz*, Kommunale Regelunskompetenzen, S. 10; *Schoch*, Jura 2001, 121 (121).

325 *Dreier*, in: Dreier (Hrsg.), GG, Art. 28 Rn. 86; *Tettinger*, in: v. Mangoldt/Klein/Starck, GG, Art. 28 Abs. 2 Rn. 141 m. w. N.; *Tomerius/Breitkreuz*, DVBl. 2003, 426 (429); *Maurer*, DVBl. 1995, 1037 (1041) hebt die Dominanz des BVerfG hervor; ebenso *Knemeyer/Wehr*, VerwArch 92 (2001), 317 (318).

b) Überkommenes Verständnis

Bei der Garantie der kommunalen Selbstverwaltung handelt es sich nach herrschender Ansicht um eine institutionelle Garantie.[326] Dieser von *Carl Schmitt* für Art. 127 WRV entwickelte Ansatz gewährleistet die Einrichtung der kommunalen Selbstverwaltung als solcher, ohne aber gleichzeitig subjektive Rechtspositionen der Gemeinden bei Eingriffen in diesen Garantiebestand zu gewähren.[327] Dieses Verständnis wurde vom BVerfG übernommen und entspricht seit dem der ganz h. M.[328] Der Ausgangspunkt wurde aber dahingehend erweitert, dass Art. 28 Abs. 2 S. 1 GG über die objektivrechtliche Einrichtung der kommunalen Selbstverwaltung hinaus den Gemeinden auch subjektive Rechtspositionen zur Abwehr von Eingriffen in den Garantiebereich gewährt.[329] Im Anschluss an *Klaus Stern* werden herkömmlich drei Elemente der kommunalen Selbstverwaltung unterschieden:[330]

- die institutionelle Rechtssubjektsgarantie gewährleistet die Institutionen „Gemeinde“ und „Gemeindeverband“ und erweist sich in Verbindung mit Art. 28 Abs. 1 S. 2 und Abs. 3 GG als staatsorganisatorisches Aufbauprinzip;
- die objektive Rechtsinstitutionsgarantie gewährleistet einen Bestand gemeindlicher Aufgaben zur eigenverantwortlichen Erledigung;
- die subjektive Rechtsstellungsgarantie bietet als Abwehrrecht der Gemeinde Rechtsschutz gegen rechtswidrige Beeinträchtigungen der Rechts-

326 *Tettinger*, in: v. Mangoldt/Klein/Starck, GG, Art. 28 Abs. 2 Rn. 127; *Rechenberg*, Ausarbeitung wiss. Dienste des Bundestags, S. 4; zu abweichenden Interpretationsanätzen vgl. *Tettinger*, a.a.O., Rn. 160 ff.

327 Grundlegend *C. Schmitt*, Verfassungslehre, 1928, S. 170 ff.

328 BVerfGE 1, 167 (174 f.); 26, 228 (237 f.); 38, 258 (278); 56, 298 (312); 59, 216 (226); 79, 127 (143); 91, 228 (236); *Mückl*, Finanzverfassungsrechtlicher Schutz, S. 54 f. m. w. N.; *Ruffert*, NVwZ 2000, 763 (763) m. w. N.; *Schoch*, Verfassungsrechtlicher Schutz, S. 104; *Wieland/Hellermann*, Schutz des Selbstverwaltungsrechts, S. 18; *Zajonz*, Kommunale Regelungskompetenzen, S. 11; *Knemeyer/Wehr*, VerwArch 92 (2001), 317 (318 ff.); a. A. *Maurer*, DVBl. 1995, 1037 (1041 f.): grundrechtsähnliches Recht; ebenso *Hufen*, DÖV 1998, 276 (277 f.); *ders.*, in: FS Maurer, 1177 (1180, 1187 f.).

329 *Nierhaus*, in: Sachs (Hrsg.), GG, Art. 28 Rn. 34 ff.

330 *Stern*, in: BK, Art. 28 Rn. 66; *ders.*, StaatsR I, S. 409; BVerfGE 79, 127 (143); *Nierhaus*, in: Sachs (Hrsg.), GG, Art. 28 Rn. 34 ff.; *Löwer*, in: v. Münch/Kunig, GG, Art. 28 Rn. 41 ff.; *Dreier*, in: Dreier (Hrsg.), Art. 28 Rn. 92 ff.; *Mückl*, Finanzverfassungsrechtlicher Schutz, S. 55 ff.; *Zajonz*, Kommunale Regelungskompetenzen, S. 11 f.; *Knemeyer/Wehr*, VerwArch 92 (2001), 317 (332); *Hofmann*, VBlBW 1994, 121 (122 f.); *M. Müller*, in: Stober/Vogel (Hrsg.), 145 (137 f.); *Gröpl*, BayVBl. 1995, 485 (486); *Schoch*, Jura 2001, 121 (124 f.); *Karst*, DÖV 2002, 809 (810); für eine Relativierung der institutionellen Auslegung plädiert *Ehlers*, DVBl. 2000, 1301 (1304).

institutionsgarantie, verwirklicht in Art. 93 Abs. 1 Nr. 4 b GG durch die Kommunalverfassungsbeschwerde.

c) *Inhalt und Umfang nach der Rastede-Entscheidung*[331]

Obwohl es konkret um das Verhältnis einer kreisangehörigen Gemeinde zu dem übergeordneten Landkreis ging, nahm das BVerfG in dieser Entscheidung die Gelegenheit wahr, einige grundlegende Aussagen zur Selbstverwaltungsgarantie zu machen:

Art. 28 Abs. 2 S. 1 GG gewährleistet danach nur die Angelegenheiten der örtlichen Gemeinschaft (sog. „örtliche Radizierung").[332] Dazu gehört aber nicht jede Angelegenheit, die sich auf lokaler Ebene ereignet, sondern nur „diejenigen Bedürfnisse und Interessen, die in der örtlichen Gemeinschaft wurzeln oder auf sie einen spezifischen Bezug haben, die also den Gemeindebewohnern gerade als solchen gemeinsam sind, indem sie das Zusammenleben und –wohnen der Menschen in der (politischen) Gemeinde betreffen; auf die Verwaltungskraft der Gemeinde kommt es hierfür nicht an".[333] Bei der Prüfung sei nach der Größe der betroffenen Gemeinde zu differenzieren; sie habe anhand von Sachkriterien unter Orientierung an den Anforderungen zu erfolgen, die an eine ordnungsgemäße Aufgabenerfüllung zu stellen sind.[334] Zu den Angelegenheiten der örtlichen Gemeinschaft gehöre kein feststehender Aufgabenkreis und eine Aufgabe müsse sich nicht hinsichtlich all ihrer Teilsaspekte und nicht für alle Gemeinden gleichermaßen als Angelegenheit der örtlichen Gemeinschaft darstellen.[335] Der Gesetzgeber dürfe insoweit typisieren.[336]

Die Garantie der kommunalen Selbstverwaltung bedarf allerdings der „gesetzlichen Ausgestaltung und Formung"[337], wobei dieser Gesetzesvorbehalt „nicht nur die Art und Weise der Erledigung der örtlichen Angelegenheiten, sondern ebenso die gemeindliche Zuständigkeit für diese Angelegenheiten umfasst".[338] Allerdings sind dieser Ausgestaltungsfreiheit des Gesetzgebers wiederum Grenzen

---

331 BVerfGE 79, 127 ff. (Rastede) = NVwZ 1989, 347.

332 BVerfGE 79, 127 (152); Gewährleistung eines bestimmten Aufgabenbestands, vgl. *Schoch*, Jura 2001, 121 (124); *Vollmöller*, ThürVBl. 1996, 193 (195).

333 BVerfGE 79, 127 (127 LS 4, 151 f.); VerfGH Rh.-Pf., DVBl. 2000, 992; von *Held*, WiVerw 1998, 264 (266) als „Örtlichkeitsprinzip im materiellen Sinn" bezeichnet; abw. *Ehlers*, DVBl. 2000, 1301 (1305).

334 BVerfGE 79, 127 (153).

335 BVerfGE 79, 127 (152 ff.).

336 BVerfGE 79, 127 (154).

337 BVerfGE 79, 127 (143).

338 BVerfGE 79, 127 (127 LS 1, 143 ff.); *Schoch*, Jura 2001, 121 (125): Bezug des Gesetzesvorbehalts auf beide Schutzelemente des Selbstverwaltungsrechts, Aufgabengarantie und Eigenverantwortlichkeit; ebenso *Vollmöller*, ThürVBl. 1996, 193 (196).

gezogen. Dabei differenziert das Gericht zwischen einem unantastbaren Kernbereich und einem Randbereich der Selbstverwaltungsgarantie.[339] Der Kernbereich setzt dem ausgestaltenden Gesetzgeber eine absolute Grenze. Das Gericht führt insoweit aus, der Gesetzgeber dürfe das Selbstverwaltungsrecht weder rechtlich noch faktisch dadurch beseitigen, dass er die gemeindliche Selbstverwaltung innerlich aushöhle und die Gemeinden dadurch die Gelegenheit zu kraftvoller Betätigung verlören und nur noch ein Schattendasein führen könnten.[340] Für die gemeindliche Selbstverwaltung insoweit typusbestimmend seien die Allzuständigkeit und die Eigenverantwortlichkeit.[341] Eigenverantwortlichkeit meint dabei die Fähigkeit, die zugewiesenen Aufgaben im Rahmen der Rechtsordnung frei von Zweckmäßigkeitserwägungen anderer Hoheitsträger, insbesondere des Staates, wahrzunehmen.[342] Zum Merkmal der Allzuständigkeit wird ausgeführt, dass bei der Bestimmung des Kernbereichs die geschichtliche Entwicklung und die verschiedenen Erscheinungsformen der Selbstverwaltung zu berücksichtigen seien. Zum Wesensgehalt der kommunalen Selbstwaltungsgarantie gehöre „kein gegenständlich bestimmter oder nach feststehenden Merkmalen bestimmbarer Aufgabenkatalog, wohl aber die Befugnis, sich aller Angelegenheiten der örtlichen Gemeinschaft, die nicht durch Gesetz bereits anderen Trägern öffentlicher Verwaltung übertragen sind, ohne besondere Kompetenztitel anzunehmen („Universalität“ des gemeindlichen Wirkungskreises).“[343] Ein Aufgabenentzug im Randbereich sei nur zulässig, wenn die den Aufgabenentzug tragenden Gründe gegenüber dem verfassungsrechtlichen Aufgabenverteilungsprinzip überwiegen.[344] Dies bedeutet, dass bei Eingriffen in den Randbereich die Grundsätze der Verhältnismäßigkeit und des Willkürverbots anzuwenden sind.[345] An dieser Rechtsprechung hat das BVerfG seitdem festgehalten und auch die h. A. in der Literatur ist ihr trotz einiger Diskussionen gefolgt.[346]

---

339 *Vollmöller*, ThürVBl. 1996, 193 (196 f.); *Schoch*, Jura 2001, 121 (127 f.); *Katz*, Kommunale Wirtschaft, Rn. 29; krit. *Ehlers*, DVBl 2000, 1301 (1307).

340 BVerfGE 79, 127 (143, 146, 155).

341 BVerfGE 79, 127 (146 f.); *Vollmöller*, ThürVBl. 1996, 193 (195); *Schoch*, Jura 2001, 121 (124).

342 *Zajonz*, Kommunale Regelungskompetenzen, S. 15 m. w. N.; zweiter Bestandteil des Selbstverwaltungsrechts, vgl. *Schoch*, Jura 2001, 121 (124).

343 BVerfGE 79, 127 (127 LS 2, 146); VerfGH Rh.-Pf., DVBl. 2000, 992.

344 BVerfGE 79, 127 (154); krit. *Schoch*, AfK 2000, 225 (229).

345 *Katz*, Kommunale Wirtschaft, Rn. 29; *Ehlers*, DVBl. 2000, 1301 (1307 f.).

346 BVerfGE 83, 363 (381 ff.); 86, 90 (107); 91, 228 (238 ff.) = JZ 1995, 565 m. Anm. *Schmidt-Jortzig*, JZ 1995, 568; *Ehlers*, DVBl. 2000, 1301 ff.; *Zajonz*, Kommunale Regelungskompetenzen, S. 20 ff.; *Maurer*, DVBl. 1995, 1037; *Henneke*, Öff. Finanzwesen, Finanzverfassung, Rn. 825 ff.

d) Erweiterung der Selbstverwaltungsgarantie durch Art. 71 Abs. 1 S. 1 LV[347]

Die Garantie der kommunalen Selbstverwaltung in Art. 71 Abs. 1 LV geht teilweise über die Gewährleistung des Art. 28 Abs. 2 GG hinaus;[348] in der Sache lassen sich daraus aber kaum neue Erkenntnisse gewinnen, da die meisten Regelungen der LV, die ausführlicher als diejenigen des GG gehalten sind, zwar nicht vom Wortlaut her, aber zumindest nach der Rechtsprechung des BVerfG schon in der grundgesetzlichen Garantie der kommunalen Selbstverwaltung enthalten sind. Aufgrund der positiven gesetzlichen Normierung tragen sie aber zur Rechtsklarheit bei.[349] Hervorzuheben ist die Regelung des Art. 73 Abs. 1 LV, welcher den Gemeinden einen Anspruch auf „angemessene Finanzausstattung" gewährt. Die Gewährleistung der LV geht aber insoweit über die des GG hinaus, als sie die Selbstverwaltung auch den Zweckverbänden, öffentlich-rechtlichen Körperschaften und Anstalten im Rahmen ihrer Zuständigkeit gewährt.[350] Für die Zulässigkeit kommunaler Wirtschaftstätigkeit lassen sich daraus aber keine weitergehenden Schlussfolgerungen ableiten.

e) Einordnung der kommunalen Wirtschaftstätigkeit

Das Recht auf wirtschaftliche Betätigung können die Gemeinden ausschließlich aus der Selbstverwaltungsgarantie herleiten, da kommunales Wirtschaftshandeln mangels Grundrechtsträgerschaft niemals als privatautonomes Tätigwerden, sondern als Erscheinungsform zweckgebundener Verwaltungstätigkeit anzusehen ist.[351] Wirtschaftliche Betätigung ist Erfüllung öffentlicher Aufgaben im

---

347 Sonstige Erweiterungen bei *Rechenberg*, Ausarbeitung wiss. Dienste des Bundestags, S. 5.

348 *Braun*, Kommentar zur Verfassung des Landes BW, Art. 71 Rn. 3 m. Bsp.; *Bretzinger*, Verfassung der Kommunen, in: Bretzinger (Hrsg.), Staats- u. VerwaltungsR f. BW, Rn. 22; *Gern*, KommunalR BW, Rn. 49 f.; a. A. *Sander*, in: Feuchte (Hrsg.), Verfassung des Landes BW, Art. 71 Rn. 3; *Werner*, VBlBW 1997, 1 (4); vermittelnd *Maurer*, in: Maurer/Hendler (Hrsg.), S. 189 f.

349 *Maurer*, in: Maurer/Hendler (Hrsg.), S. 189.

350 *Sander*, in: Feuchte (Hrsg.), Verfassung des Landes BW, Art. 71 Rn. 2 f.; *Püttner*, KommunalR BW, Rn. 29.

351 *Kunze/Bronner/Katz/v. Rotberg*, GemO f. BW, § 102 Rn. 7; *Dolde*, ZHR 166 (2002), 515 (516); *Hadamek*, Ausarbeitung wissenschaftliche Dienste des Bundestags, S. 18; *Löwer*, VVDStRL 60 (2001), 416 (418 ff.); *Pielow*, NWVBl. 1999, 369 (371); *Hofmann*, VBlBW 1994, 121 (124); *Burgi*, in: Ruffert (Hrsg.), 55 (57 f. m. Fn. 7); *Werner*, VBlBW 2001, 206 (208); *Oster*, in: Gabler/Höhlein/Klöckner/u. a., GemO Rh.-Pf., Vorbem. zu §§ 85-92 Erl. 2.2.; Bericht des Unterausschusses „Kommunale Wirtschaft", S. 19 f.; *Papier*, DVBl. 2003, 686 (688); *Katz*, BWGZ 2003, 207 (208); *Heintzen*, Rechtliche Grenzen und Vorgaben, S. 39.

Wege der Marktteilnahme.[352] Bezogen auf die sog. Daseinsvorsorge"[353] wird die kommunale Wirtschaftstätigkeit zum überkommenen, typusprägenden Bild der kommunalen Selbstverwaltung gezählt. Die Verfassungsgeber in Bund und Ländern fanden eine entfaltete kommunale Wirtschaftstätigkeit vor[354] und nahmen sie in den Aufgabenbereich der Kommunen auf. Dementsprechend werden wirtschaftliche Leistungen, deren der Bürger zur Sicherung seiner Existenz bedarf, wie etwa die Wasser- und Energieversorgung, seit jeher den Aufgaben der kommunalen Gebietskörperschaften zugeordnet.[355] Diese Aufgaben- und Tätigkeitsbereiche gehören aufgrund ihrer typusbestimmenden Wirkung zum funktionellen Kern des Art. 28 Abs. 2 GG und des Art. 71 LV; die gemeindliche wirtschaftliche Tätigkeit innerhalb des Bereichs der Daseinsvorsorge zählt danach zum unantastbaren Wesensgehalt der Selbstverwaltungsgarantie.[356] Aber auch über den Bereich der Daseinsvorsorge hinaus wird ein Kernbereich der wirtschaftlichen Betätigung der Kommunen auf örtlicher Ebene nach h. A. durch Art. 28 Abs. 2 GG geschützt.[357]

---

352 Anschaulich *Rennert*, DV 35 (2002), 319 (324); vgl. auch *Ehlers*, in: Wurzel/Schraml/Becker (Hrsg.), Rechtspraxis, Teil B Rn. 34: „lediglich Mittel zur Erfüllung von Aufgaben".

353 Der Begriff wurde von *Forsthoff* in der Schrift „Die Verwaltung als Leistungsträger", Stuttgart, Berlin 1938, entwickelt; vgl. *Alber*, in: Schwarze (Hrsg.), 73 (81 f.); von *Held*, in: Henneke (Hrsg.), 113 (115) mit nichtwirtschaftlicher Betätigung gleichgesetzt; unter die Daseinsvorsorge fällt beispielsweise die Versorgung mit Wasser, Gas und Elektrizität, die Bereitstellung von Verkehrsmitteln jeder Art, die Unterhaltung und der Betrieb von kulturellen, sozialen und dem Sport dienenden Einrichtungen wie öffentliche Bibliotheken, Kindergärten usw., vgl. *Storr*, Der Staat als Unternehmer, S. 109 ff.; *Papier*, DVBl. 2003, 686 (687 f.); *Karst*, DÖV 2002, 809 (811); *Fischerhof*, DÖV 1957, 305 (312 ff.); *ders.*, DÖV 1960, 41. Die Tatsache, ob eine bestimmte wirtschaftliche Tätigkeit kommunaler Unternehmen zur Daseinsvorsorge gehört oder nicht, ist im übrigen rechtlich irrelevant, vgl. *Hidien*, Positive Konkretisierung, S. 126, 128; *Hill*, BB 1997, 425 (427); *Wessel*, NVwZ 2002, 1083 (1083); *Schwintowski*, ZögU 26 (2003), 283 (290 ff.) stellt eine Überwindung des Forsthoff'schen Daseinsvorsorge-Begriffs fest.

354 *Wieland/Hellermann*, Schutz des Selbstverwaltungsrechts, S. 21 ff; *Hadamek*, Ausarbeitung wiss. Dienste des Bundestags, S. 28; krit. *Steckert*, ZKF 1996, 170 (171, 172).

355 Vgl. BVerwG, NVwZ 2005, 958 (958): Einrichtung der Wasserversorgung.

356 VerfGH Rh.-Pf., DVBl. 2000, 992; *Scholz*, DÖV 1976, 441 (442); *Kunze/Bronner/Katz/v. Rotberg*, GemO f. BW, § 102 Rn. 5; *Katz*, Kommunale Wirtschaft, Rn. 26; *Held*, WiVerw 1998, 264 (265 f.); Stellungnahme Innenministerium BW, LT-Drs. 12/3586, S. 4; Gesetzentwurf Landesregierung BW, LT-Drs. 12/4055, S. 23; *Enkler*, ZG 1998, 328 (331); *Neutz*, in: Wurzel/Schraml/Becker (Hrsg.), Rechtspraxis, Teil C Rn. 9 ff.; undifferenziert *Singer*, ZKF 1998, 218 (221); *Hill*, Kommunalwirtschaft, S. 63 f.; *Wieland*, in: Henneke (Hrsg.), 17 (28); krit. *Ruffert*, NVwZ 2000, 763 (763); relativierend *ders*, VerwArch 92 (2001), 27 (32).

357 BVerfG, JZ 1990, 335; BVerwGE 98, 273 (275); *Dickersbach*, WiVerw 1983, 187 (195); *Enkler*, ZG 1998, 328 (331); *Gern*, KommunalR BW, Rn. 388; *Held*, WiVerw 1998, 264 (265 f.); *ders.*, in: *Henneke* (Hrsg.), Organisation, 113 (115); *Moraing*, Wi-

Nach anderer Ansicht ist dieser Ansatz nach der Konzeption des Kernbereichs im „*Rastede"-Beschluß* nicht mehr haltbar. Danach ist der Kernbereich nämlich nicht mehr substantiell bestimmt, so dass ein bestimmter, inhaltlich umreißbarer, ein für allemal feststehender Aufgabenbestand unentziehbar garantiert wäre.[358] Vielmehr wird die Frage aufgeworfen, ob die wirtschaftliche Betätigung zum gemeindlichen Aufgabenbereich gehört und eine ursprünglich oder typisch das Gemeindekollektiv kennzeichnende Gemeinschaftsangelegenheit ist, die es im Wege bürgerschaftlicher Selbstverwaltung zu erledigen gilt, oder ob die wirtschaftliche Betätigung vielmehr ein Mittel zur Aufgabenerledigung darstellt und deshalb zu den die Eigenverantwortlichkeit konkretisierenden Instrumenten der Verwaltungsführung gehört, die kein Zweck an sich sind. Die Ansicht, welche die wirtschaftliche Betätigung zum Kernbereich zählt, erkläre nicht die normative Funktion der Gesetzesregelungen, die die Gemeinden zur wirtschaftlichen Betätigung ermächtigen.[359] Art. 28 Abs. 2 S. 1 GG garantiert nämlich sowohl den Aufgabenbestand einerseits – Regelung aller Angelegenheiten der örtlichen Gemeinschaft – als auch die Art und Weise der Aufgabenerfüllung andererseits – eigenverantwortliche Regelungen. Auch der Gesetzesvorbehalt erstreckt sich auf beide Bestandteile der Selbstverwaltungsgarantie.[360] Da die wirtschaftliche Betätigung kein Zweck, sondern Mittel zum Zweck sei, nämlich der Erfüllung öffentlicher kommunaler Aufgaben, und damit eine dienende Funktion für die öffentlichen Aufgaben habe, konkretisierten die Gesetze, die den Gemeinden die Marktteilnahme gestatten, nicht die verfassungsrechtliche Aufgabengarantie, sondern die in Art. 28 Abs. 2 S. 1 GG zugleich garantierte Befugnis zu eigenverantwortlicher Regelung, die mit der Aufgabenzuständigkeit korrespondie-

---

Verw 1998, 233 (248 f.); *M Pagenkopf*, GewArch 2000, 177 (178 f.); *Knemeyer*, BayVBl. 1999, 1 (2); *Knemeyer/Kempen*, in: Achterberg/Püttner/Würtenberger (Hrsg.), Bes. VerwR II, § 17 Rn. 8; *Köttgen*, in: FS DJT, 577 (617); *H. Pagenkopf*, KommunalR, Bd. 2, S. 151 f.; *Stern*, AfK 1964, 82 (87, 93); *Cronauge*, AfK 1999, 24 (30); *Seewald*, in: Steiner (Hrsg.), Rn. 267; *Jarass*, DÖV 2002, 489 (497); differenzierend *Nagel*, Gemeindeordnung als Hürde?, S. 24, 31 f.; *Wieland/Hellermann*, Schutz des Selbstverwaltungsrechts, S. 33; krit. *H. Meyer*, LKV 2000, 321 (322).

358 *Wieland/Hellermann*, Schutz des Selbstverwaltungsrechts, S. 33 ff.; *Henneke*, NdsVBl. 1998, 273 (280); *ders.*, Der Landkreis 1999, 226 (230); *ders.*, Öff. Finanzwesen, Finanzverfassung, Rn. 495; *H. Meyer*, LKV 2000, 321 (322); *Pielow*, NWVBl. 1999, 369 (373 f.); *Schink*, NVwZ 2002, 129 (133); *Oster*, in: Gabler/Höhlein/Klöckner/u. a., GemO Rh.-Pf., Vorbem. zu §§ 85-92 Erl. 2.2.; *Rennert*, JZ 2003, 385 (387 f., 389): Die Selbstverwaltungsgarantie wirke dynamisch-steuernd, nicht statisch bewahrend. Dennoch sei ein sensibler Bereich anzuerkennen, der mittels einer groben Aufzählung abzustecken sei.

359 *Grawert*, in: FS Blümel, 119 (122).

360 *Ruffert*, VerwArch 92 (2001), 27 (32); ebenso *Kunze/Bronner/Katz/v. Rotberg*, GemO f. BW, § 102 Rn. 5, die den Schutzgehalt der kommunalen Selbstverwaltungsgarantie auf diese Weise definieren.

re.[361] Deshalb wird nach neuerer Ansicht die Gemeindewirtschaft nicht dem Garantieelement der Aufgabenallzuständigkeit, sondern der Eigenverantwortung der Art und Weise der Aufgabenerledigung zugeordnet.[362] Weiterhin wird darauf hingewiesen, dass die Kommunen für ihr wirtschaftliches Tätigwerden eine Zuständigkeit benötigen. Die Nachfolgeregelungen des § 67 DGO stellen solche Kompetenz- und Befugnisnormen dar. Art. 28 Abs. 2 GG legitimiert wirtschaftliche Betätigungen dabei in zweierlei Richtung, zum einen für die durch die wirtschaftliche Betätigung wahrgenommene Aufgabe und zum anderen für die Form der Aufgabenwahrnehmung durch wirtschaftliche Betätigung.[363]

Indessen erübrigt sich an dieser Stelle ein weiteres Eingehen auf die Verortung der kommunalen Wirtschaftstätigkeit im Kernbereich oder im Randbereich der Selbstverwaltungsgarantie. Denn auch die Einordnung der kommunalen wirtschaftlichen Betätigung unter den Kernbereich erfolgt nicht ohne Einschränkungen: Zum einen besteht die wirtschaftliche Betätigungsgarantie nicht im Sinne einer „Unantastbarkeit" einer ganz bestimmten Regelung, sondern nur im Sinne einer „Unantastbarkeit" wirtschaftlicher Betätigung als solcher.[364] Den Gemeinden muss ein Minimumstandard an wirtschaftlicher Betätigungsfreiheit verbleiben.[365] Der Schutz der Selbstverwaltungsgarantie bezieht sich aber nicht auf bestimmte, konkret zu bezeichnende Tätigkeiten im Sinne eines Katalogs kommunaler Unternehmertätigkeiten. Ein Eingriff in die wirtschaftliche Betätigung der Gemeinde durch eine gesetzliche Regelung ist vielmehr im Einzelfall gesondert festzustellen.[366] Weiterhin sind die kommunalen Unternehmen an die Kompetenzordnung des GG und somit insbesondere an die kommunale Verbandskompetenz gebunden. Diese erfordert auch, dass wirtschaftliche Unternehmen der Gemeinden im Wesentlichen nur örtlich begrenzt tätig werden.[367] Und drittens

---

361 *Grawert*, in: FS Blümel, 119 (125).

362 *Ruffert*, NVwZ 2000, 763 (763); *ders.*, VerwArch 92 (2001), 27 (32 f.); *Grawert*, in: FS Blümel, 119 (125).

363 *Schink*, NVwZ 2002, 129 (132).

364 *Kunze/Bronner/Katz/v. Rotberg*, GemO f. BW, § 102 Rn. 6; *Gern*, KommunalR BW, Rn. 388; *ders.*, NJW 2002, 2593 (2593); *M. Pagenkopf*, GewArch 2000, 177 (179); insoweit zust. *Wieland/Hellermann*, Schutz des Selbstverwaltungsrechts, S. 35; *Schink*, NVwZ 2002, 129 (133).

365 *Hadamek*, Ausarbeitung wiss. Dienste des Bundestags, S. 29 f.

366 *Dickersbach*, WiVerw 1983, 187 (195).

367 *Gern*, KommunalR BW, Rn. 394; *Badura*, DÖV 1998, 818 (819); *Werner*, VBlBW 2001, 206 (207); *Grawert*, in: FS Blümel, 119 (125 f.); *Jarass*, DÖV 2002, 489 (498) m. w. N. Für eine Zuordnung einer Aufgabe zu den „Angelegenheiten der örtlichen Gemeinschaft" ist es aber nicht entscheidend, ob sich die Anlagen und Einrichtungen, mit denen eine solche Aufgabe wahrgenommen wird, im Gemeindegebiet befinden. Vielmehr ist eine funktionsbezogene Betrachtungsweise anzulegen, ob ein Bezug zur Gemeindebevölkerung oder zum Gemeindegebiet besteht, vgl. BVerwG, NVwZ 2005, 958 (958 f.) zur Fernwasserversorgung.

schützt die verfassungsrechtliche Garantie ihrem sachlichen Schutzgehalt nach die wirtschaftliche Betätigung nur, soweit sie durch ein öffentliches Interesse gerechtfertigt ist; rein erwerbswirtschaftlichen Zwecken dienende Betätigungen sind nicht erfasst.[368]

Die Befugnisnorm des Art. 28 Abs. 2 S. 1 GG sagt aber noch nichts darüber aus, in welcher Form die Gemeinde die öffentlichen Aufgaben wahrnehmen darf. Art. 28 Abs. 2 S. 2 GG gewährleistet den Gemeinden aber die Selbstverwaltung als solche und damit die Befugnis, die Mittel, mit denen sie eine bestimmte Aufgabe erfüllt, selbst zu bestimmen.[369] Art. 28 Abs. 2 S. 2 GG stellt deshalb für die wirtschaftliche Betätigung der Kommunen eine Legitimationsgrundlage dar: Aufgaben der örtlichen Gemeinschaft darf die Gemeinde auch in wirtschaftlicher Form erledigen; die wirtschaftliche Tätigkeit der Gemeinde ist somit als Form der Erfüllung öffentlicher Aufgaben und als Wahrnehmungsform von der Selbstverwaltungsgarantie des Art. 28 Abs. 2 S. 2 GG geschützt.[370] Legislative und Exekutive obliegt es vor diesem verfassungsrechtlichen Hintergrund, Grundsätze für die wirtschaftliche Betätigung aufzustellen, Missbräuchen kommunaler Wirtschaftskompetenzen im fiskalischen Bereich zu begegnen und darauf zu achten, dass sich die wirtschaftlich aktiven Gemeinden finanziell nicht übernehmen oder haushaltsmäßig nicht zu vertretende Risiken eingehen. Dies soll mit den Regelungen des kommunalen Wirtschaftsrechts bewerkstelligt werden.[371] Die in den §§ 102 ff. GemO zum Ausdruck kommenden Einschränkungen des Selbstverwaltungsrechts sind vor diesem Hintergrund zulässig. Sie sind durch überwiegende Gründe des öffentlichen Wohls gerechtfertigt. Speziell die Bindung des Betriebs von Unternehmen an einen öffentlichen Zweck ist im Hinblick auf die Aufgabenstellung der Kommunen nach Art. 28 Abs. 2 GG sowie das Rechtsstaats- und Sozialstaatsprinzip unabdingbar.[372]

---

368 VerfGH Rh.-Pf., DVBl. 2000, 992 m. w. N.; *Gern*, KommunalR BW, Rn. 388; BVerfGE 61, 82; *Stern*, AfK 1962, 81 (89); *Stern/Püttner*, Gemeindewirtschaft, S. 161; *Jarass*, DÖV 2002, 489 (498) m. w. N.

369 BVerfGE 79, 127 (147 ff.); 83, 363 (387) = NVwZ 1992, 365.

370 *Schink*, NVwZ 2002, 129 (133) m. w. N.

371 *Kunze/Bronner/Katz/v. Rotberg*, GemO f. BW, § 102 Rn. 6; *Katz*, Kommunale Wirtschaft, Rn. 20; *Werner*, VBlBW 2001, 206 (207); eindrucksvoll in diesem Zusammenhang SächsVerfGH, NVwZ 2005, 1057 (1059 ff.): Danach verstößt die landesgesetzliche Verpflichtung der Gemeinden, den überörtlichen Prüfungsbehörden die Befugnisse aus § 44 Abs. 1 HGrG einzuräumen, nicht gegen die Garantie der kommunalen Selbstverwaltung. Der Landesgesetzgeber kann die Gemeinden auch ohne Verletzung der Garantie der kommunalen Selbstverwaltung verpflichten, der überörtlichen Prüfungsbehörde die Prüfung der Haushalts- und Wirtschaftsführung von gemeindlichen Unternehmen in Privatrechtsform zu ermöglichen.

372 *Gern*, KommunalR BW, Rn. 390.

f) Aussagegehalt zum Verhältnis von Kommunal- und Privatwirtschaft

aa) Grundsatz

Art. 28 Abs. 2 GG hat ausschließlich staatsorganisationsrechtliche Bedeutung im Verhältnis der Kommune zu den übergeordneten staatlichen Ebenen wie Bundesland und Bund, in dem die Kompetenzen der Kommunen im Verhältnis zu sonstigen staatlichen Stellen abgesichert werden.[373] Die kommunale Selbstverwaltungsgarantie enthält neben ihrer staatsorganisationsrechtlichen Funktion kein Verteilungsprinzip für das Verhältnis von Staat und Gesellschaft, insbesondere zur Privatwirtschaft:[374] Die Selbstverwaltungsgarantie schützt weder die Gemeinde- vor der Privatwirtschaft[375] noch umgekehrt Private vor gemeindlicher Konkurrenz.[376] Die kommunale Selbstverwaltungsgarantie als solche ist auch keine Ermächtigung zu Eingriffen in die Rechtstellung Privater.[377] Für Grundrechtsbeschränkungen der Bürger bedarf die Gemeinde einer gesetzlichen Ermächtigung in Form eines Parlamentsgesetzes.[378]

---

373 *Kuntze*, Die Grenen der erwerbswirtschaftlichen Betätigung der Kommunen, S. 72 f.; *Schink*, NVwZ 2002, 129 (133); *Löwer*, VVDStRL 60 (2001), 416 (435); *ders.*, Energieversorgung, S. 217 f.; *Burgi*, NVwZ 2001, 601 (602); *Henneke*, Öff. Finanzwesen, Finanzverfassung, Rn. 498 f.; *M. Müller*, in: Stober/Vogel (Hrsg.), 145 (156); *ders.*, DVBl. 1998, 1256 (1262); ausf. *Hösch*, WiVerw 2000, 159 (174 f.); differenzierend *Gröpl*, BayVBl. 1995, 485 (488 f.); allg. *Berg*, WiVerw 2000, 141 (146).

374 VerfGH Rh.-Pf., DVBl. 2000, 992; *Ruffert*, NVwZ 2000, 763 (764); *Badura*, DÖV 1998, 818 (823); *Oster*, in: Gabler/Höhlein/Klöckner/u. a., GemO Rh.-Pf., Vorbem. zu §§ 85-92 Erl. 2.2.7.; *Leidinger*, DÖV 1999, 861 (862 f.); *Pielow*, NWVBl. 1999, 369 (374); *Stober*, in: FS Maurer, 827 (837); *Burgi*, NVwZ 2001, 601 (602) im Hinblick auf Privatisierungen; *ders.*, NZBau 2003, 539 (540).

375 *Ehlers*, DVBl. 2000, 1301 (1305 f.); *ders.*, in: Wurzel/Schraml/Becker (Hrsg.), Rechtspraxis, Teil B Rn. 35; *Henneke*, Öff. Finanzwesen, Finanzverfassung, Rn. 499; *ders.*, Der Landkreis 1999, 577 (580); *Badura*, in: Schmidt-Aßmann (Hrsg.), Rn. 116; so aber *Wieland/Hellermann*, DVBl. 1996, 401 (407 f.); *dies.*, Schutz des Selbstverwaltungsrechts, S. 31 f.; *Moraing*, NWVBl. 1997, 355 (356) = *ders.*, Der Städtetag 1997, 285 (287 f.).

376 *Ruffert*, NVwZ 2000, 763 (764); *Schink*, NVwZ 2002, 129 (133); *Hösch*, WiVerw 2000, 159 (176); *Oster*, in: Gabler/Höhlein/Klöckner/u. a., GemO Rh.-Pf., Vorbem. zu §§ 85-92 Erl. 2.2.7.

377 *Pieroth*, in: Jarass/Pieroth, GG, Art. 28 Rn. 10; *Tettinger*, in: v. Mangoldt/Klein/Starck, GG, Art. 28 Abs. 2 Rn. 165; *Wieland/Hellermann*, Der Schutz des Selbstverwaltungsrechts, S. 27 f.; *dies.*, DVBl. 1996, 401 (407); *Nierhaus*, in: Sachs (Hrsg.), GG, Art. 28 Rn. 34; *Wolff/Bachof/Stober*, VerwR I, § 23 Rn. 15 m. w. N.; *Hösch*, DÖV 2000, 393 (395); *ders.*, WiVerw 2000, 159 (176); *Ehlers*, Gutachten DJT, S. 48; *Ruffert*, VerwArch 92 (2001), 27 (36); *Schoch*, Jura 2001, 121 (125).

378 *Hösch*, WiVerw 2000, 159 (176); *Ehlers*, DVBl. 2000, 1301 (1306).

bb) Verfassungsrechtliche Bedenken hinsichtlich der Subsidiaritätsklauseln

Hinsichtlich der verschiedenen Subsidiaritätsregeln wurde eine Zeitlang lebhaft diskutiert, inwieweit diese Regelungen, insbesondere die verschärfte Form, mit der Garantie der kommunalen Selbstverwaltung in Art. 28 Abs. 2 GG und den entsprechenden Regelungen in den Landesverfassungen vereinbar seien.[379] Wie bereits ausgeführt wurde, ist der Gesetzgeber bei der Ausgestaltung der kommunalen Selbstverwaltung nicht frei, sondern insbesondere zur Wahrung des Kernbereichs des Selbstverwaltungsrechts und zum Schutz des Selbstverwaltungsrechts außerhalb des Kernbereichs in „vertretbarer" Weise verpflichtet. In dieser Diskussion hat ein Urteil des VerfGH Rh.-Pf.[380] über die Vereinbarkeit der verschärften Subsidiaritätsklausel mit Art. 49 LV Rh.-Pf. Klarheit geschaffen:

(1) Einfache Subsidiaritätsklausel

Für diese Form wird überwiegend vertreten, dass dadurch bereits kein „echter" Vorrang der Privatwirtschaft erreicht werde, da die Gemeinde schon bei Leistungsparität mit dem privaten Dritten zur eigenen wirtschaftlichen Betätigung berechtigt sei. Die einfache Subsidiaritätsklausel entspreche vielmehr dem Gebot der Wirtschaftlichkeit, das für alles staatliche Handeln und auch für die Gemeinden gelte. An einer unwirtschaftlichen und unsparsamen Leistungserbringung bestehe kein öffentliches Interesse. Die Entscheidungsfreiheit der Gemeinde werde durch diese Klausel nicht eingeschränkt, sie diene lediglich dazu, von der Gemeinde eine transparente und rationale Begründung für die Aufnahme der wirtschaftlichen Betätigung abzufordern. Von einer Verletzung des Selbstverwaltungsrechts könne insofern keine Rede sein.[381]

(2) Verschärfte Subsidiaritätsklausel

Diese Diskussion wurde bereits in den 50er Jahren des vorigen Jahrhunderts angestoßen. Seit einer Entscheidung des BayVGH vom 23.12.1957[382] wurde die Subsidiaritätsklausel der bayerischen Gemeindeordnung eng ausgelegt und angewendet: Da den Gemeinden die Gelegenheit zur „kraftvollen Betätigung" nicht genommen werden dürfe, sei eine Verdrängung der Gemeinden aus ihrem angestammten Wirkungskreis verfassungsrechtlich unzulässig. Diese Betriebe,

---

379 Stellungnahme Wirtschaftsministerium BW, LT-Drs. 12/1329, S. 6, Gesetzentwurf Landesregierung BW, LT-Drs. 12/4055, S. 42.

380 VerfGH Rh.-Pf., DVBl. 2000, 992.

381 *Hadamek*, Ausarbeitung wiss. Dienste des Bundestags, S. 31; Stellungnahme Wirtschaftsministerium BW, LT-Drs. 12/1329, S. 6; *Henneke*, NdsVBl. 1999, 1 (2); *ders.*, Der Landkreis 1999, 226 (233).

382 BayVerfGH; BayVBl. 1958, 51 (53) = DÖV 1958, 216; dazu *Wieland/Hellermann*, Schutz des Selbstverwaltungsrechts, S. 48 ff.; *Moraing*, WiVerw 1998, 233 (250).

wie zum Beispiel Versorgungsbetriebe und örtliche Verkehrsunternehmen der Gemeinden, seien daher nichtwirtschaftliche Unternehmen im Sinne der Subsidiaritätsklausel. Im Ergebnis führte diese enge Interpretation der Subsidiaritätsklausel zu einer Bereichsausnahme für den angestammten Bereich der Daseinsvorsorge.[383] Mitte der 90er Jahre des vorigen Jahrhunderts wurde die Diskussion durch ein Gutachten von *Wieland* und *Hellermann* zu den (damaligen) verschärften Subsidiaritätsklauseln in Thüringen und Mecklenburg-Vorpommern wieder entfacht.[384] Art. 28 Abs. 2 S. 1 GG sei gegenüber dem Staat die Kompetenz zu gemeindlichem Handeln im Verhältnis zu den Bürgern bzw. der Privatwirtschaft und die Garantie dieser Kompetenz zu entnehmen.[385] Die Selbstverwaltungsgarantie erfordere, wie bei der Höherzonung staatlicher Aufgaben, den staatsgerichteten Schutz der wirtschaftlichen Betätigung auch in Richtung zur Wirtschaft, somit auch gegenüber Privatisierungsvorgaben des Gesetzgebers, da diese gleichfalls die Gefahr der Beschneidung gemeindlicher Aufgabenfelder begründeten und dazu führten, dass die Kommune an der Wahrnehmung dieser Aufgabe gehindert werde. Die Entscheidungsbefugnis darüber, welche Angelegenheiten der örtlichen Gemeinschaft die Gemeinde wahrnehmen will, mache aber gerade die gemeindliche Selbstverwaltung aus.[386] Unter dem GG sei ein zurückhaltendes Verständnis der Funktionssperre verfassungsgeboten, da der gesetzgeberische Entzug gemeindlicher Aufgaben nicht schon mit Gründen bloßer Verwaltungseffizienz oder Wirtschaftlichkeit gerechtfertigt werden könnte.[387] Aufgrund von Art. 28 Abs. 2 S. 1 GG stehe prinzipiell den Gemeinden und nicht dem staatlichen Gesetzgeber die Entscheidung darüber zu, welcher Angelegenheit der örtlichen Gemeinschaft sie sich annehmen wollten.[388] Deshalb werde durch die verschärften Subsidiaritätsklauseln zumindest der Randbereich der Selbstverwaltungsgarantie in unzulässiger Weise beschränkt.[389]

---

383 *Hadamek*, Ausarbeitung wiss. Dienste des Bundestags, S. 20.

384 *Wieland/Hellermann*, Schutz des Selbstverwaltungsrechts, S. 26 ff., 57 ff; *dies.*, DVBl. 1996, 401 (407 f.); *Hellermann*, Örtliche Daseinsvorsorge, S. 217 ff.; im Ergebnis auch *Cronauge*, AfK 1999, 24 (30); *R.-G. Müller*, DVBl. 2002, 1014 (1020); *Paschlau/Wendler*, AfK 1998, 354 (361 f.).

385 *Wieland/Hellermann*, Schutz des Selbstverwaltungsrechts, S. 27 f.; *dies.*, DVBl. 1996, 401 (407).

386 *Wieland/Hellermann*, Schutz des Selbstverwaltungsrechts, S. 31 f., 60 f.; *dies.*, DVBl. 1996, 401 (408); ähnl. *Hellermann*, Örtliche Daseinsvorsorge, S. 217 f.; *R.-G. Müller*, DVBl. 2002, 1014 (1020); gleicher Ansatz *Moraing*, WiVerw 1998, 233 (250 f.); zumindest vom Ausgangspunkt her auch *Rennert*, DV 35 (2002), 319 (326); *ders.*, JZ 2003, 385 (388).

387 *Wieland/Hellermann*, Schutz des Selbstverwaltungsrechts, S. 62; *Moraing*, WiVerw 1998, 233 (251).

388 *Wieland/Hellermann*, Schutz des Selbstverwaltungsrechts, S. 63.

389 *Wieland/Hellermann*, Schutz des Selbstverwaltungsrechts, S. 63 f.; *Hellermann*, Örtliche Daseinsvorsorge, S. 218 ff.; ebenso *Moraing*, Der Städtetag 1998, 523 (523 f.); *ders.*,

Diese Ansicht ist im Einklang mit der Rechtsprechung und der h. A. im Schrifttum zurückzuweisen: Der VerfGH Rh.-Pf. betont, dass die Selbstverwaltungsgarantie kein generelles, den Gesetzgeber bindendes Verteilungsprinzip für das Verhältnis der Kommunen zur Wirtschaft enthält, sondern dass den Gemeinden der Zugriff auf Angelegenheiten der örtlichen Gemeinschaft nur in dem Umfang verfassungskräftig gewährleistet ist, wie diese überhaupt Objekt staatlicher Verwaltung sein können.[390] Dies entspricht dem bereits erörterten Befund, dass die Selbstverwaltungsgarantie keine Aussage zur Aufgabenabgrenzung zum privaten Sektor treffe.[391] Art. 28 Abs. 2 GG als bloßer Kompetenznorm kann allein keine pauschal wettbewerbsgestaltende oder gar wettbewerbsdeterminierende Wirkung zukommen.[392]

Eine Verletzung des Kernbereichs der kommunalen Selbstverwaltungsgarantie durch die verschiedenen Subsidiaritätsklauseln wird von der h. A. verneint: Eine Verfassungswidrigkeit könnte lediglich dann mit Sicherheit angenommen werden, wenn jede kommunale wirtschaftliche Betätigung ausgeschlossen wäre.[393] Im Übrigen gilt aber, dass, auch wenn herkömmlich das Bild der gemeindlichen Selbstverwaltung durch ihre verschiedenen historischen und regionalen Erscheinungsformen entscheidend geprägt werde, eine sinnvolle Fortentwicklung des überkommenen Systems verfassungskonform sei, sofern nach Maßgabe einer bilanzierenden Bewertung der nach dem Eingriff verbleibenden gemeindlichen Handlungsmöglichkeiten die Selbstverwaltung nicht ausgehöhlt werde.[394] Im Übrigen sei der Kernbereich gewahrt, da die Gemeinde hinsichtlich des Eingreifens der Subsidiaritätsklausel einen Beurteilungsspielraum habe.[395] Da dieser den Gemeinden auch die Berücksichtigung anderer Aspekte erlaube, sei für den Fall, dass nicht festgestellt werden könne, ob Private oder die Gemeinde eine Leistung wirtschaftlicher erbringen könnten, der Gemeinde im Licht der Selbstverwaltungsgarantie des Art. 28 Abs. 2 S. 1 GG das Recht einzuräumen, die

WiVerw 1998, 233 (250 f.); im Ergebnis auch *Stern*, AfK 1964, 81 (100); krit. *Schmid*, BWVP 1995, 129 (133).

390 VerfGH Rh.-Pf., DVBl. 2000, 992 (992 f.).

391 *Henneke*, NdsVBl. 1998, 273 (282); *ders.*, Der Landkreis 1999, 226 (231 f.); *ders.*, Der Landkreis 1999, 577 (580); *Pielow*, NWVBl. 1999, 369 (373 f.); *Held*, WiVerw 1998, 264 (267 ff.).

392 *Tettinger*, DVBl. 1999, 679 (685); ähnl. *Rennert*, DV 35 (2002), 319 (337 f.).

393 *Held*, WiVerw 1998, 264 (283); *Hadamek*, Ausarbeitung wiss. Dienste des Bundestags, S. 29 f.

394 VerfGH Rh.-Pf., DVBl. 2000, 992 (993).

395 VerfGH Rh.-Pf., DVBl. 2000, 992 (993 ff., 995); ebenso *Ehlers*, DVBl. 1998, 497 (502); *Henneke*, NdsVBl. 1999, 1 (2); *ders.*, Der Landkreis 1999, 226 (233); *ders.*, Öff. Finanzwesen, Finanzverfassung, Rn. 509; *Hill*, Kommunalwirtschaft, S. 48; *Kunze/Bronner/Katz/v. Rotberg*, GemO f. BW, § 102 Rn. 41.

wirtschaftliche Tätigkeit im Hinblick auf die von ihr verfolgten öffentlichen Zwecke selbst auszuüben.[396]

Auch außerhalb des Kernbereichs wird die Selbstverwaltungsgarantie durch verschärfte Subsidiaritätsklauseln nicht verletzt: Das verfassungsrechtliche Aufgabenverteilungsprinzip des Art. 28 Abs. 2 GG zugunsten der Gemeinden hinsichtlich der Angelegenheiten der örtlichen Gemeinschaft gelte nur für die Aufgabenverlagerung auf übergeordnete Ebenen der öffentlichen Verwaltung, nicht für die Aufgabenprivatisierung.[397] Dennoch sei der privatisierende Gesetzgeber auch hier nicht frei von rechtlichen Bindungen, sondern zur Wahrung des Gemeinwohls verpflichtet. Dabei komme ihm allerdings ein weiter Gestaltungsspielraum zu, dessen Ausfüllung lediglich darauf überprüft werden könne, ob die fragliche Regelung von sachgerechten Erwägungen getragen werde, geeignet sei, den mit ihr verfolgten Zweck zu erreichen, und nicht willkürlich sei.[398] In der Literatur wird dies dahingehend präzisiert, dass zur Rechtfertigung der Subsidiaritätsregeln sachliche, am Gemeinwohl orientierte Gründe notwendig seien, die in der Abwägung schwerer wiegen als das Selbstverwaltungsrecht der Gemeinden.[399] Dabei stünden hinter den (verschärften) Subsidiaritätsregelungen in erster Linie ordnungspolitische Regelungsabsichten, deren Legitimität nicht einfach abgetan werde könne. Das BVerfG hat bekräftigt, dass „die Freisetzung und Einbeziehung privater Initiative ... im öffentlichen Interesse (liegt)“ und eine „Tradition bürgerlicher Teilhabe an der öffentlichen Daseinsvorsorge im örtlichen Raum“ besteht.[400]

cc) Ausnahme bestimmter Bereiche vom Anwendungsbereich der Subsidiaritätsklauseln

Während in Baden-Württemberg und Bayern das Tätigwerden innerhalb der Daseinsvorsorge nicht dem Anwendungsbereich der Subsidiaritätsklausel unterfällt, werden in § 107 Abs. 1 S. 1 Nr. 3 GO NRW[401] die Energieversorgung, die Wasserversorgung, der öffentliche Verkehr sowie der Betrieb von Telekommunikationsdienstleistungsnetzen einschließlich der Telefondienstleistungen vom Geltungsbereich der Subsidiaritätsklausel ausgenommen. Ausweislich der Gesetzesbegründung sollte den Kommunen auf diesen Geschäftsfeldern volle

---

396 *Hadamek*, Ausarbeitung wiss. Dienste des Bundestags, S. 32 f.; Gesetzentwurf Landesregierung BW, LT-Drs. 12/4055, S. 41.

397 VerfGH Rh.-Pf., DVBl. 2000, 992 (996); zust. *Ruffert*, NVwZ 2000, 763 (764).

398 VerfGH Rh.-Pf., DVBl. 2000, 992 (996); *Pielow*, NWVBl. 1999, 369 (373); *Gern*, Sächs. KommunalR, Rn. 824a.

399 *Hadamek*, Ausarbeitung wiss. Dienste des Bundestags, S. 32; *Kunze/Bronner/Katz/v. Rotberg*, GemO f. BW, § 102 Rn. 41.

400 BVerfGE 83, 363 (385).

401 Vgl. allg. *Kirchmer*, LKV 1999, 446 (447).

Wettbewerbsfreiheit mit den Unternehmen der Privatwirtschaft gesichert werden.[402] Insofern stellt sich das Problem, dass sich die Gemeinde in den genannten Gebieten auch dann betätigen darf, wenn sie den öffentlichen Zweck schlechter und unwirtschaftlicher erfüllt als die private Konkurrenz.[403] Die Entscheidung, welche öffentlichen Zwecke sie verfolgen will, liegt zwar bei der Gemeinde selbst. Wirtschaftet sie unökonomischer als die anderen Unternehmen, so stellt sich die Frage, warum ihr die wirtschaftliche Betätigung überhaupt erlaubt sein soll. Denn eine solche Kommunalwirtschaft ist dem Gemeinwohl dadurch abträglich, dass sie den Konkurrenten die Kunden wegnimmt und so deren bessere Erfüllung des öffentlichen Zwecks gefährdet.[404]

Gegen diese gesetzgeberische „Privilegierungen" werden verfassungsrechtliche Bedenken in zweierlei Hinsicht geltend gemacht: Aufgrund der Notwendigkeit der Rechtfertigung staatlichen Handelns durch einen öffentlichen Zweck bzw. ein Gemeinwohlerfordernis aus dem Rechtsstaatsprinzip in Verbindung mit den Grundrechten[405] komme es für die Rechtfertigung dieser Ausnahmen von der Subsidiaritätsklausel auf Art. 3 GG an, insbesondere auf einen möglichen sachlichen Grund für diese Differenzierung, welcher nur in dem Begriff des „öffentlichen Zwecks" gem. § 107 Abs. 1 S. 1 Nr. 1 GO NRW zu finden sein könne.[406] Zum anderen wird das aus dem Rechtsstaatsprinzip abgeleitete Gebot der Widerspruchsfreiheit angeführt: Die Regelung des § 107 Abs. 1 S. 1 Nr. 1 GO NRW stehe im Widerspruch zu § 107 Abs. 1 S. 1 Nr. 3 GO NRW, der eine schlechtere Erfüllung des öffentlichen Zwecks in bestimmten Bereichen für unerheblich erklärt. Wenn andere den öffentlichen Zweck aber besser erfüllen könnten, könne nicht davon gesprochen werden, dass dieser eine Betätigung der Gemeinde „erfordert".[407] Die Ausnahme bestimmter Bereiche aus dem Anwendungsbereich der Subsidiaritätsklausel bringe auch nicht zum Ausdruck, dass nach Auffassung des Gesetzgebers dort immer ein öffentlicher Zweck gegeben sei, insbesondere weil die Gemeinden nicht dazu berechtigt seien, diese Bereiche der Privatwirtschaft zu überlassen und sich daher die Frage eines Vergleichs gar nicht stelle. Es sei nicht begründbar, warum die schlechtere Erfüllung des öffentlichen Zwecks unbeachtlich sein solle. Diese generelle Ausklammerung

---

402 LT-Drs. 12/3947, S. 94 f.; *W. Meyer*, WiVerw 2003, 57 (73); ebenso *Nagel*, ZögU 23 (2000), 428 (429 f.): „Dies bedeutet, dass die Gemeinden in ihrer wirtschaftlichen Tätigkeit bei der Versorgung mit Strom und Gas voll am Wettbewerb teilnehmen dürfen."; ebenso *Wieland*, NWVBl. 2000, 246 (248).

403 *Ehlers*, Gutachten DJT, S. 82 f.

404 *Ehlers*, NWVBl. 2000, 1 (4); *ders.*, Gutachten DJT, S. 83.

405 *Ehlers*, NWVBl. 2000, 1 (4); im Ausgangspunkt, nicht aber im Ergebnis zust. *Löwer*, NWVBl. 2000, 241 (242 f.); *Koehler*, VR 2000, 44 (46).

406 *Koehler*, VR 2000, 44 (46).

407 *Ehlers*, NWVBl. 2000, 1 (4); *ders.*, Gutachten DJT, S. 83.

sei deshalb verfassungswidrig.[408] Nach anderer Ansicht wird zwischen den Ausnahmen zugunsten der Energiewirtschaft, der Wasserversorgung und des öffentlichen Personenverkehrs einerseits und der Telekommunikation andererseits differenziert: Die ersten drei seien die klassischen Bereich der Daseinsvorsorge, in denen sich der öffentliche Zweck aus dem Versorgungsauftrag der Kommune ergebe. Unter den derzeitigen Bedingungen sei noch von einem Fortbestand dieses Versorgungsauftrags auszugehen, da nur im Bereich der Energiewirtschaft eine Öffnung der Märkte eingesetzt habe, die aber noch nicht so weit fortgeschritten sei, dass andere Energieversorger den Bedarf aller Gemeindeeinwohner decken könnten. Entwickele sich aber der Wettbewerb in diesen Bereichen soweit, dass eine vollständige Versorgung der Einwohner ohne gemeindliche Anbieter gesichert sei, würden diese Ausnahmen zu „Bestandsschutzregelungen“, die den Kommunen dauerhaft Märkte erhalten sollten.[409] Hinsichtlich der Ausnahme zugunsten der Telekommunikation sei dieser Bestandschutz angesichts der großen Vielzahl von privaten Anbietern nicht zu rechtfertigen. Diese Privilegierung sei deshalb nur durch den weit reichenden Beurteilungsspielraum des Gesetzgebers bei der Bestimmung des rechtlichen Differenzierungsgrundes zu rechtfertigen.[410]

Dieser Diskussion wurde aber in der gerichtlichen Praxis und im Schrifttum nicht weiter nachgegangen und soll hier nicht weiter vertieft werden, nicht zuletzt auch deshalb, weil sie nichts zur Frage des drittschützenden Charakters der kommunalen Wirtschaftsklausel beiträgt.

g) Die Gewährleistung der kommunalen Finanzhoheit

Einen wesentlichen Bestandteil der kommunalen Selbstverwaltung stellt die finanzielle Eigenverantwortung der Gemeinden dar, da jede Aufgabenverantwortung eine Ausgabenlast mit sich bringt, mithin kommunale Selbstverwaltung ohne entsprechende Ausstattung mit Finanzmitteln unmöglich ist.[411] Die sog. Finanzhoheit bezeichnet die „Befugnis zu einer eigenverantwortlichen Einnahmen- und Ausgabenwirtschaft im Rahmen eines gesetzlich geordneten Haushaltswesens“ und umfasst Einnahme- wie Ausgabenhoheit.[412] Seit den Verfassungsreformen von 1994 und 1997 ist sie in Art. 28 Abs. 2 S. 3 GG verankert.[413]

---

408 *Ehlers*, NWVBl. 2000, 1 (4 f.).

409 *Koehler*, VR 2000, 44 (46 f.); ähnl. *Pielow*, NWVBl. 1999, 369 (379).

410 *Koehler*, VR 2000, 44 (47).

411 *Mückl*, Finanzverfassungsrechtlicher Schutz, S. 62.

412 BVerfGE 26, 228 (244); 71, 25 (36); *Mückl*, Finanzverfassungsrechtlicher Schutz, S. 63; *Werner*, VBlBW 1997, 1 (2); *Otting*, DVBl. 1997, 1258 (1261); *Nierhaus*, in: Sachs (Hrsg.), GG, Art. 28 Rn. 68; *Dreier*, in: Dreier (Hrsg.), GG, Art. 28 Rn. 132; *Pieroth*, in: Jarass/Pieroth, GG, Art. 28 Rn. 14.

413 *Pieroth*, in: Jarass/Pieroth, GG, Art. 28 Rn. 14.

Die Finanzierung der Gemeinden erfolgt durch Anteile am Steueraufkommen, Finanzzuweisungen von Seiten der Länder und des Bundes sowie durch eigene Einnahmen.[414] Zur Erzielung eigener Einnahmen gewähren die Kommunalabgabengesetze[415] den Gemeinden in der Mehrzahl auch ein Steuererfindungsrecht, wobei Art. 105 Abs. 2a GG als Voraussetzung hierfür statuiert, dass sie örtlich radiziert und bundesrechtlichen Steuern nicht gleichartig sind.

Als Grundlage ihrer Handlungsfähigkeit haben die Gemeinden Anspruch[416] auf eine angemessene Finanzausstattung,[417] so dass sie sowohl ihre verschiedenen Pflichtaufgaben erfüllen als auch freiwillige Selbstverwaltungsaufgaben wahrnehmen können.[418] Als Untergrenze wird in der Literatur eine „freie Spitze“ von 5 – 10 % der insgesamt verfügbaren Mittel für freiwillige Aufgaben genannt,[419] während die Judikatur erst bei einer „Aushöhlung“ des Selbstverwaltungsrechts eine Verletzung des Anspruchs auf angemessene Finanzausstattung annimmt.[420] Überwiegend wird davon ausgegangen, dass dem neuen HS 1 des Art. 28 Abs. 2 S. 3 GG keine Finanzausstattungsgarantie für die Gemeinden und Gemeindeverbände und keine finanzielle Inpflichtnahme des Bundes über die finanzverfassungsrechtlichen Vorgaben des X. Abschnitts des GG hinaus zu entnehmen ist.[421] Verpflichtet sind vielmehr die Länder, denen gemäß Art. 106 Abs. 7 S. 2 GG die Gesetzgebungskompetenz für den kommunalen Finanzausgleich zusteht.[422] Dem Bund kommt hingegen lediglich eine Garanten-

---

414 *Dreier*, in: Dreier (Hrsg.), GG, Art. 28 Rn. 141; *Otting*, DVBl. 1997, 1258 (1262); *Schoch*, Verfassungsrechtlicher Schutz, S. 143.

415 In BW bspw. § 6 Abs. 4 KAG.

416 Ausf. zu den dogmatisch ungeklärten und in der praktischen Rechtsanwendung mit Unsicherheit behafteten Fragen im Zusamenhang mit dem „Anspruch“ *Volkmann*, DÖV 2001, 497 (499 f.).

417 *Schoch*, Verfassungsrechtlicher Schutz, S. 137 ff.; *ders.*, AfK 2000, 225 (233, 239 f.); *Werner*, VBlBW 1997, 1 (2); *Geis*, in: FS Maurer, 79 (80). Dabei wird zwischen dem Recht auf angemessene Finanzausstattung und dem auf eine finanzielle Mindestausstattung differenziert, vgl. *Geis*, in: FS Maurer, 79 (83); *Volkmann*, DÖV 2001, 497 (500); vgl. auch *Remmert*, VerwArch 94 (2003), 459 (481).

418 *Werner*, VBlBW 1997, 1 (2).

419 *Geis*, in: FS Maurer, 79 (85); *Dreier*, in: Dreier (Hrsg.), GG, Art. 28 Rn. 145 m. w. N.; *Mückl*, Finanzverfassungsrechtlicher Schutz, S. 64 ff.; *Werner*, VBlBW 1997, 1 (2, 5); *Nierhaus*, in: Sachs (Hrsg.), GG, Art. 28 Rn. 68; *Hufen*, DÖV 1998, 276 (280): 5 %; ebenso *Pieroth*, in: Jarass/Pieroth, GG, Art. 28 Rn. 14; *Volkmann*, DÖV 2001, 497 (500) weist darauf hin, dass es kein sicheres Kriterium zur Ermittlung des Bedarfs gebe; abl. *Remmert*, VerwArch 94 (2003), 459 (480).

420 Bspw. StGH BaWü, VBlBW 1994, 52 (56).

421 *Nierhaus*, in: Sachs (Hrsg.), GG, Art. 28 Rn. 69; *Tettinger*, in: v. Mangoldt/Klein/Starck, GG, Art. 28 Abs. 2 Rn. 247; *Volkmann*, DÖV 2001, 497 (498); *Heller*, Haushaltsgrundsätze, Kap. 1 Rn. 28 f.

422 *Dreier*, in: Dreier (Hrsg.), GG, Art. 28 Rn. 145; *Otting*, DVBl. 1997, 1258 (1261); *Hösch*, DÖV 2000, 393 (405); *Schoch*, AfK 2000, 225 (225 f.).

stellung zu.[423] Weitere Einschränkungen der landesverfassungsrechtlichen Ausstattungsgarantie nach Art. 71 Abs. 1 i. V. m. Art. 73 Abs. 1 LV ergeben sich daraus, dass nach der Rechtsprechung eine „Gesamtbetrachtung der Finanzlage" angestellt werden soll,[424] bei der auch die finanzielle Leistungsfähigkeit des Landes zu berücksichtigen ist.[425]

Dieser restriktiven Auslegung der kommunalen Finanzausstattungsgarantie wurde eine kühne These entgegengehalten:[426] Bei kommunaler Unterfinanzierung habe die Gemeinde die Wahl, entweder die haushaltsrechtlichen Gebote des Haushaltsausgleichs zu missachten oder sich über zwingende rechtliche Regeln bezüglich der Leistungsdichte und der Standards kommunaler Aufgabenerfüllung hinwegzusetzen. Reiche die Beteiligung am staatlichen Steueraufkommen nicht mehr aus, um die Aufrechterhaltung des Kernbereichs der Selbstverwaltung sicherzustellen, dürfe die Selbstverwaltungsgarantie die Möglichkeit zur Erschließung sonstiger, nichthoheitlicher Einnahmequellen nicht nur verbieten, sondern müsse sie sogar garantieren. Dies erscheine gegenüber einem kontrollierten Gesetzesbruch als milderes Mittel. Wenn der einfache Gesetzgeber nicht in der Lage sei, die Gemeinde ausreichend mit Finanzmitteln auszustatten, dürfe er ihnen durch das Gemeindewirtschaftsrecht nicht die Ausschöpfung an sich vorhandener Einnahmepotentiale verwehren. Die mittelbare Förderung von Gemeinwohlaufgaben durch die Erzielung von Einnahmen für den Gemeindehaushalt sei deshalb als Verwirklichung eines öffentlichen Zwecks anzusehen. Unter diesen Vorzeichen soll eine rein erwerbswirtschaftliche Betätigung dem Schutz des Art. 28 Abs. 2 S. 3 GG unterfallen.[427]

Diese These ist allerdings – in Übereinstimmung mit Rechtsprechung und nahezu einhelliger Lehre – abzulehnen: Unzutreffend ist danach bereits deren Prämisse, da sich der Vorbehalt der Leistungsfähigkeit des Landes nur auf die freiwilligen Aufgaben der Kommunen, nicht aber auf deren pflichtige Aufgaben bezieht. Die finanzielle Mindestausstattung gehört aber zum unantastbaren Kernbereich kommunaler Selbstverwaltung, welcher unabhängig von der Leistungsfähigkeit des Landes die erforderlichen Mittel zur Erfüllung aller Pflicht-

423 *Werner*, VBlBW 1997, 1 (3); *Geis*, in: FS Maurer, 79 (80).

424 StGH BaWü, VBlBW 1994, 52 (56).

425 StGH BaWü, VBlBW 1994, 12 (15); DVBl. 1999, 1351; NRW VerfGH, NVwZ-RR 1999, 81 = NWVBl. 1998, 390; *Volkmann*, DÖV 2001, 497 (503); *Geis*, in: FS Maurer, 79 (81) erkennt dem Vorbehalt der finanziellen Leistungsfähigkeit des Landes bei fehlender landesrechtlicher Normierung den Charakter einer ungeschriebenen, verfassungsimmanenten Schranke zu; abl. *Schoch*, AfK 2000, 225 (226 f.).

426 *Otting*, DVBl. 1997, 1258 (1261 f.); *ders.*, Neues Steuerungsmodell, S. 199, 218; ähnl. Ansatz bei *Wieland/Hellermann*, Schutz des Selbstverwaltungsrechts, S. 25, die diese Problematik aber offen lassen.

427 *Otting*, DVBl. 1997, 1258 (1261); ebenso *Hellermann*, Örtliche Daseinsvorsorge, S. 154 f.; *Schneider* DVBl. 2000, 1250 (1255); tendenziell auch *Hennerkes*, AfK 1999, 65 (67).

aufgaben und eines Mindestmaßes an freiwilligen Aufgaben umfasst. Der Anspruch auf aufgabenangemessene Finanzausstattung zur Erfüllung auch freiwilliger Aufgaben liegt demgegenüber im Randbereich der Selbstverwaltungsgarantie.[428] Zweitens sind die kommunalen Finanzausstattungsgarantien der Landesverfassungen staatsgerichtet und auf öffentlich-rechtliche Einnahmequellen sowie Finanzausgleichsmittel bezogen, gewährleisten den Gemeinden aber keine gewinnorientierte erwerbswirtschaftliche Betätigung. Auf eine etwaige Unterfinanzierung der Gemeinden ist durch Pflichtenreduzierung oder Finanzmittelzuwendungen zu reagieren.[429] Es gebe für die Gemeinde keine substantiell andere Finanzverfassung als die des Staates, die von der Abgabenstaatlichkeit befreien würde. Auch die Gemeinde müsste einen solchen Aufgabenzugriff durch ihre erwerbswirtschaftliche Tätigkeit in den Tätigkeitsbereich Privater und damit im Verhältnis zum Prinzip „Freiheit“ rechtfertigen können.[430] Schließlich könne die kommunale Finanzhoheit nicht als verfassungsrechtliche Gewährleistung der kommunalen Erwerbswirtschaft mit der Konsequenz uminterpretiert werden, dass die der wirtschaftlichen Betätigung der Kommunen gesetzlich gezogenen Schranken zurückgedrängt werden, um die Ausstattung der Kommunen mit Finanzmitteln verbessern zu können.[431] Die Erzielung von Einnahmen stelle nämlich keinen öffentlichen Zweck im Sinne des Kommunalwirtschaftsrechts, sondern lediglich eine mittelbare Förderung der öffentlichen Zwecke dar.[432] Der Zusammenhang zwischen dem kommunalen Aufgabenkreis und der dienenden Funktion der kommunalen wirtschaftlichen Betätigung ginge verloren, wenn die mittelbare Förderung als Rechtfertigungsgrund für die wirtschaftliche Betätigung kommunaler Gebietkörperschaften ausreichend wäre.[433] Eine verfassungsrechtlich geleitete Interpretation des öffentlichen Zwecks als einfach-gesetzliche

---

428 *Henneke*, NdsVBl. 1998, 273 (279); *ders.*, Öff. Finanzwesen, Finanzverfassung, Rn. 492; *ders.*, Der Landkreis 1999, 226 (230).

429 VerfGH Rh.-Pf., DVBl. 2000, 992 (994 f.); zust. *Henneke*, NdsVBl. 1998, 273 (280); *ders.*, DVBl. 2000, 997 (998); *ders.*, Öff. Finanzwesen, Finanzverfassung, Rn. 492; *ders.*, Der Landkreis 1999, 226 (230); ebenso *Heintzen*, Rechtliche Grenzen und Vorgaben, S. 40 f. m. w. N.; *Wolff/Bachof/Stober*, VerwR I, § 23 Rn. 11a; *Badura*, DÖV 1998, 818 (823); *Oster*, in: Gabler/Höhlein/Klöckner/u. a., GemO Rh.-Pf., § 85 Erl. 2.1.; *Ehlers*, DVBl. 1998, 497 (499 f.); *Hösch*, DÖV 2000, 393 (405); *Pielow*, NWVBl. 1999, 369 (377 f.); *Schink*, NVwZ 2002, 129 (134); *Schmahl*, LKV 2000, 47 (49); *Ruffert*, VerwArch 92 (2001), 27 (41 f.); *Held*, WiVerw 1998, 264 (270); *Grawert*, in: FS Blümel, 119 (125 f.); *Rennert*, JZ 2003, 385 (392); Argumentation aus ökonomischer Sicht bei *Wohltmann/Döring*, DNV 5/1998, 11 (11 f.).

430 *Löwer*, VVDStRL 60 (2001), 416 (434 f.).

431 *Henneke*, NdsVBl. 1998, 273 (280); *ders.*, Öff. Finanzwesen, Finanzverfassung, Rn. 492; *Hill*, Kommunalwirtschaft, S. 52.

432 *Schink*, NVwZ 2002, 129 (134); *Löwer*, VVDStRL 50 (2001), 416 (434 f.); *Ehlers*, DVBl. 1998, 497 (499); *Oster*, in: Gabler/Höhlein/Klöckner/u. a., GemO Rh.-Pf., § 85 Erl. 2.1.; *Neutz*, in: Wurzel/Schraml/Becker (Hrsg.), Rechtspraxis, Teil C Rn. 114 ff.

433 *Grawert*, in: FS Blümel, 119 (125 f.).

Ausprägung der Allzuständigkeitsgarantie steht der Zulässigkeit wirtschaftlicher Betätigung allein zur Finanzierung kommunaler Aufgaben durch Gewinnerzielung entgegen. So wie Art. 86 Abs. 2 EGV die Erfüllung einer besonderen Aufgabe als Grundlage der Freizeichnung vom Wettbewerbs- und Beihilfenrecht fordert, trennt der vom GG konstituierte Steuerstaat Aufgaben und ihre Finanzierung. Die Gemeinden sind berechtigt, Angelegenheiten der örtlichen Gemeinschaft wahrzunehmen; die Finanzierung der Aufgaben erfolgt aber gemäß Art. 28 Abs. 2 S. 3 HS 1 GG auf der Grundlage finanzieller Eigenverantwortung, wozu auch eine finanzielle Mindestausstattung gehört.[434] Die abstrakte Finanzkraft der Gemeinde ist nämlich kein Sachziel, sondern nur Mittel zum Zweck der kommunalen Aufgabenerfüllung und deshalb nur in Bezug auf Sachaufgaben gestattet. Stellt die wirtschaftliche Marktteilnahme der Gemeinde aber kein Sachziel dar, fehlt es ihr auch an der Zuständigkeit zur Gewinnerzielung für die kommunalen Haushalte. Denn zwischen wirtschaftlicher Betätigung und gemeindlicher Aufgabenerfüllung muss ein nachvollziehbarer Zusammenhang bestehen, der durch den „öffentlichen Zweck" präzisiert wird.[435]

---

434 *Ruffert*, VerwArch 92 (2001), 27 (41 f.).

435 *Schink*, NVwZ 2002, 129 (134 f.); *Oster*, in: Gabler/Höhlein/Klöckner/u. a., GemO Rh.-Pf., § 85 Erl. 2.1.

Dritter Abschnitt: Zivilrechtliche Abwehransprüche

A. Wettbewerbsrechtliche Unterlassungsansprüche

I. Anwendbarkeit des UWG und Rechtswegabgrenzung

Da den kommunalwirtschaftlichen Vorschriften zumindest in der Vergangenheit von den Verwaltungsgerichten überwiegend keine Schutzwirkung zugunsten privater Konkurrenten gemeindlicher Unternehmen zugesprochen wurde, hatte sich die Auseinandersetzung zwischen Kommunal- und Privatwirtschaft ab Mitte der 90er Jahre des vorigen Jahrhunderts zunehmend auf das UWG verlagert.[436] Diese Entwicklung mochte zusätzlich darin begründet sein, dass sich Rechtssuchende im Zweifel eher an die ordentlichen Gerichte wenden, weil diese zum einen in der Regel erheblich schneller als die Verwaltungsgerichte entscheiden[437] und zum anderen im Hinblick auf die wirtschaftliche Betätigung der öffentlichen Hand damals auch wesentlich „rechtsschutzfreundlicher" waren.[438] Da vor den ordentlichen Gerichten in der Regel zunächst eine Kammer für Handelssachen des Landgerichts entscheidet, wurde aus der Mitwirkung von zwei auf Vorschlag der Industrie- und Handelskammern ernannten ehrenamtlichen Richtern nach §§ 105, 108 GVG gefolgert, dass diese tendenziell eher der Privatwirtschaft gewogen sein dürften.[439] Zumindest kann eingangs festgestellt

---

436 *Schmidt-Aßmann*, in: ders. (Hrsg.), Rn. 121; *Schink*, NVwZ 2002, 129 (138); Motive bei *Stolterfoht*, in: FS Rittner, 695 (699); abl. *Püttner*, in: FS Maurer, 713 (720): Verletzung des Grundsatzes der Gewaltenteilung und der Rechtswegeabgrenzung; *ders.*, Öff. Unternehmen, S. 133: Da die Pflicht zur Einhaltung der Gemeindeordnungsbestimmungen lediglich im öffentlichen Interesse bestehe, könne auch der Drittschutz nicht über § 1 UWG a. F. herbeigeführt werden; abl. auch *Köhler*, GRUR 2001, 777 (782): „Sanktionserschleichung"; einen Konflikt verneinend *Zumpe*, Rechtliche Grenzen, S. 88 f.

437 *Ehlers*, Gutachten DJT, S. 92; *ders.*, JZ 2003, 318 (319); *Köhler*, NJW 2002, 2761 (2762 m. Fn. 9); *Oebbecke*, in: Wallerath (Hrsg.), 13 (18); ausf. *Doepner*, GRUR 2003, 825 (826 f.).

438 *Ehlers*, Gutachten DJT, S. 92; *ders.*, Verwaltung, S. 288 f. weist auf Rechtsschutzeinbußen im zivilgerichtlichen Verfahren hin; ebenso *Hösch*, Kommunale Wirtschaftstätigkeit, S. 128 f.; zum Problemen der Doppelsanktionierung *Beater*, in: Wallerath (Hrsg.), 67 (70 f.); abl. *Erichsen*, KommunalR NRW, S. 290; *Quack*, in: FS Trinkner, 265 (270 ff.); *Schliesky*, Öff. Wettbewerbsrecht, S. 460 ff., verneint das Argument der größeren Sachkunde und Sachnähe der Zivilgerichte gegenüber den Verwaltungsgerichten aufgrund des Unterschieds zwischen verwaltungsgerichtlichem Untersuchungsgrundsatz und zivilprozessualer Verhandlungsmaxime.

439 *Ehlers*, Gutachten DJT, S. 92, 152; ebenso *M. Pagenkopf*, GewArch 2000, 177 (183), wonach die Zivilgerichte „wirklich einseitig geprägt" seien; den ehrenamtlichen Handelsrichtern sei das „Wohl der Privatwirtschaft auf die Stirn geschrieben". Zu Recht krit. *Berg*, WiVerw 2000, 141 (154 m. Fn. 58).

werden, dass die Wahl des Rechtswegs häufig bereits maßgeblich das Ergebnis des Verfahrens bestimmte.[440]

Eigentlicher Anwendungsbereich des Wettbewerbsrechts ist es, Verstöße gegen die Lauterkeit des Wettbewerbs zu sanktionieren, denn das Wettbewerbsrecht ist Marktverhaltensrecht und regelt grundsätzlich nicht den Marktzutritt.[441] Für die Beurteilung des Marktverhaltens sind die Zivilgerichte zuständig.[442] Bei wirtschaftlicher Betätigung von Kommunen ist das Vorliegen einer „Wettbewerbshandlung“ als Tatbestandsmerkmal der wettbewerbsrechtlichen Generalklausel des § 3 UWG i. V. m. § 2 Abs. 1 Nr. 1 UWG im Regelfall unproblematisch zu bejahen.[443] Handelt eine Kommune zu Zwecken des Wettbewerbs, so ist die Anwendbarkeit des Wettbewerbsrechts auf ihr Handeln heute weitgehend unbestritten, und zwar unabhängig davon, ob das kommunale Unternehmen in einer öffentlich-rechtlichen oder privat-rechtlichen Rechtsform organisiert ist und in welcher Rechtsform die Leistungsbeziehungen des betreffenden Unternehmens zu seinen Kunden ausgestaltet sind. Begibt sich die Kommune im Privatrechtsverkehr mit anderen Wettbewerbern auf den Boden der Gleichordnung um die Nachfrage auf einem bestimmten Markt, so unterliegt ihr Handeln grundsätzlich den auch für alle anderen (privaten) Wettbewerber geltenden Verhaltensregeln des UWG.[444] Ist die öffentliche Hand nämlich mit privaten Wettbewerbern am Markt gleich zu behandeln,[445] so unterliegt sie zwangsläufig wie

---

440 *H. Meyer*, NVwZ 2002, 1075 (1076).

441 *Otting*, DVBl. 1997, 1258 (1263); *ders.*, SächsVBl. 1998, 93 (95); ebenso *Moraing*, NWVBl. 1997, 355 = Der Städtetag 1997, 285 (286); *Gronemeyer*, in: Stober/Vogel (Hrsg.), 167 (177): Recht „im Markt“, nicht „zum Markt“.; *Hill*, Kommunalwirtschaft, S. 71; *Zumpe*, Rechtliche Grenzen, S. 87 f.; *Köhler*, WRP 1999, 1205 (1205 f.); *ders.*, in: Baumbach/Hefermehl, UWG, § 4 Rn. 13.13.

442 *Gern*, KommunalR BW, Rn. 396 m. w. N.; *Tettinger*, Bes. VerwR, Rn. 217.

443 *Diefenbach*, WiVerw 2003, 99 (99 f.); *Köhler*, BayVBl. 2000, 1 (10); *Otto*, GewArch 2001, 360 (361); ausf. *Schünemann*, in: Stober/Vogel (Hrsg.), 41 (56 ff.).

444 OLG Karlsruhe, NJW-RR 1996, 231 (231); *Singer*, ZKF 1998, 218 (220); *Kaltenborn*, WuW 2000, 488 (494); *Zacharias*, VR 2000, 271 (272); *Schmahl*, LKV 2000, 47 (52); *Darsow*, LKV 2002, 1 (4); *Otting*, DÖV 1999, 549 (549); *Grupp*, ZHR 140 (1976), 367 (392); *Piper*, GRUR 1986, 574 (575 f.); *Emmerich*, Unlauterer Wettbewerb, S. 33; *Wittig*, VR 2002, 90 (94); *Köhler*, GRUR 2001, 777 (777); *Püttner*, GRUR 1964, 359 (359); differenzierend *Hubmann*, WiVerw 1983, 41 (41-47); für Handwerkskammern *Fröhler/Kormann*, GewArch 1984, 177 (180); für Wirtschaftskammern *Erdmann*, DVBl. 1998, 13 (18); ausf. *Schünemann*, WRP 2000, 1001 (1004 ff.); *ders.*, WRP 2000, 1001 (1005 f.); krit. *Schneider*, DVBl. 2000, 1250 (1258 f.); *Storr*, Der Staat als Unternehmer, S. 491 f.

445 *Köhler*, in: Baumbach/Hefermehl, UWG, § 4 Rn. 13.5; a. A. *v. Gamm*, WRP 1984, 303 (308 f.): Es könne nicht einmal als Grundsatz gesagt werden, dass das Wettbewerbsverhalten der öffentlichen Hand den gleichen Anforderungen unterliege wie das der Privatunternehmen; vgl. *Dreher*, in: FS BGH, 713 (726 ff.); *Broß*, in: FS Piper, 107 (110 f.); *Ulmer*, ZHR 146 (1982), 466 (488 ff.).

diese auch der wettbewerbsrechtlichen Kontrolle durch die ordentlichen Gerichte.[446] Vereinzelt wird demgegenüber die Anwendung des UWG auf öffentliche Unternehmen generell mit der Erwägung abgelehnt, dass die wettbewerbsrechtlichen Grenzen nur für die Autonomieübung Privater sinnvoll seien, nicht aber für die öffentliche Zwecke verfolgende öffentliche Hand.[447] Gegen die Anwendbarkeit des UWG auf schlichthoheitliche Wirtschaftstätigkeit in Vollziehung einer öffentlich-rechtlichen Kompetenz mit wirtschaftlichem Drittbezug wird darüber hinaus auch vorgebracht, diese könne „die ganze Systematik und Dogmatik des öffentlichen Rechts" unterlaufen, „etwa die Fragen des subjektiv-öffentlichen Rechts, der Klagebefugnis, der Bestandskraft, des Vertrauensschutzes und der Zulässigkeit der Verbandsklage".[448] Diese Einwände sind dadurch zu entkräften, dass kein vernünftiger Grund dafür ersichtlich ist, warum die öffentliche Hand, soweit sie mit der Privatwirtschaft am Markt konkurriert, nicht an das Wettbewerbsrecht gebunden sein sollte.[449] Denn der Markt fragt nicht nach den Gründen, weshalb ein Unternehmen wie welche Leistung anbietet.[450] Auch die Verfolgung öffentlicher Zwecke gibt der Gemeinde grundsätzlich keine Sonderstellung im Hinblick auf das Wettbewerbsrecht.[451]

Im Einzelnen ist hinsichtlich der Anwendbarkeit des UWG auf kommunale Unternehmen wie folgt zu differenzieren: Kann der Kunde zwischen den Angeboten der Kommune und denen privater Wettbewerber frei wählen, so ist das Verhältnis der kommunalen Wirtschaftstätigkeit zur gleichartigen Betätigung Privater als privatrechtliches Wettbewerbsverhältnis zu qualifizieren.[452] Der Anwendungsbereich des UWG erfasst hingegen nicht die Fälle, in denen der Abnehmer nicht selbstbestimmt auf die Leistung des gemeindlichen Unternehmens zugreifen kann, etwa bei den Regelungen über die Anordnung eines Anschluss- und

---

446 *Piper*, GRUR 1986, 574 (577); *Singer*, ZKF 1998, 218 (219 f.); *Gundlach*, LKV 2002, 264 (266).

447 *Schachtschneider*, Staatsunternehmen und Privatrecht, S. 281 ff., 303 ff., 438 ff.; *Wächter*, KommunalR, Rn. 622; *Otto*, GewArch 2001, 360 (364 f.) bezeichnet diese Ansicht als „plausibel"; a. A. *Poschmann*, in: Storr (Hrsg.), 63 (68 f.).

448 *Brohm*, NJW 1994, 281 (287); *Gaa*, WRP 1997, 837 (839 f.); *Gronemeyer*, in: Stober/Vogel (Hrsg.), 167 (178).

449 *Otto*, GewArch 2001, 360 (365); *Schünemann*, in: Stober/Vogel (Hrsg.), 41 (62 ff.); *ders.*, WRP 2001, 466 (466 f.); *Löwer*, VVDStRL 60 (2201), 416 (447); *Diefenbach*, WiVerw 2003, 99 (101).

450 *Löwer*, VVDStRL 60 (2001), 416 (447); *Schünemann*, in: Stober/Vogel (Hrsg.), 41 (62).

451 OLG Karlsruhe, NJW-RR 1996, 231 (231); *Schünemann*, in: Stober/Vogel (Hrsg.), 41 (64 f.).

452 *Vollmöller*, in: Schmidt (Hrsg.), Kompendium, § 5 Rn. 41; *Diefenbach*, WiVerw 2003, 99 (100); *Henneke*, NdsVBl. 1999, 1 (6); *Badura*, DÖV 1998, 818 (822); *Ehlers*, DVBl. 1998, 497 (502).

Benutzungszwangs oder im Bereich hoheitlichen Handelns.[453] In den Fällen, in denen sich eine kommunale Wirtschaftstätigkeit gegenüber den Abnehmern aufgrund der Ausgestaltung des Leistungsverhältnisses als öffentlich-rechtlich, gegenüber den Mitbewerbern durch die Gleichordnung als Anbieter von Leistungen auf demselben Markt, zwischen denen die Nachfrager frei wählen können, aber als privat-rechtlich darstellt, kommt dieser Tätigkeit nach der Rechtsprechung des BGH und des Gemeinsamen Senats der obersten Gerichtshöfe des Bundes eine „Doppelnatur" zu: Die privatrechtlichen Wettbewerbsbeziehungen zu den Mitbewerbern sind dabei unabhängig von den möglicherweise öffentlich-rechtlichen Leistungsbeziehungen zu den Abnehmern.[454] Dieser Argumentation ist das Schrifttum weitgehend gefolgt,[455] v. a. die These der „Doppelnatur" wurde teilweise auch heftig kritisiert, worauf im Rahmen dieser Untersuchung nicht vertieft eingegangen werden kann.[456] Konsequenz der Anwendbarkeit des Wettbewerbsrechts auf die gemeindliche Wirtschaftstätigkeit ist, dass sich private Konkurrenten gegen einen gemeindlichen Wettbewerbsverstoß grundsätzlich mit einem Unterlassungsanspruch, zur Wehr setzen können, der auf § 3 UWG bzw. § 1004 BGB gestützt werden kann.[457]

---

453 *Schünemann*, in: Stober/Vogel (Hrsg.), 41 (48); *Diefenbach*, WiVerw 2003, 99 (100 m. Fn. 10, 102).

454 BGHZ (GS) 66, 229 (233 ff.) = NJW 1976, 1794; BGHZ (GS) 67, 81 (85 ff.) = NJW 1976, 1941 ff.; BGH, NJW 1982, 2117 (2118) (Brillen-Selbstabgabestellen) = BGHZ 82, 375 = GRUR 1982, 425 = DB 1982, 1209; dazu *Harms*, BB 1986 Beil. 17, S. 3 ff.; GmS-OGB, NJW 1986, 2359; GmS-OGB, BGHZ 102, 280 (283 f.) = NJW 1988, 2295 (2296); BGHZ 121, 126 (128 ff.) = BGH, DÖV 1993, 573. Wegen der Wertungswidersprüche zwischen Verwaltungs- und Zivilgerichtsbarkeit wird teilweise eine erneute Entscheidung des gemeinsamen Senate der Obergerichte des Bundes gefordert; auf die fehlenden prozessualen Möglichkeiten zum Abgleich von Rechtsprechungsdifferenzen und die nur ausnahmsweise Zuständigkeit des BVerwG zur Auslegung des Kommunalrechts wird vielfach hingewiesen, vgl. *Hill*, Kommunalwirtschaft, S. 70 f.; *Gronemeyer*, in: Stober/Vogel (Hrsg.), 167 (179 f.).

455 *Scholz*, NJW 1987, 16 (16); *ders.*, NJW 1974, 781 (782); *ders.*, NJW 1978, 16 (18); *Ulmer*, ZHR 146 (1982), 466 (477 ff.); *Hubmann*, WiVerw 1983, 41 (42 f., 48 f.); *v. Gamm*, WRP 1984, 303 (307); *Otting*, DÖV 1999, 549 (549 f.); *Kapp*, in: Fabry/Augsten (Hrsg.), Teil II Rn. 53 ff.; *Köhler*, in: Baumbach/Hefermehl, UWG, § 4 Rn. 13.9 ff.; *Piper*, GRUR 1986, 574 (577); *Pöpel*, JA 1988, 127 (132); *Poschmann*, in: Storr (Hrsg.), 63 (68); *Ennuschat*, WRP 1999, 405 (406); *Otto*, GewArch 2001, 360 (361); *Cronauge/Westermann*, Kommunale Unternehmen, Rn. 258; *David*, NVwZ 2000, 738 (739).

456 *Schliesky*, Öff. Wettbewerbsrecht, S. 281 ff. (insbes. 296 ff.), 455 ff.; *ders.*, DVBl. 1999, 78 (85 f.); *Ehlers*, in: Schoch/Schmidt-Aßmann/Pietzner (Hrsg.), VwGO, § 40 Rn. 287; *ders.*, DVBl. 1998, 497 (503); *ders.*, Gutachten DJT, S. 49 f. m. w. N.; *Brohm*, NJW 1994, 281 (288 f.); *Gern*, KommunalR BW, Rn. 396; *Erichsen*, Gemeinde und Private, S. 38 ff.

457 *Gern*, KommunalR BW, Rn. 396 m. w. N; *Reichert/Baumann*, KommunalR BW, Rn. 153.

II. §§ 3, 4 Nr. 11 UWG als Schranken des kommunalen Marktzutritts

1. Grundlagen

Die obigen Ausführungen hinsichtlich der Überprüfung kommunaler wirtschaftlicher Betätigung durch die Zivilgerichte gelten in ihrer Allgemeinheit aber nur hinsichtlich des Marktverhaltens von Kommunen und ihrer Unternehmen. Diese Unterlassungsansprüche gem. § 3 i. V. m. § 8 Abs. 1 S. 1 UWG bestehen unabhängig davon, ob bereits der kommunale Marktzutritt als solcher zulässig ist. Sie sind, auch wenn die kommunale Wettbewerbsteilnahme als solche gesetzeswidrig und damit für sich genommen bereits unzulässig wäre, lediglich darauf gerichtet, dass die Kommune von ihrem unlauteren Marktverhalten ablässt.[458]

Demgegenüber war die Anwendbarkeit des Wettbewerbsrechts hinsichtlich des Marktzutritts kommunaler Unternehmen lange umstritten. Diese Diskussion hatte ihren Ausgangspunkt darin, dass die Regelungen des Wettbewerbsrechts in erster Linie zur Regelung des Wettbewerbs zwischen privaten Gewerbetreibenden und zur Verhinderung unerwünschter Verhaltensweisen entwickelt wurden und ihre Funktion niemals in erster Linie darin bestanden hatte, bestimmte wirtschaftliche Aktivitäten grundsätzlich zu untersagen bzw. den Zugang zum Markt zu regeln.[459] Nur in Ausnahmefällen sollte die Sittenwidrigkeit des Marktverhaltens auch die Unzulässigkeit der Wirtschaftstätigkeit als solcher nach sich ziehen. Dies sollte zum einen der Fall sein, wenn die öffentliche Hand aufgrund ihrer Macht- und Finanzmittel auf einem bestimmten Markt die Gefahr einer Ausschaltung des Leistungswettbewerbs heraufbeschwört.[460] Zum anderen sollte dies der Fall sein, wenn gerade durch die Verletzung öffentlich-rechtlicher Normen ein „Wettbewerbvorsprung durch Rechtsbruch“ (Verletzung der „par condicio concurrentium“) erzielt wurde. Dies setzte voraus, dass die öffentliche

---

458 *Diefenbach*, WiVerw 2003, 99 (103); *Tettinger*, NJW 1998, 3473 (3473).

459 *Piper*, GRUR 1986, 574 (578); *Singer*, ZKF 1998, 218 (220); *Kämper/Heßhaus*, NWVBl. 2001, 377 (381); *Werner*, VBlBW 2001, 206 (212) weist auf den Gesetzeszweck des Verbraucherschutzes hin.

460 BGH, NJW 1982, 2117 (2121); BGHZ 123, 157 (160 ff.) (Abrechnungs-Software für Zahnärzte) = NJW 1993, 2680 = GRUR 1993, 917; NVwZ 1991, 298 (300) (Kreishandwerkerschaft I) = GRUR 1991, 53; *Köhler*, BayVBl. 2000, 1 (10); *v. Gamm*, WRP 1984, 303 (306); *Hill*, Kommunalwirtschaft, S. 71; *Otting*, DVBl. 1997, 1258 (1263); *Tomerius*, LKV 2000, 41 (44); *Schmittat*, ZHR 148 (1984), 428 (440 ff.); *Kämper/Heßhaus*, NWVBl. 2001, 377 (381); *Köhler*, in: Baumbach/Hefermehl, UWG, § 4 Rn. 13.14; im Urteil BGH, GewArch 1987, 13 (13) (Kommunaler Bestattungswirtschaftsbetrieb I) = NJW 1987, 60 = GRUR 1987, 116 = WRP 1987, 22 hat der BGH bei einem Auftragsanteil des kommunalen Bestattungsgewerbes von 50 bis 60 % aller derartigen Aufträge noch keine Gefährdung des Bestandes oder der Grundlagen des Leistungswettbewerbs gesehen; *Kapp*, in: Fabry/Augsten (Hrsg.), Teil II, Rn. 76 ff. m. Bsp.; *Enkler*, ZG 1998, 328 (344); ausf. zur „Marktstörung“ *Ulmer*, ZHR 146 (1982), 466 (499 f.).

Hand im Rahmen ihres wirtschaftlichen Tätigwerdens nur an sie selbst gerichtete Rechtsnormen verletzte, sei es dass diese das „Ob" oder das „Wie" der wirtschaftlichen Tätigkeit betrafen.[461] Dabei war anerkannt, dass nicht jeder Gesetzesverstoß automatisch den Makel der Sittenwidrigkeit i. S. des § 1 UWG a. F. verdiente, sondern nur dann, wenn die Verletzung der Vorschrift geeignet war, die Wettbewerbslage dadurch zu beeinflussen, wenn sich etwa ein Konkurrent durch sein rechtswidriges und gleichzeitig sittenwidriges Verhalten einen Vorsprung im Wettbewerb verschaffte.[462] Entsprechend der langjährigen Rechtsprechung des BGH wurde in diesem Zusammenhang zwischen der Verletzung wertneutraler und wertbezogener Normen unterschieden:[463]

Bei wertneutralen Nomen, welche die Mehrzahl der Normen darstellen und die aus Gründen ordnender Zweckmäßigkeit erlassen sind, sollte ein für § 1 UWG a. F. wettbewerbsrelevanter Verstoß nicht ohne weiteres auf der Hand liegen.[464] Deren Verletzung sollte nur unter der zusätzlichen Voraussetzung wettbewerbswidrig sein, wenn besondere Umstände hinzutreten, die dem Verstoß ein wettbewerbliches Gepräge geben und damit außerhalb der rein ordnenden Zweckmäßigkeit der Vorschrift liegen, etwa wenn sich ein Wettbewerber über das Gesetz bewusst und planmäßig und in der Absicht hinwegsetzt, sich dadurch einen Vorsprung vor gesetzestreuen Mitbewerbern zu verschaffen.[465] Dafür sollte bereits ein zielstrebiges, auf Dauer gerichtetes Verhalten in der Erkenntnis genügen, dass dieses geeignet ist, dem Täter einen Vorsprung vor seinen Kon-

---

461 *Stolterfoht*, in: FS Rittner, 695 (696); *Schünemann*, in: Stober/Vogel (Hrsg.), 41 (69); *ders.*, WRP 2001, 466 (469).

462 *Otting*, DÖV 1999, 549 (551, 552); zust. *Oster*, in: Gabler/Höhlein/Klöckner/u. a., GemO Rh.-Pf., § 85 Erl. 3.2.; *Ulmer*, ZHR 146 (1982), 466 (497).

463 Ausf. *v. Jagow*, in: Harte-Bavendamm/Henning-Bodewig, UWG, § 4 Nr. 11 Rn. 3 ff.; *Hasselblatt*, in: Gloy/Loschelder, § 50 Rn. 4 f.; abl. *Schünemann*, in: Stober/Vogel (Hrsg.), 41 (70 f.): „weder in sich plausibel und stimmig noch in der praktischen Anwendung überzeugend"; *ders.*, WRP 2001, 466 (469); *Stolterfoht*, in: FS Rittner, 695 (702 ff.); *Sack*, WRP 1985, 1 (10): Unterscheidung schwer nachvollziehbar bzw. mehr oder weniger willkürlich; *Fuchs*, in: FS Brohm, 275 (280), weist auf die Gefahr einer Überlagerung des öffentlichen Rechts durch das Wettbewerbsrecht durch einen solchen „partiellen Automatismus" hin; ähnl. *Quack*, in: FS Trinkner, 265 (268): „ubiquitäre Struktur, die sich krakenartig über das öffentliche Recht legt"; *Doepner*, GRUR 2003, 825 (827 ff.).

464 BGH, NJW 1988, 2471; *Köhler*, in: Baumbach/Hefermehl, UWG, § 4 Rn. 11.2; *David*, NVwZ 2000, 738 (739 f.); *Haslinger*, WRP 2002, 1023 (1024); *Otting*, DÖV 1999, 549 (553); *Mees*, WRP 1985, 373 (375); *Kuntze*, Die Grenzen der erwerbswirtschaftlichen Betätigung der Kommunen, S. 80 f.

465 LG Kassel, Urt. v. 19.3.1999, Az.: 11 O 4033/99; VKU-Nachrichten Ausgabe 606, Juni 1999, S. 15 ff.; *Mees*, WRP 1985, 373 (375 f.); *Hübschle*, GewArch 2000, 186 (188); *Otto*, GewArch 2001, 360 (361); *Köhler*, in: Baumbach/Hefermehl, UWG, § 4 Rn. 11.2; *v. Jagow*, in: Harte-Bavendamm/Henning-Bodewig, UWG, § 4 Nr. 11 Rn. 3; *Fuchs*, in: FS Brohm, 275 (289).

kurrenten zu verschaffen. Hierfür mussten aber grundsätzlich alle Mitbewerber in gleichem Maße an die verletzte Norm gebunden sein.[466]

War die verletzte Vorschrift hingegen selbst wettbewerbsbezogen (wertbezogen) oder begründete sie sogar subjektive Rechte zugunsten der Wettbewerber, sollte bereits die Gesetzesverletzung selbst geeignet sein, die Wettbewerbslage zu beeinflussen. Wertbezogene Normen sollten dabei solche sein, die sittlich fundiert sind oder einen unmittelbar wettbewerbsregelnden Charakter haben, weil deren Schutzzweck zumindest die Lauterkeit des Wettbewerbs ist.[467] Die Wertbezogenheit wurde dabei vermutet, wenn eine Norm zumindest auch darauf gerichtet war, die individuellen Mitbewerber auf dem Markt zu schützen, was letztlich den Anforderungen der Schutznormtheorie entspricht. Ansonsten wurde die Wertbezogenheit bejaht, wenn der Regelung entnommen werden konnte, dass sie generell die wirtschaftliche Betätigung der Kommune gegenüber der Privatwirtschaft zum Schutz des Wettbewerbs schlechthin begrenzen sollte.[468] Der Verstoß gegen solche Normen war deshalb ohne weiteres, insbesondere ohne Berücksichtigung des „Vorsprungs"-Gedankens, sittenwidrig.[469]

Im Zentrum der wissenschaftlichen Diskussion wettbewerbsrechtlicher Unterlassungsansprüche gegen kommunalwirtschaftliche Betätigungen stand lange die Fallgruppe des Vorsprungs durch Rechtsbruch. Denn nur mittels wettbewerbsrechtlicher Unterlassungsklagen konnten private Konkurrenten gerichtlich überprüfen lassen, ob die öffentliche Hand überhaupt am Markt tätig werden durfte, während von den Verwaltungsgerichten die drittschützende Wirkung der kommunalen Wirtschaftsklauseln zumindest bis zu diesem Zeitpunkt ganz überwiegend verneint wurde. Zentrale Frage für die Anwendung des Wettbewerbsrechts war, ob bloße Verstöße gegen die kommunalen Wirtschaftsklauseln über ihre Gesetzeswidrigkeit hinaus zugleich sittenwidrig im Sinne des § 1 UWG a. F. waren und deren Verletzung deshalb von privaten Mitbewerbern gerichtlich geltend gemacht werden konnten. Zum besseren Verständnis und zur Veranschauli-

---

466 BGHZ 45, 1 (5 ff.); *Oster*, in: Gabler/Höhlein/Klöckner/u. a., GemO Rh.-Pf., § 85 Erl. 3.2.1.2.; *David*, NVwZ 2000, 738 (740) mit Hinweis auf die mögliche Ausnahme.

467 BGH, NJW 1973, 1371 (1372) (Möbelauszeichnung); LG Kassel, VKU-Nachrichten Ausgabe 606, Juni 1999, S. 15 ff.; *Löwer*. Der Fall „Gelsengrün", S. 97; *Köhler*, BayVBl. 2000, 1 (10); *Köhler*, in: Baumbach/Hefermehl, UWG, § 4 Rn. 11.2; *David*, NVwZ 2000, 738 (740); *Hübschle*, GewArch 2000, 186 (188); *Otting*, DÖV 1999, 549 (553); *Otto*, GewArch 2001, 360 (361).

468 BGH, DVBl. 1965, 362 (363 f.) (Blockeis II) = GRUR 1965, 373 = WRP 1965, 139; m. zust. Anm. *v. Falck*, GRUR 1965, 374; krit. *Schöne*, BayVBl. 1966, 312; *Mees*, WRP 1985, 373 (376); *Kuntze*, Die Grenzen der erwerbswirtschaftlichen Betätigung der Kommunen, S. 81.

469 BGH, DVBl. 1965, 362 (363 f.); *Mees*, WRP 1985, 373 (376); *David*, NVwZ 2000, 738 (740); *Oster*, in: Gabler/Höhlein/Klöckner/u. a., GemO Rh.-Pf., § 85 Erl. 3.2.1.2.; *Fuchs*, in: FS Brohm, 275 (289).

chung der Bedeutung des Urteils des BGH vom 25.4.2002[470] ist es zunächst erforderlich, die Entwicklung der diesbezüglichen zivilgerichtlichen Rechtsprechung und die im Schrifttum zu dieser Fragestellung vertretenen Ansichten nachzuzeichnen.

2. Entwicklung in der Rechtsprechung

a) Frühere Rechtsprechung des BGH

Die zwischen wertbezogenen und wertneutralen Kriterien differenzierende wettbewerbsrechtliche Rechtsprechung war mit dem Rückgriff auf das Wettbewerbsrecht für die wirtschaftliche Betätigungen der öffentlichen Hand zunächst sehr zurückhaltend. Dies gründete sich auf die Überlegung, dass das Wettbewerbsrecht nicht über das „Ob", sondern nur über das „Wie" einer erwerbswirtschaftlichen Tätigkeit der öffentlichen Hand zu urteilen habe. Bereits nach der grundlegenden „*Haus der Jugend*"-Entscheidung des RG[471] war insofern anerkannt, dass das „Ob" einer solchen Tätigkeit „eine allgemeine und wirtschaftspolitische Frage (eigene Ergänzung: darstellt), die nicht nach dem UWG gelöst werden kann. Die Lösung ist vielmehr Aufgabe der Gesetzgebung und der Verwaltung, insbesondere auch der Selbstverwaltung."

Diesem Grundsatz folgte der BGH lange Zeit,[472] wenngleich er daneben auch Sondermaßstäbe entwickelte, in denen allein ein Gesetzesverstoß zur Wettbewerbswidrigkeit führen konnte.[473] In der „*Blockeis I*"-Entscheidung aus dem Jahre 1961[474] legte der BGH dar, dass allein ein möglicher Verstoß gegen kommunalwirtschaftsrechtliche Vorschriften nicht ohne weiteres auch zivilrechtliche Unterlassungsansprüche nach sich ziehen müsse. Im „*Blockeis II*"- Urteil[475] im

---

470 BGH, NJW 2002, 2645 (Elektroarbeiten) = BGHZ 150, 343 = NVwZ 2002, 1141 = DVBl. 2002, 1282 = WRP 2002, 943 = GewArch 2002, 322 = ZIP 2002, 1645 = GRUR 2002, 825 = JZ 2003, 315 m. Anm. *Köhler*, NJW 2002, 2761; *Dreher*, ZIP 2002, 1648; *Gundlach/Schmidt*, EWiR 2002, 829; *H. Meyer*, NVwZ 2002, 1075; *Knauff/Nolte*, VR 2003, 3; *Ehlers*, JZ 2003, 318; *Glahs/Külpmann*, VergabeR 2002, 555; *Haslinger*, WRP 2002, 1023.

471 RGZ 138, 174 (176 f.) (Haus der Jugend); RGZ 116, 1 ff.; 28 ff.; *Püttner*, GRUR 1964, 359 (360).

472 BGH, DÖV 1974, 785 (786) (Kfz-Schilderverkauf) = NJW 1974, 1333 = GRUR 1974, 733 = WRP 1974, 397 = GewArch 1974, 330 m. Anm. *Püttner*, DÖV 1974, 787 u. *Rathjen*, DVBl. 1975, 649; BGH, NJW 1982, 2117 (2118); BGH, NJW 1995, 2352 (2355) (Sterbegeldversicherung) = WRP 1995, 475 = GRUR 1996, 213.

473 BGH, GRUR 1996, 213 (216) (Sterbegeldversicherung); *Beater*, in: Wallerath (Hrsg.), 67 (75): „Paradigmenwechsel".

474 BGH, JZ 1962, 217 (218) (Blockeis I) = GRUR 1962, 159, m. Anm. *Gönnenwein*, JZ 1962, 219; abl. *Püttner*, GRUR 1964, 359 (361).

475 BGH, DVBl. 1965, 362 (36).

Jahre 1965 führte der BGH zu dem nun auf § 1 UWG a. F. gestützten Unterlassungsanspruch aus, dass im Wettbewerbsrecht nicht jede zu Wettbewerbszwecken begangene Gesetzesverletzung gleichzeitig einen Verstoß gegen § 1 UWG a. F. darstelle; doch könne auch bei Verstößen gegen wertneutrale Vorschriften unter besonderen Umständen ein Sittenverstoß im Sinne des § 1 UWG a. F. vorliegen, wenn sich z.B. der Wettbewerber bewusst und planmäßig über ein Gesetz hinwegsetze, um sich einen Vorsprung im Wettbewerb zu sichern. Dieser Beurteilung würden im allgemeinen solche Normen zugrunde liegen, welche die Mitbewerber in gleichem Maße bänden und daher eine gleiche Ausgangslage im Wettbewerb schafften; anders könne es dann liegen, wenn der gesetzgeberische Zweck der betreffenden Vorschrift u. a. auch im Schutz der Allgemeinheit gegenüber den Gefahren einer bestimmten Form des Wettbewerbs liege; in solchen Fällen bedürfe es zur Anwendung des § 1 UWG des „Vorsprungs-Kriteriums" nicht.[476] Eine Verletzung des § 1 UWG sei jedenfalls anzunehmen, wenn eine Gemeinde das dem Schutz der privaten Wettbewerber dienende Gesetz vorsätzlich und fortgesetzt übertrete und zudem die Aufsichtsbehörde dieses Verhalten bereits beanstandet und der Oberstadtdirektor wiederholt verbindlich die Unterlassung der beanstandeten Tätigkeit zugesagt habe.[477] Es könne dahinstehen, ob auch ohne diese erschwerenden Umstände der vorsätzliche und planmäßige Verstoß der öffentlichen Hand gegen § 69 Abs. 1 GO NRW a. F. in jedem Falle als wettbewerbswidrig angesehen werden müsste.[478] In der Bewertung dieser Entscheidung bestand Einigkeit darüber, dass zwingende Voraussetzung für einen Unterlassungsanspruch aus § 1 UWG a. F. bei Verstoß gegen öffentlich-rechtliche Vorschriften war, dass die verletzte Norm (auch) den wettbewerblichen Schutz privater Mitbewerber bezwecken musste.[479] Zum anderen mussten die Verstöße „bewusst und planmäßig" erfolgen,[480] wobei nicht verkannt wurde, dass der BGH ausdrücklich offen gelassen hatte, ob dieses zweite Kriterium alleine zur Bejahung der Wettbewerbswidrigkeit in jedem Fall ausreicht.[481] In der Entscheidung *„Möbelauszeichnung"*[482], in der es um den Verstoß eines Wettbewerbers gegen Preisauszeichnungsvorschriften ging, bestätigte der BGH den Grundsatz, dass nicht jeder Verstoß gegen ein

---

476 BGH, DVBl. 1965, 362 (363 f.).

477 BGH, DVBl. 1965, 362 (363 f.).

478 BGH; DVBl. 1965, 362 (364); so aber *v. Falck*, GRUR 1965, 376.

479 *Diefenbach*, WiVerw 2003, 99 (106); *Löwer*, Der Fall „Gelsengrün", S. 100; *Heintzen*, Rechtliche Grenzen und Vorgaben, S. 104.

480 *Diefenbach*, WiVerw 2003, 99 (106 m. Fn. 46); *Heßhaus*, NWVBl. 2003, 173 (174); krit. hinsichtlich des zweiten Kriteriums *Heintzen*, Rechtliche Grenzen und Vorgaben, S. 104.

481 *Löwer*, Der Fall „Gelsengrün", S. 101; krit. *Ulmer*, ZHR 146 (1982), 466 (498); demgegenüber verlangt *Cronauge*, AfK 1999, 24 (35), solche zusätzlichen „besonderen Umstände" in jedem Einzelfall.

482 BGH, NJW 1973, 1371 (1372).

gesetzliches Verbot sittenwidrig sei, es sei denn der Schutzzweck der übertretenen Norm gebiete dieses.

In der Folgezeit ließ der BGH in der „*Kfz-Schilderverkauf*"-Entscheidung restriktivere Tendenzen bezüglich der Anwendung des § 1 UWG a. F. erkennen, ohne jedoch ausdrücklich von der in „*Blockeis II*" vertretenen Rechtauffassung abzuweichen: Aus dem Verstoß gegen § 65 Nds. LkrO i. V. m. § 89 Nds. GO a. F. folge noch nicht, dass das Verhalten auch sittenwidrig im Sinne von § 1 UWG a. F. sei. Die kommunalrechtlichen Vorschriften bestimmten nur, ob und unter welchen Voraussetzungen wirtschaftliche Unternehmen überhaupt betrieben werden dürften. Dagegen könne sich die wettbewerbliche Beurteilung nur auf die Art und Weise der Wettbewerbsbeteiligung erstrecken. Es sei eine allgemeine politische und wirtschaftspolitische Frage, ob sich die öffentliche Hand überhaupt erwerbswirtschaftlich betätigen dürfe und welche Grenzen ihr insoweit gesetzt oder zu setzen seien; die Lösung dieser Frage sei Aufgabe der Gesetzgebung und Verwaltung sowie der parlamentarischen Kontrolle und für die Gemeinden und Kreise ggf. der Kommunalaufsicht, nicht aber der ordentlichen Gerichte bei der ihnen zustehenden Prüfung von Wettbewerbshandlungen nach dem UWG.[483] Dieses Urteil ist insofern wegweisend, als es von der noch in „*Blockeis II*" vertretenen Linie der Gleichsetzung eines Verstoßes gegen öffentliches Recht mit der Sittenwidrigkeit abrückt und deutlich zwischen der öffentlich-rechtlichen Frage der Zulässigkeit wirtschaftlicher kommunaler Betätigung und der wettbewerbsrechtlichen Frage des zulässigen kommunalen Marktverhaltens im Einzelfall unterscheidet.[484] Dieser Linie folgte der BGH auch in den Entscheidungen „*Kommunaler Bestattungswirtschaftsbetrieb I* und *II*".[485] Die Entscheidung „*Brillen-Selbstabgabestellen*" betraf an sich die Fallgruppe der Gefahr einer Ausschaltung des Leistungswettbewerbs. Der BGH bemühte sich aber auch hier, seine zur Überprüfbarkeit des „Ob" einer wirtschaftlichen Betätigung in der „*Kfz-Schilderverkauf*"-Entscheidung aufgestellten Leitlinien nicht in Frage zu stellen.[486]

Auf der anderen Seite lassen sich auch der späteren Judikatur des BGH Entscheidungen entnehmen, denen eine Tendenz zur Ausweitung des Anwendungsbereichs des § 1 UWG a. F. auf die Wettbewerbsteilnahme der öffentlichen Hand innewohnte, einhergehend mit der bereits dargestellten Unterscheidung zwischen wertbezogenen und wertneutralen Vorschriften. Im Urteil „*Werbung*

---

483 BGH, DÖV 1974, 785 (786); zuvor bereits *Püttner*, GRUR 1964, 359 (360); zust. *v. Gamm*, WRP 1984, 303 (306); ebenso BGH, NJW 1982, 2117 (2121).

484 *Püttner*, DÖV 1974, 787 (787).

485 BGH, GewArch 1987, 13; GewArch 1987, 15 (Kommunaler Bestattungswirtschaftsbetrieb II).

486 BGH, NJW 1982, 2117 (2121); dazu *Ulmer*, ZHR 146 (1982), 466 (494 ff.); *Kirchhof*, DVBl. 1982, 933; *Schmittat*, ZHR 148 (1984), 428; zust. *Emmerich*, AG 1985, 293 (296 f.); *R. Schmidt*, Öff. Wirtschaftsrecht AT, S. 533 f.

im Programm" qualifizierte der BGH die staatsvertraglichen Verbote der Werbung im Programm als unmittelbar wettbewerbsbezogen, so dass ein Verstoß dagegen zu Zwecken des Wettbewerbs ohne weiteres wettbewerbswidrig sei.[487] In der Entscheidung „*Sterbegeldversicherung*" verfolgte der BGH ebenfalls diese Linie. Dabei blieb er zwar formal auf dem Boden der „*Kfz-Schilderverkauf*"-Rechtsprechung, indem er ausführte, dass das UWG grundsätzlich nicht den Zugang zum Wettbewerb, sondern die Art und Weise der Beteiligung zum Gegenstand habe. Darüber hinausgehend stellte der BGH aber fest, dass ein Marktzutritt regelmäßig als wettbewerbswidrig zu beurteilen sei, wenn eine öffentlich-rechtliche Vorschrift die Zulässigkeit und Grenzen privatwirtschaftlicher Betätigung der öffentlichen Hand in einer Weise regele, dass es der öffentlichen Hand verwehrt sei, in den Wettbewerb im Markt einzutreten. Der BGH stellte – in Anknüpfung an die „*Blockeis II*"-Rechtsprechung – maßgeblich auf den wettbewerbsbezogenen Schutzzweck der verletzten Vorschrift des § 30 Abs. 1 SGB IV ab und hob deren Qualität als „wertbezogene Norm" hervor, ohne dass es auf deren individualschützende Wirkung ankäme oder darauf, dass der Verstoß bewusst und planmäßig erfolgt sei.[488]

Zusammenfassend ist festzustellen, dass der BGH grundsätzlich davon ausging, dass die Zivilgerichte grundsätzlich nicht zu prüfen hätten, „ob" die Aufnahme einer wirtschaftlichen Tätigkeit durch die öffentliche Hand zulässig sei, davon aber gleichzeitig Ausnahmen zuließ.[489]

b) Die Rechtsprechung der Oberlandesgerichte

Die Diskussion um die Frage der Ableitbarkeit von Unterlassungsansprüchen aus § 1 UWG a. F. i. V. m. den kommunalen Wirtschaftsklauseln gegen den Marktzutritt kommunaler Unternehmen wurde Ende der 90er Jahre des vorigen Jahrhunderts durch zwei Entscheidungen des OLG Düsseldorf und des OLG Hamm wieder neu entfacht. In der Folgezeit waren diesbezüglich etliche weitere Entscheidungen zu verzeichnen. Die Argumentationslinie verlief dabei nicht einheitlich. Teilweise stellten die Gerichte auf den Charakter der gemeindewirtschaftsrechtlichen Vorschriften als Schutzvorschriften für die Privatwirtschaft ab und qualifizierten die gemeindewirtschaftsrechtlichen Normen als wertbezogene Vorschriften. Teilweise wurde allerdings auch an die „*Kfz-Schilderverkauf*"-Entscheidung angeknüpft und die Anwendung des § 1 UWG a. F. auf den kommunalrechtswidrigen Marktzutritt der Gemeinde verneint:

[487] BGH, NJW 1990, 3199 (3202) (Werbung im Programm) = BGHZ 110, 278; dazu *Löwer*, Der Fall Gelsengrün, S. 99.

[488] BGH, NJW 1995, 2352 (2354); *Darsow*, LKV 2002, 1 (3); *Diefenbach*, WiVerw 2003, 99 (108).

[489] *Köhler*, GRUR 2001, 777 (778).

Das OLG Düsseldorf[490] bejahte in der „*Nachhilfeunterricht*"-Entscheidung einen Verstoß der beklagten Stadt gegen § 107 GO NRW a. F., womit entsprechend der „*Blockeis II*"-Rechtsprechung zugleich ein Verstoß gegen die guten Sitten im Wettbewerb vorläge, da § 107 GO NRW a. F. dem Schutz der privaten Wirtschaft gegen eine privatwirtschaftliche Betätigung der Gemeinden diene. An dieser Einordnung der kommunalen Wirtschaftsklausel als wertbezogene Marktzutrittsregeln hielten in der Folgezeit auch andere Senate des OLG Düsseldorf fest.[491] Nach der mittlerweile „berühmten" „*Gelsengrün*"-Entscheidung des OLG Hamm[492] kann ein Verstoß gegen die guten Sitten i. S. des § 1 UWG auch schon darin liegen, dass eine wettbewerbliche Tätigkeit überhaupt aufgenommen wird, wenn dem Verletzer der Marktzutritt, so wie er von ihm gesucht wird, von Gesetzes wegen verboten ist, etwa dann, wenn der Marktzutritt von besonderen Voraussetzungen abhängig ist.[493] Dies gelte prinzipiell auch im Verhältnis der privaten Mitbewerber zur öffentlichen Hand. Nehme die öffentliche Hand eine privatwirtschaftliche Betätigung auf, obwohl ihr dies von Gesetzes wegen gerade auch im Interesse der privaten Mitbewerber verboten sei, könne sie nach § 1 UWG a. F. wegen Wettbewerbsverstoßes auf Unterlassung in Anspruch genommen werden.[494] Der Grundsatz der freien Entscheidung über das „Ob" einer erwerbswirtschaftlichen Betätigung der öffentlichen Hand erfahre eine Ausnahme, wenn gesetzliche Vorschriften die entsprechende Betätigung gerade zum Schutz der privaten Mitbewerber verböten. Ein solches Verbot spreche hier § 107 GO NRW aus, der auch dem Schutz der Mitbewerber diene.[495] Dieser

---

[490] OLG Düsseldorf, WRP 1997, 42 (43) (Nachhilfeunterricht) = NWVBl. 1997, 353 = NJW-RR 1997, 1470 m. Anm. *Otting*, SächsVBl. 1998, 93; *Moraing*, NWVBl. 1997, 355 = *ders.*, Der Städtetag 1997, 285 = *ders.*, Anlage zum VKU-Nachrichtendienst März 1997, Folge 579; *Ennuschat*, WRP 1999, 405; *Singer*, ZKF 1998, 218.

[491] OLG Düsseldorf (2. Zivilsenat), DVBl. 2000, 284 (284); OLG Düsseldorf (20. Zivilsenat), DVBl. 2001, 1283 (1284) = NVwZ 2002, 248 = GewArch 2001, 370 = DÖV 2001, 912 = NWVBl. 2001, 443 m. Anm. *Gundlach/Schmidt*, EwiR 2002, 545.

[492] OLG Hamm, NJW 1998, 3504 (Gelsengrün) = JuS 1999, 191 (*Emmerich*) = BB 1999, 493 = JZ 1998, 576 = GewArch 1998, 197 = DVBl. 1998, 792 = NWVBl. 1998, 456 m. Anm. *Beckmann/David*, DVBl. 1998, 1041; *M. Müller*, JZ 1998, 578; *Tettinger*, NJW 1998, 3473; *Schliesky*, JA 1998, 930; *Ennuschat*, BB 1999, 494; *ders.*, WRP 1999, 405; *Singer*, ZKF 1998, 218; *Storks*, Kommmunalpolitische Blätter 11/98. S. 36.

[493] OLG Hamm, NJW 1998, 3504 (3504) unter Bezugnahme auf BGH, NVwZ-RR 1989, 410 (411) (Kachelofenbauer I) = GRUR 1989, 410; NVwZ-RR 1992, 180 (182) (Kachelofenbauer II) = GRUR 1992, 123.

[494] OLG Hamm, NJW 1998, 3504 (3504).

[495] OLG Hamm, NJW 1998, 3504 (3504). Interessanterweise wurde die gegen dieses Urteil unter dem Az.: I ZR 284/97 geführte Revision durch Beschluss des BGH vom 8.10.1998, BWGZ 1998, 689, nicht zur Entscheidung angenommen, weil die Rechtssache „keine grundsätzliche Bedeutung" habe und die Revision auch „im Ergebnis keine Aussicht auf Erfolg" hätte. Diese Nichtannahme wurde angesichts durchaus konträrer obergerichtlicher Entscheidungen wie der des OLG München, WRP 1998, 430 (433)

Entscheidung schlossen sich mehrere Gerichte an.[496] Vereinzelt wurde zusätzlich verlangt, dass der Verstoß gegen die kommunalrechtlichen Vorschriften in Übereinstimmung mit der „*Blockeis II*"- Entscheidung „vorsätzlich und planmäßig" erfolgen müsse.[497]

Der „*Nachhilfeunterricht*"- wie auch der „*Gelsengrün*"-Entscheidung war gemeinsam, dass bereits der bloße Verstoß gegen die kommunalen Wirtschaftsklauseln aufgrund deren (inzident) bejahter Schutzwirkung zugunsten der privaten Wirtschaft zugleich sittenwidrig sein sollte, ohne dass zusätzliche Anforderungen an diesen Verstoß normiert wurden. Diese Gleichsetzung von Rechtswidrigkeit mit Sittenwidrigkeit wurde zu Recht vielfach kritisiert.[498] Zutreffend wurde hiergegen eingewandt, dass die gerichtliche Entscheidung über die in § 107 GO NRW verankerten Kompetenzgrenzen eine die zivilgerichtlichen Prämissen vernachlässigende Zuständigkeitsüberschreitung darstelle und als systemwidrige Expansion des Wettbewerbsrechts in einen Kernbereich des öffentlichen Rechts abzulehnen sei,[499] auch wenn dies letztlich eine Verbesserung der Rechtsschutzmöglichkeiten privater Konkurrenten bedeutete.[500]

Einen den Oberlandesgerichten Düsseldorf und Hamm entgegen gesetzten Standpunkt nahm das OLG Karlsruhe[501] in zwei Entscheidungen ein: Die Frage

---

(Photovoltaik-Anlagen) mit Erstaunen aufgenommen, vgl. *Cosson*, DVBl. 1999, 891 (896). Vom OLG Düsseldorf, WuW/E Verg 611 (620) (DAR) = NZBau 2002, 626 = ZIP 2002, 1651 m. Anm. *Glahs/Külpmann*, VergabeR 2002, 555; *Heßhaus*, NWVBl. 2003, 173; *Dietlein*, NZBau 2003, 141, wurde diese Nichtannahme sogar als Festhalten an der früheren Rechtsprechung des BGH zur nordrhein-westfälischen GO interpretiert.

496 LG Offenburg, NVwZ 2000, 717 (717) (TBO) = GewArch 2000, 151 = BWGZ 1999, 1007 m. Anm. *Wagner*; BWGZ 1999, 1007; LG Wuppertal, DVBl. 1999, 939 (939) (Altautoentsorgung) = NWVBl. 1999, 275; abl. *Cronauge*, AfK 1999, 24 (39); *Otting*, NWVBl. 2000, 206; *M. Müller*, NVwZ 2000, 769; zust. *Cosson*, DVBl. 1999, 891 (896); LG München, GewArch 1999, 413 (414); LG Düsseldorf, GewArch 2001, 238 (239) = WRP 2001, 61 m. Anm. *Jahn*, GewArch 2001, 240; wohl auch LG Trier, Urt. v. 25.5.2000, 7 HK.O 228/99 = VA 2000, 172 m. Bespr. *Schlacke*, NordÖR 2001, 229; *Erbguth/Schlacke*, NWVBl. 2002, 258 (259 f.)

497 OLG München, GewArch 2000, 279 (280 f.) unter Bezugnahme auf die Gesetzesmaterialien.

498 *Tettinger*, NJW 1998, 3473 (3474); *Singer*, ZKF 1998, 218 (220); *Köhler*, WRP 1999, 1205 (1207); *Moraing*, NWVBl. 1997, 355 (355) = *ders.*, Der Städtetag 1997, 285 (286) = *ders.*, Anlage zum VKU-Nachrichtendienst März 1997, Folge 579; *Cronauge*, AfK 1999, 24 (35).

499 *Tettinger*, NJW 1998, 3474 (3474); *Singer*, ZKF 1998, 218 (220)..

500 So im Ergebnis auch *Ennuschat*, BB 1999, 494 (495); *ders.*, WRP 1999, 405 (406).

501 OLG Karlsruhe (4. Zivilsenat), NVwZ 2001, 712 (714) = VBlBW 2001, 234 = WRP 2001, 426 = DÖV 2001, 431 = BWGZ 2001, 73 m. Anm. *Stehlin*, NVwZ 2001, 645; *Werner*, VBlBW 2001, 206; ebenso OLG Karlsruhe, NJW-RR 1998, 229 (231) u. OLG Karlsruhe (6. Zivilsenat), Urt. v. 14.11.2001 – 6 U 43/01 = OLGR Karlsuhe 2002, 131; ebenso LG Kassel, VKU-Nachrichten Ausgabe 606; Juni 1999, S. 15 ff.; OLG Frank-

des Zugangs zum Wettbewerb sei keine Aufgabe der ordentlichen Gerichte, insbesondere nicht bei der Prüfung von Wettbewerbshandlungen nach dem UWG. Dies gelte grundsätzlich auch dann, wenn besondere Vorschriften zur Einschränkung der Erwerbstätigkeit der öffentlichen Hand erlassen worden seien, soweit diese nur den Zugang zum Wettbewerb regelten und nichts darüber aussagten, wie er auszuüben ist. Da die baden-württembergischen gemeindewirtschaftsrechtlichen Vorschriften keine Schutzwirkung zugunsten privater Mitbewerber bezweckten, führe allein ein Verstoß gegen § 102 GemO ohne das Hinzutreten weiterer Umstände nicht zur Wettbewerbswidrigkeit.

3. Diskussion und Meinungsstand im rechtswissenschaftlichen Schrifttum

In der Diskussion im Schrifttum hatten sich im Wesentlichen drei Hauptströmungen herausgebildet:[502]

a) *Öffentlich-rechtliches Schrifttum*

Ein großer Teil insbesondere der öffentlich-rechtlichen Literatur vertrat in Übereinstimmung mit der verwaltungsgerichtlichen Judikatur[503] die Auffassung, dass Verstöße gegen öffentlich-rechtliche Normen, die den Marktzutritt der öffentlichen Hand regeln, nicht Gegenstand eines zivilrechtlichen Unterlassungsanspruchs aus § 1 UWG a. F. sein könnten, sondern allein der öffentlich-rechtlichen Kompetenzordnung und damit der Verwaltungsgerichtsbarkeit unterlägen. Das UWG regele nur das Marktverhalten, schütze aber nicht vor dem Marktzutritt der öffentlichen Hand überhaupt.[504] Beim Vorgehen gegen wirt-

---

furt/Main, GRUR 1999, 75 (Ticketverkauf); LG Potsdam, Urt. v. 9.1.2001, Az 2 O 453/00.

502 Daneben existieren noch verschiedene vereinzelt vertretene Ansätze, bspw. von *Beater*, in: Wallerath (Hrsg.), 67 (79 ff.), der darauf abstellt, dass die kommunalrechtlichen Vorschriften entsprechend der „*Brillen-Selbstabgabestellen*"-Entscheidung dazu dienen, den Bestand des Wettbewerbs zu sichern.

503 BayVGH, GewArch 1976, 326 (327) = BayVBl. 1976, 628 = JZ 1976, 641 = JuS 1977, 199.

504 *M. Pagenkopf*, GewArch 2000, 177 (182, 185); *Tettinger*, NJW 1998, 3473 (3473 f.); *Pielow*, NWVBl. 1999, 369 (380); *Erichsen*, Gemeinde und Private, S. 39 ff.; *Grawert*, in: FS Blümel, 119 (136); *Köhler*, BayVBl. 2000, 1 (10); *ders.*, GRUR 2001, 777 (779); *ders.*, NJW 2002, 2761 (2762); *Kapp*, in: Fabry/Augsten (Hrsg.), Teil II, Rn. 56; *Kluth*, Grenzen, S. 100 f.; *Otting*, SächsVBl. 1998, 93 (95 f.); *ders.*, DÖV 1999, 549 (549 f.); *Moraing*, NWVBl. 1997, 355 = Der Städtetag 1997, 285 (286); *Badura*, DÖV 1998, 818 (822); *Schmahl*, LKV 2000, 47 (52); *Schlacke*, NordÖR 2001, 229 (230); *Tomerius*, LKV 2000, 41 (46 f.); *Gundlach*, LKV 2002, 264 (266); *Kämper/Heßhaus*, NWVBl. 2001, 377 (380 f.); *Darsow*, LKV 2002, 1 (3 f.); *Rennert*, DV 35 (2002), 319 (343); *Schink*, NVwZ 2002, 129 (139); *Enkler*, ZG 1998, 328 (343 f.); *Zacharias*, VR 2000, 271 (272); *Pünder*, DVBl. 1997, 1355 (1360); *Püttner*, GRUR 1964, 359 (361 f.); wohl

schaftliche Betätigungen kommunaler Unternehmen handele es sich demgegenüber um klassische Abwehrkonstellationen im Bürger-Staat-Verhältnis.[505] Über einen Rechtsverstoß hinaus müssten deshalb weitere Gesichtspunkte hinzutreten, um die Annahme der Sittenwidrigkeit zu begründen.[506] Die Interpretation des Kommunalrechts als Vorfrage wettbewerbsrechtlicher Streitigkeiten falle zwar durchaus in die Kompetenz der ordentlichen Gerichte, wenn dies für die Beurteilung des Wettbewerbsverhaltens maßgeblich sei.[507] Zur Überprüfung der kompetenziellen Grenzen seien aber aufgrund der grundgesetzlich vorgezeichneten (Art. 95 Abs. 1 GG) und gesetzlich ausgeformten Kompetenzaufteilung gem. §§ 13 GVG, 40 VwGO in Fachgerichtsbarkeiten primär die Verwaltungsgerichte berufen.[508] Eine andere Sichtweise würde zu Wertungsdivergenzen führen.[509] Solche lägen aber angesichts der überwiegenden Auffassung in der Verwaltungsgerichtsbarkeit, dass die gemeindewirtschaftlichen Regelungen nicht drittschützend sind, und der entgegengesetzten zivilgerichtlichen Rechtsprechung auf der Hand. Hinzu komme die Tatsache, dass die Verwaltungsgerichte die Einschätzungsprärogative der Kommune bei der Ausfüllung der Tatbestandsmerkmale des öffentlichen Zwecks und der Subsidiaritätsklausel respektierten, während dies die Zivilgerichte nicht täten.[510] Die Frage, inwieweit das öffentliche Recht über die Zulässigkeit wirtschaftlicher Aktivitäten entscheide, sei aber eine öffentlich-rechtliche Frage.[511] Genau genommen handele es sich um eine

auch *R.-G. Müller*, DVBl. 2002, 1014 (1020 f.); krit. *Henneke*, NdsVBl. 1999, 1 (6, 7 f.), nach dem die abstrakt klare Unterscheidung zwischen „Ob" und „Wie" in der Praxis ins Leere geht, der aber dennoch eine für öffentlich-rechtliche Lösung plädiert; relativierend auch *Ehlers*, Gutachten DJT, S. 86; a. A. *Schliesky*, Öff. Wettbewerbsrecht, S. 304 ff.; 449, 466; *Schünemann*, in: Stober/Vogel (Hrsg.), 41 (44); *ders.*, WRP 2000, 1001 (1003); *Otto*, GewArch 2001, 360 (364); *Hubmann*, WiVerw 1983, 41 (61).

505 *Pielow*, NWVBl. 1999 369 (380).

506 BayVGH, GewArch 1976, 326 (327); *Otting*, SächsVBl. 1998, 93 (96); *ders.*, DÖV 1999, 549 (549 f.); *Tomerius*, LKV 2000, 41 (45 f.); *Schink*, NVwZ 2002, 129 (139); *Schlacke*, JA 2002, 48 (49).

507 *Otting*, SächsVBl. 1998, 93 (95); *Tomerius*, LKV 2000, 41 (46); *Henneke*, NdsVBl. 1999,. 1 (6); *Schink*, NVwZ 2002, 129 (139); *Kaltenborn*, WuW 2000, 488 (494); *Schliesky*, DVBl. 1999, 78 (86). Dieser Teil der Entscheidung erwächst dann allerdings nicht in Rechtskraft.

508 *Tettinger*, NJW 1998, 3473 (3473); *Piper*, GRUR 1986, 574 (578); *Otting*, SächsVBl. 1998, 93 (96); *Schink*, NVwZ 2002, 129 (139); *Pielow*, NWVBl. 1999, 369 (380); *Schlacke*, NordÖR 2001, 229 (230); *Köhler*, GRUR 2001, 777 (778 f.); *M. Pagenkopf*, GewArch 200, 177 (184).

509 *Otting*, SächsVBl. 1998, 93 (96); *Schink*, NVwZ 2002, 129 (139); *Schlacke*, JA 2002, 48 (49); *Köhler*, GRUR 2001, 777 (779); *M. Pagenkopf*, GewArch 2000, 177 (184); *Tomerius*, LKV 2000, 41 (45 f.).

510 *Schink*, NVwZ 2002, 12 (139); *Köhler*, GRUR 2001, 777 (779); *Tomerius*, LKV 2000, 41 (45, 47).

511 *Püttner*, DÖV 1974, 787 (787); *ders.*, GRUR 1964, 359 (361 f.); *Henneke*, NdsVBl. 1999, 1 (6); *Schink*, NVwZ 2002, 129 (139); *Schlacke*, JA 2002, 48 (49).

Vorfrage jenseits der Konkurrenzsituation, die nach der „Zwei-Stufen-Theorie“ vor die Verwaltungsgerichte gehöre.[512] Im Übrigen sei es unbefriedigend, dass nach der zivilgerichtlichen Judikatur dem der landesgesetzgeberischen Entscheidung entzogenen Wettbewerbsrecht faktisch eine Korrektivfunktion für die Abgrenzung der tatsächlichen Spielräume kommunalwirtschaftlicher Betätigung zukomme.[513] Die Ergebnisse von Zivilprozessen seien dank der Dispositions- und Verhandlungsmaxime auch manipulierbar, die Rechtsverfolgung erfolge selektiv, dabei teils interessengesteuert, teils recherchegebunden und schließlich fehle es den Zivilgerichten an „Professionalität“ im Umgang mit öffentlich-rechtlichen Normen.[514]

Weiter wurde eingewandt, dass sich der zu erzielende Vorsprung durch Rechtsbruch aus dem Zuwiderhandeln gegen eine das Marktverhalten aller Wettbewerber gleichermaßen regelnde Vorschrift ergeben müsse.[515] Deshalb sei die Gleichsetzung von rechtswidrig und sittenwidrig nicht haltbar.[516] Die Vorschriften über die wirtschaftliche Betätigung richteten sich nämlich ausschließlich an die Gemeinden;[517] allein die Tatsache, dass die Voraussetzungen des Marktzutritts nicht erfüllt würden, mache dieses Verhalten noch nicht sittenwidrig.[518] Durch einen bloßen Marktzutritt unter Verstoß gegen Marktzugangsregelungen werde nämlich noch kein Wettbewerbsvorsprung erzielt: Im Verhältnis zu den bereits am Markt tätigen Unternehmen fehle es an der „condicio par concurrentium“, im Verhältnis zu den außerhalb des Marktes stehenden Unternehmen fehle es am Wettbewerbsvorsprung.[519] Die Heranziehung objektiver Verhaltens-

---

512 *Schink*, NVwZ 2002, 129 (139); *Schlacke*, NordÖR 2001, 229 (230); *Darsow*, LKV 2002, 1 (4).

513 *Henneke*, NdsVBl. 1999, 1 (8).

514 Vgl. *Quack*, in: FS Trinkner, 265 (270 ff.); zust. *Köhler*, GRUR 2001, 777 (779); dazu ausf. *Doepner*, GRUR 2003, 825 (831 f.).

515 *Ehlers*, JZ 1990, 1089 (1098); *ders.*, DVBl. 1998, 497 (503); *Badura*, DÖV 1998, 818 (822); *Ulmer*, ZHR 146 (1982), 466 (497); *Otting*, SächsVBl. 1998, 93 (94); *ders.*, DÖV 1999, 549 (552); *Henneke*, NdsVBl. 1999, 1 (6); *ders.*, Der Landkreis 1999, 226 (237); *Schink*, NVwZ 2002, 129 (139).

516 *Schink*, NVwZ 2002, 129 (139); *Henneke*, NdsVBl. 1999, 1 (6); *ders.*, Der Landkreis 1999, 226 (237); *Otting*, DÖV 1999, 549 (552); *Ehlers*, DVBl. 1998, 497 (503); *Pünder*, DVBl. 1997, 1355 (1360); Tomerius, LKV 2000, 41 (46); a. A. *Frenz*, DÖV 2000, 800 (808); differenzierend *David*, NVwZ 2000, 738 (739 f.).

517 *Ehlers*, DVBl. 1998, 497 (503); *Otting*, DÖV 1999, 549 (552); *Pünder*, DVBl. 1997, 1355 (1360); *Tomerius*, LKV 2000, 41 (46); *Henneke*, NdsVBl. 1999, 1 (6); *ders.*, Der Landkreis 1999, 226 (237); *Schink*, NVwZ 2002, 129 (139).

518 *Schink*, NVwZ 2002, 129 (139); a. A. *Frenz*, DÖV 2000, 800 (808); *Otting*, DÖV 1999, 549 (552); jeweils unter Bezugnahme auf BGH, NJW 1995, 2352.

519 *Köhler*, GRUR 2001, 777 (780); insoweit zust. *Fuchs*, in: FS Brohm, 275 (288 f.), der darauf hinweist, dass spezielle Marktzugangsvorschriften für die öffentliche Hand gerade auch den Zweck haben (können), eine sonst bestehende Gefährdung der „par condicio concurrentium“ auszuschließen.

normen für den Staat im Rahmen des § 1 UWG a. F. würde zu einem allgemeinen Gesetzesvollziehungsanspruch führen, der von Art. 19 Abs. 4 GG weder gewährt noch gefordert werde.[520] Es sei nicht Aufgabe des Wettbewerbsrechts, die Beachtung aller Vorschriften des öffentlichen Rechts zu sanktionieren.[521]

b) Zweite Ansicht

Vereinzelt wurde ein gänzlich entgegen gesetzter Standpunkt vertreten, nach dem jede Überschreitung öffentlich-rechtlicher Zulassungsbeschränkungen generell die guten Sitten im Wettbewerb verletzen sollte.[522] Damit werde das öffentliche Recht in toto in das Wettbewerbsrecht inkorporiert.[523] Biete eine Gemeinde auf dem Markt Produkte und Dienstleistungen an, die von Privaten ebenso gut und wirtschaftlich angeboten werden, und trete sie somit als Wettbewerber auf, überschreite sie die wettbewerbsrechtlichen Grenzen.[524]

Diese Ansicht ist abzulehnen.[525] Sie verkennt, dass es mindestens eines Bezuges zum Wettbewerbsrecht wie beispielsweise des „Vorsprungs durch Rechtsbruch" bedarf, wenn bereits der Normverstoß „per se" die Sittenwidrigkeit der betreffenden Wettbewerbsteilnahme begründen soll.[526] Die Sittenwidrigkeit bzw. Unlauterkeit eines Verhaltens geht aufgrund der gebotenen umfassenden Interessenabwägung nämlich immer über dessen reine Rechtswidrigkeit hinaus.[527] Der Gesichtspunkt, es handele sich bei von der öffentlichen Hand verletzten Vorschriften um „selbstgesetzte Normen", vermag einen fehlenden Wettbewerbszug nicht zu ersetzen und trifft auf die Kommunen gerade nicht zu, die lediglich Adressaten der kommunalwirtschaftsrechtlichen Vorschriften sind.[528]

---

520 *Stolterfoht*, in: FS Rittner, 695 (702 f.); *Schliesky*, JA 1998, 930 (932); *Schünemann*, in: Stober/Vogel (Hrsg.), 41 (71 f.); *ders.*, WRP 2001, 466 (469); *Ehlers*, Gutachten DJT, S. 97.

521 *Otting*, SächsVBl. 1998, 93 (94); *Badura*, DÖV 1998, 818 (822); *Henneke*, NdsVBl. 1999, 1 (6); *ders.*, Der Landkreis 1999, 226 (237); *Ehlers*, Gutachten DJT, S. 87; *ders.*, DVBl. 1998, 497 (503); *Stolterfoht*, in: FS Rittner, 695 (702 f.); *Fuchs*, in: FS Brohm, 275 (287).

522 *Emmerich*, Unlauterer Wettbewerb, S. 34; *ders.*, AG 1985, 293 (298); *Broß*, in: FS Piper, 107 (113 f.); ähnl. *Berg*, WiVerw 2000, 141 (155).

523 *Emmerich*, AG 1985, 293 (298).

524 *Berg*, WiVerw 2000, 141 (155).

525 *Ehlers*, DVBl. 1998, 497 (503); *Oster*, in: Gabler/Höhlein/Klöckner/u. a., GemO Rh.-Pf., § 85 Erl. 3.2.1.2.; *Otto*, GewArch 2001, 360 (364); *Storr*, Der Staat als Unternehmer, S. 512.

526 *Schünemann*, in: Stober/Vogel (Hrsg.), 41 (70 f.).

527 *Oster*, in: Gabler/Höhlein/Klöckner/u. a., GemO Rh.-Pf., § 85 Erl. 3.2.1.2.

528 *Diefenbach*, WiVerw 2003, 99 (112).

c) *Wettbewerbsrechtliche Schrifttum*

Die überwiegende Ansicht in der zivilrechtlichen Literatur folgte der früheren Rechtsprechung des BGH, wonach Verstöße kommunaler Unternehmen gegen das kommunale Wirtschaftsrecht unter bestimmten Voraussetzungen als sittenwidrig im Sinne des § 1 UWG a. F. zu qualifizieren waren. Entscheidend hierfür sollte der Schutzzweck der betreffenden öffentlich-rechtlichen Vorschriften sein:

Teilweise wurde darauf abgestellt, ob die öffentlich-rechtliche Vorschrift, die die Wettbewerbsteilnahme der Kommunen regelt, entsprechend der Schutznormtheorie auch dem individuellen Schutz der Mitbewerber vor kommunaler Konkurrenz zu dienen bestimmt war.[529] In diesem Fall könne ausnahmsweise schon der Marktzutritt an sich Gegenstand eines wettbewerbsrechtlichen Verdikts sein.[530] Der dagegen vorgebrachte zutreffende Einwand, dass die Sittenwidrigkeit nach § 1 UWG a. F. „gerade nicht auf einen Individualschutz der öffentlich-rechtlichen Grenzen gemeindlicher Wirtschaftstätigkeit gestützt werden" könne, weil bei individualschützender Schutzrichtung der gemeindewirtschaftsrechtlichen Vorschriften das Verhältnis der Marktteilnehmer untereinander vorrangig durch die öffentlich-rechtlichen Vorschriften bestimmt und der Rückgriff auf das Wettbewerbsrecht somit ausgeschlossen sei,[531] wurde mit der Begründung abgelehnt, dass die Tatsache, dass eine öffentlich-rechtliche Norm schon Abwehransprüche aus öffentlichem Recht zugunsten des Begünstigten gewähre, nicht gleichzeitig ausschließe, dass diese Norm zugleich auch als Konkretisierung der „guten Sitten" in § 1 UWG a. F. wirken und zusätzliche wettbewerbsrechtliche Abwehransprüche begründen könne. Da die Klageberechtigung für wettbewerbsrechtliche Unterlassungsansprüche weiter als nach § 42 Abs. 2 VwGO gefasst sei, werde der Kreis der Anspruchsinhaber dadurch erweitert. Ansonsten würde es zu einem widersprüchlichen Ergebnis führen, wenn man den kommunalwirtschaftlichen Vorschriften zwar keinen Individualschutzzweck zusprechen würde, aber zu der Erkenntnis gelangte, dass diese dem objektiven Schutz der Privatwirtschaft vor ungerechtfertigter Konkurrenz und damit einem wichtigen Gemeinschaftsgut dienten. In diesem Falle würden Verstöße gegen wettbewerbsbezogene Kommunalwirtschaftsnormen ohne dritt-

---

529 *Köhler*, WRP 1999, 1205 (1206); *ders.*, BayVBl. 2000, 1 (10 f.); *Frenz*, DÖV 2000, 802 (808); *Otting*, SächsVBl. 1998, 93 (94); *ders.*, DÖV 1999, 549 (554); *Schliesky*, JA 1998, 930 (932); *Beckmann/David*, DVBl. 1998, 1041 (1046); *Singer*, ZKF 1998, 218 (220); *Gundlach*, LKV 2002, 264 (266); *Horn*, NVwZ 2001, 647 (648); *Beater*, in: Wallerath (Hrsg.), 67 (70); *Ulmer*, ZHR 146 (1982), 466 (497); abl. *Otto*, GewArch 2001, 360 (366).

530 *Otting*, DÖV 1999, 549 (551); *Frenz*, DÖV 2000, 802 (808); a. A. *Kaltenborn*, WuW 2000, 488 (495).

531 *Otto*, GewArch 2001, 360 (366).

schützende Wirkung einen großzügigeren Rechtsschutz bewirken als Verstöße gegen solche mit drittschützender Wirkung.[532]

Überwiegend wurde an die überkommene Unterscheidung zwischen wertneutralen und wertbezogenen Normen angeknüpft:[533] Verstöße gegen kommunalwirtschaftsrechtliche Marktzutrittsschranken sollten nicht nur dann sittenwidrig sein, wenn die betreffenden Vorschriften individualschützend sind, sondern weitergehend immer dann, wenn sie die Privatwirtschaft gegen eine unkontrollierte Ausweitung kommunaler Wettbewerbsteilnahme schützen sollen. In diesem Schutzzweck liege eine gesetzliche Wertentscheidung für ein bestimmtes, die guten Sitten i. S. d. § 1 UWG a. F. prägendes Wettbewerbsmodell mit der Folge, dass bei Verletzung einer solchen wertbezogenen öffentlich-rechtlichen Norm Unterlassungsansprüche nach §§ 1, 13 Abs. 2 UWG a. F. entstünden. Im Anschluss an die „*Blockeis II*"-Rechtsprechung sei zum Beispiel der Schutz der privaten Wirtschaft gegen eine nicht durch einen öffentlichen Zweck gerechtfertigte kommunalwirtschaftliche Betätigung ausdrücklich als wichtiges Gemeinschaftsinteresse angesehen worden.[534] Die Verbotsnorm des § 1 UWG a. F., deren Tatbestand auf ein konkretes Wettbewerbsverhältnis abstelle, ergänze somit die objektiv-rechtliche Schutznorm des Kommunalrechts durch ein subjektives Recht der Konkurrenten.[535] Auch lediglich im Allgemeininteresse erlassene Normen könnten danach wettbewerbsschützend sein, wenn sie dritt- oder wertbezogenen Charakter haben und einen marktkonformen Wettbewerb sicherstellen wollen.[536] Diese Betrachtungsweise hatte zur Konsequenz, dass ein Zuwiderhandeln gegen kommunale Wirtschaftsklauseln grundsätzlich ohne Hinzutreten weiterer Umstände als Verstoß gegen die guten Sitten im Wettbewerb zu qualifizieren war.[537] Insofern wurden die kommunalen Wirtschaftsklauseln als wertbezogene Normen eingeordnet.[538] Für die Autoren, welche die Vorschriften über die wirtschaftliche Betätigung als ausschließlich allgemeinwohlbezogen

---

532 *Diefenbach*, WiVerw 2003, 99 (113 m. Fn. 60) gegen *Otto*, GewArch 2001, 360 (361).

533 Abl. *Beater*, in: Wallerath (Hrsg.), 67 (71 ff.).

534 BGH, NJW 1973, 1371 (1372); *Löwer*, VVDStRL 60 (2001), 416 (447); *Badura*, DÖV 1998, 818 (822); *David*, NVwZ 2000, 738 (740); *Otto*, GewArch 2001, 360 (361 f.); *Jaeger*, in: Schwarze (Hrsg.), 165 (172).

535 *Badura*, DÖV 1998, 818 (822); *Enkler*, ZG 1998, 328 (344).

536 BGH, DVBl. 1965, 362 (363 f.); *Badura*, DÖV 1998, 818 (822); *Cosson*, DVBl. 1999, 891 (896): „organisches Ineinandergreifen von unterschiedlichen Regelungszwecken verpflichteten Rechtsmaterien"; *Heintzen*, Rechtliche Grenzen und Vorgaben, S. 107 ff.; *Otting*, DÖV 1999, 549 (553 ff.); *David*, NVwZ 2000, 738 (740); *Hübschle*, GewArch 2000, 186 (188); *Oster*, in: Gabler/Höhlein/Klöckner/u. a., GemO Rh.-Pf., § 85 Erl. 3.2.10.

537 *Ehlers*, Gutachten DJT, S. 87 f.

538 *Löwer*, Der Fall „Gelsengrün", S. 98 f.; *Otting*, DÖV 1999, 549 (553); *Otto*, GewArch 2001, 360 (365 f.); *Gröning*, WRP 2002, 17 (26 f.); abl. *Schneider*, DVBl. 2000, 1250 (1259): „problematisch".

und insoweit nicht als wettbewerbsschützend sondern wertneutral ansahen,[539] kam es hingegen darauf an, ob weitere Umstände im Einzelfall vorlagen, die den Gesetzesverstoß auch wettbewerbsrechtlich als anstößig erscheinen ließen.[540]

4. Die „*Elektroarbeiten*"-Entscheidung als Endpunkt der Entwicklung

a) Neue Tendenzen in der Rechtsprechung des BGH im Vorfeld

Von der ständigen Rechtsprechung zum Vorsprung durch Rechtsbruch rückte der BGH Ende der 90er Jahre des vorigen Jahrhunderts zunehmend ab.[541] Bereits in der Entscheidung „*TIAPRIDAL*"[542] stellte der BGH in einem obiter dictum fest, dass es auch bei wertbezogenen Normen, deren Verletzung im Allgemeinen ohne Hinzutreten weiterer Umstände zugleich einen Wettbewerbsverstoß begründe, besonderen Gesichtspunkten des jeweiligen Falles Rechnung zu tragen gelte. In den Entscheidungen „*Hormonpräparate*"[543] und „*Giftnotruf-Box*"[544] stellte der BGH fest, dass der Grundsatz, dass ein Verstoß gegen wertbezogene Vorschriften per se sittenwidrig im Sinne des § 1 UWG a. F. ist, ohne dass es der Feststellung weiterer Unlauterkeitsumstände bedürfe, nicht uneingeschränkt gelte. Die Verletzung solcher Vorschriften indiziere zwar grundsätzlich die Unlauterkeit. Verstöße gegen wertbezogene Vorschriften seien jedoch nicht zwingend auch wettbewerbswidrig. Die besonderen Umstände des Einzelfalls könnten nämlich Anlass geben, auch bei derartigen Fallgestaltungen in eine – bei der Beurteilung eines Wettbewerbsverhaltens an sich regelmäßig gebotene – Prüfung des Gesamtverhaltens des Wettbewerbers nach seinem konkreten Anlass, Zweck und Mittel, seinen Begleitumständen und Auswirkungen einzutreten. In diesen Entscheidungen wurde somit verstärkt auf den Schutzzweck des Wettbewerbsrechts und die Erheblichkeit des Gesetzesverstoßes abgestellt.[545]

---

539 *Tomerius*, LKV 2000, 41 (47); *Schink*, NVwZ 2002, 129 (139 f.); *Faber*, DVBl. 2003, 761 (764); *Sollondz*, LKV 2003, 297 (301); *Poschmann*, in: Storr (Hrsg.), 63 (89 f.).

540 *Beckmann/David*, DVBl. 1998, 1041 (1046).

541 *v. Jagow*, in: Harte-Bavendamm/Henning-Bodewig, UWG, § 4 Nr. 11 Rn. 23 ff.

542 BGH, GRUR 1998, 407 (411 f.) (TIAPRIDAL); *Hasselblatt*, in: Gloy/Loschelder, § 50 Rn. 8: erstmalige Anzeige einer neuen Rechtsprechungstendenz.

543 BGH, GRUR 1999, 1128 (1129) (Hormonpräparate); krit. *Doepner*, GRUR 2003, 825 (829).

544 BGH, GRUR 2000, 237 (283) (Giftnotruf-Box).

545 *Köhler*, GRUR 2004, 381 (381); *ders.*, in: Baumbach/Hefermehl, UWG, § 4 Rn. 11.2; *Ullmann*, GRUR 2003, 817 (823).

In der „*Abgasemissionen*“-Entscheidung[546] nahm der BGH bei der Entscheidung über einen vorgelagerten Gesetzesverstoß gegen eine wertbezogene Norm eine neue, weitergehende Differenzierung vor: Dort ging es um die Frage, ob der Vertrieb von Waren, die unter Verstoß gegen Umweltschutzvorschriften hergestellt wurden, wettbewerbswidrig sein kann, weil die dabei erzielten Kosteneinsparungen einen Wettbewerbsvorsprung ermöglichen. Der BGH verneinte dies und stellte fest, dass der Begriff der Sittenwidrigkeit im Hinblick auf die Zielsetzung des § 1 UWG a. F., die Lauterkeit des Wettbewerbs im Interesse der Marktbeteiligten und der Allgemeinheit zu schützen, wettbewerbsbezogen auszulegen sei. Dies beinhalte zugleich, dass diese Vorschrift nicht als Grundlage für Klagen herangezogen werden könne, mit denen Verstöße im Vorfeld des Wettbewerbshandelns verfolgt werden, die zwar in irgendeiner Weise Auswirkungen auf die Wettbewerbschancen der Mitbewerber hätten, die aber selbst nicht als Wettbewerbsverhalten zu qualifizieren und auch nicht geeignet seien, dem eigentlichen Wettbewerbsverhalten den Charakter eines gerade in wettbewerblicher Hinsicht unlauteren Handelns zu geben. Der Grundsatz, dass die Verletzung von wertbezogenen Gesetzen, die dem Schutz wichtiger Rechtsgüter wie der Gesundheit der Bevölkerung oder der Umwelt dienen, auch die Sittenwidrigkeit indiziere, könne aber jedenfalls nicht auf Fälle, in denen der Gesetzesverstoß dem wettbewerblichen Handeln vorausgegangen sei oder ihm erst nachfolge, übertragen werden, weil bei diesen der Gesetzesverstoß nicht mit dem Wettbewerbsverhalten selbst zusammenfalle, sondern nur in einem mehr oder weniger engen Zusammenhang mit ihm stehe. Erforderlich sei vielmehr auch in diesen Fällen grundsätzlich vorab eine Beurteilung des beanstandeten Normverstoßes danach, ob er gerade auch in seinem Bezug auf das Wettbewerbsgeschehen als sittenwidrig im Sinne des § 1 UWG a. F. anzusehen sei. Dies verlange auch die beschränkte Zielsetzung dieser Vorschrift, die nicht missverstanden werden dürfe als Grundlage für Individualansprüche gegen Rechtsverletzungen jeder Art, die in irgendeiner Form Auswirkungen auf das Wettbewerbsgeschehen haben könnten. Die verletzte Norm müsse in solchen Fällen zumindest eine sekundäre wettbewerbsbezogene Schutzfunktion haben.[547]

Nach dieser Entscheidung war nunmehr wie folgt zu unterscheiden: Bei einem Verstoß des Wettbewerbsverhaltens gegen ein Gesetz, das dem Schutz wichtiger Gemeinschaftsgüter wie dem Schutz der Gesundheit der Bevölkerung dient, indizierte die Verletzung einer derartigen wertbezogenen Norm grundsätzlich die wettbewerbsrechtliche Unlauterkeit mit der Folge, dass es regelmäßig nicht der

---

546 BGHZ 144, 255 (267) (Abgasemissionen) = NJW 2000, 3351 = GRUR 2000, 1076 = WRP 2000, 1116; *Köhler*, GRUR 2001, 777 (777, 780 f.): „grundlegende Neukonzeption der Lehre vom Rechtsbruch“; *Fuchs*, in: FS Brohm, 275 (281, 283 ff.); *Haslinger*, WRP 2002, 1023 (1025 f.); *Henneke*, NdsVBl. 2002, 318 (319 f.).

547 BGH, GRUR 2000, 1076 (1078 f.).

Feststellung weiterer Unlauterkeitsmerkmale bedurfte. Allerdings war den besonderen Umständen des Einzelfalls, etwa des Gesamtverhaltens des Wettbewerbers nach seinem konkreten Anlass, Zweck und Mittel, seinen Begleitumständen und Auswirkungen, Rechnung zu tragen. Anders war der Sachverhalt zu beurteilen, wenn der Gesetzesverstoß dem wettbewerblichen Handeln vorausgeht oder nachfolgt. Denn insoweit fällt der Gesetzesverstoß nicht mit dem Wettbewerbsverhalten zusammen, sondern steht nur in einem mehr oder weniger engen Zusammenhang. Der Gesetzesverstoß macht das Wettbewerbsverhalten nur dann wettbewerbswidrig, wenn die verletzte Norm „zumindest eine sekundäre wettbewerbsbezogene Schutzfunktion" aufweist, d. h. zumindest auch die Gegebenheiten eines bestimmten Marktes festlegt und so auch gleiche rechtliche Voraussetzungen für die auf dem Markt tätigen Mitbewerber schafft. Ein Marktverhalten ist folglich nicht schon dann unlauter, wenn es Vorteile aus einem Verstoß gegen ein Gesetz ausnutzt, das – selbst wenn es wertbezogen ist – keinen zumindest sekundären Marktbezug aufweist. Mit diesem Kurswechsel war die bisherige Dogmatik nur noch bedingt brauchbar,[548] da die frühere Automatik zwischen Wertbezogenheit der verletzten Norm und der daraus per se abzuleitenden Wettbewerbswidrigkeit aufgegeben wurde.[549] Diese neue Dogmatik wurde in der Folgezeit in einer Reihe von Entscheidungen des BGH weiter präzisiert.[550]

b) Die Entscheidung

Nach der skizzierten Entwicklung in der Rechtsprechung der Oberlandesgerichte und der intensiven Diskussion im Schrifttum wartete man eine klärende Äußerung des BGH, welche dann in der Entscheidung „*Elektroarbeiten*" erfolgte. Der BGH führte aus, dass ein Verstoß einer Gemeinde gegen die Vorschrift des Art. 87 Bay. GO nicht zugleich sittenwidrig im Sinne von § 1 UWG a. F. sei. Im Hinblick auf die Zielsetzung des § 1 UWG a. F., die Lauterkeit des Wettbewerbs im Interesse der Marktbeteiligten und der Allgemeinheit zu schützen, sei der darin enthaltene Begriff der Sittenwidrigkeit wettbewerbsbezogen auszulegen. § 1 UWG a. F. sei deshalb auf gesetzeswidriges Verhalten nur dann anwendbar,

---

548 *Köhler*, NJW 2002, 2761 (2761); *ders.*, GRUR 2004, 381 (381 f.); *ders,*, in: Baumbach/Hefermehl, UWG, § 4 Rn. 11.3; *Haslinger*, WRP 2002, 1023 (1026); *Ullmann*, GRUR 2003, 817 (820 f.); krit. *Beater*, in: Wallerath (Hrsg.), 67 (74 f.).

549 *Hasselblatt*, in: Gloy/Loschelder, § 50 Rn. 8 f.

550 BGH, NJW 2001, 2089 (2091) (Verbandsklage gegen Vielfachabmahner) = GRUR 2001, 354 = WRP 2001, 255; NJW-RR 2002, 395 (396) (Sportwetten-Genehmigung) = GRUR 2002, 269; GRUR 2003, 969 (Ausschreibung von Vermessungsleistungen); GRUR 2003, 971 (Telefonischer Auskunftsdienst); Überblick bei *Köhler*, in: Baumbach/Hefermehl, UWG, § 4 Rn. 11.4; *Doepner*, WRP 2003, 1292 (1292) weist darauf hin, dass die Differenzierung zwischen wertbezogenen und wertneutralen Normen nicht ausdrücklich aufgegeben wurde.

wenn von diesem Gesetzesverstoß zugleich eine unlautere Störung des Wettbewerbs ausgehe. Es genüge nicht, dass bei einer Wettbewerbshandlung ein Gesetzesverstoß lediglich mitverwirklicht werde. Der Gesetzesverstoß müsse die Handlung vielmehr in der Weise prägen, dass diese gerade auch als Wettbewerbsverhalten sittenwidrig i. S. des § 1 UWG a. F. sei.[551]

Dies gelte auch für Verstöße gegen Vorschriften, die den Zutritt zum Markt regelten. § 1 UWG a. F. bezwecke nur den Schutz vor unlauterem Wettbewerb, solle aber den Anspruchsberechtigten nicht ermöglichen, Wettbewerber unter Berufung darauf, dass ein Gesetz ihren Marktzutritt verbiete, vom Markt fernzuhalten, wenn das betreffende Gesetz den Marktzutritt nur aus Gründen verhindern wolle, die den Schutz des lauteren Wettbewerbs nicht berührten. Unter dem Gesichtspunkt des Wettbewerbsrechts sei jede Belebung des Wettbewerbs, wie sie unter Umständen auch vom Marktzutritt der öffentlichen Hand ausgehen könne, grundsätzlich erwünscht.[552] Es müsse daher anhand einer Würdigung des Gesamtcharakters des Verhaltens geprüft werden, ob es durch den Gesetzesverstoß das Gepräge eines wettbewerbsrechtlich unlauteren Verhaltens erhalte. Der Gesetzesverstoß könne dazu allein nicht genügen, wenn die verletzte Norm nicht zumindest eine sekundäre wettbewerbsbezogene, das heißt eine auf die Lauterkeit des Wettbewerbs bezogene Schutzfunktion habe.[553] Eine solche Schutzfunktion besäßen beispielsweise Vorschriften, die als Voraussetzung für die Ausübung bestimmter Tätigkeiten im Interesse des Schutzes der Allgemeinheit den Nachweis besonderer fachlicher Fähigkeiten forderten, nicht jedoch Art. 87 Bay. GO.[554] Daran ändere auch der Umstand nichts, dass es zu den Zwecken des Art. 87 Bay. GO gehöre, die Privatwirtschaft vor dem Marktzutritt von Gemeinden zu schützen, wenn die in dieser Vorschrift genannten Voraussetzungen nicht vorlägen. Denn es gehe insofern nicht um die Lauterkeit des Wettbewerbs, sondern allenfalls um die Erhaltung einer Marktstruktur, die von privaten Unternehmen geprägt sei. Der Erhalt bestimmter Marktstrukturen werde aber von § 1 UWG a. F. nicht bezweckt. Es sei nicht Sinn des § 1 UWG a. F., Wettbewerbern kommunaler Unternehmen Ansprüche zur Verwirklichung dieses Schutzzwecks des Art. 87 Bay. GO zu gewähren, die nach öffentlichem Recht etwa gegebene Ansprüche ergänzen oder nach öffentlichem Recht bestehende Schutzlücken ausfüllen könnten.[555]

---

551 BGH, NJW 2002, 2645 (2646) unter Bezugnahme auf BGH, NJW 2001, 2089.

552 BGH, NJW 2002, 2645 (2646 f.) unter Bezugnahme auf BVerwG, NJW 1995, 2938 (2939); *Köhler*, WRP 1999, 1205 (1209); *ders.*, GRUR 2001, 777 (780).

553 BGH, NJW 2002, 2645 (2646 f.) unter Bezugnahme auf BGHZ 144, 255 (267).

554 BGH, NJW 2002, 2645 (2646 f.) unter Bezugnahme auf *Köhler*, GRUR 2001, 777 (781); abl. *Gröning*, WRP 2002, 17 (26).

555 BGH, NJW 2002, 2645 (2647); *Beater*, in: Wallerath (Hrsg.), 67 (78) hatte dies bereits prognostiziert.

Weiterhin formulierte der BGH, dass es für die wettbewerbsrechtliche Beurteilung auch nicht darauf ankommen könne, ob der Verstoß bewusst und ggf. hartnäckig begangen werde oder ob das Vorgehen der Gemeinde bereits durch ihre Aufsichtsbehörden beanstandet worden sei, und gab somit die in *„Blockeis II"* entwickelte Dogmatik auf.[556] Dem Recht gegen unlauteren Wettbewerb komme bei der wettbewerbsrechtlichen Beurteilung des Marktzutritts der öffentlichen Hand nur eine auf die Schutzfunktion seiner Anspruchsnormen begrenzte Kontrollfunktion zu. Der Senat folgte insofern seinen Ausführungen in der Entscheidung *„KfZ-Schilderverkauf"*, dass sich die wettbewerbsrechtliche Beurteilung nur auf die Art und Weise der Beteiligung der öffentlichen Hand am Wettbewerb beziehen könne, während die Frage, ob sich die öffentliche Hand überhaupt erwerbswirtschaftlich betätigen dürfe, eine allgemein- und wirtschaftspolitische sei und der Beurteilung der ordentlichen Gerichte entzogen sei. Dies gelte auch dann, wenn besondere Vorschriften zur Einschränkung der erwerbswirtschaftlichen Betätigung der öffentlichen Hand erlassen worden seien. Denn auch diese regelten nur den Zugang zum Wettbewerb und sagten nichts darüber aus, wie er auszuüben sei.[557] Aus der Entscheidung *„Sterbegeldversicherung"* ergebe sich nichts anderes. Dort verstieß der Marktzutritt einer öffentlich-rechtlichen Krankenkasse gegen ein Gesetz, das im Interesse der privaten Versicherungen ein ganz bestimmtes Handeln auf dem Markt untersagte und ein Zuwiderhandeln nach seinem Normzweck zugleich als unlauteres Wettbewerbsverhalten kennzeichnete.[558]

c) *Bewertung*

Die Entscheidung ist in Übereinstimmung mit der h. A. zu begrüßen. Überwiegend wurde daraus zutreffend gefolgert, dass einem Zuwiderhandeln der öffentlichen Hand gegen öffentlich-rechtliche Marktzugangsregelungen künftig in der Regel nicht mehr mit einer auf § 1 UWG a. F. gestützten Wettbewerbsklage erfolgreich begegnet werden könne.[559] Das Urteil rufe in das allgemeine Bewusst-

---

556 BGH, NJW 2002, 2645 (2647); wie 1997 von *Löwer*, Der Fall „Gelsengrün", S. 101, prognostiziert.

557 BGH, NVwZ 1991, 298 (300); BGH, WRP 1995, 304 (305 f.) (Schornsteinaufsätze) = GRUR 1995, 127; *M. Pagenkopf*, GewArch 2000, 177 (184 f.).

558 BGH, NJW 2002, 2645 (2647 f.); krit. *Köhler*, in: Baumbach/Hefermehl, UWG, § 4 Rn. 13.14: Die Sterbegeldversicherung-Entscheidung dürfte damit überholt sein.

559 *Ehlers*, JZ 2003, 318 (319); *Köhler*, NJW 2002, 2761 (2762); *H. Meyer*, NVwZ 2002, 1075 (1077); *Gundlach/Schmidt*, EWiR 2002, 829 (830); *Knauff/Nolte*, VR 2003, 3 (7); *Wieland*, DV 36 (2003), 225 (232 f.); *Glahs/Külpmann*, VergabeR 2002, 555 (559); *Dolde*, ZHR 166 (2002), 515 (519 f.); *Ullmann*, GRUR 2003, 817 (823); *Warneke*, JuS 2003, 958 (960); *Teufel/Kempkes*, AbfallR 2005, 57 (666 f.); krit. *Diefenbach*, WiVerw 2003, 99 (110 f.; 113 f.); *Haslinger*, WRP 2002, 1023 (1026 f.); abl. *Dreher*, ZIP 2002, 1648.

sein zurück, dass ein privates Unternehmen in einem wettbewerbsgerichtlichen Verfahren nur die Einhaltung solcher Vorschriften verlangen könne, die dem Schutz des Wettbewerbs zu dienen bestimmt sind und das Marktverhalten regeln. Da § 13 GVG einen Vorrang des Verwaltungsrechtswegs für öffentlich-rechtliche Streitigkeiten wie die Zulässigkeit der wirtschaftlichen Betätigung einer Kommune anerkenne, verbleibe den Zivilgerichten alleine die Kontrolle des „Wie" der Betätigung.[560] Insofern komme es maßgeblich auf die Unterscheidung von Marktzutritts- und Marktverhaltensregelungen an.[561] Durch das Urteil habe der BGH eine mit der Verwaltungsgerichtsbarkeit übereinstimmende Bewertung des Tatbestandes hergestellt; die Zufälligkeit des Ergebnisses je nach gewähltem Rechtsweg sei damit beseitigt.[562] Zudem sei dem Versuch, das Wettbewerbsrecht über eine „Wertbezogenheit" des Gemeindewirtschaftsrechts zu instrumentalisieren, eine Absage erteilt worden.[563]

Allerdings wurden auch verschiedene Kritikpunkte geltend gemacht. So wurde angemerkt, dass das Urteil auf die Differenzierung zwischen wertbezogenen und wertneutralen Vorschriften nicht eingehe. Sollte damit zum Ausdruck kommen, dass der BGH die frühere Differenzierung nicht mehr aufrechterhalten wollte, hätte dies eigentlich einer ausdrücklichen Klarstellung bedurft. Andererseits ließe sich die mangelnde Heranziehung der bisher üblichen Kategorisierung dahingehend deuten, der Senat rechne Art. 87 Bay. GO ohne weiteres den wertneutralen Regelungen zu. Im Hinblick auf den von den Landesgesetzgebern teilweise verfolgten Wettbewerbsschutz wäre dies aber genauso begründungsbedürftig.[564] Zudem sei die Unterscheidung zwischen dem „Ob" und dem „Wie" nicht zweifelsfrei, da sich die Aufnahme von Wettbewerb und das Verhalten im Wettbewerb nicht immer trennen ließen, was insbesondere an der Fallgruppe „Marktstörung" deutlich werde, bei der Marktzutritt und Marktverhalten zusammenfielen. Es könne schon beim „Ob" der wirtschaftlichen Betätigung um Fragen gehen, die sich auch auf das Verhalten im Wettbewerb beziehen.[565] Vor dem Hin-

560 *H. Meyer*, NVwZ 2002, 1075 (1077) m. w. N.

561 *Ehlers*, JZ 2003, 318 (319 f.).

562 *Knauff/Nolte*, VR 2003, 3 (8).

563 *Knauff/Nolte*, VR 2003, 3 (8) unter Hinweis auf *Tomerius*, LKV 2000, 41 (46); *Piper*, GRUR 1986, 574 (579).

564 *Dreher*, ZIP 2002, 1648 (1649); ähnl. *Knauff/Nolte*, VR 2003, 3 (7): BGH betrachte Art. 87 Bay. GO implizit als wertneutrale Norm.

565 *Dreher*, ZIP 2002, 1648 (1649 f.); ebenso *ders.*, in: FS BGH, 713 (723 f.); *Fuchs*, in: FS Brohm, 275 (286); *Knauff/Nolte*, VR 2003, 3 (7); *Ehlers*, JZ 2003, 318 (320); *Haslinger*, WRP 2002, 1023 (1028); *Otting*, DÖV 1999, 549 (552); *Doepner*, WRP 2003, 1292 (1298 ff.); *Harms*, BB 1986 Beil. 17, S. 18; *Poschmann*, in: Storr (Hrsg.), 63 (69 f.); *Schliesky*, Öff. Wettbewerbsrecht, S. 305 f.: Die der Trennung zwischen Ob und Wie zugrundeliegende Vorstellung vom zweiaktigen Handeln passe bei wettbewerbsrelevanter Staatstätigkeit in der Regel nicht. Die Auswirkungen auf die Wettbewerbslage beruh-

tergrund der grundsätzlichen Zulässigkeit der wirtschaftlichen Betätigung sei es gerade die Einhaltung der sachlichen Kriterien der kommunalwirtschaftsrechtlichen Regelungen, die über die Lauterkeit der Aufnahme von Wettbewerb mit entschieden. Diese Regelungen seien auch unmittelbar wettbewerbsregelnd, damit wertbezogen und somit auch ausreichend für einen Verstoß gegen § 1 UWG a. F.[566] Das Wettbewerbsrecht sei in Fällen des Verdrängungswettbewerbs kommunaler Anbieter weiterhin für das „Ob" kommunalen Agierens am Markt heranzuziehen.[567]

Desweiteren wurde hervorgehoben, dass die Entscheidung den Eindruck der Rechtskontinuität erwecke, obwohl eine solche nicht bestehe, wie sich gerade aus der Nichtannahme der Revision gegen die „*Gelsengrün*"-Entscheidung und aus verschiedenen anderen Entscheidungen ergäbe.[568] Im Übrigen habe sich der BGH nicht mit der Gesetzesbegründung, die ausdrücklich die Einräumung eines wettbewerblichen Unterlassungsanspruchs enthielt, auseinandergesetzt. Der Hinweis des BGH, „die Lösung dieser Frage" (d. h. des „Ob" kommunalwirtschaftlicher Betätigung) sei „Aufgabe der Gesetzgebung" verkenne, dass er damit von den Gesetzgebern bereits Geleistetes einfordere. Damit lasse der BGH auch den gesetzgeberischen Willen bezüglich der konkreten Fassung des öffentlichen Zwecks und der Subsidiaritätsklausel leer laufen.[569] Im Ergebnis führe die Rechtsprechung des BGH zu einer Rechtsschutzverweigerung gegenüber den von einem gesetzwidrigen Wettbewerb der öffentlichen Hand Betroffenen, da somit weder von Zivilgerichten noch von den Verwaltungsgerichten effektiver Rechtsschutz gewährt werde.[570] Kritik wurde an der Entscheidung schließlich auch dahingehend geübt, dass der BGH die Klage nicht hätte abweisen dürfen, ohne nach § 17 Abs. 2 S. 1 GVG auf die rechtswegfremden (öffentlich-rechtlichen) Unterlassungsansprüche einzugehen.[571] Hinsichtlich des Drittschutzes wurde darauf hingewiesen, dass es kein Wertungswiderspruch sei, wenn kommunalwirtschaftsrechtliche Vorschriften über § 1 UWG a. F. drittschützende Wirkung gewännen; denn das UWG stelle hinsichtlich der Individualschutzvoraussetzungen geringere Anforderungen, da es dem effektiven Schutz des

ten auf einer einheitlichen Kausalkette; eine Trennung erscheine lebensfremd und würde einen einheitlichen Lebensvorgang zerreißen.

566 *Dreher*, ZIP 2002, 1648 (1650).

567 *Frenz*, WRP 2003, 455 (458 f.).

568 *Dreher*, ZIP 2002, 1648 (1649); *Ehlers*, JZ 2003, 318 (319).

569 *Dreher*, ZIP 2002, 1648 (1650); *ders.*, in: FS BGH, 713 (724 ff.); *Haslinger*, WRP 2002, 1023 (1026).

570 *Dreher*, ZIP 2002, 1648 (1650 f.); wohl auch *Knauff/Nolte*, VR 2003, 3 (9); *Haslinger*, WRP 2002, 1023 (1028).

571 *Ehlers*, JZ 2003, 318 (320).

Wettbewerbs insgesamt dienen solle.[572] In der diesbezüglichen Abgrenzung wurde auch auf die Entscheidung *„Sterbegeldversicherung"* verwiesen, auf die sich der BGH selbst bezieht. Dort habe der BGH den Eindruck erweckt, er sehe den Verstoß gegen öffentlich-rechtliche Vorschriften, die der öffentlichen Hand im Interesse der Privatwirtschaft die Teilnahme am Marktwettbewerb verwehren, regelmäßig als wettbewerbswidrig an.[573] Warum diese bei der Verletzung kommunalwirtschaftlicher Vorschriften, die zum Schutz privater Konkurrenten die kommunale Wirtschaftstätigkeit beschränken, nicht gelten solle, sei unklar.[574]

d) Entscheidungen in der Folgezeit

Kurz nach dem Urteil des BGH erging am 17.6.2002 ein Beschluss des OLG Düsseldorf[575], noch in „Unkenntnis" der Begründung der neuen BGH-Rechtsprechung, über die Abfallentsorgungstätigkeit von Gemeindeverbänden außerhalb des Verbandsgebiets. Dieser wird im Rahmen der Erörterung der vergaberechtlichen Fragestellungen dargestellt. Am 24.9.2002 entschied der BGH[576] als Revisionsinstanz über ein Urteil des OLG Düsseldorf[577] bezüglich der Vermietung von Geschäftsräumen in einer Kfz-Zulassungsstelle an ein eigenes Schilderprägeunternehmen, ohne dass sich dieses an dem für die anderen Räume durchgeführten Ausschreibungsverfahren beteiligen musste. Der BGH bejahte im Ergebnis einen Unterlassungsanspruch aus §§ 33, 20 Abs. 1 GWB: Die Erwägung der Vorinstanz, ob das beanstandete Verhalten schon lauterkeitsrechtlich Bedenken begegne, sei im Grundsatz berechtigt; denn ein lauterkeitsrechtlich unzulässiges Verhalten verdiene auch im Rahmen des § 20 Abs. 1 GWB keinen Schutz. Es sei jedoch zweifelhaft, ob allein der Verstoß gegen § 107 GO NRW den Vorwurf der Unlauterkeit begründen könne; dies könne jedoch ebenso wie die Frage, ob ein Verstoß gegen das Verbot erwerbswirtschaftlicher Betätigung die kartellrechtliche Interessenabwägung unmittelbar in der Weise beeinflusse, dass ein entsprechendes Verhalten stets als unbillig anzu-

---

572 *Diefenbach*, WiVerw 2003, 99 (113 f.); *Heintzen*, Rechtliche Grenzen und Vorgaben, S. 106 f.; *Schünemann*, in: Stober/Vogel (Hrsg.), 41 (72): Beim wettbewerbsrechtlichen Unterlassungsanspruch handele es sich um eine „actio pro institutione"; es gehe vornehmlich um den Schutz der Institution Wettbewerb, deshalb komme es nicht darauf an, ob die öffentlich-rechtliche Primärnorm den Schutz des Mitbewerbers verfolge; ebenso *ders.*, WRP 2001, 466 (470).

573 *Diefenbach*, WiVerw 2003, 99 (110 f.); *Heinzen*, Rechtliche Grenzen und Vorgaben, S. 105 f.

574 *Diefenbach*, WiVerw 2003, 99 (110 f.); weitergehend *Doepner*, WRP 2003, 1292.

575 OLG Düsseldorf, WuW/E Verg 611 (DAR).

576 BGH, DÖV 2003, 249 (Kommunaler Schilderprägebetrieb) = NVwZ 2003, 246 = WuW/E DE-R 1003.

577 OLG Düsseldorf, NJWE-WettbR 2000, 174; LS in NVwZ 2000, 1086.

sehen sei, offen bleiben. Denn der geltend gemachte Anspruch bestand auch unabhängig von dem Verstoß gegen kommunalrechtliche Bestimmungen.[578]

Am 26.9.2002 erging schließlich das Urteil des BGH[579] als Revisionsinstanz über das Urteil des OLG Düsseldorf[580] bezüglich kommunaler Altautoentsorgung: Bei der wettbewerbsrechtlichen Beurteilung könne offen bleiben, ob die Verwertung und Entsorgung von Altautos durch die Beklagte gegen § 107 GO NRW verstoße. Eine Verletzung dieser Vorschrift hätte nicht zur Folge, dass das beanstandete Handeln wettbewerbsrechtlich als unlauter anzusehen wäre. Im Anschluss an die Entscheidung *„Elektroarbeiten"* sei ein Anspruch aus § 1 UWG a. F. nicht immer schon dann gegeben, wenn ein Wettbewerber Vorschriften verletzt, bei deren Einhaltung er aus dem Markt ausscheiden müsste. Auch bei der Verletzung von Vorschriften über den Marktzutritt müsse anhand einer am Schutzzweck des § 1 UWG a. F. auszurichtenden Würdigung des Gesamtcharakters des Verhaltens geprüft werden, ob dieses durch den Gesetzesverstoß das Gepräge eines wettbewerbsrechtlich unlauteren Verhaltens erhält. Der Gesetzesverstoß könne dazu allein nicht genügen, wenn die verletzte Norm nicht zumindest eine sekundäre wettbewerbsbezogene, d.h. eine auf die Lauterkeit des Wettbewerbs bezogene Schutzfunktion habe. Eine solche Schutzfunktion fehle der Vorschrift des § 107 GO NRW ebenso wie der ihr entsprechenden Bestimmung des Art. 87 Bay. GO. Diese Vorschrift solle zwar auch die private Wirtschaft schützen und habe insofern auch eine den Wettbewerb regelnde Funktion, diene jedoch nicht der Kontrolle der Lauterkeit des Marktverhaltens der Gemeinden.[581] Der BGH verfolgte somit seine neue Rechtsprechungslinie konsequent weiter und übertrug seine Argumentation auch auf die Rechtslage nach der nordrhein-westfälischen Gemeindeordnung.[582] Daran wird deutlich, dass die konkrete Fassung und der Schutzzweck der kommunalen Wirtschaftsklauseln für die wettbewerbsrechtliche Beurteilung nunmehr irrelevant sind.

---

578 BGH, DÖV 2003, 249 (250).

579 BGH, DVBl. 2003, 267; dazu *Frenz*, WRP 2003, 455

580 OLG Düsseldorf, DVBl. 2000, 284 (284); zuvor LG Wuppertal, DVBl. 1999, 939.

581 BGH, DVBl. 2003, 267 (267 f.).

582 Ebenso BGH, WuW/E DE-R 1087 (1094) (Ausrüstungsgegenstände für Feuerlöschzüge). An seiner Entscheidungspraxis hat der BGH bislang auch festgehalten, vgl. BGH, GRUR 2004, 255 (258) (Strom und Telefon I) für Art. 87 Bay. GO; GRUR 2004, 259 (261) (Strom und Telefon II) für § 107 Abs. 1 GO NRW.

5. Auswirkungen der UWG-Reform 2004

Das UWG wurde 2004 – u. a. auch zur Umsetzung europarechtlicher Vorgaben – umfassend modernisiert.[583] Die vormals „große" Generalklausel des § 1 UWG a. F. ist nunmehr in § 3 UWG verortet. An die Stelle der Sittenwidrigkeit ist nun das Tatbestandsmerkmal der „Unlauterkeit" getreten, ohne dass damit wesentliche Änderungen im Bedeutungsgehalt der Vorschrift verbunden wären.[584] § 4 UWG enthält zur Herstellung größerer Transparenz nun einen nicht abschließenden Katalog von Regelbeispielen unlauteren Wettbewerbs und kodifiziert damit teilweise die bisherige wettbewerbsrechtliche Rechtsprechung und die von ihr entwickelten Fallgruppen. Die Fallgruppen unlauteren Wettbewerbs der öffentlichen Hand wurden dabei nicht vollständig in den Katalog des § 4 UWG aufgenommen; für diese ist deshalb teilweise auf den Auffangtatbestand des § 3 UWG zurückzugreifen.[585]

§ 4 Nr. 11 UWG kodifiziert den Rechtsbruchtatbestand. Die Verletzung von gesetzlichen Vorschriften, die dazu bestimmt sind, im Interesse der Marktteilnehmer das Marktverhalten zu regeln, stellt danach unlauteren Wettbewerb dar. Die frühere Unterscheidung zwischen wertneutralen und wertbezogenen Normen findet sich in der gesetzlichen Formulierung des § 4 Nr. 11 UWG nicht mehr wieder.[586] Ebenso wenig kommt es auf subjektive Tatbestandsmerkmale wie den „bewussten Verstoß", die Planmäßigkeit oder die Absicht zur Erzielung eines Wettbewerbsvorsprungs nicht mehr an. Entscheidend ist vielmehr, dass die verletzte Vorschrift dazu bestimmt ist, im Interesse der Marktteilnehmer das Marktverhalten zu regeln.[587] Im Gesetzgebungsverfahren war umstritten, ob neben den Marktverhaltensregelungen auch bloße Marktzutrittsregelungen aufgenommen werden sollten. Der Bundesrat hatte in seiner Stellungnahme zum Gesetzentwurf der Bundesregierung den Vorschlag gemacht, gerade im Hinblick auf die Vorschriften über die wirtschaftliche Betätigung von Kommunen ausdrücklich auch den Marktzutritt in § 4 Nr. 11 UWG aufzunehmen.[588] Damit sollte privaten Konkurrenten kommunaler Unternehmen in Anknüpfung an die bereits dargestellten oberlandesgerichtlichen Entscheidungen in Nordrhein-

---

[583] Ges. v. 3.7.2004, in Kraft getreten am 8.7.2004, BGBl. I 2004, S. 1414; dazu vgl. *Köhler*, NJW 2004, 2121; *Henning-Bodewig*, GRUR 2004, 713; *Ohly*, GRUR 2004, 889; *Münker/Kaestner*, BB 2004, 1689.

[584] *Henning-Bodewig*, GRUR 2004, 713 (715 f.); *Ohly*, GRUR 2004, 889 (895); *Lettl*, BB 2004, 1913 (1913); *Köhler*, NJW 2004, 2121 (2122).

[585] *Lettl*, Das neue UWG, Rn. 137.

[586] *Henning-Bodewig*, GRUR 2004, 713 (718).

[587] *Henning-Bodewig*, GRUR 2004, 713 (718); *Münker/Kaestner*, BB 2004, 1689 (1695); *Köhler*, GRUR 2004, 381 (385 ff.); *ders.*, in: Baumbach/Hefermehl, UWG, § 4 Rn. 11.55 f.; *v. Jagow*, in: Harte-Bavendamm/Henning-Bodewig, UWG, § 4 Nr. 11 Rn. 49 ff.; *Hasselblatt*, in: Gloy/Loschelder, § 50 Rn. 52.

[588] BT-Drucks. 15/1487, S. 31.

Westfalen und Bayern wettbewerbsrechtliche Unterlassungsansprüche eingeräumt und ein „gravierendes Rechtsschutzdefizit" beseitigt werden. Dies erscheine angesichts der ausufernden, weit über den Kernbereich der Daseinsvorsorge hinausgehenden wirtschaftlichen Betätigungen der Gemeinden wirtschaftspolitisch geboten. Mit dieser Forderung konnte sich der Bundesrat gegenüber der Bundesregierung aber nicht durchsetzen. Diese hatte im Gesetzgebungsverfahren unter Verweis auf die „*Elektroarbeiten*"-Entscheidung aber zumindest darauf hingewiesen, dass § 4 Nr. 11 UWG sich auch auf solche Marktzutrittsregelungen bezieht, die eine auf die Lauterkeit des Wettbewerbs bezogene Schutzfunktion haben und somit auch zugleich das Marktverhalten regeln. Hiervon sei insbesondere bei solchen Vorschriften auszugehen, die als Voraussetzung für die Ausübung bestimmter Tätigkeiten den Nachweis besonderer fachlicher Fähigkeiten erforderten.[589] Dies gelte etwa für die Zulassungsvoraussetzungen in standesrechtlichen Bestimmungen wie der BRAO oder dem RBerG.[590]

Verstöße gegen reine Marktzutrittsregelungen fallen mangels Marktbezug somit nicht mehr unter § 4 Nr. 11 UWG und auch nicht unter § 3 UWG.[591] Auch die Regelungen, die der erwerbswirtschaftlichen Betätigung von Kommunen Grenzen setzen, stellen nach h. A. reine Marktzutrittsregelungen dar.[592] Dies gilt auch dann, wenn sie nicht lediglich den Schutz der Kommunen vor den Risiken einer erwerbswirtschaftlichen Betätigung, sondern auch den Schutz der privaten Mitbewerber vor der Konkurrenz durch die öffentliche Hand bezwecken. Verstöße gegen kommunalrechtliche Vorschriften erfüllen daher nicht den Tatbestand des § 4 Nr. 11 UWG und begründen somit keine wettbewerbsrechtlichen Ansprüche.

589 BT-Drucks. 15/1487, S. 19; *Lettl*, Das neue UWG, Rn. 397; *ders.*, BB 2004, 1913 (1917); *Ullmann*, GRUR 2003, 817 (823 ff.); *Henning-Bodewig*, GRUR 2004, 713 (718); *Münker/Kaestner*, BB 2004, 1689 (1695); *Köhler*, NJW 2004, 2121 (2124); *ders.*, in: Baumbach/Hefermehl, UWG, § 4 Rn. 11.49; *v. Jagow*, in: Harte-Bavendamm/Henning-Bodewig, UWG, § 4 Nr. 11 Rn. 45 ff.; *Jahn*, in: Wurzel/Schraml/Becker (Hrsg.), Rechtspraxis, Teil I Rn. 184; krit. *Hasselblatt*, in: Gloy/Loschelder, § 50 Rn. 12, 18, 33 f.

590 BGH, GRUR 2003, 886 (889) (Erbenermittler); *Lettl*, BB 2004, 1913 (1917); *Münker/Kaestner*, BB 2004, 1689 (1695).

591 *Lettl*, BB 2004, 1913 (1917); *ders.*, Rn. 396; *Köhler*, NJW 2004, 2121 (2124); *ders.*, GRUR 2004, 381 (382); *ders.*, in: Baumbach/Hefermehl, UWG, § 4 Rn. 11.44; *Münker/Kaestner*, BB 2004, 1689 (1694 f.); a. A. *Sack*, BB 2003, 1073 (1076 f.).

592 BGH, GRUR 2004, 255 (258) (Strom und Telefon I); GRUR 2004, 259 (261) (Strom und Telefon II); *Ullmann*, GRUR 2003, 817 (823); *Lettl*, BB 2004, 1913 (1917); *Münker/Kaestner*, BB 2004, 1689 (1695); *Köhler*, NJW 2004, 2121 (2124); *ders.*, GRUR 2004, 381 (385); *ders.*, in: Baumbach/Hefermehl, UWG, § 4 Rn. 11.47; 13.56; *Jahn*, in: Wurzel/Schraml/Becker (Hrsg.), Rechtspraxis, Teil I Rn. 185 f.

III. Anwendbare Fallgruppen der §§ 3 und 4 UWG

Der Anwendungsbereich der Normen des UWG und die daraus resultierenden Streitfälle zwischen Kommunen und Privaten sind somit grundsätzlich auf die Modalitäten gemeindlichen Wirtschaftens, d. h. das Marktverhalten als solches, beschränkt.[593] Zum wirtschaftlichen Handeln der Gemeinde müssen immer zusätzliche Umstände hinzutreten, um das Wettbewerbsverhalten als sittenwidrig einzustufen, die bloße Rechtswidrigkeit reicht hierfür nicht aus.[594] Soweit nicht gesetzliche Ausnahmen bestehen, darf sich die Kommune nur solcher Wettbewerbsmittel bedienen, die auch ihren privaten Mitbewerbern zur Verfügung stehen.[595] Welches Wettbewerbsverhalten im Einzelfall sitten- und damit wettbewerbswidrig ist, ergibt sich in der Regel nicht aus einzelnen anderen Rechtsnormen, sondern aus einer Abwägung der betroffenen Interessen und Rechtsgüter.[596] Dabei ist zu beachten, dass es der öffentlichen Hand aufgrund der grundsätzlichen Zulässigkeit ihrer Wettbewerbsteilnahme auch nicht verwehrt werden kann, auf die ihr zu Verfügung stehenden Mittel, auch der finanziellen, im Rahmen der Gesetze in dem erforderlichen Umfang und in angemessener Weise zurückzugreifen. Eine dadurch hervorgerufene Benachteiligung von Mitbewerbern, die sich aus vergleichbaren Gründen auch aus dem Konkurrenzverhältnis privater Unternehmer ergeben kann, muss grundsätzlich hingenommen werden und führt auch nicht zu einem ungerechtfertigten Wettbewerbsvorsprung der öffentlichen Hand.[597] Wäre die Verwendung solcher Mittel als wettbewerbswidrig anzusehen, wäre der öffentlichen Hand durch das Wettbewerbsrecht ansonsten jede erwerbswirtschaftliche Tätigkeit untersagt. Anders ist es allerdings zu

---

593 *Schmidt-Aßmann*, in: ders. (Hrsg.), Rn. 121; *Wolff/Bachof/Stober*, VerwR I, § 23 Rn. 15; *Stober*, BB 1989, 716 (722); *Tettinger*, NJW 1998, 3473 (3473); *Ennuschat*, WRP 1999, 405 (406); *Werner*, VBlBW 2001, 206 (212); *Jaeger*, in: Schwarze (Hrsg.),165 (166).

594 *Reichert/Baumann*, KommunalR BW, Rn. 154; *Tettinger*, Bes. VerwR, Rn. 217; *Mann*, JZ 2002, 819 (824); *Stober*, BB 1989, 716 (722); *Mees*, WRP 1985, 373 (375); *Köhler*, in: Baumbach/Hefermehl, UWG, § 4 Rn. 13.30; a. A. Sack, WRP 1995, 1 (10); *ders.*, NJW 1985, 761 (767 ff.).

595 OLG Karlsruhe, NJW-RR 1996, 231 (231).

596 *Ehlers*, DVBl. 1998, 497 (503); *ders.*, Gutachten DJT, S. 88; *Schink*, NVwZ 2002, 129 (139); *H. Meyer*, NVwZ 2002, 1075 (1077); *Diefenbach*, WiVerw 2003, 99 (102); *Oster*, in: Gabler/Höhlein/Klöckner/u. a., GemO Rh.-Pf., § 85 Erl. 3.2.1.2.; *Rathjen*, DVBl. 1975, 649 (653); *Hubmann*, WiVerw 1983, 41 (52 f.); zum Begriff der „guten Sitten" vgl. *Sack*, WRP1985, 1; *ders.*, NJW 1985, 761.

597 BGH, GewArch 1987, 13 (14); OLG Düsseldorf, DVBl. 2000, 284 (286); *Fröhler/Kormann*, GewArch 1984, 177 (180); *Erdmann*, DVBl. 1998, 13 (19); *Darsow*, LKV 2002, 1 (6); *Piper*, GRUR 1986, 574 (576); *Mann*, JZ 2002, 819 (824); *Werner*, VBlBW 2001, 206 (212); *Hannamann*, Der Städtetag 1996, 738 (738); *Köhler*, NJW 2002, 2761 (2762); *ders.*, in: Baumbach/Hefermehl, UWG, § 4 Rn. 13.31 f.; *Schünemann*, in: Stober/Vogel (Hrsg.), 41 (66 f.); *Wittig*, VR 2002, 90 (94).

beurteilen, wenn diese Finanzmittel in unlauterer Weise eingesetzt werden.[598] Zur Konkretisierung des Unwerts eines wettbewerblichen Verhaltens wird überwiegend auf den Begriff des „Leistungswettbewerbs" zurückgegriffen. Entscheidend ist dabei, ob zu Zwecken des Wettbewerbs Mittel verwendet werden, die geeignet sind, den Leistungsvergleich zu verfälschen.[599] Ausgehend davon wurden verschiedene Fallgruppen wettbewerbswidrigen Verhaltens entwickelt, die unter dem Oberbegriff „Missbrauch hoheitlicher Machtstellung" zusammengefasst werden.[600] Hiervon werden drei Beispiele herausgegriffen:

Unlauteres Handeln der öffentlichen Hand kann zum einen vorliegen, wenn sie ihre amtliche Autorität und die mit ihr verbundene Vertrauensstellung hinsichtlich der Objektivität und Neutralität der Amtsführung zur Erreichung von Vorteilen im Wettbewerb missbraucht und amtlich erlangte Kenntnisse für die wirtschaftliche Betätigung ausnutzt.[601] Dies kann etwa durch Täuschung, psychologischen Druck oder sachwidrige Beeinflussung geschehen.[602]

Als unlauteres Ausnutzen der hoheitlichen Aufgaben der Gemeinde wäre es weiter anzusehen, wenn diese die Gelegenheit zu Auskünften benutzen würde, um ihre privatwirtschaftlichen Wettbewerbsinteressen gegenüber den privaten Unternehmen verbessern, z. B. dadurch, dass sie den Anschein erweckt, als stünde für die betreffenden Leistungen gewerblicher Art allein ihr eigenes Unternehmen zur Verfügung.[603] Eine solche Verquickung amtlicher mit erwerbswirtschaftlichen Interessen, die zu einer Interessenkollision bei der Erfüllung öffentlicher Aufgaben führt, ist unlauter.[604]

---

598 BGH, DVBl. 2003, 267 (268); DÖV 2003, 249 (250 f.); OLG München, GewArch 2000, 279 (279); Köhler/Piper, UWG, § 1 Rn. 562 ff.; *Otting*, NWVBl. 2000, 206 (207); *Hill*, Kommunalwirtschaft, S. 71.

599 *David*, NVwZ 2000, 738 (739) m. w. N.; *Hubmann*, WiVerw 1983, 41 (52 f.).

600 Ausf. *Köhler*, in: Baumbach/Hefermehl, UWG, § 4 Rn. 13.30 ff.; Fallgruppen bei *Otting*, DVBl. 1997, 1258 (1263); Tomerius, LKV 2000, 41 (44); *Schink*, NVwZ 2002, 129 (139); *Ulmer*, ZHR 146 (1982), 466 (481 ff.); *Hubmann*, WiVerw 1983, 41 (54 ff.); zur Werbung von Hoheitsträgern *Heimlich*, NVwZ 2000, 746 (748).

601 BGH, DÖV 1974, 785 (787); VGH BW, GRUR 1973, 82 (Bestattungsaufträge); OLG Karlsruhe, NJW-RR 1996, 231 (231); BGH, NJW 2002, 1718 (1720 f.) (Elternbriefe) = GRUR 2002, 550; *Schmidt-Aßmann,* in: ders. (Hrsg.), Rn. 121; *Schünemann*, in: Stober/Vogel (Hrsg.), 41 (68 f.); *Tettinger*, Bes. VerwR, Rn. 217; *Vollmöller*, in: Schmidt (Hrsg.), Kompendium, § 5 Rn. 42; *Gusy*, JA 1995, 253 (254 f.); *Pöpel*, JA 1988, 127 (132 f.).

602 OLG Karlsruhe, NJW-RR 1996, 231 (231); LG Wiesbaden, NJW 1961, 2118 (2118 f.) m. zust. Anm. *Wenzel*, NJW 1961, 2102 (2103) bezüglich privater Werbeanzeigen in einer Kundenzeitschrift der Stadtwerke; gleichzeitig wird ein Vorsprung im Rechtsverkehr bejaht; *Wolff/Bachof/Stober*, VerwR I, § 23 Rn. 15.

603 BGH, GewArch 1987, 15 (16).

604 OLG Karlsruhe, NJW-RR 1996, 231 (231); BGH, NJW-RR 1999, 1490 (1492 ff.) (Holsteiner Pferd) = GRUR 1999, 594 = WRP 1999, 650; *Wolff/Bachof/Stober*, VerwR I, § 23

Schließlich ist auch eine Preisunterbietung durch die öffentliche Hand unter bestimmten Voraussetzungen unlauter, v. a. dann, wenn das kommunale Unternehmen die Preisunterbietung durch zweckwidrigen Einsatz öffentlicher Mittel finanziert. Die Unlauterkeit dieses Handeln ergibt sich nicht zuletzt daraus, dass diese Mittel auch aus den Steuern der damit unterbotenen Konkurrenz stammen.[605] Teilweise wird als besonderer Umstand bei der Preisunterbietung eine „Vernichtungs- und Verdrängungsabsicht" gefordert.[606]

B. Weitere Anspruchsgrundlagen

I. Abwehransprüche aus dem Kartellrecht

Abwehransprüche privater Unternehmen gegen Kommunen bzw. deren Unternehmen können sich auch aus den kartellrechtlichen Vorschriften ergeben. Die wirtschaftliche Betätigung der öffentlichen Hand unterliegt nach § 130 Abs. 1 S. 1 GWB auch dem Kartellrecht.[607] Nach dem kartellrechtlichen Unternehmensbegriff werden grundsätzlich alle Arten der Teilnahme am geschäftlichen Verkehr als Anbieter oder Nachfrager vom Kartellrecht erfasst.[608] Die gemeinschaftsrechtlichen Kartellvorschriften der Artt. 81, 82 EGV erfassen die kommunale Wirtschaftstätigkeit dann, wenn diese geeignet ist, den Handel zwischen den Mitgliedsstaaten spürbar zu beeinträchtigen. Da es sich allerdings bei vielen lokal angebotenen Dienstleistungen insbesondere kleinerer Gemeinden um „Bagatellfälle" handeln wird, deren Wirkung sich auf einen örtlichen, ggf. regionalen Wirkungskreis beschränkt, wird die Schwelle möglicher Wettbewerbsverfälschungen im Binnenmarkt regelmäßig nicht erreicht sein und damit der Anwendungsbereich des EU-Kartellrechts nicht eröffnet.[609] Anders dürfte dies zu beurteilen sein bei den wirtschaftlichen Unternehmen insbesondere großer Kommu-

---

Rn. 15; *Werner*, VBlBw 2001, 206 (212); *Köhler*, in: Baumbach/Hefermehl, UWG, § 4 Rn. 13.36 ff.

605 *Köhler*, in: Baumbach/Hefermehl, UWG, § 4 Rn. 13.32; *Diefenbach*, WiVerw 2003, 99 (103); *Schmidt-Aßmann*, in: ders. (Hrsg.), Rn. 121; *Tettinger*, Bes. VerwR, Rn. 217; *Hubmann*, WiVerw 1983, 41 (55 ff.); ausf. *Ulmer*, ZHR 146 (1982), 466 (488 f.); *Schünemann*, WRP 2001, 466 (467 f.).

606 BGH, GewArch 1987, 13 (14); *Köhler*, BayVBl. 2000, 1 (11); *ders.*, in: Baumbach/Hefermehl, UWG, § 4 Rn. 13.34; krit. *Schünemann*, in: Stober/Vogel (Hrsg.), 41 (66 f.).

607 BGHZ 107, 40 (43 ff.) (Krankentransportbestellung); WuW/E DE-R 1087 (Ausrüstungsgegenstände für Feuerlöschzüge); *Schünemann*, in: Stober/Vogel (Hrsg.), 41 (45 f.); *ders.* WRP 2000, 1001 (1004); Streitig ist dabei, ob diese Norm konstitutive oder nur deklaratorische Bedeutung hat, für letzteres *Ulmer*, ZHR 146 (1982), 466 (475); *Schünemann*, in: Stober/Vogel (Hrsg.), 41 (46); *ders.*, WRP 2000, 1001 (1004).

608 *Ulmer*, ZHR 146 (1982), 466 (475 f.).

609 *Badura*, in: Schwarze (Hrsg.), 25 (37); *ders.*, DÖV 1998, 818 (822).

nen, die in erheblichem Umfang gemeindegebietsübergreifend bzw. sogar im europäischen Ausland tätig werden.

Auf der Ebene des nationalen Kartellrechts kommen insbesondere Ansprüche aus den Vorschriften über den Missbrauch einer marktbeherrschenden Stellung (§ 19 GWB) und dem Diskriminierungsverbot (§ 20 GWB) in Betracht.[610] Diese Ansprüche untersagen aber nicht schlechthin das staatliche bzw. kommunale Wirtschaftshandeln und den kommunalen Marktzutritt, sondern nur eine unbillige Behinderung und Diskriminierung von Marktteilnehmern durch Unternehmen mit marktbeherrschender Stellung.[611] Die marktbeherrschende Stellung der öffentlichen Hand kann sich dabei gerade aus ihrer öffentlichen Aufgabe ergeben.[612] In der Rechtsprechung wurden kartellrechtliche Ansprüche in jüngerer Zeit insbesondere auf den Gebieten des Energiewirtschaftsrechts (Streitigkeiten um die ungerechtfertigte Überhöhung von Netznutzungsentgelten bzw. Verweigerung des Netzzugangs)[613] und des Abfallrechts (Boykottaufrufe nach § 21 GWB)[614] praktisch relevant. Daneben spielt das kartellrechtliche Diskriminierungsverbot v. a. im Zusammenhang mit den vielfältigen Rechtsfragen im Zusammenhang mit dem Kfz-Schilderverkauf eine herausragende Rolle.[615] Insgesamt kann festgehalten werden, dass der bloße Verstoß gegen kommunalrechtliche Vorschriften zur Begründung kartellrechtlicher Ansprüche nicht ausreicht, sondern diese spezifische weitergehende Verstöße voraussetzen.[616]

II. Vergaberechtlicher Rechtsschutz

Eine weitere Facette des wettbewerbsrechtlichen Rechtsschutzansatzes ergibt sich durch den im Jahre 1999 neu eröffneten vergaberechtlichen Rechtsschutz nach den §§ 102 ff. GWB. Als verfahrensrechtliches Korrelat des in § 97 Abs. 7

---

610 Ausf. *Oster*, in: Gabler/Höhlein/Klöckner/u. a., GemO Rh.-Pf., § 85 Erl. 3.2.1.1.; *Ulmer*, ZHR 146 (1982), 466 (492 ff.), der zu Recht darauf hinweist, dass die marktbeherrschende Stellung öffentlicher Unternehmen nicht allein aufgrund des Kriteriums der Finanzkraft bejaht werden dürfe; so aber *Enkler*, ZG 1998, 328 (342).

611 *Wolff/Bachof/Stober*, VerwR I, § 23 Rn. 15.

612 BGH, GRUR 2003, 167 (169) (Kommunaler Schilderprägebetrieb).

613 BGH, Beschl. v. 28.06.2005, KVR 27/04 (Arealnetz); Beschl. v. 28.06.2005, KVR 17/04 (Stadtwerke Mainz),

614 OLG Düsseldorf, Urt. v. 16.11.2004, Kart 28-31/04 Owi (Landbell); OLG Düsseldorf, WuW/E DE-R 1453 (PPK-Entsorgung).

615 BGH, GRUR 1999, 278 (Schilderpräger im Landratsamt); GRUR 2003, 167 (168) (Kommunaler Schilderprägebetrieb); GRUR 2003, 809 (Konkurrenzschutz für Schilderpräger); OLG Stuttgart, WRP 1996, 369; OLG Karlsruhe, NJW-RR 1996, 231; OLG Rostock, WRP 1996, 465; dazu *Nordemann*, WRP 1996, 383 (383 f.), der einen Vorrang des GWB vor dem UWG vertritt; ebenso *Immenga*, NJW 1995, 1921 (1921); a. A. *Hannamann*, Der Städtetag 1996, 738 (742).

616 *Knauff/Nolte*, VR 2003, 3 (8); *Enkler*, ZG 1998, 328 (343).

GWB verankerten Anspruchs auf Einhaltung der Bestimmungen über das Vergabeverfahren eröffnet das vergaberechtliche Nachprüfungsverfahren eine spezielle, zeitlich gedrängte Rechtsschutzmöglichkeit vor den Vergabekammern sowie zweitinstanzlich vor den Vergabesenaten. Zu den in § 97 Abs. 7 GWB angesprochenen Vergabebestimmungen zählen neben den Regelungen des Vierten Teils des GWB insbesondere auch die Vergabeverordnung (VgV) sowie die jeweils einschlägigen Verdingungsordnungen VOL/A bzw. VOB/A. In diesen schreibt etwa § 2 Nr. 1 Abs. 2 VOL/A[617] vor, dass wettbewerbsbeschränkende und unlautere Verhaltensweisen zu bekämpfen sind. Das europäische Vergaberecht lässt es zu, dass sich auch öffentliche Einrichtungen grundsätzlich als Bieter um die Vergabe öffentlicher Aufträge bewerben können.[618] Das deutsche Vergaberecht sieht in § 97 Abs. 2 GWB dabei vor, dass ein öffentlicher Auftraggeber einzelne Unternehmen nicht allein deshalb aus einem Vergabeverfahren ausschließen darf, weil die öffentliche Hand mehrheitlich an ihnen beteiligt ist.[619] Öffentliche Einrichtungen sind somit grundsätzlich als gleichberechtigte Bieter zugelassen.[620]

Das OLG Düsseldorf hat aber bereits in der viel beachteten *„AWISTA"*-Entscheidung[621] vom 12.1.2000 entschieden, dass die Vergabe eines öffentlichen Auftrags an ein kommunales Unternehmen unter Verstoß gegen die Vorschrift des § 107 GO NRW zu einem Verstoß gegen das allgemeine Wettbewerbsgebot des § 2 Nr. 1 Abs. 1 VOL/A führen könne, wenn die abzuwehrenden Handlungen geeignet seien, den Wettbewerb im Vergabeverfahren zu beeinflussen. Für das OLG Düsseldorf erfüllt im vergaberechtlichen Nachprüfungsverfahren somit der vergaberechtliche Grundsatz der „Lauterkeit des Wettbewerbs" die gleiche Funktion eines „Transmissionsriemens" zur Zulässigkeitsprüfung kommunalwirtschaftsrechtlichen Handelns wie in anderen Verfahren § 1 UWG a. F.[622] Diese Rechtsprechung wurde vom OLG Düsseldorf auch nach der *„Elektroarbeiten"*-Entscheidung – ohne dass diesem allerdings die vollständige Begründung des BGH-Urteils vorlag – im Beschluss vom 17.6.2002 aufrechterhalten: Wenn die Verletzung des Prinzips der wettbewerblichen Vergabe in der Tatsa-

617 Geringfügig abweichende Formulierung: § 2 Nr. 3 S. 3 VOB/A.

618 *Portz*, AbfallR 2005, 160 (160); *Schmidt-Wottrich/Harms*, VergabeR 2004, 691 (692).

619 *Portz*, AbfallR 2005, 160 (161); *Schmidt-Wottrich/Harms*, VergabeR 2004, 691 (693).

620 § 7 Nr. 6 VOL/A und § 8 Nr. 6 VOB/A enthalten hiervorn allerdings bestimmte Ausnahmen, dazu vgl. *Portz*, AbfallR 2005, 160 (161 ff.); *Schmidt-Wottrich/Harms*, VergabeR 2004, 691 (693 ff.); zur aktuellen Debatte im Bereich der Abfallentsorgung vgl. *Schneider/Häfner*, AbfallR 2005, 31 (33 ff.).

621 OLG Düsseldorf, NVwZ 2000, 714 (714); zu einem sog. kommunalrechtlichen Betätigungsverbot vgl. auch OLG Naumburg, VergabeR 2004, 80 (Restabfallentsorgung) m. Anm. *Glahs*, VergabeR 2004, 85; einen Verstoß gegen gemeindewirtschaftsrechtliche Vorschriften verneint OLG Celle, NZBau 2001, 648.

622 *Heßhaus*, NWVBl. 2003, 173 (174).

che gesehen werde, dass das Angebot eines Unternehmens der öffentlichen Hand entgegen eines diesen Bieter treffenden gesetzlichen Verbots des Markteintritts berücksichtigt werde, müsse für einen Erfolg des Nachprüfungsantrags zur Pflicht des öffentlichen Auftraggebers, Wettbewerbsverfälschungen und unlautere Verhaltensweisen von Bieterunternehmen zu unterbinden, das Recht des Wettbewerbers/Antragsstellers hinzukommen, vom öffentlichen Auftraggeber die Beachtung des Markteintrittsverbots für jenes öffentliche Unternehmen verlangen zu können. Sofern man dieses Recht nicht schon aus dem Wettbewerbsprinzip selbst meine ableiten zu können, bestehe dieses Recht des Wettbewerbers/Antragsstellers jedenfalls dann, wenn die Auslegung der Verbotsnorm ergibt, dass sie mit Blick auf die Unternehmen der öffentlichen Hand einerseits und privatwirtschaftliche Unternehmen andererseits (auch) eine den Wettbewerb regelnde Funktion hat. Dies treffe auf § 107 GO NRW, auch dessen Abs. 2 zu.[623] Aufgrund dieses Normzwecks könne sich ein privatwirtschaftliches Bieterunternehmen gegenüber einem kommunalen Unternehmen, das sich unter Verstoß gegen § 107 GO NRW am Vergabeverfahren beteiligt, auf die Verletzung des § 107 GO NRW in Verbindung mit dem Prinzip der wettbewerblichen Vergabe (§ 97 Abs. 1 GWB und § 2 Nr. 1 VOL/A) zur Begründung eines Nachprüfungsantrages berufen. Denn wegen der überragenden, den Schutz der Bieter einschließenden Bedeutung des Wettbewerbsprinzips sei eine Norm, die eine den Wettbewerb regelnde Funktion in einem das Vergabeverfahren betreffenden Marktbereich zugunsten derjenigen Gruppe von Unternehmen hat, der ein Bieter/Antragssteller angehört, vom öffentlichen Auftraggeber zum Schutze dieses Bieters zu beachten. So werde eine Vorschrift, die von ihrer Funktion her (auch) den Wettbewerb regeln soll, allein schon im Zusammenwirken mit dem Wettbewerbsprinzip zur bieterschützenden Vorschrift i. S. d. §§ 97 Abs. 7, 107 Abs. 2 S. 1 GWB, was für die Anspruchsberechtigung bereits ausreiche. Das Wettbewerbsprinzip – § 97 Abs. 1 GWB und § 2 Nr. 1 VOL/A – verleihe der aus dem Kommunalrecht stammenden drittschützenden Vorschrift bei dieser Betrachtungsweise den Charakter einer „Bestimmung über das Vergabeverfahren" i. S. d. § 97 Abs. 7 GWB.[624]

In einem obiter dictum führte das OLG dann aus, dass auch keine Kollision mit der Rechtsprechung des BGH vorliege, da es bisher keine Entscheidung des BGH gebe, die auf § 97 Abs. 1 GWB und/oder § 2 Nr. 1 VOL/A und/oder dem vergaberechtlichen Wettbewerbsprinzip i. V. m. § 107 GO NRW oder einer funktional vergleichbaren gemeinderechtlichen Vorschrift eines anderen Bundeslandes beruhe. Die im Zusammenhang mit derartigen gemeinderechtlichen Vorschriften zu § 1 UWG a. F. ergangene Rechtsprechung des BGH sei nicht präjudiziell. § 1 UWG a. F. einerseits und § 97 Abs. 1 GWB (hinsichtlich des

623 OLG Düsseldorf, WuW/E Verg 611 (616).
624 OLG Düsseldorf, WuW/E Verg 611 (619).

Wettbewerbsprinzips) sowie § 2 Nr. 1 VOL/A andererseits hätten trotz nicht zu verkennender Berührungspunkte unterschiedliche Norminhalte und verschiedene Normzwecke. Die Beschwerdeentscheidung beruhe nicht, auch nicht teilweise auf einer Anwendung des § 1 UWG a. F.; eine solche sei auch nicht als normative „Brücke" oder „Verklammerung" notwendig. Schon deshalb komme es das neue Urteil des BGH nicht an.[625] Im Übrigen könne die Entscheidung auch nicht von dem Urteil des BGH abweichen. Die Auslegung der bayerischen kommunalrechtlichen Vorschrift bedeute für einen NRW-Fall noch nichts. Da Gemeinderecht Landesrecht ist, müssten im Rahmen der Anwendung des § 1 UWG a. F. die kommunalrechtlichen Vorschriften jedes einzelnen Landes je für sich ausgelegt werden.[626] Auch in der Folgezeit – nach Ergehen der Entscheidung des BGH in Sachen *„Altautoverwertung"* für das nordrhein-westfälische Landesrecht – hat das OLG Düsseldorf an seiner Auffassung festgehalten.[627]

Trotz teilweise geäußerter Zustimmung[628] ist an dieser Entscheidungspraxis Kritik in verschiedener Hinsicht zu üben: Die gemeindewirtschaftsrechtlichen Normen haben erkennbar keinen Bezug zum Vergaberecht, sondern regeln eigenständig die Voraussetzungen und Grenzen des gemeindlichen Marktzutritts. Vergabeverfahrensrechtliche Regelungen enthalten sie ebenso wenig wie die allgemeinen kartellrechtlichen Vorschriften. § 97 Abs. 7 GWB gibt den Unternehmen lediglich einen Anspruch auf Einhaltung der Bestimmungen über das Vergabeverfahren.[629] Auch die Ausführungen des OLG Düsseldorf zur nicht bestehenden Kollision mit der Rechtsprechung des BGH überzeugen nicht, denn sowohl im Bereich des § 1 UWG a. F. bzw. § 3 UWG als auch im Zusammenhang mit dem vergaberechtlichen Wettbewerbsprinzip soll der Durchsetzung des lauteren Wettbewerbs gedient werden. Dabei ist nicht erkennbar, dass das Vergaberecht insoweit andere oder gar weitere Anforderungen stellt als § 1 UWG a. F. bzw. § 3 UWG, dem als wettbewerbsrechtlicher Generalklausel

625 OLG Düsseldorf, WuW/E Verg 611 (620).

626 OLG Düsseldorf, WuW/E Verg 611 (621 f.).

627 OLG Düsseldorf, Beschl. v. 9.4.2003, Verg 43/02; ebenso VK Münster, Beschl. v. 4.10.2004, VK 21/04; VK Münster, Beschl. v. 10.2.2005, VK 35/04.

628 *Dreher*, ZIP 2002, 1648 (1651); *Glahs/Külpmann*, VergabeR 2002, 555 (564 f.); *Burgi*, NZBau 2003, 539 (539 f.); zu den Auswirkungen der „Elektroarbeiten"-Entscheidung auf das Vergaberecht *Zeiss*, NZBau 2003, 475 (477 ff.); abl. aber *Henneke*, NdsVBl. 2002, 318 (319): „gleich mehrere(n) Fehleinschätzungen".

629 *Faber*, DVBl. 2003, 761 (767); *Heßhaus*, NWVBl. 2003, 173 (175); *Dolde*, ZHR 166 (2002), 515 (520); *Burgi*, NZBau 2003, 539 (543, 544): kein Bezug zur Eignung des sich um einen Auftrag bemühenden Kommunalunternehmens bzw. auf sein Verhalten bei der Durchführung des zu vergebenden Auftrags.

durchaus Auffangcharakter im gesamten Wettbewerbsrecht zukommt und dessen Anwendungsbereich daher per se weit angelegt ist.[630]

Vor diesem Hintergrund erscheint es geradezu paradox, gerade im Vergaberecht den Schlüssel zur Lösung des Problems konkurrierender wirtschaftlicher Betätigung von Kommunen zu suchen. Zum einen würden davon alle anderen Fälle rechtswidrigen Handelns öffentlicher Unternehmen nicht erfasst, zum anderen kann das Vergaberecht aufgrund seines sektoralen Charakters keine Aussagen zu anderen Bereichen machen.[631] Der Ansatz des OLG Düsseldorf kann nämlich lediglich einen recht begrenzten Teilbereich der wirtschaftlichen Betätigung von Kommunen erfassen, nämlich die (gebietsübergreifende) wirtschaftliche Betätigung im Wege der Beteiligung an öffentlichen Ausschreibungen anderer öffentlicher Auftraggeber. Bereits deshalb kann der vergaberechtliche Rechtsschutz nicht als „Werkzeug" zur Verbesserung der Abwehrposition privater Konkurrenten gegenüber unzulässiger wirtschaftlicher kommunaler Betätigung instrumentalisiert werden. Generalisierende Schlussfolgerungen hinsichtlich der Rechtsposition betroffner privater Konkurrenten lassen sich hieraus erst Recht nicht ableiten. Im Übrigen kann sich aus dem Prinzip der wettbewerblichen Vergabe auch keine so konkrete Rechtsfolge wie die Begründung einer gerichtlichen Prüfungs- und Verwerfungskompetenz ergeben, vielmehr bildet dieser Grundsatz lediglich eine Interpretationsmaxime bei der Anwendung und Auslegung der vergaberechtlichen Vorschriften.[632] Angesichts des hochdifferenzierten vergaberechtlichen Systems von Ausschlussgründen, Verfahrensregeln, Eignungskriterien, Zuschlagskriterien etc. ist kein Platz für eine unspezifische Sanktions-Generalklausel, sondern das Wettbewerbsprinzip wirkt im Rahmen jener Vorgaben und gibt in Zweifelsfällen den Ausschlag. Eine eigenständige Bedeutung dieses Prinzips würde das Gesamtsystem der vergaberechtlichen Anforderungen schwächen und wäre auch im Hinblick auf Art. 28 Abs. 2 GG bedenklich.[633] Desweiteren wird gegenüber dem Ansatz des OLG Düsseldorf eingewandt, dass dieses die Prüfung des Wettbewerbsverstoßes ausdrücklich vom Anwendungsbereich des §1 UWG a. F. aus beginne und zu der vom BGH abweichenden Auffassung gelange, bereits der Marktzutritt eines öffentlichen Unternehmens unter Verstoß gegen eine diesen Marktzutritt regelnde Gesetzesvorschrift sei wettbewerbswidrig.[634] Diese Sichtweise wurde vom BGH nunmehr auch in der Ent-

---

630 *Heßhaus*, NWVBl. 2003, 173 (175); dem OLG aber zust. *Faber*, DVBl. 2003, 761 (766 f.): „Wettbewerb" im Sinne von § 1 UWG a. F. sei nicht derselbe wie in § 97 GWB. Daneben richte sich das Vergaberecht ausschließlich an die öffentlichen Auftraggeber, die Vorschriften des UWG hingegen an jedermann; generell zust. *Glahs/Külpmann*, VergabeR 2002, 555 (562, 563 f.); *Dietlein*, NZBau 2003, 141 (142).

631 Pointiert *Burgi*, NZBau 2003, 539 (544).

632 *Burgi*, NZBau 2003, 539 (544).

633 *Burgi*, NZBau 2003, 539 (545).

634 *Heßhaus*, NWVBl. 2003, 173 (175).

scheidung „*Altautoverwertung*" für das nordrhein-westfälische Recht als für den Bereich des Wettbewerbsrechts verfehlt erklärt; dies muss entsprechend auch für das Vergaberecht gelten.[635] Entgegen der Rechtsprechung des OLG Düsseldorf bleibt auch für das Vergaberecht festzuhalten, dass die kommunalen Vorschriften über die wirtschaftliche Betätigung ausschließlich den Marktzutritt regeln und daher den (Vergabe-)Wettbewerb nicht beeinträchtigen.[636]

III. Die kommunalen Wirtschaftsklauseln als Schutzgesetze

Die Frage, ob eine öffentlich-rechtliche Vorschrift, welche die Zulässigkeit und Grenzen einer erwerbswirtschaftlichen Betätigung regelt, auch bezweckt, private Unternehmen vor einem Wettbewerb der öffentlichen Hand mittels der Instrumente des Wettbewerbsrechts zu schützen, ist davon unabhängig, ob die betreffende Norm als Schutzgesetz i. S. v. § 823 Abs. 2 BGB qualifiziert werden kann.[637] Das Bestehen von quasinegatorischen Unterlassungsansprüchen wegen Verletzung eines Schutzgesetzes (§ 1004 BGB analog i. V. mit § 823 Abs. 2 BGB) wurde bislang von Rechtsprechung und Schrifttum einhellig verneint, da die kommunalen Wirtschaftsklauseln keine Schutzgesetze i. S. des § 823 Abs. 2 BGB sind.[638] Der BGH führt in der „*Elektroarbeiten*"-Entscheidung aus, dass eine Vorschrift nicht schon dann ein Schutzgesetz i. S. des § 823 Abs. 2 BGB sei, wenn sie nach ihrem Inhalt und Zweck die Belange eines anderen fördere.

Erforderlich sei vielmehr, dass sie in der Weise einem gezielten Individualschutz gegen eine näher bestimmte Art der Schädigung dienen solle, dass an die Verletzung des geschützten Interesses die deliktische Einstandspflicht des Verletzers geknüpft werde. Bei Art. 87 Bay. GO lasse sich weder dem Wortlaut der Vorschrift noch der für sie im Gesetzgebungsverfahren gegebenen Begründung ein Anhaltspunkt für einen solchen Schutzzweck entnehmen.[639] Im Übrigen ist auch darauf hinzuweisen, dass die fehlende Eigenschaft als Schutzgesetz nicht

---

635 *Heßhaus*, NWVBl. 2003, 173 (174).

636 *Heßhaus*, NWVBl. 2003, 173 (175); *Faber*, DVBl. 2003, 761 (767); *Burgi*, NZBau 2003, 539 (543 f.).

637 LG München, GewArch 1999, 413 (414); OVG NRW, NVwZ 2003, 1520 (1521 f.).

638 BGH, NJW 2002, 2645 (2648) (Elektroarbeiten); DVBl. 2003, 267 (268); ebenso bereits JZ 1962, 217 (218) (Blockeis I); OLG München, GewArch 2000, 279 (280); *Hölzl/Hien*, Bay. GemO, Art. 87 Anm. 4; *Köhler*, BayVBl. 2000, 1 (11); *Kunze/Bronner/Katz*, GemO BaWü, § 102 Rn. 52; *Rehn/Cronauge*, GO NRW, § 107 Erl. I. 3., S. 9; *Held*, in: Held/Decker, GO f. NRW, § 107 Erl. 16; a. A. *Schmahl*, LKV 2000, 47 (53); *Dorn*, NJW 1964, 137 (138); *Schöne*, BayVBl. 1966, 312 (312 f.).

639 BGH, NJW 2002, 2645 (2648); für NRW DVBl. 2003, 267 (268); krit. *Ehlers*, JZ 2003, 318 (320).

bedeutet, dass damit auch der drittschützende Normzweck zwangsläufig zu verneinen wäre.[640]

[640] So ausdrücklich OVG NRW, NVwZ 2003, 1520 (1521 f.).

Vierter Abschnitt: Abwehransprüche aus dem öffentlichen Recht

A. Grundrechtliche Abwehransprüche

I. Dogmatische Herleitung subjektiver öffentlicher Rechte

1. Die Konzeption des subjektiven öffentlichen Rechts nach Bühler

Die Diskussion um Anspruchsgrundlagen aus dem öffentlichen Recht, die sog. subjektiven öffentlichen Rechte, und deren Entwicklung hat maßgeblich die auf *Bühler*[641] zurückgehende folgende Definition beeinflusst: „Subjektives öffentliches Recht ist diejenige rechtliche Stellung des Untertanen zum Staat, in der er auf Grund eines Rechtsgeschäfts oder eines zwingenden, zum Schutz seiner Individualinteressen erlassenen Rechtssatzes, auf den er sich der Verwaltung gegenüber soll berufen können, vom Staat etwas verlangen kann oder ihm gegenüber etwas tun darf." Ausgehend von dieser Definition ergeben sich drei Merkmale des subjektiven öffentlichen Rechts:

Mit dem Erfordernis des „zwingenden Rechtssatzes" wurde die strikte Abhängigkeit des subjektiven öffentlichen Rechts von der objektiven Rechtsordnung ausgedrückt, d. h. subjektive Rechte waren nur dort möglich, wo sie durch das objektive Recht „eingeräumt" waren.[642] Das Merkmal „zwingend" verknüpfte das subjektive öffentliche Recht mit dem Verwaltungsermessen, da ein zwingender Rechtssatz nach der Konzeption *Bühlers* nur ein solcher sein konnte, der „das freie Ermessen der Verwaltung bei seiner Anwendung ausschließt".[643] Damit wurde der Anwendungsbereich subjektiver öffentlicher Rechte erheblich eingeschränkt.[644] Unter „verliehener Rechtsmacht" verstand man die dem Einzelnen durch das objektive Recht zuerkannte „Rechtsmacht". Dieser Begriff wurde zum einen zur inhaltlichen Deutung dieser Rechtsfigur, zum anderen auch als Voraussetzung des subjektiven öffentlichen Rechts selbst herangezogen.[645] Insbesondere wurde darunter die rechtliche Durchsetzbarkeit oder Klagbarkeit verstanden,[646] mit anderen Worten war ein subjektives öffentliches Recht nur dort anzuerkennen, wo dem Bürger zur Geltendmachung seines gegen den Staat gerichteten Anspruchs ein irgendwie gearteter bzw. gestalteter Rechts-

641 *Bühler*, Die subjektiven öff. Rechte, S. 21, 224; *ders.*, in: GS Jellinek, 269 (274).
642 *König*, Drittschutz, S. 30; *Bauer*, Geschichtliche Grundlagen, S. 77.
643 *Bühler*, Die subjektiven öff. Rechte, S. 21.
644 *Bauer*, Geschichtliche Grundlagen, S. 78.
645 *Bauer*, Geschichtliche Grundlagen, S. 78 f.
646 *König*, Drittschutz, S. 31 f.; *Gerstner*, Drittschutzdogmatik, S. 175; *Bauer*, Geschichtliche Grundlagen, S. 79 m. w. N.; a. A. *Geist-Schell*, Verfahrensfehler, S. 19.

schutz zur Verfügung stand.[647] Nach dem Kriterium der „Schutznorm" muss ein objektiver Rechtssatz „zugunsten bestimmter Personen oder Personenkreise, zur Befriedigung ihrer Individualinteressen und nicht nur im Interesse der Allgemeinheit erlassen" sein, um subjektive Rechte zugunsten dieser Personen erzeugen zu können.[648] Dies geschah auf der Grundlage der Unterscheidung von öffentlichen und privaten Interessen.[649] Nur wenn die verletzte Rechtsnorm zumindest auch individuelle Interessen schützen soll – und somit nicht ausschließlich im öffentlichen Interesse erlassen worden ist – gewährt sie denjenigen subjektive Rechte, die zum geschützten Personenkreis gehören.[650] Danach erfolgt auch die Abgrenzung der subjektiven Rechten von den sog. „Rechtsreflexen".[651]

2. Weitere Entwicklung der Dogmatik

Die Konzeption des subjektiven öffentlichen Rechts wurde ohne Änderungen in die Rechtsordnung der BRD übertragen.[652] Nach und nach wurden jedoch verschiedene Elemente modifiziert: Die These, dass nur ein zwingender Rechtssatz ein subjektives Recht begründen könne, der das freie Ermessen ausschließe, wurde aufgegeben. Spätestens mit der Anerkennung des „Anspruchs auf fehlerfreie Ermessensausübung" wurde die Problematik der Ermessenslehre von der Debatte über das Merkmal des zwingenden Rechtssatzes abgetrennt.[653] Überwiegend wird somit nur noch eine „Rechtsnorm" verlangt, welche die Verwaltung zu einem bestimmten Verhalten verpflichtet.[654] Auch das Kriterium der „Rechtsmacht" wurde aufgelockert: Soweit sie überhaupt noch zu den Voraussetzungen des subjektiven öffentlichen Rechts gezählt wird, ist ihre Prüfung aufgrund der Norm des Art. 19 Abs. 4 GG i. V. m. den übrigen das Staat-Bürger-Verhältnis regelnden Verfassungsbestimmungen nicht mehr notwendig.[655] Aus dem Vorstehenden ergibt sich der Befund, dass von den ursprünglichen drei Elementen des subjektiven öffentlichen Rechts an sich nur noch die „Schutznorm" übrig bleibt.[656] Dies wird aber von der h. A. nicht hinreichend deutlich gemacht. Ein subjektives öffentliches Recht wird danach definiert als die dem Einzelnen kraft öffentlichen Rechts verliehene Rechtsmacht, vom Staat

647 *Bauer*, Geschichtliche Grundlagen, S. 79 f. m. w. N.
648 *Bühler*, Die subjektiven öff. Rechte, S. 21, 42, 224; *König*, Drittschutz, S. 32 f.
649 Krit. *Bauer*, Geschichtliche Grundlagen, S. 80 f.
650 BVerfGE 53, 30 (63).
651 Krit. hins. der Belastbarkeit der Abgrenzungsalternativen *Bauer*, Geschichtliche Grundlagen, S. 81 ff.
652 *Bauer*, Geschichtliche Grundlagen, S. 128 ff., insbes. 133 ff.
653 *König*, Drittschutz, S. 31; *Bachof*, in: GS Jellinek, 287 (295).
654 *Bauer*, Geschichtliche Grundlagen, S. 137.
655 *Bauer*, Geschichtliche Grundlagen, S. 138 m. w. N.; *König*, Drittschutz, S. 32 m. w. N.; *Gerstner*, Drittschutzdogmatik, S. 136; *Geist-Schell*, Verfahrensfehler, S. 19 f.
656 So *Bachof*, in: GS Jellinek, 287 (292); vgl. *Bauer*, Geschichtliche Grundlagen, S. 138 f.

zur Verfolgung eigener Interessen ein bestimmtes Verhalten verlangen zu können, das auch gerichtlich durchsetzbar ist.[657] Das subjektive öffentliche Recht setzt sich danach aus zwei Komponenten zusammen, deren Gesamtheit als „Schutznormlehre" bezeichnet wird.[658] Dies ist zwar nicht unumstritten, doch für die vorliegende Untersuchung unergiebig.[659]

Notwendig ist somit zunächst die Normierung eines Rechtssatzes, der – nicht notwendigerweise in allen seinen Teilen – zwingendes Recht statuiert; hiervon werden auch Ermessenstatbestände und Normen, die einen Beurteilungsspielraum enthalten, erfasst.[660] Subjektive öffentliche Rechte sind insofern normabhängig bzw. normausgerichtet, wobei Regelungen erfasst werden, die entweder ausdrücklich oder erst im Wege der Auslegung Rechtspositionen einräumen.[661] Die zweite Voraussetzung für die Annahme eines subjektiven öffentlichen Rechts ist entscheidend: Das Kriterium einer „individualisierte(n) Rechtsmacht".[662] Die Rechtsnorm muss danach nicht nur dem öffentlichen, sondern – zumindest auch – Individualinteressen einzelner Bürger zu dienen bestimmt sein, der Vorteil muss gesetzlich gewollt sein. Anderenfalls liegt allenfalls eine

---

657 So die Definition der h. A. bei *Maurer*, Allg. VerwR, § 8 Rn. 2; ebenso *Schoch*, Jura 1979, 601 (605 f.); *ders.*, Übungen im Öff. Recht II, S. 215; *Happ*, in: Eyermann, VwGO, § 42 Rn. 83.

658 *Wolff/Bachof/Stober*, VerwR I, Vor § 43 Rn. 23 m. w. N.; zur geschichtlichen Entwicklung vgl. *Bauer*, Geschichtliche Grundlagen, S. 22 ff., insbes. 69 ff.; *Schmidt-Aßmann*, in: Maunz/Dürig, GG, Art. 19 Abs. 4 Rn. 116 ff.; *Huber*, in: v. Mangoldt/Klein/Starck, GG, Art. 19 Abs. 4 Rn. 400 ff.; *Jarass*, in: Jarass/Pieroth, GG; Art. 19 Rn. 24 ff.; *Krüger*, in: Sachs (Hrsg.), GG, Art. 19 Rn. 128 f.; *Wahl*, in: Schoch/Schmidt-Aßmann/Pietzner, VwGO, Vorb. § 42 Abs. 2 Rn. 42 ff.; *Sodan*, in: Sodan/Ziekow, VwGO, § 42 Rn. 377 ff.; *Happ*, in: Eyermann, VwGO § 42 Rn. 83 ff.; *Kopp/Schenke*, VwGO, § 42 Rn. 83 ff.; *Stober*, Handbuch, S. 738 ff.; *Bachof*, Verwaltungsgerichtliche Klage, S. 62 ff.; *Geist-Schell*, Verfahrensfehler, S. 9 ff.; *Gerstner*, Drittschutzdogmatik, S. 34 – 54, 135 – 139; *Henke*, Das subjektive öff. Recht; *Huber*, Konkurrenzschutz, S. 100 ff.; *König*, Drittschutz, S. 1 – 50; *Lindner*, Verwaltungsgerichtliche Klagemöglichkeit, S. 36 ff.; *Rupp*, Grundfragen, S. 146 ff.; *R. Schmidt*, Öff. Wirtschaftsrecht AT, S. 448 ff.; *Schmidt-Preuß*, Kollidierende Privatinteressen, S. 186 ff.

659 Zur Kritik vgl. *Schmidt-Aßmann*, in: Maunz/Dürig, GG, Art. 19 Abs. 4 Rn. 129 f; *Sodan*, in: Sodan/Ziekow, VwGO, § 42 Rn. 380 ff; *Wahl*, in: Schoch/Schmidt-Aßmann/Pietzner, VwGO, Vorb. § 42 Abs. 2 Rn. 96; *Huber*, Konkurrenzschutz, S. 153 ff.; *Geist-Schell*, Verfahrensfehler, S. 32 ff.; *Schmidt-Preuß*, Kollidierende Privatinteressen, S. 190 ff.; *Gerstner*, Drittschutzdogmatik, S. 194 ff.

660 *Schmidt-Aßmann*, in: Maunz/Dürig, GG, Art. 19 Abs. 4 Rn. 131, 135; *König*, Drittschutz, S. 31.

661 *Schmidt-Aßmann*, in: Maunz/Dürig, GG Art. 19 Abs. 4 Rn. 118 ff.; *Wahl/Schütz*, in: Schoch/Schmidt-Aßmann/Pietzner, VwGO, § 42 Abs. 2 Rn. 59; a. A. *Henke*, Das subjektive öff. Recht, S. 57 ff.

662 So *Schmidt-Aßmann*, in: Maunz/Dürig, GG, Art. 19 Abs. 4 Rn. 136; *Wahl*, in: Schoch/Schmidt-Aßmann/Pietzner, VwGO, Vorb. § 42 Abs. 2 Rn. 46 ff.; *Wernsmann*, DV 36 (2003), 67 (83); krit. *Huber*, Konkurrenzschutz, S. 104 ff.

faktische Begünstigung vor, die nur ein Reflex objektiven Rechts ist, da allein die Tatsache, dass eine Rechtsvorschrift Vorteile bringt, noch kein subjektives Recht begründet.[663]

3. Gesetzliche Ableitung subjektiver öffentlicher Rechte

Hinsichtlich der Herleitung subjektiver öffentlicher Rechte ist zu differenzieren zwischen solchen aus einfachem Gesetzesrecht und solchen aus Grundrechten: In erster Linie ist im einfachen Recht nach subjektiven öffentlichen Rechten zu suchen. Die Gewährleistungen der Grundrechte ergänzen und verdeutlichen den Bestand subjektiver Rechte des einfachen Rechts. Denn die Grundrechte bedürfen der Ausformung und Konkretisierung durch das einfache Recht (vgl. Art. 14 Abs. 1 S. 2 GG), aus dem sich weitergehende Schutzwirkungen ergeben können.[664] Insbesondere wenn es darum geht, Verletzungen eines grundrechtlich garantierten Kernbereichs abzuwehren, lässt die Schutznormtheorie einen Rückgriff unmittelbar auf das jeweils betroffene Grundrecht zu. Eine bloße Grundrechtsberührung hingegen reicht nach allgemeiner Auffassung für den Rückgriff auf die Grundrechte nicht aus, da die Schutznormtheorie sonst ausgehöhlt würde.[665] Aus der Ausgestaltungsbedürftigkeit der Grundrechte durch das einfache Recht folgt der Anwendungsvorrang einfachen Gesetzesrechts.[666] Dadurch wird der Anwendungsbereich der Grundrechte hinsichtlich der Gewährung subjektiver Rechte stark eingeschränkt. Welche Auswirkungen dieser Anwendungsvorrang auf die Herleitung der prozessual erforderlichen Klagebefugnis aus den

---

663 BVerwGE 92, 313; BVerwG, DVBl. 1999, 100 (102) m. Anm. *Schmidt-Preuß*, DVBl. 1999, 103 (104); *Maurer*, Allg. VerwR, § 8 Rn. 2, 8; ebenso *Klein*, Teilnahme, S. 77; *Bachof*, Verwaltungsgerichtliche Klage, S. 62; *Schoch*, Jura 1979, 601 (605 f.); *ders.*, Übungen im Öff. Recht II, S. 215; *Schmidt-Aßmann*, in: Maunz/Dürig, GG, Art. 19 Abs. 4 Rn. 136; *Kluth*, Grenzen, S. 79; nach *Miebach*, JuS 1987, 956 (958) kommt in den häufigsten Fällen nur ein Rechtsreflex in Betracht. *Schmidt-Preuß*, in: FS Maurer, 777 (791-793), *ders.*, DVBl. 1999, 103 (105); ausführlicher *ders.*, Kollidierende Privatinteressen, S. 194 ff., insbes. 248, weist darauf hin, dass die eingliedrige Interessenschutzformel nur in bipolaren Streitfällen, in der Staat-Bürger-Relation, Anwendung finden könne, während sie auf multipolare verwaltungsgerichtliche Streitfälle, in denen sich der Sache nach zwei private Konfliktgegner gegenüberstehen, nicht zugeschnitten sei. In solchen Fällen sei die sog. „Konfliktschlichtungsformel" heranzuziehen, die auf die tatbestandliche Austarierung kollidierender Privatinteressen abstellt.

664 *Schmidt-Aßmann*, in: Maunz/Dürig, GG, Art. 19 Abs. 4 Rn. 121; *Kluth*, WiVerw 2000, 184 (201 f.); *Huber*, Konkurrenzschutz, S. 115.

665 *Huber*, Konkurrenzschutz, S. 115 f.

666 BVerwG, DVBl. 2000, 1614 (1615); vgl. allg. *Wahl/Schütz*, in: Schoch/Schmidt-Aßmann/Pietzner, VwGO, § 42 Abs. 2 Rn. 57; *Preu*, Subjektivrechtliche Grundlagen, S. 29 ff.; *Happ*, in: Eyermann,VwGO, § 42 Rn. 83a, 90; *Schmidt-Aßmann*, in: Maunz/Dürig, GG, Art. 19 Abs. 4 Rn. 121; *Wallerath*, NJW 2001, 781 (784); *Erichsen*, KommunalR NRW, S. 293.; krit. *Maurer*, Allg. VerwR, § 8 Rn. 10 ff., § 4 Rn. 42.

Grundrechten hat, wird kontrovers diskutiert. Teilweise wird vertreten, dass die Grundrechte generell ungeeignet zur Begründung subjektiver Rechte sind, da solche nur vom Gesetzgeber eingeräumt werden könnten.[667] Nach anderer Ansicht soll ein unmittelbarer Rückgriff auf die Grundrechte ausgeschlossen sein, wenn einfachrechtliche Normen existieren, aber kein subjektives Recht einräumen.[668] Nach der vorzugswürdigen h. A. kommt ein Rückgriff auf die Grundrechte zum einen in Betracht, wenn die Grundrechte zur Interpretation einfachgesetzlicher Rechtssätze herangezogen werden müssen (sog. „norminterne" Wirkung). Die Grundrechte nehmen dabei eine wertverdeutlichende Funktion wahr. Zum anderen kann auf die Grundrechte zur Gewährung subjektiver Rechte nur dann zurückgegriffen werden, wenn es an hinreichenden einfachgesetzlichen Normen fehlt, die den verfassungsrechtlich gebotenen Interessenschutz sicherstellen, oder diese lückenhaft sind. Insofern kommt den Grundrechten eine (normexterne) „Auffangfunktion" zu.[669] Bildlich gesprochen handelt es sich bei den aus dem einfachem Recht und dem Verfassungsrecht hergeleiteten subjektiven Rechten um zwei sich schneidende Kreise, wobei im „Schnittpunkt" der beiden Kreise der Rückgriff auf die Grundrechte aufgrund der zutreffenden Konkretisierung des subjektiven Rechts durch das einfache Recht unterbleiben kann.[670] Mit dem für den „Extremfall" vorgesehenen Rückgriff auf die Grundrechte wird die Schutznormlehre nach verbreiteter Meinung den Anforderungen des Art. 1 Abs. 3 GG angepasst. Soweit nämlich die einfach-gesetzlichen Bestimmungen den verfassungsrechtlich gebotenen Schutz nicht gewährleisten, muss die Verfassung diese Aufgabe selbst erfüllen.[671] Voraussetzung hierfür ist eine qualifizierte Grundrechtsbeeinträchtigung.

4. Inhalt und Wirkung subjektiv-öffentlicher Rechte

Einer der Hauptanwendungsbereiche der Schutznormtheorie sind die sog. Drittbeteiligungsfälle. Dabei geht es um die Frage, ob und inwieweit sich von einem

---

667 *Wahl*, in: Schoch/Schmidt-Aßmann/Pietzner, VwGO, Vorb. § 42 Abs 2 Rn. 76, 85; *Wahl/Schütz*, in: Schoch/Schmidt-Aßmann/Pietzner, VwGO, § 42 Abs. 2 Rn. 57.

668 *Schmidt-Preuß*, Kollidierende Privatinteressen, S. 49 f.; *Maurer*, Allg. VerwR, § 8 Rn. 11 i. V. m. § 4 Rn. 42.

669 Ausf. *Schmidt-Aßmann*, in: Maunz/Dürig, GG, Art. 19 Abs. 4 Rn. 123 ff.; *Happ*, in: Eyermann, VwGO, § 42 Rn. 87; *Preu*, Subjektivrechtliche Grundlagen, S. 30; *Ehlers*, DVBl. 1998, 497 (502); *Miebach*, JuS 1987, 956 (958); *Wallerath*, NJW 2001, 781 (784 f.); *Erichsen*, Gemeinde und Private, S. 45 zur früheren Rechtslage in BW: „Dies ist wegen Fehlens der sog. Subsidiaritätsklausel in § 102 GemO BW in Betracht zu ziehen."; *ders.*, KommunalR NRW, S. 292 f.; *ders.*, Jura 1990, 385 (386); *Schoch*, Übungen im Öff. Recht II, S. 235; *Wernsmann*, DV 36 (2003), 67 (85 f., 90).

670 Ausf. *Wernsmann*, DV 36 (2003), 67 (86, 88 f.).

671 *Huber*, Konkurrenzschutz, S. 116; *Wahl/Schütz*, in: Schoch/Schmidt-Aßmann/Pietzner, VwGO, § 42 Abs. 2 Rn. 56.

Verwaltungsrechtsverhältnis betroffene Dritte auf den Schutz durch die das Verwaltungsrechtsverhältnis regelnde Rechtsnorm berufen können.[672] Mit Hilfe des Kriteriums des Drittschutzes soll die gleichwertige Freiheit aller an dem Verwaltungsrechtsverhältnis Beteiligten angemessen gewährleistet werden.[673] Er ist dann zu bejahen, wenn der im Streit stehende Rechtssatz mindestens auch dazu bestimmt ist, den Interessen bestimmter Dritter derart zu dienen, dass die Träger der Individualinteressen die Einhaltung des Rechtssatzes verlangen können und diese Dritten dem begünstigten Personenkreis angehören.[674] Praktische Wirksamkeit erhält das subjektive öffentliche Recht dadurch, dass es dem von ihm geschützten Kläger einen Unterlassungsanspruch gewährt.[675] Ein solcher Abwehranspruch ist nur dann gegeben, wenn die Verwaltung Grundrechte oder eine einfach-gesetzliche Norm verletzt hat, die den Dritten als Teil eines normativ hinreichend abgegrenzten Personenkreises gerade auch vor dem in Frage stehenden rechtswidrigen Akt eines Hoheitsträgers schützen will.[676] Ist das Vorliegen eines subjektiven öffentlichen Rechts zu bejahen, so ist der Umfang der Berechtigung damit noch nicht geklärt, da dieser notwendigerweise von der Verpflichtung der Behörde abhängt. Die Berechtigung des von der Norm Geschützten ist somit Korrelat der entsprechenden Verpflichtung des jeweiligen Hoheitsträgers.[677]

Die hier untersuchte Fragestellung des Rechtsschutzes des privaten Konkurrenten gegen die kommunale Wirtschaftsbetätigung ist streng genommen nicht unter diese Drittbeteiligungsfälle zu fassen, da es insoweit an einem dreipoligen Verwaltungsrechtsverhältnis fehlt. In diesen Fällen liegt nur ein bipolares Verwaltungsrechtsverhältnis zwischen Bürger und Kommune um die Zulässigkeit der wirtschaftlichen Tätigkeit, ggf. in Form eines rechtlich eigenständigen wirtschaftlichen Unternehmens, vor. Gleichwohl lassen sich die dargestellten Grundsätze auch für die Abwehrposition des betroffenen privaten Konkurrenten gegenüber einer vermeintlich unzulässigen wirtschaftlichen Betätigung einer Kommune fruchtbar machen:

---

672 *König*, Drittschutz, S. 35 f.; *Gerstner*, Drittschutzdogmatik, S. 136 ff.; *R. Schmidt*, Öff. Wirtschaftsrecht AT, S. 449 ff.; krit. *Bauer*, Geschichtliche Grundlagen, S. 143 ff.

673 *Wolff/Bachof/Stober*, VerwR I, § 43 Rn. 17; *Wahl*, in: Schoch/Schmidt-Aßmann/Pietzner, VwGO, Vorb. § 42 Abs. 2 Rn. 66 ff., 99 ff; allg. *Preu*, Subjektivrechtliche Grundlagen, S. 34 f. und passim.

674 BVerwGE 92, 313 (317); 94, 151 (159); 98, 118 (120 f.); *Preu*, Subjektivrechtliche Grundlagen, S. 47 f.; krit. *Schmidt-Preuß*, Kollidierende Privatinteressen, S. 208 ff.

675 *Preu*, Subjektivrechtliche Grundlagen, S. 37 f.; ausf. *Huber*, Konkurrenzschutz, S. 118 ff.

676 BVerwGE 55, 122 (128) = VBlBW 1982, 331; *Kopp/Schenke*, VwGO, § 42 Rn. 151; *Wallerath*, NJW 2001, 781 (785); *Hoppenberg*, in: Hoppenberg, Handbuch des öffentlichen Baurechts, Teil H, Rn. 90 ff.

677 *Wolff/Bachof/Stober*, VerwR I, § 43 Rn. 50 f.; zu den verschiedenen Unterarten vg. Rn. 55 ff.

Erste Voraussetzung eines Abwehranspruchs des privaten Konkurrenten ist zunächst immer ein rechtswidriges Verhalten der Verwaltung durch einen Verstoß gegen die gemeindewirtschaftsrechtlichen Vorschriften.[678] Zunächst müsste somit eine Verletzung des § 102 Ab. 1 GemO durch die Gemeinde zu bejahen sein. Nur dann ist die Verletzung subjektiver Rechte i. S. d. Art. 19 Abs. 4 GG überhaupt denkbar.[679] Als zweiter Schritt müsste diese die wirtschaftliche Tätigkeit der öffentlichen Gemeinde beschränkende Vorschrift gerade auch den Schutz privater Konkurrenten der Kommune bezwecken.[680] Im Rahmen dieser Untersuchung kann einzig dieser zweite „Schritt" untersucht werden. Ob die Gemeinde gegen die Vorschrift des § 102 Abs. 1 GemO verstoßen hat, ist Tatfrage und hängt notwendigerweise von den Umständen des jeweiligen Einzelfalles ab. Diese Frage ist vorliegend gewissermaßen als gegeben vorauszusetzen, wobei nicht verschwiegen werden soll, dass in der Praxis bereits bei der tatsächlichen Feststellung eines Verstoßes gegen die kommunalrechtlichen Vorschriften durch das erkennende Gericht erhebliche Probleme bestehen. Im weiteren Verlauf der Untersuchung wird trotz des „Anwendungsvorrangs" einfachen Rechts zunächst die Frage grundrechtlicher Abwehransprüche gegen kommunalwirtschaftliche Betätigung behandelt. Dies geschieht zum einen deshalb, weil angesichts Tatsache, dass die Begründung einer drittschützenden Wirkung für private Konkurrenten aus einfach-gesetzlichen Normen wie § 102 Abs. 1 GemO umstritten und in der Rechtsprechung weitgehend noch nicht anerkannt ist, die Grundrechte der privaten Konkurrenten als Basis möglicher Abwehransprüche ins Blickfeld rücken.[681] In ihrer klassischen Funktion als Abwehrrechte vermitteln Grundrechte auch ohne weiteres auch einen Anspruch auf Abwehr bzw. Unterlassung von solchen Betätigungen, die dem Staat zurechenbar sind und eine nicht gerechtfertigte Grundrechtsbeeinträchtigung darstellen.[682] Zum anderen können die aus der Erörterung der grundrechtlichen Abwehransprüche gewonnenen Erkenntnisse auch argumentativ bei der Erörterung der einfachgesetzlichen Vorschriften herangezogen werden.

---

678 *Cosson*, DVBl. 1999, 891 (892).

679 *Huber*, Konkurrentenschutz, S. 79; *Schmidt-Aßmann*, in: Maunz/Dürig, GG, Art. 19 Abs. 4 Rn. 153.

680 *Wernsmann*, DV 36 (2003), 67 (67).

681 Ausf. *Erichsen*, Gemeinde und Private, S. 45; *ders.*, KommunalR NRW, S. 292 f.

682 Statt vieler *Vitzthum/Kämmerer*, VBlBW 1997, 395 (395); *Schliesky*, Öff. Wettbewerbsrecht, S. 194 f.; für Art. 12 GG: *Manssen*, in: v. Mangoldt/Klein/Starck, GG, Art. 12 Rn. 6.

II. Art. 12 Abs. 1 GG als Anspruchsgrundlage

1. Schutzbereich

Art. 12 Abs. 1 GG stellt – entgegen seinem Wortlaut – ein einheitliches Grundrecht mit einheitlichem Schutzbereich dar, welches als Teilgarantien die freie Wahl der Ausbildungsstätte, die Freiheit der Berufswahl, die freie Wahl des Arbeitsplatzes und die unter ausdrücklichem Regelungsvorbehalt stehende Freiheit der Berufsausübung umfasst.[683] Dieser Regelungsvorbehalt des Art. 12 Abs. 1 S. 2 GG ist deshalb auf alle Teilgewährleistungen des Art. 12 Abs. 1 GG zu erstrecken.[684] Unter Beruf ist dabei jede Tätigkeit zu verstehen, die in ideeller wie in materieller Hinsicht der Schaffung und Erhaltung einer Lebensgrundlage dient.[685] Die kommunale wirtschaftliche Betätigung berührt von den von Art. 12 Abs. 1 GG gewährleisteten zahlreichen Einzelfreiheiten insbesondere die sog. Unternehmerfreiheit der privaten Konkurrenten. Diese hat u. a. die freie Gründung und Führung eines Unternehmens zum Inhalt.[686] Daneben ist insbesondere die sog. Wettbewerbsfreiheit heranzuziehen. Während diese nach traditioneller Auffassung, insbesondere der älteren Rechtsprechung[687], noch Art. 2 Abs. 1 GG zugeordnet worden war, hat sich mittlerweile die Ansicht durchgesetzt, dass diese in Art. 12 Abs. 1 GG als Spezialnorm zu verorten sei.[688] Die Wettbewerbsfreiheit schützt die Fähigkeit der Teilnahme am Wettbewerb und gewährt das Recht, sich durch freie Leistungskonkurrenz auf dem Markt gegenüber anderen Bewerbern durchzusetzen.[689] Weitergehend wird formuliert, dass die Wettbe-

683 Ausf. *Breuer*, in: HdBStR VI, § 147 Rn. 32 f.; *Manssen*, in. v. Mangoldt/Klein/Starck, GG, Art. 12 Abs. 1 Rn. 2; *Kluth*, Grenzen, S. 59; die Offenheit des Berufsbegriffs betont *Papier*, DVBl. 1984, 891 (802 f.).

684 *Bleckmann*, StaatsR II – Grundrechte, § 33 Rn. 1; *Tettinger*, in: Sachs (Hrsg.), GG, Art. 12 Rn. 8.

685 BVerfGE 7, 377 (379); 54, 301 (313); 97, 228 (252); *Jarass*, in: Jarass/Pieroth, GG, Art. 12 Rn. 4; *Pieroth/Hartmann*, DVBl. 2002, 421 (425).

686 BVerfGE 50, 290 (363); *Breuer*, in: HdBStR VI, § 147 Rn. 61 ff.; *Gubelt*, in: v. Münch/Kunig, GG, Art. 12 Rn. 18; *Selmer*, in: Stober/Vogel (Hrsg.), 75 (80); ausf. *Papier*, in: HdBVerfR, § 18 Rn. 48 ff.

687 BVerwGE 17, 306 (309); 30, 191 (198); VGH BW, VBlBW 1983, 78 (79) = NJW 1984, 251.

688 BVerwG, BayVBl. 1978, 375 (376) (Kommunale Wohnungsvermittlung) = NJW 1978, 1539 = DVBl. 1978, 639; NJW 1995, 2938 (2939); *Wahl/Schütz*, in: Schoch/Schmidt-Aßmann/Pietzner, VwGO, § 42 Abs. 2 Rn. 291; *Kluth*, WiVerw 2000, 184 (197) m. w. N.; *Brohm*, in: FS Menger, 235 (245); *Jarass*, DÖV 2002, 489 (492); *Huber*, Konkurrenzschutz, S. 117 u. 319 f. jeweils m. w. N.; *Schricker*, Wirtschaftliche Tätigkeit, S. 29 f.; *Schliesky*, Öff. Wettbewerbsrecht, S. 197; *ders*, Öff. Wirtschaftsrecht, S. 71 f.; *Wieland*, in: Dreier, GG, Art. 12 Rn. 61; differenzierend *Di Fabio*, in: Maunz/Dürig, Art. 2 Abs. 1 Rn. 116: Art. 12 Abs. 1 GG einschlägig, soweit die berufsregelnde Tendenz bejaht werden kann; a. A. *Ronellenfitsch*, in: HdBStR III, § 84 Rn. 37 m. w. N.

689 VGH BW, VBlBW 1983, 78 (79); *Kluth*, WiVerw 2000, 184 (197).

werbsfreiheit die Freiheit von staatlicher Behinderung oder Verzerrung des Wettbewerbs gewährleistet, die Chance, sich in gleicher Weise wirtschaftlich zu betätigen, oder die Freiheit davor, dass ein Hoheitsträger einem anderen Konkurrenten einen Wettbewerbsvorsprung verschafft, auch wenn dieser selbst Hoheitsträger ist.[690]

2. Eingriff/Schutzbereichseinschränkung

Zur Bejahung grundrechtlicher Abwehransprüche müsste die kommunale wirtschaftliche Betätigung einen Eingriff in den Schutzbereich des Art. 12 Abs. 1 GG darstellen, der verfassungsrechtlich nicht gerechtfertigt werden kann.

a) Einordnung der kommunalen Wirtschaftstätigkeit

Die kommunale wirtschaftliche Betätigung kann dogmatisch entweder als Schutzbereichsbegrenzung oder als Eingriff eingeordnet werden. Erstere ist bereits auf der Ebene des Schutzbereichs angesiedelt und somit systematisch vorrangig vor dem Eingriff zu prüfen. Voraussetzung für eine solche Begrenzung ist das Vorliegen eines kollidierenden Rechtsguts von Verfassungsrang. Mittels Auslegung nach dem Grundsatz der „praktischen Konkordanz“ müsste dann der Gewährleistungsgehalt beider Verfassungsrechtsgüter zu einem verhältnismäßigen Ausgleich gebracht werden.[691]

Die von Art. 28 Abs. 2 GG erfasste kommunale wirtschaftliche Betätigung ist aber aufgrund zweier grundlegender Erwägungen nicht als Rechtsgut von Verfassungsrang anzusehen: Durch Art. 28 Abs. 2 S. 1 GG wird nur der Verwaltungsträger selbst geschützt. Einen Rechtswert von Verfassungsrang stellen somit allenfalls die Existenz der Kommunen und ihr Selbstverwaltungsrecht dar. Dadurch wird aber nicht jede einzelne gemeindliche Angelegenheit zugleich zu einem Rechtswert von Verfassungsrang; sie besitzt den Verfassungsrang entweder unabhängig vom Träger der Aufgabe aus ihrem sachlichen Gehalt heraus oder gar nicht. Die wirtschaftliche Betätigung ist somit nur dann ein Wert von Verfassungsrang, wenn der damit verfolgte Zweck einen solchen Rang aufweist, was im Einzelfall zu prüfen ist.[692] Entscheidend gegen die Qualifizierung der kommunalen Wirtschaft als Rechtsgut von Verfassungsrang spricht aber als zweiter Aspekt die Schutzrichtung der Selbstverwaltungsgarantie. Diese entfaltet nämlich keine Wirkungen gegenüber den Grundrechten Privater.[693] Art. 28 Abs. 2 GG kann folglich kein unbegrenztes Recht auf kommunale wirtschaftliche Betätigung garantieren, sondern gewährt ein solches Recht nur unter

690 *Huber*, Konkurrenzschutz, S. 322 m. w. N.
691 Ausf. *Kluth*, Grenzen, S. 61 m. w. N.
692 *Kluth*, Grenzen, S. 62.
693 *Kluth*, Grenzen, 62; *Darsow*, LKV 2002. 1 (4).

Beachtung der Grundrechte Dritter.[694] Ist die kommunale Wirtschaftsbetätigung somit kein Rechtsgut von Verfassungsrang, kann sie keine Schutzbereichsbegrenzung, sondern lediglich einen möglichen Grundrechtseingriff darstellen.[695]

b) Besonderheiten von Eingriffen in Art. 12 Abs. 1 GG

Der Grundrechtseingriff ist zunächst zu definieren als jedes staatliche Handeln, das dem Einzelnen ein Verhalten, das in den Schutzbereich eines Grundrechts fällt, ganz oder teilweise unmöglich macht, wobei diese Wirkung von einem zurechenbaren Verhalten öffentlicher Gewalt ausgehen muss.[696] Die Grundrechte schützen dabei nach heute ganz h. M. nicht nur gegen Eingriffe im „klassischen" Sinne, die sich final auf die Berufstätigung beziehen und sie unmittelbar zum Gegenstand haben,[697] sondern auch gegen sog. faktische oder mittelbare Grundrechtsbeeinträchtigungen. Diese mit der Entwicklung vom liberalen zum sozialen Rechtsstaat einhergehende Erweiterung der Kriterien des klassischen Eingriffsbegriffs ist heute allgemein anerkannt.[698] Im modernen Leistungsstaat werden nämlich staatliche Einwirkungen auf Grundrechtspositionen v. a. durch abgabenrechtliche Regelungen und staatliche Planung, Subventionierung oder als Folge einer Wahrnehmung von Aufgaben der Leistungsverwaltung bewirkt.[699] Auch die kommunale wirtschaftliche Betätigung ist abstrakt geeignet, grundrechtlich geschützte Interessen zu verkürzen.[700] Die Figur des mittelbaren Eingriffs dient dabei als Oberbegriff.

Für unmittelbare Eingriffe in Art. 12 Abs. 1 GG ist anerkannt, dass diese eine subjektiv berufsregelnde Tendenz aufweisen müssen, d. h. sie müssen sich unmittelbar auf einen oder mehrere Berufe beziehen und die berufliche Tätigkeit

---

694 *Darsow*, LKV 2002, 1 (4) m. w. N.

695 Ebenso *Hösch*, WiVerw 2000, 159 (179 f.); *Lindner*, Verwaltungsgerichtliche Klagemöglichkeit, S. 110.

696 Statt vieler *Pieroth/Schlink*, Grundrechte, Rn. 240; *Schliesky*, Öff. Wettbewerbsrecht, S. 213 f.

697 Zu Einzelheiten *Bleckmann*, StaatsR II – Grundrechte, § 12 Rn. 34 ff.; *Pieroth/Schlink*, Grundrechte, Rn. 238; *Gubelt*, in: v. Münch /Kunig, GG, Art. 12 Rn. 42.

698 *Tettinger*, in: Sachs (Hrsg.), GG, Art. 12 Rn. 9 f., 72 ff.; *ders.*, DVBl. 1999, 679 (685); *Bleckmann*, StaatsR II – Grundrechte, § 12 Rn. 40 ff.; *Burgi*, NZBau 2003, 539 (540); *Ehlers*, Verwaltung, S. 100 f.; *Hoffmann-Becking*, in: FS Wolff, 445 (457); *Kluth*, Grenzen, S. 63 f.; *Antweiler*, NVwZ 2003, 1466 (1469); *Schliesky*, Öff. Wettbewerbsrecht, S. 76 ff. u. 202 ff.; *ders.*, Öff. Wirtschaftsrecht, S. 72; *ders.*, JA 1997, 902 (904 f.); *ders.*, DVBl. 1999, 78 (82); *Krölls*, GewArch 1992, 281 (283); *Heintzen*, Rechtliche Grenzen und Vorgaben, S. 15 f.; *Hösch*, DÖV 2000, 393 (397, 398); *Jarass*, DÖV 2002, 489 (492).

699 *Tettinger*, DVBl. 1999, 679 (685); *Erichsen*, Gemeinde und Private, S. 45; *ders.*, KommunalR NRW, S. 292 f.; *Huber*, Konkurrenzschutz, S. 326 ff.; abgeschwächt *Jarass*, DÖV 2002, 489 (492).

700 *Huber*, Konkurrenzschutz, S. 325.

ganz oder teilweise unterbinden oder sonst bewirken, dass sie „nicht in der gewünschten Weise ausgeübt werden kann".[701] Für mittelbare Eingriffe gilt nach der Rechtsprechung des BVerfG, dass nicht jede „auch nur mittelbar wirkende Beeinträchtigung des Berufs" bereits einen Eingriff in das Grundrecht der Berufsfreiheit darstellt. Denn da nahezu jede Norm oder deren Anwendung Rückwirkungen auf die Berufstätigkeit haben kann, würde die grundrechtliche Garantie sonst konturenlos. Die Grundrechte schützen nämlich nicht vor Nachteilen jeglicher Art. Nicht jedes staatliche Handeln mit negativen Auswirkungen auf die Wettbewerbsposition eines Unternehmens greift in dessen Berufsfreiheit ein.[702] Mittelbare Eingriffe in Art. 12 Abs. 1 GG setzen deshalb voraus, dass staatliche Regelungen oder Maßnahmen andere, nicht auf die Berufsfreiheit abzielende Maßnahmen zum Inhalt haben, die infolge ihrer spürbaren tatsächlichen Auswirkungen den Schutzbereich des Art. 12 Abs. 1 GG beeinträchtigen.[703] Um solche Maßnahmen an Art. 12 Abs. 1 GG messen zu können, müssen sie „in einem engen Zusammenhang mit der Ausübung eines Berufes stehen" bzw. „unmittelbar auf die Berufstätigkeit bezogen" sein oder zumindest eine „objektiv berufsregelnde Tendenz deutlich erkennen lassen".[704] An der berufsregelnden Tendenz ist trotz mancher kritischer Anmerkungen[705] aufgrund der begrenzenden Wirkung dieses Kriteriums im Hinblick auf den ansonsten umfassenden Schutzbereich festzuhalten.[706] Für die Bejahung eines Eingriffs ist somit ein er-

---

701 BVerfGE 82, 209 (223); *Jarass, in:* Jarass/Pieroth, GG, Art. 12 Rn. 11; *Tettinger*, in: Sachs (Hrsg.), GG, Art. 12 Rn. 71; *Kluth*, WiVerw 2000, 184 (198).

702 BVerfG, NJW 2002, 2621 (2622), vgl. aber auch a. a. O (2624): „Insbesondere kann die staatliche Informationstätigkeit eine Beeinträchtigung im Gewährleistungsbereich des Grundrechts sein, wenn sie in der Zielsetzung und ihren Wirkungen Ersatz für eine staatliche Maßnahme ist, die als Grundrechtseingriff zu qualifizieren wäre. Durch Wahl eines solchen Äquivalents eines Eingriffs können die besonderen Bindungen der Rechtsordnung nicht umgangen werden."; vgl. auch *Antweiler*, NVwZ 2003, 1466 (1469).

703 *Wallerath*, NJW 2001, 781 (787); *Gubelt*, in: v. Münch/Kunig, GG, Art. 12 Rn. 43; *Jarass*, in: Jarass/Pieroth, GG, Art. 12 Rn. 12; *Papier*, DVBl. 1984, 801 (805 f.).

704 BVerfGE 70, 191 (214); 97, 228 (253 f.) = NJW 1998, 1627; BVerfGE 95, 267 (302) = NJW 1997, 1975; BVerfGE 98, 218 (258) = NJW 1998, 2515; BVerwG, NVwZ 1989, 1175; ebenso *Jarass*, in: Jarass/Pieroth, GG, Art. 12 Rn. 12; *Tettinger*, in: Sachs (Hrsg.), GG, Art. 12 Rn. 73; *Gubelt*, in: v. Münch/Kunig, GG, Art. 12 Rn. 43; *Kluth*, Grenzen, S. 64; *ders.*, WiVerw 2000, 184 (194 f.); *Wallerath*, NJW 2001, 781 (787); *Pieroth/Hartmann*, DVBl. 2002, 421 (424) folgern aus diesem Erfordernis, dass damit ein Weg zwischen klassischem und modernem Eingriffsbegriff verfolgt werden sollte; krit. *Schliesky*, Öff. Wirtschaftsrecht S. 72; a. A. *Manssen*, in: v. Mangoldt/Klein/Starck, GG, Art. 12 Rn. 71 ff.

705 *Schliesky*, Öff. Wettbewerbsrecht, S. 215 f.: Danach hat die Rechtsprechung auf das Merkmal der objektiv berufsregelnden Tendenz verzichtet; *ders.*, Öff. Wirtschaftsrecht, S. 72.

706 *Jarass*, DÖV 2002, 489 (492); nach *Sodan*, DÖV 2000, 361 (371) erzwingt dieses Kriterium einen deutlich extensiveren Grundrechtsschutz Privater.

höhter Begründungsaufwand im Hinblick auf die Eingriffsschwelle notwendig.[707] Denn die Grundrechtsverletzung rührt nicht unmittelbar von der kommunalen wirtschaftlichen Betätigung her, sondern beruht darauf, dass von Kundenseite und damit von einem Dritten, autonome Entscheidungen getroffen werden, welche die Wettbewerbssituation der privaten Konkurrenz in tatsächlicher Hinsicht verschlechtern.[708] Deshalb sind an Zielgerichtetheit und Schwere der Grundrechtsverkürzung besondere Anforderungen anzulegen.[709]

c) *Überkommene Dogmatik der Rechtsprechung*

Im Hinblick auf die Abwehrrechte eines privaten Konkurrenten ist in der Rechtsprechung seit langem geklärt, dass Art. 12 Abs. 1 GG nicht vor der Zulassung von Konkurrenz schützt, auch nicht vor wirtschaftlichen Unternehmen der öffentlichen Hand, sofern diese Betriebe im Wettbewerb unter gleichen Bedingungen auftreten und der Private den fraglichen Beruf weiter ergreifen kann.[710] Das Hinzutreten des Staates oder einer Gemeinde als Konkurrent beinhalte lediglich eine weitgehend systemimmanente Verschärfung des Konkurrenzdrucks, vor der Art. 12 Abs. 1 GG nicht bewahrt, solange dadurch nicht die private Konkurrenz unmöglich gemacht wird.[711] Berufswahl und Berufsausübung Privater werden

---

707 *Antweiler*, NVwZ 2003, 1466 (1469); *Schmittat*, ZHR 148 (1984), 428 (446 ff.).

708 *Schliesky*, Öff. Wettbewerbsrecht, S. 83, 86 u. 89; ähnl. *Huber*, Konkurrenzschutz, S. 326 f.; *Jarass*, DÖV 2002, 489 (495); *Hösch*, WiVerw 2000, 159 (176); *Di Fabio*, in: Maunz/Dürig, Art. 2 Abs. 1 Rn. 120; *Selmer*, in: Stober/Vogel (Hrsg.), 75 (84); relativierend *Kluth*, Grenzen, S. 66.

709 *Huber*, Konkurrenzschutz, S. 326 ff.

710 BVerfGE 34, 252 (256); 55, 261 (269); BVerwGE 39, 329 (336); BVerwG, BayVBl. 1978, 375 (376); DVBl. 1983, 1251 (1252); NJW 1995, 2938 (2939); VGH BW, VBlBW 1983, 78 (79); VerfGH Rh.-Pf., DVBl. 2000, 992 (993); Hess. VGH, NVwZ 1996, 816 (817) = DÖD 1998, 39 = DÖV 1996, 477; OVG NRW, NVwZ 2003, 1520 (1524); *Papier*, DVBl. 2003, 686 (689); *ders.*, DVBl. 1984, 801 (809); *Reichert/Baumann*, KommunalR BW, Rn. 153; *Kunze/Bronner/Katz/v. Rotberg*, GemO f. BW, § 102 Rn. 58; *Manssen*, in: v. Mangoldt/Klein/Starck, GG, Art. 12 Rn. 79; *Schricker*, Wirtschaftliche Tätigkeit, S. 33 f.; *Wieland*, in: Dreier, GG, Art. 12 Rn. 82; *Reinhard*, DÖV 1990, 500 (503); *Schlacke*, JA 2002, 48 (52); krit. *Breuer*, in: HdBStR VI, § 148 Rn. 59.

711 BVerwGE 39, 329 (337); BVerwG NJW 1995, 2938 (2939) m. Anm. *Selmer*, JuS 1995, 1136 f.; VGH BW, VBlBW 1995, 99; VerfGH Rh.-Pf., DVBl. 2000, 992 (993); zust. *Jarass*, DÖV 2002, 489 (492, 493, 494); *Papier*, DVBl. 2003, 686 (689); *Wieland*, DV 32 (1999), 217 (237); neuerdings wird von *Pieroth/Hartmann*, DVBl. 2002, 421 (422) geltend gemacht, dass die vom BVerwG zu den verschiedenen Grundrechten entwickelten unterschiedlichen Eingriffsschwellen ohne weiteres von einer Vorschrift auf die andere übertragbar seien und in ein System höherer und niedrigerer Gattung gebracht werden könnten. Die Grundrechte würden nicht vor dem Hinzutreten öffentlicher Konkurrenz schützen, es sei denn diese schränke die wirtschaftliche Betätigung der Privaten unzumutbar ein. Eine Einschränkung sei inbesondere gegeben, wenn dem Privaten die wirt-

danach nicht durch den Umstand gemeindlicher Beteiligung am Wirtschaftsleben gehindert. Eine Einschränkung wird für den Fall gemacht, dass die Gründung eines wirtschaftlichen Unternehmens zu einem Verdrängungswettbewerb und damit zu einer Auszehrung der Konkurrenz in Folge der marktbeherrschenden Stellung der Gemeinde führt.[712] Diese Ausnahme dürfte wohl erst bei Geltendmachung der Insolvenz eines privaten Konkurrenzunternehmens, hervorgerufen durch die kommunale wirtschaftliche Betätigung, in Anspruch genommen werden können.[713] Ein Eingriff liegt somit erst ab einer hohen Eingriffsschwelle vor, während die wirtschaftliche Betätigung des Staates unter „normalen Voraussetzungen" den Tatbestand der Grundrechtseinschränkung noch nicht erfüllen soll.[714] Selbst die Einräumung von Wettbewerbsvorteilen zugunsten der Gemeinde soll für eine Verletzung des Art. 12 Abs. 1 GG nicht ausreichen, wenn die oben genannte Grenze nicht überschritten wird.[715]

Das OVG NRW weist in diesem Zusammenhang zu Recht darauf hin, dass diese von der Rechtsprechung entwickelten Grundsätze nur für eine freiwillige wirtschaftliche Betätigung der Kommune Geltung beanspruchen können. Bei einer rechtlich notwendigen Erfüllung staatlicher Aufgaben hingegen brauche grundsätzlich keine Rücksicht darauf genommen werden, dass private Konkurrenz möglich bleibe. In einem Bereich, in dem die Kommune kraft gesetzlichen Auftrags ausdrücklich zum Tätigwerden verpflichtet sei, befinde sie sich gegenüber privaten Anbietern nicht in einer marktwirtschaftlich geprägten Konkurrenzsituation. Vielmehr habe sie auf Grund gesetzlichen Auftrags einen Handlungsvorrang, hinter dem die Geschäftstätigkeit eines privaten Anbieters als rechtlich grundsätzlich nicht geschützte Chance zurückzutreten haben. Ein Grundrechtsverstoß könne in solchen Fällen allenfalls dann vorliegen, wenn die öffentliche Hand einzelnen privaten Anbietern in einer dem Gleichheitsgrundsatz des Art. 3 Abs. 1 GG zuwider laufenden oder mit der Erfüllung ihrer Aufgaben nicht mehr im Zusammenhang stehenden Weise gezielt Nachteile zufügt.[716]

---

schaftliche Betätigung unmöglich gemacht werde, etwa durch die Begründung eines Monopols. Unzumutbar sei die Einschränkung jedenfalls dann, wenn sie nicht erlaubt sei.

712 BVerwGE 39, 329 (337); BVerwG, NJW 1995, 2938 (2939); zust. *Papier*, DVBl. 2003, 686 (689); *Reinhard*, DÖV 1990, 500 (503); *Schlacke*, NordÖR 2001, 229 (232); *dies.*, JA 2002, 48 (52); *H. Meyer*, NVwZ 2002, 1075 (1076); *Heimlich*, NVwZ 2000, 746 (749); *Oebbecke*, in: Wallerath (Hrsg.), 13 (19); ebenso für den Fall eines „sukzessiven Monopols" *Kirchhof*, DVBl. 1982, 933 (937).

713 *Schlacke*, JA 2002, 48 (51, 52); ebenso *Papier*, DVBl. 2003, 686 (689).

714 *Krölls*, GewArch 1992, 281 (283); *Manssen*, in: v. Mangoldt/Klein/Starck, GG, Art. 12 Abs. 1 Rn. 79.

715 VGH BW, VBlBW 1983, 78 (79).

716 OVG NRW, Beschl. v. 23.3.2005, NWVBl. 2005, 343.

Auch der Rückgriff auf die Wettbewerbsfreiheit führt nicht weiter, da auch diese keinen Schutz vor erwerbswirtschaftlicher Betätigung der öffentlichen Hand gewährt.[717] Ein Eingriff soll erst dann vorliegen, wenn durch die hoheitliche Maßnahme die Fähigkeit zur Teilnahme am Wettbewerb so eingeschränkt wäre, dass ihre Möglichkeit, sich als verantwortliche Unternehmer wirtschaftlich zu betätigen, beeinträchtigt würde. Die Freiheit des Handelns müsse in unerträglichem Maße eingeschränkt werden, was bei Verdrängungswettbewerb und Auszehrung der Konkurrenz infolge einer marktbeherrschenden Stellung der öffentlichen Hand regelmäßig der Fall sei.[718] Dafür reiche nicht aus, dass das Hinzutreten eines weiteren Mitbewerbers auf einem bereits weitgehend „gesättigten" Markt die konkrete Situation verschärfe. Die Einräumung von Wettbewerbsvorteilen zugunsten gemeindlicher Gesellschaften führe nicht zu einer Beeinträchtigung subjektiver verfassungskräftiger Rechte privater Konkurrenten.[719]

d) Kommunale Wettbewerbsteilnahme als „Eingriff durch Konkurrenz"

In der Literatur werden zur Frage des Schutzes privater Konkurrenten diverse abweichende Argumentationslinien vertreten. Diese zeichnen sich durch das Bemühen aus, einen Grundrechtsschutz bereits unterhalb der von der Rechtsprechung aufgestellten hohen Barrieren der „Monopolbildung" bzw. des „Verdrängungswettbewerbs" zu erreichen. Einigkeit besteht dabei darüber, dass die Auffassung der Rechtsprechung als zu eng abzulehnen ist:

aa) Kritik an der überkommenen Dogmatik

Dass bei kommunaler oder staatlicher Wirtschaftstätigkeit individuelle Grundrechtspositionen faktisch betroffen sein können, wurde in den diversen gerichtlichen Entscheidungen nicht in Abrede gestellt und auch von deren Kritikern hervorgehoben.[720] In der Literatur wird daran anknüpfend zunehmend vertreten, dass jede kommunale wirtschaftliche Betätigung aufgrund der fremdvermittelten, mittelbaren Einwirkung auf grundrechtlich gewährleistete Freiheiten konkurrierender privater Anbieter grundrechtserheblich ist.[721] Der Eingriff der öffentlichen Hand in den privaten Wettbewerb durch eigene wirtschaftliche Aktivitäten ist der typische Anwendungsfall der klassischen Abwehrfunktion der

---

717 *Arndt*, in: Steiner (Hrsg.), Rn. 131.

718 VGH BW, VBlBW 1983, 78 (79); BVerwG, NVwZ 1984, 306 (307); *Di Fabio*, in: Maunz/Dürig, Art. 2 Abs. 1 Rn. 118.

719 VGH BW, VBlBW 1983, 78 (79).

720 *Kluth*, in: Stober/Vogel (Hrsg.), 23 (28); *Selmer*, in: Stober/Vogel (Hrsg.), 75 (80); *Grupp*, ZHR 140 (1976), 367 (380); *Hoffmann-Becking*, in: FS Wolff, 445 (457 f.).

721 *Erichsen*, Gemeinde und Private, S. 29 f., u. a. unter Bezugnahme auf BGHZ 82, 375 (390); Ehlers, Verwaltung, S. 100 f. m. w. N. in Fn. 140; *R. Schmidt.*, Öff. Wirtschaftsrecht AT, S. 523 ff.

Grundrechte, lediglich mit dem Unterschied, dass die privaten Unternehmen lediglich mittelbar und faktisch betroffen werden. Aus diesem Grunde wird angesichts von Entmonopolisierung und Privatisierung – zu Recht – eine Neubewertung der Dogmatik und Rechtsprechung zur Berufsfreiheit gefordert.[722]

An der Entscheidungspraxis der Rechtsprechung wird u. a. kritisiert, dass die dadurch aufgebaute Hürde unklar bzw. zu hoch und deshalb quasi niemals einschlägig sei.[723] Dadurch würden erst Beeinträchtigungen wie ein Verwaltungsmonopol oder ein Verdrängungswettbewerb als Eingriffe klassifiziert, was der Bedeutung von Art. 12 Abs. 1 GG nicht gerecht werde.[724] Bei dieser engen Eingriffsbestimmung werde die Berufsfreiheit auf die (objektive) Berufswahlfreiheit reduziert.[725] Die Rechtsprechung übersehe, dass der Staat grundsätzlich kein Marktteilnehmer, sondern Marktveranstalter ist,[726] und beschränke den Schutz lediglich auf die Fälle des klassischen Grundrechtseingriffs.[727] Zudem sei sie in sich widersprüchlich, da für den unter Grundrechtsträgern an sich üblichen Verdrängungswettbewerb auf dem Markt hinsichtlich der wirtschaftlichen Betätigung des Staates eine Ausnahme gemacht wird.[728] Die Differenzierung nach Verdrängungswettbewerb und Errichtung eines Verwaltungsmonopols vermöge auch aus dem folgenden Aspekt nicht zu überzeugen: Wenn der öffentlichen Hand die Marktteilnahme gestattet werde, läge es nahe, ihr auch ein marktmäßiges Verhalten, nämlich Gewinnorientierung und Vergrößerung von Marktanteilen, zu gestatten. Deshalb sei jede Grenzziehung willkürlich und stelle kein geeignetes Kriterium für die Bestimmung eines Grundrechtseingriffs dar.[729] Die Konstruktion sei rechtlich auch eigentlich nicht durchzuhalten, weil sie die grundrechtlichen Abwehransprüche und die Rechtsschutzeröffnung von kaum

722 *Stober*, in: FS Maurer, 827 (836 f.).

723 *Ehlers*, DVBl. 1998, 497 (502); *ders.*, in: Wurzel/Schraml/Becker (Hrsg.), Rechtspraxis, Teil B Rn. 54; *Tettinger*, NJW 1998, 3473 (3474); *Grawert*, in: FS Blümel, 119 (135); *Ehlers*, Gutachten DJT, S. 41; *Grupp*, ZHR 140 (1976), 367 (380); *Papier*, DVBl. 1984, 801 (809); *Schliesky*, Öff. Wettbewerbsrecht, S. 88 ff., insbes. 90: „unerträgliche Verkürzung des Grundrechtsschutzes"; ebenso *ders.*, DVBl. 2004, 138 (139).

724 *Battis*, GewArch 1982, 145 (150); *Schmittat*, ZHR 148 (1984), 428 (449 f.); *Hösch*, WiVerw 2000, 159 (179); *Isensee*, DB 1979, 145 (148).

725 *Battis*, GewArch 1982, 145 (150); *Ehlers*, Verwaltung, S. 102; *Hoffmann-Becking*, in: FS Wolff, 445 (459); *R. Schmidt.*, Öff. Wirtschaftsrecht AT, S. 525 f.; *Storr*, Der Staat als Unternehmer, S. 160.

726 *Krölls*, GewArch 1992, 281 (283); *Hösch*, WiVerw 2000, 159 (178); *ders.*, DÖV 2000, 393 (398); ähnl. *Schmittat*, ZHR 148 (1984), 428 (450 ff.); *Storr*, Der Staat als Unternehmer, S. 162.

727 *Hösch*, WiVerw 2000, 159 (178); *ders.*, DÖV 2000, 393 (398); *ders.*, Kommunale Wirtschaftstätigkeit, S. 57.

728 *Krölls*, GewArch 1992, 281 (283); *R. Schmidt*, Öff. Wirtschaftsrecht AT, S. 524 f.; *Heintzen*, Rechtliche Grenzen und Vorgaben, S. 18.

729 *Hösch*, WiVerw 2000, 159 (178); *ders.*, DÖV 2000, 393 (398).

rationalisierbaren Intensitätsskalierungen abhängig mache.[730] Des weiteren leuchte auch nicht ein, warum ein privates Unternehmen gegen den Ausschluss von seinem Geschäftsfeld durch kommunale wirtschaftliche Betätigung grundrechtlich schutzlos sein solle, dasselbe Unternehmen aber beispielsweise gegen etwas wirtschaftlich so Belangloses wie etwa die Aufforderung, eine Gewerbeanzeige nach § 14 Abs. 1 GewO zu erstatten, Grundrechtsschutz in Anspruch nehmen könne.[731] Im Übrigen sei die „apodiktische" Rechtsprechung lediglich mit einem Zitat aus einer Entscheidung des BVerfG belegt worden, die nur den Wettbewerb Privater betraf.[732] In grundrechtsdogmatischer Hinsicht würden Schutzbereich, Eingriff und Rechtfertigung miteinander vermengt.[733] Die Argumentation des BVerwG verkenne, dass die durch die Grundrechte geschützten Interessen, Betätigungen und Betätigungsmöglichkeiten im Ansatz immer rein tatsächlicher Natur seien und ihren rechtlichen Charakter gerade durch die Grundrechte erhielten.[734]

bb) Die Schutzpflichtdimension als Anknüpfungspunkt

Einen Anknüpfungspunkt für grundrechtliche Abwehransprüche kann die objektive Schutzpflichtdimension der Grundrechte bieten.[735] Diese verpflichtet den Staat, die Grundrechtsausübung zu ermöglichen. Er muss die Voraussetzungen für den Gebrauch der in Art. 12 Abs. 1 GG verankerten Rechte schaffen. Indirekt wirkt sich dies zugleich gegen ihn selbst als Wirtschaftsteilnehmer aus, da er den zu schaffenden Zustand nicht durch eigenes Verhalten konterkarieren oder gar gefährden darf. Der so vermittelte Schutz ist jedoch äußerst gering und führt gegenüber der bisherigen gerichtlichen Entscheidungspraxis auch zu keiner Verbesserung, zumal dem Staat insoweit ein weiter Einschätzungsspielraum zukommt.[736]

cc) Die Abwehrdimension – verschiedene Ansätze

In der Literatur besteht weitgehend Einigkeit darüber, dass staatliche Wirtschaftskonkurrenz den Grundrechtsschutz des Art. 12 Abs. 1 GG auslöst.[737] In Betracht kommt, wie bereits ausgeführt, lediglich ein mittelbarer Eingriff, der

---

730 *Löwer*, VVDStRL 60 (2001), 416 (445).
731 *Heintzen*, Rechtliche Grenzen und Vorgaben, S. 17.
732 BVerfGE 24, 236 (251) (Lumpensammler); *Isensee*, DB 1979, 145 (149); *Schmittat*, ZHR 148 (1984), 428 (452); *Grawert*, in: FS Blümel, 119 (134).
733 *Oebbecke*, in: Wallerath (Hrsg.), 13 (20); *Ehlers*, Gutachten DJT, S. 41; *Selmer*, in: Stober/Vogel (Hrsg.), 75 (83).
734 *Hoffmann-Becking*, in: FS Wolff, 445 (457 f.): „Zirkelschluß".
735 *Otting*, DÖV 1999, 549 (555); tendenziell auch *Stober*, BB 1989, 716 (719).
736 *Knauff/Nolte*, VR 2003, 3 (9).
737 Exemplarisch *Kluth*, in: Stober/Vogel (Hrsg.), 23 (27 ff.).

von der Bestimmung der Eingriffsschwelle abhängt.[738] Es lassen sich hauptsächlich zwei Meinungsströmungen ausmachen.[739] Die Unterschiede zwischen diesen Ansichten werden umso deutlicher, wenn man sich deren Ausgangslage bewusst macht. In der hier zu untersuchenden Konkurrenzsituation ist zwischen der horizontalen Dimension, d. h. dem Verhältnis zu konkurrierenden Unternehmen, und zwei vertikalen Beziehungen, nämlich dem Verhältnis zum normsetzenden Staat zum einen und zum Verbraucher zum anderen zu unterscheiden.[740] Der Eingriff durch Konkurrenz ist dabei auf der horizontalen Ebene angesiedelt. Essentieller Bestandteil der Unternehmer- und Wettbewerbsfreiheit des Art. 12 Abs. 1 GG ist, dass jeder Wettbewerber im Rahmen der für alle geltenden wettbewerbsrechtlichen Regelungen dem Verbraucher ein freies Angebot machen kann.[741] Treten dabei nur Private als Konkurrenten auf, so ist dieser Wettbewerb als konkurrierender Grundrechtsgebrauch zu werten, vor dem Art. 12 Abs. 1 GG nicht schützt.[742] Dass das Auftreten einer Kommune bzw. ihrer kommunalen Unternehmen im Wettbewerb keinen solchen Grundrechtsgebrauch und somit ein „aliud" im Vergleich zum Grundrechtsgebrauch Privater darstellt, wird von der Rechtsprechung bislang nicht berücksichtigt,[743] während im Schrifttum zunehmend der Aspekt betont wird, dass die Wirtschaftstätigkeit der öffentlichen Hand in unserer auf Privatautonomie gegründeten Wirtschaftsordnung einen Fremdkörper bilde und es ein allgemeiner Rechtsgedanke sei, dass Art. 12 Abs. 1 und 14 Abs. 1 GG private Unternehmen vor Konkurrenzbetätigungen durch die öffentliche Hand schützten, die nicht durch öffentliche Zwecke gerechtfertigt seien.[744] Im Gegensatz zum Hinzutreten eines weiteren privaten Konkurrenten bedeute eine öffentliche Konkurrenzwirtschaft eine vom Staat dekretierte qualitative Veränderung des Wettbewerbs und damit gerade auch eine Auflösung der marktwirtschaftlichen Struktur.[745] Zutreffend wird auch darauf hingewiesen, dass es für den privaten Unternehmer insoweit auch nicht darauf ankommt, ob er durch eine vom Staat verhängte Herstellungsbeschränkung, durch die Verbesserung der Wettbewerbsfähigkeit eines anderen Konkurrenten mittels staatlicher Subvention oder durch das Auftreten des Staates als

738 *Ehlers*, Gutachten DJT, S. 40; *ders.*, in: Wurzel/Schraml/Becker (Hrsg.), Rechtspraxis, Teil B Rn. 55.

739 Dazu vgl. *Kluth*, WiVerw 2000, 184 (193); abl. *Pieroth/Hartmann*, DVBl. 2002, 421 (424 f.); einen differenzierenden Ansatz vertritt *Schneider*, DVBl. 2000, 1250 (1255 f.).

740 *Kluth*, WiVerw 2000, 184 (197).

741 *Kluth*, WiVerw 2000, 184 (199); ähnl. Ausgangspunkt *Huber*, Konkurrenschutz, S. 313.

742 *Kluth*, WiVerw 2000, 184 (199); *Heintzen*, Rechtliche Grenzen, S. 24.

743 *Kluth*, WiVerw 2000, 184 (200); *Schliesky*, Öff. Wettbewerbsrecht, S. 88; *Selmer*, in: Stober/Vogel, (Hrsg.), 75 (80 f.).

744 *Hösch*, WiVerw 2000, 159 (178 f.); *Stober*, NJW 2002, 2357 (2366); ähnl. *Gusy*, JA 1995, 253 (253).

745 *Selmer*, in: Stober/Vogel (Hrsg.), 75 (80 f.).

potentem Konkurrenten in seiner Wettbewerbsstellung betroffen wird.[746] An dieser Differenzierung zwischen dem wirtschaftlichen Handeln Privater und dem des Staates bzw. der Kommunen setzen die abweichenden Ansätze an.

(1) Staatliche Wirtschaftsbetätigung per se als Grundrechtseingriff

Nach einer Auffassung ist der Schutzgehalt des Art. 12 Abs. 1 GG darauf zu erstrecken, dass Hoheitsträger als Konkurrenten auf Feldern wirtschaftlicher Betätigung nicht außerhalb ihres Kompetenzbereichs agieren und die ihnen durch das Übermaßverbot gezogenen Schranken beachten.[747] Zur Eröffnung des Schutzbereichs der Berufsfreiheit wird darauf abgestellt, dass die Konkurrenz durch Private Grundrechtsausübung darstellt, während die öffentliche Hand ausschließlich aufgrund von Kompetenzen handelt[748] und grundrechtsverpflichtet ist. Deshalb könnten beide nicht gleichgestellt werden.[749] Der Fall, dass die Gemeinde in Konkurrenz zu privaten Unternehmen tritt, sei deshalb anders zu beurteilen als der Fall privater Konkurrenz.[750] Es komme darauf an, dass ein Grundrechtsverpflichteter im grundrechtlich geschützten Bereich tätig wird. Denn bereits die wirtschaftliche Betätigung einer Gemeinde greife als Ausübung exekutiver öffentlicher Gewalt zumindest tatsächlich in den von Art. 12 Abs. 1 GG gewährleisteten Handlungsspielraum privater Konkurrenten ein und bedürfe deshalb der Rechtfertigung.[751] Im Unterschied zum Verhältnis von privaten

---

746 *Schliesky*, Öff. Wettbewerbsrecht, S. 90.

747 Pointiert *Tettinger*, NJW 1998, 3473 (3474); *ders.*, DVBl. 1999, 679 (685 f.); relativierend *ders.*, in Sachs (Hrsg.), GG, Art. 12 Rn. 73; *Grawert*, in: FS Blümel, 119 (134 f.); *Pielow*, NWVBl. 1999, 369 (375 f.); *R. Schmidt*, Öff. Wirtschaftsrecht AT, S. 523 ff., insbes. S. 526; *Selmer*, in: Stober/Vogel (Hrsg.), 75 (83 f.); *Erdmann*, DVBl. 1998, 13 (15); *Faber*, DVBl. 2003, 761 (762 f.); *Löwer*, VVDStRL 60 (2001), 416 (444 f.); *Darsow*, LKV 2002, 1 (4); *Grupp*, ZHR 140 (1976), 367 (380); *Stober*, BB 1989, 716 (718 f.); abl. *Huber*, Konkurrenzschutz, S. 317; *Schliesky*, Öff. Wettbewerbsrecht, S. 88 f.; *Cosson*, DVBl. 1999, 891 (896); *Schneider*, DVBl. 2000, 1250 (1255).

748 *Selmer*, in: Stober/Vogel (Hrsg.), 75 (81); *Tettinger*, NJW 1998, 3473 (3474).

749 *Krölls*, GewArch 1992, 281 (283); *R. Schmidt*, Öff. Wirtschaftsrecht AT, S. 524 m. Fn. 127; *Emmerich*, AG 1985, 293 (295); *Grupp*, ZHR 140 (1976), 367 (379); *Ehlers*, Verwaltung, S. 102; *Glahs/Külpmann*, VergabeR 2002, 555 (558); *Heintzen*, Rechtliche Grenzen und Vorgaben, S. 17; *Kluth*, in: Stober/Vogel (Hrsg.), 23 (27 f.); a. A. *Jarass*, DÖV 2002, 489 (494), da es allein um die Bewertung der Eingriffsintensität für den betroffenen Konkurrenten gehe. Dabei spiele es in der Sache für die Intensität der Betroffenheit eines Unternehmens keine Rolle, ob es durch die Konkurrenz eines privaten oder eines öffentlichen Unternehmens Marktanteile verliere; ebenso *Dickersbach*, WiVerw 1983, 187 (208).

750 *Tettinger*, DVBl. 1999, 679 (686); *Hösch*, WiVerw 2000, 159 (178 f.); *ders.*, DÖV 2000, 393 (399); *ders.*, Kommunale Wirtschaftstätigkeit, S. 58.

751 *Hösch*, WiVerw 2000, 159 (179); *Löwer*, VVDStRL 60 (2001), 416 (445); auf den Einsatz der nur dem Staat zugänglichen Wettbewerbsvorteile stellt *Emmerich*, AG 1985, 293 (298) entscheidend ab.

Konkurrenten untereinander soll bereits die Einschränkung des Kundenkreises, die Beeinträchtigung des Umsatzes und die Erschwerung des Marktzutritts durch ein öffentliches Unternehmen einen mittelbaren Eingriff in Art. 12 Abs. 1 GG darstellen, weil die öffentliche Gewalt die Wirkung dieses Grundrechts als negative Kompetenzschranke missachtet.[752] Die Grundrechte als negative Kompetenznormen begründen danach einen Vorrang der privaten Aufgabenbewältigung vor der durch die öffentliche Gewalt.[753] Da die Grundrechte gem. Art. 1 Abs. 3 GG die vollziehende Gewalt wirksam binden sollen, müssten sie außer deren Intentionen auch deren Wirkungen in Schranken halten, was der Begründung des Folgenbeseitigungsanspruchs gegen Immissionen von Hoheitsträgern entspreche, hinsichtlich deren Wirkungen sich die kommunale Wirtschaftsbetätigung nicht unterscheide.[754] Bei spürbaren Beeinträchtigungen privater wirtschaftlicher Tätigkeit handele es sich um einen „Eingriff durch Konkurrenz."[755]

Nach dieser Auffassung soll somit bereits die wirtschaftliche Tätigkeit der Kommunen per se, d. h. unmittelbar, grundrechtsrelevant sein; weitergehende Anforderungen für das Vorliegen eines Grundrechtseingriffs werden nicht aufgestellt, vielmehr soll die Schwelle zum faktischen Grundrechtseingriff bei konkurrenzwirtschaftlicher Betätigung der Gemeinde mit der Folge der Okkupation von Kunden bzw. Marktanteilen stets überschritten sein.[756] Ob es daneben zusätzlich auf die Spürbarkeit der Freiheitsbeeinträchtigung für die Bejahung des Eingriffs ankommt[757] oder die Frage der Intensität der Grundrechtsbeeinträchtigung nur eine Frage der verhältnismäßigen Rechtfertigung sein könne,[758] wird nicht einheitlich beantwortet. Für die letztgenannte Ansicht wird vorgebracht, dass aus den Artt. 12, 14, 2 Abs. 1 GG die Verpflichtung des Staates folge, die privatautonome Gestaltungsfreiheit nur insoweit zurückzudrängen, wie dies im Interesse sozialstaatlicher Belange erforderlich sei.[759] Danach ist der Schutzbereich der Berufsfreiheit bei wirtschaftlichem Tätigwerden der öffentlichen Hand stets eröffnet und zugleich ein Eingriff zu bejahen.[760] Da rechtswidriges Verhal-

752 *Hösch*, WiVerw 2000, 159 (178 f.).

753 *Hösch*, WiVerw 2000, 159 (178); *Krölls*, GewArch 1992, 281 (283).

754 *Grawert*, in: FS Blümel, 119 (135).

755 *Tettinger*, NJW 1998, 3473 (3474); *Hösch*, WiVerw 2000, 159 (179); *Kluth*, Grenzen, S. 70 f.; weitergehend fordert *Faber*, DVBl. 2003, 761 (762) zur Bestimmung der Eingriffsschwelle die Erheblichkeit und Finalität im Sinne von mindestens einer Inkaufnahme der Folgen.

756 *Pielow*, NWVBl. 1999, 369 (376); *R. Schmidt*, Öff. Wirtschaftsrecht AT, S. 525, 526; *Selmer*, in: Stober/Vogel (Hrsg.), 75 (83 f.); a. A. *Jarass*, DÖV 2002, 489 (493).

757 So *Pielow*, NWVBl. 1999, 369 (376); *Oebbecke*, in: Wallerath (Hrsg.), 13 (20); *Dickersbach*, WiVerw 1983, 187 (208 f.); *Tettinger*, DVBl. 1999, 679 (689).

758 *Grawert*, in: FS Blümel, 119 (135).

759 *M. Müller*, JZ 1998, 578 (579); *Brohm*, NJW 1994, 281 (286).

760 *Krölls*, GewArch 1992, 281 (284); *R. Schmidt*, Öff. Wirtschaftsrecht AT, S. 525.

ten der Kommune bei wirtschaftlichem Tätigwerden nicht mit Art. 20 Abs. 3 GG in Einklang stehe und grundrechtlich nicht geduldet zu werden brauche, könnten daraus Unterlassungs- und Beseitigungsansprüche entstehen.[761] Allerdings könnten diese nicht die wirtschaftliche Betätigung als solche betreffen, sondern erst die zuständigkeitswidrige und gleichzeitig marktrelevante Ausweitung des Geschäftsumfangs sowie das konkrete, zuständigkeitswidrige Markt- bzw. Wettbewerbsverhalten der Kommune.[762] Die jeweilige wirtschaftliche kommunale Betätigung ist darauf zu untersuchen, ob sie auf einer gesetzlichen Grundlage beruht, einen legitimen Zweck verfolgt und die private Freiheit nicht unangemessen verkürzt.[763] Die kommunale Wirtschaftstätigkeit ist nach dieser Konzeption somit nicht verboten sondern lediglich rechtfertigungsbedürftig.[764]

Diese Ansicht ist aber aus mehreren Gründen in Zweifel zu ziehen und abzulehnen: Zunächst ist die Abwanderung von Kunden allein noch kein Grundrechtseingriff in Art. 12 Abs. 1 GG, da dieser keinen bestimmten, festliegenden Kundenanteil schützt. Die Erwerbschancen als solche werden durch das bloße Auftreten eines kommunalen Unternehmens zumindest rechtlich nicht geschmälert.[765] Für einen Grundrechtseingriff muss zumindest die Ausnutzung der Sonderstellung gerade als kommunales Unternehmen hinzukommen.[766] Zudem kann das bloße Auftreten des kommunalen Unternehmens an sich nicht schon als faktischer Grundrechtseingriff qualifiziert werden, da dies eine Erweiterung des Grundrechtsgehalts vom bloßen Freiheitsrecht zu einem Betätigungsschutz zugunsten Privater zur Folge hätte. Von einem solchen Vorbehalt wirtschaftlicher Betätigung zugunsten Privater ist aber im GG nicht die Rede.[767] Die Grundrechte bieten auch sonst nicht vor faktischen Nachteilszufügungen jeglicher Art Schutz.[768] Deshalb wird vereinzelt darauf abgestellt, ob die Aktivitäten öffentlicher Unternehmen auf irgendeine Weise von der öffentlichen Hand begünstigt würden. Sei dies der Fall, hinge der Grundrechtseingriff vom Gewicht der Beeinträchtigung der Konkurrenten ab.[769]

---

761 *Grawert*, in: FS Blümel, 119 (135); *Löwer*, VVDStRL 60 (2001), 416 (445 f.).

762 *Grawert*, in: FS Blümel, 119 (135).

763 *Hösch*, WiVerw 2000, 159 (178).

764 *Pielow*, NWVBl. 1999, 369 (376); *Britz*, NVwZ 2001, 380 (381 m. Fn. 15).

765 *Kluth*, WiVerw 2000, 184 (200).

766 *Dolde*, ZHR 166 (2002), 515 (519) m. w. N.; *Jarass*, DÖV 2002, 489 (492 ff.).

767 *Kluth*, WiVerw 2000, 184 (200).

768 *Ehlers*, JZ 1990, 1089 (1096); Gutachten DJT, S. 40; *ders*, in: Wurzel/Schraml/Becker (Hrsg.), Rechtspraxis, Teil B Rn. 55.

769 Differenzierend *Jarass*, DÖV 2002, 489 (494); a. A. *Ehlers*, in: Wurzel/Schraml/Becker (Hrsg.), Rechtspraxis, Teil B Rn. 55. f.

(2) Nicht marktkonformes Verhalten als Grundrechtseingriff

Eine zweite, weniger weitgehende Ansicht versucht die dogmatische Entwicklung zum faktischen Grundrechtseingriff auf die kommunale wirtschaftliche Betätigung zu übertragen. Fraglich ist dabei insbesondere, nach welchen Kriterien sich das Vorliegen eines Eingriffs bestimmt.[770] Nach der von *Scholz* entwickelten Dogmatik des „Eingriffs durch Konkurrenz"[771] muss der private Konkurrent nicht nur in einem Wettbewerbsverhältnis zu dem öffentlichen Unternehmen stehen, sondern auch in einer grundrechtlichen Rechtsposition wie durch einen Eingriff verletzt werden.[772] Entscheidend ist somit die Eingriffswirksamkeit der öffentlichen Wirtschaftstätigkeit.[773] Aufgrund des systemimmanenten Konfliktpotentials im Verhältnis zu privaten Unternehmen bedarf die öffentliche Konkurrenzwirtschaft immer der Rechtfertigung durch Zwecke des Gemeinwohls.[774] Als Eingriff ist es deshalb zum einen anzusehen, dass kommunale wirtschaftliche Unternehmen allein den erwerbswirtschaftlichen Zweck der Gewinnerzielung ohne Bindung an einen Gemeinwohlzweck und die sonstigen Vorgaben der kommunalen Wirtschaftsklausel verfolgen.[775] Als zweite Fallgruppe für das Vorliegen eines Eingriffs wird angeführt, dass sich die öffentliche Verwaltung bei ihrer Teilnahme am wirtschaftlichen Wettbewerb nicht marktkonformer Mittel bedient und dadurch in die Grundrechte privater Wettbewerber eingreift.[776] Da das Marktverhalten kommunaler Unternehmen anderen Rechtsbindungen unterliege als das privater Unternehmer, sei eine andere Wertungsschwelle für nicht marktkonforme Maßnahmen und Verhaltensweisen anzulegen, nämlich das Übermaßverbot, welches über das Merkmal der berufsregelnden Tendenz

---

770 *Kluth*, WiVerw 2000, 184 (193) m. w. N. in Fn. 66; *Breuer*, in: HdBStR VI, § 148 Rn. 59 f.

771 *Scholz*, in: Maunz/Dürig, GG, Art. 12 Rn. 401.

772 *Badura*, in: FS Schlochauer, 3 (21); *ders.*, ZHR 146 (1982), 448 (460).

773 *Badura*, ZHR 146 (1982), 448 (460); a. A. *Hösch*, WiVerw 2000, 159 (178): jede Grenzziehung sei willkürlich.

774 *Breuer*, in: HdBStR VI, § 148 Rn. 60.

775 *Breuer*, in: HdBStR VI, § 148 Rn. 61; *Ruffert*, NVwZ 2000, 763 (764); *ders.*, VerwArch 92 (2001), 27 (36); nach *Selmer*, in: Stober/Vogel (Hrsg.), 75 (97) kommt es beim Spannungsverhältnis zwischen Grundrechtsbindung und Wirtschaftlichkeitsprinzip auf die Entscheidungen der Unternehmensführung an.

776 *Huber*, in: Stober (Hrsg.), Rechtsschutz, S. 59; *ders.*, Konkurrenzschutz, S. 317 f.; 350; *Manssen*, in: v. Mangoldt/Klein/Starck, GG, Art. 12 Rn. 80 f.; *Kluth*, in: Stober/Vogel (Hrsg.), 23 (28); *ders.*, WiVerw 2000, 184 (200 f.); auf die Marktkonformität bereits eingehend *ders.*, Grenzen, S. 70 f.; *Lindner*, Verwaltungsgerichtliche Klagemöglichkeit, S. 110; *Frenz*, Verwaltungsgerichtlicher Rechtsschutz, S. 99; *Schricker*, Wirtschaftliche Tätigkeit, S. 31 ff.; *Knauff/Nolte*, VR 2003, 3 (9); *Breuer*, in: HdBStR VI, § 148 Rn. 61; differenzierend *Scholz*, in: Maunz/Dürig, GG, Art. 12 Rn. 401 ff., krit. *Schliesky*, Öff. Wettbewerbsrecht, S. 90 f.

konkretisiert werde.[777] Das Übermaßverbot erfordere insofern, dass der Staat nur dort eigene wirtschaftliche Zuständigkeiten begründen oder unternehmen dürfe, wo ein entsprechendes Erfordernis dafür besteht und private Wirtschaftsfreiheiten nicht in unverhältnismäßiger Weise beeinträchtigt werden.[778] Die berufsregelnde Tendenz des Eingriffs liege dann vor, wenn mit der kommunalen Wettbewerbsteilnahme spezifische Lenkungs- oder Gestaltungszwecke verfolgt werden, beispielsweise wenn dadurch eine Versorgung zu Bedingungen unterhalb des Marktpreises erreicht werden soll oder wenn besondere Wettbewerbslagen durch die Koppelung mit hoheitlichen Leistungen ausgenutzt werden. Da den privaten Konkurrenten ein solches Verhalten nicht möglich sei, sei es als nicht marktkonform und damit als Grundrechtseingriff mit objektiv berufsregelnder Tendenz anzusehen.[779] Dies dürfte im Übrigen auch im Bereich der Ausweitung der kommunalen wirtschaftlichen Betätigung auf neue Geschäftsfelder der Fall sein. Ausreichend, aber erforderlich für die Annahme eines Grundrechtseingriffs ist somit, dass die Möglichkeit des privaten Konkurrenten, sich als verantwortlicher Unternehmer wirtschaftlich zu betätigen, in einem erheblichen Maße eingeschränkt wird.[780] Insofern befindet sich diese Ansicht auch auf der Linie der neueren Rechtsprechung, die für mittelbare Grundrechtseingriffe auf die Kriterien „Staatsautorität“, „schwerwiegende Folgen“, „Beabsichtigung oder Inkaufnahme der Folgen“ abstellt.[781]

Diesem Ansatz ist zuzustimmen, da er zwischen der zu engen und nicht mehr zeitgemäßen überkommenen Auffassung der Rechtsprechung und der zu weitgehenden Auffassung im Schrifttum, nach der bereits jede kommunale wirtschaftliche Betätigung per se als Eingriff angesehen wird, einen angemessenen und praktikablen Mittelweg und damit eine Möglichkeit zum sachgerechten Ausgleich der widerstreitenden Interessen gewährleistet. Festzustellen ist somit, dass rechtswidrige (mangels Vorliegen eines öffentlichen Zwecks) und marktinkonforme (im oben ausgeführten Sinne) kommunale wirtschaftliche Betätigungen grundsätzlich einen Grundrechtseingriff darstellen.

Fraglich ist schließlich allerdings noch, auf welcher Ebene dieser Eingriff durch Konkurrenz zu verorten ist. Der Grundrechtseingriff liegt entweder in dem Errichtungsbeschluss des Gemeinderats über die Errichtung, Übernahme oder we-

---

777 *Kluth*, WiVerw 2000, 184 (200 f.); ähnl. *Scholz*, in: Maunz/Dürig, GG, Art. 12 Rn. 405.

778 *Scholz*, in: Maunz/Dürig, GG, Art. 12 Rn. 405; ähnl. *Papier*, in: Maunz/Dürig, GG, Art. 14 Rn. 231; ausf. *Kluth*, Grenzen, S. 73 ff.; wohl auch *Harms*, BB 1986 Beil. 17, S. 12 f.

779 *Kluth*, WiVerw 2000, 184 (201).

780 *Selmer*, in: Stober/Vogel (Hrsg.), 75 (84); *Di Fabio*, in: Maunz/Dürig, Art. 2 Abs. 1 Rn. 122: bei „interventionistischer Wirkung“ oder „wenn aufgrund ihrer faktischen Auswirkungen fühlbar die Marktbedingungen für den privaten Grundrechtsträger verändert werden“.

781 *Ehlers*, JZ 1990, 1089 (1096); *ders.*, DVBl. 1998, 497 (502); *ders.*, Gutachten DJT, S. 40 f.

sentliche Erweiterung eines wirtschaftlichen Unternehmens auf der Grundlage der kommunalrechtlichen Zulässigkeitsbestimmungen, falls dieser eine hinreichend konkrete Zielvorgabe enthält, welche nur durch rechtswidriges oder marktinkonformes Verhalten erreicht werden kann, oder in den sonstigen Fällen im konkreten Marktverhalten des kommunalen Unternehmens, welches auf einer entsprechenden Entscheidung der Unternehmensleitung beruht.[782]

3. Verfassungsrechtliche Rechtfertigung

Ist somit ein Eingriff in Art. 12 Abs. 1 GG durch kommunale wirtschaftliche Betätigungen unter bestimmten Voraussetzungen zu bejahen, besagt dies aber noch nichts darüber, ob dieser Eingriff auch rechtswidrig und damit unzulässig ist. Insofern ist abschließend die Frage der Rechtfertigung der kommunalen wirtschaftlichen Betätigung im Einzelfall zu untersuchen.[783] Dies bestimmt sich nach den allgemeinen Maßstäben (Wahrung des Vorbehalts des Gesetzes durch eine hinreichend klare und bestimmte gesetzliche Ermächtigungsgrundlage, Vorliegen eines verfassungsmäßigen und durchgehend gesicherten öffentlichen Zwecks, Wichtigkeit der verfolgten Gemeinwohlbelange, Wahrung der Verhältnismäßigkeit bzw. des Übermaßverbots bei der Verfolgung des öffentlichen Zwecks).[784]

a) *Ermächtigungsgrundlage*

Als gesetzliche Ermächtigungsgrundlage für kommunales wirtschaftliches Tätigwerden sind die in den Gemeindeordnungen enthaltenen kommunalen Wirtschaftsklauseln heranzuziehen. Dagegen wird teilweise vorgebracht, dass sich die Forderung nach einer gesetzlichen Grundlage für jede Marktteilnahme nicht ohne eine prinzipielle Gewichtsverschiebung zum Nachteil der kommunalen Selbstverwaltung erfüllen lasse. Im internen Verhältnis zwischen Gemeinde und Staat stünde die Entscheidung darüber, welche Aufgaben auch formell öffentliche Aufgaben und zu „verstaatlichen" und welche umgekehrt zu privatisieren seien, hinsichtlich der örtlich bezogenen Aufgaben grundsätzlich der Gemeinde zu. Durch das Erfordernis einer Ermächtigungsgrundlage wandere die Entscheidungszuständigkeit von der Gemeinde zum Gesetzgeber und damit zum Staat. Das Aufgabenzugriffsrecht aus Art. 28 Abs. 2 GG widerstreite dem grundrecht-

---

782 *Kluth*, WiVerw 2000, 184 (202).

783 *Schoch*, VBlBW 2000, 41 (44).

784 *Selmer*, in: Stober/Vogel (Hrsg.), 75 (84 f.); *Ehlers*, Gutachten DJT, S. 41; abgeschwächt *ders.*, Verwaltung, S. 103; *Battis*, GewArch 1982, 145 (150); *Di Fabio*, in: Maunz/Dürig, Art. 2 Abs. 1 Rn. 123; *Krölls*, GewArch 1992, 281 (284); *Rennert*, DV 35 (2002), 319 (345); *Henneke*, NdsVBl. 1998, 273 (277); *ders.*, Der Landkreis 1999, 226 (228); a. A. *Dickersbach*, WiVerw 1983, 187 (209); *Gusy*, JA 1995, 253 (253); zweifelnd *Schliesky*, JA 1997, 902 (905); *ders.*, DVBl. 1999, 78 (82 f.).

lichen Gesetzesvorbehalt.[785] Im Schrifttum wurde deshalb versucht, in Art. 28 Abs. 2 GG eine verfassungskräftige Relativierung des grundrechtlichen Gesetzesvorbehalts dadurch zu sehen, dass dem Gesetzesvorbehalt bereits mit der Existenz der Selbstverwaltungsgarantie selbst genügt sei, da diese als Ermächtigungsgrundlage ausreiche.[786]

Dieser Ansatz ist aber bereits deshalb abzulehnen, weil die Selbstverwaltungsgarantie und die Grundrechte der Konkurrenten einander nicht gleichrangig gegenüberstehen. Art. 28 Abs. 2 GG regelt die interne Zuständigkeitsverteilung im Staat und stellt keinen Eingriffstitel gegenüber den Bürgern dar, während die Grundrechte das Außenverhältnis der öffentlichen Gewalt insgesamt zum Bürger betreffen. Die Grundrechtsfrage ist aber logisch vorrangig, denn was die Verwaltung insgesamt nicht darf, darf auch die Kommunalverwaltung nicht.[787] Eine kommunalwirtschaftliche Betätigung ist deshalb ohne weiteren Kompetenztitel nur erlaubt, wenn nicht in Grundrechte eingegriffen wird. Als Ermächtigungsgrundlagen für Grundrechtseingriffe sind deshalb die kommunalen Wirtschaftsklauseln heranzuziehen, die im Übrigen auch hinreichend detailliert und bestimmt sind.[788] Käme den kommunalwirtschaftlichen Bestimmungen kein Befugnischarakter zu, würden ansonsten alle Grundrechtseingriffe auch eine (nicht gerechtfertigte) Grundrechtsverletzung darstellen.[789] Der Gesetzgeber wird deshalb zu der Festlegung gezwungen, zu welchen öffentlichen Aufgaben und in welchem Umfang die Verwaltung sich wirtschaftlich betätigen dürfen soll, und muss entsprechend hinreichende Ermächtigungsgrundlagen hierfür erlassen.[790] Diese Auffassung darf aber nicht mit der These gleichgesetzt werden, die Gemeinden seien aufgrund sonstiger, außerhalb der Selbstverwaltungsgarantie wurzelnder Verfassungsgrundsätze zum Wirtschaften nur aufgrund ausdrücklicher kompetenzrechtlicher Ermächtigung befugt, so dass die kommunalen Wirtschaftsklauseln solche Tätigkeiten nicht einschränken, sondern den Weg zu ihr erst freigeben.[791] Diese These wurde vom VerfGH Rh.-Pf. mit der Begründung zurückgewiesen, dass den Gemeinden ihr Selbstverwaltungsrecht zwar nur in den allgemein geltenden Grenzen wie zum Beispiel dem Vorbehalt des Parla-

---

785 *Rennert*, JZ 2003, 385 (396).

786 *Wieland/Hellermann*, Schutz des Selbstverwaltungsrechts, S. 31 f.; *dies.*, DVBl. 1996, 401 (408); *Oebbecke*, in: Wallerath (Hrsg.), 13 (20); *M. Pagenkopf*, GewArch 2000, 177 (178 f.); a. A. *Gusy*, JA 1995, 253 (253).

787 *Rennert*, JZ 2003, 385 (396); *ders.*, DV 35 (2002), 319 (346); *Kluth*, in: Stober/Vogel (Hrsg.), 23 (28).

788 *Ehlers*, Gutachten DJT, S. 47 f.; *Jarass*, DÖV 2002, 489 (495); *Di Fabio*, in: Maunz/Dürig, Art. 2 Abs. 1 Rn. 123; *Erichsen*, Gemeinde und Private, S. 31; *Storr*, Der Staat als Unternehmer, S. 421 f.; a. A. VerfGH Rh.-Pf., DVBl. 2000, 992 (993); abl. auch *Oebbecke*, in: Wallerath (Hrsg.), 13 (20 f.).

789 *Ehlers*, Gutachten DJT, S. 86.

790 *Rennert*, JZ 2003, 385 (396).

791 *Löwer*, Energieversorgung, S. 217 ff., insbes. S. 223 ff.

mentsgesetzes zustünde, dieser Vorbehalt für die wirtschaftliche Betätigung aber nicht gelte, da keine Grundrechtsverletzungen Privater ersichtlich seien, solange sich der Staat auf einen legitimen öffentlichen Zweck stütze.[792]

Als gesetzliche Ermächtigungsgrundlage sind somit die Zulässigkeitsbestimmungen des Gemeindewirtschaftsrechts heranzuziehen, da durch diese die gemeindliche Tätigkeit nicht nur beschränkt, sondern im Übrigen auch freigesetzt wird.[793] Diese stellen Ausgestaltungen und Beschränkungen des Selbstverwaltungsrechts dar.[794] Durch die Regelungen der §§ 102 ff. GemO wird anerkannt, dass die gemeindliche Aufgabenerfüllung in Teilbereichen auch durch wirtschaftliche Betätigung betrieben werden kann.[795] Für die Rechtfertigung des Eingriffs kommt es somit zunächst darauf an, ob eine wirtschaftliche Betätigung der Kommune auf der Grundlage der kommunalen Wirtschaftsklausel erfolgt und damit eine Legitimation durch eine gesetzliche Grundlage gegeben ist oder nicht. Bei Bejahung dieser Frage können die privaten Konkurrenten ggf. die Einhaltung dieser Norm beanspruchen, soweit diese als Schutznorm anerkannt ist. Besteht zwar eine Ermächtigungsgrundlage für das wirtschaftliche kommunale Handeln, steht das fragliche Verhalten aber damit nicht in Einklang, muss dieses nicht geduldet werden.[796] Bei einer solchen Rechtswidrigkeit ist eine Rechtfertigung der Grundrechtsbeeinträchtigung nicht möglich und somit eine Grundrechtsverletzung unabhängig vom Umfang ihres spürbaren Beeinträchtigungseffektes oder vom Eingreifen der Verdrängungsschwelle zu bejahen.[797] Fehlt es dagegen an einer gesetzlichen Ermächtigungsgrundlage, so hat ohnehin jeder Eingriff zu unterbleiben, mit anderen Worten kann der Konkurrent das Unterlassen bzw. die Einstellung des fraglichen kommunalen wirtschaftlichen Handelns verlangen.[798] Insofern hat die hier vertretene Auffassung zum Vorliegen eines Grundrechtseingriffs den Vorteil, dass die grundsätzliche Zulässigkeit der staatlichen und insbesondere kommunalen wirtschaftlichen Betätigung gewahrt bleibt und trotzdem ein Schutz privater Konkurrenten durch Art. 12 Abs. 1 GG bereits unterhalb der Schwelle zum Verdrängungswettbewerb und der anderen von der Rechtsprechung entwickelten Kriterien erreicht wird.

---

792 VerfGH Rh.-Pf., DVBl. 2000, 992 (993), zust. *Henneke*, DVBl. 2000, 997 f.

793 *Di Fabio*, in: Maunz/Dürig, Art. 2 Abs. 1, Rn. 123; *Hösch*, DÖV 2000, 393 (396); *Jarass*, DÖV 2002, 489 (495); *Schmittat*, ZHR 148 (1984), 428 (435); *Ehlers*, Gutachten DJT, S. 48, 69; *Wessel*, NvwZ 2002, 1083 (1083); a. A. *Hellermann*, Örtliche Daseinsvorsorge, S. 205; skeptisch auch *Rennert*, JZ 2003, 385 (396).

794 *W. Meyer*, WiVerw 2003, 57 (59); *Hellermann*, Örtliche Daseinsvorsorge, S. 205.

795 *Kunze/Bronner/Katz/v. Rotberg*, GemO f. BW, § 102 Rn. 10; ähnl. *H. Pagenkopf*, KommunalR, Bd. 2, S. 150; *Burmeister*, in: Püttner (Hrsg.), HKWP V, § 93 A, S. 39 f.

796 *Schink*, NVwZ 2002, 129 (138); *Grawert*, in: FS Blümel, 119 (135); *H. Meyer*, NvwZ 2002, 1075 (1075); *Battis*, GewArch 1982, 145 (150).

797 *Battis*, GewArch 1982, 145 (150).

798 BVerwGE 87, 37 (43 f.); *Huber*, Konkurrenzschutz, S. 330.

b) Verhältnismäßigkeit

Ist das Vorliegen einer gesetzlichen Ermächtigungsgrundlage und das tatbestandliche Vorliegen der kommunalrechtlichen Zulässigkeitsvoraussetzungen zu bejahen, müssen die Eingriffe in die Berufsausübung privater Wettbewerbsteilnehmer durch die kommunale wirtschaftliche Betätigung nach der sog. „Drei-Stufentheorie" durch vernünftige Erwägungen des Gemeinwohls und damit in verhältnismäßiger Weise gerechtfertigt sein, um damit dem Grundsatz der Verhältnismäßigkeit zu genügen.[799] Dieser Grundsatz (auch Übermaßverbot genannt)[800] stellt ein Prinzip mit Verfassungsrang dar, dessen verfassungsrechtliche Verortung umstritten ist,[801] das aus den drei Komponenten der Geeignetheit, der Erforderlichkeit und der Verhältnismäßigkeit besteht. Dem Übermaßverbot kommt praktische Bedeutung für den gerichtlich erzwingbaren Rechtsschutz als Begrenzung staatlicher Eingriffe zu.[802]

Die Rechtfertigung hängt zunächst vom verfolgten öffentlichen Zweck ab.[803] Der von der Gemeinde ausgewiesene öffentliche Zweck der kommunalen konkurrenzwirtschaftlichen Betätigung muss auf einer in jeder Hinsicht sachgerechten Gemeinwohlkonstituierung beruhen.[804] Weiterhin muss der Eingriff geeignet sein, den damit verfolgten öffentlichen Zweck zu erfüllen; er muss erforderlich sein, d. h. das mildeste unter den zur Verfügung stehenden Mitteln darstellen, um diesen Zweck zu erreichen. Schließlich muss der Eingriff auch verhältnismäßig im engeren Sinne (angemessen) sein. Dies bedeutet, dass der verfolgte Zweck nicht außer Verhältnis zur Grundrechtsbeeinträchtigung des hiervon Betroffenen stehen darf, was im Wege einer Interessenabwägung zu ermitteln ist.

Im Blick auf die Geeignetheit und Erforderlichkeit der kommunalen wirtschaftlichen Betätigung kommt der Gemeinde ein Einschätzungsvorrang in Bezug auf die vorgefundene Situation und im Hinblick auf das, was angesichts dieser Situation zur Zweckerreichung bzw. –förderung getan werden soll, ein Prognosevorrang in Bezug auf die künftige Entwicklung der dafür bedeutsamen Umstände

---

799 *Henneke*, NdsVBl. 1998, 273 (277); *Isensee*, DB 1979, 145 (149); *Tettinger*, NJW 1998, 3473 (3474); *Schink*, NVwZ 2002, 129 (138); *Jarass*, DÖV 2002, 489 (495); *Pieroth/Hartmann*, DVBl. 2002, 421 (424); *Krölls*, GewArch 1992, 281 (286); ausf. *Papier*, DVBl. 1984, 801 (804 f.); *R. Schmidt*, Öff. Wirtschaftsrecht AT, S. 526, weist aber darauf hin, dass diese nicht vobehaltslos auf den faktischen Grundrechtseingriff übertragen werden kann; zust. *Storr*, Der Staat als Unternehmer, S. 184 f.

800 Die Terminologie ist uneinheitlich, vgl. *Krebs*, Jura 2001, 228 (228).

801 Überwiegend wird auf das Rechtsstaatsprinzip abgestellt, die Gegenauffassung zieht die Grundrechte heran, vgl. den Diskussionsstand bei *Krebs*, Jura 2001, 228 (229, 233, 234).

802 *Hoffmann-Becking*, in: FS Wolff, 445 (448); a. A. *Badura*, ZHR 146 (1982), 448 (459 f.); *Stober*, BB 1989, 716 (718).

803 *Kluth*, in: Stober/Vogel (Hrsg.), 23 (28).

804 *Selmer*, in: Stober/Vogel (Hrsg.), 75 (92) m. w. N.

und Tatsachen zu.[805] Da der Zweck bloßen Erwerbsstrebens bereits als verfassungsrechtlich unzulässig und damit als rechtswidrig ausgeschieden wurde, kann dieser mit Verhältnismäßigkeitserwägungen nicht gerechtfertigt werden.[806] Hinsichtlich der Stufe der Geeignetheit ist maßgeblich, dass die kommunale Tätigkeit den von ihr verfolgten legitimen Zweck grundsätzlich erfüllen kann.[807] Die alternative Erbringung dieses Angebots bzw. dieser Dienstleistungen durch private Konkurrenten ist für diese Stufe irrelevant.

Für die Erforderlichkeit kommt es darauf an, dass die kommunale Wirtschaftstätigkeit das mildeste unter den in gleichem Maße geeigneten Zweckerreichungsmitteln ist. Als milderes Mittel kommt ein Verzicht auf ein Leistungsangebot in Betracht, das vor Ort durch private Unternehmer besser und wirtschaftlicher erfüllt wird, da dadurch auch die Wettbewerbsfreiheit privater Leistungsanbieter nicht berührt wird.[808] Ist dies der Fall, ist ein staatlicher Eingriff in Rechte der Bürger unzulässig. Der Konkurrent wird durch den Grundsatz der Erforderlichkeit vor Eingriffen des Staates in seine subjektiven Rechte durch eine gerichtlich erzwingbare Begrenzung der wirtschaftlichen Betätigung der öffentlichen Hand geschützt.[809] Insofern ist der Verhältnismäßigkeitsgrundsatz im Einzelfall nicht auf die Art und Weise des staatlichen Eingriffs beschränkt, sondern kann auch die Zulässigkeit als solche erfassen und so die Unterlassung eines Eingriffs nach sich ziehen.[810] Die Erforderlichkeit eines Eingriffs ist demgegenüber zu bejahen, wenn eine unternehmerische Aktivität der öffentlichen Hand erforderlich ist, um eine „Marktlücke“ oder ein „Teilversagen“ privater Unternehmenszweige im öffentlichen Interesse zu beheben.[811] Eine inhaltliche Reduktion der Anwendung des Verhältnismäßigkeitsgrundsatzes mag entgegen diverser Ansätze in Literatur allenfalls für den Altbestand öffentlicher Unternehmen aufgrund der sonst drohenden Reprivatisierungspflicht vertretbar sein, nicht jedoch für die Neugründung bzw. Expansion öffentlicher Wirtschaftsunternehmen.[812]

Für die Stufe der Verhältnismäßigkeit im engeren Sinn ist schließlich maßgeblich, ob der Zweck der Maßnahme schwerer wiegt als das Rechtsgut, in das eingegriffen wird. Die grundrechtlich geschützte wirtschaftliche Betätigungsfreiheit steht insofern dem Zweck der jeweils ausgeübten kommunalen wirtschaftlichen Tätigkeit gegenüber. Bei der Gesamtabwägung muss zwischen der Schwere des

805 *Selmer*, in: Stober/Vogel (Hrsg.), 75 (92); *Ehlers*, Gutachten DJT, S. 76.
806 *Löwer*, VVDStRL 60 (2001), 416 (429).
807 *Grupp*, ZHR 140 (1976), 367 (388); *Erbguth/Schlacke*, NWVBl. 2002, 258 (263).
808 *Erbguth/Schlacke*, NWVBl. 2002, 258 (263); *Ehlers*, Gutachten DJT, S. 76 f.; *Hösch*, WiVerw 2000, 159 (180); *Schmittat*, ZHR 148 (1984), 428 (455 f.).
809 *Hoffmann-Becking*. in: FS Wolff, 445 (452).
810 Instruktiv *Hoffmann-Becking*, in: FS Wolff, 445 (451); *Löwer*, VVDStRL 60 (2001), 416 (429).
811 *Krölls*, GewArch 1992, 281 (288); *Selmer*, in: Stober/Vogel (Hrsg.), 75 (93).
812 Ausf. *Krölls*, GewArch 1992, 281 (288 f.) m. w. N.

in der Zulassung des kommunalen Wettbewerbers bzw. den dieser Zulassung zuzurechnenden wirtschaftlichen Auswirkungen liegenden Eingriffs einerseits und der Dringlichkeit der die öffentliche Konkurrenzwirtschaft rechtfertigenden Gründe andererseits die Grenze der Zumutbarkeit für die privaten Unternehmer (noch) gewahrt sein.[813] Die Auswirkungen auf die Privatwirtschaft sind dabei in Rechnung zu stellen.[814] Die Übernahme von Aufgaben, die auch von privaten Wirtschaftsunternehmen erbracht werden, durch öffentliche Unternehmen stellt dabei in aller Regel eine Beschränkung der Grundrechte privater Unternehmer aus Artt. 12 und 14 GG dar. Auch eine faktische Grundrechtsbeschränkung durch die wirtschaftliche Betätigung der öffentlichen Hand muss den Privatunternehmern noch zumutbar sein; daran fehlt es, wenn die die Funktionsverlagerung rechtfertigenden Gründe außer Verhältnis zur Schwere des Eingriffs in die Grundrechte stehen.[815]

IV. Abwehrposition aus Art. 14 Abs. 1 GG

Zum verfassungsrechtlichen Begriff des Eigentums gehören alle vermögenswerten Rechte des Privatrechts, nach mittlerweile wohl h. M. auch das Recht am eingerichteten und ausgeübten Gewerbebetrieb.[816] Art. 14 Abs. 1 GG schützt grundsätzlich auch den Bestand an vermögenswerten Rechten und ihre wirtschaftlich sinnvolle Verwendungsmöglichkeit.[817] Allerdings schützt Art. 14 GG weder Erwerbs- oder Wettbewerbschancen Privater, noch gewährt er Schutz vor Konkurrenz.[818] Art. 14 GG verbietet aber erst Recht nicht die Fortsetzung einer überkommenen öffentlichen Eigenwirtschaft.[819] Geschützt ist vielmehr nur das

---

813 *Selmer*, in: Stober/Vogel (Hrsg.), 75 (93); *Schmittat*, ZHR 148 (1984), 428 (456).

814 *Ehlers*, Gutachten DJT, S. 77.

815 *Grupp*, ZHR 140 (1976), 367 (389); *Selmer*, in: Stober/Vogel (Hrsg.), 75 (93 f.).

816 Dies wurde in der Rspr. bislang offengelassen, vgl. BVerfGE 93, 165 (175 f.); NJW 2002, 2621 (2625); so aber *Leisner*, in: HdBStR VI, § 49 Rn. 108 ff.; *Wendt*, in: Sachs (Hrsg.), GG, Art. 14 Rn. 26; *Papier*, in: Maunz/Dürig, GG, Art. 14 Rn. 95 ff.; *Schliesky*, Öff. Wettbewerbsrecht, S. 259 ff.; *Ehlers*, Verwaltung, S. 104 f.; *Reinhard*, DÖV 1990, 500 (503 f.); *Schlacke*, JA 2002, 48 (52); *Frenz*, Verwaltungsgerichtlicher Rechtsschutz, S. 98; krit. *Bryde*, in: v. Münch/Kunig, GG, Art. 14 Rn. 15; *Huber*, Konkurrenzschutz, S. 323; a. A. *Wieland*, in: Dreier, Art. 14 Rn. 44; *Kluth*, Grenzen, S. 78 f.

817 *Huber*, Konkurrenzschutz, S. 322 f.; *Kluth*, Grenzen, S. 83 f.; *R. Schmidt*, Öff. Wirtschaftsrecht AT, S. 130 ff.

818 OVG NRW, NVwZ 2003, 1520 (1524); *Frenz*, Verwaltungsgerichtlicher Rechtsschutz, S. 97.

819 *Breuer*, in: HdBStR VI, § 148 Rn. 59; *H. Meyer*, NVwZ 2002, 1075 (1076).

Ergebnis der Betätigung, das Erworbene.[820] Art. 14 GG schützt allerdings vor der Begründung einer Monopolstellung durch die Gemeinde.[821]

Auch hier wird vereinzelt auf die Figur des „Eingriffs durch Konkurrenz" zurückgegriffen. So soll ein Eingriff in Art. 14 Abs. 1 GG vorliegen, wenn die wirtschaftliche Tätigkeit der öffentlichen Hand zu einem „Bestandsschaden" bei der privaten Konkurrenz führt, wobei eine nachweisbare Betriebseinschränkung ausreichen soll. Abzustellen sei auf die Schwere und Tragweite des Eingriffs auf der Seite des Bürgers und auf die Gewichtigkeit des öffentlichen Zwecks auf Seite der wirtschaftlich tätigen Verwaltung.[822] Insofern kann auf die obigen Ausführungen zu Art. 12 Abs. 1 GG verwiesen werden, ohne diese Frage hier erneut zu vertiefen.

V. Aspekte des Gleichheitsgrundsatzes, Art. 3 Abs. 1 GG

Für einen Abwehranspruch kann auch auf Art. 3 Abs. 1 GG, den allgemeinen Gleichheitssatz, zurückgegriffen werden. Das von Art. 3 Abs. 1 GG statuierte Willkürverbot verlangt, dass wesentlich Gleiches nicht willkürlich ungleich und wesentlich Ungleiches nicht willkürlich gleich behandelt werden darf.[823] Als Konsequenz ergibt sich hieraus, dass Differenzierungen immer eines sachlichen Grundes bedürfen.[824] Ob die Berufung privater Konkurrenten auf Art. 3 Abs. 1 GG Erfolg versprechend ist, ist aus mehreren Gründen fraglich:

Zum einen wird bezweifelt, ob Art. 3 Abs. 1 GG überhaupt ein Recht im Sinne einer subjektiven Rechtsstellung entnommen werden kann oder ob der Gleichheitssatz nur bei vorausgesetzter rechtlicher Betroffenheit die Rechtsgleichheit gewährleistet.[825] Diese Bedenken greifen aber nicht durch, da mit Hilfe des Gleichheitssatzes eine ungleiche Gesetzeslage oder Rechtsanwendungspraxis

820 BVerfGE 30, 292 (335); 85, 360 (383); 88, 366 (377); 97, 67 (77).

821 BVerwG NJW 1995, 2938 (2939); BVerwGE 39, 329 (337); VGH BW, VBlBW 1983, 78 (79); *Gern*, KommunalR BW, Rn. 395; *Selmer* JuS 1995, 1136 f.; *Kopp/Schenke*, VwGO, § 42 Rn. 151; *Wieland*, DV 32 (1999), 217 (237); *Depenheuer*, in: v. Mangoldt/Klein/Starck, GG, Art. 14 Rn. 103; *Hidien*, Gemeindliche Betätigungen, S. 128 f.; *Reinhard*, DÖV 1990, 500 (503 f.); *Schlacke*, JA 2002, 48 (52); *Papier*, DVBl. 2003, 686 (689); *Frenz*, Verwaltungsgerichtlicher Rechtsschutz, S. 98; krit. *Breuer*, in: HdBStR VI, § 148 Rn. 59; *Schliesky*, Öff. Wettbewerbsrecht, S. 266; a. A. *Wendt*, in: Sachs (Hrsg.), GG, Art. 14 Rn. 51; *Kluth*, Grenzen, S. 79 ff.; *Ehlers*, Verwaltung, S. 105.

822 *Ehlers*, Verwaltung, S. 105; ähnl. *Wendt*, in: Sachs (Hrsg.), GG, Art. 14 Rn. 51.

823 BVerfGE 4, 144 (155); 35, 263 (272); 49, 148 (165); 86, 81 (87).

824 St. Rspr., vgl. BVerfGE 17, 122 (130); 71, 39 (53); 109 (118); zur neueren Differenzierung des BVerfG nach der Intensität der Ungleichbehandlung und zur „Neuen Formel" vgl. *Pieroth/Schlink*, Grundrechte, Rn. 438 ff.; *Osterloh*, in: Sachs (Hrsg.), GG, Art. 3 Rn. 8 ff.; allg. *Gusy*, JA 1995, 253 (253 f.).

825 VGH BW, VBlBW 1983, 78 (79 f.).

unterbunden werden kann.[826] Zum anderen schützt Art. 3 Abs. 1 GG private Wettbewerbsteilnehmer nur davor, dass ihr subjektives Recht auf Teilnahme am Wettbewerb durch die wirtschaftliche Betätigung der Gemeinde willkürlich beeinträchtigt wird. Das Willkürverbot wird dabei durch den öffentlichen Zweck der wirtschaftlichen Staatstätigkeit gewahrt.[827] Art. 3 Abs. 1 GG gewährt hingegen keinen generellen Anspruch auf Chancengleichheit, mit dem die Unzulässigkeit kommunaler Wirtschaftstätigkeit begründet werden könnte, sondern nur auf die Unterlassung der willkürlichen Ungleichbehandlung.[828] Der „effektive" Gewährleistungsbereich von Art. 3 Abs. 1 GG beschränkt sich somit darauf, die Gleichheit im Rahmen der tatsächlichen oder rechtlichen Gegebenheiten zu verbürgen; im Ergebnis ist somit nur eine Gewährleistung des gleichen Zugangs und der Gleichheit im Wettbewerb möglich. Insofern kann durchaus von Chancengleichheit gesprochen werden.[829]

Unabhängig davon zwingt Art. 3 Abs. 1 GG grundsätzlich zur Gleichbehandlung und möglichst marktkonformem Verhalten.[830] Denn die „Strukturvorteile" der wirtschaftlich tätigen Verwaltung bergen die Gefahr von Wettbewerbsvorteilen in sich und könnten deshalb die Frage nach der Vereinbarkeit mit Art. 3 Abs. 1 GG aufwerfen.[831] Diese ist differenziert zu beantworten: Tritt die wirtschaftlich tätige Gemeinde als gleichberechtigter Teilnehmer ohne das Ausspielen ihrer Strukturvorteile im wirtschaftlichen Wettbewerb auf, so liegt kein Verstoß gegen Art. 3 Abs. 1 GG vor. Ein solcher kann aber vorliegen, wenn das konkurrenzwirtschaftlich tätige kommunale Unternehmen gegenüber seinen privaten Konkurrenten durch besondere Konditionen privilegiert wird oder wenn es seine Strukturvorteile ausnutzt, wobei es auf das Ausmaß der Ungleichbehandlung im Einzelfall ankommt.[832] Allerdings kann auch eine solche Privilegierung

---

826 Ausf. *Kirchhof*, in: HdBStR V, § 124 Rn. 274 ff.; ähnl. *Schliesky*, Öff. Wettbewerbsrecht, S. 275; *Dürig*, in: Maunz/Dürig, GG, Art. 3 Abs. 1 Rn. 275 ff.; *Starck*, in: v. Mangoldt/Klein/Starck, GG, Art. 3 Abs. 1 Rn. 209; a. A. *Ehlers*, Verwaltung, S. 106; krit. *Gubelt*, in: v. Münch/Kunig, GG, Art. 3 Rn. 2.

827 VGH BW, VBlBW 1983, 78 (79 f.); *Gern*, KommunalR BW, Rn. 395; *Ronellenfitsch*, in: HdBStR III, § 84 Rn. 37; *Frenz*, Verwaltungsgerichtlicher Rechtsschutz, S. 102.

828 BVerwGE 39, 329 (337); *Schliesky*, Öff. Wettbewerbsrecht, S. 274; *Ehlers*, Verwaltung, S. 106 m. Fn. 106; *Emmerich*, Wirtschaftsrecht, S. 113 f.; *Schricker*, Wirtschaftliche Tätigkeit, S. 39; *Ronellenfitsch*, in: HdBStR III, § 84 Rn. 37; *Reinhard*, DÖV 1990, 500 (504); *Vitzthum/Kämmerer*, VBlBW 1997, 395 (397); *Schliesky*, Öff. Wettbewerbsrecht, S. 275; krit. *Breuer*, in: HdBStR VI, § 148 Rn. 59.

829 *Huber*, Konkurrenzschutz, S. 532 f; *Schliesky*, Öff. Wettbewerbsrecht, S. 276 m. w. N.; *ders.*, Öff. Wirtschaftsrecht, S. 86.

830 *Püttner*, Öff. Unternehmen, S. 134; *Huber*, Konkurrenzschutz, S. 535.

831 *Huber*, Konkurrenzschutz, S. 535; *Reinhard*, DÖV 1990, 500 (504).

832 *Huber*, Konkurrenzschutz, S. 535 f.

aus strukturellen Erwägungen gerechtfertigt sein, wenn die Kommune mit ihrer wirtschaftlichen Betätigung einem öffentlichen Zweck Rechnung trägt.[833]

VI. Das Auffanggrundrecht des Art. 2 Abs. 1 GG

Da die Wettbewerbsfreiheit nach heute h. A. von Art. 12 Abs. 1 GG erfasst wird und Art. 2 Abs. 1 GG in seiner Eigenschaft als Auffanggrundrecht[834] hinter Art. 12 Abs. 1 GG und ggf. Art. 14 Abs. 1 GG zurücktritt, kommt diesem Grundrecht für die hier zu untersuchende Fragestellung keine besondere Bedeutung zu. Denkbar wäre allenfalls eine Beeinträchtigung des Art. 2 Abs. 1 GG unter dem Aspekt der Handlungsfreiheit auf wirtschaftlichem Gebiet oder der Vertragsfreiheit.[835] Dabei ist darauf hinzuweisen, dass der moderne Eingriffsbegriff für Art. 2 Abs. 1 GG bislang nicht anerkannt ist.[836] Die durch Art. 2 Abs. 1 GG geschützte Wettbewerbsfreiheit gewinnt allerdings in Fällen an Gewicht, in denen Konkurrenten durch eine wirtschaftliche Betätigung von Kommunen, beispielsweise die Vermietung von Räumlichkeiten in der Kfz-Zulassungsstelle, begünstigt werden und möglicherweise darin ein mittelbarer Grundrechtseingriff zu sehen ist. Art. 12 Abs. 1 GG schützt ebenso wie Art. 14 Abs. 1 GG nicht vor der Beeinträchtigung der Wettbewerbschancen durch Begünstigung eines Konkurrenten. Insofern kann allenfalls Art. 2 Abs. 1 GG herangezogen werden, der jedoch erst verletzt ist, wenn die schutzwürdigen Interessen des Benachteiligten willkürlich vernachlässigt werden, wenn durch die einseitige Subventionierung eines Konkurrenten die Wettbewerbslage verzerrt und die wirtschaftliche Stellung des nicht begünstigten Unternehmens in unerträglichem Maße und unzumutbar geschädigt wird.[837]

VII. Ergebnis

Die vorangegangenen Überlegungen haben gezeigt, dass nach derzeitigem Stand der Rechtsprechung die Berufung betroffener privater Konkurrenten auf die Grundrechte kaum Erfolg versprechend sein dürfte. Demgegenüber sprechen gewichtige Argumente dafür, einen von der überkommenen Dogmatik der Rechtsprechung abweichenden „Eingriff durch Konkurrenz" anzuerkennen, um auf diese Weise eine rechtswidrige bzw. nicht marktinkonforme kommunale wirtschaftliche Betätigung unter Berufung auf Art. 12 Abs. 1 GG mit Aussicht

---

833 *Schlacke*, JA 2002, 48 (52); *Rocke*, DVBl. 1973, 398 (401); *Huber*, Konkurrenzschutz, S. 536 f.; ähnl. *Starck*, in: v. Mangoldt/Klein/Starck, GG, Art. 3 Abs.1 Rn. 43.

834 Statt aller *Pieroth/Schlink*, Grundrechte, Rn. 369.

835 Ausf. *Schliesky*, Öff. Wettbewerbsrecht, S. 272 f.; *ders.*, Öff. Wirtschaftsrecht, S. 84; ähnl. *Ehlers*, Verwaltung, S. 106; *Di Fabio*, in: Maunz/Dürig, Art. 2 Abs. 1 Rn. 80 f.

836 *Pieroth/Hartmann*, DVBl. 2002, 421 (424).

837 OVG NRW, NVwZ 2003, 1520 (1523 f.); NVwZ-RR 2005, 198 (200).

auf Erfolg gerichtlich angreifen zu können. Auch die Berufung auf Art. 3 Abs. 1 GG dürfte bei einer unzulässigen Koppelung zum Beispiel der Wahrnehmung kommunaler Aufgaben mit erwerbswirtschaftlicher Betätigung eine gewisse Erfolgsaussicht aufweisen.

B. Drittschützende Wirkung von § 102 Abs. 1 GemO

Die Feststellung, ob eine bestimmte Norm „Schutznorm" ist, ist bei Fehlen einer ausdrücklichen gesetzlichen Regelung im Wege der Auslegung anhand der vier klassischen Auslegungsmethoden *Savignys*[838] zu bestimmen.[839] Die Frage des Schutzzwecks lässt sich dabei jeweils nur für eine konkrete Norm feststellen.[840] Weiterhin besteht zwischen den einzelnen Auslegungsmethoden kein festes Rangverhältnis dahingehend, dass ihre jeweilige Gewichtung in jedem einzelnen Fall feststeht, da das einzelne Kriterium je nach Ausgestaltung des Falles nicht immer gleich viel zur Auslegung beitragen kann. Vielmehr können und sollen sich die einzelnen Argumentationsgänge gegenseitig stützen.[841] Entscheidend für die Herausarbeitung des subjektiv-rechtlichen Gehalts sind die Aspekte des objektivierten Normzwecks, der Normstruktur und des umgebenden Normengefüges, aber auch des Willens des Gesetzgebers und der – historisch gewandelten – sozialen Institution, auf die sich die Regelung bezieht, wobei Wertigkeit und Gewichtung der einzelnen Kriterien vom jeweiligen Regelungsbereich der Norm abhängen.[842] Ausgangspunkt der Auslegung ist der Wortlaut der betreffenden gesetzlichen Regelung. Daran schließt sich die Würdigung des systematischen Kontexts, in den die untersuchte Norm eingebettet ist, und die Frage nach ihrem Sinn und Zweck (sog. teleologische Auslegung) an. Die sog. genetische/historische Auslegung ist nach überwiegender Ansicht nur von untergeordneter Bedeutung. Führen die vorgenannten Auslegungskriterien nicht zu einem eindeutigen Ergebnis, können die verfassungsrechtlichen Wertentscheidungen, insbesondere die Grundrechte, in ihrer norminternen Wirkungsweise wertverdeutlichend und systematisierend wirken.[843]

---

838 Vgl. *Rüthers*, Rechtstheorie, Rn. 698 ff.

839 BVerwG, DVBl. 1999, 100 (102); exemplarisch OLG München, GewArch 2000, 279 (282); *Wallerath*, NJW 2001, 781 (785); *Wernsmann*, DV 36 (2003), 67 (90); *Hoppenberg*, in: Hoppenberg, Handbuch des öffentlichen Baurechts, Teil H, Rn. 86; krit. *Bauer*, Geschichtliche Grundlagen, S. 140 ff.

840 *König*, Drittschutz, S. 51; *Geist-Schell*, Verfahrensfehler, S. 25.

841 *Larenz*, Methodenlehre, S. 345; ähnl. *Stober*, Handbuch, S. 725.

842 *Schmidt-Aßmann*, in: Maunz/Dürig, GG, Art. 19 Abs. 4 Rn. 139; ähnl. *Achterberg*, Allg. VerwR, § 17 Rn. 8, 18.

843 *Schmidt-Aßmann*, in: Maunz/Dürig, GG, Art. 19 Abs. 4 Rn. 128; *Bachof*, Verwaltungsgerichtliche Klage, S. 72 ff.; *Wahl*, in: Schoch/Schmidt-Aßmann/Pietzner, VwGO, Vorb. § 42 Abs. 2 Rn. 49 ff.; 75 ff., *Huber*, Konkurrenzschutz, S. 113 f.; *Diefenbach*, WiVerw 2003, 115 (117 f.).

I. Grammatikalische Auslegung

Erster Ansatzpunkt der Auslegung ist Wortlaut und Wortsinn der zu überprüfenden Norm. Im Idealfall ist diese klar und eindeutig formuliert:[844] So spricht die ausdrückliche Nennung „privater Belange" in einer Rechtsnorm nach der Rechtsprechung des BVerwG dafür, dass die Norm auch den privaten Belangen zu dienen bestimmt ist. Der drittschützende Charakter könne nur dann verneint werden, wenn sich aus dem Regelungszusammenhang hinreichende Anhaltspunkte ergäben, die deutlich erkennen ließen, dass die Norm gleichwohl nur dem öffentlichen Interesse dienen solle.[845] Ebenso stellt die ausdrückliche Erwähnung eines Betroffenen ein wichtiges Indiz für den Schutznormcharakter dar. Deshalb werden Anhörungs- und Beteiligungsrechte, die Dritten in einem der Verwaltungsentscheidung vorangehenden Verwaltungsverfahren eingeräumt werden, überwiegend als Indizien dahingehend bewertet, dass diese Norm die genannten Dritten auch schützen will.[846] Dementsprechend kann eine Vorschrift aber auch jeden subjektivrechtlichen Gehalt explizit ausschließen. Eine ausdrückliche gesetzgeberische Entscheidung ist dabei nach der Schutznormlehre in jedem Falle hinzunehmen, da ein Gesetz auch andere Aufgaben als den Interessenausgleich zwischen Rechtssubjekten haben kann.[847] Wenn der Wortlaut des Gesetzes hinsichtlich des Gesetzeszwecks auch vielfach keine ausdrückliche Berechtigung des Einzelnen einräumt, kann gleichwohl ein subjektives öffentliches Recht gegeben sein, was eine weitergehende Auslegung notwendig macht.[848] Im Ergebnis ist festzuhalten, dass die grammatikalische Auslegung nur in den seltensten Fällen allein tragfähig ist.[849]

Auf eine grammatikalische Auslegung des Termins „öffentlicher Zweck" soll an dieser Stelle verzichtet werden, weil diese bereits an anderer Stelle geleistet wurde.[850] Überwiegend wird angenommen, dass der Terminus des „öffentlichen Zwecks" keinen Bezug zur Privatwirtschaft zum Ausdruck bringt und sich des-

---

844 Dies ist nach *Stober*, Handbuch, S. 124, sogar Voraussetzung für die Anwendung dieser Methode; vgl. allg. *Hidien*, Gemeindliche Betätigungen, S. 139 f.

845 BVerwG, DVBl. 1999, 100 (102) m. Anm. *Schmidt-Preuß*, DVBl. 1999, 103 ff. zum baurechtlichen Abwägungsgebot; VG Gießen, NVwZ-RR 2005, 201 (201).

846 *Huber*, Konkurrenzschutz, S. 109 f.; *Lindner*, Verwaltungsgerichtliche Klagemöglichkeit, S. 55 f.; krit. *Wolff/Bachof/Stober*, VerwR I, § 43 Rn. 34-36.

847 *Huber*, Konkurrenzschutz, S. 109 f.; *Schmidt-Aßmann*, in: Maunz/Dürig, GG, Art. 19 Abs. 4 Rn. 137; *Wernsmann*, DV 36 (2003), 67 (90).

848 *Bachof*, in: GS Jellinek, 287 (289); *Lindner*, Verwaltungsgerichtliche Klagemöglichkeit, S. 49 f. m. w. N.

849 *Hidien*, Gemeindliche Betätigungen, S. 140.

850 Vgl. hierzu *Hidien*, Gemeindliche Betätigungen, S. 140 ff. zum Begriff „Zweck" und S. 146 ff. zum Begriff „öffentlich".

halb keine Anhaltspunkte für einen möglichen Drittschutz entnehmen lassen.[851] Eine drittschützende Wirkung lässt sich aber eindeutig dem Wortlaut der „verschärften Subsidiaritätsklausel" in § 85 Abs. 1 Nr. 3 GemO Rh-Pf entnehmen, die ausdrücklich auf einen „privaten Dritten" abstellt. Denn diese werden, ein mindestens gleich gutes und wirtschaftliches Angebot ihrerseits vorausgesetzt, gegenüber der Kommune, die sich wirtschaftlich betätigen will, ausdrücklich privilegiert. Folgerichtig hat der VerfGH Rh.-Pf. für § 85 Abs. 1 Nr. 3 GemO Rh-Pf entschieden, dass sich bei einem solchen Gesetzeswortlaut auch die privaten Dritten auf diese Norm berufen können.[852] Dies gilt auch für den erst jüngst eingeführten § 121 Abs. 1 S. 1 Nr. 3 Hess. GO sowie für § 108 Abs. 1 Nr. 3 Saarl. KSVG. Zur Einräumung drittschützender Wirkung auch der Wortlaut des § 97 Abs. 1 Nr. 3 Sächs. GO dementsprechend geändert.[853] In gleicher Weise ist § 100 Abs. 3 S. 1 Bbg. GO zu beurteilen, der den Begriff des „privaten Anbieters" verwendet und damit eine klare Entscheidung zugunsten der Privatwirtschaft enthält.[854] Zwar dient diese Norm ausdrücklich dem „Interesse einer sparsamen Haushaltsführung" und nur insoweit, als „dies mit dem öffentlichen Interesse vereinbar ist". Allein deshalb entfällt aber nicht deren Individualbegünstigungszweck, da es für die Bejahung drittschützender Wirkung einer Norm ausreichend, aber auch erforderlich ist, wenn dieser Zweck auch nur nachrangig neben den öffentlichen Interesse oder einem anderen Zweck mitverfolgt wird.[855] Der individualisierende Wortlaut der genannten Vorschriften genügt auch dem Kriterium, dass drittschützende Vorschriften nicht nur den Schutz einer bestimmten abgrenzbaren Gruppe, sondern den Individualschutz bezwecken müssen.[856] Nach der Gegenansicht soll selbst eine solche eindeutige Gesetzesformulierung nicht für eine Bejahung der drittschützenden Wirkung ausreichen; allenfalls komme „eine Charakterisierung als 'kommunalverfassungsrechtlicher Programmsatz' in Betracht".[857]

---

851 Vgl. *Antweiler*, NVwZ 2003, 1466 (1467); *Diefenbach*, WiVerw 2003, 115 (134); a. A. hinsichtlich § 67 Abs. 1 DGO *Püttner*, GRUR 1964, 359 (361).

852 VerfGH Rh.-Pf., DVBl. 2000, 992 (995); OLG Karlsruhe, NVwZ 2001, 712 (713); *Henneke*, DVBl. 2000, 997 (999); *Schmahl*, LKV 2000, 47 (51); *Diefenbach*, WiVerw 2003, 115 (118); *Storr*, Der Staat als Unternehmer, S. 444; a. A. aber VG Trier, Beschl. v. 20.10.2004, Az. 1 L 1216/04 TR; zust. *Teufel/Kempkes*, AbfallR 2005, 57 (64 f.).

853 Gesetz zur Änderung des kommunalen Wirtschaftsrechts und des Sächsischen Wassergesetzes vom 4.3.2003, SächsGVBl. S. 55 ff.; vgl. *Sollondz*, LKV 2003, 297 (301 f.) u. *Tintelnot/Pommer*, SächsVBl. 2003, 205 (207 f.) jeweils m. w. N.; *v. Bechtoldsheim/Heilfort*, LKV 2005, 546 (548).

854 *Schmahl*, LKV 2000, 47 (51); *Diefenbach*, WiVerw 2003, 115 (118); nach *Seeberg*, LKV 1995, 353 (355) kann deshalb „von einer Subsidiarität der gemeindlichen Aufgabenerfüllung gesprochen werden".

855 *Diefenbach*, WiVerw 2003, 115 (118 f.); a. A. *Seeberg*, LKV 1995, 353 (355).

856 *Diefenbach*, WiVerw 2003, 115 (118).

857 *Schliesky*, Öff. Wettbewerbsrecht, S. 443 f.

In den „einfachen" Subsidiaritätsklauseln der Gemeindeordnungen der anderen Bundesländer wird lediglich ein Vergleich der wirtschaftlichen Betätigung der Kommune mit der eines „anderen", mit der „anderer Unternehmen" oder eines „Dritten" angestellt. Aus diesem objektiv-rechtlich gefassten Wortlaut lässt sich nach h. A. mangels Eindeutigkeit bzw. diesbezüglichem Aussagegehalt keine drittschützende Wirkung ableiten.[858] Die Regelung habe insofern in erster Linie Bedeutung im Verhältnis der Gemeinde zur staatlichen Aufsichtsbehörde.[859] Die Unergiebigkeit eines solchen Wortlauts wird teilweise auch von denjenigen Autoren anerkannt, die den kommunalen Wirtschaftsklauseln drittschützende Wirkung beimessen.[860] Formulierungen wie „ein anderer" machten lediglich deutlich, dass davon alle sonstigen Alternativen außerhalb der Kommune und damit auch andere öffentlich-rechtliche Träger gemeint seien, und nicht allein zwangsläufig nur die wirtschaftliche Tätigkeit von Privaten.[861]

Dass der Wortlaut von § 102 Abs. 1 GemO keinen Hinweis darauf enthält, dass die Bestimmung auch den Schutz von privaten Mitbewerbern bezweckt soll, bedeutet aber nicht, dass sie nicht dennoch drittschützend sein könnte. Der Wortlaut ist zumindest offen und auslegungsfähig.[862] Ein drittschützendes Verständnis kommt deshalb durchaus in Betracht, da von dem Terminus „anderer" gerade auch die Interessen der privaten Konkurrenten der Kommunen erfasst werden, welche sich von der Allgemeinheit abgrenzen lassen.[863]

---

858 OLG Karlsruhe, NVwZ 2001, 712 (713); OLG Karlsruhe, Urt. v. 14.11.2001 – 6 U 43/01; VG Gießen, NVwZ-RR 2005, 201 (201); *Stehlin*, NVwZ 2001, 645 (646); *Vitzthum/Kämmerer*, VBlBW 1997, 395 (396); *Knauff/Nolte*, VR 2003, 3 (7); *Schliesky*, Öffentliches Wettbewerbsrecht, S. 441 f.; *Meier*, VR 1998, 340 (343); *Otting*, DÖV 1999, 549 (551 f.); *Wieland*, DV 32 (1999), 217 (239); *M. Pagenkopf*, GewArch 2000, 177 (179 f., 184); *Heintzen*, Rechtliche Grenzen und Vorgaben, S. 87; *Schlacke*, NordÖR 2001, 229 (231).

859 *Badura*, DÖV 1998, 818 (821).

860 *Schoch*, Jura 1979, 601 (605); *ders.*; Übungen im Öff. Recht II, S. 215; *Erichsen*, Gemeinde und Private, S. 45; *ders.*, KommunalR NRW, S. 292; *Gerke*, Jura 1985, 349 (355); *Klein*, Teilnahme, S. 77 f.

861 *Lux*, NWVBl. 2000, 7 (8); *Schlacke*, JA 2002, 48 (50); dies wird nach *Jarass*, NWVBl. 2002, 335 (339) vielfach verkannt.

862 *Stehlin*, NVwZ 2001, 645 (646).

863 *Hadamek*, Ausarbeitung wiss. Dienste des Bundestags, S. 22; *Schoch*, Jura 1979, 601 (607); *ders.*, Übungen im Öff. Recht II, S. 216 f.; *Pünder*, DVBl. 1997, 1355 (1360); *Erdmann*, DVBl. 1998, 13 (19); *Kaltenborn*, WuW 2000, 488 (495); *Schink*, NVwZ 2002, 129 (138); *Darsow*, LKV 2002, 1 (6); *Kuntze*, Die Grenzen der erwerbswirtschaftlichen Betätigung der Kommunen, S. 71.

II. Systematische Auslegung

Mit dieser Methode wird auf den systematischen Zusammenhang, in dem sich die Norm befindet, auf das „umgebende Normgefüge“[864], d. h. auf den Sinnzusammenhang der Rechtssätze, ihre Stellung und Funktion im Gefüge der Rechtsinstitute, im System des Gesetzes und in der gesamten Rechtsordnung abgestellt.[865] Dadurch soll ein in sich möglichst widerspruchsfreies Rechtsnormensystem hergestellt werden.[866]

1. Systematische Einordnung der kommunalen Wirtschaftsklauseln

Zur Feststellung des Schutzes von Individualinteressen ist nach *Bühler* die „wirkliche Natur“ des Gesetzes zu erforschen.[867] Damit sollen Normen „instruktioneller Natur“ ermittelt werden, welche sich an Behörden richten und lediglich im staatlichen Innenverhältnis Verhaltenspflichten erzeugen. Da solche Normen keine Außenwirkung im Verhältnis Bürger-Hoheitsträger erzeugen und lediglich die Regelung staatlicher und kommunaler Organisation bezwecken, sollen sie als Grundlage subjektiver öffentlicher Rechte nicht in Betracht kommen.[868] Eine als subjektives Recht in Betracht kommende Vorschrift ist deshalb – quasi als Vorfrage – daraufhin zu untersuchen, ob sie rein organisationsrechtlichen Charakter hat oder ob ihr auch Außenwirkung zukommt.[869]

Von der überwiegenden Ansicht wird aus der systematischen Stellung des § 102 Abs. 1 GemO auf eine fehlende Eigenschaft als „Schutznorm“ geschlossen: § 102 Abs. 1 GemO stehe im dritten Abschnitt des mit „Gemeindewirtschaft“ überschriebenen dritten Teils der GemO und damit neben Regelungen über die Haushaltswirtschaft, das Gemeindevermögen und das Prüfungs- und Finanzwesen. Hauptziel der Normierungen des dritten Teils ist die ordnungsgemäße Sicherung und Verwaltung des Gemeindevermögens gemäß den allgemeinen Grundsätzen der Haushaltswirtschaft. Die allgemeinen Grundsätze für den Gemeindehaushalt normiert § 77 GemO, diejenigen für die Vermögensverwaltung § 91 GemO. Im Vordergrund dieser haushaltswirtschaftlichen Regelungen stehen die Sicherung der stetigen Erfüllung der gemeindlichen Aufgaben (§ 77 Abs. 1 GemO) und die Sparsamkeit und Wirtschaftlichkeit der Haushalts-

864 *Schmidt-Aßmann*, in: Maunz/Dürig, GG, Art. 19 Abs. 4 Rn. 139; *Larenz*, Methodenlehre, S. 324 ff.; *Rüthers*, Rechtstheorie, Rn. 744 ff.

865 *Wolff/Bachof/Stober*, VerwR I, § 28 Rn. 57; *Hidien*, Gemeindliche Betätigungen, S. 184 f.

866 *Achterberg*, Allg. VerwR, § 17 Rn. 16; *Stober*, Handbuch, S. 125.

867 *Bühler*, Die subjektiven öff. Rechte, S. 44.

868 *Bühler*, Die subjektiven öff. Rechte, S. 228, 449; *Bachof*, in: GS Jellinek, 287 (290); *Geist-Schell*, Verfahrensfehler, S. 16, 57 m. w. N.; *Schliesky*, Öff. Wettbewerbsrecht, S. 449.

869 *Lindner*, Verwaltungsgerichtliche Klagemöglichkeit, S. 51 f.

führung (§ 77 Abs. 2 GemO). Dieser Regelungszweck soll sich auch im dritten Abschnitt, den §§ 102 ff. GemO, widerspiegeln: So sollen die wirtschaftlichen Unternehmen gem. § 102 Abs. 2, 2. HS GemO einen Ertrag für den Haushalt abwerfen, und auch die nicht-wirtschaftlichen Unternehmen sind gem. § 102 Abs. 3 S. 2 GemO nach wirtschaftlichen Gesichtspunkten zu führen. Desweiteren sind die Gemeinden bei der Wahl privatrechtlicher Unternehmensformen gem. § 103 Abs. 1 S. 1 Nr. 4 GemO zur Haftungsbegrenzung verpflichtet. Die Normierungen der §§ 102 ff. GemO stellen sich deshalb nach überwiegender Auffassung lediglich als spezielle Ausformungen der allgemeinen Grundsätze der Haushaltswirtschaft, v. a. der Grundsätze der Wirtschaftlichkeit und Sparsamkeit, dar[870] und gehören zu den Normen der internen Gemeindeorganisation, die nicht das Verhältnis Bürger-Gemeinde regeln. Adressat dieser Normen sei nur die Gemeinde selbst, die dadurch in ihrem Aufgabenkreis begrenzt werden solle und ihre Kapazität den örtlichen Notwendigkeiten anpassen solle. Rechte Dritter würden dadurch nicht begründet, da den Grundsätzen der Wirtschaftlichkeit und Sparsamkeit, deren Ausprägung die kommunalen Wirtschaftsklauseln darstellten, kein konkurrenzschützender Charakter zukäme.[871] Geregelt werde durch diese Normen das Verhältnis von Kommune zum Staat. Deshalb handele es sich um eine „binnenrechtliche" Regelung für das Innenverhältnis verschiedener Träger der Staatsgewalt; für die Regelung der Rechtsbeziehungen zwischen Gemeinde und Privatunternehmen fehle es an deren Individualisierbarkeit.[872]

Hat diese Argumentation auf den ersten Blick durchaus eine gewisse Plausibilität für sich, so wird bei näherer Betrachtung schnell deutlich, dass einer solchen Interpretation allenfalls Indizwirkung zukommen kann. Selbst wenn die umgebenden Normen der zu untersuchenden Vorschrift haushaltsrechtliche Regelungen darstellen, stellt sich die Frage, warum dies per se auch für die in Streit stehende Norm gelten sollte. Durch den – zu Argumentationszwecken einmal unterstellten – konkurrenzschützenden Charakter würde die Regelung des § 102 Abs. 1 GemO nämlich gerade aus dem Kreis der sie umgebenden haus-

---

870 *Kluth*, Grenzen, S. 87 f.; *Schliesky*, Öff. Wettbewerbsrecht, S. 444; *Badura*, DÖV 1998, 818 (821); *Hübschle*, GewArch 2000, 186 (187); *Otting*, SächsVBl. 1998, 93 (94); *Quecke/Schmid*, Sächs. GemO, § 97 Rn. 67; *Schlacke*, NordÖR 2001, 229 (231); *dies.*, JA 2002, 48 (50).

871 VG Trier, Beschl. v. 20.10.2004, Az. 1 L 1216/04 TR; *Vitzthum/Kämmerer*, VBlBW 1997, 395 (396); *Otting*, SächsVBl. 1998, 93 (94); *ders.*, DÖV 1999, 549 (551); *Lux*, NWVBl. 2000, 7 (8 f.); *Gusy*, JA 1995, 253 (254); *Wieland*, DV 32 (1999), 217 (239); *Kluth*, in: Stober/Vogel (Hrsg.), 23 (33); *Heßhaus*, NWVBl. 2003, 173 (173 ff.); *Schmahl*, LKV 2000, 47 (53); *Schmid*, in: Quecke/Schmid, Sächs. GO, § 97 Rn. 67; *Schlacke*, JA 2002, 48 (50); *Teufel/Kempkes*, AbfallR 2005, 57 (65).

872 BayVGH, BayVBl. 1976, 628 (629); VGH BW, VBlBW 1983, 78 (79); *Hübschle*, GewArch 2000, 186 (187); *Schliesky*, Öff. Wettbewerbsrecht, S. 449; für den öff. Zweck *Schlacke*, NordÖR 2001, 229 (231).

haltsrechtlichen Vorschriften herausgehoben. Die obige Betrachtungsweise hat den Nachteil, dass die strukturellen Unterschiede zwischen verschiedenen Normen eingeebnet werden.[873] Gerade die oben genannten Vorschriften stellen keine homogene Regelung bzw. Normengruppe dar und können aufgrund ihrer unterschiedlichen Regelungsinhalte und -gegenstände auch nicht einheitlich beurteilt werden. Im Übrigen kann den auf öffentliche Interessen hinweisenden Aspekten des Kommunalwirtschaftsrechts jedenfalls nicht entnommen werden, dass dadurch eine sekundäre Schutzintention zugunsten privater Unternehmen ausgeschlossen ist.[874] Deshalb ist eine isolierte Betrachtung der kommunalen Wirtschaftsklauseln angezeigt und ihr möglicher Charakter als rein binnenrechtliche Vorschrift zu untersuchen.

a) Allgemeine Einordnung der Gemeindeordnungen

Für die vorzunehmende Einordnung bzw. Abgrenzung sind zunächst die Begriffe des „Innenrechts“ (auch als „formelles Recht“ oder „Organisationsrecht“ bezeichnet)[875] einerseits und des „Außenrechts“ als Komplementärbegriff andererseits (auch „materielles Recht“ oder „Verhaltensrecht“ genannt) zu definieren.[876] Dabei ist einleitend klarzustellen, dass es nicht zwei verschiedene Rechtskreise innerhalb des Staates gibt, die unterschiedlichen Regeln folgen.[877] Eine strikte Zweiteilung in „Innenrecht“ und „Außenrecht“ entspricht auch nicht der Wirklichkeit einer komplexen Rechtsordnung, vielmehr existieren daneben vielfältige weitere Beziehungen und gehen Innenrecht und Außenrecht vielfach ineinander über. Denn auch organisationsrechtliche Normen wirken sich insofern auf das Verhalten des Bürgers aus, dass er sich an das zuständige Organ wenden und dem einschlägigen Verfahren unterstellen muss.[878]

Beim Innenrecht handelt es sich um Regelungen, die die ämter- und behördenmäßige Gestalt des Staates zum Gegenstand haben und ihre Wirkungen auf den

873 Überzeugend *Lerche*, JurA 1970, 821 (840, 858).

874 Ebenso *Diefenbach*, WiVerw 2003, 115 (120).

875 Krit. gegenüber der Vernachlässigung des Organisationsrechts als Rechtsgebiet *Bachof*, VVDStRL 30 (1972), 193 (233 ff.); *Schnapp*, Amtsrecht und Beamtenrecht, S. 85 ff.; Bsp. hierfür sind die Verwaltungsvorschriften, vgl. *Ossenbühl*, Verwaltungsvorschriften, S. 145, 362, 436 ff., 482, 486 ff.

876 Zum Folgenden vgl. insbes. *Forsthoff*, Lehrbuch, S. 439 ff.; *Lindner*, Verwaltungsgerichtliche Klagemöglichkeit, S. 74 ff.; *Rupp*, Grundfragen, S. 4 f., 34, 44, 55; *Schnapp*, AöR 105 (1980), S. 243 ff.; *Maurer*, Allg. VerwR, § 3 Rn. 4 ff., § 21 Rn. 25 ff.; *Schnapp*, Jura 1980, 68 (68 f.); zu möglichen Fehlern bei Verwaltungshandeln ohne Außenwirkung *Hufen*, Fehler im Verwaltungsverfahren, Rn. 488 ff.

877 In diese Richtung aber *Rupp*, Grundfragen, S. 50.

878 *Achterberg*, Allg. VerwR, § 13 Rn. 1, 5; *Schnapp*, Amtsrecht und Beamtenrecht, S. 161; *ders.*, AöR 105 (1980), 243 (251 ff.); *Ossenbühl*, Verwaltungsvorschriften, S. 166 f.; *Maurer*, Allg. VerwR, § 21 Rn. 27; *Hufen*, Fehler im Verwaltungsverfahren, Rn. 49.

staatsinternen Bereich beschränken.[879] Das Innenrecht hat „die Gestaltung der Funktionsträger und die Zuweisung der Befugnisse und Obliegenheiten (Zuständigkeiten) zum Gegenstand“.[880] Es dient „auch und vor allem der Sicherheit und Eindeutigkeit in der Erzeugung, Anwendung und Durchsetzung (des) materiellen Rechts“[881] und ist gewissermaßen „Vehikel“ zur Anwendung des Außenrechts.[882] Dieses Rechtsinstitut regelt somit die internen Kompetenzen.[883] Im Übrigen verlangt auch Art. 1 Abs. 3 GG, dass organisatorische und personelle Vorkehrungen getroffen werden, um einen geordneten Gesetzesvollzug sicherzustellen.[884]

Kennzeichen des Außenrechts ist nach einer älteren Definition, dass es sich an alle wendet und dazu dient, „das Verhalten von jedermann zu bestimmen“.[885] Diese Definition erweist sich aber bereits beim Versuch der Subsumtion der kommunalen Wirtschaftsklauseln als untauglich, da aufgrund der Tatsache, dass sich die Normen der Gemeindeordnung nicht an jedermann richten, deren Subsumtion unter den Begriff des Innenrechts näher läge.[886] Eine begriffliche Präzisierung lässt sich durch die Festlegung gewinnen, dass sich den geltenden Gesetzen eine Reihe von Vorschriften entnehmen lassen, die sich nicht nur an den Einzelnen wenden, sondern sich auch gleichermaßen an staatsmittelbare Organe, die Gemeinden, richten, ohne dass der materielle Charakter dieser Vorschriften damit in Zweifel gezogen werden sollte. Solche Normen regeln dabei nicht den Status der Gemeinden, die Bildung von Organen und gemeindliche Handlungsformen, sondern beziehen sich auf den Inhalt gemeindlicher Tätigkeiten. Maßgeblich für die Qualifizierung einer Norm ist somit nicht ihr Adressat, sondern ihr Regelungsgegenstand.[887] Zur Abgrenzung von Innen- und Außenrecht ist deshalb auf das Kriterium des „Außenverhältnisses“ zurückzugreifen. Das Außenrecht besteht demnach bezogen auf die Gemeinde aus denjenigen Normen, die den Inhalt gemeindlicher Tätigkeiten im Außenverhältnis regeln; zum Innenrecht sind dagegen solche Normen zu zählen, die den Status und die Verfassung der Gemeinde, ihre Zuständigkeit, die Formen ihrer öffentlich-rechtlichen Tä-

879 *Forsthoff*, Lehrbuch, S. 432; ebenso *Achterberg*, Allg. VerwR, § 13 Rn. 1.

880 *Forsthoff*, Lehrbuch, S. 440; zust. *Lindner*, Verwaltungsgerichtliche Klagemöglichkeit, S. 75.

881 *Schnapp*, AöR 105 (1980), 243 (246).

882 *Schnapp*, AöR 105 (1980), 243 (246).

883 *Rupp*, Grundfragen, S. 48 f.; ebenso *Schnapp*, Amtsrecht und Beamtenrecht, S. 164 f., *ders.*, AöR 105 (1980), 243 (246); *ders.*, Jura 1980, 68 (69).

884 *Schnapp*, AöR 105 (1980), 243 (247).

885 *Forsthoff*, Lehrbuch, S. 432.

886 *Gönnenwein*, GemeindeR, S. 8; *Lindner*, Verwaltungsgerichtliche Klagemöglichkeit, S. 73 f. m. w. N.

887 *Ebenso* Bachof, VVDStRL 30 (1972), 193 (233).

tigkeit sowie den Inhalt der im Innenverhältnis bestehenden Verhaltenspflichten regeln.[888]

Legt man diese Einordnung zugrunde, ergibt sich, dass die Vorschriften der Gemeindeordnungen keine homogene, rein organisationsrechtliche Regelung darstellen.[889] Dies lässt sich bereits Regelungen wie § 10 Abs. 2 S. 2 GemO[890] entnehmen, der den Gemeindeeinwohnern einen Anspruch auf Benutzung der von der Gemeinde nach § 10 Abs. 2 S. 1 GemO zu schaffenden öffentlichen Einrichtungen einräumt. Solche Ansprüche verdeutlichen, dass die im Einzelfall in Betracht kommende Vorschrift genau zu untersuchen ist und eine pauschale Einordnung sich verbietet.[891] Anhand der Kriterien der Regelungsadressaten, des Regelungsgegenstandes und der Regelungsintentionen der jeweiligen Norm deshalb für § 102 Abs. 1 GemO nachfolgend herauszuarbeiten, ob diese einen außengerichteten Normgeltungswillen hat.[892]

b) Die Zugehörigkeit des § 102 Abs. 1 GemO zum Innen- oder Außenrecht

Die bereits referierte Qualifizierung der kommunalen Wirtschaftsklauseln als innenrechtlich ist somit keineswegs zwingend, sondern liegt ausgehend von der obigen Definition des Innenrechts eher fern. Diese Vorschriften regeln nämlich weder Status und Verfassung der Gemeinde noch ihre Zuständigkeit bzw. Befugnisse, weder Formen ihrer öffentlich-rechtlichen Tätigkeit noch den Inhalt der im Innenverhältnis bestehenden Verhaltenspflichten. § 102 Abs. 1 GemO regelt vielmehr nur die allgemeine „Zulässigkeit wirtschaftlicher Unternehmen“[893] im Sinne einer Inhaltsbestimmung gemeindlicher Wirtschaftstätigkeit, nicht hingegen das „Wer“ und „Wie“ gemeindlicher Tätigkeit.[894] Ebenso stellt diese Norm keine Anforderungen für die Organisationsform der gemeindlichen wirtschaftlichen Betätigung auf, die Gemeinde kann vielmehr die Organisationsform im Rahmen der §§ 103, 103a GemO frei wählen. Die Bejahung der Außenwirkung ist auch umso mehr notwendig, um die Bindung der Kommunalwirtschaft an die kommunalwirtschaftliche Schrankentrias nicht nur als theoretischen Wert erscheinen zu lassen, sondern daraus auch praktisch wirksame Rechtsfolgen im Sinne einer „Effektuierung und Sicherung der institutionalisier-

888 *Rupp*, Grundfragen, S. 34; *Schnapp*, Amtsrecht und Beamtenrecht, S. 160; *ders.*, AöR 105 (1980), 243 (250 f.).

889 *Gönnenwein*, GemeindeR, S. 444.

890 Vergleichbare Regelungen finden sich entsprechend § 17 DGO in allen Gemeindeordnungen.

891 *Lindner*, Verwaltungsgerichtliche Klagemöglichkeit, S. 77 f.

892 *V. Mutius*, VVDStRL 42 (1984), 147 (162) zum Haushaltsrecht.

893 So die amtliche Überschrift des § 102 GemO.

894 *Lindner*, Verwaltungsgerichtliche Klagemöglichkeit, S. 79.

ten Zweckbindung der Kommunalwirtschaft" ableiten zu können.[895] Dies gilt umso mehr, als die Einflussrechte der Gemeinde auf die Wirtschaftsführung nicht als Garantie der öffentlichen Zweckbindung angesehen werden können, da es möglicherweise diese selbst ist, welche die öffentliche Zweckbindung der Kommunalwirtschaft durchbricht.[896] Damit sind die Argumente der Gegenansicht zwar widerlegt. Eine tragfähige Begründung der Zugehörigkeit zum „Außenrecht" ist damit allerdings nicht erbracht. Dafür sind die Tatbestandsmerkmale des § 102 Abs. 1 GemO in Augenschein zu nehmen. Insbesondere der „öffentliche Zweck" und die „Subsidiaritätsklausel" sind darauf zu überprüfen, ob sie dieser Norm einen Regelungsgehalt im Außenverhältnis verleihen:

Wie bereits ausgeführt, wird teilweise geltend gemacht, dass die kommunalen Wirtschaftsklauseln aufgrund ihrer systematischen Stellung als haushaltsrechtliche Vorschriften anzusehen seien, denen keine Außenwirkung zukäme. Daran ist zunächst zu kritisieren, dass sich aus der Systematik einer Vorschrift zwar Schlüsse auf deren Bedeutung und Regelungsgehalt ziehen lassen, dass einer solchen systematischen Auslegung aber allenfalls eine widerlegbare Indizwirkung zukommen kann. Denn dadurch werden immer auch strukturelle Verschiedenheiten zwischen den einzelnen Normen nivelliert. Aus dem organisationsrechtlichen Charakter des umgebenden Normgefüges kann aber nicht pauschal geschlossen werden, dass dies bei der in Streit stehenden Norm genauso sein muss. Das Charakteristikum einer Norm wird gerade von ihrem „Schutzzweck" geprägt, der sie von anderen umgebenden Normen unterscheiden kann.[897] Im Übrigen folgt auch die Anordnung eines Gesetzes keineswegs immer „systematischen" Erwägungen. Normen können zwar eine unsystematische Stellung haben und umgekehrt trotz einer entsprechenden systematischen Stellung besondere strukturelle Eigenarten aufweisen, die die Anwendung systematischer Auslegungskriterien verbieten.[898] Eine pauschale Systematisierung der kommunalen Wirtschaftsklauseln als haushaltsrechtlicher Normenkomplex greift deshalb zu kurz, vielmehr ist jede Norm gesondert auf ihren Regelungsgehalt zu untersuchen. Das Haushaltsrecht wird dabei definiert als „sämtliche Vorschriften, die unmittelbar die Erhebung und Verwendung der öffentlichen Mittel regeln, einschließlich der hierauf gerichteten Planung und Kontrolle, des Kassen- und Rechnungswesens sowie der Vermögens- und Schuldensverwaltung (...)".[899] Die Regelung des § 102 Abs. 1 GemO wäre allenfalls unter den Aspekt der „Verwendung der öffentlichen Mittel" zu fassen, da die Errichtung und das Betreiben wirtschaftlicher Unternehmen der Gemeinde regelmäßig den Einsatz finanzieller

895 *Siedentopf*, Grenzen und Bindungen, S. 89; ähnl. *Köttgen*, in: FS DJT, 577 (600).
896 *Siedentopf*, Grenzen und Bindungen, S. 90; a. A. *Köttgen*, in: FS DJT, 577 (605 – 611).
897 *Lerche*, JurA 1970, 821 (840) m. w. N.
898 *Lindner*, Verwaltungsgerichtliche Klagemöglichkeit, S. 86.
899 *Grupp*, in: Achterberg/Püttner/Würtenberger (Hrsg.), Bes. VerwR II, § 19 Rn. 2 m. w. N.

Mittel der Gemeinde, die im Gemeindehaushalt bereitzustellen sind, erfordert. Allein vom Einsatz von Haushaltsmitteln auf den Charakter als haushaltsrechtliche Vorschrift zu schließen, ist dogmatisch aber unzulässig, hätte ein solches Vorgehen doch zur Folge, dass die Rechtsgrundlage jeglichen kommunalen Tätigwerdens, für das Haushaltsmittel aufgewendet werden, allein deshalb als haushaltsrechtliche Norm anzusehen wäre. Es fehlt an der Unmittelbarkeit der finanziellen Auswirkungen auf die Einnahmen, die Ausgaben, das Vermögen und die Schulden der Kommune.[900] Die Regelung des § 102 Abs. 1 GemO ist deshalb keine haushaltsrechtliche Norm.

Selbst wenn § 102 Abs. 1 GemO als solche Norm zu qualifizieren wäre, wäre gleichwohl zu untersuchen, ob sich dennoch eine Außenwirkung des § 102 Abs. 1 GemO ergeben könnte. Das gesamte Haushaltsrecht und insbesondere die Grundsätze der Wirtschaftlichkeit und Sparsamkeit stellen zwar grundsätzlich einen „sachspezifischen Normenkomplex staatsorganisatorisch-verfahrensrechtlicher Natur" dar und sind zum Innenrecht der Verwaltung zu zählen.[901] Dafür spricht auch der begrenzte Adressatenkreis dieser Vorschriften, die sich ausschließlich an Organe und Behörden des Staates oder sonstige juristische Personen des öffentlichen Rechts richten, die für Aufstellung und Vollzug des Haushaltsplans bzw. dessen Kontrolle zuständig sind.[902] Zudem fehlt dem Haushaltsrecht auch nach Regelungsgegenstand und –intention prinzipiell der nach außen gerichtete Normgeltungswille.[903] Allerdings wird auch dieser Grundsatz der Beschränkung der haushaltsrechtlichen Vorschriften auf das Innenverhältnis durch Ausnahmen durchbrochen, etwa durch die ausdrückliche gesetzliche Einräumung von Leistungsansprüchen Privater oder durch an den Bürger adressierte haushaltsrechtliche Regelungen.[904] Die Außenwirkung ist in der Regel zu bejahen, wenn die haushaltsrechtlichen Bestimmungen an andere juristische Personen des öffentlichen Rechts gerichtet sind, und bei Organisationsentscheidungen, die den einzelnen in seinen Interessen berühren, wie die Er-

---

900 *Grupp*, in: Achterberg/Püttner/Würtenberger (Hrsg.), Bes. VerwR II, § 19 Rn. 15; *ders.*, DÖV 1983, 661 (663).

901 *Grupp*, in: Achterberg/Püttner/Würtenberger (Hrsg.), Bes. VerwR II, § 19 Rn. 18 f.; *ders.*, DÖV 1983, 661 (663); *Achterberg*, Allg. VerwR, § 15 Rn. 59; *Kirchhof*, NVwZ 1983, 505 (505 ff., insbes. 507 f.); *Faber*, DVBl. 2003, 761 (763); *v Mutius*, VVDStRL 42 (1984), 147 (175).

902 *Grupp*, in: Achterberg/Püttner/Würtenberger (Hrsg.), Bes. VerwR II, § 19 Rn. 16; ähnl. *ders.*, DÖV 1983, 661 (662 f.); zu diesem Kriterium auch BayVerfGH, Urt. v. 21.3.1982, Vf.4-VII-80.

903 *Grupp*, in: Achterberg/Püttner/Würtenberger (Hrsg.), Bes. VerwaltungsR II, § 19 Rn. 19; Kriterien in Anlehnung an *v. Mutius*, VVDStRL 42 (1984), 147 (162).

904 *Grupp*, in: Achterberg/Püttner/Würtenberger (Hrsg.), Bes. VerwR II, § 19 Rn. 18; ähnl. *Storr*, Der Staat als Unternehmer, S. 421.

richtung öffentlicher Einrichtungen.[905] Bei einer Qualifizierung von § 102 Abs. 1 GemO als haushaltsrechtlicher Norm wäre somit trotzdem ihre Außenwirkung im Einzelfall zu untersuchen und positiv zu begründen.

Die Außenwirkung soll nach teilweiser Ansicht aber bereits deshalb zu verneinen sein, weil sich die Tatbestandsmerkmale der kommunalen Wirtschaftsklauseln nur auf den Errichtungsakt, die Übernahme oder die wesentliche Erweiterung des gemeindlichen Wirtschaftsunternehmens bezögen. Im Anschluss an § 67 Abs. 1 Nr. 1 DGO verlangen die Gemeindeordnungen die öffentliche Zwecksetzung meist nur für die Errichtung, Übernahme und wesentliche Erweiterung kommunaler Unternehmen bzw. für die Beteiligung an wirtschaftlichen Unternehmen. Sie knüpften überwiegend nur an die Organisationsakte der Gründung oder Erweiterung und somit nur an eine „Momentaufnahme" an.[906] Für die Ausübung der gemeindlichen Betätigung als solche enthielten sie keine Vorgaben.[907] Sie seien nicht auf eine permanente oder periodisch wiederkehrende Aufgabenkritik hin angelegt und statuierten keine Verpflichtung für den Betrieb im Sinne einer dauernden Zulässigkeitskontrolle für wirtschaftliches Tätigwerden.[908] Deshalb reduziere sich auch der Zugriff der Kommunalaufsicht nach diesen Zeitpunkten deutlich.[909] Die Voraussetzungen der Errichtung oder der Beteiligung können zwar zu diesen fraglichen Zeitpunkten gegeben sein, später jedoch wegfallen, was insbesondere bei den Voraussetzungen des öffentlichen Zwecks und der Subsidiaritätsklausel praktisch werden kann.[910] Dementsprechend wird überwiegend angenommen, dass eine einmal rechtmäßig aufge-

---

905 *Grupp*, in: Achterberg/Püttner/Würtenberger (Hrsg.), Bes. VerwR II, § 19 Rn. 19; a. A. *R. Schmidt*, in: Achterberg/Püttner/Würtenberger (Hrsg.), Bes. VerwR I, § 1 Rn. 207; *Püttner*, Öff. Unternehmen, S. 132.

906 BVerwGE 39, 329 (334 f.); *Gerhold*, in: Bennemann/Beinlich/Brodbeck/u. a., HGO, § 121 Rn. 28; *Hölzl/Hien*, Bay. GemO, Art. 87 Anm. 2.1.; *Hoffmann-Becking*, in: FS Wolff, 445 (462); *Ulmer*, ZHR 146 (1982), 466 (471); *Hellermann*, Örtliche Daseinsvorsorge, S. 220 f.; *Seewald*, in: Steiner (Hrsg.), Rn. 283; *Ehlers*, Gutachten DJT, S. 74 f.; *Werner*, VBlBW 2001, 206 (211); *Ipsen*, Niedersächs. KommunalR, Rn. 629.

907 *Ipsen*, Niedersächs. KommunalR, Rn. 629; *Hölzl/Hien*, Bay. GemOArt. 87 Anm. 2.1.; a. A. VG Gießen, NVwZ-RR 2005, 201 (201): „Teil des objektiven Verhaltensrechts".

908 *Püttner*, Das Recht der kommunalen Energieversorgung, S. 40; *Widtmann/Grasser/Glaser*, Bay. GemO, Art. 87 Rn. 6; *Ehlers*, NWVBl. 2000, 1 (2 f.); *Köhler*, BayVBl. 2000, 1 (2); *Burgi*, NZBau 2003, 539 (542 f.); *Klein*; Teilnahme, S. 78: „§ 67 DGO enthält kein (Re-) Privatisierungsgebot!"; differenzierend *Gröning*, WRP 2002, 17 (18); a. A. *Lindner*, Verwaltungsgerichtliche Klagemöglichkeit, S. 81 f.; krit. auch *Schoch*, DÖV 1993, 377 (380); *Henneke*, in: FS Maurer, 1137 (1146).

909 *Henneke*, NdsVBl. 1999, 1 (1).

910 *Jarass*, NWVBl. 2002, 335 (342).

nommene Tätigkeit auch nach Wegfall der kommunalrechtlichen Zulässigkeitsvoraussetzungen fortgeführt werden kann und somit Bestandsschutz genießt.[911]

Demgegenüber wird vertreten, dass sich die Besitzstandswahrung nur auf solche wirtschaftliche Unternehmen beziehen könne, welche die Voraussetzungen dazu auch noch nach geltendem Recht erfüllen. Denn man müsse davon ausgehen, dass die Gesetzgeber die Aufrechterhaltung der von der Rechtsordnung missbilligten Unternehmen nur übergangsweise zugelassen haben.[912] Für einen eventuell erforderlichen „Rückbau“ sei aber eine „angemessene Zeit“ einzuräumen.[913] Aus der öffentlichen Zwecksetzung ergebe sich die Verpflichtung der Kommune, auch nach der Phase der Unternehmensgründung deren Erfüllung weiterhin zu garantieren und dafür entsprechende rechtliche, personelle und organisatorische Vorkehrungen zu treffen.[914] In neueren Fassungen der Gemeindeordnungen einiger Bundesländer[915] werden die Zulassungsvoraussetzungen nicht mehr auf die Organisationsakte, sondern auf die wirtschaftliche Betätigung als solche bezogen. Dabei ist umstritten, ob mit dieser begrifflichen Änderung eine materiellrechtliche Verschärfung der Zulässigkeitsvoraussetzungen für die wirtschaftliche Betätigung verbunden ist oder lediglich verdeutlicht werden sollte, dass die wirtschaftliche Tätigkeit auf Dauer angelegt ist und deshalb einer ständigen Begleitung durch die Organe der Gemeinde bedarf.[916] Zusätzlich werden die Kommunen in einigen Bundesländern (beispielsweise nach § 90 Abs. 2 S. 3 Nr. 4 GemO Rh.-Pf.; § 121 Abs. 7 Hess. GO; § 108 Abs. 6 Saarl. KSVG) verpflichtet, hinsichtlich ihrer bestehenden wirtschaftlichen Unternehmen in einem regelmäßigen Bericht darzustellen, ob der von dem jeweiligen Unternehmen verfolgte Zweck nicht ebenso gut und wirtschaftlich von einem privaten Dritten erfüllt wird oder erfüllt werden kann. Dadurch müssen die Gemeinde periodisch

---

911 *Schneider*, DVBl. 2000, 1250 (1256); *Oebbecke*, ZHR 164 (2000), 375 (383); *Wittig*, VR 2002, 90 (91); abl. *Selmer*, in: Stober/Vogel (Hrsg.), 75 (90).

912 *H. Pagenkopf*, KommunalR, Bd. 2, S. 153; *Ehlers*, Gutachten DJT, S. 67, 137; *Löwer*, VVDStRL 60 (2001), 416 (436); *Boysen*, VR 1996, 73 (76); skeptisch *Püttner*, Das Recht der kommunalen Energieversorgung, S. 40 f.; a. A. *Wittig*, VR 2002, 90 (91).

913 *Kunze/Bronner/Katz/v. Rotberg*, GemO f. BW, § 102 Rn. 61; *Ehlers*, Gutachten DJT, S. 137.

914 *Engellandt*, Einflussnahme, S. 2 ff., 20 ff., der betont, dass sich die Gemeinde ausreichende Einwirkungsmöglichkeiten auf ihre Unternehmen schaffen muss.

915 § 100 Abs. 2 Bbg. GO, § 107 Abs. 1 GO NRW; § 97 Abs. 1 Sächs. GO; § 121 Abs. 1 S. 1 Hess. GO; § 116 Abs. 1 S. 1 GO LSA: „unterhalten“.

916 *Gerhold*, in: Bennemann/Beinlich/Brodbeck/u. a., HGO, § 121 Rn. 28. Nicht eindeutig sind insofern die Materialien zur Refom der Hess. GO. In LT-Drs. 16/2463, S. 59 wird ausgeführt, dass in einem umfassenden Sinne auf die wirtschaftliche Tätigkeit abgestellt werde. Damit sei künftig jede kommunalwirtschaftliche Betätigung an den Zulassungsvoraussetzungen des Abs. 1 zu messen.

Privatisierungspotentiale überprüfen und ggf. entsprechende Aufgabenübertragungen überdenken.[917]

Ist das Erfordernis des öffentlichen Zwecks – wie bereits dargestellt – grundsätzlich bereits dem Verfassungsrecht zu entnehmen, so muss dieser unabhängig von einfach-gesetzlichen Normierungen stets gegeben sein. Bei dessen Wegfall muss das Unternehmen – ggf. unter Einräumung entsprechender Übergangsfristen – eingestellt oder privatisiert werden.[918] Dem tragen die oben erwähnten gesetzlichen Regelungen Rechnung, die nicht auf einen einmaligen Organisationsakt abstellen, sondern die Kommunalwirtschaft einer laufenden Zulässigkeitskontrolle im Sinne einer Dauerpflicht unterwerfen.[919] Dies korrespondiert mit der zunehmend erhobenen Forderung, die Zulässigkeitsregelungen der kommunalwirtschaftlichen Betätigung zu einer dauerhaften Aufgabenkritik in Bezug zu setzen.[920] Dies kann zur Folge haben, dass die Gemeinde ggf. gezwungen ist, ein Unternehmen zu verkaufen oder seinen Betrieb einzustellen.[921] Auch angesichts der Bedürfnisbefriedigung durch private Unternehmer aufgrund gesetzgeberischer Deregulierung – wozu der Gesetzgeber auch und gerade wenn die Kommunen und ihre Betriebe diese Aufgaben bisher zur vollen Bürgerzufriedenheit erfüllt haben befugt ist – kann es keinen auf Dauer währenden Schutz öffentlicher Aufgabenerfüllung geben.[922] Demgegenüber wird geltend gemacht, dass die Landesgesetzgeber über keine Kompetenzen hinsichtlich der Ausgestaltung des „Wie“ kommunalwirtschaftlicher Betätigung verfügten.[923] Dieser Hinweis ist zwar in der Sache zutreffend, doch kann er den vorgetragenen Argumentati-

---

917 *Oster*, in: Gabler/Höhlein/Klöckner/u. a., GemO Rh.-Pf., § 85 Erl. 2.3; *Hösch*, GewArch 2000, 1 (5); *ders.*, DÖV 2000, 393 (403) bejaht bei gegebenen Umständen sogar eine Privatisierungspflicht.

918 *Kunze/Bronner/Katz/v. Rotberg*, GemO f. BW, § 102 Rn. 61 f; krit. *Hellermann*, Örtliche Daseinsvorsorge, S. 222 f., der erhebliche fiskalische Belastungen der Kommunen befürchtet.

919 *Ehlers*, Gutachten DJT, S. 75, 83; *ders.*, DVBl. 1998, 497 (498); *Henneke*, in: FS Maurer, 1137 (1146); *Erichsen*, KommunalR NRW, S. 279; *Schneider*, DVBl. 2000, 1250 (1256); offen lassend für NRW OVG NRW, Beschl. v. 23.3.2005, NWVBl. 2005, 343 a. A. *Jarass*, NWVBl. 2002, 335 (343); differenzierend *Hellermann*, Örtliche Daseinsvorsorge, S. 223 f.

920 *Henneke*, NdsVBl. 1999, 1 (10); *Püttner*, Das Recht der kommunalen Energieversorgung, S. 40; *Engellandt*, Einflussnahme, S. 2 ff., 20 ff; *Kunze/Bronner/Katz/v. Rotberg*, GemO f. BW, § 102 Rn. 41; *Ehlers*, Gutachten DJT, S. 137; *Ruffert*, VerwArch 92 (2001), 27 (47 f.).

921 Nach *Jarass*, NWBl. 2002, 335 (343) ergeben sich aus den Gesetzesmaterialien (LT-Drs. 11/4983, S. 24 f.) keine Hinweise für einen derartigen Regelungswillen. Weiter weist er auf § 90 Abs. 1 S. 2 GO NRW hin, wonach Vermögensgegenstände in der Regel nur zum vollen Wert veräußert werden dürfen.

922 *Henneke*, Der Landkreis 2000, 169 (169); krit. *Hellermann*, Örtliche Daseinsvorsorge, S. 222; ebenso *Jarass*, NWVBl. 2002, 335 (344).

923 *Burgi*, NZBau 2003, 539 (542 f.).

onsgang nicht entkräften, handelt es sich doch bei den kommunalen Wirtschaftsklauseln um bloße Zulässigkeitsvoraussetzungen, die keine Aussage zur Art und Weise (dem „Wie“) des gemeindlichen Wirtschaftsverhaltens machen. Die Forderung einer dauerhaften Aufgabenkritik hinsichtlich des „Ob“ einer gemeindlichen wirtschaftlichen Betätigung steht damit nicht in Widerspruch; vielmehr wird die Forderung nach der Erfüllung der kommunalrechtlichen Zulässigkeitskriterien nicht lediglich auf ein Kriterium für die erstmalige Aufnahme einer wirtschaftlichen Tätigkeit reduziert, sondern als betriebsbezogenes Kriterium dauerhaft etabliert.

Auch wenn die h. A. den Wortlaut des § 102 Abs. 1 GemO für sich hat, ist deren Ansatz nicht haltbar. Die Zulässigkeit kommunaler wirtschaftlicher Tätigkeit wird durch die Merkmale des öffentlichen Zwecks und der Subsidiaritätsklausel dauerhaft beschränkt. Bei Entfallen dieser Voraussetzungen ist die wirtschaftliche Betätigung der Gemeinde grundsätzlich aufzugeben. Insbesondere der „öffentliche Zweck“ trägt dabei konstitutiven Charakter.[924] Somit wird der Inhalt der kommunalen Tätigkeit auch im Außenverhältnis geregelt.[925] Da der öffentliche Zweck unmittelbar in den Leistungen für die Bürger liegen muss, findet er seinen Anwendungsbereich nicht nur bei der Errichtung wirtschaftlicher Unternehmen, sondern durchdringt auch die Leistungsverhältnisse. Der Hauptanwendungsbereich liegt somit gerade in der öffentlichen Zweckbindung des einmal errichteten Unternehmens. Da aber die Tätigkeit des Unternehmens notwendig die nach außen gerichtete Teilnahme am Wirtschaftsleben umfasst, ergibt sich daraus, dass sich die Wirkung des § 102 Abs. 1 GemO auch auf die nach außen entfaltete Tätigkeit des gemeindlichen Unternehmens erstreckt.[926] Bei einer anderen Sichtweise wäre die Beschränkung gemeindlicher wirtschaftlicher Tätigkeit durch den öffentlichen Zweck „zahnlos“ und käme einer Leerformel gleich.[927] Diese Argumentation wird durch die Regelung des § 102 Abs. 2 HS 1 GemO gestützt, nach dem wirtschaftliche Unternehmen der Gemeinde so zu führen sind, dass der öffentliche Zweck erfüllt wird. Diese Vorschrift bezieht sich explizit auf den Betrieb und damit die laufende Geschäftstätigkeit der Unternehmen.[928]

---

924 „gebundene Wirtschaft“, vgl. *Lindner*, Verwaltungsgerichtliche Klagemöglichkeit, S. 82 m. w. N.; ebenso *Köttgen*, in: FS DJT, 577 (591 ff.); *Knemeyer/Kempen*, in: Achterberg/Püttner/Würtenberger (Hrsg.), Bes. VerwR II, § 17 Rn. 59; *Siedentopf*, Grenzen und Bindungen, S. 89 f., 91 ff.; *Schmahl*. LKV 2000, 47 (51).

925 *Knemeyer/Kempen*, in: Achterberg/Püttner/Würtenberger (Hrsg.), Bes. VerwR II, § 17 Rn. 59; *Wieland*, DV 36 (2003), 225 (227 f.); ähnl. OLG Hamm, NJW 1998, 3504 (3505); VG Gießen, NVwZ-RR 2005, 201 (201) „Teil des objektiven Verhaltensrechts“.

926 *Lindner*, Verwaltungsgerichtliche Klagemöglichkeit, S. 83.

927 *Lindner*, Verwaltungsgerichtliche Klagemöglichkeit, S. 84.

928 *Kunze/Bronner/Katz/v. Rotberg*, GemO f. BW, § 102 Rn. 61 f.

Das Erfordernis einer dauerhaften Aufgabenkritik hinsichtlich kommunaler wirtschaftlicher Tätigkeit hat nichts mit der Frage des Bestandsschutzes „im engeren Sinne" zu tun: Gesetzliche Neuregelungen wie § 102 Abs. 1 Nr. 3 GemO oder § 85 Abs. 1 Nr. 3 GemO Rh.-Pf. sind nach eindeutigem Gesetzeswortlaut und allgemeinen Rechtsgrundsätzen mangels Rückwirkung auf zum Zeitpunkt der Rechtsänderung bereits bestehende Unternehmen nicht anwendbar, so dass bestehenden Unternehmen Bestandsschutz zukommt.[929] Teilweise existieren sogar spezielle Übergangsvorschriften wie Art. 87 Abs. 1 S. 3 Bay. GO, wonach Unternehmen, die vor dem 1.9.1998 trotz fehlender Zwecksetzung errichtet oder übernommen wurden, zwar nicht erweitert, aber weitergeführt werden dürfen.[930] Bei einer „wesentlichen Erweiterung" sind diese gesetzlichen Neuregelungen aber auch für bereits bestehende Unternehmen anzuwenden.[931] Ansonsten gilt aber auch in Fällen dieses gesetzlichen Bestandsschutzes, dass zumindest das Erfordernis des öffentlichen Zwecks dauerhaft erfüllt sein und hinterfragt werden muss.

Somit bleibt festzustellen, dass sich der Wirkungsbereich von § 102 Abs. 1 GemO über den organisatorischen Gemeindebereich hinaus auch auf die außerhalb der öffentlichen Verwaltung liegende wirtschaftliche Betätigung erstreckt. Dadurch wird der Inhalt der gemeindlichen wirtschaftlichen Tätigkeit im außergemeindlichen Bereich geregelt.[932] Insofern hat man zumindest anzuerkennen, dass eine unternehmerische Betätigung der Gemeinden auch in Konkurrenz zu Privaten vom Gesetzgeber ausdrücklich gewollt ist.[933]

Die Außenwirkung der kommunalen Schrankentrias ergibt sich darüber hinaus – und nicht zuletzt – aber auch aus der Tatsache, dass die Vorschriften über die kommunale wirtschaftliche Tätigkeit die Ermächtigungsgrundlage der Kommune für wirtschaftliches Tätigwerden im Außenverhältnis darstellen, so dass eine Kompetenzüberschreitung in Form eines rechtswidrigen Marktzutritts gerichtlich abgewehrt werden kann, da sie sich dem privaten Konkurrenten als Grund-

---

929 *Werner*, VBlBW 2001, 206 (211); *Stapel-Schultz*, VBlBW 2003, 90 (92); *Oster*, in: Gabler/Höhlein/Klöckner/u. a., GemO Rh.-Pf., § 85 Erl. 2.3; *ders.*, DNV 5/1998, 8 (9); *Schneider*, DVBl. 2000, 1250 (1256); *Oebbecke*, ZHR 164 (2000), 375 (383); *Stehlin*, NVwZ 2001, 645 (646 f.); *H. Pagenkopf*, KommunalR, Bd. 2, S. 153; VerfGH Rh.-Pf., DVBl. 2000, 992 (994); *Kunze/Bronner/Katz/v. Rotberg*, GemO f. BW, § 102 Rn. 26, 41 unter Hinweis auf Nr. 1 des Runderlasses zu § 85 a. F.; *Ade*, GemO BW, § 102 Erl. 2.

930 *Ehlers*, Gutachten DJT, S. 75 hält solche Vorschriften für ungültig.

931 *Werner*, VBlBW 2001, 206 (211); *Kunze/Bronner/Katz/v. Rotberg*, GemO f. BW, § 102 Rn. 26.

932 *Lindner*, Verwaltungsgerichtliche Klagemöglichkeit, S. 84 f.

933 *M. Pagenkopf*, GewArch 2000, 177 (180).

rechtsträger gegenüber nicht rechtfertigen lässt.[934] Dies wurde bereits im Rahmen der Untersuchung der grundrechtlichen Abwehransprüche herausgearbeitet. Entscheidend für die Bejahung der Außenwirkung ist insofern, dass der Gesetzgeber mit diesen Normen, unabhängig davon, dass sie primär im Interesse der Gemeinden erlassen werden, auch die Aufgabenbereiche der privaten von denjenigen der kommunalen Wirtschaft im Sinne einer ordnungspolitischen Grundsatzentscheidung abgrenzen will und das Handeln der Kommunen dadurch in Beziehung zum Handeln anderer, ganz überwiegend privater Wirtschaftssubjekte gestellt wird.[935] Bestimmte Marktbereiche werden der Kommunalwirtschaft zugeordnet, andere dem ausschließlichen Tätigwerden des freien Marktes überlassen. Mit den gemeindewirtschaftsrechtlichen Vorschriften wird somit eine grundsätzliche Wertentscheidung getroffen, die Landesgesetzgeber wollen damit einen Ordnungsrahmen für die Kommunalwirtschaft abstecken und die Rechtsbeziehungen zwischen privaten und öffentlichen Unternehmen regeln.[936] Mit diesen Vorschriften soll einer Konfliktsituation, die aus einem ungehemmten Wettbewerb zwischen Gemeinden und privaten Unternehmen entstünde, abstrakt vorgebeugt werden.[937] Die Rechtfertigung für die Verfolgung dieses wirtschaftspolitischen Ziels ergibt sich aus dem objektiv-rechtlichen Gehalt der Grundrechte. Den Artt. 12, 14 und 2 GG ist eine verfassungsrechtliche Entscheidung für die Gewährleistung freier wirtschaftlicher Entfaltung Privater zu entnehmen. Den Gesetzgeber trifft dabei die Pflicht, die Betätigungsmöglichkeiten Privater zu schützen; insoweit kommt die Schutzpflichtdimension des Art. 12 GG zum Tragen. Bei der Einschränkung gemeindlicher Betätigung kann er sich auf die konkurrierende Gewährleistung des Art. 12 GG berufen. Aufgrund der grundrechtlichen Spannungslage stellen die gemeindewirtschaftsrechtlichen Vorschriften ordnungspolitische Wertentscheidungen dar.[938]

---

[934] *Cosson*, DVBl. 1999, 891 (895); *Di Fabio*, in: Maunz/Dürig, GG, Art. 2 Abs. 1, Rn. 123; *Fuchs*, in: FS Brohm, 275 (291 f.); *Selmer*, in: Stober/Vogel (Hrsg.), 75 (86); *Ehlers*, Gutachten DJT, S. 48, 69; *Wessel*, NvwZ 2002, 1083 (1083).

[935] *Wieland*, DV 36 (2003), 225 (227 f.).

[936] *Oster*, in: Gabler/Höhlein/Klöckner/u. a., GemO Rh.-Pf., § 85 Erl. 3.2.2.10.; *Wieland*, DV 36 (2003), 225 (227 f.); *Ehlers*, Gutachten DJT, S. 48; *Hill*, Kommunalwirtschaft, S. 47, 65.

[937] VGH BW, VBlBW 1995, 99.

[938] *Oster*, in: Gabler/Höhlein/Klöckner/u. a., GemO Rh.-Pf., § 85 Erl. 3.2.2.10.; *Otting*, DÖV 1999, 549 (555).

2. Vergleich mit der Subsidiaritätsklausel in § 3 MFG

Während der Blick auf die Regelungen der LKrO nicht weiterführt, da diese in § 48 LKrO wieder auf die Regelungen in der GemO zurückverweist,[939] ist ein Blick auf § 3 MFG in systematischer Hinsicht sehr aufschlussreich:

a) Landesverfassungsrechtliche Pflicht zur Wirtschaftsförderung

Die Förderung der Wirtschaft besitzt den Rang einer besonders wichtigen Gemeinschafts- und Staatsaufgabe[940] und erschöpft sich nicht in einer reinen Subventionierung.[941] Die staatliche Aufgabe der Wirtschaftsförderung wird in zahlreichen Vorschriften sowohl auf der Ebene des Verfassungsrechts als auch auf der einfachen Gesetzesrechts angesprochen. Auch in mehreren Landesverfassungen[942] wird die Mittelstandsförderung eigens hervorgehoben, nicht jedoch in der Landesverfassung Baden-Württembergs. Solche Zielbestimmungen stellen aber keine Grundrechte des selbständigen Mittelstands dar und gewähren auch kein verfassungsmäßiges Recht auf Förderung dieser Gruppierung.[943] Der BayVGH führte in einer älteren Entscheidung aus, dass die Einrichtung eines Regiebetriebes durch keine Bestimmung der Bayerischen Verfassung, insbesondere auch nicht durch Art. 153 BayVerf, der den Auftrag enthält, die selbständigen Kleinbetriebe und Mittelstandsbetriebe in Landwirtschaft, Handwerk, Handel, Gewerbe und Industrie zu fördern und gegen Überlastung und Aufsaugung zu schützen, verboten sei.[944] Aus solchen Verfassungsbestimmungen können deshalb keine Forderungs- oder Schutzrechte des Bürgers entstehen.[945] Sie entfalten Verbindlichkeit nur gegenüber dem Gesetzgeber als verfassungsrechtlicher Auftrag und gegenüber der Verwaltung, die einen solchen Programmsatz bei der Auslegung und Anwendung bestehender Rechtsnormen zu beachten und bei der Ausfüllung administrativer Entscheidungsspielräume als Orientierung zu

---

939 Krit. gegenüber einem solchen systematischen Vergleich *Lerche*, JurA 1970, 821 (858).

940 BVerfGE 15, 235 (240); zum Begriff der Wirtschaftsförderung *Stober*, Handbuch, S. 678 ff.; Auslegung dieses Begriffes bei *Erbguth/Schlacke*, NWVBl. 2002, 258 (260 ff.).

941 *Stober*, Handbuch, S. 680 m. w. N.

942 Art. 153 BayVerf.; Art. 43 HessVerf.; Art. 51 Abs. 2 und 65 RPVerf.; Art. 54 SaVerf; Art. 28 NWLV; Art. 40 BremLV; vgl. *Stober*, Handbuch, S. 682; *Löwer*, Der Fall „Gelsengrün", S. 89.

943 VerfGH d. Saarlands, Urt. v. 19.1.1987, LV 5/85 zu Art. 54 SaVerf; BayVGH, BayVBl. 1959, 90 (92) m. Anm. *Masson*, BayVBl. 1959, 92; *Bohley*, BayVBl. 1959, 320; *Adam*, BayVBl. 1962, 140; *Kopp*, BayVBl. 1967, 159.

944 BayVGHE (n.F.) 5, 224 (229); zust. *Schricker*, Wirtschaftliche Tätigkeit, S. 48 f.; ebenso *Widtmann/Grasser/Glaser*, Bay. GemO, Art. 87 Rn. 3: „nur (...) Programmsatz".

945 VerfGH d. Saarlands, Urt. v. 19.1.1987, LV 5/85 zu Art. 54 SaVerf; Hess. VGH, NVwZ 1996, 816 (817); BayVGHE (n.F.) 5 224 (229); *Schricker*, Wirtschaftliche Tätigkeit, S. 49; *Selmer*, in Stober/Vogel (Hrsg.), 75 (94 f.); *Löwer*, Der Fall „Gelsengrün", S. 90; krit. *ders.*, NWVBl. 2000, 241 (243).

berücksichtigen hat. Dem Gesetzgeber kommt dabei bei der Erfüllung des Verfassungsauftrags ein weiter Gestaltungsspielraum zu;[946] bei Ermessensentscheidungen der Verwaltung ist die Förderung des Mittelstandes zu beachten.[947] Bestehendes Recht darf deshalb nicht dahingehend ausgelegt werden, dass die wirtschaftliche Tätigkeit des Mittelstands durch staatliche Intervention oder Wirtschaftsteilnahme erschwert wird.[948] Vielmehr sind die Verfassungsaufträge zur Mittelstandsförderung „auslegungsdirigierend“ bei der Ermittlung subjektiver-öffentlicher Rechte heranzuziehen, woraus sich im Zweifelsfall eine Interpretation im Sinne des stärkeren Schutzes des von dem Verfassungsauftrag begünstigten Angehörigen des Mittelstandes ergibt.[949] Denn der Staat muss dort, wo er einen Förderungsauftrag hat und schutzverpflichtet ist, auf eigene störende Eingriffe verzichten.[950] Auf einfach-gesetzlicher Ebene wurde ein (wettbewerbsrechtlicher) Unterlassungsanspruch eines privaten Unternehmens gegen das Angebot kostenloser und individueller Unternehmensberatung durch eine privatrechtlich organisierte kommunale Wirtschaftsförderungsgesellschaft bejaht,[951] während verwaltungsgerichtliche Klagen gegen kommunale Wirtschaftsförderung erfolglos blieben.[952]

Zur Konkretisierung ihrer verfassungsrechtlichen Pflichten zur Wirtschaftsförderung haben Bund und Länder verschiedene Gesetze erlassen, welche insbesondere die regionale und sektorale Wirtschaftsförderung zum Ziel haben. Eine Form branchenübergreifender Wirtschaftsförderung[953] stellen die sog. Mittelstandsförderungsgesetze bzw. –programme dar, welche im Rahmen der Intensivierung der Mittelstandsförderung von fast allen Bundesländern (mit Ausnahme Berlins und Bremens) geschaffen wurden.[954]

---

946 BayVerfGH, NJW 1989, 2939 (2941) = BayVBl. 1989, 397 zu Art. 153 S. 1 BayVerf.

947 BVerwG, Urt. v. 13.1.1961, IV C 312.59 zu Aufbaudarlehen.

948 *Löwer*, Der Fall „Gelsengrün“, S. 90; noch weitergehender *ders.*, VVDStRL 60 (2001), 416 (446).

949 *Diefenbach*, WiVerw 2003, 115 (123).

950 BVerfGE 6, 55 (76); *Schricker*, Wirtschaftliche Tätigkeit, S. 48 f.; *Löwer*, Der Fall „Gelsengrün“, S. 91.

951 LG Trier, VA 2000, 172.

952 VG Münster, DÖV 1963, 622 (623 ff.) (Investitionshilfe), wonach kommunale Wirtschaftsförderung nicht generell verboten ist; VGH BW VBlBW 1995, 99.

953 Allg. *Püttner*, WirtschaftsverwaltungsR, S. 310 ff.

954 *Püttner*, WirtschaftsverwaltungsR, S. 321 f. m. w. N.; div. Bedenken gegenüber solchen Programmen bei *Pietzcker*, Staatsauftrag, S. 315 ff., insbes. S. 321 f.; *Stober*, Handbuch, S. 688 ff.

b) *Das baden-württembergische Mittelstandsförderungsgesetz*

In Baden-Württemberg gibt es seit 1975 ein sog. Mittelstandsförderungsgesetz.[955] Der Gesetzentwurf der Landesregierung Baden-Württemberg zum Gesetz zur Änderung gemeindewirtschaftsrechtlicher Vorschriften und anderer Gesetze weist darauf hin, dass die Gemeinde nach der durch die Subsidiaritätsklausel vorgegebenen Prüfung der relevanten Marktgegebenheiten und nach dem Vergleich zwischen der Leistungserbringung durch ein kommunales Unternehmen oder einen privaten Anbieter bei ihrer Entscheidung über die Aufnahme einer Tätigkeit die *„im Interesse der Sicherung einer ausgewogenen Wirtschaftsstruktur des Landes liegenden Zwecke des Mittelstandsförderungsgesetzes zu beachten"* hat (§§ 1 und 2 MFG).[956] Ende des Jahres 2000 wurde auch das MFG novelliert, insbesondere um die Grundsätze der Mittelstandsförderung zu aktualisieren und das Förderinstrumentarium an den wirtschaftlichen Strukturwandel anzupassen.[957] Für die hier zu untersuchende Fragestellung sind insbesondere die Regelungen der §§ 1-3 MFG von Relevanz:

§ 1 MFG bestimmt in Abs. 1 die Zwecke des Mittelstandsförderungsgesetzes, Abs. 2 enthält als Programmsatz den ordnungspolitischen Vorrang der Gestaltung mittelstandsgerechter Rahmenbedingungen, insbesondere durch Deregulierung und Privatisierung, vor der Förderung.[958] § 2 MFG statuiert die Verpflichtung der öffentlichen Hand und insbesondere auch der Gemeinden, bei allen Planungen, Programmen und Maßnahmen den Zweck des MFG zu beachten (Abs. 1). Diese Bindung erstreckt sich nach Abs. 2 auch auf alle Unternehmen, an denen die öffentliche Hand beteiligt ist.

Der neue § 3 MFG[959] statuiert eine „verschärfte Subsidiaritätsklausel" zugunsten der „privaten Unternehmen", was zur Folge hat, dass in den Fällen der Leis-

---

955 Gesetz zur Mittelstandsförderung; GBl. 861; Neuerlass vom 28.12.2000, GBl. 745; vgl. ergänzend den Mittelstandsbericht BW 2000, herausgegeben vom Wirtschaftsministerium BW.

956 Gesetzentwurf Landesregierung BW, LT-Drs. 12/4055, S. 24; kurze Darstellung des Regelungsgehalts des MFG a. F. bei *Püttner*, WirtschaftsverwaltungsR, S. 319 ff. Der Hinweis von *Diefenbach*, WiVerw 2003, 115 (120 m. Fn. 24), dass der Landesgesetzgeber in der Begründung zu § 102 Abs. 1 Nr. 3 GemO ausdrücklich auf das MFG Bezug nehme, ist missverständlich, weil die Subsidiaritätsklausel in § 3 MFG erst im Zuge der Novellierung des MFG Ende 2000 eingefügt wurde.

957 Gesetzentwurf Landesregierung BW, LT-Drs. 12/5615, S. 1; dazu *Umlandt*, BWGZ 2001, 276.

958 Gesetzentwurf Landesregierung BW, LT-Drs. 12/5615, S. 15, 17 f.

959 Wortlaut des § 3 MFG: „Die öffentliche Hand soll, vorbehaltlich spezifischer Regelungen für ihre wirtschaftliche Betätigung, wirtschaftliche Leistungen nur dann erbringen, wenn sie von privaten Unternehmen nicht ebenso gut und wirtschaftlich erbracht werden können."; die Frage des Anwendungsbereichs dieser Subsidiaritätsklausel wirft *Stehlin*, NVwZ 2001, 645 (647), auf.

tungsparität mit privaten Anbietern die Aufnahme einer wirtschaftlichen Tätigkeit durch die öffentliche Hand grundsätzlich zu unterbleiben hat. Ebenso geht es zu ihren Lasten, wenn im Einzelfall nicht feststellbar ist, ob Private oder die öffentliche Hand eine Leistung besser und wirtschaftlicher erbringen können.[960] Für den Bereich des Gemeindewirtschaftsrechts gilt § 3 MFG nicht, da § 102 Abs. 1 Nr. 3 GemO als spezialgesetzliche Bestimmungen vorgeht.[961] Diese ausdrücklich angeordnete Spezialität war im Gesetzgebungsverfahren indes nicht zweifelsfrei, da verschiedentlich befürchtet wurde, dass § 3 MFG dahingehend zu Lasten der Kommunen ausgelegt werden könnte, dass die in § 102 Abs. 1 Nr. 3 GemO normierte einfache Subsidiaritätsklausel keine Anwendung mehr fände.[962] Eine Diskrepanz besteht aufgrund des Vorbehalts spezifischer Regelungen wie § 102 GemO aber gerade nicht,[963] die Kommunen sind damit im Vergleich zur übrigen öffentlichen Hand im Hinblick auf die Subsidiaritätsklausel sogar privilegiert.[964]

c) Bewertung und Schutzzweck des § 3 MFG

Ob sich aus dieser Bestimmung des Mittelstandsförderungsgesetzes drittschützende Wirkungen zugunsten dessen Angehörigen ableiten lassen, ist eine bislang kaum thematisierte Fragestellung: Nach den Gesetzesmaterialien ist Zielsetzung der Regelung des § 3 MFG die Eingrenzung der wirtschaftlichen Betätigung der öffentlichen Hand: *„Zur Förderung wirtschaftlicher Dynamik, zur Erweiterung wirtschaftlicher Freiräume und im Interesse eines 'schlanken Staats' sollten Land und Kommunen, vorbehaltlich spezifischer Regelungen für ihre wirtschaftliche Betätigung, nur dort wirtschaftlich tätig werden, wo sie Effizienzvorteile im Vergleich zu privaten Leistungserbringern vorweisen können.“*[965] Die Subsidiaritätsklausel bezieht sich dabei auf ein Tätigwerden der öffentlichen Hand als Leistungsanbieter auf privaten Märkten.[966] Ausgehend von den obigen Erwägungen bei der grammatikalischen Auslegung kommt man auch bei § 3 MFG

960 Gesetzentwurf Landesregierung BW, LT-Drs. 12/5615, S. 18; *Umlandt*, BWGZ 2001, 276 (276).

961 Gesetzentwurf Landesregierung BW, LT-Drs. 12/5615, S. 18; *Umlandt*, BWGZ 2001, 276 (276).

962 Vgl. div. Stellungnahmen im Gesetzentwurf Landesregierung BW, LT-Drs. 12/5615, S. 35 – 38, u. in den Beschlussempfehlung und Bericht des Wirtschaftsausschusses, LT-Drs. 12/5768, S. 23.

963 Gesetzentwurf Landesregierung BW, LT-Drs. 12/5615, S. 36; *Staatssekretär Mehrländer*, in: PlPr 12/96 vom 25.10.2000, S. 7495; Stellungnahmen in den Beschlussempfehlung und Bericht des Wirtschaftsausschusses, LT-Drucks 12/5768, S. 10 u. 23.

964 So *Innenminister Schäuble*, in: Beschlussempfehlung und Bericht des Wirtschaftsausschusses, LT-Drucks 12/5768, S. 24 f.

965 Gesetzentwurf Landesregierung BW, LT-Drs. 12/5615, S. 1, 15, 18.

966 Gesetzentwurf Landesregierung BW, LT-Drs. 12/5615, S. 18.

angesichts des eindeutigen Wortlauts „private Unternehmen“ nicht umhin, eine drittschützende Wirkung zu bejahen. Diese Klausel gilt gem. § 2 Abs. 1 MFG für die wirtschaftliche Betätigung der gesamten öffentlichen Hand einschließlich der Gemeinden und Gemeindeverbände. Daraus lässt sich – auch unter Berücksichtigung des in § 3 MFG statuierten Vorrangs der Regelung des § 102 Abs. 1 Nr. 3 GemO – auch für die kommunalwirtschaftsrechtlichen Subsidiaritätsklausel schließen, dass es nicht nur um den Selbstschutz der Kommunen, sondern zugleich um die Förderung der Privatwirtschaft geht.[967] Die einzigen Entscheidungen, die sich zumindest teilweise mit den Mittelstandsförderungsgesetzen befassen, lassen jedoch keine diesbezüglichen Rückschlüsse auf die Subsidiaritätsklausel des § 3 MFG zu.[968]

3. Vergleich mit der Subsidiaritätsklausel in § 65 Abs. 1 Nr. 1 BHO/LHO BW

Parallelen zu den gemeindewirtschaftsrechtlichen Vorschriften und § 3 MFG weisen auch §§ 65 BHO und der identische § 65 LHO BW auf.[969] § 65 BHO regelt die Beteiligung an privatrechtlichen Unternehmen und enthält in § 65 Abs. 1 Nr. 1 BHO[970] eine Subsidiaritätsklausel zu Lasten öffentlicher Unternehmen, die in Privatrechtsform betrieben werden. § 65 Abs. 1 Nr. 2 – 4 BHO stellen weitere inhaltliche Einschränkungen auf.[971] Ein Abweichen von der Soll-Vorschrift des § 65 Abs. 1 BHO ist nur in Ausnahmefällen, bei besonderen Umständen und aus wirklich zwingenden Gründen gestattet und begründungsbedürftig.[972] An dieser Norm wird insbesondere der weite Begriff des „wichtigen Interesses des Bundes“ kritisiert, welcher den Spielraum für eine staatliche Wirtschaftstätigkeit im Vergleich zu den engeren gemeindewirtschaftsrechtlichen Vorschriften erheblich erweitert,[973] und die damit einhergehende geringe

---

967 Ebenso *Diefenbach*, WiVerw 2003, 115 (120).

968 BayVerfGH, Urt. v. 21.3.1982, Vf.4-VII-80; VGH BW, NVwZ-RR 1999, 264 (265) = DÖV 1999, 79 = GewArch 1999, 295.

969 Allg. hierzu *Zeichner*, AG 1985, 61.

970 Wortlaut: „Der Bund soll sich (...) an der Gründung eines Unternehmens in einer Rechtsform privaten Rechts oder an einem bestehenden Unternehmen in einer solchen Rechtsform nur beteiligen, wenn 1. ein wichtiges Interesse des Bundes vorliegt und sich der vom Bund angestrebte Zweck nicht besser und wirtschaftlicher auf andere Weise erreichen lässt, ...“

971 Einzelheiten bei *Grupp*, in: Achterberg/Püttner/Würtenberger (Hrsg.), Bes. VerwR II, § 19 Rn. 112 ff.

972 *Patzig*, Haushaltsrecht, Bd. II, § 65 Anm. 5 f.; *Soldner*, in: Heuer (Hrsg.), Haushaltsrecht, Bd. 1, § 65 Anm. 15; a. A. *Ossenbühl*, Bestand und Erweiterung, S. 140, 105 ff.: § 65 Abs. 1 Nr. 1 BHO zwingend.

973 *Badura*, DÖV 1998, 818 (819).

Aussage- und Wirkungskraft dieses Begriffes.[974] Eine Konkretisierung ist aber dahingehend möglich, dass ein wichtiges Bundesinteresse in Betracht gezogen werden kann, wenn eine Notwendigkeit zur Erfüllung von bedeutsamen Aufgaben des Bundes besteht, wobei zwischen dem Bundesinteresse und dem durch Satzung bzw. Gesellschaftsvertrag festgelegten Unternehmenszweck möglichste Übereinstimmung zu fordern ist.[975] § 65 Abs. 1 Nr. 1 BHO gibt dabei aber nur einen verfassungsrechtlich vorgegebenen, verallgemeinerungsfähigen Rechtsgedanken wieder.[976] Er erfordert eine vergleichende Prüfung, ob nicht ein Tätigwerden des Bundes in weniger bindender Form als einer kapitalmäßigen Beteiligung ausreichen würde,[977] wobei die Verwaltung die Beweislast hinsichtlich des „besser und wirtschaftlicher" trägt.[978]

Hinsichtlich der Vorschriften des § 65 BHO/LHO BW ist bereits umstritten, ob diesen überhaupt Außenwirkung zukommt.[979] Ob sich daraus aber auch Schutzwirkungen für private Mitbewerber ableiten lassen, ist ebenfalls umstritten: Denn die Festlegung der Staatsgewalt auf das Gemeinwohl besteht im Interesse der Allgemeinheit und löst nur dann individuellen Rechtsschutz aus, wenn sich die Verletzung der Gemeinwohlbindung durch den Staat gleichzeitig als Grundrechtsverletzung darstellt oder sonst ein spezieller Anknüpfungspunkt für individuellen Rechtsschutz gegeben ist.[980] Von den Autoren, die diese Norm als haushaltsrechtlich qualifizieren und deshalb zum Innenrecht der Verwaltung rechnen, wird ihr konsequent nur der Zweck zugesprochen, den Bund vor unnötigen Ausgaben und Risiken zu bewahren, die Ableitung individueller Abwehr-

---

974 *Berg*, GewArch 1990, 225 (228); *ders.*, ThürVBl. 1994, 145 (148); *R. Schmidt*, Öff. Wirtschaftsrecht AT, S. 531; *Dickersbach*, WiVerw 1983, 187 (210).

975 *Piduch* (Hrsg.), Bundeshaushaltsrecht, § 65 Anm. 8; ausf. *Patzig*, Haushaltsrecht, Bd. II, § 65 Anm. 7; *Soldner*, in: Heuer (Hrsg.), Haushaltsrecht, Bd. 1, § 65 Anm. 16.

976 *Ehlers*, Gutachten DJT, S. 116.

977 Bsp. bei *v. Köckritz/Ermisch*, Bundeshaushaltsordnung, § 65 Anm. 4; *Soldner*, in: Heuer (Hrsg.), Haushaltsrecht, Bd. 1, § 65 Anm. 17; knapp auch *Piduch* (Hrsg.), Bundeshaushaltsrecht, § 65 Anm. 8; ausf. *Patzig*, Haushaltsrecht, Bd. II, § 65 Anm. 8.

978 *Soldner*, in: Heuer (Hrsg.), Haushaltsrecht, Bd. 1, § 65 Anm. 17.

979 Verneinend *v. Köckritz/Ermisch*, Bundeshaushaltsordnung, § 65 Anm. 1; *R. Schmidt*, Öff. Wirtschaftsrecht AT, S. 531; *ders.*, in: Achterberg/Püttner/Würtenberger (Hrsg.), Bes. VerwR I, § 1 Rn. 207; *Püttner*, Öff Unternehmen, S. 132; *Backhaus*, Öff. Unternehmen, S. 160, 167; *Emmerich*, Die kommunalen Versorgungsunternehmen, S. 31, 39; *ders.*, AG 1985, 293 (295); *Schricker*, Wirtschaftliche Betätigung, S. 63; *Faber*, DVBl. 2003, 761 (763); *Zeichner*, AG 1985, 61 (61); *Broß*, in: FS Piper, 107 (110); vermittelnd *Heintzen*, Rechtliche Grenzen und Vorgaben, S. 6; a. A. *Grupp*, in: Achterberg/Püttner/Würtenberger (Hrsg.), Bes. VerwR II, § 19 Rn. 18; *Ehlers*, Verwaltung, S. 91; *ders.*, Gutachten DJT, S. 114; *Storr*, Der Staat als Unternehmer, S. 116, 420 f.

980 *Püttner*, Öff. Unternehmen, S. 132; nach *Badura*, ZHR 146 (1982), 448 (462) ermächtigt § 65 BHO nicht zu Eingriffen in Freiheit und Eigentum

ansprüche aber verneint.[981] Auswirkungen haushaltsrechtlicher Entscheidungen auf Private erfolgten lediglich reflexhaft. Gebunden würden nur Hoheitsträger im Innenverhältnis, subjektive Ansprüche könnten hieraus nicht entstehen.[982] Nach einer im Vordringen befindlicher Ansicht soll neben dem Schutz der öffentlichen Hand auch der Schutz der Privatwirtschaft vor willkürlichen Staatsinterventionen in den Markt bezweckt sein.[983] Ein wichtiges Staatsinteresse setze nämlich eine öffentliche Zwecksetzung voraus. Besser und wirtschaftlicher auf andere Weise erreichen lasse sich ein solcher Zweck nicht nur, wenn andere Organisationslösungen vorzuziehen seien, sondern auch, wenn andere wie Kommunen oder Privatwirtschaft besser und wirtschaftlicher zu handeln vermögen. Somit gehe es § 65 Abs. 1 Nr. 1 BHO auch um die Abgrenzung von Rechtssphären, der Vorschrift komme insoweit zugleich Befugnischarakter zu. Die drittschützende Wirkung sei zu bejahen, zumindest sei diesen Bestimmungen künftig drittschützender Charakter zu verleihen.[984] Folgt man dieser Auffassung, so lässt sich auch für die kommunalwirtschaftlichen Wirtschaftsklauseln eine drittschützende Auffassung vertreten, dass diese der Abgrenzung von Rechtssphären dienen. Dies ist im Rahmen der teleologischen Auslegung dieser Vorschriften zu ermitteln.

4. Bedeutung sog. Markterkundungsverfahren

Während die Gemeindeordnung Baden-Württemberg keine Beteiligung privater Konkurrenten im Zusammenhang mit der Errichtung oder wesentlichen Erweiterung gemeindlicher Unternehmen vorschreibt, ist ein solches Markterkundungsverfahren in mehreren Gemeindeordnungen bereits seit Jahren in den Vorschriften über die wirtschaftliche Betätigung der Gemeinden enthalten. Fraglich ist dabei, ob ein solches aus Marktanalyse und Branchendialog zusammengesetztes Instrumentarium entsprechend der Schutznormlehre die Stellung der von der geplanten wirtschaftlichen Aktivität betroffenen Konkurrenten der Gemeinden stärken oder gar subjektive Rechte dieses schon im Gesetz eingegrenzten Personenkreises einräumen kann.

---

981 *R. Schmidt*, in: Achterberg/Püttner/Würtenberger (Hrsg.), Bes. VerwR I, § 1 Rn. 207; *ders.*, Öff. Wirtschaftsrecht AT, S. 531; *Püttner*, Öff. Unternehmen, S. 132; *Schricker*, Wirtschaftliche Betätigung, S. 63; *Ulmer*, ZHR 146 (1982), 466 (497 f.); *Ehlers*, Jura 1999, 212 (214 f.) m. w. N.; *Arndt*, in: Steiner (Hrsg.), Rn. 124; skeptisch *Dickersbach*, WiVerw 1983, 187 (210).

982 VGH BW, NVwZ-RR 1999, 264 (265); *Kunze/Bronner/Katz/v. Rotberg*, GemO f. BW, § 80 Rn. 96 ff., insbes. 104; *Faiß/Lang/Faiß/Schmidt/Giebler*, Kommunales WirtschaftsR BW, Rn. 352.

983 *Ossenbühl*, Bestand und Erweiterung, S. 106.

984 *Ehlers*, Gutachten DJT, S. 114, 153 f.; *ders.*, JZ 2003, 318 (320); offen *Stober*, NJW 2002, 2357 (2366).

Vorbildfunktion für die kommunalrechtlichen Regelungen hatte auf Bundesebene das „Interessebekundungsverfahren" in § 7 Abs. 2 S. 2 BHO[985], wonach in geeigneten Fällen privaten Anbietern die Möglichkeit zu geben ist, darzulegen, ob und inwieweit sie staatliche Aufgaben oder öffentlichen Zwecken dienende wirtschaftliche Tätigkeiten ebenso gut oder besser erbringen können. Diese Regelung ist in Zusammenhang zu sehen mit dem in § 7 Abs. 1 S. 1 BHO normierten Grundsatz der Wirtschaftlichkeit und Sparsamkeit und v. a. mit der in § 7 Abs. 1 S. 2 BHO statuierten Verpflichtung, Möglichkeiten zur Privatisierung zu prüfen.[986]

Die kommunalrechtlichen Markterkundungsverfahren sind im Zusammenhang mit den Bestimmungen über den öffentlichen Zweck zu sehen und stellen insbesondere auch verfahrensrechtliche Präzisierungen der Subsidiaritätsklausel dar.[987] Damit entsprechen sie den Vorgaben der Innenministerkonferenz, wonach die Kommunen im eigenen Interesse die Auswirkungen ihrer wirtschaftlichen Betätigung auf die örtliche mittelständische Wirtschaft und das örtliche Handwerk vor Beginn der Betätigung überprüfen sollen.[988] Die Einführung solcher Verfahren reagiert auch auf die in der Wissenschaft erhobene Forderung, den Gemeinden eine Begründungs- und Abwägungspflicht als Kompensation dafür aufzuerlegen, dass die Entscheidung der Vertretungskörperschaft über die Gründung von bzw. Beteiligung an wirtschaftlichen Unternehmen inhaltlich nur auf offenkundige Ermittlungsdefizite, Fehleinschätzungen und sonstige Abwägungsfehler überprüfbar ist. Die Entscheidung soll auf der Basis umfangreicher, nicht lediglich einseitiger Informationen getroffen und verantwortet werden. Bei der Aufnahme neuer Betätigungen wird deshalb eine ausdrückliche legitimierende Entscheidung bzw. Zielvereinbarung der Gemeinde gefordert.[989] Ein unbestreitbarer Vorteil solcher Verfahren ist, dass sie der Transparenz dienen und dazu beitragen, dass die kommunalen Vertretungskörperschaften nachvollzieh-

---

985 Eingeführt durch Art. 2 Nr. 2 b) Haushaltsrechts-Fortentwicklungsgesetz v. 22.12.1997 (BGBl. I S. 3251); eine solche Regelung fehlt beispielsweise in § 7 Abs. 2 LHO BW.

986 Dazu *v. Köckritz/Ermisch*, Bundeshaushaltsordnung, § 7 Anm. 17.

987 *Schink*, NVwZ 2002, 129 (132); abgeschwächt *Zacharias*, VR 2000, 271 (277); *W. Meyer*, WiVerw 2003, 57 (71 m. Fn. 92); nach *Hösch*, WiVerw 2000, 159 (180) wird dadurch die Subsidiarität kommunaler Marktteilnahme gesichert; *ders.*, Kommunale Wirtschaftstätigkeit, S. 98 f.

988 Beschluss der 165. Innenministerkonferenz v. 24.1.2000, NJW Heft 1/2001, S. XVI, XXIV.

989 Sog. „prozeduraler Ansatz", vgl. *Hill*, BB 1997, 425 (430); zust. *Held*, in: Henneke (Hrsg.), 113 (126); *ders.*, WiVerw 1998, 264 (285); *Ehlers*, DVBl. 1998, 497 (502); *Zacharias*, VR 2000, 271 (277); *Schneider*, DVBl. 2000, 1250 (1257); *Berg*, ThürVBl. 1994, 145 (148); teilw. a. A. *Henneke*, Der Landkreis 1999, 226 (240); *ders.*, NdsVBl. 1999, 1 (10).

bare und verantwortete Entscheidungen treffen.[990] Zudem verschaffen sie Einblicke in vorhandenes Konfliktpotenzial und lassen eine kommunalwirtschaftliche Betätigung auch Kritikern gegenüber besser rechtfertigen.[991] Für die vorliegende Untersuchung ist von Relevanz, welcher Aussagegehalt diesen Regelungen hinsichtlich ihrer eigenen drittschützenden Wirkung oder einer solchen der kommunalen Wirtschaftsklausel entnommen werden kann.

Die einschlägigen gesetzlichen Vorschriften lauten dabei wie folgt: § 71 Abs. 1 Nr. 3 S. 2 Thür. KO enthält folgende Regelung: „*Gegebenenfalls ist ein Markterkundungsverfahren unter Einbindung der betroffenen örtlichen Betriebe in Landwirtschaft, Handel, Gewerbe und Industrie durchzuführen.*" Der bereits erwähnte § 100 Abs. 3 Bbg. GO lautet: „*Die Gemeinde hat im Interesse einer sparsamen Haushaltsführung dafür zu sorgen, dass Leistungen, die von privaten Anbietern in mindestens gleicher Qualität und Zuverlässigkeit bei gleichen oder geringeren Kosten erbracht werden können, diesen Anbietern übertragen werden, sofern dies mit dem öffentlichen Interesse vereinbar ist. Dazu sind Angebote einzuholen und Vergleichsberechnungen vorzunehmen, die der Gemeindevertretung oder in den Fällen des § 57 Abs. 2 dem Hauptausschuss vorzulegen sind.*" Desweiteren statuiert § 101 Abs. 4 Bbg. GO: „*Vor der Gründung eines Unternehmens hat die Gemeinde dieses Vorhaben öffentlich bekanntzumachen. Vor der Beschlussfassung sind der Gemeindevertretung die Angebote privater Unternehmen vorzulegen. Bei der Gründung oder dem Erwerb eines Unternehmens sowie bei dem Erwerb einer Mehrheitsbeteiligung an einem Unternehmen sind sinngemäß die Grundsätze des § 100 Abs. 3 anzuwenden.*" § 121 Abs. 6 Hess. GO formuliert: „*Vor der Entscheidung über die Errichtung, Übernahme oder wesentliche Erweiterung von wirtschaftlichen Unternehmen sowie über eine unmittelbare oder mittelbare Beteiligung ist die Gemeindevertretung auf der Grundlage einer Markterkundung umfassend über die Chancen und Risiken der beabsichtigten unternehmerischen Betätigung sowie über deren zu erwartende Auswirkungen auf das Handwerk und die mittelständische Wirtschaft zu unterrichten. Vor der Befassung in der Gemeindevertretung ist den örtlichen Handwerkskammern, Industrie- und Handelskammern sowie Verbänden Gelegenheit zur Stellungnahme zu geben, soweit ihr Geschäftsbereich betroffen ist. Die Stellungnahmen sind der Gemeindevertretung zur Kenntnis zu bringen.*" Weitgehend identisch ist § 108 Abs. 5 Saarl. KSVG. Schließlich stellt § 107 Abs. 5 GO NRW für die Gründung eines gemeindlichen Wirtschaftsunternehmen folgende Verpflichtung der Gemeinde auf: „*Vor der Entscheidung über die Gründung von bzw. die unmittelbare oder mittelbare Beteiligung an*

[990] *Hill*, BB 1997, 425 (428 f.); *Ehlers*, DVBl. 1998, 497 (502); *Henneke*, NdsVBl. 1999, 1 (2); *ders.*, Der Landkreis 1999, 226 (233); *Held*, in: Held/Decker, GO f. NRW, § 107 Erl. 8.1.

[991] *Zilkens*, NWVBl. 2002, 294 (296).

Unternehmen im Sinne des Absatzes 1 ist der Rat auf der Grundlage einer Marktanalyse über die Chancen und Risiken des beabsichtigten wirtschaftlichen Engagements und über die Auswirkungen auf das Handwerk und die mittelständische Wirtschaft zu unterrichten. Den örtlichen Selbstverwaltungsorganisationen von Handwerk, Industrie und Handel und der für die Beschäftigten der jeweiligen Branche handelnden Gewerkschaften ist Gelegenheit zur Stellungnahme zu den Marktanalysen zu geben."[992] Aber auch in Bundesländern ohne entsprechende Normierung wird teilweise die Durchführung eines solchen oder ähnlichen Verfahrens gefordert. Nach Ansicht des VerfGH Rh.-Pf. bietet sich für die Subsidiaritätsklausel in § 85 Abs. 1 Nr. 3 GemO Rh.-Pf. die Durchführung eines Interessenbekundungsverfahrens an, wobei die Gemeinde sich an der Verwaltungsvorschrift des Bundesministeriums der Finanzen zu § 7 BHO orientieren könne.[993]

Im Schrifttum wurde die Regelung des § 107 Abs. 5 GO NRW bislang am intensivsten diskutiert. Dieser enthält neben der sog. „Marktanalyse" den sog. „Branchendialog"[994], mit dem bundesweit insofern Neuland betreten wurde, als dieser über reine Markterkundungsverfahren, in denen lediglich private Leistungsangebote zum Zwecke des Vergleichs durch die Gemeinde einzuholen sind, hinausgeht.[995] Die genannten Regelungen verfolgen dabei zwei unterschiedliche Motive: Durch die „Marktanalyse" soll herausgearbeitet werden, ob die gesetzlichen Anforderungen für die beabsichtigte wirtschaftliche Betätigung erfüllt sind, welche wirtschaftlichen Rahmenbedingungen dafür vorgegeben sind und welche wirtschaftlichen Perspektiven dafür bestehen.[996] Mittels des „Branchendialogs" sollen zusätzlich Kenntnisse über die Interessen der betroffenen Marktteilnehmer erlangt werden,[997] die von der Gemeinde dann angemessen zu bedenken sind[998] und unter deren Berücksichtigung von ihr verantwortungsvolle

---

992 § 41 Abs. 1 S. 3 GO NRW a. F. verpflichtete zuvor lediglich zur Durchführung einer Marktanalyse vor der Entscheidung über die Gründung bzw. Beteiligung an Unternehmen der Telekommunikation.

993 VerfGH Rh.-Pf., DVBl. 2000, 992 (997); *Oster*, in: Gabler/Höhlein/Klöckner/u. a., GemO Rh.-Pf., § 85 Erl. 2.3. Das Interessebekundungsverfahren ist in Nr. 3 der Vorl. VV zu § 7 BHO vom 31.8.1995 (GMBl. S. 762) geregelt. Zu dessen Durchführung ist ein Rundschreiben des BMF vom 31.8.1995 (GMBl. S. 764) ergangen; abgedruckt bei *Oster*, a. a. O.

994 Dieser geht auf eine Anregung des DGB zurück, vgl. *Held*, in: Held/Decker, GO f. NRW, § 107 Erl. 8.1; *ders.*, DNV 2/2000, 8 (10).

995 *Rehn/Cronauge*, GO NRW, Erl. X. 1., S. 33.

996 *Held*, NWVBl. 2000, 201 (203); *ders.*, in: Held/Decker, GO f. NRW, § 107 Erl. 8.2.

997 *Held*, NWVBl. 2000, 201 (203); *ders.*, in: Held/Decker, GO f. NRW, § 107 Erl. 8.2; *Ehlers*, NWVBl. 2000, 1 (2); *Koehler*, VR 2000, 44 (46).

998 *Koehler*, VR 2000, 44 (46).

und nachvollziehbare Entscheidungen getroffen werden können.[999] Mit der Durchführung dieses Verfahrens entspricht die Kommune ihrer grundrechtlich geforderten Darlegungs- und Rechtfertigungspflicht.[1000]

Insbesondere gegen den „Branchendialog“ werden verschiedene Kritikpunkte geltend gemacht im Hinblick auf die Wahrung der auf Art. 28 Abs. 2 GG beruhenden gemeindlichen Verantwortlichkeit der legitimierten Gemeindeorgane bei Einräumung eines „Mitrede- und Mitgestaltungsrechts“ an externe Organisationen und Gruppierungen, im Hinblick auf die Wahrung der Vertraulichkeit, den Schutz von Betriebs- und Geschäftsgeheimnissen sowie die Beachtung schutzwürdiger Interessen Dritter, im Hinblick darauf, dass eine rasche, klare und eindeutige Willensbildung und Entscheidungsfindung nachhaltig erschwert, verzögert und ggf. gänzlich verhindert würden und schließlich im Hinblick darauf, dass den potentiellen Konkurrenten die Möglichkeit der Kenntnisnahme von unternehmerischen Interna der in Aussicht genommenen wirtschaftlichen Betätigung der Gemeinde gegeben werde und somit die notwendige Chancengleichheit kommunaler Unternehmen im Wettbewerb missachtet und verletzt werde.[1001] Deshalb wird eine einschränkende Interpretation der Vorschriften über den Branchendialog auf „erhebliche“ Fälle wirtschaftlicher Betätigung gefordert.[1002] Diese Kritik überzeugt indes nicht: Denn die Marktanalyse bewirkt keine rechtliche Bindung der Kommune, die faktisch eine Vorwegnahme der Ratsentscheidung bedeuten würde,[1003] sondern ihr kommt lediglich verfahrensrechtliche Bedeutung zu, was allenfalls mittelbar zur Verneinung des öffentlichen Zwecks führen kann.[1004] Die Eigenverantwortlichkeit der Ratsentscheidung wird dadurch aber nicht in Frage gestellt. Dass Marktanalyse und Branchendialog das gemeindliche Handeln schwerfälliger machen, ist zwar nicht zu leugnen, kann jedoch durch den Vergleich entkräftet werden, dass auch jeder vernünftige Kaufmann vor einem geplanten wirtschaftlichen Engagement eine ähnliche Erhebung durchführen würde.[1005] Dies bewirkt auch keine Verletzung der „Chancengleichheit“ der Gemeinde, sondern steht vielmehr im Zusammenhang mit

---

999 *Ehlers*, NWVBl. 2000, 1 (2); *Koehler*, VR 2000, 44 (46); *Schink*, NVwZ 2002, 129 (138).

1000 *Pielow*, NWVBl. 1999, 369 (378); *Ehlers*, Gutachten DJT, S. 143 vertritt hingegen, dass eine schlichte Wirtschaftlichkeitsuntersuchung ausreicht, wenn von vornherein nicht mit Konkurrenz zu rechnen ist.

1001 *Rehn/Cronauge*, GO NRW, Erl. X. 1., S. 33 f.; a. A. *Ehlers*, Gutachten DJT, S. 83 f.

1002 *Rehn/Cronauge*, GO NRW, Erl. X. 1., S. 34 f.

1003 *Ehlers*, NWVBl. 2000, 1 (2); ebenso *Lux*, NWVBl. 2000, 7 (10); *Kaltenborn*, WuW 2000, 488 (492); *Held*, in: Held/Decker, GO f. NRW, § 107 Erl. 8.2; *Schink*, NVwZ 2002, 129 (138).

1004 *Ehlers*, NWVBl. 2000, 1 (2); *ders.*, Gutachten DJT, S. 142; *Schink*, NVwZ 2002, 129 (138); ähnl. *Rehn/Cronauge*, GO NRW, Erl. X. 5., S. 36; vgl. *Wendt*, in: Henneke (Hrsg.), 115 (129) zu § 7 Abs. 2 S. 2 BHO.

1005 *Ehlers*, NWVBl. 2000, 1 (2).

dem primären Schutzzweck der kommunalen Wirtschaftsklauseln, dem Schutz der Gemeinde vor zu großen Belastungen durch entsprechende wirtschaftliche Aktivitäten. Die Bedenken hinsichtlich der Vertraulichkeit können durch entsprechende Verschwiegenheitsverpflichtungen ausgeräumt werden, zumal die Gemeinde nicht zur Offenlegung sämtlicher Details des geplanten Unternehmens verpflichtet ist. Aufgrund der mangelnden Bindung an die Ergebnisse von Marktanalyse und Branchendialog kann die Gemeinde im Übrigen bei ihrer endgültigen Entscheidung auch andere Akzente setzen.

Aus dieser mangelnden Bindungswirkung von Marktanalyse und Branchendialog wird teilweise abgeleitet, dass § 107 Abs. 5 NRW GO nicht einmal eine faktische Schutzwirkung zugunsten der Privatwirtschaft zukomme.[1006] Selbst wenn eine Marktanalyse unterbleibe, sei die Entscheidung zwar verfahrensfehlerhaft und könne von der Rechtsaufsichtsbehörde beanstandet werden, drittschützende Wirkung komme der Vorschrift des § 107 Abs. 5 NRW GO aber nicht zu.[1007] Dem kann in dieser Allgemeinheit nicht beigepflichtet werden. Denn immerhin ist der Kreis der möglichen Betroffenen solcher gemeindlicher Aktivitäten schon durch das Gesetz hinreichend klar abgegrenzt: Zum einen werden die „Auswirkungen auf das Handwerk und die mittelständische Wirtschaft" erwähnt, zum anderen wird auf die „örtlichen Selbstverwaltungsorganisationen von Handwerk, Industrie und Handel und der für die Beschäftigten der jeweiligen Branche handelnden Gewerkschaften" Bezug genommen.[1008] Insofern kann aus der Fassung des Satzes 2 nicht geschlossen werden, dass nur die betroffene Gruppe insgesamt geschützt werden sollte.[1009] Vielmehr werden auch die einzelnen betroffenen Konkurrenten der Gemeinde hiervon erfasst. Diese Vorschrift dient lediglich der Verfahrensvereinfachung und -beschleunigung, indem anstelle der einzelnen Unternehmer ihre jeweiligen Selbstverwaltungsorganisationen zur Stellungnahme berufen sind.

Für die Bejahung einer drittschützenden Wirkung spricht auch, dass das Gesetz mit der Einführung von Marktanalyse und Branchendialog die Interessen der Konkurrenten der Gemeinde neben dem Interesse der Gemeinde am Selbstschutz für schützenswert erachtet hat. Insofern haben diese Konkurrenten zumindest ein Recht darauf, dass ihre vorgebrachten Bedenken und Einwände von der Gemeinde bei der Entscheidung über die Gründung von bzw. die Beteiligung an einem Unternehmen angemessen berücksichtigt werden. Diese systema-

---

[1006] *Lux*, NWVBl. 2000, 7 (10); *Ehlers*, NWVBl. 2000, 1 (2); *Zacharias*, VR 2000, 271 (277).

[1007] *Ehlers*, NWVBl. 2000, 1 (2); *Frenz*, DÖV 2000, 802 (809); *Tettinger*, Bes. VerwR, Rn. 219; *Antweiler*, NVwZ 2003, 1466 (1467).

[1008] *Pielow*, NWVBl 1999, 369 (379); *Kaltenborn*, WuW 2000, 488 (495); *Diefenbach*, WiVerw 2003, 115 (120); a. A. *Antweiler*, NVwZ 2003, 1466 (1467); *Schliesky*, DVBl. 2004, 138.

[1009] Nicht einmal das wird teilweise bejaht, vgl. *Schliesky*, DVBl. 2004, 138.

tischen Erwägungen sprechen somit vielmehr dafür, die Einführung eines Markterkundungsverfahrens als Verfahrensregelung vor der Aufnahme neuer Wirtschaftstätigkeiten als weiteres Argument für die Bejahung des drittschützenden Charakters der kommunalen Wirtschaftsklauseln und insbesondere der Subsidiaritätsklauseln zu bewerten.[1010] Sinn solcher Regelungen ist somit auch der Schutz der Marktteilnehmer durch Verfahren. Durch den Rechtfertigungszwang von Unternehmensgründungen gegenüber privaten Wettbewerbern soll auch die Privatwirtschaft vor unnötiger kommunaler Konkurrenz geschützt werden.[1011] Dieser Schutzzweck wurde nunmehr auch in der Rechtsprechung anerkannt: Die Regelungen über Marktanalyse und Branchendialog erhellten für den wichtigen Teil der gemeindlichen wirtschaftlichen Betätigung durch Unternehmensbegründung oder –beteiligung, dass die wirtschaftliche Betätigung der Gemeinde auch als mögliche Beeinträchtigung der örtlichen Wirtschaft angesehen werde.[1012]

Die Regelungen in §§ 100 Abs. 3 und 101 Abs. 4 Bbg. GO weichen zwar von der nordrhein-westfälischen Regelung insofern ab, als sie den betroffenen privaten Unternehmen keine Möglichkeit der Stellungnahme einräumen. Dafür erlegen sie der Gemeinde vor der Gründung eines Unternehmens die Verpflichtung auf, das betreffende Vorhaben öffentlich bekanntzumachen und Angebote privater Unternehmen für ein entsprechendes Vorhaben einzuholen. Allerdings statuiert § 100 Abs. 3 S. 1 Bbg. GO, dass die Übertragung von Leistungen an Private nur „im Interesse einer sparsamen Haushaltsführung" geschehen soll. Diese soll nach teilweise vertretener Ansicht deshalb lediglich ein „Optimierungsgebot im Interesse des Leistungsfähigsten" darstellen, dessen Schutzzweck in erster Linie die Maximierung des ökonomischen Nutzens für die Kommune ist, ohne einen grundsätzlichen Vorrang der Privatwirtschaft vor der Kommunalwirtschaft zu bezwecken.[1013] Insofern sei eine Qualifizierung als „Privatisierungsklausel" mit weitem Auslegungs- und Entscheidungsspielraum angebracht.[1014] Diese entspräche auch dem für die Gemeinden geltenden Gebot der Wirtschaftlichkeit und verlange ihnen durch die Pflicht zur Einholung von Vergleichsangeboten

---

1010 So auch *Waechter*, KommunalR, Rn. 607, 611; *Ehlers*, DVBl. 1998, 497 (502); *Schink*, NVwZ 2002, 129 (132; 138); *Hösch*, Die kommunale Wirtschaftstätigkeit, S. 125; ähnl. *ders.*, GewArch 2000, 1 (5); *ders.*, DÖV 2000, 292 (403); *Henneke*, Der Landkreis 1999, 226 (233); *ders.*, Öff. Finanzwesen, Finanzverfassung, Rn. 509; in diese Richtung auch OLG Düsseldorf, DVBl. 2001, 1283 (1284 f.); BGH, DVBl. 2003, 267 (267); *Gröning*, WRP 2002, 17 (23); abgeschwächt *Dolde*, ZHR 166 (2002), 515 (521).

1011 *Grawert*, in: FS Blümel, 119 (134); *Schink*, NVwZ 2002, 129 (138).

1012 OVG NRW, NVwZ 2003, 1520 (1521); a. A. *Antweiler*, NVwZ 2003, 1466 (1467).

1013 *Heintzen*, Rechtliche Grenzen und Vorgaben, S. 86; *Hadamek*, Ausarbeitung wiss. Dienste des Bundestags, S. 20.

1014 *Seeberg*, LKV 1995, 353 (355); *Hadamek*, Ausarbeitung wiss. Dienste des Bundestags, S. 20; a. A. *Wendt*, in: Henneke (Hrsg.), 115 (131); *Cronauge/Westermann*, Kommunale Unternehmen, Rn. 251.

lediglich eine transparente, rationale und nachvollziehbare Begründung für die Aufnahme einer wirtschaftlichen Tätigkeit ab.[1015] Aufgrund der alleinigen Ausrichtung auf das „Interesse einer sparsamen Haushaltsführung" sei eine drittschützende Wirkung des § 100 Abs. 3 Bbg. GO abzulehnen.[1016] Nach der vorzugswürdigen Gegenansicht ergibt sich der Schutznormcharakter aber zum einen aus der Nennung der „privaten Anbieter" in § 100 Abs. 3 Bbg. GO und zum anderen aus den zusätzlich verschärften Regelungen über die wirtschaftliche Betätigung in den §§ 100 ff. Bbg. GO, insbesondere der Regelung des § 101 Abs. 4 Bbg. GO. Die Aufnahme dieser Prinzipien in die Gemeindeordnung stellt eine klare Entscheidung zugunsten der Privatwirtschaft dar.[1017] Für die anderen genannten Regelungen gelten diese Erwägungen entsprechend.[1018]

Aufgrund dieser positiven Aspekte der Markterkundungsverfahren sollten deshalb die Kommunen in allen Ländern zur Durchführung von Marktanalysen verpflichtet werden, wobei das nähere Prozedere den Gemeinden überlassen bleiben sollte, um das Verfahren nicht schwerfällig werden zu lassen und unnötige Zeitverzögerungen zu vermeiden.[1019] Mit der Einführung der Verpflichtung zur Durchführung von Markterkundungsverfahren könnte auch das teilweise vertretene Argument entkräftet werden, dass § 102 Abs. 1 GemO keine Beteiligung des Privaten am verwaltungsbehördlichen Verfahren vorsieht, eine solche Beteiligung in anderen Fällen aber als sehr kräftiges Indiz für das Vorliegen eines Schutznorm-Charakters angesehen, in einigen Fällen sogar als Voraussetzung für die Klagebefugnis statuiert werde. Andererseits kann selbst bei Fehlen einer solchen Beteiligung Privater daraus nicht der Gegenschluß gezogen werden, dass es an der drittschützenden Wirkung fehlt. Ist die Aufnahme einer wirtschaftlichen Tätigkeit nämlich ohne Genehmigung oder vorgängiges Verfahren möglich, gibt es kein behördliches Verfahren, an dem die Privaten beteiligt werden könnten. Deshalb ist gerichtlicher Rechtsschutz umso notwendiger. Insofern ist auch das Fehlen einer Verfahrensbeteiligung eine Argument für die Bejahung drittschützender Wirkung.[1020]

1015 *Hadamek*, Ausarbeitung wiss. Dienste des Bundestags, S. 31.

1016 *Seeberg*, LKV 1995, 353 (355); *Hadamek*, Ausarbeitung wiss. Dienste des Bundestags, S. 22; *Heintzen*, Rechtliche Grenzen, S. 86 f.

1017 *Schmahl*, LKV 2000, 47 (51); *Ehlers*, DVBl. 1998, 497 (502); *Diefenbach*, WiVerw 2003, 115 (118 f.); *Grawert*, in: FS Blümel, 119 (134, 136).

1018 *Ehlers*, DVBl. 1998, 497 (502); *Storr*, Der Staat als Unternehmer, S. 444 f.; *Gröning*, WRP 2002, 17 (23); *Diefenbach*, WiVerw 2003, 115 (120); a. A. *Wahl*, in: Henneke (Hrsg.), 15 (27 m. Fn. 40); *Cronauge/Westermann*, Kommunale Unternehmen, Rn. 251.

1019 *Ehlers*, Gutachten DJT, S. 142.

1020 *Lerche*, JurA 1970, 821 (860 f.).

III. Genetische/Historische Auslegung

Für die Herausarbeitung des subjektiv-rechtlichen Gehalts einer Norm ist auch der nachweisliche Wille des historischen Gesetzgebers hinsichtlich einer entsprechenden Begünstigungsabsicht heranzuziehen.[1021] Die Motive des Gesetzes und die bei seiner Vorbereitung geäußerten Meinungen und Absichten kommen insbesondere in den Gesetzesmaterialien (amtliche Begründung des Normentwurfs, Verlauf der parlamentarischen Beratungen, Ausschussberichte) zum Ausdruck.[1022] Kann eine solche Absicht des Gesetzgebers nicht nachgewiesen werden, so kann daraus alleine noch nicht auf das Fehlen eines subjektivrechtlichen Gehalts geschlossen werden.[1023] Der Schutzzweck einer Norm kann umgekehrt auch nicht ausschließlich und nicht einmal vorrangig aus dem Willen des historischen Normsetzers abgeleitet werden.[1024] Maßgeblich ist vielmehr eine objektive Interessenbewertung, bei der die gegenwärtige Interessenbewertung und nicht diejenige zur Zeit des Erlasses des Rechtssatzes maßgeblich ist. Dies hat seine Ursache darin, dass der Inhalt einer Norm unter dem Einfluss sich wandelnder Wertvorstellungen, insbesondere unter der Einwirkung höherrangiger Rechtssätze der Verfassung, durchaus eine Veränderung erfahren kann.[1025] Überwiegend wird deshalb heute davon ausgegangen, dass dieser Auslegungsart nur eine nachgeordnete Bedeutung zukommt.[1026] Auf den historischen Willen

---

1021 Im Rahmen dieser Darstellung soll im Einzelnen nicht zwischen den Methoden der genetischen bzw. historischen Auslegung differenziert werden. Die Auslegung von Gesetzesmaterialien und Entstehungsgeschichte einer Norm wird korrekterweise als genetische Interpretatioin bezeichnet, während die historische Interpretation die rechtsgeschichtliche Auslegung an Hand der Texte von Normvorbildern/-vorläufern darstellt. Anerkanntermaßen sind beide Methoden zur Normkonkretisierung heranzuziehen. Eine getrennte Darstellung der genetischen und historischen Auslegung würde den Gang der Darstellung aber stören, wenngleich dafür v. a. genetische Aspekte ergiebig sind, vgl. *Hidien*, Gemeindliche Betätigungen, S. 168.

1022 *Wolff/Bachof/Stober*, VerwR I, § 28 Rn. 60; *Hidien*, Gemeindliche Betätigungen, S. 169; *Lindner*, Verwaltungsgerichtliche Klagemöglichkeit, S. 54; *Larenz*, Rechtstheorie, S. 329 f.; *Achterberg*, Allg. VerwR, § 17 Rn. 15; *Stober*, Handbuch, S. 124; *Rüthers*, Rechtstheorie, Rn. 788, 790.

1023 *Schmidt-Aßmann*, in: Maunz/Dürig, GG, Art. 19 Abs. 4 Rn. 138.

1024 *Schmidt-Aßmann*, in: Maunz/Dürig, GG, Art. 19 Abs. 4 Rn. 128; *Achterberg*, Allg. VerwR, § 17 Rn. 8; *Harks*, DÖV 2003, 114 (117); *Zumpe*, Rechtliche Grenzen, S. 34; vgl. BVerfGE 1, 299 (312); 11, 126 (130 f.): „Nicht entscheidend ist dagegen die subjektive Vorstellung der am Gesetzgebungsverfahren beteiligten Organe oder einzelner ihrer Mitglieder über die Bedeutung der Bestimmung."

1025 *Huber*, Konkurrenzschutz, S. 113; *Schliesky*, Öff. Wettbewerbsrecht, S. 446; *Wolff/Bachof/Stober*, VerwR I, § 43 Rn. 16; krit. *Bauer*, Geschichtliche Grundlagen, S. 141.

1026 So z. Bsp. *Achterberg*, Allg. VerwR, § 17 Rn. 15; *Huber*, in: v. Mangoldt/Klein/Starck, GG, Art. 19 Abs. 4 Rn. 400; *Wahl/Schütz*, in: Schoch/Schmidt-Aßmann/Pietzner, VwGO, § 42 Abs. 2 Rn. 45; zuletzt *Diefenbach*, WiVerw 2003, 115 (117, 121); krit.

des Normgebers ist allerdings weiterhin zurückzugreifen, wenn die Interpretationsansätze am Wortlaut, systematische und teleologische Auslegung isoliert nicht weiterführen,[1027] in anderen Fällen kann dadurch die Richtigkeit eines Auslegungsergebnisses bestätigt oder Zweifel daran behoben werden, deren Beseitigung mit den anderen Methoden nicht möglich ist.[1028] Zusätzlich postuliert das BVerfG, der Wille des historischen Gesetzgebers könne „nur insoweit berücksichtigt werden, als er im Gesetz selbst einen hinreichend bestimmten Ausdruck gefunden hat"[1029], wenngleich sich das Gericht in vielen Entscheidungen in Widerspruch zu seinen Anforderungen setzt und wesentlich auf die Entstehungsgeschichte eines Gesetzes abhebt.[1030]

Aus Gründen der Darstellung wird in der vorliegenden Untersuchung die genetische/historische Auslegung der teleologischen vorangestellt. Dies ist für die Untersuchung des § 102 Abs. 1 GemO und vergleichbarer Normen deshalb gerechtfertigt und auch von gesteigerter Bedeutung, da sich die gegenwärtige objektive Interessenbewertung aufgrund der erst vor relativ kurzer Zeit erfolgten Verabschiedung des Gesetzes noch nicht maßgeblich von derjenigen zur Zeit dessen Erlasses verändert haben kann. Insofern ist eine vertiefte Auseinandersetzung mit den Gesetzesmaterialien als Ausdruck der Vorstellungen und Motive der Gesetzgebungsorgane angesichts der „Neuheit" des Gesetzes sogar in besonderem Maße geboten.[1031] Zunächst ist jedoch auf die Entstehungsgeschichte des § 67 Abs. 1 DGO einzugehen, da die historische Bewertung des Schutzgehalts dieser Norm keineswegs so zweifelsfrei feststeht, wie dies oftmals dargestellt wird.[1032] Die historische Genese der Vorschriften der DGO wird vielmehr oft – zu Unrecht – vernachlässigt.[1033] Auf der Grundlage der so gewonnenen Erkenntnisse ist die gegenwärtige Regelung des § 102 Abs. 1 GemO zu untersuchen. Anschließend wird das so gefundene Ergebnis mit den Beurteilungen der novel-

---

Hübschle, GewArch 2000, 186 (189 f.): Die Bedeutung der Gesetzesbegründung für die Auslegung einer Einzelvorschrift dürfe nicht überbewertet werden. Äußerungen der am Gesetzgebungsverfahren Beteiligten, die im Wortlaut keinen Niederschlag gefunden hätten, könnten einer an Sinn und Zweck orientierten Auslegung nicht entgegengehalten werden.

1027 *Huber*, Konkurrenzschutz, S. 113 m. w. N.; ähnl. *Larenz*, Methodenlehre, S. 344: Danach stellen die Gesetzesmaterialien zwar wertvolle Hilfen für das Gesetzesverständnis dar; es soll ihnen jedoch an Verbindlichkeit fehlen, da sie nicht den Willen des eigentlichen Normgebers repräsentierten.

1028 BVerfGE 1, 299, (312); *Wolff/Bachof/Stober*, VerwR I, § 28 Rn. 60; *Rüthers*, Rechtstheorie, Rn. 799.

1029 BVerfGE 11, 126 (130 f.); zu Recht krit. *Rüthers*, Rechtstheorie, Rn. 799 f. u. 734 ff.

1030 *Rüthers*, Rechtstheorie, Rn. 800.

1031 OLG Düsseldorf, WuW/E Verg 611 (617 f.); *Zumpe*, Rechtliche Grenzen, S. 34; *Jaeger*, in: Schwarze (Hrsg.), 165 (171).

1032 Vgl. z. Bsp. *Klein*, Teilnahme, S. 77 f.; krit. *Ehlers*, Verwaltung, S. 100 m. Fn. 137.

1033 Ebenso *Löwer*, Der Fall „Gelsengrün", S. 102.

lierten bayerischen, nordrhein-westfälischen und rheinland-pfälzischen Wirtschaftsklauseln verglichen.

1. Genetische/Historische Auslegung des § 67 Abs. 1 DGO

a) Geschichtliche Entwicklung der Kommunalwirtschaft

Der Betrieb wirtschaftlicher Unternehmen durch die öffentliche Hand lässt sich bis in das Mittelalter zurückverfolgen,[1034] erste Ansätze für eine wirtschaftliche Betätigung finden sich mit dem Betrieb allgemeiner Wasserversorgungsanlagen bereits in der Antike.[1035] Allerdings lässt sich keine geradlinige Entwicklung der öffentlichen Wirtschaft nachzeichnen, da sich Epochen mit einer Vielzahl öffentlicher Unternehmen mit solchen abwechselten, in denen das Engagement der öffentlichen Hand zugunsten der Privatwirtschaft erheblich nachließ.[1036] Die kommunale Wirtschaftsbetätigung stand in ihrer Entwicklung zumeist in einer gewissen Abhängigkeit von der jeweiligen gesamtstaatlichen Wirtschaftssituation und den wirtschaftspolitischen Auffassungen.[1037] An der Kommunalwirtschaft wird die in den letzten 100 Jahren erfolgte Gewichtsverlagerung von der bloßen Hoheitsverwaltung zu einer überwiegenden Leistungsverwaltung mit Betonung auf Daseinsvorsorge und Gemeinwohlförderung sichtbar. Die Gemeinden hatten aufgrund dieser Verlagerung immer mehr Aufgabenbereiche zu erfüllen, die nicht allein durch hoheitliche Maßnahmen erreicht werden konnten, sondern die aus sozialen oder wirtschaftspolitischen Gründen kommunalen Einfluss benötigten. Im Zuge dieser Entwicklung entstand das Recht der kommunalen Wirtschaftsbetätigung.[1038]

Erst in der zweiten Hälfte des neunzehnten Jahrhunderts begannen die Gemeinden, sich der Versorgung der Bürger mit Gas, Wasser, Straßenbahnen etc. anzunehmen. Bis dahin hatten sie dies der privaten Initiative überlassen und für die Benutzung der Straßen und Wege durch Leitungen und Gleise nur Konzessionsabgaben erhoben. Da aber diese Belieferung der Bürger Gewinne abwarf, suchte man bei Ablauf der Verträge und dem damit zumeist verbundenen Anfallrecht an den Anlagen ein für die Kommunalkassen günstigeres Ergebnis zu erreichen. Teilweise begann sogar ein Kampf um die sog. „Kommunalisierung" der ge-

---

1034 *Stern*, AfK 1964, 81 (81 f.).

1035 *Stern/Püttner*, Gemeindewirtschaft, S. 17; *Oster*, in: Gabler/Höhlein/Klöckner/u. a., GemO Rh.-Pf., Vorbem. zu §§ 85-92 Erl. 1.2.1.; *Neutz*, in: Wurzel/Schraml/Becker (Hrsg.), Rechtspraxis, Teil C Rn. 21 ff.

1036 *Grupp*, ZHR 140 (1976), 367 (370) m. w. N.

1037 *Kunze/Bronner/Katz/v. Rotberg*, GemO f. BW, § 102 Rn. 3; *Lindner*, Verwaltungsgerichtliche Klagemöglichkeit, S. 13; *Grupp*, ZHR 140 (1976), 367 (372 ff.).

1038 *Stern/Püttner*, Gemeindewirtschaft, S. 13 ff.; *Kunze/Bronner/Katz/v. Rotberg*, GemO f. BW, § 102 Rn. 3.

meinnützigen Wirtschaftsbetriebe.[1039] Vor dem Ersten Weltkrieg war bereits ein erhebliches Wachstum der Zahl kommunaler Unternehmen, insbesondere im Bereich der Stromversorgung und beim Betrieb elektrischer Straßenbahnen, zu verzeichnen.[1040] Die fiskalische Zielsetzung war dabei der ursprüngliche Zweck der kommunalen Unternehmen.[1041] Durch die den Gemeinden während des Krieges auferlegten Aufgaben der Versorgung der Bevölkerung mit Lebensgütern aller Art wurde die Ausweitung der kommunalen Wirtschaftstätigkeit weiter in erheblichem Umfang gefördert.[1042] Mit Kriegsende gerieten die kommunalen Betriebe in Verlustregionen; die sich anschließende Aufbauphase führte zu erneuten Belastungen durch eine verstärkte Kreditaufnahme.[1043] Die Epoche der Weimarer Republik zeigte dann noch einmal eine beträchtliche Ausweitung kommunaler Wirtschaftstätigkeit, v. a. eine deutliche Zunahme erwerbswirtschaftlicher und fiskalischer Zielsetzungen gegenüber den gemeinnützigen Aspekten gemeindlicher Tätigkeit.[1044] Aufgrund der Finanznot der Gemeinden sahen sich die Gemeinden zu umfassender wirtschaftlicher Betätigung und Entnahme von Einnahmen aus ihren Betrieben veranlasst.[1045] Dabei zielten sie insbesondere auf neue lukrative Betriebe ohne bedeutende Anlagekosten ab oder versuchten gewinnbringende Zweige der vorhandenen Unternehmen voll einzusetzen.[1046] Dadurch griff die Kommunalwirtschaft in zunehmendem Maße auf Betätigungsfelder der Privatwirtschaft über,[1047] was die private Konkurrenz zunehmend sensibilisierte und die Notwendigkeit einer Grenzziehung für gemeindliche wirtschaftliche Aktivitäten deutlich machte.[1048] Mit der Weltwirtschaftskrise 1929 und der in den darauf folgenden Jahren einhergehenden Arbeitslosigkeit wurde die bis dahin erreichte Konsolidierung der Kommunalwirtschaft wieder zunichte gemacht. Gesteigerten Kosten für soziale Aufgaben standen zurückge-

---

[1039] *Blaum*, DÖV 1959, 666 (667); *Stern/Püttner*, Gemeindewirtschaft, S. 19 ff.; *Ronellenfitsch*, in: Hoppe/Uechtritz (Hrsg.), § 1 Rn. 17.

[1040] *Grupp*, ZHR 140 (1976), 367 (370 m. Fn. 14); *Oster*, in: Gabler/Höhlein/Klöckner/u. a., GemO Rh.-Pf., Vorbem. zu §§ 85-92 Erl. 1.2.1.; *H. Pagenkopf*, KommunalR, Bd. 2, S. 146; *Stern/Püttner*, Gemeindewirtschaft, S. 23 ff., die aber darauf hinweisen (S. 25), dass erwerbswirtschaftliche Motive bei der wirtschaftlichen gemeindlichen Betätigung allenfalls sekundäres Attribut gewesen seien.

[1041] *Storr*, Der Staat als Unternehmer, S. 119 f.

[1042] *H. Pagenkopf*, KommunalR, Bd. 2, S. 146; *Hidien*, Gemeindliche Betätigungen, S. 170.

[1043] *Hidien*, Gemeindliche Betätigungen, S. 170; *Stern/Püttner*, Gemeindewirtschaft, S. 26.

[1044] *Stern*, AfK 1964, 81 (84 f.); *Neutz*, in: Wurzel/Schraml/Becker (Hrsg.), Rechtspraxis, Teil C Rn. 23 f.

[1045] *Hidien*, Gemeindliche Betätigungen, S. 171; *Oster*, in: Gabler/Höhlein/Klöckner/u. a., GemO Rh.-Pf., Vorbem. zu §§ 85-92 Erl. 1.2.1.; *Stern/Püttner*, Gemeindewirtschaft, S. 27.

[1046] *Hidien*, Gemeindliche Betätigungen, S. 171; *Stern/Püttner*, Gemeindewirtschaft, S. 27.

[1047] *Lindner*, Verwaltungsgerichtliche Klagemöglichkeit, S. 13.

[1048] *Klein*, Teilnahme, S. 73 f., 76 ff.

hende Erträge der kommunalen wirtschaftlichen Unternehmen gegenüber.[1049] Die Folgen des breit angelegten kommunalen Wirtschaftsengagements wurden nun sichtbar. Da sich die Gemeinden in zum Teil erheblichem Ausmaße finanziell übernommen hatten, gerieten sie aufgrund ihrer Verlustausgleichspflicht in wirtschaftliche Bedrängnis.[1050]

b) Die damalige Diskussion und Vorläufervorschriften der DGO

Vor diesem Hintergrund gewannen die Gegner der kommunalen wirtschaftlichen Betätigung, die unter dem polemischen Schlagwort der „kalten Sozialisierung" eine gesetzliche Grenzziehung zwischen Staat und Wirtschaft zu deren Schutz forderten, gegenüber den Befürwortern einer hohen Staatsquote im Wettbewerb erheblich an Gewicht.[1051] Die von beiden Seiten vorgebrachten Argumente waren weitgehend dieselben wie heute,[1052] wobei zwischen zwei Aspekten unterschieden werden muss: Zum einen ging es um den Schutz der Gemeinden vor einer Selbstüberlastung durch ihre wirtschaftliche Betätigung. Daneben kreiste die Diskussion um ein „Sphärenmodell", das für kommunale und privatwirtschaftliche Agenden getrennte Räume verlangte.[1053] Gesetze, welche die wirtschaftliche kommunale Betätigung begrenzen konnten, gab es dabei kaum, die von der Rechtsprechung aufgestellten Grundsätze reichten für eine solche Begrenzung ebenfalls nicht aus.[1054] Die Feststellung *Köttgens*, „daß (...) der Aktionsradius der öffentlichen Wirtschaft mangels einschlägiger Normen dem freien Spiel der Kräfte überlassen blieb", ist somit durchaus zutreffend.[1055] Im Vordergrund der wenigen bis dato existenten gesetzlichen Regelungen kommunaler wirtschaftlicher Betätigung stand zunächst überwiegend nur der

---

1049 *Hidien*, Gemeindliche Betätigungen, S. 170.

1050 *Löwer*, Der Fall „Gelsengrün", S. 106; *ders.*, VVDStRL 60 (2001), 416 (425); *Berg*, ThürVBl. 1994, 145 (148).

1051 *Löwer*, VVDStRL 60 (2001), 416 (425); *Faber*, DVBl. 2003, 761 (765); *Hidien*, Gemeindliche Betätigungen, S. 172; *Stern/Püttner*, Gemeindewirtschaft, S. 28 ff., die darauf hinweisen (S. 30 f.), dass eine Kommunalisierung neuer Wirtschaftsbereiche in der Weimarer Epoche nicht erfolgt sei.

1052 Vgl. *Löwer*, Der Fall „Gelsengrün", S. 104 f.; *Zumpe*, Rechtliche Grenzen, S. 31; *Hidien*, Gemeindliche Betätigungen, S. 171 ff.; *Gönnenwein*, GemeindeR, S. 55 f.; *H. Pagenkopf*, KommunalR, Bd. 2, S. 147; *M. Pagenkopf*, GewArch 2000, 177 (177).

1053 *Löwer*, Der Fall „Gelsengrün", S. 106 f.; *H. Pagenkopf*, KommunalR, Bd. 2, S. 147, erwähnt als dritten Kritikpunkt an der wirtschaftlichen Betätigung der Gemeinden, dass „die Erwerbsunternehmen vielfach einen rechtlichen und tatsächlichen Monopolcharakter trugen und die Bemessung der Tarife nach rein fiskalischen Gesichtspunkten erfolgte." Dem soll hier nicht weiter nachgegangen werden.

1054 *H. Pagenkopf*, KommunalR, Bd. 2, S. 147 m.w.N.

1055 *Köttgen*, in: FS DJT, 577 (581).

Schutz der Kommunen selbst.[1056] Die restriktiven Ansichten der Privatwirtschaft fanden aber gegen Ende der Weimarer Zeit zunehmend Gehör bei einzelnen Gesetzgebern.[1057] So betonte Art. 61 Bay. GO vom 17.10.1927 neben der Wirtschaftstätigkeit und Leistungsfähigkeit der kommunalen Betriebe bereits ausdrücklich den Schutz privater Konkurrenten.[1058] Damit sollte „übertriebenen und unnützigen Kommunalisierungsbestrebungen, insbesondere auf dem Gebiet der Lebensmittelversorgung", Schranken gezogen werden, „um nicht den gewerblichen Mittelstand durch die unbegrenzte Zulassung derartiger Kommunalbetriebe zu schädigen und zu gefährden".[1059] Mit der Dritten Notverordnung des Reichspräsidenten vom 6.10.1931[1060] wurde erstmals auf Republik-Ebene versucht, die Gemeindewirtschaft von obigen Missständen zu befreien. Dies sollte durch eine Prüfung der Jahresabschlüsse der Gemeindebetriebe durch öffentliche Wirtschaftsprüfer mit der Zielsetzung erreicht werden, auf einen allmählichen Abbau der nicht durch einen öffentlichen Zweck gerechtfertigten Betriebe hinzuwirken.[1061]

Das preußische Gemeindefinanzgesetz vom 15.12.1933[1062], das maßgeblich von einem Gutachten des preußischen Finanzministers *Popitz* beeinflusst wurde[1063], berücksichtigte in seinem § 87[1064] ebenfalls beide Aspekte und damit auch den

---

1056 So z. Bsp. in Art. 139 der baden-württembergischen Gemeindeordnung vom 19.3.1930; RegBl. S. 45; vgl. *Löwer*, Der Fall „Gelsengrün", S. 107.

1057 *Stern/Püttner*, Gemeindewirtschaft, S. 32 m. w. N.

1058 GVBl. S. 293; *Pielow*, NWVBl. 1999, 369 (370 m. Fn. 8); *Stern/Püttner*, Gemeindewirtschaft, S. 32.

1059 *Klein*, Teilnahme, S. 74, betont unter Hinweis auf die Entstehungsgeschichte und auf die Kommentierung von Laforet/v. Jan/Schattenfroh, Die Bayerische Gemeinde-, Bezirks- und Kreisordnung, Bd.1: Bayerische Gemeindeordnung, München, Berlin und Leipzig, 1931, S. 709 ff., allein den Schutz der privaten Konkurrenten; differenzierend *Hidien*, Gemeindliche Betätigungen, S. 173.

1060 Teil V, Kap. VIII – RGBl. I, S. 537.

1061 *H. Pagenkopf*, KommunalR, Bd. 2, S. 147.

1062 GS 442; in Kraft getreten am 1.1.1934; zur Entstehungsgeschichte vgl. *Löw*, Kommunalgesetzgebung, S. 52 ff.

1063 *Johannes Popitz*, Der zukünftige Finanzausgleich zwischen Reich, Ländern und Gemeinden, Berlin 1932; vgl. *Löwer*, VVDStRL 60 (2001), 416 (425 m. Fn. 45).

1064 Wortlaut: „(1) Die Gründung und Errichtung wirtschaftlicher Unternehmungen ist nur zulässig, wenn der öffentliche Zweck die Errichtung der Unternehmung rechtfertigt, der durch die Unternehmung verfolgte Zweck nicht besser und wirtschaftlicher durch einen anderen öffentlich-rechtlichen oder privatrechtlichen Träger erfüllt werden kann und die Unternehmung nach Art und Umfang in einem angemessenen Verhältnis zur Leistungsfähigkeit der Gemeinde steht und die Erfüllung ihrer öffentlich-rechtlichen Aufgaben nicht beeinträchtigt. (2) Der Umfang einer Unternehmung darf über das durch den voraussichtlichen Bedarf gebotene Maß nicht hinausgehen."; abgedruckt bei *Löwer*, Der Fall „Gelsengrün", S. 107 f.; *Burmeister*, in: Püttner (Hrsg.), HKWP V, § 93 A, S. 12.

Schutz von Mittelstand und Handwerk.[1065] Dabei hatte diese Regelung insbesondere auch im Blick, dass „das Unternehmertum der Gemeinden (Gemeindeverbände) mit der freien Wirtschaft nicht in unnötigen Wettbewerb" treten solle. Damit sollten „weitere unerwünschte Übergriffe auf das Gebiet der freien Wirtschaft in Zukunft unterbleiben". Da die Vorstellung der Gemeinden, sie könnten privatwirtschaftlich ebenfalls angebotene Leistungen besser und wirtschaftlicher erfüllen, sich nicht bewahrheitet hatte und „in dieser Hinsicht viel Lehrgeld gezahlt worden ist, kommt das Gesetz auf den alten preußischen (...) Standpunkt zurück, dass die Gemeinden nur dann als Träger von wirtschaftlichen Unternehmungen auftreten sollen, wenn zuvor geprüft worden ist, ob der gleiche Zweck nicht in anderer Hand ebenso gut oder besser erfüllt werden kann".[1066] Der öffentliche Zweck sei dabei als „Richtschnur" anzusehen, bei dessen Verfolgung sich ein Verbot ungerechtfertigter Konkurrenz gegenüber der privaten Wirtschaft ergäbe. Die gesetzliche Ordnung durfte sich aber nicht darauf beschränken, Vorkehrungen zum Schutz der privaten Wirtschaft gegen eine unerwünschte gemeindliche Betätigung zu schaffen und entsprechende Handhaben für besser geeignete private Unternehmer zu gewähren, sondern musste auch den Schutz der Gemeinden vor gewagten und risikobehafteten Vorhaben mitregeln.[1067] Der Zweck, eine Einschränkung der gemeindlichen Betätigung zur Ausschaltung „unnötiger Konkurrenz" mit der Privatwirtschaft herbeizuführen, kommt auch im Vorspruch des Preußischen Gemeindefinanzgesetzes zum Ausdruck: *„Es entspricht nicht der Stellung der Gemeinde als Verwalter öffentlicher Angelegenheiten, sich als Unternehmer schrankenlos zu betätigen und so mit der freien Wirtschaft in unnötigen Wettbewerb zu treten. Das Gesetz legt deshalb die Grenzen ihrer wirtschaftlichen Betätigung unter voller Wahrung der Bedürfnisse der öffentlichen Wirtschaft fest. So wird Vorsorge getroffen, daß in Zukunft Übergriffe auf das Gebiet der freien Wirtschaft unterbleiben."*[1068]

Hinsichtlich der Subsidiaritätsklausel wird daraus teilweise gefolgert, dass dieser nicht die primäre Funktion zukomme, den Wettbewerb zwischen öffentlicher Hand und Privaten zugunsten der Privaten ökonomisch rational offen zu halten, sondern sie vielmehr ein Optimierungsgebot darstelle, das verlange, die Aufgabe von demjenigen Träger lösen zu lasse, der die höchste ökonomische Leistungs-

---

1065 *Löwer*, Der Fall „Gelsengrün", S. 108; *ders.*, VVDStRL 60 (2001), 416 (425, 446); *H. Pagenkopf*, KommunalR, Bd. 2, S. 148; *Stern/Püttner*, Gemeindewirtschaft, S. 32 f.: „Niederlage für die Gemeindewirtschaft im ideologischen Streit"; *Ruffert*, NVwZ 2000, 763 (764); wohl auch *Burmeister*, in: Püttner (Hrsg.), HKWP V, § 93 A, S. 13.

1066 *Hettlage, Karl Maria/ Loschelder, Wilhelm/ Spielhagen, Wolfgang*, Gemeindefinanzgesetz, Kommentar, 1934, S. 312; zitiert nach *Löwer*, Der Fall „Gelsengrün", S. 108; wiedergegeben auch bei *ders.*, VVDStRL 60 (2001), 416 (425 m. Fn. 45).

1067 *H. Pagenkopf*, KommunalR, Bd. 2, S. 148.

1068 Abgedruckt bei *Burmeister*, in: Püttner (Hrsg.), HKWP V, § 93 A, S. 13.

kapazität anzubieten habe. Dies komme in der späteren Regelung des § 67 Abs. 1 Nr. 3 DGO nicht mehr so deutlich zum Ausdruck.[1069]

c) § 67 Abs. 1 DGO vom 30.1.1935

Die DGO von 1935 knüpft in § 67 an die Regelung des § 87 des preußischen Gemeindefinanzgesetzes an und nimmt damit auch dessen beide Regelungsaspekte auf.[1070] Dies geht aus der amtlichen Begründung hervor, deren für die hiesige Thematik einschlägigen Passagen wie folgt lauten:

Es „*gehört zu den Eigenarten der Entwicklung der gemeindlichen Selbstverwaltung in Deutschland, dass die deutschen Gemeinden auf der Grundlage der Unbeschränktheit ihres Wirkungskreises (...) schon sehr früh und in verhältnismäßig weitem Umfange neben ihren Aufgaben auf dem Gebiet der öffentlichen Verwaltung auch rein wirtschaftliche Aufgaben übernommen haben. Diese Betätigung hat sich von jeher in erster Linie dem Gebiet der sogenannten öffentlichen Versorgungswirtschaft zugewendet und hier anerkanntermaßen große Leistungen vollbracht. Die vielfachen Angriffe der letzten Jahre gegen die wirtschaftliche Betätigung der Gemeinden richteten sich denn auch weniger gegen die von ihnen betriebenen Versorgungsunternehmungen, als vielmehr gegen ein Übergreifen der Gemeindewirtschaft auf sonstige Gebiete, die bisher ausschließlich privater Wirtschaftsbetätigung vorbehalten waren.*

Diese Angriffe haben erstmalig zu besonderen gesetzlichen Vorschriften in Kap. VIII Teil V der Dritten Verordnung des Reichspräsidenten vom 06.10.1931 Veranlassung gegeben. Dort wird versucht, durch regelmäßige Prüfungen der gemeindlichen Wirtschaftsbetriebe auf einen Abbau solcher Betriebe hinzuwirken, die durch den öffentlichen Zweck gemeindlicher Wirtschaftsführung nicht gerechtfertigt sind und die danach als unzulässige Konkurrenz mit der privaten Wirtschaft erscheinen. Darüber hinaus hat erstmalig das Preußische Gemeindefinanzgesetz es unternommen, Grundsätze zu entwickeln, die in Zukunft einer Ausuferung gemeindlicher Wirtschaftsbetätigung vorbeugen sollen. Diesen Grundsätzen schließt sich die Regelung des 2. Abschnitts der Deutschen Gemeindeordnung im wesentlichen an. Sie legt demgemäß in § 67 zunächst die Grenzen fest, die die Gemeinden bei der Errichtung oder wesentlichen Erweiterung wirtschaftlicher Unternehmen zu beachten haben.“[1071]

Der häufig vorgebrachte Kritikpunkt, dass die Gemeinden auf außerhalb der Versorgungswirtschaft liegende, den Privaten vorbehaltenen Tätigkeitsfelder

---

1069 *Löwer*, Der Fall „Gelsengrün“, S. 108 f; ebenso *Siedentopf*, Grenzen und Bindungen, S. 43 f.

1070 *H. Pagenkopf*, KommunalR, Bd. 2, S. 148; vgl. auch *Klein*, Teilnahme, S. 74 f.

1071 Amtliche Begründung zu § 67 DGO in Abs. 1 und Abs. 2 S. 1 bis 5, abgedruckt bei *Surén*, Die Gemeindeordnungen, S. 139 f.

übergegriffen hätten, wird von der amtlichen Begründung ausdrücklich aufgenommen, was somit bereits auf die Schutzrichtung zugunsten der privaten Konkurrenten hinweist.[1072] Da solche Unternehmen als unzulässige Konkurrenz zur Privatwirtschaft gelten, die nicht durch einen öffentlichen Zweck gerechtfertigt sind, deutet die Gesetzesbegründung darauf hin, dass die Grenzziehung zwischen kommunaler und privater Wirtschaft durch den Begriff des „öffentlichen Zwecks" erfolgen soll.[1073] Weiter heißt es:

„Für die Zulässigkeit gemeindlicher Wirtschaftstätigkeit ist in jedem Fall ausschlaggebend, dass sie durch einen öffentlichen Zweck gerechtfertigt ist. Es kann einer Gemeinde nie erlaubt sein, zu wirtschaften, wenn ihr einziges Ziel dabei das der Gewinnerzielung ist; vielmehr muß es sich bei der gemeindlichen Wirtschaft stets um Betätigungen handeln, die nach der ganzen Entwicklung und den herrschenden Anschauungen eine im öffentlichen Interesse gebotene Versorgung der Einwohnerschaft zum Gegenstand haben. Demnach müssen Leistungen und Lieferungen des gemeindlichen Unternehmens selbst einem öffentlichen Zweck dienen."[1074]

Gemeindliche Wirtschaftsaktivitäten ohne Rechtfertigung durch einen öffentlichen Zweck werden somit für unzulässig erklärt.[1075] Aufgrund der Anknüpfung an die Regelung im Preußischen Gemeindefinanzgesetzes und damit an die in diesem Zusammenhang angestellten Überlegungen zum Verhältnis von Kommunal- und Privatwirtschaft kann die Regelung in § 67 Abs. 1 DGO auch nicht als spezifisch von der nationalsozialistischen Ideologie geprägt gekennzeichnet werden.[1076] Bezweckt wurde somit zum einen, die Gemeinden vor unnötigen wirtschaftlichen Engagements und daraus resultierenden finanziellen Risiken zu bewahren.[1077] Zum anderen sollte aber auch die Privatwirtschaft vor ungerecht-

1072 *Grawert*, in: FS Blümel, 119 (136); *Schink*, NVwZ 2002, 129 (138); *Schulz*, BayVBl. 1997, 518 (520); *Zumpe*, Rechtliche Grenzen, S. 32 f.

1073 *Löwer*, Der Fall „Gelsengrün", S. 109; *Schink*, NVwZ 2002, 129 (138).

1074 Amtliche Begründung zu § 67 DGO in 1 a; abgedruckt bei *Surén*, Die Gemeindeordnungen, S. 154.

1075 *Löwer*, Der Fall „Gelsengrün", S. 110; *Henneke*, NdsVBl. 1999, 1 (3); *Harks*, DÖV 2003, 114 (117).

1076 *Faber*, DVBl. 2003, 761 (765); *Löwer*, VVDStRL 60 (2001), 416 (425 m. Fn. 45); *Burmeister*, in: Püttner (Hrsg.), HKWP V, § 93 A, S. 10; *Knemeyer*, BayVBl. 1999, 1 (2); *Stern/Püttner*, Gemeindewirtschaft, S. 32; ausf. *Hidien*, Gemeindliche Betätigungen, S. 177 ff.; der aber einräumt, dass den Rechtsbegriffen ein gewisser „negativer etatistischer Beigeschmack" anhaftet; *Gröning*, WRP 2002, 17 (20); *Harks*, DÖV 2003, 114 (117); *Battis*, GewArch 1982, 145 (152); a. A. *M. Pagenkopf*, GewArch 2000, 177 (179 f.), der die Heranziehung der DGO wegen ihrer nationalsozialistischen Herkunft ablehnt; zu den Einflussfaktoren auf die Gestaltung der DGO vgl. *Löw*, Kommunalgesetzgebung, insbes. S. 33 ff.

1077 *Burmeister*, in: Püttner (Hrsg.), HKWP V, § 93 A, S. 12; zust. *Gusy*, JA 1995, 253 (354); *Schlacke*, NordÖR 2001, 229 (231).

fertigter Konkurrenz geschützt werden. § 67 DGO enthielt eine „bewusste und gewollte, die Gemeindewirtschaft limitierende Aussage zugunsten des privaten Wettbewerbs unter Ausschluss der kommunalen Wettbewerbsteilhabe“, die Kommunen sollten von einer uneingeschränkten Wirtschaftstätigkeit mit Rücksicht auf die Privatwirtschaft abgehalten werden und damit ein Ausgleich zwischen den gegenläufigen Interessen hergestellt werden.[1078] Damit sollten somit in erster Linie alle für die Privatwirtschaft interessanten Tätigkeitsbereiche dieser im Ganzen oder dem einzelnen Unternehmer nach Möglichkeit offen gehalten werden.[1079] Dafür spricht auch der Sinnzusammenhang, in dem der Begriff des wirtschaftlichen Unternehmens vom Gesetzgeber verwendet werde. Denn wenn als wirtschaftliche Unternehmen alle Einrichtungen gelten sollten, die auch von Privaten mit der Absicht der Gewinnerzielung betreiben werden konnten, so lässt dies darauf schließen, dass die kommunalrechtlichen Bestimmungen über die wirtschaftliche Betätigung der Gemeinden von vorneherein an den Verhältnissen und Interessen der Privatwirtschaft orientiert waren und damit ein zumindest grundsätzlicher Vorrang der Privatwirtschaft fixiert war.[1080] Insofern steht einer Auslegung des § 67 DGO als individualschützend nichts im Wege.[1081] Unerheblich ist insofern, dass daneben die Gemeinden auch vor sich selbst geschützt werden sollten.[1082] Diesem Ergebnis wird von großen Teilen des Schrifttums mit der Erwägung widersprochen, dass mit dieser Normierung zwar auch unzulässige Übergriffe auf das Feld der freien Privatwirtschaft unterbunden werden sollten, im Bereich der öffentlichen Aufgaben aber die grundsätzliche Zulässigkeit der wirtschaftlichen Betätigung der Kommunen bestehen bleiben sollte. Ausgeschaltet werden sollten lediglich solche Betätigungen, die die Leistungskraft der Kommunen überschritten oder anderweitig durch öffentliche oder private Träger erfüllt werden konnten. Die Zurückdrängung der Kommunalwirtschaft auf das Feld öffentlicher Aufgaben stelle nur eine Klarstellung

1078 *Löwer*, VVDStRL 60 (2001), 416 (425 f.); *Schmahl*, LKV 2000, 47 (48); *Diefenbach*, WiVerw 2003, 115 (120 f.); *Battis*, GewArch 1982, 145 (152); vgl. auch *Hidien*, Gemeindliche Betätigungen, S. 175.

1079 *Zumpe*, Rechtliche Grenzen, S. 33; *Neutz*, in: Wurzel/Schraml/Becker (Hrsg.), Rechtspraxis, Teil C Rn. 37.

1080 *Zumpe*, Rechtliche Grenzen, S. 31 f.; a. A. *Hidien*, Positive Konkretisierung, S. 171 f., der diese Ansicht als „neoliberal“ brandmarkt und lediglich einen „gewissen Vorrang der Privatwirtschaft“ anerkennen will.

1081 *Löwer*, Der Fall „Gelsengrün“, S. 115 f; *Cosson*, DVBl. 1999, 891 (895); *Schmahl*, LKV 2000, 47 (50 u. 51); *Hösch*, GewArch 2000, 1 (4); *Grawert*, in: FS Blümel, 119 (119, 136); *Schink*, NVwZ 2002, 129 (138); *Püttner*, GRUR 1964, 359 (361); *Ruffert*, NVwZ 2000, 763 (764); *ders.*, VerwArch 92 (2001), 27 (29); *Knemeyer/Kempen*, in: Achterberg/Püttner/Würtenberger (Hrsg.), Bes. VerwR II, § 17 Rn. 50; *Sodan*, DÖV 2000, 361 (369); *Schlacke*, NordÖR 2001, (229 (231); abgeschwächt *Zumpe*, Rechtliche Grenzen, S. 32; ähnl. *Hidien*, Gemeindliche Betätigungen, S. 176 f.

1082 *Zumpe*, Rechtliche Grenzen, S. 33.

dar.[1083] Zumindest habe der damalige Gesetzgeber keinen individualrechtlichen Privatwirtschaftsschutz gewähren wollen.[1084] Das Privatgewerbe sei lediglich mittelbar geschützt, ohne dass diesem eine geschützte Rechtsstellung verliehen werde.[1085] Diese Auffassung lässt sich aber angesichts der eindeutigen Gesetzesmaterialien nicht halten.

d) Insbesondere: Die Subsidiaritätsklausel in § 67 Abs. 1 Nr. 3 DGO

Bezüglich der Subsidiaritätsklausel führt die amtliche Begründung aus:

„Es kommt bei der heutigen Gesamtlage des Reiches entscheidend darauf an, die deutsche Wirtschaft so zweckmäßig und rationell zu organisieren, als dies irgend möglich ist. Deshalb bedarf auch bei jeder gemeindlichen Wirtschaftsbetätigung die Frage der Prüfung, ob bei Berücksichtigung des Gesamtaufbaus der Wirtschaft die Gemeinde im einzelnen Falle der geeignetste Träger dieser Betätigung ist. Ergibt die Prüfung, dass die betreffende Aufgabe besser und wirtschaftlicher bereits durch einen anderen erfüllt wird oder erfüllt werden kann und ist ein anderer zur Erfüllung der Aufgabe bereit, so bleibt für eine gemeindliche Betätigung grundsätzlich kein Raum."[1086]

Insbesondere aus der planwirtschaftlichen Formulierung der zweckmäßigen und rationellen Organisation der deutschen Wirtschaft[1087], versuchen die Vertreter der h. A. auf die fehlende drittschützende Wirkung zu schließen; Ziel der Regelung sollte es sein, die Privatwirtschaft möglichst rasch wieder für gezielte staatliche Leistungswünsche verfügbar zu machen und die Gemeinden auf ihren durch ausufernde Wirtschaftstätigkeit vernachlässigten eigentlichen Wirkungsbereich zurückzudämmen. Die Stärkung der individuellen Entfaltungsfreiheit sollte hingegen damit nicht bezweckt sein.[1088] Diese Auffassung ist insofern kritikwürdig, als sich aus der amtlichen Begründung auch insofern eindeutig eine „doppelte Schutzkomponente" der Subsidiaritätsklausel ergibt. Diese bezweckt,

---

1083 *Kluth*, Grenzen, S. 88; *Burmeister*, in: Püttner (Hrsg.), HKWP V, § 93 A, S. 14 f.; *Otting*, DÖV 1999, 549 (551 f.); *Schliesky*, Öff. Wettbewerbsrecht, S. 444 f.; *Wieland*, DV 32 (1999), 217 (239); *Moraing*, NWVBl. 1997, 355 (356) = Der Städtetag 1997, 285 (286); *Emmerich*, Wirtschaftsrecht, S. 194; *Ronellenfitsch*, in: Hoppe/Uechtritz (Hrsg.), § 1 Rn. 18; abl. *M. Pagenkopf*, GewArch 2000, 177 (184).

1084 *Hidien*, Gemeindliche Betätigungen, S. 197; *Diefenbach*, WiVerw 2003, 115 (121).

1085 BayVGH, BayVBl. 1959, 90 (91).

1086 Amtliche Begründung zu § 67 DGO in Nr. 1c; abgedruckt bei *Surén*, Die Gemeindeordnungen, S. 159.

1087 *Wieland*, DV 36 (2003), 225 (226).

1088 *Schmidt-Jortzig*, in: Püttner (Hrsg.), HKWP V, § 93 B, S. 60 f.; *Burmeister*, in: Püttner (Hrsg.), HKWP V, § 93 A, S. 13 ff.; *Schliesky*, Öff. Wettbewerbsrecht, S. 444 f.; *Hadamek*, Ausarbeitung wiss. Dienste des Bundestags, S. 31; auch *Löwer*, Der Fall „Gelsengrün", S. 108 f.: „Optimierungsgebot".

dass kommunale Wirtschaftsaktivitäten den Interessen der eigentlichen kommunalen Aufgabenverwirklichung auf der einen Seite und der Schonung der Privatwirtschaft auf der anderen Seite dienen sollten.[1089] Der Gesetzgeber hat die Konkurrenzsituation zwischen kommunaler Wirtschaftsbetätigung und privater unternehmerischer Tätigkeit er- und mit der Bindung an den öffentlichen Zweck bzw. die Subsidiaritätsklausel die Vorrangigkeit privater unternehmerischer Tätigkeit anerkannt.[1090]

e) Ergebnis

Man braucht nicht soweit zu gehen, den Schutz der Privatwirtschaft insgesamt und einzelner Unternehmer als von der DGO „in erster Linie bezweckt"[1091] anzusehen, dennoch bleibt festzuhalten, dass diese Schutzrichtung zumindest untergeordneter zweiter Regelungszweck der Normierung der DGO war.

2. Die gemeindewirtschaftsrechtlichen Vorschriften in der Bundesrepublik Deutschland, insbesondere in Baden-Württemberg

a) Entwicklung in der BRD

Parallel zum schnellen und stabilen Wiederaufbau der Kommunalwirtschaft im Zuge des allgemeinen wirtschaftlichen Nachkriegsaufschwungs[1092] begannen die einzelnen Länder ab 1948 damit, ein eigenes Gemeinderecht zu schaffen.[1093] Die Gemeindeordnungen in den einzelnen Bundesländern lehnten sich zunächst mehr oder weniger an die Vorschriften der DGO an, so dass teilweise ein einheitliches Gemeinderecht erhalten blieb.[1094] Dies war insbesondere im Bereich des Gemeindewirtschaftsrechts zumindest in den Grundsätzen und dem Aufbau der Vorschriften der Fall, wenn gleich sich im Detail zahlreiche Abweichungen ergaben.[1095] Hauptabweichungspunkt war schon frühzeitig die Subsidiaritäts-

---

1089 *Knemeyer/Kempen*, in: Achterberg/Püttner/Würtenberger (Hrsg.), Bes. VerwR II, § 17 Rn. 3, 50; *Ruffert*, NVwZ 2000, 763 (764); vgl. auch *Fees/Jäkle/Brunner*, DGO, § 67 Ziff. 3 c), S. 338: „Hierdurch soll die früher vielfach der Privatwirtschaft gegenüber bestehende Konkurrenz aufhören, da die Gemeindewirtschaft auf den Gesamtaufbau der Wirtschaft Rücksicht zu nehmen hat."

1090 Ebenso *v. Mutius*, JuS 1979, 342 (344 f.); *ders.*, KommunalR, Rn. 521; *Knemeyer*, Bay. KommunalR, Rn. 257; *Schmahl*, LKV 2000, 47 (51); *Zumpe*, Rechtliche Grenzen, S. 32; *Gröning*, WRP 2002, 17 (20); a. A. *Schoch*, DÖV 1993, 377 (380).

1091 So aber *Zumpe*, Rechtliche Grenzen, S. 33.

1092 *Stern/Püttner*, Gemeindewirtschaft, S. 37.

1093 Einzelheiten bei *Gönnenwein*, GemeindeR, S. 47 ff.; *Loschelder*, DÖV 1959, 409.

1094 *Püttner*, Gutachten DJT, S. 10; *Klein*, Teilnahme, S. 75; *Gönnenwein*, GemeindeR, S. 47; *Blaum*, DÖV 1958, 666 (668); *Hidien*, Gemeindliche Betätigungen, S. 177.

1095 *Loschelder*, DÖV 1959, 409 (411); *Püttner*, Gutachten DJT, S. 11, 29, 30; *Uechtritz/Otting*, in: Hoppe/Uechtritz (Hrsg.), § 6 Rn. 5; *Neutz*, in: Wurklausel.[1096] Spätestens seit Mitte der 90er Jahre des vorigen Jahrhunderts hat sich das jahrzehntelang relativ homogene Recht aber erheblich auseinander entwickelt.[1097]

b) Entwicklung des Gemeindewirtschaftsrechts in Baden-Württemberg

Für die Heranziehung des Normzwecks des § 67 DGO auch für die landesrechtlichen Nachfolgeregelungen muss gesichert sein, dass die damit verfolgten Ziele auch den jeweiligen Landesgesetzgeber bei der Übernahme dieser Bestimmungen in die landesrechtlichen Regelung geleitet haben.[1098] In Baden-Württemberg wurde am 25.7.1955 eine neue Gemeindeordnung verabschiedet.[1099] In der ersten Gemeindeordnung war der neue § 85 Abs. 1 GemO a. F. zwar § 67 Abs. 1 DGO nachempfunden, enthielt aber keine Subsidiaritätsklausel. Die damaligen Beratungen des Gemeindewirtschaftsrechts im Landtag machen deutlich, dass alle Fraktionen die Bedeutung der Bestimmung übereinstimmend darin sahen, die kommunale Wirtschaftstätigkeit zum Schutz des privaten Gewerbes zu begrenzen, und nur darüber stritten, ob diese Grenzen enger oder weiter gezogen werden sollten.[1100] Aus der Streichung der Subsidiaritätsklausel, die im Regierungsentwurf[1101] entsprechend § 67 DGO noch enthalten war, kann nicht auf eine Zweckänderung dieser Bestimmung geschlossen werden.[1102] Denn diese Streichung wurde ohne Debatte auf Antrag der SPD-Fraktion beschlossen, die in dieser Klausel eine zu starke Beschränkung des Selbstverwaltungsrechts der Gemeinden sah.[1103] Auch wenn sich die Grenzen der Gemeindewirtschaft dadurch etwas zugunsten der Gemeinden verschoben haben mögen und die Zulassung wirtschaftlicher Unternehmen damit erleichtert wurde,[1104] hat sich der Charakter als Schutzbestimmung für die Privatwirtschaft dadurch nicht gewandelt.[1105] In seiner Kommentierung zu § 85 GemO führte *Göbel* dann auch aus,

---

zel/Schraml/Becker (Hrsg.), Rechtspraxis, Teil C Rn. 38; a. A. *Hellermann*, Örtliche Daseinsvorsorge, S. 206.

1096 Einzelheiten bei *Püttner*, Gutachten DJT, S. 30; *Neutz*, in: Wurzel/Schraml/Becker (Hrsg.), Rechtspraxis, Teil C Rn. 39 ff.

1097 *Schwarting*, ZögU 24 (2001), 286 (295); *Hellermann*, Örtliche Daseinsvorsorge, S. 206.

1098 *Zumpe*, Rechtliche Grenzen, S. 33 f.

1099 Ges.Bl. S. 129.

1100 Landtag von Baden-Württemberg, 1. Wahlperiode, Verhandlungen, Band IV, S. 3237 ff.

1101 Landtag von Baden-Württemberg, 1. Wahlperiode, Beilage 1060 v. 4.12.1954, § 86.

1102 *Zumpe*, Rechtliche Grenzen, S. 34.

1103 Landtag von Baden-Württemberg, 1. Wahlperiode, Verhandlungen, Band IV, S. 3237 f., 3547.

1104 *Göbel*, Gemeindeordnung für BW, § 85 Erl. 3; *Zumpe*, Rechtliche Grenzen, S. 53.

1105 *Zumpe*, Rechtliche Grenzen, S. 34; nach *Ackermann*, DVBl. 1965, 353 (353 f.) kommt es in erster Linie auf den Schutz der Wettbewerbsfreiheit des einzelnen Unternehmers an. Durch diese Vorschrift soll sogar „*jeder* (vermeidbare) Wettberb verhindert werden", S. 355.

dass die Einschränkungen für die wirtschaftliche Tätigkeit von Gemeinden im Wesentlichen auf zwei Grundtatsachen zurückzuführen sei, nämlich auf das Prinzip der Subsidiarität der Gemeindewirtschaft gegenüber der Privatwirtschaft und auf den Schutz der Gemeinden selbst vor einer mit ihrem Wesen nicht zu vereinbarenden wirtschaftlichen Betätigung.[1106] Trotz diverser Novellierungen der GemO in den folgenden Jahren und Jahrzehnten entsprach es im Hinblick auf die fehlende Subsidiaritätsklausel weiterhin der wohl h. A., dass eine solche auch nicht notwendig sei.[1107]

3. Die Neufassung des § 102 Abs. 1 GemO vom 19.7.1999

a) *Die Änderungen der §§ 102 ff. GemO durch das Gesetz zur Änderung gemeindewirtschaftsrechtlicher Vorschriften und anderer Gesetze vom 19.7.1999*

Mitte des Jahres 1999 wurde das baden-württembergische Gemeindewirtschaftsrecht umfassend novelliert.[1108] Mit dem Gemeindewirtschaftsrechtsänderungsgesetz wurde eine dreifache Zielsetzung verfolgt:

Zum einen sollte die kommunale Selbstverwaltung durch Beseitigung von Genehmigungsvorbehalten und Vorlagepflichten, durch Erweiterung der Wahlmöglichkeiten bei den Rechts- und Organisationsformen kommunalen Handelns, durch stärkere Strukturierung der Beziehungen zwischen den Kommunen und ihren Unternehmen und durch Änderungen im kommunalen Prüfungsrecht gestärkt werden.[1109] Im Gegenzug zur Liberalisierung der Rechtsformenwahl wurden Pflichten der Gemeinde zur Steuerung und Kontrolle der Unternehmen in Privatrechtsform stärker betont.[1110] Durch die Neufassung der §§ 102 ff. GemO wurde ein einheitliches System von Zulässigkeitsvoraussetzungen für kommunale Unternehmen und Einrichtungen in Privatrechtsform unabhängig von der Unterscheidung nach wirtschaftlichen Unternehmen und nichtwirtschaftlichen Unternehmen und Einrichtungen geschaffen.[1111]

Zweites Ziel war es, die Verwaltungsreform durch Rückführung zwingender landesrechtlicher Vorgaben auf das unabdingbare Maß voranzutreiben und somit einen Beitrag zu einem neuen Steuerungssystem zu leisten. Dies sollte es den Gemeinden ermöglichen, die wesentlichen Grundentscheidungen in allen Berei-

---

1106 *Göbel*, Gemeindeordnung für BW, § 85 Erl. 1.

1107 Vgl. *Katz*, BWZ 1998, 687 (688).

1108 In Kraft getreten am 28. 7.1999, GBl. S. 292; zur Reform *Weiblen*, BWGZ 1999, 1005 ff., BWGZ 2000, 177 ff.; *Umlandt*, DNV 5/2000, 12 ff.; *Lang*, GK BW 1999, 241 ff.; *Eujen*, BWGZ 2000, 185 ff.

1109 Gesetzentwurf Landesregierung BW, LT-Drs. 12/4055, S. 1 f.

1110 Gesetzentwurf Landesregierung BW, LT-Drs. 12/4055, S. 19.

1111 Gesetzentwurf Landesregierung BW, LT-Drs. 12/4055, S. 19 f.

chen der Kommunalverwaltung in vergleichbarer Weise der kommunalpolitischen Verantwortung des Gemeinderats und des Bürgermeisters als den demokratisch legitimierten Vertretungsorganen zu unterstellen.[1112]

Drittens, und für diese Untersuchung entscheidend, sollte mit diesem Gesetz, insbesondere durch die Einführung der Subsidiaritätsklausel, das Verhältnis der kommunalen zu den privaten Unternehmen („Nebeneinander") aufgegriffen werden.[1113] V. a. diese Zielsetzung barg und birgt besonderen politischen Zündstoff, weil die wirtschaftlich Betätigung der Kommunen von Seiten der privaten Wirtschaft und ihrer Verbände kritisch verfolgt wird.[1114]

b) Aussagen zur drittschützenden Wirkung im Gesetzgebungsverfahren

Neben den eigentlichen Gesetzesmaterialien werden im Folgenden auch die Plenarprotokolle und Protokolle der Diskussionen in den Ausschüssen berücksichtigt, auch wenn diese normalerweise für die Analyse der Entstehungsgeschichte nicht verwendet werden.[1115] Dies ist insbesondere deshalb notwendig, weil die Gesetzesmaterialien hinsichtlich der hier zu untersuchenden Fragestellung nicht eindeutig sind.

aa) Der Gesetzentwurf der Landesregierung

Nachdem die Frage, ob und welche Form der Subsidiaritätsklausel eingeführt werden sollte, geraume Zeit zwischen Wirtschafts- (FDP-geführt) und Innenministerium (CDU-geführt) umstritten war,[1116] und der ursprüngliche Referentenentwurf die Zulässigkeitsproblematik kommunaler wirtschaftlicher Betätigung noch ausgeklammert hatte,[1117] enthielt der Gesetzesentwurf eine „einfache" Subsidiaritätsklausel in § 102 Abs. 1 Nr. 3 GemO. Aufgrund der Bedeutung für die Darstellung werden die einschlägigen Passagen des Gesetzesentwurfes der Landesregierung nachfolgend im Wortlaut wiedergegeben:[1118]

1112 Gesetzentwurf Landesregierung BW, LT-Drs. 12/4055, S. 1, 17, 19.

1113 Gesetzentwurf Landesregierung BW, LT-Drs. 12/4055, S. 1, 20.

1114 Vgl. die Stellungnahmen der Verbände der Privatwirtschaft und der kommunalen Landesverbände im Anhörungsverfahren zur Gesetzesnovellierung, abgedruckt in LT-Drs. 12/4055, S. 41 – 48 (u. a. Handwerkstag BW, Industrie- und Handelskammertag BW, Ingenieurkammer BW, Bund der Steuerzahler, Landesverband baden-württembergischer Industrie, Landesverband Freier Wohnungsunternhmen einerseits und Gemeindetag, Städtetag, Landkreistag BW und VKU andererseits).

1115 *Löwer*, Der Fall „Gelsengrün", S. 110; *Heintzen*, Rechtliche Grenzen und Vorgaben, S. 88.

1116 Vgl. die kurze Anmerkung in BWGZ 1999, 12; krit. *Eujen*, BWGZ 2000, 185 (188 f.).

1117 Referentenentwurf v. 10.11.1997 – AZ. 2-2260/47.

1118 Gesetzentwurf Landesregierung BW, LT-Drs. 12/4055, S. 23 f.

„Bei der Entscheidung über die Aufnahme einer wirtschaftlichen Betätigung haben die Gemeinden allerdings im Hinblick darauf, dass ein öffentlicher Zweck das Unternehmen rechtfertigen muss, auch eingehend zu prüfen, ob ein öffentliches Bedürfnis dafür besteht. An einem solchen Bedürfnis dürfte es vor allem in Bereichen außerhalb der klassischen kommunalen Daseinsvorsorge fehlen, wenn bereits ein quantitativ und qualitativ ausreichendes Angebot insbesondere des örtlichen Mittelstandes bzw. allgemein der Privatwirtschaft besteht.

Da den Gemeinden das Selbstverwaltungsrecht nur im Rahmen der Gesetze zusteht, kann der Landesgesetzgeber in die Gemeindeordnung eine Subsidiaritätsklausel in der Form aufnehmen, dass die kommunale Wirtschaftstätigkeit – bei Vorliegen der übrigen Voraussetzungen des § 102 Abs. 1 GemO – künftig nur dann zulässig ist, wenn bei einem Tätigwerden außerhalb der kommunalen Daseinsvorsorge der Zweck nicht besser und wirtschaftlicher durch einen anderen erfüllt wird oder erfüllt werden kann. Vor dem Hintergrund zunehmender Tendenzen insbesondere größerer Kommunen, ihre wirtschaftliche Betätigung auf sog. neue Geschäftsfelder auszudehnen, erscheint diese Ergänzung des § 102 Abs. 1 GemO geboten. Im Ergebnis bedeutet diese Subsidiaritätsklausel, dass Leistungsparität im Verhältnis zu privaten Anbietern als Voraussetzung für die kommunale Wirtschaftstätigkeit notwendig, aber auch ausreichend ist. Im Hinblick darauf hat die Gemeinde vor der Aufnahme einer marktbezogenen Wirtschaftstätigkeit stets eine Prüfung der relevanten Marktgegebenheiten in Hinsicht auf Vorhandensein, Leistungsfähigkeit und Effizienz privater Anbieter vorzunehmen sowie einen konkreten Vergleich zwischen der Leistungserbringung durch ein kommunales Unternehmen oder einen privaten Anbieter anzustellen. Neben dem Wirtschaftlichkeitsaspekt ist dabei auch die „Güte" der Leistung zu berücksichtigen, z. B. die mit ihr erreichte Versorgungsleistung und Dauerhaftigkeit oder soziale und ökologische Komponenten. Darüber hinaus hat die Gemeinde bei ihrer Entscheidung die im Interesse der Sicherung einer ausgewogenen Wirtschaftsstruktur des Landes liegenden Zwecke des Mittelstandsförderungsgesetzes (MFG) zu beachten (§§ 1 und 2 MFG).

Mit der vorgesehenen Subsidiaritätsklausel, die im Fall der Errichtung, der Übernahme, der wesentlichen Erweiterung und der Beteiligung Anwendung findet, folgt der Gesetzentwurf einer mittleren Linie, die einerseits der Tatsache Rechnung trägt, dass die Kommunalwirtschaft eine wichtige Säule der kommunalen Selbstverwaltung darstellt, die aber andererseits auch die Belange der privaten Wirtschaft berücksichtigt. Deshalb wurde den in der Anhörung geltend gemachten Forderungen, auf eine Subsidiaritätsklausel zu verzichten bzw. – umgekehrt – eine verschärfte Subsidiaritätsklausel einzuführen, nicht entsprochen."

bb) Stellungnahmen im Laufe des Gesetzgebungsverfahrens

In der ersten Beratung des Gesetzentwurfs im Landtag wiesen die Regierungsfraktionen auf das Ziel des Entwurfs hin, der die Belange von Wirtschaft und Verwaltung berücksichtigen, insbesondere eine Absicherung des gewerblichen Mittelstands und des Handwerks gegenüber kommunaler Wirtschaftsbetätigung erreichen sollte.[1119] Dies sei umso notwendiger, je mehr die Formen wirtschaftlicher Betätigung der Kommunen zunähmen. Die Subsidiaritätsklausel entspräche im Übrigen exakt der „absoluten Linie" in der Rechtsprechung. Damit würde keine neue rechtliche Wirkung erzielt, sondern es gehe nur darum, diese Rechtsprechung ins Gesetz aufzunehmen und das Bewusstsein der kommunalen Entscheidungsträger zu sensibilisieren.[1120]

Im Innenausschuss wurde von Verbandsseite darauf hingewiesen, dass die Rechtsprechung der Subsidiaritätsklausel durchaus eine andere Bedeutung als vom Gesetzgeber intendiert beimessen könne, insbesondere wenn von interessierter Seite entsprechende Verfahren, etwa auf dem Gebiet des Wettbewerbsrechts, betrieben würden.[1121] Auch von Seiten der SPD wurde auf drohende Rechtsstreitigkeiten aufgrund der Einführung der Subsidiaritätsklausel hingewiesen. Da die Gemeindeordnung bislang keine Subsidiaritätsklausel enthalten habe, könne und müsse die Rechtsprechung bei der Auslegung dieser neuen Bestimmung zum Ergebnis kommen, dass der Gesetzgeber damit in Bezug auf die gemeindliche wirtschaftliche Betätigung eine neue Rechtsqualität habe schaffen wollen.[1122] Weil der Gesetzgeber nicht bereit sei, alle Auswirkungen des künftigen Gesetzes wahr zu haben oder auszusprechen, würden bei der Auslegung der Vorschriften Probleme entstehen.[1123] Die Regierungsfraktionen hielten aber an der Einführung fest: Von der FDP wurde betont, dass es wichtig sei, auf den Vorrang der Privat- gegenüber der Kommunalwirtschaft hinzuweisen.[1124] Die CDU argumentierte, dass der Gesetzgeber auch die Interessen der Wirtschaft und des Mittelstandes zu berücksichtigen habe und mit der Neu-Einführung le-

---

1119 *Innenminister Schäuble*, in: PlPr 12/67 v. 16.6.1999, S. 5297; *Abg. List*, in: PlPr 12/67 v. 16.6.1999, S. 5298: „fairer Kompromiss", „klare Rollenverteilung"; *Abg. Hofer*, in: PlPr 12/67 v. 16.6.1999, S. 5302 ff.: „Wettbewerbssituation der privaten Anbieter (...) möglichst im Auge behalten und verbessert werden"; *Abg. Schweizer*, in: PlPr 12/67 v. 16.6.1999, S. 5307.

1120 *Abg. Hofer*, in: PlPr 12/67 v. 16.6.1999, S. 5302 ff.

1121 *Vertreter des Gemeindetags BW*, in: Beschlussempfehlung und Bericht des Innenausschusses, LT-Drs. 12/4184, S. 5.

1122 *SPD-Abg.*, in: Beschlussempfehlung und Bericht des Innenausschusses, LT-Drs. 12/4184, S. 11 f.

1123 *SPD-Abg.*, in: Beschlussempfehlung und Bericht des Innenausschusses, LT-Drs. 12/4184, S. 15.

1124 *FDP/DVP-Abg.*, in: Beschlussempfehlung und Bericht des Innenausschusses, LT-Drs. 12/4184, S. 14.

diglich die Rechtsprechung kodifiziere. Zu den befürchteten zahlreichen Rechtsstreitigkeiten würde es nicht kommen.[1125] Die Frage der drittschützenden Wirkung sei unabhängig von der Subsidiaritätsklausel bereits jetzt aktuell, insbesondere messe die Zivilgerichtsrechtsprechung bereits der Bestimmung des „öffentlichen Zwecks" drittschützende Wirkung bei.[1126]

In der zweiten Beratung des Gesetzentwurfs im Landtag wurde von Seiten der Regierungsfraktionen nochmals betont, dass, quasi als Kompensation für die Gewährung zusätzlicher Freiheiten und großzügiger Kompetenzregeln für die Kommunen, die berechtigten Interessen des Mittelstands und des Handwerks, insbesondere an fairem Wettbewerb, durch die Subsidiaritätsklausel berücksichtigt würden.[1127] Erneut wurde darauf hingewiesen, dass in der Frage der drittschützenden Wirkung kommunalwirtschaftlicher Vorschriften eine Divergenz zwischen Verwaltungs- und Zivilgerichtsrechtsprechung bestehe und dass überdies auch teilweise auch der Bestimmung des „öffentlichen Zwecks" drittschützende Wirkung zugesprochen wurde. Dennoch sollte an der Einführung der Klausel festgehalten werden.[1128]

Auch in der Folgezeit wurde die Subsidiaritätsklausel vom Gesetzgeber dahingehend positiv bewertet, dass sie einen angemessenen Ausgleich zwischen den Belangen der privaten Wirtschaft und der Kommunalwirtschaft sicherstelle. Die Neuregelung stelle einen ordnungspolitisch gebotenen Fortschritt dar, mit dem sich die Wettbewerbsposition für Handwerk und Mittelstand – außerhalb der kommunalen Daseinsvorsorge – auf Grund der strikteren Begrenzung wirtschaftlicher kommunaler Aktivitäten tendenziell verbessern dürfte.[1129]

cc) Bewertung durch Rechtsprechung und Literatur

Die Einführung der Subsidiaritätsklausel und der Aspekt drittschützender Wirkung werden auch hier wiederum unterschiedlich bewertet: Teilweise fehlen jegliche diesbezügliche Stellungnahmen.[1130] Teilweise wird die drittschützende

[1125] *CDU-Abg.*, in: Beschlussempfehlung und Bericht des Innenausschusses, LT-Drs. 12/4184, S. 14 f.

[1126] *Innenminister Schäuble*, in: Beschlussempfehlung und Bericht des Innenausschusses, LT-Drs. 12/4184, S. 16; *ders.*, in: Beschlussempfehlung und Bericht des Wirtschaftsausschusses, LT-Drucks 12/5768, S. 25.

[1127] *Abg. List*, in: PlPr 12/68 v. 14.7.1999, S. 5392; *Abg. Hofer*, in: PlPr 12/68 v. 14.7.1999, S. 5396: „Subsidiaritätsklausel zum Schutz von Mittelstand und Handwerk".

[1128] *Innenminister Schäuble*, in: PlPr 12/68 v. 14.7.1999, S. 5399: Einführung der Subsidiaritätsklausel „konsequent und gut".

[1129] Stellungnahme Wirtschaftsministerium BW, LT-Drs. 12/4573, S. 9 f.

[1130] So fehlt eine diesbezügliche Stellungnahme bei *Weiblen*, BWGZ 1999, 1005 (1006 f.); *Umlandt*, DNV 5/2000, 12 (15); *Lang*, GK BW 1999, 241 (245 f.); krit. *Eujen*, BWGZ 2000, 185 (189).

Wirkung mit der Erwägung verneint, dass damit kein Vorrang der Privatwirtschaft über den bisherigen Rechtszustand hinaus erreicht werde, weil diese lediglich dem Gebot der Wirtschaftlichkeit entspräche.[1131] Andererseits wird vertreten, dass aufgrund der neuen Subsidiaritätsklausel die Zuerkennung drittschützender Wirkung der kommunalen Wirtschaftsklausel nicht länger von vorneherein ausgeschlossen sei.[1132] Hierfür wird auf die zu erfolgende Berücksichtigung der Belange der privaten Wirtschaft abgestellt.[1133]

Auch in der Rechtsprechung bestand Uneinigkeit in der Bewertung der drittschützenden Wirkung der kommunalen Wirtschaftsklausel und der Gesetzesmaterialien: Zunächst bejahte das LG Offenburg in seinem Urteil vom 3.12.1999[1134] die drittschützende Wirkung des § 102 GemO n. F. (i. V. m. § 1 UWG a. F.). Dieser schränke auch im Interesse privater Wettbewerber die erwerbswirtschaftliche Betätigung der Gemeinden ein und sei deshalb ein Schutzgesetz. Dies folge aus der Aufnahme der Subsidiaritätsklausel in § 102 Abs. 1 Nr. 3 GemO und aus der Gesetzesbegründung. Die Subsidiaritätsklausel sei ausweislich der Gesetzesbegründung ausdrücklich eingeführt worden vor dem Hintergrund zunehmender Tendenzen v. a. bei größeren Gemeinden, ihre wirtschaftliche Betätigung auf sog. neue Geschäftsfelder auszudehnen. Im Hinblick auf diese Erwägungen erscheine es nicht mehr möglich, auch in § 102 GemO n. F. nur eine ausschließlich auf die Wahrung öffentlicher Belange ausgerichtete Bestimmung zu sehen, wie es zu § 102 GemO a. F. in der Rechtsprechung überwiegend vertreten wurde. Die Neuregelung stelle jetzt auch eine Bestimmung dar, die individuelle Interessen privater Wettbewerber schütze und auf die sich Kläger im Rahmen der Prüfung des § 1 UWG a. F. berufen könnten. Diese Bewertung wird im Schrifttum teilweise geteilt[1135] und wurde von der Landesregierung als Erfolg bewertet.[1136]

Dem trat das OLG Karlsruhe[1137] als Instanzgericht entgegen, welches unter Bezugnahme auf die oben zitierten Gesetzesmaterialien „äußerst knapp“[1138] die

---

1131 *Weiblen*, BWGZ 2000, 177 (179 f.).

1132 *Schoch*, VBlBW 2000, 41 (44 m. Fn. 49); *Jaeger*, in: Schwarze (Hrsg.), 165 (172 f. m. Fn. 19), der kritisiert, dass die Vorstellungen der Gesetzgebungsorgane nicht deutlich genug zum Ausdruck kommen.

1133 *Werner*, VBlBW 2001, 206 (209).

1134 LG Offenburg, NVwZ 2000, 717.

1135 *Reichert/Baumann*, KommunalR BW, Rn. 153; *Wagner*, BWGZ 1999, 1007; *Darsow*, LKV 2002, 1 (6 m. Fn. 74); *Gröning*, WRP 2002, 17 (21); offen *Kunze/Bronner/Katz*, GemO f. BW, § 102 Rn. 41, 60.

1136 *Abg. Pfister*, in: PlPr 12/77 v. 21.12.1999, S. 6145; *Abg. Fauser*, in: PlPr 12/78 v. 2.2.2000, S. 6224; *Innenminister Schäuble*, in: Beschlussempfehlung und Bericht des Wirtschaftsausschusses, LT-Drucks 12/5768, S. 25; Mittelstandsbericht BW 2000, S. 9 f.

1137 OLG Karlsruhe, NVwZ 2001, 712 (714).

1138 *Werner*, VBlBW 2001, 206 (212): „etwas schmal geratene Begründung“.

drittschützende Wirkung der Subsidiaritätsklausel aufgrund der Erwägung verneinte, dass der Gesetzgeber, falls er im Hinblick auf die bisherige Gesetzeslage und der dazu ergangenen Rechtsprechung eine Änderung hätte vornehmen wollen, dies in der Begründung zum Gesetzentwurf hätte ausdrücklich klarstellen müssen, was er im Gegensatz zum rheinland-pfälzischen Gesetzgeber aber nicht getan habe. Diese Ansicht bekräftigte das OLG Karlsruhe in einer weiteren, kaum beachteten Entscheidung,[1139] die sich etwas ausführlicher mit der Frage des Schutzzwecks von § 102 Abs. 1 Nr. 3 GemO auseinandersetzte: „Ein eindeutiger Hinweis, dass der Gesetzgeber durch die Einführung der Subsidiaritätsklausel in die Regelung des § 102 GemO den Schutz der Mitbewerber bezweckt hätte, ist der Begründung nicht zu entnehmen. Das Verhältnis der kommunalen Erwerbswirtschaft zur privaten Wirtschaft wird zwar mehrfach angesprochen. Gegenüber der Kommunalwirtschaft als wichtige Säule der kommunalen Selbstverwaltung sollen die Belange der privaten Wirtschaft berücksichtigt werden. Wie das Landgericht zutreffend festgestellt hat, folgt aus diesem Gesetzeszweck nicht schon eine Schutzstruktur zugunsten der Privatwirtschaft im Sinne einer Zugangsbeschränkung zugunsten Einzelner zum Markt. Die Abwägung widerstreitender Belange gehört zu den wesentlichen Aufgaben der Gesetzgebung. Hätte der Gesetzgeber im Hinblick auf die bisherige Gesetzeslage und die dazu ergangene Rechtsprechung eine Änderung der Rechtslage im Sinne der Begründung eines Individualschutzes der privaten Wirtschaft vor Wettbewerb der öffentlichen Hand einführen wollen, hätte dies zumindest eines eindeutigen und unmissverständlichen Hinweises in der Gesetzesbegründung bedurft. Da es hieran fehlt, kann der neu eingeführten Subsidiaritätsklausel des § 102 Abs. 1 Nr. 3 GemO ein Schutzzweck zugunsten privater Mitbewerber nicht beigemessen werden. Ein etwaiger Verstoß gegen die Neuregelung führt daher nicht zur Annahme eines wettbewerbswidrigen Verhaltens.“ Das OLG Karlsruhe weist darüber hinaus auch darauf hin, dass allein die Tatsache, dass die Belange der privaten Wirtschaft bei der Neufassung berücksichtigt worden sind, nicht die Annahme eines Vorrangs oder einer Bevorzugung dieser Belange vor der Kommunalwirtschaft rechtfertige.

Auch das OLG Karlsruhe hat Befürworter gefunden: Der Gesetzgeber habe um die ständige Rechtsprechung zu § 102 GemO a. F. gewusst und auch, dass die drittschützende Wirkung der Subsidiaritätsklausel spätestens seit der „*Gelsengrün*“-Entscheidung des OLG Hamm[1140] heftig diskutiert wird. Wenn dann aber dennoch nicht wenigstens der Begründung des Gesetzentwurfs der Wille zur Einführung der drittschützenden Wirkung der Subsidiaritätsklausel klar und zweifelsfrei entnommen werden könne, müsse dies als beredtes Schweigen dahingehend gewertet werden, dass ein entsprechender Schutzzweck nicht gewollt

1139 OLG Karlsruhe, Urt. v. 14.11.2001 – 6 U 43/01.
1140 OLG Hamm, NJW 1998, 3504.

sei.[1141] Der Landesgesetzgeber habe sich zwar auch von dem Bestreben leiten lassen, die Wirtschaftstätigkeit der öffentlichen Hand zu begrenzen, es fehle aber Hinweisen auf seinen gesetzgeberischen Willen dahingehend, den privaten Konkurrenten kommunaler Unternehmen ein subjektiv-öffentliches Recht auf Einhaltung der begrenzenden Vorschriften zu verleihen.[1142] Da die Gesetzesbegründung die Ergänzung in § 102 Abs. 1 Nr. 3 GemO in unmittelbaren Zusammenhang mit der Voraussetzung der öffentlichen Zweckbindung in § 102 Abs. 1 Nr. 1 GemO stelle, diese aber bloßen Ordnungscharakter habe, sei daraus auch der bloße Ordnungscharakter der Subsidiaritätsklausel zu folgern. Da sich nach bisherigen Stand in Literatur und Rechtsprechung noch keine allgemein gültige Auffassung herausgebildet habe, ob einfachen Subsidiaritätsklauseln grundsätzlich Drittschutz zuzusprechen ist, könne insbesondere aus der fehlenden Aussage der Entwurfsbegründung zur Frage des Drittschutzes geschlossen werden, dass in diesem Punkt keine Änderung zum bisherigen Rechtszustand eintreten sollte.[1143]

dd) Eigene Bewertung

Bereits aus dem Gesetzentwurf der Landesregierung ergibt sich eine zweiseitige Stoßrichtung: Neben der Kommunalwirtschaft sollten nämlich insbesondere auch die Belange der privaten Wirtschaft berücksichtigt werden. Eine solche doppelte Zweckrichtung ist unproblematisch möglich und notwendige Voraussetzung für die Bejahung drittschützender Wirkung. Entscheidender Aspekt für die Frage der drittschützenden Wirkung ist aber die Einführung der Subsidiaritätsklausel; in Anbetracht der erstmaligen Statuierung einer solchen Klausel in Baden-Württemberg kann nicht behauptet werden, es hätte sich dadurch am bisherigen Rechtszustand nichts geändert, sondern es seien lediglich die Voraussetzungen wirtschaftlicher Betätigung verschärft worden.[1144] Sollten sich dadurch keine Änderungen am bisherigen Rechtszustand ergeben, wäre die Neueinführung nämlich überflüssig. Trotz gegenteiliger Auffassungen in Rechtsprechung und Schrifttum hinsichtlich der drittschützenden Wirkung dieser Klauseln ist zu beachten, dass die Neuregelung seitens des Landesgesetzgebers von Schutztendenzen für die private Wirtschaft motiviert war und diese der Auslegung und

---

1141 *Stehlin*, NVwZ 2001, 645 (646); *Gern*, KommunalR BW, Rn. 390; die Entscheidung begrüßend *Schmid*, in: Faiss/Giebler/Lang/Notheis/Schmid, Kommunales WirtschaftsR in BW, Rn. 901; wohl auch *Werner*, VBlBW 2001, 206 (211 f.); abl. *Darsow*, LKV 2002, 1 (6); *Gröning*, WRP 2002, 17 (21): „schwer verständlich, (...) obwohl es die Motive eigens in den Entscheidungsgründen wiedergibt"; krit. gegenüber der Begründung auch *Kunze/Bronner/Katz/v. Rotberg*, GemO f. BW, § 102 Rn. 60.

1142 *Diefenbach*, WiVerw 2003, 115 (121 f. m. Fn. 29).

1143 *Werner*, VBlBW 2001, 206 (211 f.).

1144 So aber für die bayerische Rechtslage BayVGH, BayVBl. 1959, 90 (92).

Anwendung zugrunde gelegt werden müssen.[1145] Zumindest wäre deshalb eine überzeugende Darlegung notwendig, warum die Neueinführung für die Frage der drittschützenden Wirkung keine Rolle spielen sollte.[1146] Denn bereits die Einführung einer solchen Regelung als solche spricht dafür, dass damit eine Installierung des Schutzes der Privatwirtschaft bewerkstelligt werden sollte.[1147] Wenn gewollt war, die Interessen des „örtlichen Mittelstandes" bzw. „der Privatwirtschaft" stärker zu betonen, dann muss der Neuregelung auch drittschützende Wirkung zukommen, da sie sonst weitgehend folgenlos bliebe.[1148]

Die Formulierungen in der Gesetzesbegründung lassen als gesicherten Befund nur erkennen, dass damit der Stand der Rechtsprechung ohne eigene Stellungnahme des Normgebers zu dieser Problematik wiedergegeben werden sollte. Hingewiesen wurde insbesondere auf die diesbezügliche wettbewerbsrechtliche Rechtsprechung.[1149] Diese Ausführungen lassen aber weder auf eine Entscheidung des Gesetzgebers schließen, dass private Konkurrenten zwar vor den Zivilgerichten eine den Wirtschaftsklauseln widersprechende kommunale Wirtschaftstätigkeit bekämpfen können sollten, mangels drittschützender Wirkung aber nicht vor den Verwaltungsgerichten, noch kann daraus abgeleitet werden, dass der Gesetzgeber den Stand der Verwaltungsrechtsprechung und damit den Ausschluss des Drittschutzes gebilligt und gesetzlich habe festschreiben wollen.[1150] Die Formulierungen in den Gesetzesmaterialien ebenso wie deren Schweigen lassen sich nur dahingehend deuten, dass die Beantwortung der Frage, ob die – gewollte – Begünstigung der Privatwirtschaft zu individuellen Ansprüchen führt oder nicht, der Rechtsprechung überlassen bleiben sollte.[1151]

Die Abwägung widerstreitender Belange wie derjenigen von Privat- und Kommunalwirtschaft muss zwar in erster Linie vom Gesetzgeber getroffen werden, wie auch das OLG Karlsruhe zutreffend ausgeführt hat. Gleichwohl kann sich der Gesetzgeber auch darauf beschränken, lediglich die im Rahmen einer Abwägungsentscheidung zu berücksichtigenden Belange in der Gesetzesbegrün-

---

1145 *Gröning*, WRP 2002, 17 (25); *Stapel-Schultz*, VBlBW 2003, 90 (95); *Jaeger*, in: Schwarze (Hrsg.), 165 (172 f. m. Fn. 19) weist zu Recht darauf hin, dass die Gesetzesbegründung derjenigen in Rheinland-Pfalz ganz nahe kommt; der VerfG Rh.-Pf. habe aus der „Berücksichtigung der Interessen" der Privatwirtschaft aber den drittschützenden Charakter geschlossen.

1146 *Lerche*, JurA 1970, 821 (857).

1147 *Gröning*, WRP 2002, 17 (21); *Faber*, DVBl. 2003, 761 (765).

1148 Gröning, WRP 2002, 17 (21); *Fuchs*, in: FS Brohm, 275 (292); in diese Richtung auch *Werner*, VBlBW 2001, 206 (211), der im Ergebnis aber eine drittschützende Wirkung ablehnt.

1149 Ebenso *Diefenbach*, WiVerw 2003, 115 (122) bezüglich der Begründung zu Art. 87 Abs. 1 BayGO.

1150 *Diefenbach*, WiVerw 2003, 115 (122); a. A. *Stehlin*, NVwZ 2001, 645 (646).

1151 *Diefenbach*, WiVerw 2003, 115 (122).

dung abstrakt aufzuführen und deren konkrete Gewichtung im Einzelfall und eine eventuell daraus folgende Vorrangentscheidung für den einen oder den anderen Belang der Auslegung der Norm im Einzelfall durch die Gerichte überlassen. Damit wird auch nicht einer Politik des Gesetzgebers das Wort geredet, Vorschriften ohne entsprechendes ordnungspolitisches Konzept zu erlassen und dann abzuwarten, welche praktischen Erfahrungen damit vor Gericht und von den Rechtsaufsichtsbehörden gemacht werden. Denn es ist dem Gesetzgeber verwehrt, Regelungen „ins Blaue" hinein zu erlassen und die damit gewonnenen Erfahrungswerte abzuwarten. Der Gesetzgeber muss vielmehr mit dem Erlass gesetzlicher Normen bestimmte Zwecke und Ziele verfolgen und bestimmte Interessen fördern.[1152] Dies ergibt sich aus seiner verfassungsrechtlichen Verpflichtung und Befugnis zur Aufstellung der allgemeinverbindlichen Regelungen für das menschliche Zusammenleben im Gemeinwesen. Das Gesetz ist nämlich das Ergebnis eines auf Diskussion und Öffentlichkeit angelegten Verfahrens, das durch seine Mehrstufigkeit, die Vielzahl der Beteiligten, die Einbeziehung der öffentlichen Meinung und die Möglichkeit der gerichtlichen Kontrolle ein besonders hohes Maß an Legitimation erzeugt.[1153] Durch die Vielzahl der Beteiligten und die Mehrstufigkeit wird eine möglichst umfassende Würdigung der zu regelnden Materie ermöglicht. Durch die Gelegenheit zur Stellung- und Einflussnahme für die von einer Regelung Betroffenen durch ihre Repräsentanten und Interessenvertreter vermittelt das Gesetzgebungsverfahren und das daraus hervorgehende Gesetz einen Ausgleich zwischen den verschiedenen davon betroffenen Interessen.[1154] Im Übrigen müssen die von den Gesetzen „betroffenen" Personen, seien es Private oder andere öffentlich-rechtliche Träger, sich auf diese Normen einstellen und darauf vertrauen können, dass diesen Normen auch ein gewisser zeitlicher Bestand zukommt. Nur für den Fall, dass die Ziele nicht erreicht werden können oder dass sich die Zwecke, politische und wirtschaftliche Zielsetzungen oder Ordnungsvorstellungen ändern, ist an eine erneute Änderung oder Aufhebung der Vorschriften zu denken. Ein „gesetzgeberisches Experimentieren" wäre hingegen unzulässig.

Das Verhalten des baden-württembergischen Gesetzgebers ist vor diesem Hintergrund nicht zu beanstanden: Die Neuregelung berücksichtigt gleichberechtigt neben den anerkanntermaßen bereits bislang geschützten Belangen der Kommunalwirtschaft ausdrücklich auch die Belange der privaten Wirtschaft. Damit ist lediglich eine abstrakte Entscheidung für eine Gleichwertigkeit dieser Belange und keine konkrete Vorrangentscheidung für die eine oder die andere „Seite"

1152 *Antweiler*, NVwZ 2003, 1466 (1468), nach dem daraus noch keine subjektiven Rechte resultieren.
1153 *Kluth*, Grenzen, S. 68.
1154 *Kluth*, Grenzen, S. 68.

getroffen worden.[1155] Das Vorgehen des Gesetzgebers, die Entscheidung über die drittschützende Wirkung den Gerichten bei der Anwendung dieser Norm auf einzelne Fallgestaltungen vorzubehalten, ist durchaus zulässig. Durch die Einführung der Subsidiaritätsklausel wurde diese Berücksichtigung der privaten Belange auch für den Rechtsanwender sichtbar gemacht. Die Annahme einer drittschützenden Wirkung dieser Vorschrift aus den Gesetzesmaterialien liegt somit durchaus nahe. In Nordrhein-Westfalen wurde aus einer ähnlichen Formulierung in den Gesetzesmaterialien hinsichtlich des „Interessenausgleichs" beispielsweise eine drittschützende Wirkung ohne weiteres bejaht.[1156]

c) *Ergebnis der historischen Auslegung*

Sowohl die DGO als auch die GemO schließen eine Interpretation der kommunalrechtlichen Vorschriften als drittschützend nicht aus, vielmehr ist der Schluss auf eine drittschützende Wirkung nahe liegender als umgekehrt deren Verneinung.

4. Beispielhafte Bewertung gesetzlicher Neuregelungen in anderen Bundesländern

a) *Bayern*

Mit der neuen bayerischen Kommunalverfassung sollte versucht werden, den sichtbar gewordenen kommunalen Bedürfnissen im Wettbewerb gerecht zu werden.[1157] Das kommunale Wirtschaftsrecht wurde zu einem kommunalen Unternehmensrecht umgewandelt und die Unterscheidung zwischen wirtschaftlichen und nichtwirtschaftlichen Unternehmen aufgegeben.[1158] Hinsichtlich der Subsidiaritätsklausel gilt seit 1999 Art. 87 Abs. 1 S. 1 Nr. 4 Bay. GO, wonach die Gemeinde ein Unternehmen errichten darf, wenn *„bei einem Tätigwerden außerhalb der kommunalen Daseinsvorsorge der Zweck nicht ebenso gut und wirtschaftlich durch einen anderen erfüllt wird oder erfüllt werden kann"*. Die Gesetzesbegründung zu Art. 87 Bay. GO[1159] war hinsichtlich der Einräumung subjektiver öffentlicher Rechte zugunsten betroffener privater Konkurrenzunternehmen im Gegensatz zur baden-württembergischen eindeutig: *„... Mit den zusammenhängenden Vorschriften von S. 1 Nr. 1 (Erfordernis eines öffentlichen*

1155 Ähnl. *Held*, in: Held/Decker, GO f. NRW, § 107 Erl. 5.1.

1156 OVG NRW, NVwZ 2003, 1520 (1521) unter Verweis auf LT-Dr. 12/3730, S. 105 f.

1157 Einzelheiten bei *Cronauge*, AfK 1999, 24 (40 f.).

1158 *Zugmaier*, BayVBl. 2001, 233 (233); *Schulz*, DNV 4/2000, 22 (22 f.).

1159 Ges. v. 24.7.1998, GVBl. Bay S. 424; Begr. zu § 1 Nr. 9 des Gesetzentwurfs zur Änderung des kommunalen Wirtschaftsrechts und anderer kommunalrechtlicher Vorschriften, LT-Drs. 13/10828, S. 19 unter 7.2, 5. Abs.

Zwecks) und S. 2 (Ausschluss allein auf Gewinnerzielung ausgerichteter Teilnahme am Wettbewerb) will der Gesetzentwurf nicht nur die Kommunen vor den Gefahren überdehnter unternehmerischer Tätigkeit schützen, sondern zugleich auch einer „ungezügelten Erwerbstätigkeit der öffentlichen Hand zu Lasten der Privatwirtschaft vorbeugen" (so BayVGH, GewArch 1976, 326 = BayVBl. 1976, 628 zum Ziel der früheren einschlägigen Beschränkungen). Auch wenn dieses allgemeine Ziel dem einzelnen Konkurrenten kein subjektives öffentliches Recht einräumt, kann es doch einen vor den Zivilgerichten zu verfolgenden wettbewerbsrechtlichen Unterlassungsanspruch gem. §§ 1 i. V. m. 13 Abs. 2 UWG begründen (BGH, BB 1965, 391 – Blockeis II; OLG Düsseldorf, NWVBl. 1997, 353; OLG Hamm, GewArch 1998, 197) ..."

Diese Ausführungen wurden von der zivilgerichtlichen Rechtsprechung dahingehend interpretiert, dass „das allgemeine Ziel" dem einzelnen Konkurrenten zwar kein subjektives öffentliches Recht einräume, jedoch einen wettbewerbsrechtlichen Unterlassungsanspruch begründen „könne", wobei die drei konkreten Gerichtsentscheidungen offenbar die näheren Voraussetzungen dieses Anspruchs wiedergeben sollten.[1160] Aus der Verweisung des Gesetzgebers auf die einschlägige Rechtsprechung des OLG Hamm könne nicht abgeleitet werden, dass Art. 87 Abs. 1 Bay. GO keine entsprechende Schutzwirkung zukomme, weil eine solche Verweisung sonst unsinnig wäre.[1161] Im Übrigen entspricht die Gesetzesbegründung auch der in Bayern h. A., dass Art. 87 Abs. 1 S. 1 Bay. GO kein subjektives öffentliches Recht des Konkurrenten gewährt.[1162] Bei der parlamentarischen Beratung des Art. 87 im Jahr 1998 wurde die Forderung, der Bestimmung drittschützende Wirkung zu verleihen, auch ausdrücklich abgelehnt.[1163] Der Gesetzgeber hat eine eher restriktive Linie beibehalten,[1164] er wollte die ordnungspolitische Balance zwischen kommunaler und privater Wirtschaft nicht verschieben.[1165]

[1160] OLG München, GewArch 2000, 279 (280); *Haslinger*, WRP 2002, 1023 (1027 f.); der Schutzzweck zugunsten der Privatwirtschaft wurde von BGH, NJW 2002, 2645 (2647) nicht beanstandet; a. A. *Köhler*, BayVBl. 2000, 1 (11); *ders.*, GRUR 2001, 777 (781).

[1161] OLG München, GewArch 2000, 279 (281); ebenso *Hübschle*, GewArch 2000, 186 (189 f.); a. A. *Kämper/Heßhaus*, NWVBl. 2001, 377 (380): „geradezu absurd"; anders noch zur alten Gesetzesfassung OLG München, WRP 1998, 430 (433) (Photovoltaikanlagen): „Regelung für den „Innenbereich" der öffentlichen Hand"; abl. auch *Köhler*, GRUR 2001, 777 (781).

[1162] *Köhler*, BayVBl. 2000, 1 (11) m. w. N.; *Hölzl/Hien*, Bay. GemO, Art. 87 Anm. 4; *Widtmann/Grasser/Glaser*, Bay. GemO, Art. 87 Rn. 3; *Masson/Samper*, Bay. GemO, Art. 87 Rn. 7 ff.; *Schlacke*, JA 2002, 48 (51); a. A. *Knemeyer*, Bay. KommunalR, Rn. 335; wohl auch *Schulz*, BayVBl. 1997, 518 (520 m. Fn. 28).

[1163] Vgl. 2. Lesung, Plenarprotokolle 13/111 v. 8.7.1998, S. 7946 ff.; *Hölzl/Hien*, Bay. GemO, Art. 87 Anm. 4.

[1164] *Möstl*, BayVBl. 1999, 547 (549, 551).

[1165] LT-Drs. 13/10828, S. 1, 15.

b) Nordrhein-Westfalen

Ein anschauliches Beispiel für die Entwicklung des kommunalen Wirtschaftsrechts ist Nordrhein-Westfalen. Dort wurde das Gemeindewirtschaftsrecht innerhalb von fünf Jahren zweimal mit jeweils voneinander divergierenden Regelungskonzeptionen reformiert:

aa) Gesetzesnovelle 1994[1166]

Im Zuge der Neuregelung des kommunalen Wirtschaftsrechts in Nordrhein-Westfalen 1994 wurde die in § 88 Abs. 1 GO NRW a. F. enthaltene Subsidiaritätsklausel aus Praktikabilitätsgründen gestrichen.[1167] Eine breite Meinungsströmung vertrat daher die Auffassung, dass das Subsidiaritätserfordernis im Tatbestandsmerkmal des „dringenden" öffentlichen Zwecks und des „erfordert" fortbestehen sollte und die Änderung lediglich redaktioneller Natur war.[1168] In diese Richtung argumentierte auch die zivilgerichtliche Rechtsprechung: Während das OLG Düsseldorf[1169] die drittschützende Wirkung des § 107 GO NRW a. F. ohne Bezugnahme auf die Gesetzesänderung bejahte, tat das OLG Hamm dies u. a. mit der Begründung, dass auch nach dem Wegfall der Subsidiaritätsklausel die Vorschrift darauf ausgerichtet bleibe, die erwerbswirtschaftliche Betätigung der Gemeinde im Verhältnis zur privaten Wirtschaft zu regeln.[1170] Diese Interpretation stieß auf heftige Kritik von Seiten der Literatur, die argumentierte, dass es dem Gesetzgeber angesichts des bewussten Verzichts auf eine Subsidiaritätsklausel nicht um den Schutz privater Konkurrenz ging.[1171] Die Streichung sollte die den Kommunen auferlegten Beschränkungen nicht erhöhen, sondern diesen mehr Freiraum zur wirtschaftlichen Betätigung belassen. Da eine Verschärfung dieser Klausel im Gesetzgebungsverfahren verworfen worden war, sollte der Blick auf die Entstehungsgeschichte es auch verbieten, in

---

[1166] Ges. zur Änderung der Kommunalverfassung v. 17.5.1994, GVBl. NRW 270; dazu *Held*, NWVBl. 1995, 325; *Heugel*, NWVBl. 1995, 329.

[1167] LT-Drs. 11/4983, S. 25; hierzu *Rehn/Cronauge*, GO NRW, Erl. I. 2., S. 7; *Erichsen*, KommunalR NRW, S. 291 f.; *Hill*, BB 1997, 425 (428); *Grawert*, in: FS Blümel, 119 (133 f.); *Held*, in: Held/Decker, GO f. NRW, § 107 Anm. 1.1; a. A. *Singer*, ZKF 1998, 218 (221).

[1168] *Ehlers*, NWVBl. 2000, 1 (3) m. w. N.; *Lux*, NWVBl. 2000, 7 (8); *Badura*, DÖV 1998, 818 (821 f.); *Held*, NWVBl. 2000, 201 (203); *ders.*, in: Held/Decker, GO f. NRW, § 107 Anm. 1.1; *Löwer*, Der Fall „Gelsengrün", S. 116 f.; *Britz*, NVwZ 2001, 380 (382); *Erichsen*, KommunalR NRW, S. 291 f.

[1169] OLG Düsseldorf, WRP 1997, 42 (43).

[1170] OLG Hamm, NJW 1998, 3504 (3505).

[1171] *Otting*, SächsVBl. 1998, 93 (94); *ders.*, DÖV 1999, 549 (551); *ders.*, NWVBl. 2000, 206 (207 m. Fn. 9); *Tettinger*, NJW 1998, 3473 (3474); *Meier*, VR 1998, 340 (343); *Frenz*, Verwaltungsgerichtlicher Rechtsschutz, S. 96 f.; *Hübschle*, GewArch 2000, 186 (188); allg. *Heßhaus*, NWVBl. 2003, 173 (173).

das Erfordernis eines dringenden öffentlichen Zwecks eine Subsidiaritätsklausel wieder hinein zu interpretieren.[1172]

bb) 1. ModernG NRW vom 15.6.1999[1173]

Nachdem die novellierte Gemeindeordnung bereits durch das Gesetz zur Stärkung der wirtschaftlichen Betätigung von Gemeinden und Gemeindeverbänden im Bereich der Telekommunikation vom 25.11.1997[1174] geändert worden war, durch das kommunale Telekommunikationsdienstleistungen in § 107 Abs. 1 S. 1 Nr. 1 GO NRW ausdrücklich erlaubt wurden, folgte im Jahre 1999 eine erneute Änderung des kommunalen Wirtschaftsrechts. Im Zuge dieser Novelle wurde in § 107 Abs. 1 S. 1 GO NRW das Erfordernis des „dringenden" öffentlichen Zwecks aufgegeben und eine gegenständlich begrenzte Subsidiaritätsklausel wieder eingeführt, die nur zur Anwendung kommt, soweit es um ein Tätigwerden außerhalb der Energieversorgung, der Wasserversorgung, des öffentlichen Verkehrs sowie des Betriebs von Telekommunikationsleitungsnetzen einschließlich Telefondienstleistungen geht. Damit sollten „Rechtsklarheit in Bezug auf die grundsätzliche Subsidiarität kommunalwirtschaftlichen Handelns" geschaffen[1175] und Missverständnisse ausgeräumt werden, die sich aus der Streichung der Subsidiaritätsklausel ergeben hatten.[1176] Die Landesregierung wollte im Widerstreit der Gemeinden und ihrer Unternehmen einerseits sowie von Wirtschaft und Handwerk andererseits weder die Lösungswege einer Abkehr von der Subsidiarität kommunalwirtschaftlicher Betätigung noch eines Verbots der kommunalwirtschaftlichen Betätigung beschreiten, sondern eine Stärkung der kommunalen Handlungsmöglichkeiten bei Wahrung der Subsidiarität als „Mittelweg" beschreiten.[1177]

Die Wiedereinführung der Subsidiaritätsklausel wurde dementsprechend kontrovers beurteilt: Kritisiert wurde von Seiten der Kommunen, dass die Strei-

---

1172 *Otting*, SächsVBl. 1998, 93 (95); ebenso *Moraing*, NWVBl. 1997, 35 (356) = *ders.*, Der Städtetag 1997, 285 (287) = *ders.*, Anlage zum VKU-Nachrichtendienst März 1997, Folge 579; *Schönershofen/Binder-Falcke*, VR 1997, 109 (112 f); *Singer*, ZKF 1998, 218 (221); *Cronauge*, AfK 1999, 24 (36, 39 f.).

1173 Erstes Gesetz zur Modernisierung von Regierung und Verwaltung in Nordrhein-Westfalen, GVBl. NRW 1999, 386; *Nagel*, NVwZ 2000, 758 (759) und *Gröning*, WRP 2002, 17 (22) weisen auf den Anpassungsdruck für den Landesgesetzgeber aufgrund europarechtlicher Vorgaben hin.

1174 GVBl. NRW 1997, 422.

1175 LT-Drs. 12/3780, S. 108; krit. *Zacharias*, VR 2000, 271 (277 m. Fn. 95); abl. *Hülsdünker*, DNV 3/1999, 27 (28).

1176 *Held*, DNV 2/2000, 8 (10).

1177 LT-Drs. 12/3730, S. 106; *Rehn/Cronauge*, GO NRW, Erl. I. 3., S. 9; krit. *Selmer*, in: Stober/Vogel (Hrsg.), 75 (76): Der Entwurf verstecke den Schutz der Privaten folgenlos in der Begründung.

chung des Zusatzes „dringend" bei der öffentlichen Zwecksetzung durch die Einführung der Subsidiaritätsklausel wieder kompensiert werde. Dadurch bestünde kein Raum mehr für eine kommunalfreundliche Auslegung der kommunalwirtschaftlichen Bestimmungen und damit für eine Verbesserung der kommunalen Lage.[1178] Hinsichtlich der drittschützenden Wirkung wurde zum einen die Streichung des Adjektivs „dringend" bzw. die Einführung der Subsidiaritätsklausel als Anknüpfungspunkt dafür genommen, die drittschützende Wirkung der kommunalen Wirtschaftsklausel zu verneinen, so dass damit auch der zivilgerichtlichen Rechtsprechung der Oberlandesgerichte Düsseldorf und Hamm der Boden entzogen sei.[1179] Zum anderen wurde die Wiedereinführung der Subsidiaritätsklausel, teilweise auch unter Heranziehung der Verpflichtung zur Durchführung eines Markterkundungsverfahrens in § 107 Abs. 5 GO NRW, als Indiz für die Einbeziehung der Konkurrenten in den Schutzbereich der Vorschrift gewertet.[1180]

In der zivilgerichtlichen Rechtsprechung wurde an der zuvor vertretenen Linie festgehalten.[1181] Der Gesetzesbegründung[1182] lasse sich durchaus entnehmen, dass der Gesetzgeber die wettbewerbsrechtlichen Untersagungsentscheidungen gegen Kommunen billige und nach seinem Willen die Norm gerade auch der Abgrenzung der kommunalen Handlungsmöglichkeiten und dem Interessenausgleich zwischen kommunalen und privatwirtschaftlichen Interessen diene, so dass die Interessen privatwirtschaftlicher Unternehmen in den Schutzbereich des § 107 GO NRW nach wie vor einbezogen seien.[1183] Diese Auffassung werde durch die neu eingeführte Subsidiaritätsklausel des § 107 Abs. 1 S. 1 Nr. 3 GO NRW gestützt. Die Frage, ob eine Subsidiaritätsklausel in einer Gemeindeordnung vorgesehen sei oder nicht, sei zu Recht von mehreren Gerichten zum

---

1178 *Cronauge*, AfK 1999, 24 (42).

1179 *Köhler*, WRP 1999, 1205 (1207, 1209, 1211); *Rehn/Cronauge*, GO NRW, Erl. III. 4., S. 14; *Lux*, NWVBl. 2000, 7 (8 f.); *R.-G. Müller*, DVBl. 2002, 1014 (1019); *Zacharias*, VR 2000 , 271 (277); *Fuest/Kroker/Schatz*, Wirtschaftliche Betätigung von Kommunen, S. 17; *Schlacke*, JA 2002, 48 (50 f.); dagegen aber OLG Düsseldorf, WuW/E Verg 611 (621) u. *Jaeger*, in: Schwarze (Hrsg.), 165 (171): Durch den Zusatz „dringend" solle die wirtschaftliche Betätigung auf sachlich wirklich elementare, für die Bürger in der Gemeinde unbedingt wichtige Angelegenheiten begrenzt werden. Der Bezugspunkt des „dringend" sei hingegen nicht der Schutzbereich nach dem Normzweck gewesen.

1180 *Otting*, NWVBl. 2000, 206 (207); *Pielow*, NWVBl. 1999, 369 (379); *Kaltenborn*, WuW 2000, 488 (495); *Frenz*, DÖV 2000, 802 (809); *ders.*, WRP 2003, 455 (458); *Schink*, NVwZ 2002, 129 (138); *Fuchs*, in: FS Brohm, 275 (292); *Faber*, DVBl. 2003, 761 (765); *Gröning*, WRP 2002, 17 (23); *ders.*, ZIP 2001, 497 (499).

1181 LG Düsseldorf, GewArch 2001, 238 (239); a. A. *Köhler*, WRP 1999, 1205 (1207, 1209, 1211).

1182 LT-Drs. 12/3730, S. 105 f.

1183 OLG Düsseldorf, NVwZ 2000, 714 (714); LG Düsseldorf, GewArch 2001, 238 (239); OLG Düsseldorf, WuW/E Verg 611 (617 ff.); BGH, DVBl. 2003, 267 (267).

entscheidenden Kriterium für die Drittbezogenheit gemacht worden.[1184] Denn die Kommune bewege sich mit ihren erwerbswirtschaftlichen Aktivitäten in einem Bereich, der die schutzwürdigen Belange der Privatwirtschaft tangiert.[1185] Diese verdeutliche, dass der privatrechtliche Wettbewerb in den nicht in dieser Bestimmung genannten Wirtschaftsbereichen vor der öffentlichen Hand geschützt werden solle, da das Angebot von Gütern und Dienstleistungen grundsätzlich Sache der privaten Wirtschaft sei.[1186] Bei der Interpretation der Gesetzesmaterialien wird interessanterweise darauf abgestellt, dass im Landtag NRW bei den Beratungen der Novellierung der GO im Ausschuss für Verwaltungsstrukturreform ausdrücklich darauf verwiesen worden sei, dass die Neufassung von § 107 GO NRW „die Bedenken des Handwerks und der gewerblichen Wirtschaft zur wirtschaftlichen Betätigung der Kommunen" berücksichtige.[1187] Daraus folge, dass Schutzerwägungen zugunsten der privatwirtschaftlichen Unternehmen dem Gesetzgebungsvorschlag des Ausschusses an den Landtag durchaus (auch) zugrunde lagen.[1188] Der Schutz der Interessen privater Unternehmen ergebe sich auch aus der Änderung des geplanten Abs. 1 S. 1 Nr. 1 des § 107 GO NRW durch den o. g. Ausschuss von „wenn ein öffentlicher Zweck die Betätigung rechtfertigt" in „(...) erfordert", was eine erhebliche Erhöhung der Hürde für eine zulässige wirtschaftliche kommunale Betätigung darstelle und womit die bisherige Rechtslage bestehen bleibe.[1189] Die Streichung des Adjektivs „dringend" lasse hingegen nicht den Schluss zu, dass der Gesetzgeber den Schutz der Mitbewerber habe aufheben wolle. Zwar habe der BGH bei seiner Auslegung maßgeblich auf das Merkmal des „dringenden" öffentlichen Zwecks abgestellt, doch ergebe sich daraus nicht zwingend der Schluss, dass der Wegfall dieses Merkmals nun eine andere Auslegung des § 107 GO NRW erfordere.[1190] Durch den Zusatz „dringend" sollte lediglich die wirtschaftliche Betätigung der Gemeinde auf sachlich wirklich elementare, für die Bürger unbedingt wichtige Angelegenheiten eingegrenzt, nicht aber der Schutzbereich der Norm begrenzt werden.[1191]

1184 OLG Düsseldorf, DVBl. 2001, 1283 (1284 f.); LG Düsseldorf, GewArch 2001, 238 (239).

1185 OLG Düsseldorf, DVBl. 2001, 1283 (1285); LG Düsseldorf, GewArch 2001, 238 (239).

1186 LG Düsseldorf, GewArch 2001, 238 (239).

1187 Bericht über das Ergebnis der Ausschussberatungen, LT-Drs. 12/3947, S. 93.

1188 Ausf. OLG Düsseldorf, WuW/E Verg 611 (618 f.); ebenso BGH, DVBl. 2003, 267 (267); *Jaeger*, in: Schwarze (Hrsg.), 165 (171 f.).

1189 OLG Düsseldorf, WuW/E Verg 611 (619, 621) unter Hinweis auf LT-Drs. 12/3947, S. 6, 94; ebenso *Pielow*, NWVBl. 1999, 369 (378 f.).

1190 LG Düsseldorf, GewArch 2001, 238 (239); OLG Düsseldorf, WuW/E Verg 611 (621); *Jaeger*, in: Schwarze (Hrsg.), 165 (171); a. A. *Köhler*, WRP 1999, 1205 (1207); *ders.*, BayVBl. 2000, 1 (10).

1191 OLG Düsseldorf, WuW/E Verg 611 (621).

Ohne Abstellen auf die Wiedereinführung der Subsidiaritätsklausel stellte das OVG NRW hingegen auf die amtliche Begründung ab, wonach sich der Entwurf unter Ablehnung von Extrempositionen (Aufgabe des Subsidiaritätsprinzips einerseits, Verbot kommunalwirtschaftlicher Betätigung andererseits) für einen Mittelweg entscheide, der „den unterschiedlichen Interessen gerecht wird". Bei § 107 Abs. 1 GO NRW gehe es nicht alleine darum, im Interesse des Schutzes der Gemeinden vor den Gefahren wirtschaftlicher Betätigung und im Interesse öffentlicher Zwecke, die eine gemeindliche wirtschaftliche Betätigung erfordern, diese zu regeln, sondern um einen Ausgleich in einem teils widerstreitenden Interessengeflecht, zu dem auch die Interessen jedenfalls der örtlichen Wirtschaftsteilnehmer zählten. Dies bestätige den drittschützenden Charakter des § 107 Abs. 1 S. 1 Nr. 1 GO NRW.[1192]

c) *Rheinland-Pfalz*

Die rheinland-pfälzische Gemeindeordnung wurde durch das Vierte Landesgesetz zur Änderung kommunalrechtlicher Vorschriften vom 2.4.1998[1193] grundlegend geändert.[1194] Der Gesetzgeber war dabei bestrebt, die kommunale Wirtschaftstätigkeit zurückzudrängen. Im Gegensatz zu den relativ großzügigen Subsidiaritätsklauseln in Baden-Württemberg, Bayern und Nordrhein-Westfalen, durch welche die Landesgesetzgeber einen Ausgleich dafür schaffen wollten, dass die Kommunen in ihren angestammten Tätigkeitsbereichen zunehmendem Wettbewerb ausgesetzt sind,[1195] wurde die dortige einfache Subsidiaritätsklausel durch eine verschärfte ersetzt.[1196] Der Gesetzgeber bezweckte durch diese Neuregelung, „im öffentlichen Interesse eine ungehemmte, wirtschaftliche Betätigung der Gemeinden und Gemeindeverbände zu verhindern und die Kommunen auf ihre primären öffentlichen Aufgaben festzulegen".[1197] Dieser ausdrücklichen gesetzgeberischen Intention hinsichtlich der drittschützenden Wirkung der Subsidiaritätsklausel sind Rechtsprechung[1198] und Literatur[1199] fast einmütig gefolgt.

1192 OVG NRW, NVwZ 2003, 1520 (1521) unter Verweis auf LT-Dr. 12/3730, S. 105 f.; zust. VG Aachen, Beschl. v. 20.7.2994, Az 4 L 113/04; a. A. *Antweiler*, NVwZ 2003, 1466 (1468).

1193 GVBl. S. 108.

1194 Überblick bei *Oster*, in: Gabler/Höhlein/Klöckner/u. a., GemO Rh.-Pf., Vorbem. zu §§ 85-92 Erl. 5.

1195 *Lux*, NWVBl. 2000, 7 (9); *Held*, NWVBl. 2000, 201 (203); *Köhler*, BayVBl. 2000, 1 (1).

1196 *Britz*, NVwZ 2001, 380 (383 f.); krit. *Cronauge*, AfK 1999, 24 (41).

1197 Gesetzentwurf, LT-Drs. 13/2306, S. 2, 29.

1198 VerfGH Rh.-Pf., DVBl. 2000, 992 (995); LG Trier, VA 2000, 172; offen lassend aber VG Trier, Beschl. v. 20.10.2004, Az. 1 L 1216/04.TR für „Einrichtungen" nach § 85 Abs. 3 Nr. 5 GemO Rh.-Pf.; ebenso VG Trier, Urt. v. 23.06.2005, Az. 1 K 1217/04.TR 0 = IR 2005, 236.

d) Hessen

Aktuellstes Beispiel für die Entwicklung des kommunalen Wirtschaftsrechts ist die neue Hessische Gemeindeordnung.[1200] In der dortigen Novellierung wurde u. a. in § 121 S. 1 Nr. 3 Hess. GemO eine verschärfte Subsidiaritätsklausel eingeführt und in der Formulierung auf einen „privaten Dritten" abgestellt. Damit bezweckt der Gesetzgeber die Bewahrung der Gemeinden vor überflüssigen Risiken und den Schutz der Privatwirtschaft vor einer Beeinträchtigung ihrer berechtigten Interessen. In den Gesetzesmaterialien findet sich folgende Ausführungen: *„Die Neuregelung soll Drittschutzwirkung für private Anbieter entfalten. Private Dritte können also, wenn sie sich durch eine für rechtswidrig gehaltene wirtschaftliche Betätigung von Kommunen beeinträchtigt fühlen, die Verletzung eigener Rechte gegenüber der Gemeinde gerichtlich geltend machen. Die obergerichtliche Rechtsprechung hält einen Hinweis auf den gewollten Drittschutz in der Gesetzesbegründung für notwendig, aber auch ausreichend, um den Drittschutz zu gewährleisten (RhPfVerfGH, Urteil vom 28. März 2000, DVBl. 2000, 992 (995); OLG Karlsruhe, Urteil vom 16. November 2000, NVwZ 2001, 712; OVG Münster, Beschluss vom 13. August 2003, NVwZ 2003, 1520)."*[1201]

e) Ergebnis des Vergleichs

Die Erwägungen der bayerischen, rheinland-pfälzischen und hessischen Landesgesetzgeber im Zusammenhang mit den Novellierungen der jeweiligen Gemeindeordnungen sind hinsichtlich der drittschützenden Wirkung in ihrer Formulierung relativ eindeutig und insofern für die Rechtslage in Baden-Württemberg wenig aussagekräftig. Erhellend ist aber der Vergleich mit der Modernisierung der nordrhein-westfälischen Gemeindeordnung. Auch dort wollte die Landesregierung einen „Mittelweg" zwischen den Interessen der Kommunen einerseits und den privaten Unternehmen andererseits beschreiten. Eine eindeutige Festlegung im Hinblick auf die drittschützende Wirkung des § 107 Abs. 1 S. 1 GO NRW findet sich interessanterweise ebenfalls nicht. Gleichwohl wurde die drittschützende Wirkung dieser Norm sowohl von den Wettbewerbsgerichten als auch der Verwaltungsgerichtsbarkeit bejaht, wenngleich mit unterschiedlicher Begründung. Daraus ergibt sich für die Rechtslage in Baden-Württemberg aber,

---

1199 *Oster*, in: Gabler/Höhlein/Klöckner/u. a., GemO Rh.-Pf., § 85 Erl. 3.1.; *Henneke*, DVBl. 2000, 997 (999); *Ruffert*, NVwZ 2000, 763 (764); *Schink*, NVwZ 2002, 129 (138); *Neutz*, in: Wurzel/Schraml/Becker (Hrsg.), Rechtspraxis, Teil C Rn. 2 ff., 163 f.; relativierend: *Dau*, in: Bolsenkötter/Dau/Zuschlag, Gemeindliche Eigenbetriebe, Teil R, Rn. 106 f.; a. A. *Teufel/Kempkes*, AbfallR 2005, 57 (64 f.).

1200 Gesetz zur Änderung der Hessischen Gemeindeordnung und anderer Gesetze v. 31.1.2005, GVBl. 2005 I S. 142.

1201 LT-Drucks. 16/2463, S. 59, 38.

dass auch nach der dortigen Formulierung in den Gesetzesmaterialien eine Auslegung des § 102 Abs. 1 GemO als drittschützend keinesfalls ausgeschlossen ist, sondern sich unter Heranziehung der Erwägungen des OVG NRW vielmehr aufdrängt.

IV. Teleologische Auslegung

Diese wohl wichtigste Interpretationsart ermittelt den Zweck des Gesetzes, indem sie nach dem objektivierbaren Normzweck fragt. Sie ist mit der systematischen Auslegung eng verbunden und kaum strikt von ihr zu trennen.[1202] Ihre Grenze bildet der eindeutige Wortlaut des Gesetzes.[1203] Mit der teleologischen Interpretation soll festgestellt werden, inwieweit der durch eine gesetzliche Regelung angeordnete Schutz von Allgemeininteressen gleichzeitig auch dem Schutz von Individualinteressen dient.[1204]

1. Diskussionsstand hinsichtlich des Normzwecks des § 102 Abs. 1 GemO

a) Alleiniger Normzweck nach herrschender Auffassung

Die Gemeindeordnung behandelt in den §§ 102 ff. GemO die wirtschaftliche Betätigung der Gemeinden zur Erfüllung kommunaler Aufgaben eher als Ausnahme und nicht als Regelform[1205]. Diesen Vorschriften soll nach Rechtsprechung und h. A. folgender Normzweck zugrunde liegen:

a) Kommunalpolitische Zielsetzung: Erhaltung der Verwaltungskraft der Gemeinde für die eigentlichen Verwaltungsaufgaben als Träger öffentlicher Verwaltung;

b) Finanzpolitische Zielsetzung: Schutz der Gemeinden vor Eingehung übermäßiger wirtschaftlicher Risiken und möglicher finanzieller Verluste;

c) Wirtschaftspolitische Zielsetzung: Verhinderung einer zu extensiven wirtschaftlichen Betätigung der Gemeinden; die Gemeinden sollen mit ihrer wirtschaftlichen Betätigung auf eine ergänzende Rolle beschränkt werden und der Privatwirtschaft keine Verdrängungskonkurrenz machen.

d) Rechtliche Zielsetzung: Verhinderung einer Aushöhlung der demokratischen und rechtsstaatlichen Verantwortung und Kontrolle durch den Gemeinderat durch Flucht in Privatrechtsform.[1206]

1202 *Achterberg*, Allg. VerwR, § 17 Rn. 19; *Hidien*, Gemeindliche Betätigungen, S. 193.

1203 *Wolff/Bachof/Stober*, VerwR I, § 28 Rn. 61; *Hidien*, Gemeindliche Betätigungen, S. 193.

1204 *Huber*, Konkurrenzschutz, S. 112.

1205 *Kunze/Bronner/Katz/v. Rotberg*, GemO f. BW, § 102 Rn. 11.

1206 *Kunze/Bronner/Katz/v. Rotberg*, GemO f. BW, § 102 Rn. 11; *Katz*, Kommunale Wirtschaft, Rn. 22 ff.; *Gern*, KommunalR BW, Rn. 390; *Faiß/Lang/Faiß/Schmid/Giebler*,

Die gemeinderechtlichen Vorschriften enthalten danach lediglich normative Schranken für die kommunale wirtschaftliche Betätigung, Anhaltspunkte für die Berücksichtigung von Individualinteressen sind nicht ersichtlich. Es geht „in erster Linie um die Erfüllung eines öffentlichen Zwecks, wobei der wirtschaftlichen Betätigung der Gemeinde Grenzen gesetzt sind, die ausschließlich im Allgemeinwohl liegen“[1207]. Es könne nicht Aufgabe der Gemeinden sein, mit eigenen Unternehmen in den Wettbewerb einzutreten, solange diese nicht im Zusammenhang mit der eigentlichen, örtlich radizierten Aufgabenerfüllung stehen.[1208]

b) Zweiter Normzweck? Überblick über den Meinungsstand

aa) Entscheidungen der öffentlich-rechtlichen Gerichte

Grundsatzentscheidung für die Auslegung kommunaler Wirtschaftsklauseln ist bis heute das Urteil des BVerwG vom 22.2.1972. Danach stellt § 85 GemO a. F. keine Schutznorm für die wirtschaftlichen Konkurrenten dar: Das baden-württembergische Recht enthalte im Gegensatz zu anderen Bundesländern keine Subsidiaritätsklausel und schreibe auch nicht vor, dass ein dringender Zweck das kommunale Unternehmen erfordern müsse. § 85 GemO a. F. sei deshalb nicht dazu bestimmt, den einzelnen Unternehmer oder die Privatwirtschaft insgesamt vor der Konkurrenz der öffentlichen Hand zu schützen.[1209]

Schon Ende der 50er Jahre des vorigen Jahrhunderts hatte der BayVGH[1210] entschieden, dass Art. 75 Abs. 1 u. 2 Bay. GO a. F. privaten Unternehmen kein

---

Kommunales WirtschaftsR BW, Rn. 891; *Gerke,* Jura 1985, 349 (351, 355); *Ade,* in: Ade (Hrsg.), Handbuch, S. 15 f.; *Boysen,* VR 1996, 73 (79); *Dickersbach,* WiVerw 1983, 187 (210); *Frenz,* Verwaltungsgerichtlicher Rechtsschutz, S. 96; *Gusy,* JA 1995, 253 (254); *Henneke,* Öff. Finanzwesen. Finanzverfassung, Rn. 521 f.; *ders.,* NdsVBl. 1999, 1 (5); *ders.,* Der Landkreis 1999, 226 (235 f.); *Hidien,* Gemeindliche Betätigungen, S. 194 ff.; *Hill,* BB 1997, 425 (429); *Hübschle,* GewArch 2000, 186 (187 f.); *Moraing,* NWVBl. 1997, 355 (355) = Der Städtetag 1997, 285 (286); *ders.,* Der Städtetag 1998, 523 (526); *Otting,* SächsVBl. 1998, 93 (94); *ders.,* DÖV 1999, 549 (552); *M. Müller,* JZ 1998, 578 (579); *H. Meyer,* NVwZ 2002, 1075 (1076); *M. Pagenkopf,* GewArch 2000, 177 (184); *Klein,* Teilnahme, S. 78 f.; *Reinhard,* DÖV 1990, 500 (504 f.); *Singer,* ZKF 1998, 218 (221); *Knauff/Nolte,* VR 2003, 3 (6); *Schliesky,* Öff. Wettbewerbsrecht, S. 446; *Wieland,* DV 32 (1999), 217 (239); *Wittig,* VR 2002, 90 (92 f.); *Wolff/Bachof/Stober,* VerwR I, § 23 Rn. 9e; *Klang/Gundlach,* GemO Sa.-Anh., § 116 Rn. 5; *Zacharias,* VR 2000, 271 (277); ähnl. *Schmidt-Jortzig,* in: Püttner (Hrsg.), HKWP V, § 93 B, S. 60 f., 67 m. w. N.; *W. Meyer,* WiVerw 2003, 57 (60); krit. *Schoch,* DÖV 1993, 370 (380).

1207 VGH BW, VBlBW 1983, 78.

1208 *Vitzthum/Kämmerer,* VBlBW 1997, 395 (396).

1209 BVerwGE 39, 329 (336).

1210 BayVGH, BayVBl. 1959, 90.

Recht gewährten, von der Gemeinde die Einhaltung der gesetzlichen Schranken für ihre wirtschaftliche Betätigung zu verlangen. Diese Bestimmungen stellten sich lediglich als Verschärfung der normativen Voraussetzungen für die gemeindliche wirtschaftliche Betätigung dar, nicht aber als Änderung der Systematik oder Konstruktion nach der DGO. Entstehungsgeschichte, Sinnzusammenhang und Systematik des Art. 75 Bay. GO a. F. sprächen daher gegen die Annahme, dass dem Einzelnen eine im Klagewege verfolgbare Rechtsstellung gegenüber Verletzungen der einschlägigen Bestimmungen durch die Gemeinde eingeräumt sei.[1211] Im Übrigen sei die Sachlegitimation zur Klageerhebung nicht allein aus dem Gesichtspunkt herzuleiten, dass der mit dieser Norm – mindestens auch – bezweckte Schutz des privaten Unternehmers vor gemeindlicher Konkurrenz unwirksam bliebe, wenn dieser die Einhaltung der gesetzlichen Schranken nicht selbst verfolgen könnte.[1212] Im Urteil zur kommunalen Wohnungsvermittlung vom 23.7.1976[1213] hielt der BayVGH an seiner Rechtsprechung fest: § 89 Abs. 3 S. 3 Bay. GO a. F. sei nicht dazu bestimmt, einem privaten Individualinteresse zu dienen. Der Normzweck sei ausschließlich auf die Wahrung des öffentlichen Wohls gerichtet; Individualinteressen sollten dabei auch nicht „unter anderem" geschützt werden.[1214] Art. 89 Bay. GO a. F. verfolge daneben zwar auch wirtschaftspolitische Absichten, dem einzelnen privaten Konkurrenzunternehmer könne aber daraus kein subjektiv-öffentliches Recht erwachsen; denn geschützt sei hier nicht der einzelne Betroffene, sondern allenfalls die gesamte betroffene Gruppe, für die der einzelne sich betroffen fühlende Unternehmer nicht ohne weiteres als „mittelbarer Sachwalter" für das Gruppeninteresse auftreten und klagen könne.[1215] Dem privaten Konkurrenzunternehmer erwachse auch kein klagbares Recht aus der Subsidiaritätsklausel des Art. 89 Abs. 1 Nr. 3 Bay. GO a. F. Dies könne nicht schon allein daraus geschlossen werden, dass das BVerwG den Drittschutzcharakter von § 85 GemO a. F. mit der Begründung verneint habe, diese enthalte im Gegensatz zu Art. 89 Abs. 1 Nr. 3 Bay. GO a. F. keine Subsidiaritätsklausel. Bei Art. 89 Abs. 1 Bay. GO a. F. handele es sich durchgängig um objektives Recht, aus dem dem Einzelnen allenfalls ein Rechtsreflex erwachsen könne.[1216]

Der VGH BW[1217] schloss sich der Rechtsprechung des BVerwG an und verneinte den Schutznormcharakter des § 102 GemO a. F. Es könne ihm kein Anhaltspunkt entnommen werden, dass auch Individualinteressen berücksichtigt sein könnten. Auch wenn man der Vorschrift den wirtschaftspolitischen Zweck bei-

1211 BayVGH, BayVBl. 1959, 90 (92).
1212 BayVGH, BayVBl. 1959, 90 (91).
1213 BayVGH, GewArch 1976, 326; bestätigt von BVerwG, BayVBl. 1978, 375.
1214 BayVGH, GewArch 1976, 326 (327).
1215 BayVGH, GewArch 1976, 326 (328).
1216 BayVGH, GewArch 1976, 326 (328).
1217 VGH BW, VBlBW 1983, 78.

messe, wie er § 67 DGO zugrunde lag, mit dem einer ungehemmten wirtschaftlichen Betätigung der öffentlichen Hand zu Lasten der Privatwirtschaft vorgebeugt werden sollte, könne dem einzelnen privaten Konkurrenzunternehmer ein subjektives Recht nicht zuerkannt werden. Denn geschützt werden sollte nicht der einzelne Betroffene, sondern es sollte – abstrakt – einer Konfliktsituation, wie sie aus einem ungehemmten Wettbewerb mit der Privatwirtschaft insgesamt entstehen konnte, begegnet werden. Der Normzweck des § 102 GemO sei daher ausschließlich auf die Wahrung öffentlicher Belange ausgerichtet.[1218] Der erkennende Senat vermochte auch die Auffassung nicht zu teilen, dass § 85 GemO a. F. ebenso wie der inhaltsgleiche § 102 GemO a. F. um eine Subsidiaritätsklausel ergänzt werden müsse, da das Subsidiaritätsprinzip einheitlich in allen Bundesländern zu gelten habe. Dass das Gemeinderecht keine ländereinheitliche Ausformung und inhaltlich einheitliche Bestimmungen erfordere, folge bereits aus seinem Charakter als Landesrecht (vgl. Art. 70 ff. GG). Dementsprechend könne eine Geltung des Subsidiaritätsprinzips für § 102 GemO unter dem Gesichtspunkt einer ländereinheitlichen Regelung nicht unterstellt werden. Im Übrigen sei in der Rechtsprechung anerkannt, dass die Subsidiaritätsklausel nicht dazu führen müsse, kommunalwirtschaftsrechtlichen Regelungen eine drittschützende Wirkung zu geben.[1219]

Das OVG NRW konnte in seiner Entscheidung über den Betrieb einer kommunalen Sauna die Frag der drittschützenden Wirkung der §§ 89 Abs. 1, 88 Abs. 1 GO NRW a. F. offen lassen.[1220] Auch das OVG Nds. bezweifelte, ob private Unternehmer, zu denen die Gemeinde in Wettbewerb trete, die Einhaltung des § 108 Abs. 1 Nr. 3 Nds. GO verlangen könnten.[1221]

Einen Wendepunkt in dieser Reihe von Entscheidungen, die den drittschützenden Charakter der kommunalen Wirtschaftsklauseln verneint hatten, markiert das Urteil des VerfGH Rh.-Pf. vom 28.3.2000:[1222] Dieser qualifiziert § 85 Abs. 1 Nr. 3 GemO Rh.-Pf. „nach Wortlaut und Gesetzeszweck" als dritt-

---

1218 VGH BW, VBlBW 1983, 78; VBlBW 1995, 99; bestätigt von BVerwG, BVerwG, NJW 1995, 2938; ebenso Hess. VGH, NVwZ 1996, 816; NVwZ-RR 2005, 425 (427); VG Gießen, NVwZ-RR 2005, 201 (201 f.); diese Rechtsprechung wurde von großen Teilen der Literatur als „Rechtsschutzverweigerung" kritisiert, *R. Schmidt*, Öff. Wirtschaftsrecht AT, S. 534; *Schoch*, DÖV 1993, 377 (380); *ders.*, VBlBW 2000, 41 (44): „wirklichkeitsfremd"; *Weidemann*, DVBl. 2000, 1571 (1580).

1219 VGH BW, VBlBW 1983, 78 (79).

1220 OVG NRW, DÖV 1986, 339 = NVwZ 1986, 1046 = GewArch 1986, 157.

1221 Nds. OVG, NVwZ-RR 1990, 506 (507).

1222 VerfGH Rh.-Pf., DVBl. 2000, 992; zust. *Henneke*, DVBl. 2000, 997 (999); *Ruffert*, NVwZ 2000, 763 (764); *Neutz*, ZG 2000, 279 (286); ebenso *Weidemann*, DVBl. 2000, 1571 (1580); *Schink*, NVwZ 2002, 129 (138); *Papier*, DVBl. 2003, 686 (690); zweifelnd *Glahs/Külpmann*, VergabeR 2002, 555 (557); offen lassend VG Trier, Beschl. v. 20.10.2004, Az. 1 L 1216/04.TR; Urt. v. 23.6.2005, Az. 1 K 1217/04.TR.

schützende Norm. Denn er sei zumindest auch dem Schutz von Individualinteressen derart zu dienen bestimmt, dass deren Inhaber die Einhaltung des Rechtssatzes soll verlangen können: der Gesetzgeber bezweckte mit der Subsidiaritätsklausel ausdrücklich, die Privatwirtschaft vor einer Beeinträchtigung ihrer Interessen zu schützen.[1223] Relativierend wird in der Literatur darauf hingewiesen, dass die Ausführungen zum Drittschutz außerhalb der hauptsächlichen Begründungslinie des Urteils lägen. Das Urteil trenne auch nicht sauber zwischen den Kategorien der Klagebefugnis und der verwaltungsgerichtlichen Kontrolldichte.[1224] Im Übrigen sei das Gericht auch nicht darauf eingegangen, wie schwerwiegend die Beeinträchtigung des Konkurrenten sein müsse.[1225] Schließlich wird auch betont, dass die Entscheidung über den Drittschutz im Rahmen einer Verfassungsklage gegen § 85 Abs. 1 Nr. 3 GemO Rh.-Pf. ergangen sei und nicht im Kontext einer Konkurrentenschutzklage; über das Rechtsschutzbegehren eines betroffenen Dritten sei somit gar nicht entschieden worden.[1226]

Das OVG NRW folgte mit Beschluss vom 13.8.2003 erstmals dieser „neuen" Linie in der verwaltungsgerichtlichen Judikatur und bejahte grundsätzlich den drittschützenden Charakter des § 107 Abs. 1 S. 1 Nr. 1 GO NRW für die örtlichen Wirtschaftsteilnehmer unter Hinweis auf die Regelungen über Marktanalyse und Branchendialog und die Gesetzgebungsgeschichte.[1227] An dieser Auffassung hat das OVG NRW bislang mehrfach festgehalten.[1228]

bb) Entscheidungen der Zivilgerichte

Im Rahmen der Einordnung der kommunalen Wirtschaftstätigkeit unter die Fallgruppe „Vorsprung durch Rechtsbruch" des § 1 UWG a. F. stellten manche Gerichte auf die drittschützende Wirkung der kommunalrechtlichen Wirtschaftsklauseln als Anwendungsvoraussetzung eines solchen Anspruchs ab.[1229] Insofern kann auch die Argumentation derjenigen Teile der zivilgerichtlichen

---

1223 VerfGH Rh.-Pf., DVBl. 2000, 992 (995); zust. *Henneke*, DVBl. 2000, 997 (999).

1224 *Ruffert*, NVwZ 2000, 763 (764).

1225 *Glahs/Külpmann*, VergabeR 2002, 555 (557).

1226 *Dau*, in: Bolsenkötter/Dau/Zuschlag, Gemeindliche Eigenbetriebe, Teil R, Rn. 106 f.

1227 OVG NRW, NVwZ 2003, 1520 (1521); ebenso VG Aachen, Beschl. v. 20.7.2994, Az 4 L 113/04; abl. *Antweiler*, NVwZ 2003, 1466 u. *Schliesky*, DVBl. 2004, 138, nach dem allenfalls die gesamte örtliche Wirtschaft reflexhaft geschützt sein könne.

1228 OVG NRW, NVwZ-RR 2005, 198 (199); NZBau 2005, 167 (167); OVG NRW, Beschl. v. 23.3.2005, NWVBl. 2005, 343.

1229 *David*, NVwZ 2000, 738 (741) betont, dass die Urteile teilweise missverständlich sind und den Anschein erwecken könnten, es komme im Rahmen des § 1 UWG allein auf den individualschützenden Charakter der verletzten öffentlich-rechtlichen Vorschrift an; demgegenüber bestimmen nach *Otto*, GewArch 2001, 360 (366) bei Anerkennung individualschützender Wirkung die gemeindewirtschaftsrechtlichen Vorschriften vorrangig das Verhältnis der Marktteilnehmer.

Rechtsprechung herangezogen werden, die sich mit dieser Frage auseinandergesetzt haben. Für die Annahme des wettbewerblichen Schutzzwecks einer Norm ist es zwar grundsätzlich nicht ausschlaggebend, ob diese als „drittschützend" i. S. d. öffentlichen Rechts anerkannt ist, da der Normzweck eigenständig aus dem Blickwinkel des Wettbewerbsrechts betrachtet wird und sich deshalb etwas anderes ergeben kann, d. h. die Ergebnisse nicht deckungsgleich ausfallen müssen.[1230] Der Regelungsbereich des Wettbewerbsrechts ist nämlich gegenüber der öffentlich-rechtlichen Schutznormtheorie weitergehender, da auch ein nach öffentlichem Recht nicht relevanter Rechtsreflex oder die bloße objektive Wertentscheidung zugunsten der Privatwirtschaft nach der zivilgerichtlichen Rechtsprechung im Rahmen der Beurteilung nach § 1 UWG a. F. den entscheidenden Ausschlag für die Bejahung der Sittenwidrigkeit geben konnte.[1231] Unabhängig vom Regelungsgegenstand eines Gesetzes ist der Schutznormcharakter als solcher aber ausschließlich danach zu bestimmen, ob der Zweck des Gesetzes das spezielle Interesse des Beeinträchtigten verfolgt. Ist dies der Fall, kann das Gesetz hinsichtlich seines Schutzzwecks aber sowohl in öffentlich-rechtlicher als auch in wettbewerbsrechtlicher Hinsicht nur einheitlich bewertet werden.[1232] Dies folgt nicht zuletzt auch aus dem Grundsatz der Einheitlichkeit der Rechtsordnung.[1233]

(1) Die frühere Rechtsprechung des BGH

Ausgangspunkt der Rechtsprechung des BGH waren die beiden Entscheidungen „*Blockeis I und II*" in den 60er Jahren des vorigen Jahrhunderts, in denen er sich jeweils mit der Frage auseinanderzusetzen hatte, ob § 69 Abs. 1 GO NRW a. F. ein Schutzgesetz i. S. d. § 823 Abs. 2 BGB darstellt. Der BGH bejahte dies in der „*Blockeis I*"-Entscheidung mit der Erwägung, dass der Gesetzgeber es nicht mehr genügen lasse, dass der „öffentliche Zweck das Unternehmen rechtfertige", sondern verlange, dass ein „dringender öffentlicher Zweck das Unternehmen erfordere". Mit dieser abweichenden Neufassung habe er den Wünschen interessierter Wirtschaftskreise entsprochen. Die gesetzliche Regelung habe hiernach nicht nur die Wirkung, andere, nämlich die Angehörigen der privaten Wirtschaft, vor einer drohenden Beeinträchtigung ihrer Interessen zu schützen, sondern verfolge bewusst diesen Zweck. Das Vorliegen eines Schutzgesetzes i. S. des § 823 Abs. 2 BGB wurde aber aus anderen Erwägungen verneint.[1234] In der „*Blockeis II*"-Entscheidung hielt der BGH an dieser Auffassung fest: § 69 Abs. 1 GO NRW a. F. verfolge den Zweck, die Angehörigen der privaten

[1230] LG München, GewArch 1999, 413; *Hübschle*, GewArch 2000, 186 (188 f.).
[1231] *David*, NVwZ 2000, 738 (741).
[1232] Deutlich *Lerche*, JurA 1970, 821 (835); *Darsow*, LKV 2002, 1 (4).
[1233] *Darsow*, LKV 2002, 1 (5).
[1234] BGH, JZ 1962, 217 (218 f.); zust. *Gönnenwein*, JZ 1962, 219.

Wirtschaft vor einer drohenden Beeinträchtigung durch den Wettbewerb gemeindlicher Unternehmen zu schützen, und zwar schütze die Vorschrift nicht die Gesamtheit der Staatsbürger im allgemeinen, sondern einen abgrenzbaren Personenkreis und damit zugleich jeden Einzelnen, der diesem Personenkreis angehöre.[1235] Der somit an sich nahe liegenden Einstufung dieser Norm als drittschützend erteilte der BGH aber dennoch eine Absage, indem er ausführte, die Vorschrift gebe dem betroffenen privaten Mitbewerber auch kein im Verwaltungsrechtsweg durchsetzbares subjektiv-öffentliches Recht.[1236] Nachdem der BGH die wettbewerbliche Beurteilung wirtschaftlicher Betätigung der öffentlichen Hand bald darauf grundsätzlich nur noch auf die Art und Weise der Beteiligung am Wettbewerb und nicht auf den Zugang dazu erstreckte,[1237] verlagerte sich die Diskussion um die drittschützende Wirkung der kommunalen Wirtschaftsklauseln für die nächsten Jahre auf den Bereich der Verwaltungsrechtsprechung. Dennoch hielt der BGH in der *„KfZ-Schilderverkauf"*-Entscheidung ausdrücklich an seiner Rechtsprechung zur nordrhein-westfälischen Gemeindeordnung fest, indem er auf die Unterschiede zwischen § 69 Abs. 1 GO NRW a. F. („dringender" öffentlicher Zweck) und § 89 Nds. GO a. F. abhob.[1238]

In der *„Elektoarbeiten"*-Entscheidung ging der BGH ebenfalls am Rande auf den Schutzzweck des Art. 87 Bay. GO ein und führte aus, dass Zweck der Schranken für die erwerbswirtschaftliche Tätigkeit der Gemeinden nicht die Kontrolle der Lauterkeit des Marktverhaltens, sondern die Einflussnahme auf das unternehmerische Verhalten der Gemeinden und ggf. der Schutz der Privatwirtschaft vor einem Wettbewerb durch die öffentliche Hand sei.[1239] Im Revisionsurteil[1240] zum Urteil des OLG Düsseldorf[1241] bezüglich kommunaler Altautoentsorgung führte er aus, dass § 107 GO NRW, wie u. a. aus § 107 Abs. 5 GO NRW hervorgehe, auch die private Wirtschaft schützen solle, indem er der wirtschaftlichen Betätigung der Gemeinden Schranken setze.[1242] Daraus lässt sich ableiten, dass er grundsätzlich eine Verletzung individueller Rechte durch wirtschaftliches kommunales Handeln für möglich hält, was für die Bejahung der Klagebefugnis in § 42 Abs. 2 VwGO ausreicht.[1243]

1235 BGH, DVBl. 1965, 362 (363).
1236 BGH, DVBl. 1965, 362 (364); hierzu *Diefenbach*, WiVerw 2003, 99 (106 m. Fn. 45).
1237 BGH, DÖV 1974, 785 (786); ebenso BGH, NJW 1982, 2117 (2121).
1238 BGH, DÖV 1974, 785 (786); BGH, DVBl. 1965, 362 (363); *Diefenbach*, WiVerw 2003, 99 (107).
1239 BGH, NJW 2002, 2645 (2647).
1240 BGH, DVBl. 2003, 267.
1241 OLG Düsseldorf, DVBl. 2000, 284 (284).
1242 BGH, DVBl. 2003, 267 (267 f.).
1243 *H. Meyer*, NVwZ 2002, 1075 (1077).

(2) *„Nachhilfeunterricht", „Gelsengrün" als Wendepunkte in der Beurteilung*

In der bereits in anderem Zusammenhang erörterten *„Nachhilfeunterricht"*-Entscheidung führte das OLG Düsseldorf aus, dass § 107 GO NRW a. F. dem Schutz der privaten Wirtschaft gegen eine privatwirtschaftliche Betätigung der Gemeinden diene.[1244] Das OLG Hamm stellte fest, dass § 107 GO NRW a. F. auch dem Schutze der Mitbewerber diene, da dieser nicht nur fiskalisch und haushaltsrechtlich ausgestaltet sei, sondern sich unmittelbar auf die wirtschaftliche Betätigung der Gemeinde als solche beziehe. Auch nach dem Wegfall der Subsidiaritätsklausel in § 107 Abs. 1 GO NRW a. F. bleibe die Vorschrift darauf ausgerichtet, die erwerbswirtschaftliche Betätigung der Gemeinde im Verhältnis zur privaten Wirtschaft zu regeln.[1245] Gegen beide Urteile wurde eingewandt, dass die Senate die gegenteilige Auffassung der Verwaltungsgerichte und der überwiegenden Auffassung in der Literatur unbeachtet ließen[1246] und die Aussagen zur drittschützenden Wirkung nur mit vereinzelten Nachweisen belegten.[1247] In der Folgezeit übertrug das OLG Düsseldorf[1248] die in der *„Nachhilfeunterricht"*-Entscheidung entwickelte Rechtsprechungslinie ausdrücklich auch auf die neue Fassung des § 107 GO NRW. Auch in der *„AWISTA"*-Entscheidung[1249] führte das OLG Düsseldorf aus, dass die Interessen privatwirtschaftlicher Unternehmen, die durch eine gegen § 107 GO NRW verstoßende Ausweitung kommunaler Wirtschaftstätigkeit beeinträchtigt würden, in den Schutzbereich der Norm mit einbezogen seien. Das LG Düsseldorf[1250] schloss sich in einer Entscheidung zum Gebäudemanagement der Auffassung an, dass § 107 GO NRW auch dem Schutz der privaten Wirtschaft gegen eine unzulässige privatwirtschaftliche Betätigung der Gemeinden diene. § 107 GO NRW sei keine rein fiskalische Norm, sondern beziehe sich unmittelbar auf die wirtschaftliche Betätigung der Gemeinde. Sie solle die kommunalen Handlungsmöglichkeiten begrenzen und so zum Ausgleich der gegenläufigen Interessen von Kommunen und Privatwirtschaft beitragen. Diese Ausgleichsfunktion resultiere daraus, dass eine wirtschaftliche Betätigung von Gemeinden und ihr zuzurechnenden Unternehmen in den durch Art. 12 GG geschützten Tätigkeitsbereich der rein privatwirtschaftlichen Mitbewerber eingreife und somit eine Abwägung zwischen den beiderseitigen Interessen vorzunehmen sei. Das OLG Düsseldorf[1251] hob dieses

1244 OLG Düsseldorf, WRP 1997, 42 (43).

1245 OLG Hamm, NJW 1998, 3504 (3505); zust. hinsichtlich des Drittschutzes *Henneke*, NdsVBl. 1999, 1 (7); *Hülsdünker*, DNV 3/1999, 27 (29).

1246 *Otting*, SächsVBl. 1998, 93 (94); *Ennuschat*, BB 1999, 494 (495); *ders.*, WRP 1999, 405 (406); *Kaltenborn*, WuW 2000, 488 (494 f.); *Oebbecke*, in: Wallerath (Hrsg.), 13 (17 f.).

1247 *Otting*, SächsVBl. 1998, 93 (94); *Ennuschat*, BB 1999, 494 (495).

1248 OLG Düsseldorf, DVBl. 2000, 284 (284).

1249 OLG Düsseldorf, NVwZ 2000, 714 (714).

1250 LG Düsseldorf, GewArch 2001, 238 (239).

1251 OLG Düsseldorf, DVBl. 2001, 1283.

Urteil zwar auf, präzisierte aber die Ausführungen zur drittschützenden Wirkung und stellte v. a. auf die Wiedereinführung der Subsidiaritätsklausel in § 107 Abs. 1 S. 1 Nr. 3 GO NRW ab. Auch in der ersten oberlandesgerichtliche Entscheidung nach der „*Elektoarbeiten*"-Entscheidung des BGH hielt das OLG Düsseldorf[1252] in einem Beschluss über die Abfallentsorgungstätigkeit von Gemeindeverbänden außerhalb des Verbandsgebiets an der drittschützenden Wirkung des § 107 Abs. 1 GO NRW fest. Während hinsichtlich der Rechtsprechung in Baden-Württemberg auf die obigen Ausführungen verwiesen werden kann, ist noch auf die Entscheidungen von LG[1253] und OLG München[1254] hinzuweisen, die beide ausführten, dass Art. 87 Abs. 1 Nr. 4 Bay. GO kein subjektives öffentliches Recht für einen Dritten gewähre.

cc) Diskussion und Meinungsstand im Schrifttum

Als zweiter Normzweck neben dem Eigenschutz der Gemeinde wird von der h. A. nur anerkannt, dass die Wettbewerbsordnung insgesamt durch die gemeindlichen Vorschriften vor der ungehemmten Intrusion öffentlich-rechtlicher Selbstverwaltungsträger geschützt werden solle. Dies führe, wenn überhaupt, nur zum Schutze der gesamten Gruppe als Sekundärzweck, nicht aber zum Schutze des Einzelnen; dessen Schutz erfolge allenfalls rechtsreflexhaft.[1255] § 102 Abs. 1 GemO und ähnliche Normen begründen danach keine klagefähigen Individualrechte von Verbrauchern oder Konkurrenten, die ein wirtschaftliches Unternehmen betreiben. Verwaltungsgerichtliche Klagen privater Konkurrenzunternehmer seien deshalb in der Regel zwar zulässig, aber nicht begründet, selbst wenn eine Überschreitung der ohnehin unscharfen Grenzen nachgewiesen werden könnte.[1256] Diese Einordnung sollte bereits vor der Änderung der ge-

1252 OLG Düsseldorf, WuW/E Verg 611 (617 ff.).

1253 LG München, GewArch 1999, 413.

1254 OLG München, GewArch 2000, 279.

1255 *Kunze/Bronner/Katz/v. Rotberg*, GemO f. BW, § 102 Rn. 58; *Schliesky*, Öff. Wettbewerbsrecht, S. 446; *ders.*, Öff. Wirtschaftsrecht, S. 154 f.; *ders.*, JA 1997, 902 (908); *ders.*, JA 1998, 930 (932); *Vitzthum/Kämmerer*, VBlBW 1997, 395 (396); *Otting*, SächsVBl. 1998, 93 (94); *ders.*, DÖV 1999, 549 (551); *Wittig*, VR 2002, 90 (93); *M. Pagenkopf*, GewArch 2000, 177 (184); *Wieland*, DV 32 (1999), 217 (239); *Köhler*, WRP 1999, 1205 (1209); *H. Meyer*, NVwZ 2002, 1075 (1076); *Knauff/Nolte*, VR 2003, 3 (7); *Zundel*, VR 1996, 340 (342); wohl auch *Hill*, Kommunalwirtschaft, S. 47.

1256 *Schmidt-Aßmann*, in: ders. (Hrsg.), Rn. 121; *Vitzthum/Kämmerer*, VBlBW 1997, 395 (396); *Grimm-Benne*, LKV 1996, 54 (56); *Dorn*, NJW 1964, 137 (139); *Vollmöller*, in: Schmidt (Hrsg.), Kompendium, § 5 Rn. 38; *Engellandt*, Einflussnahme, S. 17 f.; *Rehn/Cronauge*, GO NRW, Erl. I. 4., S. 9 f.; *Lux*, NWVBl. 2000, 7 (8 f.); *Köhler*, BayVBl. 2000, 1 (11); *Singer*, ZKF 1998, 218 (221); *Wieland*, DV 36 (2003), 225 (231); *Schliesky*, JA 1997, 902 (908); *Wessel*, NVwZ 2002, 1083 (1084); *M. Müller*, JZ 1998, meindewirtschaftsrechtlichen Vorschriften und unabhängig davon gelten, dass in Baden-Württemberg bis 1999 keine Subsidiaritätsklausel normiert war, da auch einer Subsidiaritätsklausel nicht zwingend drittschützende Wirkung zukäme.[1257]

Auch nach der Gegenansicht[1258] haben grammatikalische, systematische und historische/genetische Interpretation der kommunalen Wirtschaftsklauseln kein eindeutiges Ergebnis. Sie geht gleichfalls davon aus, diese Normierungen in erster Linie dem Schutz der Kommunen vor finanziellen Risiken dienen. Davon ausgehend vollzieht sie aber den weiteren Schritt, dass diese Beschränkungen gemeindlicher Tätigkeit nicht zwingend allein als objektiv-rechtliche Regelungen anzusehen sind, sondern diese Regelungen als zweiten Regelungszweck durchaus auch den Schutz der Konkurrenten der Gemeinde beinhalten können.[1259] Denn für die Annahme einer drittschützenden Wirkung ist es ausreichend, wenn neben dem Hauptzweck der Schutz privater Konkurrenten quasi als „Nebenzweck" mitintendiert ist,[1260] während nicht erforderlich ist, dass dem einzelnen Betroffenen eine ausschließliche Berechtigung eingeräumt wird.[1261] Eine drittschützende Wirkung ist deshalb nur dann abzulehnen, wenn der jeweiligen Norm eindeutig entnommen werden kann, dass sie ausschließlich dem Schutz der Allgemeinheit dient.[1262]

Nachfolgend ist deshalb herauszuarbeiten, ob die Normen über die kommunale Wirtschaftsbetätigung neben ihrem anerkannten primären Schutzzweck zusätzlich den Schutz wirtschaftlicher Konkurrenten verfolgen. Dabei werden verschiedene Begründungsansätze für eine drittschützende Wirkung angeführt. Die Untersuchung des Schutzzwecks des § 102 Abs. 1 GemO muss dabei im Zusammenhang mit den verschiedenen landesrechtlichen Vorschriften der anderen Bundesländer erfolgen, um daraus ggf. Rückschlüsse ziehen zu können.

497; *Tettinger*, NJW 1998, 3473; *ders.*, Bes. VerwR, Rn. 219; *Ehlers*, DVBl. 1998, 497 (501).

1257 *Gern*, KommunalR BW, Rn. 390; *Reichert/Baumann*, KommunalR BW, 1. Auf. 1996, Rn. 153; *Vollmöller*, in: Schmidt (Hrsg.), Kompendium, § 5 Rn. 39; krit. *Arndt*, in: Steiner (Hrsg.), Rn. 125.

1258 Von *Schoch*, Jura 1979, 601 (607) als „mittlerweile wohl hM" bezeichnet; ebenso *Löwer*, Der Fall „Gelsengrün", S. 103, 115; *Schliesky*, Öff. Wirtschaftsrecht, S. 154.

1259 *Kluth*, Grenzen, S. 89; *ders.*, in: Stober/Vogel (Hrsg.), 23 (33); *Wolff/Bachof/Stober*, VerwR I, § 43 Rn. 21a; *Cosson*, DVBl. 1999, 891 (895); *Sodan*, DÖV 2000, 361 (369 f.); *Darsow*, LKV 2002, 1 (5); *Cronauge/Westermann*, Kommunale Unternehmen, Rn. 258.

1260 *Lerche*, JurA 1970, 821 (838); *Schoch*, Jura 1979, 601 (607); *ders.*, Übungen im Öff. Recht II, S. 216 f., 224, 230; *Gerke*, Jura 1985, 349 (356); *Ehlers*, JZ 2003, 318 (230).

1261 *Erdmann*, DVBl. 1998, 13 (19).

1262 *Arndt*, in: Steiner (Hrsg.), Rn. 126; *Schoch*, Jura 1979, 601 (607).

2. Vorgelagerte Aspekte

a) *Problematik unbestimmter Rechtsbegriffe für den Schutzzweck*

In den Themenkomplex „wirkliche Natur" des Gesetzes ist auch die Forderung nach einer „zwingenden Natur" der Rechtsnorm einzuordnen.[1263] Indes ist heute auch für Rechtsnormen, die auf der Tatbestandsseite unbestimmte Rechtsbegriffe enthalten oder/und auf der Rechtsfolgenseite Ermessen einräumen, deren zwingender Charakter anerkannt: Zum einen gibt es kein ungebundenes Ermessen (vgl. § 40 VwVfG), die Verwaltung ist vielmehr generell zur Einhaltung der Grenzen des Ermessens verpflichtet.[1264] Deren Einhaltung ist gerichtlich auch voll überprüfbar.[1265] Auch in den Fällen des Beurteilungsspielraums entfällt der zwingende Normcharakter nur soweit der Beurteilungsspielraum reicht.[1266] Der den Gemeinden hinsichtlich der Tatbestandsmerkmale „öffentlicher Zweck" und der Begriffe „besser" und „wirtschaftlicher" zukommende Beurteilungsspielraum (Einschätzungsprärogative) hat aber gleichwohl Auswirkungen auf die gerichtliche Kontrolldichte: Die normalerweise nicht gesondert begründungsbedürftige gerichtliche Rechtskontrolle ist hier nämlich erhöhten Begründungsanforderungen unterworfen.[1267] Der Grundsatz der Gewaltenteilung verlangt, dass der Richter bei seinem Urteil Kontrollrestriktionen, die im von der Exekutive anzuwendenden materiellen Recht enthalten sind, respektiert. Denn eine richterliche Entscheidung ist immer darauf angelegt, rechtliche Grenzen nachzuspüren, insbesondere durch seine letztverbindliche Zuständigkeit für die Rechtsauslegung und Ermittlung der relevanten Tatsachen. Seine Zuständigkeit erstreckt sich aber nicht auf bestimmte, von außerrechtlichen Wertungen abhängige Entscheidungselemente, insbesondere bei einem rechtlich nicht voll determinierten Normprogramm.[1268] Ein solches liegt auch bei den kommunalen Wirtschaftsklauseln vor. Die den Gemeinden zukommende Einschätzungsprärogative ist von Kommunalaufsicht, Verwaltungsgerichtsbarkeit und nicht zuletzt auch von privaten Dritten grundsätzlich zu respektieren.[1269] Die Kontrollinstanzen dürfen

---

1263 *Bühler*, in: GS Jellinek, 269 (274 ff.); zum Folgenden vgl. *Lindner*, Verwaltungsgerichtliche Klagemöglichkeit, S. 52.

1264 *Bühler*, Die subjektiven öff. Rechte, S. 24; *ders.*, in: GS Jellinek, 269 (276 f.); *Bachof*, Verwaltungsgerichtliche Klage, S. 68 ff.; *ders.*, in: GS Jellinek, 287 (295).

1265 *Lerche*, JurA 1970, 821 (836); a. A. *Schricker*, Wirtschaftliche Betätigung, S. 57.

1266 *Bühler*, Die subjektiven öff. Rechte, S. 28 f.; *ders.*, in: GS Jellinek, 269 (275); *Bachof*, in: GS Jellinek, 287 (295).

1267 *Löwer*, Der Fall „Gelsengrün", S. 92 f.; krit. *Krölls*, GewArch 1992, 281 (285).

1268 *Löwer*, Der Fall „Gelsengrün", S. 93.

1269 So die h. M., vgl. *Henneke*, NdsVBl. 1999, 1 (5); *Heintzen*, Rechtliche Grenzen und Vorgaben, S. 92; *Habermehl*, VR 1987, 105 (108);. *Hidien*, DÖV 1983, 1002 (1006); *Kluth*, in: Stober/Vogel (Hrsg.), 23 (34): „Vertretbarkeitskontrolle"; a. A. *Hösch*, GewArch 2001, 223 (226): Begrenzung der Einschätzungsprärogative durch die Rechte der privaten Unternehmer.

die gemeindliche Beurteilung lediglich auf Ermittlungsdefizite, Abwägungsfehleinschätzung, Einhaltung der rahmensetzenden Vorschriften und objektive Auswirkungen auf Drittunternehmen überprüfen.[1270] Die Gewichtung der zu berücksichtigenden Umstände und das Abwägungsergebnis sind im Gegensatz zum Abwägungsvorgang nur auf ihre Vertretbarkeit hin überprüfbar; hinsichtlich Prognoseentscheidungen gilt, dass diesen eine geeignete Methode zugrunde liegen und das Ergebnis vertretbar sein muss.[1271]

Während die zivilgerichtlichen Wettbewerbsgerichte dennoch auch die gemeindliche Beurteilung des öffentlichen Zwecks und der Voraussetzungen der Subsidiaritätsklauseln überprüft und des öfteren verworfen hatten,[1272] hat der VerfGH Rh.-Pf. demgegenüber den aus der Einschätzungsprärogative abgeleiteten Bedenken hinsichtlich der Einräumung subjektiv-öffentlicher Rechte zugunsten privater Dritter eine Absage erteilt:[1273] Das Verwaltungsgericht habe den Beurteilungsspielraum der Gemeinden zu achten und sei deshalb gehindert, seine eigene Beurteilung an die Stelle derjenigen der Gemeinde zu setzen. Lege die Gemeinde aufgrund eines vollständig ermittelten Sachverhalts und ausgehend von einem richtigen Verständnis der anzuwendenden Norm vertretbar dar, dass und warum ihre eigene Leistungserbringung wirtschaftlicher oder besser sei, hätten das Verwaltungsgericht und der private Dritte dies hinzunehmen. Die Frage, ob sich die Beurteilung der Gemeinde in dem durch das Gesetz vorgegebenen Rahmen halte, sei aber eine gerichtlich voll nachprüfbare Rechtsfrage.[1274] Nachprüfbar ist damit in jedem Falle, ob die Gemeinde den Sachverhalt vollständig ermittelt hat und von einem richtigen Verständnis der anzuwendenden Norm ausgegangen ist, ob also der Abwägungsvorgang als solcher ordnungsgemäß durchgeführt worden ist. Die Einschätzungsprärogative steht somit einem

1270 *Schmidt-Jortzig*, in: Püttner (Hrsg.), HKWP V, § 93 B, S. 58 m. w. N.; *ders.*, KommunalR, Rn. 691; *Badura*, DÖV 1998, 818 (821); *Boysen*, VR 1996, 73 (76); *Singer*, ZKF 1998, 218 (220); *Tomerius*, LKV 2000, 41 (47); *Stapel-Schultz*, VBlBW 2003, 90 (95); *W. Meyer*, WiVerw 2003, 57 (66); *Püttner*, Das Recht der kommunalen Energieversorgung, S. 43; *Cronauge*, AfK 1999, 24 (43).

1271 *W. Meyer*, WiVerw 2003, 57 (66).

1272 Vgl. *Britz*, NVwZ 2001, 380 (384).

1273 *Henneke*, Öff. Finanzwesen, Finanzverfassung, Rn. 522; vgl. aber *ders.*, DVBl. 2000, 997 (999): „(Schein-) Konflikt zwischen gemeindlichem Beurteilungsspielraum einerseits und drittschützender Wirkung der Norm andererseits“; Gesetzesmaterialien zu § 85 Abs. 1 Nr. 3 GemO Rh.-Pf., LT-Drs. 13/2306, S. 36; ähnl. *M. Pagenkopf*, GewArch 2000, 177 (184); skeptisch *Dau*, in: Bolsenkötter/Dau/Zuschlag, Gemeindliche Eigenbetriebe, Teil R, Rn. 107.

1274 VerfGH Rh.-Pf., DVBl. 2000, 992 (995 f.); zust. *Henneke*, DVBl. 2000, 997 (999); *Schneider*, DVBl. 2000. 1250 (1257); *Schwarting*, ZögU 24 (2001), 286 (297 f.); *Oster*, in: Gabler/Höhlein/Klöckner/u. a., GemO Rh.-Pf., § 85 Erl. 3.1.; *W. Meyer*, WiVerw 2003, 57 (66); *Pünder*, DVBl. 1997, 1355 (1358); a. A. *Teufel/Kempkes*, AbfallR 2005, 57 (65).

Drittschutz und einem Klagerecht privater Konkurrenten nicht entgegen, da die rechtlichen Grenzen der Einschätzungsprärogative im Falle einer Klage eines Dritten genauso gerichtlich kontrolliert werden wie bei individualschützenden Ermessensermächtigungen.[1275] Dies ergibt sich insbesondere auch aus der Betroffenheit der Privatwirtschaft und der Gesetzesbindung der Kommunen.[1276] Somit bestehen gegenüber der Ableitung subjektiver öffentlicher Rechte aus solchen Normierungen keine Bedenken. Verbleibende Auslegungsschwierigkeiten können im Einzelfall beseitigt werden; die unbestimmten Rechtsbegriffe werden dadurch weiter präzisiert.[1277] Unter diesen Prämissen gewinnt die Verwaltungsgerichtsbarkeit auch ihre Entscheidungskompetenz zur Frage des „Ob" der kommunalwirtschaftlichen Betätigung zurück.[1278]

b) Notwendigkeit einer ausdrücklichen Normierung des Schutzzwecks?

Weiter wird darauf hingewiesen, dass der Gesetzgeber, wenn er ein Klagerecht hätte einräumen wollen, dies im Gesetz „eindeutig" zu Ausdruck hätte bringen müssen[1279] oder für die Zukunft in klarer Weise festlegen müsse.[1280] Diese Frage wurde u. a. auch im Rahmen der Fragestellung *„Empfiehlt es sich, das Recht der öffentlichen Unternehmen im Spannungsfeld von öffentlichem Auftrag und Wettbewerb national und gemeinschaftsrechtlich neu zu regeln?"* auf dem 64. Deutschen Juristentag in der Abteilung Öffentliches Recht erörtert[1281] und insbesondere von Vertretern der Privatwirtschaft gefordert.[1282] Angesichts der geringen Beteiligung von Vertretern der privaten Wirtschaft und dem deutlichen Übergewicht der Vertreter der kommunalen Unternehmen wurden aber dort fast alle den Marktzutritt und die Handlungsmöglichkeiten der öffentlichen Unternehmen erweiternden Anträge angenommen, die beschränkenden Anträge hingegen überwiegend abgelehnt. Unter anderem wurde empfohlen, unter Zugrundelegung einer künftigen Unterscheidung zwischen Wettbewerbsunternehmen und den sonstigen Unternehmen für die Wettbewerbsunternehmen das Erfordernis der

1275 *Otting*, DÖV 1999, 549 (555); *Diefenbach*, WiVerw 2003, 115 (119); OLG Düsseldorf, DVBl. 2001, 1283 (1286); krit. *Teufel/Kempkes*, AbfallR 2005, 57 (61): im Prozess ein „stumpfes Schwert".

1276 *Kuntze*, Die Grenzen der erwerbswirtschaftlichen Betätigung der Kommunen, S. 74 f.

1277 *Henneke*, DVBl. 2000, 997 (999); *W. Meyer*, WiVerw 2003, 57 (66 m. Fn. 64).

1278 *Henneke*, DVBl. 2000, 997 (999).

1279 BayVGH, BayVBl. 1959, 90 (92).

1280 *Püttner*, DÖV 2002, 731 (735); *Henneke*, NdsVBl. 1999, 1 (10).

1281 Beschlüsse in NJW 2002, 3079 (3079 ff.); Berichte von *Lechleitner*, JZ 2003, 193; *K. Müller/J. Müller*, der gemeindehaushalt 2003, 54; *Katz*, BWGZ 2003, 207; VKU-Nachrichten Oktober 2002, S. 2.

1282 Vgl. *Lechleitner*, JZ 2003, 193 (193, 194).

Erfüllung eines öffentlichen Zweckes stark zu lockern sowie das Örtlichkeits- und das Subsidiaritätsprinzip praktisch aufzugeben.[1283]

Hinsichtlich der Forderung eines „normierten Klagerechts" ist zunächst zu beachten, dass die Regelung des Rechts der wirtschaftlichen Betätigung der Kommunen zum Landesrecht gehört, da nach der Zuständigkeitsverteilung der Art. 83 ff. GG die Bundesländer die Hauptlast der Gesetzesausführung tragen und in diesem Kontext berechtigt sind, Verwaltungsorganisationsrecht zu setzen und öffentliche Unternehmen zu errichten.[1284] Die Einführung einer Rahmenkompetenz des Bundes für das Gemeindewesen wurde zwar anlässlich des 49. Deutschen Juristen Tag 1972 diskutiert, aber nicht umgesetzt.[1285] Zudem steht eine Forderung nach gesetzlicher Verankerung des Klagerechts im Gegensatz zum heutigen Verfassungsbild, nach dem „im Zweifel" subjektive Berechtigungen des Einzelnen anzuerkennen sind. Ist der Wortlaut nicht eindeutig, kann ein solcher Zweifel erst entstehen und in einer Materie wie der vorliegenden, in der die Interessen Privater durch die öffentliche Hand beeinträchtigt werden, im Regelfall nicht zu Lasten des Privaten gehen.[1286] Eine ausdrückliche Einräumung der Klagebefugnis für betroffene Private in der Gemeindeordnung wäre unsystematisch und zudem unnötig, da sich die Klageberechtigung unproblematisch aus den Normen der VwGO ergibt, wenn die in Streit stehende Norm einen subjektiv-rechtlichen Gehalt aufweist.[1287] Ist eine solche „eindeutige" Normierung des Klagerechts deshalb vom Ausgangspunkt her nicht notwendig, so spricht dennoch nichts gegen eine ausdrückliche Regelung dieses Problems durch eine entsprechende gesetzliche Normierung.[1288] Die ausdrückliche Zuerkennung von Drittschutz kann auch zu einer Entlastung und „Entpolitisierung" der Rechtsaufsicht beitragen.[1289] V. a. in Fällen, wo die drittschützende Wirkung umstritten ist, empfiehlt sich eine entsprechende klarstellende gesetzliche Neuregelung.[1290] Denn grundsätzlich ist es nicht sinnvoll, zwar Vorschriften zur Ab-

---

1283 Krit. *Lechleitner*, JZ 2003, 193 (194); *Katz*, BWGZ 2003, 207 (208); die Beschlüsse begrüßend VKU-Nachrichten Oktober 2002, S. 2 (2, 3).

1284 *Stober*, NJW 2002, 2357 (2362 f.).

1285 *Stober*, NJW 2002, 2357 (2363).

1286 BVerfGE 15, 281 f.; *Lerche*, JurA 1970, 821 (858).

1287 *Lerche*, JurA 1970, 821 (858 f.); nach Auffassung des hessischen Landesgesetzgebers ist im Übrigen ein Hinweis auf den gewollten Drittschutz in der Gesetzesbegründung notwendig, aber auch ausreichend, LT-Drucks. 16/2463, S. 59, 38.

1288 *Ehlers*, Gutachten DJT, S. 84 f., 151; Kurzfassung in Beilage zu NJW Heft 23/2002, S. 33 ff.; *Werner*, VBlBW 2001, 206 (212); *Knauff/Nolte*, VR 2003, 3 (10); *Dolde*, ZHR 166 (2002), 515 (521 f.).

1289 *Sollondz*, LKV 2003, 297 (302).

1290 *Ehlers*, Gutachten DJT, S. 151; *Kluth*, in: Stober/Vogel (Hrsg.), 23 (39); *Gronemeyer*, in: Stober/Vogel (Hrsg.), 167 (181); *Henneke*, Der Landkreis 1999, 226 (240); *Stober*, NJW 2002, 2357 (2366), *Burgi*, NZBau 2003, 539 (542): „Die Verwaltungsgerichte scheinen tatsächlich darauf zu warten, dass die Landesgesetzgeber ausdrücklich die Klagrenzung von Kommunal- und Privatwirtschaft zu schaffen, die Abgrenzung aber gleichzeitig der Kommune zu überlassen, ohne die Einhaltung der gesetzlichen Bestimmungen vor den Gerichten durchsetzen zu können.[1291] Ausreichend wären entsprechende Ausführungen in den Gesetzesberatungen anlässlich einer Novellierung des Gemeindewirtschaftsrechts.[1292] Noch vorteilhafter dürfte eine Klarstellung im Normtext selbst sein, zum Beispiel durch die Nennung eines „privaten Dritten", wie wies in einigen Bundesländern bereits umgesetzt worden ist, so dass die Auslegung der Norm zweifelsfrei die Anerkennung eines subjektiven öffentlichen Rechts ergibt. Man wird hingegen nicht soweit gehen müssen, wie dies in § 5 Abs. 7 S. 3 LBO BW geschehen ist, der ausdrücklich einen „nachbarschützenden Teil der Abstandstiefen" festlegt. Abzulehnen ist aber die Forderung nach einem eigenständigen Kontrollrecht für die Industrie- und Handelskammern und die Handwerkskammern als Vertreter der Gesamtinteressen des Gewerbes sowie als objektive Sachwalter und Mittler zwischen Staat und Wirtschaft.[1293]

Eine verfassungsrechtliche Regelungspflicht zur Normierung eines Klagerechts könnte sich zwar auch unter dem Gesichtspunkt der grundrechtlichen Schutzpflicht aus einer Neubewertung kommunalwirtschaftlicher Bestimmungen als subjektive Schutzklauseln zu Gunsten von Privatunternehmen, die von der Tätigkeit öffentlicher Unternehmen betroffen sind, ergeben, so dass der Gesetzgeber zur Novellierung der entsprechenden Bestimmungen verpflichtet wäre.[1294] Trotz der gegenwärtigen expansiven wirtschaftlichen Betätigung der Kommunen und des teilweisen Versagens von Kommunalaufsicht und Verwaltungsgerichtsbarkeit ist aber noch kein solcher Zustand erreicht, der bei Zweifeln hinsichtlich des Vorliegens des öffentlichen Zwecks einer wirtschaftlichen Betätigung ein Mindestmaß an wirksamem Schutz zu Gunsten der Privatunternehmer verlangt.[1295]

c) Diskriminierung der Kommunen durch ein „besonderes Wettbewerbsrecht"?

Als weiteres Argument gegen die Anerkennung des drittschützenden Schutzzwecks der kommunalen Wirtschaftsklauseln zugunsten der Privatwirtschaft wird vorgebracht, dass das kommunale Wirtschaftsrecht dadurch als öffentliches

---

geberechtigung eröffnen." Vgl. auch § 97 Abs. 1 Nr. 3 Sächs. GO, vgl. *Sollondz*, LKV 2003, 297 (300 ff.); *Tintelnot/Pommer*, SächsVBl. 2003, 205 (207 f.).

1291 Laut BayVGH, BayVBl. 1959, 90 (91) reicht dies für die Sachlegitimation zur Klageerhebung nicht aus.

1292 *Ehlers*, Gutachten DJT, S. 151.

1293 So aber *Stober*, NJW 2002, 2357 (2366).

1294 *Stober*, NJW 2002, 2357 (2365).

1295 A. A. *Stober*, NJW 2002, 2357 (2365 f.).

Wettbewerbsrecht interpretiert werde und damit das wirtschaftliche Handeln von Kommunen auf dem Markt einem strengeren Rechtsregime als entsprechendes Handeln privater Unternehmen unterworfen werde. Lediglich die Kommunen seien zusätzlich an dieses besondere, landesrechtlich geregelte kommunale Wettbewerbsrecht gebunden. Ein derartiges Sonderrechtsregime für einzelne Marktteilnehmer widerspreche aber dem Grundgedanken einer auf Chancengleichheit und Rechtsgleichheit basierenden Marktwirtschaft.[1296] Durch die Anerkennung der drittschützenden Wirkung würden Marktzutrittsschanken errichtet, was nicht Ziel einer Marktwirtschaft sein könne und dem Wettbewerb abträglich sei.[1297] Diese Ansicht unterstellt, dass Kommunen und Private grundsätzlich gleichberechtigte und zum Wettbewerb gleichermaßen legitimierte Konkurrenten sind.[1298] Dann wären nur noch für jedermann geltende Missbrauchsgrenzen für das Marktverhalten zu setzen. Dies steht aber im Gegensatz zur geltenden kommunalrechtlichen Rechtslage, die besondere Zugangsbedingungen für die kommunale Marktteilnahme aufstellt, welche die als Grundrechtssubjekte zur Wettbewerbsteilnahme berechtigten Privaten nicht zu erfüllen brauchen. Die Kommunen benötigen hingegen für die wirtschaftliche Betätigung aus der Staatsgewalt abgeleitete Zuständigkeiten.[1299] Da der Staat als Wettbewerber nicht mit seinen privaten Konkurrenten vergleichbar ist, ist es unbedenklich, ihn zusätzlichen, strengeren Regeln Konkurrenten zu unterwerfen.[1300] Ein besonderes Schutzbedürfnis für die kommunalen Unternehmen vor Konkurrenz ergibt sich im Übrigen auch nicht aus der kommunalen Selbstverwaltungsgarantie.[1301]

d) Das Schutzbedürfnis der privaten Konkurrenten

aa) Das „Versagen" der Rechtsaufsicht

Neben der Möglichkeit der politischen Einflussnahme und Beteiligung kann der Bürger zur Verwirklichung individuellen Interessenschutzes neben der Anrufung der Gerichte versuchen, verwaltungsintern entweder vor dem Abschluss

---

1296 *Wieland*, DV 36 (2003), 225 (230 f.); Chancengleichheit fordern auch *Moraing*, WiVerw 1998, 233 (258); *Hellermann*, Örtliche Daseinsvorsorge, S. 223 f.

1297 *Wieland*, DV 36 (2003), 225 (233); ähnl. *Dolde*, ZHR 166 (2002), 515 (519, 522); *Jarass*, DÖV 2002, 489 (496 f.); für eine „Konkurrenzgleichheit" öffentlicher Unternehmen ohne die spezifischen Begünstigungen *Wohltmann/Döring*, DNV 5/1998, 11 (13); *Döring/Wohltmann*, AfK 1999, 45 (50 f.).

1298 Untersuchung der Möglichkeiten und Grenzen identischer Wettbewerbsbedingungen für öffentliche Unternehmen und private Konkurrenten bei *Fehling*, in: Schwarze (Hrsg.), 195 (200 ff., 202).

1299 *Grawert*, in: FS Blümel, 119 (121).

1300 *Emmerich*, AG 1985, 293 (298); *ders.*, Wirtschaftsrecht, S. 31 ff.

1301 *Wessel*, NVwZ 2002, 1083 (1084).

der behördlichen Willensbildung oder auch noch danach, quasi reaktiv, auf die Entscheidung der Verwaltung einzuwirken.[1302] Dabei ist zunächst an die Möglichkeit, Anträge zu stellen (§§ 22, 25 VwVfG), das Recht auf Anhörung (§ 28 VwVfG) und das Recht zur Gegenvorstellung zu denken.[1303] Die Einhaltung der kommunalen Zuständigkeitsgrenzen obliegt dabei in erster Linie dem zur internen Rechtskontrolle von Gründungsbeschlüssen zuständigen Kommunalorgan.[1304] Daneben gerät aber insbesondere die Option ins Blickfeld, auf die jeweilige Aufsichtsbehörde der Kommune Einfluss zu nehmen, um so das jeweils gewünschte Verhalten der öffentlichen Verwaltung über den Umweg der Einschaltung der Aufsichtsbehörden und deren Einwirkung auf die handelnde Stelle zu erreichen.[1305] Aufgrund ihrer präventiven Wirkung wäre diese Möglichkeit an sich auch das effektivste Sanktionsinstrument.[1306] Von der Einwirkung der hierfür zuständigen Rechtsaufsichtsbehörde auf die jeweilige Stelle der Verwaltung würde der Bürger/Konkurrent zumindest faktischen Nutzen ziehen. Für eine Anrufung der Rechtsaufsichtsbehörden spräche auch, dass eine solche formfrei erfolgen kann und kostenfrei ist und auch keine weiteren Kostenrisiken birgt.[1307] Dass die bloße Kenntniserlangung der Aufsichtsbehörde zu deren Einschreiten führen kann, wenn sie die Auffassung des Betroffenen teilt, steht außer Frage, die Ablehnung, gegen das angezeigte Verhalten einzuschreiten, stellt aber keinen Verwaltungsakt gegenüber dem Beschwerdeführer dar, den dieser gerichtlich anfechten könnte.[1308]

Um einen wirksamen, dem gerichtlichen Rechtsschutz vergleichbaren Schutz zu erreichen, müsste zu den Einflussmöglichkeiten des Bürgers auch ein entsprechender Anspruch auf Einschreiten der Rechtsaufsichtsbehörden treten. Bei der wirtschaftlichen Betätigung der Kommunen handelt es sich um eine freiwillige Aufgabe gem. § 2 Abs. 1 GemO, da die Gemeinden zur Errichtung und Betrieb kommunaler Unternehmen gesetzlich nicht verpflichtet sind.[1309] Damit unterliegt die Gemeinde insoweit nur der Rechtsaufsicht,[1310] womit die Kontrollfunktion der Kommunalaufsicht angesprochen ist.[1311] Ihre Aufgabe ist es, dafür zu sor-

---

1302 *Huber*, Konkurrentenschutz, S. 77 f., BayVGH, BayVBl. 1959, 90 (92); *Schricker*, Wirtschaftliche Betätigung, S. 54; *Tomerius*, LKV 2000, 41 (43); *Gronemeyer*, in: Stober/Vogel (Hrsg.), 167 (168).

1303 *Widtmann/Grasser/Glaser*, Bay. GemO, Art. 87 Rn. 3.

1304 *Grawert*, in: FS Blümel, 119 (132).

1305 Knapp auch *Knauff/Nolte*, VR 2003, 3 (8).

1306 *Burgi*, NZBau 2003, 539 (542).

1307 *Püttner*, KommunalR BW, Rn. 128; zu den Funktionen der Kommunalaufsicht *Oebbecke*, DÖV2001, 406 (407); zur Berücksichtigung des europäischen Gemeinschaftsrechts *Ehlers*, DÖV 2001, 412.

1308 *Schricker*, Wirtschaftliche Tätigkeit, S. 54.

1309 Dazu *Gern*, KommunalR BW, Rn. 107; *Reichert/Baumann*, KommunalR BW, Rn. 64.

1310 *Ruffert*, VerwArch 92 (2001), 27 (31).

1311 *Ehlers*, DÖV 2001, 412 (412); *Schuppert*, DÖV 1998, 831 (832).

gen, dass die Gemeinde die Schranken der Gesetze einhält und die ihr durch Gesetz auferlegten Pflichten erfüllt.[1312] Sie ist somit auch dazu berufen, erforderlichenfalls zu verhindern, dass eine rechtswidrige kommunale wirtschaftliche Betätigung die Märkte erreicht.[1313] Als ungeschriebenes Tatbestandsmerkmal wird für ein Einschreiten der Rechtsaufsichtsbehörde dabei vorausgesetzt, dass dieses im öffentlichen Interesse geboten ist.[1314] Liegt dieses öffentliche Interesse vor, so ist die Rechtsaufsichtsbehörde gleichwohl nicht zum Einschreiten verpflichtet, sondern es liegt nach dem Opportunitätsprinzip in ihrem pflichtgemäßen Ermessen, ob und inwieweit sie einschreiten will. Dabei sind die Grundsätze der Verhältnismäßigkeit und des bundesfreundlichen Verhaltens zu beachten.[1315] Dabei besteht die Amtspflicht zu ermessensfehlerfreier Entscheidung der Rechtsaufsichtsbehörde mindestens auch, wenn nicht sogar in erster Linie, gegenüber den Kommunen.[1316] § 118 Abs. 3 GemO statuiert diesbezüglich den Grundsatz, dass Entschlusskraft und Verantwortungsfreude der Gemeinden nicht beeinträchtigt werden. Da die kommunalen Wirtschaftsklauseln durchweg aus wertausfüllungsfähigen und –bedürftigen unbestimmten Rechtsbegriffen bestehen, läuft die kommunalaufsichtliche Kontrolle weitestgehend leer bzw. stößt zumindest an ihre Grenzen.[1317] So wird darauf hingewiesen, dass die aufsichtliche Kontrolle auf das Einschreiten gegen schlechthin unvertretbare weil unwirtschaftliche Verwaltungsentscheidungen begrenzt sei.[1318] Die Anwendungsprobleme wurden in der Praxis nicht selten selbst in eindeutigen Fällen mit der Duldung bzw. Nichtanwendung geltenden Rechts gelöst.[1319] Insbesondere bei kom-

---

1312 *Kunze/Bronner/Katz/v. Rotberg*, GemO f. BW, § 118 Rn. 12; *Knemeyer*, JuS 2000, 521 (523); *Ehlers*, DÖV 2001, 412 (412); *Ruffert*, VerwArch 92 (2001), 27 (31 f.).

1313 *Burgi*, NZBau 2003, 539 (542).

1314 VGH BW, NJW 1990, 136; *Kunze/Bronner/Katz/v. Rotberg*, GemO f. BW, § 118 Rn. 36, 38; *Püttner*, KommunalR BW, Rn. 128; *Gern*, Kommunalrecht BW, Rn. 435; *Reichert/Baumann*, KommunalR BW, Rn. 270; *Diefenbach*, WiVerw 2003, 115 (115).

1315 *Gern*, KommunalR BW, Rn. 435 m. w. N.; *Kunze/Bronner/Katz/v. Rotberg*, GemO f. BW, § 118 Rn. 37; Stellungnahme Innenministerium BW, LT-Drs. 12/3586, S. 5; *Beckmann/David*, DVBl. 1998, 1041 (1046); *M. Müller*, JZ 1998, 578 (579); *Knemeyer*, JuS 2000, 521 (522); *Oebbecke*, DÖV 2001, 406 (411); *Tomerius*, LKV 2000, 41 (43); *Knauff/Nolte*, VR 2003, 3 (8); krit. *Gronemeyer*, in: Stober/Vogel (Hrsg.), 167 (169); *Diefenbach*, WiVerw 2003, 115 (115); *Grawert*, in: FS Blümel, 119 (136); a. A. *Hollenbach*, VBlBW 2000, 464 (465); *Waechter*, KommunalR, Rn. 198.

1316 *Oebbecke*, DÖV 2001, 406 (411); *Moraing*, NWVBl. 1997, 355 (355 f.) = Der Städtetag 1997, 285 (286); vgl. auch BGH, DVBl. 2003, 400 = NVwZ 2003, 634 m. Anm. *Pegatzky*, LKV 2003, 451: Amtshaftung der Kommunalaufsicht für Genehmigung einer kommunalen Leasing-Finanzierung.

1317 *Henneke*, NdsVBl. 1999, 1 (5); *Schoch*, DÖV 1993, 377 (380); *Werner*, VBlBW 2001, 206 (211); *Held*, in: Henneke (Hrsg.), 113 (125).

1318 *Ruffert*, VerwArch 92 (2001), 27 (45); *Schink*, NVwZ 2002, 129 (137).

1319 Krit. *Held*, in: Henneke (Hrsg.), 113 (125); *Henneke*, NdsVBl. 1999, 1 (5); *Kluth*, in: Stober/Vogel (Hrsg.), 23 (38); OLG München, GewArch 2000, 279 (280); *Schliesky*, munaler Betätigung in neuen Geschäftsfeldern scheint auch keine besondere Neigung zum Einschreiten zu bestehen.[1320]

Die Möglichkeit, die Rechtsaufsicht gegen ausufernde kommunale wirtschaftliche Betätigungen anzurufen, verliert somit auf den zweiten Blick einiges an Attraktivität: Nach ganz h. M. ein Einzelner nämlich keinen Anspruch auf Einschreiten, da die Aufsicht nur im öffentlichen Interesse und nicht im Individualinteresse Drittbetroffener ausgeübt wird. Es gibt somit weder einen Anspruch des Bürgers auf Einschreiten der Rechtsaufsichtsbehörde noch die Möglichkeit, ein solches zu erzwingen.[1321] Diese Normen entfalten auch keinerlei drittschützende Wirkungen zugunsten privater Konkurrenz.[1322] Dieses Ergebnis lässt sich mit dem Charakter der Rechtsaufsicht als objektiver Rechtskontrolle rechtfertigen, die keine verletzungsfähigen subjektiven Rechte begründen, sondern allenfalls zu einer Amtspflicht zur Bescheidung der Beanstandung führen könne.[1323] Ein weiteres Argument hierfür ist die Tatsache, dass die Kommunalaufsicht das notwendige Korrelat zur Gewährung des staatlichen Selbstverwaltungsrechts darstellt. Die Gemeinde muss sich nämlich auch in die Ziele und Zwecke des Staatsganzen einfügen.[1324] Es handelt sich bei den Aufsichtsregelungen somit um von Art. 28 Abs. 2 GG gedeckte formale Einschränkungen des gemeindlichen Selbstverwaltungsrechts;[1325] gleichzeitig begrenzt die Selbstverwaltungsgarantie aber auch die Befugnisse der Kommunalaufsichtsbehörden hinsichtlich der Beachtung der rechtlichen Grenzen.[1326] Die Aufsichtsbehörden haben aber zumindest sicherzustellen, dass sich die kommunale Wirtschaftstätigkeit als Wahrnehmung von Angelegenheiten der Gemeinde darstellt und ihre Zuständigkeitsgrenzen eingehalten werden.[1327]

Öff. Wirtschaftsrecht, S. 155; vgl. bereits *Masson*, BayVBl. 1959, 92 (92); *Wolf*, GewArch 1999, 177 (181); *Ruffert*, VerwArch 92 (2001), 27 (37); der Bericht des Unterausschusses „Kommunale Wirtschaft", S. 62 f., weist darauf hin, dass solche Duldungen die Ausnahme bleiben müssten; ebenso *Enkler*, ZG 1998, 328 (345 f.).

1320 *H. Meyer*, NVwZ 2002, 1075 (1076).

1321 *Kunze/Bronner/Katz/v. Rotberg*, GemO f. BW, § 118 Rn. 39; *Püttner*, KommunalR BW, Rn. 129; *Hollenbach*, VBlBW 2000, 464 (469); *Beckmann/David*, DVBl. 1998, 1041 (1046); *Gronemeyer*, in: Stober/Vogel (Hrsg.), 167 (169 f.); *Diefenbach*, WiVerw 2003, 115 (115); *Doepner*, GRUR 2003, 825 (826).

1322 *Ennuschat*, BB 1999, 494 (494); *Knauff/Nolte*, VR 2003, 3 (8); *Glahs/Külpmann*, VergabeR 2002, 555 (557); *Gronemeyer*, in: Stober/Vogel (Hrsg.), 167 (169 f.); *Oebbecke*, ZHR 164 (2000), 375 (389); *Tomerius*, LKV 2000, 41 (43); *Burgi*, NZBau 2003, 539 (542); *Gern*, Deutsches KommunalR, Rn. 804.

1323 *Gern*, KommunalR BW, Rn. 435 m. w. N.

1324 *Gern*, KommunalR BW, Rn. 433; *Reichert/Baumann*, KommunalR BW, Rn. 270; ausf. *Oebbecke*, DÖV 2001, 406 (407) m. w. N.; *Ruffert*, VerwArch 92 (2001), 27 (30 f.).

1325 *Tettinger*, Bes. VerwR, Rn. 262.

1326 *Ruffert*, VerwArch 92 (2001), 27 (31 f.).

1327 Relativierend *Ruffert*, VerwArch 92 (2001), 27 (37).

Erschwerend wirkt sich hierbei auch aus, dass nur die Kommunen selbst der Rechtsaufsicht unterstehen, d. h. die Rechtsaufsichtsbehörden haben zu berücksichtigen, dass sie nur Maßnahmen gegenüber den Kommunen und ggf. ihren Regiebetrieben, Eigenbetrieben, selbständigen Anstalten und örtlichen Stiftungen, nicht aber gegenüber deren Gesellschaften in Privatrechtsform erlassen können. Bei jenen werden nach h. A. lediglich die Gründungs- und Beteiligungsakte von der aufsichtlichen Kontrolle erfasst. Die Kommunen müssen dieser Tatsache zwar dadurch Rechnung tragen, dass sie gesellschaftsrechtliche Vorkehrungen treffen, um Entscheidungen der Rechtsaufsicht auch gegenüber ihren Gesellschaften umsetzen zu können.[1328] Dieser „Umweg" nimmt Aufsichtsmaßnahmen aber ihre Durchschlagskraft. Zudem ist auch eine mitlaufende Beaufsichtigung des Unternehmensbetriebs nicht besonders vorgesehen. Verselbständigte Unternehmen können daher leicht ein Eigenleben führen. Ihre Geschäftstätigkeit entzieht sich der Rechtsaufsicht, die lediglich das Verhalten der Kommunen im Hinblick auf die Überwachung des Unternehmens verfolgen kann.[1329] Die Effektivität der Kommunalaufsicht wird auch dadurch eingeschränkt, dass ihr zumindest in Großstädten eine hochqualifizierte und spezialisierte Kommunalverwaltung gegenübersteht und politische Verbindungskanäle zwischen Gemeinde und Staat zu einer weitgehenden Emanzipation der Gemeinden führen.[1330]

Der Einwirkung der Rechtsaufsichtsbehörden ist somit lediglich ergänzende Rechtsschutzfunktion zuzusprechen.[1331] Dem verschiedentlich ausgesprochenen Vorschlag, es bedürfe alternativer Kontrollmechanismen,[1332] ist deshalb seine Berechtigung nicht abzusprechen. Es besteht deshalb auch ein erhebliches faktisches Rechtsschutzbedürfnis privater Konkurrenten, so dass allein aus der Existenz des Instituts der Rechtsaufsicht nicht auf den mangelnden Charakter einer Rechtsnorm als subjektives öffentliches Recht geschlossen werden kann. Denn der Kommunalaufsicht unterliegen grundsätzlich alle Handlungen der Gemeinde.[1333]

1328 Stellungnahme Innenministerium BW, LT-Drs. 12/3586, S. 5; *Oster*, in: Gabler/Höhlein/Klöckner/u. a., GemO Rh.-Pf., Vorbem. zu §§ 85-92 Erl. 3.4.2.1.; *Grawert*, in: FS Blümel, 119 (133).

1329 *Grawert*, in: FS Blümel, 119 (133); *Ruffert*, VerwArch 92 (2001), 27 (30).

1330 *Wolf*, GewArch 1999, 177 (181).

1331 So auch *Huber*, Konkurrentenschutz, S. 77 f.

1332 *Kluth*, in: Stober/Vogel (Hrsg.), 23 (38 f.); ebenso *Gronemeyer*, in: Stober/Vogel (Hrsg.), 167 (170); wohl auch *Ehlers*, JZ 2003, 318 (320).

1333 *Gönnenwein*, JZ 1962, 219.

bb) Einflüsse von Art. 19 Abs. 4 GG

Auch die wirtschaftliche Betätigung der öffentlichen Hand unterfällt der Rechtsschutzgarantie des Art. 19 Abs. 4 GG.[1334] Die aus der Untätigkeit der Aufsichtsbehörden und der Rechtsprechung des BGH in der „*Elektroarbeiten*"-Entscheidung ebenso wie der überwiegenden Verwaltungsrechtsprechung resultierende Verneinung jeglichen Rechtsschutzes privater Konkurrenten erscheint im Lichte des Art. 19 Abs. 4 GG fraglich.[1335] Demgegenüber wird teilweise darauf verwiesen, dass private Konkurrenten auch durch die ordentliche Gerichtsbarkeit – insbesondere durch den Vergaberechtsschutz – hinreichenden Rechtsschutz erreichen könnten.[1336] Die gerichtliche Kontrolle von Rechtsverletzungen durch die öffentliche Hand muss nach der Rechtsschutzgarantie aber lückenlos[1337] und darf nicht auf einen Teilbereich wie den Vergaberechtsschutz beschränkt sein. Allerdings ist ihr bereits dann Rechnung getragen, wenn die „normative Ausgestaltung einer gerichtlichen Verfahrensordnung die umfassende Nachprüfung des Verfahrensgegenstandes in tatsächlicher und rechtlicher Hinsicht und eine dem Rechtsschutzbegehren angemessene Entscheidungsart und Entscheidungswirkung gewährleistet".[1338] Rechtsfolge von Art. 19 Abs. 4 GG ist lediglich, dass der Rechtsweg offen steht, dass derjenige, der eine Verletzung seiner Rechte durch die öffentliche Gewalt geltend machen kann, die Möglichkeit hat, hierüber eine gerichtliche Entscheidung herbeizuführen.[1339] Nach h. A. fehlt es aber an einer Rechtsverletzung in diesem Grundrecht.[1340] Im Übrigen verleiht das formelle Grundrecht des Art. 19 Abs. 4 GG als solches keine subjektiven Rechte, sondern setzt diese gerade voraus.[1341] Weitergehende Rechtswirkungen lassen sich daraus nicht ableiten.

e) Der faktische Schutz durch die kommunalen Wirtschaftsklauseln

Ist ein Schutzbedürfnis der privaten Wirtschaft ohne weiteres zu bejahen, ist weiter zu untersuchen, ob § 102 Abs. 1 GemO zumindest faktisch zugunsten der Privatwirtschaft wirkt. Will eine Norm nicht zumindest auch Individualinteressen schützen, kann deren Anwendung gleichwohl günstige Auswirkungen für den Bürger zur Folge haben. Solche Fälle rein faktischer bzw. mittelbarer Be-

---

1334 *Huber*, in: v. Mangoldt/Klein/Starck, GG, Art. 19 Abs. 4 Rn. 437.

1335 *Otto*, GewArch 2001, 360 (360); *Haslinger*, WRP 2002, 1023 (1028); nach *Schliesky*, DVBl. 2004, 138 beginnen die Verwaltungsgerichte diese Lücke zu schließen.

1336 VG Gießen, NVwZ-RR 2005, 201 (202) unter Verweis auf OLG Frankfurt, NZBau 2004, 692 (Restabfallsammlung).

1337 *Huber*, in: v. Mangoldt/Klein/Starck, GG, Art. 19 Abs. 4 Rn. 471 m. w. N. aus der Rspr.

1338 BVerfGE 60, 253 (296 f.); *Schulze-Fielitz*, in: Dreier (Hrsg.), GG, Art. 19 IV Rn. 87.

1339 *Krüger/Sachs*, in: Sachs (Hrsg.), GG, Art. 19 Rn. 134.

1340 *Knauff/Nolte*, VR 2003, 3 (9).

1341 *Wallerath*, NJW 2001, 781 (785); *Krüger/Sachs*, in: Sachs (Hrsg.), GG, Art. 19 Rn. 128.

günstigungen stellen lediglich Reflexe objektiven Rechts und kein subjektives Recht dar, da allein die Tatsache, dass eine Rechtsvorschrift dem Bürger tatsächlich Vorteile bringt, noch kein subjektives Recht begründet.[1342] Bewertet man das Verhältnis des objektiv bewirkten faktischen Schutzes zum objektiv bezweckten Schutz als Verhältnis von „minus" und „maius", so ist als vorhergehende Stufe der Ermittlung des Schutzzwecks mit der Prüfung einer faktischen Begünstigung zu beginnen. Fehlt es nämlich bereits daran, so erübrigt sich die Erörterung, ob auch der Schutz von Drittinteressen von der Norm erfasst wird.[1343] An der rechtlichen Bewertung der faktischen Begünstigung ändert sich dadurch allerdings nichts. Noch geringer als die Reflexwirkungen objektiven Rechts sind bloße Tatsachenreflexe zu bewerten, auch wenn sie sich in praxi ebenfalls vorteilhaft auswirken können.[1344] Sie unterscheiden sich von den Rechtsreflexen dadurch, dass die günstige Tatsache nicht rechtlich fixiert ist. Vom subjektiven öffentlichen Recht unterscheiden sie sich zudem dadurch, dass die günstige Folge nicht bezweckt ist.[1345] In den vorstehenden Ausführungen wurde bereits erörtert, dass § 102 Abs. 1 GemO die gemeindliche Wirtschaftstätigkeit beschränkt.[1346] Insbesondere ist den Gemeinden die freie Zweckbestimmung des Unternehmens verwehrt, da sie an die Erfüllung des öffentlichen Zwecks gebunden sind. Eine solche Einschränkung kommunaler Wirtschaftstätigkeit wirkt sich naturgemäß zugunsten der Privatwirtschaft und damit zugunsten der einzelnen privaten Konkurrenten aus.[1347] Insofern bereitet die Bejahung einer faktischen Begünstigung der Privatwirtschaft, die insbesondere davor bewahrt werden soll, über ihre an die Kommune fließenden Abgaben die eigene Konkurrenz mitzufinanzieren, keine größeren Schwierigkeiten.[1348] Auch der Zwang zur Rentabilität und zur Bildung der Preise für Leistungen kommunaler Unternehmen nach erwerbswirtschaftlichen Gesichtspunkten dient zumindest auch faktisch dem Konkurrentenschutz für die Privatwirtschaft, da dadurch annähernd gleiche Wettbewerbsbedingungen zwischen kommunaler und privater

---

1342 BayVGH, BayVBl. 1959, 90 (91); *Maurer*, Allg. VerwR, § 8 Rn. 2, 8; *Schoch*, Jura 1979, 601 (605 f.); *ders.*, Übungen im Öff. Recht II, S. 215; *Geist-Schell*, Verfahrensfehler, S. 23; *Schmidt-Aßmann*, in: Maunz/Dürig, GG, Art. 19 Abs. 4 Rn. 136; *Kluth*, Grenzen, S. 79.

1343 *Lindner*, Verwaltungsgerichtliche Klagemöglichkeit, S. 53.

1344 Bsp. bei *Wolff/Bachof/Stober*, VerwR I, § 43 Rn. 11; *Preu*, Subjektivrechtliche Grundlagen, S. 22.

1345 *Wolff/Bachof/Stober*, VerwR I, § 43 Rn. 11.

1346 *Stehlin*, NVwZ 2001, 645 (645); *Knauff/Nolte*, VR 2003, 3 (3); *Britz*, NVwZ 2001, 380 (383); *Jaeger*, in: Schwarze (Hrsg.), 165 (173).

1347 *Klein*, Teilnahme, S. 77.

1348 Zust. *Knemeyer/Kempen*, in: Achterberg/Püttner/Würtenberger (Hrsg.), Bes. VerwR II, § 17 Rn. 50; *Hidien*, Gemeindliche Betätigungen, S. 206.

Wirtschaft hergestellt und ruinöse Preiskämpfe zu Lasten privater Konkurrenten unmöglich gemacht werden.[1349]

Ob eine solche Wirkung von der gesetzlichen Regelung auch bezweckt wird, ist eine Fragestellung, zu deren Beantwortung ein erheblich größerer Begründungsaufwand notwendig ist. Für diese Abgrenzung ist entscheidend, ob ein Rechtssatz den Hoheitsträger deshalb verpflichtet, weil auch private Interessen geschützt werden oder weil damit nur rein öffentliche Interessen verfolgt werden sollen. Denn nicht jede Bindung, die einem Hoheitsträger auferlegt wird, führt notwendig zu einem subjektiv-öffentlichen Recht.[1350] Würde man aus jeder Bindung eines Hoheitsträgers ein entsprechendes subjektives Recht ableiten, würde dies zu einem unserer Rechtsordnung fremden allgemeinen Gesetzesvollziehungsanspruch mit Hilfe der Popularklage führen.[1351] Die Tatbestandsmerkmale des öffentlichen Zwecks und der Subsidiaritätsklausel sind dabei jeweils gesondert auf ihren Schutzzweck zu untersuchen. Zuvor ist allerdings noch das Schutzbedürfnis der privaten Konkurrenten in Augenschein zu nehmen.

3. Schutzzweck der Bindung an den „öffentlichen Zweck“ und die „Relationsklausel“

Während der Schutznormcharakter des Begriffs des öffentlichen Zwecks von der h. A. v. a. mit der Erwägung verneint wird, dass damit der Gemeinde lediglich eine objektiv-rechtliche Schranke ihrer wirtschaftlichen Betätigung auferlegt werde,[1352] finden sich unter den Vertretern der Gegenansicht verschiedene Ansätze zur Bejahung eines Schutzzwecks zugunsten privater Konkurrenten, darunter auch solche, die hinsichtlich der drittschützenden Wirkung an den öffentlichen Zweck anknüpfen. Da feste Meinungsströmungen nicht auszumachen sind, ist zunächst der Begriff des öffentlichen Zwecks auszulegen. Anschließend ist die kommunalwirtschaftliche Relationsklausel auf ihren Schutzzweck zu untersuchen.

1349 *Zumpe*, Rechtliche Grenzen, S. 72; *Hidien*, Gemeindliche Betätigungen, S. 203.

1350 *Lindner*, Verwaltungsgerichtliche Klagemöglichkeit, S. 38 f.

1351 *Henke*, Das subjektive öff. Recht, S. 33 ff.; *Bachof*, Verwaltungsgerichtliche Klage, S. 71.

1352 *Schoch*, Jura 1979, 601 (606); relativierend *ders.*, Übungen im Öff. Recht II, S. 216; *Rennert*, DV 35 (2002), 319 (342); *Oster*, in: Gabler/Höhlein/Klöckner/u. a., GemO Rh.-Pf., § 85 Erl. 3.1.

a) Öffentlicher Zweck gemäß § 102 Abs. 1 Nr. 1 GemO

aa) Allgemeines

Durch das Erfordernis der öffentlichen Zwecksetzung wird die Kommunalwirtschaft auf nicht abschließend beschreibbare Gemeinwohlbelange festgelegt.[1353] Damit müssen Zielsetzungen verfolgt werden, die aus der Verpflichtung der Kommune zur Förderung des gemeinsamen Wohls ihrer Einwohnerschaft zu rechtfertigen sind.[1354] Denn die wirtschaftliche Betätigung ist kein „Selbstzweck", sondern nur Mittel zum Zweck der Erfüllung von Gemeinwohlbelangen; den kommunalen Unternehmen kommt eine Instrumentalfunktion für die Erfüllung dieser Belange zu.[1355] Eine Befugnis zu beliebiger Wirtschaftsführung ergibt sich daraus gerade nicht.[1356] Ausgangspunkt der Bestimmung des „öffentlichen Zwecks" muss stets die örtliche Gemeinwohlbindung sein; für wirtschaftliche Betätigung muss ein öffentliches Bedürfnis nach einer sozial-, gemeinwohl- und damit einwohnernützigen Aufgabe gegeben sein.[1357] Legitimationserfordernis kommunalen Wirtschaftens ist es, dass eine Leistung erbracht wird, die einen Bedarf befriedigt, der im öffentlichen Interesse der Einwohner geboten ist.[1358] Teilweise sind öffentliche Zwecke gesetzlich normiert, wie beispielsweise in § 116 Abs. 2 S. 1 GO LSA. Ansonsten ist für die Bestimmung von § 67 Abs. 1 Nr. 1 DGO und deren amtlicher Begründung auszugehen.[1359] Überwiegend anerkannt ist in Anknüpfung an diese Regelung eine negative Abgrenzung dahingehend, dass die Gemeinde solche erwerbswirtschaftlichen Unternehmen nicht betreiben darf, denen primär die Absicht der Gewinnerzielung zugrunde liegen und die nur mittelbar zur Verfolgung des öffentlichen Zwecks beitragen.[1360] Dies regelt beispielsweise Art. 87 Abs. 1 S. 2 Bay. GO ausdrück-

---

1353 *Ehlers*, JZ 1990, 1089 (1091); *ders.*, DVBl. 1998, 497 (498); *Schink*, NVwZ 2002, 129 (132).

1354 *Henneke*, NdsVBl. 1999, 1 (2); *Katz*, Kommunale Wirtschaft, Rn. 53.

1355 *Pielow*, NWVBl. 1999, 369 (376); *Ehlers*, Gutachten DJT, S. 70; *W. Meyer*, WiVerw 2003, 57 (62); a. A. *Schwintowski*, ZögU 26 (2003), 283 (293 f.).

1356 Bericht des Unterausschusses „Kommunale Wirtschaft", S. 23.

1357 *Katz*, Kommunale Wirtschaft, Rn. 54; *Neutz*, in: Wurzel/Schraml/Becker (Hrsg.), Rechtspraxis, Teil C Rn. 104.

1358 *Katz*, Kommunale Wirtschaft, Rn. 54 m. w. N.

1359 Ausf. *Hidien*, Gemeindlicher Zweck, S. 24 ff.; *ders.*, Positive Konkretisierung, S. 13 ff.

1360 So die h. M.; vgl. VerfGH Rh.-Pf., DVBl. 2000, 992 (994); *Kunze/Bronner/Katz/v. Rotberg*, GemO f. BW, § 102 Rn. 31;. *Katz*, Kommunale Wirtschaft, Rn. 54; *Hidien*, Gemeindliche Betätigungen, S. 138 ff.; *Burmeister*, in: Püttner (Hrsg.), HKWP V, § 93 A, S. 42 f.; *Stern*, BayVBl. 1962, 129 (130 f.); *Gern*, KommunalR BW, Rn. 392; *Ehlers*, DVBl. 1998, 497 (499); *Enkler*, ZG 1998, 328 (333); *Engellandt*, Einflussnahme, S. 17; *Henneke*, Öff. Finanzwesen, Finanzverfassung, Rn. 513; *Grimm-Benne*, LKV 1996, 54 (56); *Hellermann*, Örtliche Daseinsvorsorge, S. 207 f.; *Siedentopf*, Grenzen und Bindungen, S. 40 f.; *v. Mutius*, KommunalR, Rn. 516; *Wohltmann/Döring*, lich. Ansonsten ginge die Beschränkung auf den öffentlichen Zweck ins Leere.[1361]

bb) Positive Bestimmung des öffentlichen Zwecks?

Die Begriffsbestimmung ausschließlich in negativer Form ist unbefriedigend, zumal die Zweckbindung dadurch in keinerlei Bezug zu der ausgeübten Tätigkeit gesetzt wird und regelmäßig der Nachweis schwer zu führen sein wird, dass einzig die Gewinnerzielungsabsicht die Gründung eines Unternehmens veranlasst hat.[1362] Deshalb wurden verschiedene Versuche unternommen, eine positive Definition des öffentlichen Zwecks herauszuarbeiten. Ebenso wäre auch der Gesetzgeber zur Festlegung von Gemeinwohlbelangen und einer gesetzlichen Konkretisierung des öffentlichen Zwecks befugt.[1363] Dennoch konnten bislang trotz zahlreicher Bemühungen[1364] keine wesentlichen Fortschritte im Hinblick auf eine Definition erzielt werden.[1365]

(1) Ansätze in der Literatur zur Begriffsbestimmung

An dieser Stelle soll lediglich ein Überblick über die Bandbreite der vertretenen Ansichten ohne Anspruch auf Vollständigkeit gegeben werden:[1366]

Nach einer engeren Sichtweise wird der Begriffsinhalt des öffentlichen Zwecks mit den legitimen Aufgaben der kommunalen öffentlichen Daseinsvorsorge gleichgesetzt, deren Unterlassung einer Vernachlässigung der von der Gemeinde zu erfüllenden öffentlichen Aufgaben gleichkäme.[1367] Nach überwiegender Auffassung soll die Zweckbindung der wirtschaftlichen Unternehmen eine Durchdringung des Unternehmenscharakters mit der Gemeinwohlfunktion darstellen;

DNV 5/1998, 11 (11); *Meininger*, in: Fabry/Augsten (Hrsg.), Teil II Rn. 14; *Wolf*, GewArch 1999, 177 (179); *Erdmann*, DVBl. 1998, 13 (17); *Battis*, GewArch 1982, 145 (151); *Held*, in: Held/Decker, GO f. NRW, § 107 Erl. 5.1; *Uechtritz/Otting*, in: Hoppe/Uechtritz (Hrsg.), § 6 Rn. 39 ff.; *Jarass*, NWVBl. 2002, 335 (337); *W. Meyer*, WiVerw 2003, 57 (61, 62); krit. *Emmerich*, Wirtschaftsrecht, S. 157 f.; *ders.*, Die kommunalen Versorgungsunternehmen, S. 47 f.; *Badura*, in: FS Schlochauer, 3 (5) weist darauf hin, dass sich Gewinnerzielungsabsicht und Verwirklichung von Verwaltungszwecken als Zwecke einer wirtschaftlichen Betätigung praktisch nicht ausschließen.

1361 *Henneke*, NdsVBl. 1999, 1 (3).

1362 *Siedentopf*, Grenzen und Bindungen, S. 41; *Schmittat*, ZHR 148 (1984), 428 (454 f.).

1363 *W. Meyer*, WiVerw 2003, 57 (62).

1364 Hier sind insbes. die Arbeiten von *Hidien* zu nennen.

1365 Krit. *Emmerich* Die kommunalen Versorgungsunternehmen, S. 47 f.

1366 Zur positiven Konkretisierung vgl. insbes. *Hidien*, Positive Konkretisierung, S. 25 ff., 39 ff.; Übersicht der Definitionsansätze auch bei *Kunze/Bronner/Katz/v. Rotberg*, GemO f. BW, § 102 Rn. 32; *Uechtritz/Otting*, in: Hoppe/Uechtritz (Hrsg.), § 6 Rn. 44 ff.

1367 *H. Pagenkopf*, KommunalR, Bd. 2, S. 150.

das Gemeindeunternehmen sei in den Leistungszusammenhang der gemeinwohlverpflichteten öffentlichen Verwaltung überführt, es solle nicht in Konkurrenz zu anderen Unternehmen der Privatwirtschaft und der Staatswirtschaft treten, sondern das Wohl der Gemeindeeinwohner dort fördern, wo andere Wirtschaftsträger untätig sind.[1368] Daran anknüpfend verstehen andere Autoren darunter unter Anknüpfung an die überkommenen Gemeindeaufgaben weitergehend „jede gemeinwohlorientierte Zielsetzung, die von der Privatwirtschaft nicht oder nicht hinreichend wahrgenommen wird".[1369] Nach anderer Ansicht muss die wirtschaftliche Betätigung durch den Zweck der gemeinwohlorientierten legitimen öffentlichen Aufgabenerfüllung gerechtfertigt und deshalb die Einordnung der mit diesen Verwaltungsaufgaben betrauten kommunalen Unternehmen als Einrichtungen der Gemeinde gegeben sein.[1370]

Nach einer neueren und insbesondere von kommunaler Seite vertretenen Ansicht darf sich die Auslegung der Voraussetzungen der Wirtschaftsklausel nicht in einer rückwärts gewandten, historischen Betrachtung erschöpfen, sondern muss dynamisch in dem Sinne angelegt sein, dass sie maßgeblich auf die heutigen Verhältnisse und Aufgabenstellungen abstellt und damit auch den veränderten wirtschaftlichen und rechtlichen Rahmenbedingungen für kommunalwirtschaftliches Handeln Rechung trägt. Es müsse vermieden werden, dass die kommunalen Unternehmen durch die Auslegung des öffentlichen Zwecks von vorneherein in eine strukturelle Unterlegenheit gegenüber ihren Wettbewerbern geraten. Zur Herstellung der Chancengleichheit im Wettbewerb sollten die Sicherung der Wettbewerbsfähigkeit und Leistungsfähigkeit gemeindlicher Unternehmen als mittelbarer Bezug zu den Interessen der Bürger ausreichen. Eine solche mittelbare Gemeinwohlförderung sei lediglich in besonderem Maße rechtfertigungsbedürftig.[1371] Demgegenüber wird von einer in jüngerer Zeit wieder zunehmend vertretenen Ansicht[1372] konträr zur vorgenannten Ansicht darauf abgehoben, dass sich der öffentliche Zweck aus der Behebung unzureichender Marktergebnisse (Marktversagen) ergeben könne, d. h. in Fällen, in denen ein privater Markt nicht existiert bzw. aufgebaut werden kann oder nur unzureichende Marktergebnisse hervorbringt, die Bürger aber der Leistung im Hinblick

1368 *Stern*, BayVBl. 1962, 129 (130 f.); *Schmidt-Jortzig*, in: Püttner (Hrsg.), HKWP V, § 93 B, S. 58; *Ehlers*, DVBl. 1998, 497 (498); *Enkler*, ZG 1998, 328 (333); *Henneke*, Der Landkreis 1999, 226 (233); *Cronauge*, AfK 1999, 24 (31 f.); *Hösch*, GewArch 2000, 1 (2); *ders.*, DÖV 2000, 393 (400); *Schönershofen/Binder-Falcke*, VR 1997, 109 (111); *Wolf*, GewArch 1999, 177 (178).

1369 *Stern/Püttner*, Gemeindewirtschaft, S. 73; *Püttner*, Öff. Unternehmen, S. 131; wohl auch *Moraing*, Der Städtetag 1998, 523 (524); *ders.*, WiVerw 1998, 233 (252).

1370 *Burmeister*, in: Püttner (Hrsg.), HKWP V, § 93 A, S. 39 f.

1371 *Moraing*, Der Städtetag 1998, 523 (526); *ders.*, WiVerw 1998, 233 (254 – 260); *Steckert*, ZKF 1996, 170 (171 f., 173).

1372 So *Stapel-Schulz*, VBlBW 2003, 90 (94).

auf eine grundrechtsgerechte Lebensgestaltung bedürfen.[1373] Teilweise wird insofern auch anerkannt, dass daneben weitere Sachverhalte denkbar sind, die einen öffentlichen Zweck erfüllen.[1374]

(2) *Ansätze der Rechtsprechung*

Nach dem BVerwG kann ein öffentlicher Zweck auch dann vorliegen, wenn mit dem wirtschaftlichen Unternehmen keine Daseinsvorsorge betrieben wird. Im sozialen Rechtsstaat könnten die Gemeinden durch ihre wirtschaftlichen Unternehmen im öffentlichen Interesse zahlreiche und vielgestaltige Aufgaben übernehmen, die durch die genannte Zweckbestimmung gedeckt sind.[1375] Die gemeindliche Aufgabe, das gemeinsame Wohl ihrer Einwohnerschaft zu fördern, könne auch durch wirtschaftliche Betätigung erfüllt werden. Worin die Gemeinde aber eine Förderung des allgemeinen Wohls erblicke, sei hauptsächlich den Anschauungen und Entschließungen ihrer maßgebenden Organe überlassen und hänge von den örtlichen Verhältnissen, finanziellen Möglichkeiten der Gemeinde, Bedürfnissen der Einwohnerschaft und anderen Faktoren ab. Im Grunde handele es sich um eine Frage sachgerechter Kommunalpolitik, die in starkem Maße von ökonomischen Zweckmäßigkeitsüberlegungen bestimmt werde.[1376] Insofern kann auch das BVerwG, ebenso wenig wie das BVerfG,[1377] nichts zu einer positiven Konkretisierung dieses Begriffes beitragen. Deshalb wird diese Rechtsprechung auch insoweit kritisiert, dass die Rechtfertigung für den gemeindlichen Aufgabenzugriff nicht als Frage einer „vernünftigen Kommunalpo-

---

1373 *Zumpe*, Rechtliche Grenzen, S. 48, 50; *Hidien*, Positive Konkretisierung, S. 155 ff.; *Hösch*, GewArch 2000, 1 (2 f.); *ders.*, DÖV 2000, 393 (399); *ders.*, WiVerw 2000, 159 (163 f., 167, 171); *ders.*, GewArch 2001, (226, 227); *ders.*, Kommunale Wirtschaftstätigkeit, S. 90 f., 93 f.; *Berg*, WiVerw 2000, 141 (149); *Emmerich*, AG 1985, 293 (295); *Heintzen*, Rechtliche Grenzen und Vorgaben, S. 79; *Schwarting*, ZögU 24 (2001), 286 (298); *Pieroth/Hartmann*, DVBl. 2002, 421 (428); *Kuntze*, Die Grenzen der erwerbswirtschaftlichen Betätigung der Kommunen, S. 46; *Klüber*, GemeindeR, S. 238; *Oster*, in: Gabler/Höhlein/Klöckner/u. a., GemO Rh.-Pf., § 85 Erl. 2.1; *Püttner*, Das Recht der kommunalen Energieversorgung, S. 36; ähnlich: *Fuchs*, in: FS Brohm, 275 (294); *Ipsen*, Niedersächs. KommunalR, Rn. 642; aus finanzwissenschaftlicher Sicht *Wohltmann/Döring*, DNV 5/1998, 11 (14); *Döring/Wohltmann*, AfK 1999, 45 (51); *Siekmann*, in: Stober/Vogel (Hrsg.), 103 (116); Kommission der Europäischen Gemeinschaften, Leistungen der Daseinsvorsorge, Bericht für den Europäischen Rat in Laeken, KOM (2001) 598 endgültig, Beilage Nr. III/2002 zu NVwZ Heft 9/2002; Rn. 3; aus ökonomischer Sicht *Fuest/Kroker/Schatz*, Wirtschaftliche Betätigung von Kommunen, S. 24, 28; zweifelnd *Stapel-Schulz*, VBlBW 2003, 90 (94); relativierend *Schneider*, DVBl. 2000, 1250 (1252); abl. *Gröning*, WRP 2002, 17 (18 f.).

1374 *Hidien*, Positive Konkretisierung, S. 156; wohl auch *Jarass*, DÖV 2002, 489 (489 f.).

1375 BVerwGE 39, 329 (333).

1376 BVerwGE 39, 329 (334).

1377 BVerfGE 61, 82 (106 f.).

litik" marginalisiert werden könnte, der keine praktisch wirksamen Schranken gezogen seien. Denn es gehe primär um die Verbandskompetenz der örtlichen Gemeinschaft, nämlich ob es Aufgabe der örtlichen Gemeinschaft sei, für die Einwohner ein bestimmtes Gut wirtschaftend anzubieten.[1378] Fragen der Verbandskompetenz würden dabei nicht einer kontrollfreien Einschätzungsprärogative des Verbandes selbst unterliegen.

(3) Beurteilungsspielraum

Aus den obigen Äußerungen des BVerwG zur „Frage sachgerechter Kommunalpolitik" wird deutlich, dass es sich bei der Zulässigkeitsvoraussetzung des „öffentlichen Zwecks" um einen wertausfüllungsbedürftigen unbestimmten Rechtsbegriff handelt, dessen definitive Ausdeutung erst aus der Perspektive der Gemeinde möglich wird.[1379] Denn die jeweils getroffene Entscheidung ist das Ergebnis eines innergemeindlichen, von den demokratisch legitimierten Entscheidungsträgern und Gemeindeorgane durchlaufenen wertenden Willensbildungs- und Entscheidungsprozesses.[1380] Insofern kommt der Gemeinde ein „Beurteilungsspielraum" bzw. eine „Einschätzungsprärogative" zu, der der Beurteilung durch den Richter in weitem Umfang entzogen ist und es ihm verwehrt, in die eigentliche Gemeinwohlbestimmung einzugreifen.[1381]

1378 *Löwer*, VVDStRL 60 (2001), 416 (439); *Grawert*, in: FS Blümel, 119 (122 ff.).

1379 *Schmidt-Jortzig*, in: Püttner (Hrsg.), HKWP V, § 93 B, S. 57 f.; *Engellandt*, Einflussnahme, S. 17; *Löwer*, VVDStRL 60 (2001), 416 (439).

1380 *W. Meyer*, WiVerw 2003, 57 (65 f.); *Hill*, Kommunalwirtschaft, S. 48, 66.

1381 Gesetzentwurf Landesregierung BW, LT-Drs. 12/4055, S. 43; *Schmidt-Jortzig*, in: Püttner (Hrsg.), HKWP V, § 93 B, S. 58; *Badura*, DÖV 1998, 818 (821); *Boysen*, VR 1996, 73 (76); *Ehlers*, NWVBl. 2000, 1 (2); *Gerke*, Jura 1985, 349 (352); *Engellandt*, Einflussnahme, S. 17; *Fuchs*, in: FS Brohm, 275 (293); *Gröning*, WRP 2002, 17 (18); *Henneke*, Der Landkreis 1999, 226 (233 f., 236); *Hill*, BB 1997, 425 (429); *H. Meyer*, LKV 2000, 321 (323); *Moraing*, NWVBl. 1997, 355 (357) = Der Städtetag 1997, 285 (289); *ders.*, Der Städtetag 1998, 523 (524); *ders.*, WiVerw 1998, 233 (253 f.); *Neutz*, in: Wurzel/Schraml/Becker (Hrsg.), Rechtspraxis, Teil C Rn. 123 ff,; *Cronauge*, AfK 1999, 24 (32); *Hennerkes*, AfK 1999, 65 (68 f.); *Otting*, DÖV 1999, 549 (555); *M. Pagenkopf*, GewArch 2000, 177 (179 f., 184); *Stern/Püttner*, Gemeindewirtschaft, S. 176; *Schneider*, DVBl. 2000, 1250 (1257); *Tomerius*, LKV 2000, 41 (45); *Selmer*, in: Stober/Vogel (Hrsg.), 75 (86 f.); *Schink*, NVwZ 2002, 129 (132); *Schricker*, Wirtschafliche Tätigkeit, S. 57; *W. Meyer*, WiVerw 2003, 57 (65); *Wittig*, VR 2002, 90 (91); *Stapel-Schulz*, VBlBW 2003, 90 (94); *Zumpe*, Rechtliche Grenzen, S. 51; abweichend *Surén*, Die Gemeindeordnungen, S. 157 f., der insoweit von „pflichtgemäßem Ermessen" spricht; krit. *Schoch*, DÖV 1993, 377 (380); *Seewald*, in: Steiner (Hrsg.), Rn. 287, 296; a. A. wegen der Grundrechtsrelevanz *Hösch*, GewArch 2000, 1 (1 f., 5); *ders.*, DÖV 2000, 393 (402); *ders.*, Kommunale Wirtschaftstätigkeit, S. 95 f.

(4) *Kriterien für das Vorliegen des öffentlichen Zwecks*

Abgesehen vom reinen Ertragsstreben ist der wirtschaftliche Spielraum der Kommunen durch das Kriterium des öffentlichen Zwecks kaum eingeengt, da es zahlreiche öffentlichen Zwecke gibt, die legitimer Weise von der Kommune erfüllt werden können.[1382] Wenigstens ist eine Reihe von Kriterien zu nennen, bei deren Vorliegen ein „öffentlicher Zweck" bejaht werden kann: Als Rechtfertigung ist immer ein öffentliches Bedürfnis für eine sozial-, gemeinwohl- und damit einwohnernützige Aufgabe notwendig. Es muss folglich eine Leistung erbracht werden, die einen Bedarf befriedigt, der im öffentlichen Interesse der Einwohner geboten ist (vgl. Art. 28 Abs. 2 GG, §§ 1, 2 und 10 GemO).[1383] Der öffentliche Bedarf ist dabei nicht eng auf die „klassische Versorgung" mit Elektrizität, Gas, Wasser usw. und den Bereich der „Daseinsvorsorge" beschränkt, vielmehr können Leistungen und Lieferungen für die Bedürfnisbefriedigung der Einwohner und der Gemeinde auf den verschiedensten Lebens- und Aufgabengebieten in Betracht kommen.[1384] Der öffentliche Zweck ist aber nicht ohne weiteres mit den Versorgungsbedürfnissen der Einwohner gleichzusetzen. Es müssen vielmehr zusätzliche Umstände vorliegen, welche die Befriedigung solcher wirtschaftlichen Bedürfnisse zur Gemeindeaufgabe machen. Denn die bloße Befriedigung individueller Bedürfnisse ist im System der sozialen Marktwirtschaft primär Aufgabe der Privatwirtschaft. Diese Erfüllung regelt sich über das wechselseitige Spannungsverhältnis von Angebot, Nachfrage und Preis.[1385] Grundsätzlich muss sich der öffentliche Zweck aber aus den örtlichen Aufgaben der Gemeinde selbst ergeben.[1386] Dadurch kommt auch die Kompetenzbindung der

---

1382 *Ehlers*, Gutachten DJT, S. 71; *J. Becker*, DÖV 1984, 313 (317) weist darauf hin, dass jedes Unternehmen sehr viel Eigendynamik bei der Betätigung auf dem Markt entwickelt.

1383 *Kunze/Bronner/Katz/v. Rotberg*, GemO f. BW, § 102 Rn. 33; *Gern*, KommunalR BW, Rn. 392; Stellungnahme Innenministerium BW, LT-Drs. 12/3586, S. 3; Stellungnahme Wirtschaftsministerium BW, LT-Drs. 12/4573, S. 9; *Gerhold*, in: Bennemann/Beinlich/Brodbeck/u. a., HGO, § 121 Rn. 16; *Cronauge/Westermann*, Kommunale Unternehmen, Rn. 247; *Henneke*, Öff. Finanzwesen, Finanzverfassung, Rn. 511; *Köhler*, BayVBl. 2000, 1 (6); *Klein*, Teilnahme, S. 82; *H. Pagenkopf*, KommunalR, Bd. 2, S. 150; *Pielow*, NWVBl. 1999, 369 (376); *Schmid*, BWVP 1995, 129 (132); *Vitzthum*, AöR 104 (1979), 580 (597 f.); *W. Meyer*, WiVerw 2003, 57 (60 ff.).

1384 *Schmid*, BWVP 1995, 129 (132); *Henneke*, Öff. Finanzwesen, Finanzverfassung, Rn. 511.

1385 *Kunze/Bronner/Katz/v. Rotberg*, GemO f. BW, § 102 Rn. 33; *Schmid*, BWVP 1995, 129 (132); ähnl. *Wittig*, VR 2002, 90 (91); *Köhler*, BayVBl. 2000, 1 (6).

1386 *Kunze/Bronner/Katz/v. Rotberg*, GemO f. BW, § 102 Rn. 36; *Schmid*, BWVP 1995, 129 (131); Bericht des Unterausschusses „Kommunale Wirtschaft", S. 22 f.; *Püttner*, Das Recht der kommunalen Energieversorgung, S. 36; *Klein*, Teilnahme, S. 81 f.; *W. Meyer*, WiVerw 2003, 57 (60, 62, 63); *Neutz*, in: Wurzel/Schraml/Becker (Hrsg.), Rechtspraxis, Teil C Rn. 105 ff.

Gemeinde zum Ausdruck, deren wirtschaftliche Betätigung der Erfüllung einer öffentlichen Aufgabe der Gemeinde dienen muss.[1387]

Der gemeindliche Betrieb von Unternehmen mit dem praktisch ausschließlichen Zweck der Gewinnerzielung oder Haushaltskonsolidierung ist deshalb keinesfalls durch einen öffentlichen Zweck zu rechtfertigen.[1388] Das Unternehmen muss vielmehr unmittelbar durch seine Leistungen und nicht nur mittelbar durch seine Gewinne und Erträge dem Wohl der Gemeindeeinwohner dienen, insbesondere einen Versorgungsbedarf decken.[1389] Die grundsätzliche Befugnis der Gemeinden zur Schaffung kommunaler wirtschaftlicher Unternehmen einerseits (Art. 28 Abs. 2 GG; Art. 71 LV; §§ 10, 102 ff. GemO) einerseits und der besondere Schutzzweck des § 102 GemO, welcher u. a. gebietet, nicht beliebig wirtschaftliche Aufgaben zu öffentlichen zu erheben, andererseits lassen sich nur dadurch in Einklang bringen, dass die wirtschaftliche Betätigung der Gemeinden prinzipiell auf eine die Privatwirtschaft nicht verdrängende, sondern ergänzende und unterstützende Rolle verlagert wird.[1390] Wird dabei deutlich, dass der im Einzelfall mit dem Einstieg in eine konkurrenzwirtschaftliche Betätigung ver-

---

1387 *Pielow*, NWVBl. 1999, 369 (376); *Rennert*, DV 35 (2002), 319 (333 f.).

1388 BVerfGE 61, 82 (106 f.); VerfGH Rh.-Pf., DVBl. 2000, 992 (994 f.); OLG Düsseldorf, DVBl. 2001, 1283 (1286); *Ehlers*, Jura 1999, 212 (214); *ders.*, NWVBl. 2000, 1 (2); *ders.*, Gutachten DJT, S. 70; *Enkler*, ZG 1998, 328 (333); *Fuchs*, in: FS Brohm, 275 (293); *Boysen*, VR 1996, 73 (76); *Göbel*, Gemeindeordnung für BW, § 85 Erl. 2; *Gröning*, WRP 2002, 17 (19); *Gundlach*, LKV 2001, 354 (355); *Hill*, Kommunalwirtschaft, S. 49, 66 f.; *Hösch*, GewArch 2000, 1 (3); *ders.*, DÖV 2000, 393 (401, 404); *ders.*, GewArch 2001, 223 (229); *H. Meyer*, LKV 2000, 321 (323); *Klein*, Teilnahme, S. 81; *Kluth*, in: Stober/Vogel (Hrsg.), 23 (33); *Krölls*, GewArch 1992, 281 (288); *Nagel*, Gemeindeordnung als Hürde?, S. 9; *Dazert/Mahlberg*, NVwZ 2004, 158 (160); *Pöpel*, JA 1988, 127 (130); *Rennert*, DV 35 (2002), 319 (334); *Schneider*, DVBl. 2000, 1250 (1257); *Schönershofen/Binder-Falcke*, VR 1997, 109 (111); *Sodan*, DÖV 2000, 361 (370); *Stapel-Schulz*, VBlBW 2003, 90 (94); *Wolf*, GewArch 1999, 177 (179); *Cronauge/Westermann*, Kommunale Unternehmen, Rn. 247; *Zumpe*, Rechtliche Grenzen, S. 43 f.; relativierend *Gusy*, JA 1995, 166 (170) m. w. N.; abw. *Moraing*, Der Städtetag 1998, 523 (524); *ders.*, WiVerw 1998, 233 (254 – 260, insbes. 258 f.) mit dem Argument, eine solche Betätigung werde von den Gemeindeordnungen sogar gerade verlangt, es sei denn die Gewinnerzielung sei alleiniger und ausschließlicher Zweck; ebenso *Cronauge*, AfK 1999, 24 (34); *Backhaus*, Öff. Unternehmen, S. 141 ff., 168: Tautologie; *Dickersbach*, WiVerw 1983, 187 (198 f.); *Otting*, Neues Steuerungsmodell, S. 199, 218.

1389 BVerfGE 61, 82 (107 f.); BVerwGE 39, 329 (333 f.); BGH, GewArch 1987, 13 (14); VerfGH Rh.-Pf., DVBl. 2000, 992 (994); OLG Düsseldorf, DVBl. 2001, 1283 (1286); *Badura*, DÖV 1998, 818 (821); *Gerke*, Jura 1985, 349 (352); *Enkler*, ZG 1998, 328 (333); *Göbel*, Gemeindeordnung für BW, § 85 Erl. 2; *Henneke*, Der Landkreis 1999, 226 (233); *Püttner*, Öff. Unternehmen, S. 131; *Ade*, GemO BW, § 102 Erl. 2; *Schmid*, BWVP 1995, 129 (132); *Wolf*, GewArch 1999, 177 (179); *Möstl*, BayVBl. 1999, 547 (550); *H. Pagenkopf*, KommunalR, Bd. 2, S. 150; krit. *Ehlers*, Gutachten DJT, S. 71, *Emmerich*, Wirtschaftsrecht, S. 159 f., 194.

1390 *Zumpe*, Rechtliche Grenzen, S. 48; *Hidien*, Positive Konkretisierung, S. 159.

folgte Zweck bereits ebenso gut und wirtschaftlich durch Betriebe der Privatwirtschaft erfüllt wird oder werden kann, so stellt dieser Umstand ein starkes und nicht leicht zu entkräftendes Indiz dafür dar, dass die Kommune damit rein oder vorwiegend fiskalische Ziele verfolgt und es an einem öffentlichen Zweck im eigentlichen Sinne fehlt.[1391]

Als Kriterien für das Vorliegen eines öffentlichen Zwecks werden im allgemeinen genannt: Sicherung des Eigenbedarfs der Gemeinde sowie des Bedarfs ihrer Einwohner, des ortsansässigen Gewerbes und der Industrie mit öffentlichen Versorgungs- und Dienstleistungen (Daseinsvorsorge); Unterstützung der gemeindlichen Entwicklungs- und Bauleitplanung, der Siedlungspolitik und der Wirtschaftsförderung; Berücksichtigung sozialer Belange und Bedürfnisse der Leistungsempfänger; Wahrung des gemeindlichen Einflusses auf die örtliche Versorgung gegenüber Großunternehmen sowie Kontrolle örtlicher Monopole zur Verhinderung von Missbräuchen durch überhöhte Preise und ungünstige Bedingungen; Beseitigung sozialer und sonstiger unzuträglicher Missstände; Notwendigkeit einer objektiven und neutralen Aufgabenwahrnehmung; Geheimhaltungsbedürftigkeit usw.[1392] Teilweise wird vertreten, dass der öffentliche Zweck durch die Vorschriften über die kommunalen öffentlichen Einrichtungen bereitgestellt werde, da kommunale Unternehmen nichts anderes als besondere Organisationsformen einer öffentlichen Einrichtung seien, die den Einwohnern de erforderlichen sozialen, kulturellen und wirtschaftlichen Leistungen bereitzustellen hätten.[1393] Zulässig ist es nach teilweise vertretener Ansicht auch, kommunale Unternehmen als eine „fleet in being" einzusetzen, die allein durch ihre Existenz wettbewerbsregulierend wirken und je nach Situation und Bedarf in den Dienst unterschiedlicher wirtschaftspolitischer Notwendigkeiten gestellt werden können.[1394]

Hinsichtlich der Pflicht zur Rechtfertigung der öffentlichen Wirtschaftstätigkeit am Gemeinwohl wird seit langem kritisiert, dass diese Verpflichtung nicht institutionalisiert ist; der öffentliche Zweck brauche weder in der Satzung des Unternehmens noch an sonstiger Stelle deklariert werden, sondern könne auch inneres Motiv der Gemeinde bleiben.[1395] Solle die Bindung an den öffentlichen Zweck über den Charakter einer leerformelhaften Beschwörung hinausgehen, müssten

---

1391 *Selmer*, in: Stober/Vogel (Hrsg.), 75 (89 f.); *W. Meyer*, WiVerw 2003, 57 (63).

1392 *Kunze/Bronner/Katz/v. Rotberg*, GemO f. BW, § 102 Rn. 34; *Enkler*, ZG 1998, 328 (333 f.); *Schmid*, BWVP 1995, 129 (132 f.); *ders.*, in: Faiss/Giebler/Lang/Notheis/Schmid, Kommunales WirtschaftsR in BW, Rn. 899; Bsp. auch bei *Surén*, Die Gemeindeordnungen, S. 155 ff.; knapp *Ehlers*, DVBl. 1998, 497 (498 f.), *ders.*, Jura 1999, 212 (212); *Moraing*, Der Städtetag 1998, 523 (524); *ders.*, WiVerw 1998, 233 (252); *Gerke*, Jura 1985, 1985, 349 (352); *Meininger*, in: Fabry/Augsten (Hrsg.), Teil II Rn. 16.

1393 *Kluth*, Grenzen, S. 37 ff.; *ders.*, in: Stober/Vogel (Hrsg.), 23 (32 f.).

1394 *Henneke*, NdsVBl. 1999, 1 (3); *ders.*, Öff. Finanzwesen, Finanzverfassung, Rn. 511.

1395 *Püttner*, Öff. Unternehmen, S. 131.

die Zwecke schon im Interesse einer Erfolgskontrolle und zur Verhinderung einer bloßen Orientierung an Rentabilität und Profit und auch als Korrektiv der Einschätzungsprärogative von den kommunalen Organen eindeutig fixiert und steuerungstauglich präzisiert werden.[1396] In einigen Bundesländern lassen sich Konkretisierungen des öffentlichen Zwecks anderen Bestimmungen, etwa in Bayern den Art. 83 Abs. 1 BV und Art. 57 Bay. GO, entnehmen.[1397] Eine bloße Umschreibung der Gegenstände der Wirtschaftsbetätigung reicht grundsätzlich nicht aus.[1398] Fixierung und Präzisierung sind nämlich Mindestvoraussetzungen der vom Gesetz vorausgesetzten wirksamen rechtlichen Überprüfung durch Aufsichtsbehörden und Gerichte.[1399] Angesichts der vielfältigen Möglichkeiten einer öffentlichen Zwecksetzung dürfte es sonst einer Kommune, der es um bloße Gewinnerzielung geht, leicht möglich sein, irgendeinen öffentlichen Zweck für die jeweilige Wirtschaftsbetätigung zu finden.[1400] Die verschiedentlich vorgeschlagene Forderung eines gesetzlichen Positivkatalogs mit der Bedeutung von Regelbeispielen[1401] ist zwar grundsätzlich zu begrüßen, doch stellen sich hierbei dieselben Probleme. Eine solche Regelung müsste operable Kataloge enthalten, die über eine Ansammlung bloß pauschaler Zwecksetzungen hinausgehen.[1402] Festgehalten werden kann zumindest, dass die Direktionskraft der öffentlichen Zwecksetzung nicht „gegen Null tendiert",[1403] da das Gemeindewirtschaftsrecht in Anknüpfung an den öffentlichen Zweck noch weitere Einschränkungen enthält. In der Kombination dieser Schranken werden durch die öffentliche Zwecksetzung die Handlungsmöglichkeiten der Kommunen nicht unerheblich eingeschränkt.[1404] Relativierend ist allerdings hinzuzufügen, dass der Nachweis, dass das kommunale Unternehmen keinen öffentlichen Zweck erfüllt, angesichts der

1396 *Ehlers*, DVBl. 1998, 497 (500); *ders.*, Gutachten DJT, S. 73 f.; *Henneke*, NdsVBl. 1999, 1 (5, 10); *Fuchs*, in: FS Brohm, 275 (293); *M. Müller*, JZ 1998, 578 (579); *W. Meyer*, WiVerw 2003, 57 (64); *Schneider*, DVBl. 2000, 1250 (1257); *Seeberg*, LKV 1995, 353 (354); *Engellandt*, Einflussnahme, S. 28 f.; zust. *Selmer*, in: Stober/Vogel (Hrsg.), 75 (85 f.); *Püttner*, Öff. Unternehmen, S. 131.

1397 *Hösch*, GewArch 2001, 223 (228).

1398 *Henneke*, NdsVBl. 1999, 1 (5).

1399 *W. Meyer*, WiVerw 2003, 57 (64).

1400 *Ehlers*, Gutachten DJT, S. 71; *Henneke*, NdsVBl. 1999, 1 (5); *Schneider*, DVBl. 2000, 1250 (1257); *Krölls*, GewArch 1992, 281 (286); *Jarass*, DÖV 2002, 489 (489 f.).

1401 *Henneke*, NdsVBl. 1999, 1 (5, 10); Bericht des Unterausschusses „Kommunale Wirtschaft", S. 73; *Seewald*, in: Steiner (Hrsg.), Rn. 274 ff.

1402 *Schneider*, DVBl. 2000, 1250 (1257); Bedenken auch im Bericht des Unterausschusses „Kommunale Wirtschaft", S. 73.

1403 So aber tendenziell *Fuest/Kroker/Schatz*, Wirtschaftliche Betätigung von Kommunen, S. 20.

1404 *Ehlers*, Gutachten DJT, S. 72; krit. *Held*, in: Held/Decker, GO f. NRW, § 107 Erl. 5.1; *Emmerich*, Die kommunalen Versorgungsunternehmen, S. 54.

vielfältigen und weitgefächerten Möglichkeiten der Zwecksetzung kaum zu führen sein dürfte.[1405]

(5) Von der Gemeinde anzustellende Erwägungen

Bei der Entscheidung über das Vorliegen des „öffentlichen Zwecks" sind die gesamten Umstände des Einzelfalls einzubeziehen und auch der Normzweck der Vorschrift sowie der Subsidiaritätsgedanke zu berücksichtigen; stets ist eine umfassende Einzelfallprüfung erforderlich, bei der allein im Ermessen der Gemeinde stehende kommunalpolitische Zweckmäßigkeitserwägungen nicht ausreichen.[1406] Darüber hinaus muss diese Beurteilung berücksichtigen, ob ein ausreichender Bedarf an den zu Leistungen und Lieferungen bereits besteht oder aber in absehbarer Zeit zu erwarten ist.[1407] Unabhängig von der Normierung einer Subsidiaritätsklausel ist der Rechtsgedanke der Subsidiarität dadurch zu berücksichtigen, dass vor der Aufnahme einer wirtschaftlichen Betätigung geprüft werden sollte, ob der verfolgte öffentliche Zweck evtl. nicht ebenso wirksam durch andere Maßnahme erreicht werden kann.[1408]

(6) Ergebnis

Als gesicherter Bestand der Dogmatik lässt sich insoweit zumindest festhalten, dass die wirtschaftliche Betätigung gemeindlicher Unternehmen nicht auf den Bereich der Daseinsvorsorge begrenzt ist. Eine weitergehende Konkretisierung dieses Begriffes ist im Rahmen der hier verfolgten Fragestellung nicht möglich und angesichts des gemeindlichen Freiraums hinsichtlich der Verfolgung konkreter Zwecke mittels wirtschaftlicher Betätigung auch nicht zwingend geboten. Die genannten Kriterien entfalten zumindest eine Indizwirkung für die Bejahung eines „öffentlichen Zwecks", die für die meisten Bereiche gemeindlicher Tätigkeit ausreichend sein und insofern auch ausreichende Rechtssicherheit gewährleisten dürften. Restzweifel sind aufgrund der kommunalen Einschätzungsprärogative hinzunehmen.

cc) Öffentlicher Zweck contra Gewinnerzielung

Die durch die Betätigung eines kommunalen wirtschaftlichen Unternehmens bezweckte Gemeinwohlförderung kann auf Dauer nur gesichert werden, wenn ein gewisses Maß an Eigenfinanzierung des Unternehmens erreicht wird.

[1405] *Werner*, VBlBW 2001, 206 (209); *Ronellenfitsch*, DÖV 1999, 705 (707).

[1406] *Kunze/Bronner/Katz/v. Rotberg*, GemO f. BW, § 102 Rn. 37.

[1407] VerfGH Rh.-Pf., DVBl. 2000, 992 (994).

[1408] *Kunze/Bronner/Katz/v. Rotberg*, GemO f. BW, Vorauflage, § 102 Rn. 13, 37; ebenso *Ehlers*, DVBl. 1998, 497 (501); *Pielow*, NWVBl. 1999, 369 (376).

§ 102 Abs. 2 HS 2 GemO bestimmt deshalb, dass wirtschaftliche Unternehmen einen Ertrag für den Haushalt der Gemeinde abwerfen sollen.[1409] Die Höhe dieses Ertrags wird dabei in den jeweiligen Gemeindeordnungen nicht festgelegt. In Baden-Württemberg wird die Regelung des § 12 Abs. 3 EigBG entsprechend angewandt, welcher für Eigenbetriebe die Erwirtschaftung einer angemessenen Verzinsung des Eigenkapitals verlangt.[1410] Ähnliche Vorschriften existieren auch in den anderen Bundesländern.[1411] Eine gewisse Gewinnorientierung ist somit gesetzlich vorgeschrieben.[1412]

Für den Fall, dass wirtschaftliche Unternehmen keinen Gewinn erzielen oder gar Verluste erwirtschaften, handeln diese aber nicht notwendigerweise rechtswidrig. Aufgrund der Dominanz des öffentlichen Zwecks und der Vorrangigkeit der Inpflichtnahme der kommunalen Unternehmen für die Bedürfnisbefriedigung der Einwohner kann teilweise auf einen Ertrag verzichtet werden oder können unter engen Voraussetzungen sogar Verluste zulässig sein (etwa im Bereich des ÖPNV).[1413] Bei Zielkonflikten zwischen der Erfüllung des öffentlichen Zwecks und der Erwirtschaftung eines angemessenen Ertrags hat die öffentliche Zweckerfüllung immer den absoluten Vorrang (vgl. § 102 Abs. 2 HS 1 GemO), da es sich bei der Gewinnerzielung als Soll-Vorschrift im Hinblick auf die Erfüllung des öffentlichen Zwecks als Muss-Vorschrift lediglich um einen untergeordneten Nebenzweck (Sekundärzweck) handelt.[1414] Die gleichzeitige Gewinnerzielung neben der Erfüllung des öffentlichen Zwecks ist aber jedenfalls zulässig.[1415]

dd) Zulässigkeit sog. Annextätigkeiten

Bei der Frage der Zulässigkeit von Annextätigkeiten handelt es sich um eines der klassischen Probleme kommunaler Wirtschaftsbetätigung: Untergeordnete

---

1409 Abl. *Emmerich*, Die kommunalen Versorgungsunternehmen, S. 53 f.

1410 *Schmid*, in: Faiss/Giebler/Lang/Notheis/Schmid, Kommunales WirtschaftR in BW, Rn. 907; *Kunze/Bronner/Katz/v. Rotberg*, GemO f. BW, § 102 Rn. 64; *Zumpe*, Rechtliche Grenzen, S. 68 ff.

1411 *Kluth*, in: Stober/Vogel (Hrsg.), 23 (30); *Klüber*, GemeindeR, S. 238.

1412 *Wittig*, VR 2002, 90 (91); *Hidien*, Gemeindliche Betätigungen, S. 167; *Kluth*, in: Stober/Vogel (Hrsg.), 23 (30 f.), der in Bezug auf die Höhe des Gewinns auf die Grundsätze des Gebührenrechts abhebt.

1413 *Kunze/Bronner/Katz/v. Rotberg*, GemO f. BW, § 102 Rn. 63.

1414 *Schmid*, in: Faiss/Giebler/Lang/Notheis/Schmid, Kommunales WirtschaftsR in BW, Rn. 907; *Kunze/Bronner/Katz/v. Rotberg*, GemO f. BW, § 102 Rn. 61, 63.

1415 Sog. „Gewinnmitnahme“, vgl. *Ade*, GemO BW, § 102 Erl. 2; *Hidien*, Gemeindliche Betätigungen, S. 167; *Ehlers*, DVBl. 1998, 497 (500); *ders.*, Jura 1999, 212 (214); *Hill*, Kommunalwirtschaft, S. 49, 66 f.; *Hösch*, GewArch 2000, 1 (4); *ders.*, DÖV 2000, 393 (404 f.); *ders.*, GewArch 2001, 223 (229); *Göbel*, Gemeindeordnung für BW, § 85 Erl. 4; *Klein*, Teilnahme, S. 83; *Oster*, in: Gabler/Höhlein/Klöckner/u. a., GemO Rh.-Pf., § 85 Erl. 2.1.; *Cronauge/Westermann*, Kommunale Unternehmen, Rn. 247.

Nebengeschäfte, die dazu dienen, freie Kapazitäten vorübergehend zu nutzen, sind grundsätzlich zulässig, wenn sie in einem engen Zusammenhang mit der durch einen öffentlichen Zweck gerechtfertigten unternehmerischen Haupttätigkeit stehen. Sie dürfen aber über eine untergeordnete und vorübergehende Rolle nicht hinausgehen; es muss um Aufgaben gehen, die bei Gelegenheit der eigentlichen, bisher wahrgenommenen, durch einen öffentlichen Zweck gedeckten Aufgaben unter Ausschöpfung vorhandener, sonst brachliegender Kapazitäten betrieben werden. Vorhandene Ressourcen sollen aus Haushaltsrechtsgründen ausgeschöpft werden,[1416] teilweise wird darüber hinausgehend vertreten, dass solche Annextätigkeiten vom Rentabilitätsgebot geradezu gefordert würden.[1417] Im Übrigen ist eine Gewinnmitnahme auch durch den Ausschluss reinen Erwerbsstrebens kommunaler Unternehmen nicht ausgeschlossen.[1418] Schwierig ist dabei lediglich die Grenzziehung. Selbst das Verfassungsrecht lässt ausnahmsweise eine rein erwerbswirtschaftliche Betätigung zu, wenn sie annexweise vorgenommen wird, um sonst brachliegendes Wirtschaftspotential zu nutzen. Die Randnutzung müsse aber mit dem öffentlichen Zweck des wirtschaftlichen Unternehmens noch vereinbar sein und dürfe dessen sachgerechte Erfüllung nicht beeinträchtigen.[1419]

Insbesondere stellen bloße Rationalisierungsmaßnahmen wie die Verbesserung der Betriebseinrichtungen oder Arbeitsmethoden keine „wesentliche Erweiterung“ dar, darüber hinaus aber auch nicht die Übernahme einer untergeordneten

---

[1416] VerfGH Rh.-Pf., DVBl. 2000, 992 (994); BVerwGE 81, 29 (34); OVG NRW, NVwZ 2003, 1520 (1522 f.); OLG Hamm, NJW 1998, 3404 (3505); Stellungnahme Innenministerium BW, LT-Drs. 12/3586, S. 4; *Gusy*, JA 1995, 166 (169); *Ehlers*, Jura 1999, 212 (214); *Enkler*, ZG 1998, 328 (334 f.); *Tomerius*, LKV 2000, 41 (47); *Moraing*, WiVerw 1998, 233 (253); *Hill*, BB 1997, 425 (429 f.); *Hidien*, GewArch 1983, 177 (177 f.) m. w. N.; *Klein*, Teilnahme, S. 82, 84; *Köhler*, BayVBl. 2000, 1 (6 f.); *Kunze/Bronner/Katz/v. Rotberg*, GemO f. BW, § 102 Rn. 35, 53; *Britz*, NVwZ 2001, 380 (384); *Heimlich*, NVwZ 2000, 746 (747); *Stehlin*, NVwZ 2001, 645 (646); *Jarass*, NWVBl. 2002, 335 (338); *Meininger*, in: Fabry/Augsten (Hrsg.), Teil II Rn. 17; *Hülsdünker*, DNV 3/1999, 27 (29); teilw. zweifelnd *W. Meyer*, WiVerw 2003, 57 (83, 89 f.); krit. *Scholz*, in: Maunz/Dürig, GG, Art. 12 Rn. 403; *Rennert*, JZ 2003, 385 (392 f.); weiterführend die Differenzierung zwischen sechs Konstellationen bei *Henneke*, NdSVBl. 1999, 1 (3 f.); *ders.*, der Landkreis 1999, 226 (234 f.); *ders.*, Öff. Finanzwesen, Finanzverfassung, Rn. 514 ff.; zust. *Schink*, NvwZ 2002, 129 (134); *Ruffert*, VerwArch 92 (2001), 27 (42 f.); vgl. auch die Forderung von *Henneke*, NdsVBl. 1999, 1 (10); *ders.*, in: FS Maurer, 1137 (1146) nach einer Normierung von Zulässigkeit und Begrenzung von Randnutzungen; abl. *Stober*, NJW 2002, 2357 (2362), gänzlich abl. *Emmerich*, AG 1985, 293 (299).

[1417] *Moraing*, Der Städtetag 1998, 523 (524); *ders.*, WiVerw 1998, 233 (253).

[1418] *Ehlers*, DVBl. 1998, 497 (500 f.); *Ruffert*, VerwArch 92 (2001), 27 (42 f.).

[1419] BVerwGE 82, 29 (34) = NJW 1989, 2409 = JZ 1989, 688; *Ehlers*, Gutachten DJT, S. 74; *Stober*, BB 1989, 716 (717); *Pünder*, DVBl. 1997, 1355 (1357); *Heimlich*, NVwZ 2000, 746 (747).

Annexaufgabe zum Unternehmensgegenstand. Eine Zusatzleistung wird, wenn sie sich wirtschaftlich gesehen und wegen des Sachzusammenhangs als bloße Ergänzung oder Abrundung der einem öffentlichen Zweck dienenden Hauptleistung darstellt und sie nicht behindert, von der öffentlichen Zweckbestimmung mit umfasst und ist somit als Unternehmenserweiterung nicht wesentlich. So handelt es sich um eine unwesentliche Erweiterung beispielsweise dann, wenn Stadtwerke ihr Energieversorgungsangebot durch gewisse Zusatzdienste wie Beratung oder Installation zu einer wettbewerbsfähigen Gesamtleistung abrunden.[1420] Kundenbedürfnisse können jedoch nicht schlechthin erfüllt werden, da anderenfalls die weiterhin bestehende Bindung an den öffentlichen Zweck leicht unterlaufen werden könnte.[1421] Voraussetzung ist jedenfalls, dass die Erweiterung des vorhandenen bzw. für die Gemeinwohlaufgabe benötigten Bestandes, etwa durch Anschaffung zusätzlicher Geräte oder Anstellung neuer Mitarbeiter, maßvoll ausfällt und damit Verluste des sozialwirtschaftlich betriebenen Kerngeschäfts ausgeglichen bzw. minimiert werden sollen.[1422] Nicht zuletzt mit Blick auf die Abgrenzung von Kommunal- und Privatwirtschaft sind daran hohe Anforderungen zu knüpfen.[1423] Bedenklich ist eine solche Zusatzleistung insbesondere dann, wenn mit ihr allein kommerzielle Zwecke verfolgt werden.[1424] In der Literatur wird dabei auf den wirtschaftlichen Schwerpunkt der Gesamtleistung abgestellt. Wenn eine Zusatzleistung eine sachliche Ergänzung oder Abrundung der einem öffentlichen Zweck dienenden Hauptleistung sei, diene die Leistung insgesamt einem öffentlichen Zweck.[1425] Die Gemeinde darf aber nicht dauernd entbehrlich gewordene Kapazitäten aufrechterhalten oder gar neue Kapazitäten aufbauen, um außerhalb des öffentlichen Unternehmenszwecks Gewinne zu erwirtschaften.[1426] Insbesondere ist darauf zu achten, dass die öffentliche Zweckbindung der Kommunalwirtschaft und das Gebot, nach Möglichkeit einen Ertrag für den Haushalt zu erwirtschaften, nicht gegeneinander ausgespielt werden.[1427]

1420 VerfGH Rh.-Pf., DVBl. 2000, 992 (994); *W. Meyer*, WiVerw 2003, 57 (92 f.).

1421 *W. Meyer*, WiVerw 2003, 57 (93).

1422 *Ehlers*, DVBl. 1998, 497 (501); *ders.*, Jura 1999, 212 (214); *Moraing*, WiVerw 1998, 233 (253); *Jarass*, NWVBl. 2002, 335 (339); restriktiver *Henneke*, Der Landkreis 1999, 226 (235).

1423 *W. Meyer*, WiVerw 2003, 57 (92 f.).

1424 *Britz*, NVwZ 2001, 380 (385); *Oster*, in: Gabler/Höhlein/Klöckner/u. a., GemO Rh.-Pf., § 85 Erl. 2.1.; *W. Meyer*, WiVerw 2003, 57 (83 f.).

1425 *Köhler*, BayVBl. 2000, 1 (4); *Britz*, NVwZ 2001, 380 (385); ausf. *Gerhold*, in: Bennemann/Beinlich/Brodbeck/u. a., HGO, § 121 Rn. 21.

1426 VerfGH Rh.-Rf., DVBl. 2000, 992 (994); VG Aachen, Beschl. v. 20.7.2994, Az 4 L 113/04; *Ehlers*, Gutachten DJT, S. 74; *Britz*, NVwZ 2001, 380 (385); *Kunze/Bronner/Katz/v. Rotberg*, GemO f. BW, § 102 Rn. 35 m. w. N.; *Katz*, Kommunale Wirtschaft, Rn. 55; *Neutz*, in: Wurzel/Schraml/Becker (Hrsg.), Rechtspraxis, Teil C Rn. 109 ff.

1427 *Ehlers*, DVBl. 1998, 497 (501).

Die Zulässigkeit der jeweiligen Randnutzung ist aber zu verneinen, wenn diese über den Funktionsbereich des Verwaltungsträgers hinausgeht, mit dem öffentlichen Zweck nicht mehr vereinbar ist oder die sachgerechte Aufgabenerledigung beeinträchtigt.[1428]

Der prinzipielle Einwand, dass der ursprünglich nachrangige Belang der Wirtschaftlichkeit und Sparsamkeit bei einer großzügigen Anerkennung der Zulässigkeit von Randnutzungen nun unter den Gemeinwohlbelangen den obersten Rang einnimmt und sich das mehrdimensionale Beziehungsfeld des Verfassungsrechts (Konkurrenz mit den Verfassungsgrundsätzen der Aufgaben- und Kompetenzbindung, der Grundrechtsbindung und der Demokratiebindung) auf das Gebot der Markteffizienz reduziert, hat hingegen bislang zwar kaum Gehör gefunden.[1429] Gleichwohl ist sicherzustellen, dass die Erfüllung des primären öffentlichen Zwecks Vorrang vor den Erfordernissen der Wirtschaftlichkeit und Sparsamkeit genießt.[1430] Im Hinblick auf die überwiegend vertretene Argumentation zur Zulässigkeit von Annextätigkeiten wäre es zu begrüßen, wenn dabei deutlicher zwischen den Grundsätzen der Wirtschaftlichkeit, Sparsamkeit und Rentabilität einerseits und dem öffentlichen Zweck andererseits unterschieden würde. Denn erstere sind nicht Teil des letzteren. Die Wirtschaftsgrundsätze betreffen die Art und Weise der kommunalen Aufgabenverwirklichung, begründen aber keine kommunalen Aufgaben und regeln nicht die Zulässigkeit der wirtschaftlichen Betätigung als solcher. Dies geschieht über das Kriterium des öffentlichen Zwecks. Maßgeblich ist deshalb, ob solche Tätigkeiten in gewissem Maße von dem öffentlichen Zweck des Unternehmens selbst als Annex zulässigerweise erfasst werden.[1431]

ee) Schutzzweck des „öffentlichen Zwecks"

(1) Verpflichtung zur Rechtfertigung wirtschaftlicher Betätigung

Auch hinsichtlich des Schutzzwecks des öffentlichen Zwecks ist zunächst mittels einer negativen Abgrenzung daran anzusetzen, wann der öffentliche Zweck für eine kommunale wirtschaftliche Betätigung nicht mehr gegeben ist.[1432] Denn das Vorliegen des öffentlichen Zwecks ist für wirtschaftliche Unternehmen der Gemeinde konstitutiv.[1433] Fehlt es am öffentlichen Zweck, ist der Gemeinde die wirtschaftliche Betätigung in ihrer jeweiligen Erscheinungsform nicht mehr er-

---

1428 *Köhler*, BayVBl. 2000, 1 (7) m. w. N.

1429 *Rennert*, JZ 2003, 385 (393).

1430 *Rennert*, JZ 2003, 385 (393); *W. Meyer*, WiVerw 2003, 57 (89 f.).

1431 Überzeugend *W. Meyer*, WiVerw 2003, 57 (83, 93).

1432 *Lindner*, Verwaltungsgerichtliche Klagemöglichkeit, S. 90; krit. *Siedentopf*, Grenzen und Bindungen, S. 40 f.

1433 *Stern*, AfK 1964, 81 (98); *Siedentopf*, Grenzen und Bindungen, S.42 m. w. N.

laubt. Der Bindung an einen öffentlichen Zweck kommt somit eine „Sperrwirkung“[1434] zu, da der Gemeinde ein Eindringen in den Wettbewerb ohne Vorliegen eines rechtfertigenden Grundes, der dieses Eindringen ausnahmsweise erlaubt, plastisch formuliert „versperrt“ ist.[1435] Die sich bereits aus dem Rechtsstaatsprinzip ergebende Schranke des öffentlichen Zwecks resultiert auch aus der Wirkung der Grundrechte, aufgrund derer jegliche staatliche wirtschaftliche Betätigung ihren Gemeinwohlzweck benennen muss. Denn letztlich geht es um die Abgrenzung zwischen kompetenzgebundener staatlicher Tätigkeit zum Sektor privater Freiheitsausübung.[1436] Die Bindung an den öffentlichen Zweck als erste Schranke der kommunalen Wirtschaftstätigkeit soll somit – neben dem Schutz der Gemeinde – auch der Entfaltungsfreiheit privater Unternehmer dienen.[1437] Die Sperrwirkung macht gleichzeitig auch deutlich, dass der wirtschaftlichen Betätigung durch Gemeinden lediglich eine „komplementäre und subsidiäre Wirtschaftsfunktion“ zukommt.[1438] Das kommunale Unternehmen soll lediglich den Bedarf erfüllen, der bisher nicht oder nicht ausreichend bzw. sicher gedeckt ist; es wird damit in den Leistungszusammenhang der gemeinwohlverpflichteten öffentlichen Verwaltung überführt, soll aber nicht in Konkurrenz zu anderen Unternehmen der Privatwirtschaft und der Staatswirtschaft treten, sondern das Wohl der Gemeindeeinwohner dort fördern, wo andere Wirtschaftsträger untätig sind.[1439] Im Übrigen deutet auch der gesetzliche Zusammenhang mit der Subsidiaritätsklausel auf eine Schutzintention zugunsten der privaten Konkurrenz hin, da zwischen diesen Bestimmungen auch eine innere Beziehung besteht. Denn ein öffentlicher Zweck rechtfertigt grundsätzlich dann nicht die Aufnahme einer kommunalen Wirtschaftstätigkeit, wenn private Unternehmen den Zweck besser und wirtschaftlicher erfüllen können.[1440] Das OVG NRW bezweifelt zwar diesen Zusammenhang zwischen öffentlichem Zweck und Subsidiaritätsklausel, bejaht aber gleichwohl die drittschützende Wirkung des öffentlichen Zwecks i. S. v. § 107 Abs. 1 S. 1 Nr. 1 GO NRW: Die wirtschaftliche Betätigung der Gemeinde sei unzweifelhaft als mögliche Beeinträchtigung der örtlichen Wirtschaft zu sehen. Es gehe bei dieser Vorschrift deshalb nicht alleine

---

1434 Formulierung von *Lindner*, Verwaltungsgerichtliche Klagemöglichkeit, S. 90.

1435 *Gönnenwein*, GemeindeR, S. 58; *Zumpe*, Rechtliche Grenzen, S. 35; *H. Pagenkopf*, KommunalR, Bd. 2, S. 148: „Richtschnur“; *Püttner*, Öff. Unternehmen, S. 131 f. m. w. N.; *ders.*, Kommunalrecht BW, Rn. 303; *Lindner*, Verwaltungsgerichtliche Klagemöglichkeit, S. 90 m. w. N.

1436 *Löwer*, VVDStRL 60 (2001), 416 (426); *Hösch*, WiVerw 2000, 159 (180).

1437 *Diefenbach*, WiVerw 2003, 115 (124).

1438 *Stern*, BayVBl. 1962, 129 (130); *Peters*, AfK 1967, 5 (21).

1439 *Stern*, BayVBl. 1962, 129 (130); knapp auch *Gönnenwein*, Gemeinderecht, S. 58; ähnl. *Heintzen*, Rechtliche Grenzen und Vorgaben, S. 87.

1440 *Henneke*, Der Landkreis 1999, 226 (233); *Diefenbach*, WiVerw 2003, 115 (124); krit. *Teufel/Kempkes*, AbfallR 2005, 57 (60): Subsidiaritätsprinzip als immanente Schranke für kommunales Tätigwerden am Markt.

darum, im Interesse des Schutzes der Gemeinden vor den Gefahren wirtschaftlicher Betätigung und im Interesse öffentlicher Zwecke, die eine gemeindliche wirtschaftliche Betätigung erfordern, diese zu regeln, sondern um einen Ausgleich in einem teils widerstreitenden Interessengeflecht, zu dem auch die Interessen jedenfalls der örtlichen Wirtschaftsteilnehmer zählen.[1441]

Für diese Bewertung spricht im Übrigen auch die Verbindung des öffentlichen Zwecks mit der weiteren Voraussetzung des § 102 Abs. 1 Nr. 2 GemO, welcher die Zulässigkeit der wirtschaftlichen Betätigung von Leistungsfähigkeit und Bedarf abhängig macht. Diese Abhängigkeit schützt zwar einerseits den Gemeindehaushalt vor Fehlinvestitionen, darin liegt aber andererseits auch eine Beschränkung auf die Notwendigkeit der Unternehmung, die nicht die Stärkung der gemeindlichen Finanzkraft anstreben darf. Somit sind Gegenstand und Umfang der wirtschaftlichen Betätigung rechtlich und tatsächlich gebunden. Darin zeigt sich die „unerhörte Durchschlagskraft" des öffentlichen Zwecks.[1442]

(2) Ausgrenzung reinen Gewinnstrebens

In Anwendung der Negativabgrenzung lässt sich der Bindung an den öffentlichen Zweck weiterhin auch entnehmen, dass gemeindliche Unternehmen mit primärer oder ausschließlicher Zielsetzung der Gewinnerzielung unzulässig sind; im Vordergrund steht vielmehr die Erfüllung von Diensten und Befriedigung von Bedürfnissen der Einwohner unmittelbar durch die wirtschaftliche Betätigung. Diese Verpflichtung stellt zwar nicht zwangsläufig einen Gegensatz zur privaten Wirtschaft dar, da zumindest theoretisch die Gewinnerzielung nicht das Primärziel eines wirtschaftlichen Unternehmens sein muss, da dessen Zweckbestimmung, im Gegensatz zu den gemeindlichen Wirtschaftsunternehmen, ja der Privatautonomie des Unternehmers überlassen bleibt.[1443] In der privatwirtschaftlichen unternehmerischen Praxis stellt die Verfolgung von anderen Primärzielen als der Gewinnmaximierung eine allenfalls ausnahmsweise auftretende Erscheinung dar, da der Private noch stärker als die Gemeinde unter betriebswirtschaftlichem Erfolgszwang steht.[1444] Die wirtschaftlichen Unternehmen der Gemeinde, die einen Ertrag für den Haushalt der Gemeinde abwerfen sollen, werden durch die Gewinnmitnahme charakterisiert. Einen Gewinn dürfen sie nur abwerfen, soweit das mit der vorgehenden Erfüllung des öffentlichen

---

1441 OVG NRW, NVwZ 2003, 1520 (1521); ebenso NVwZ-RR 2005, 198; NZBau 2005, 167; Beschl. v. 23.3.2005, Az. 15 B 123/05

1442 *Stern*, BayVBl. 1962, 129 (132).

1443 Differenzierend *Wolff*, AfK 1963, 149 (151); *Klüber*, GemeindeR, S. 236 f; *Köttgen*, in: FS DJT, 577 (592 f., 599 f.).

1444 VerfGH Rh.-Pf., DVBl. 2000, 992 (995); *Klüber*, GemeindeR, S. 237; *Köttgen*, in: FS DJT, 577 (599 f.).

Zwecks in Einklang zu bringen ist.[1445] Trotz ihrer Marktorientierung nehmen die gemeindliche Wirtschaftsunternehmen von ihrer grundsätzlich anderen Zielsetzung ausgehend eine andere Blickrichtung als die reinen Erwerbsunternehmen ein: Die „Produktion(s)-orientierte Absatzpolitik" der Privatwirtschaft, und die „Konsum-bestimmte Angebotspolitik" der Gemeindewirtschaft stehen sich von ihrem theoretischen Ausgangspunkt als Gegensatzpositionen gegenüber.[1446] Auch Regelungen wie § 102 Abs. 2 HS 2 GemO ermächtigen die Kommune nicht zur rein erwerbswirtschaftlichen Tätigkeit. Daraus folgt zwar nicht die Verpflichtung, die Leistungen zu nicht kostendeckenden Preisen abzugeben. Die Gewinnerzielung ist aber immer der Erfüllung des öffentlichen Zweckes untergeordnet.[1447]

(3) Zwischenergebnis

Betrachtet man nun diese Erkenntnisse im Zusammenhang, so wird deutlich, dass aufgrund der Sperrwirkung der öffentlichen Zweckbindung die privatwirtschaftlichen Konkurrenten nicht mit gemeindlicher Konkurrenz rechnen müssen, die sich nicht im Rahmen ihrer gesetzlichen Verpflichtungen hält. Der von § 102 Abs. 1 Nr. 1 GemO ausgehende Schutz geht insofern über den oben festgestellten faktischen Schutz hinaus, weil der von dieser Vorschrift verfolgte Interessenausgleich und damit dessen Schutz zugunsten der privaten Konkurrenten zumindest auch durch diese Vorschrift bezweckt ist.[1448] Aufgrund der verfassungsrechtlichen Direktiven und des Zusammenhangs mit Art. 12 Abs. 1 GG bzw. dessen normimmanenter Wirkung können private Anbieter, die durch nicht durch einen öffentlichen Zweck gedeckte kommunale Wirtschafttätigkeit in ihren Absatzchancen beeinträchtigt werden, einen Unterlassungsanspruch geltend machen.[1449] Dies gilt natürlich umso mehr, wenn der „öffentliche Zweck" in der Gesetzesformulierung noch verschärft wird, etwa durch das Adjektiv „drin-

1445 *Wolff*, AfK 1963, 149 (152, 167); vgl. auch *Badura*, in: Schwarze (Hrsg.), 25 (26).

1446 *Wolff*, AfK 1963, 149 (152 f.); ebenso *Lindner*, Verwaltungsgerichtliche Klagemöglichkeit, S. 91.

1447 *Lindner*, Verwaltungsgerichtliche Klagemöglichkeit, S. 91 f. m. w. N.; *Stern*, BayVBl. 1962, 129 (132).

1448 *Lindner*; Verwaltungsgerichtliche Klagemöglichkeit, S. 92 ff.; *Gönennwein*, JZ 1962, 219; *Knemeyer/Kempen*, in: Achterberg/Püttner/Würtenberger (Hrsg.), Bes. VerwR II, § 17 Rn. 59; *Püttner*, Öff. Unternehmen, S. 131 f. m. w. N.; *ders.*, KommunalR BW, Rn. 303; *ders.*, Das Recht der kommunalen Energieversorgung, S. 41; *Stern*, BayVBl. 1962, 129 (130, 132); *Friehe*, JuS 1981, 867 (867); *Darsow*, LKV 2002, 1 (6 f.); *Löwer*, VVDStRL 60 (2001), 416 (446); *Gerke*, Jura 1985, 349 (355 f.); *Hösch*, WiVerw 2000, 159 (180).

1449 OVG NRW, NVwZ 2003, 1520 (1521); *Darsow*, LKV 2002, 1 (7); *Diefenbach*, WiVerw 2003, 115 (124); *Hösch*, Kommunale Wirtschaftstätigkeit, S. 95.

gend".[1450] Deutlich wird, dass der wirtschaftlichen Tätigkeit der Gemeinde unter Einhaltung der Bindung an den öffentlichen Zweck grundsätzlicher kein Vorrang zukommt.[1451]

(4) Die zugrundeliegende Interessenlage

Dieses Ergebnis wird auch durch die zugrundeliegende Interessenbewertung gestützt. Denn zum einen tragen die in der Gemeinde ansässigen Unternehmer die Gemeindelasten und sind daran interessiert, nicht mit ihrer Abgabenlast zur Finanzierung des gemeindlichen Konkurrenten beizutragen.[1452] Zum anderen ergibt sich dies daraus, dass „die Gefährdung des dem Einzelnen zur Entfaltung seiner ökonomischen Initiative zur Verfügung stehenden Spielraums um so intensiver wird, je zahlreicher die Berührungspunkt mit der öffentlichen Hand sind und je größere Ähnlichkeit Art und Weite des beiderseitigen Betätigungsfeldes miteinander haben"[1453]. Insofern spricht für die Bejahung der drittschützende Wirkung der gemeindewirtschaftsrechtlichen Vorschriften auch die normimmanente Wirkung des Art. 12 Abs. 1 GG in Abgrenzung zur kompetenzgebunden kommunalen wirtschaftlichen Betätigung.[1454] Diese Abgrenzung und der notwendige Interessenausgleich zwischen gemeindlicher und privater Wirtschaftstätigkeit erfolgt durch die Anerkennung der drittschützenden Wirkung des „öffentlichen Zwecks" zugunsten der örtlichen Wirtschaftsteilnehmer. Dass dabei gerade zwischen wirtschaftlichen Unternehmen der Gemeinde und ortsansässigen privaten Konkurrenten vielfältigere Berührungspunkte als bei Konkurrenz zu überörtlichen (staatlichen) Unternehmen bestehen, bedarf im Übrigen keiner näheren Begründung.

ff) Begriff des „Rechtfertigens" bzw. „Erforderns"

Die öffentliche Zwecksetzung alleine reicht noch nicht aus, um die Zulässigkeit kommunaler wirtschaftlicher Betätigung zu begründen. Die Gemeindeordnungen verlangen zusätzlich, dass der öffentliche Zweck die Betätigung rechtfertigen oder erfordern muss.[1455] Dies ist etwas anderes als das bloße Vorhandensein der öffentlichen Zwecksetzung. Die Anforderungen an die Rechtfertigung bzw. Gebotenheit sind bislang kaum erörtert worden. Auszugehen ist davon, dass die-

---

1450 *Gönnenwein*, JZ 1962, 219; abw. *Lerche*, JurA 1970, 821 (853 f.); ähnl. *Klein*, Teilnahme, S. 78.

1451 *Lindner*, Verwaltungsgerichtliche Klagemöglichkeit, S. 93.

1452 *Fröhler/Kormann*, GewArch 1984, 177 (187); *Erdmann*, DVBl. 1998, 13 (18), jeweils in Bezug auf wirtschaftliche Betätigung von Wirtschaftskammern.

1453 *Klein*, Teilnahme, S. 178.

1454 *Hösch*, GewArch 2000, 1 (5); *ders.*, DÖV 2000, 393 (402); *Löwer*, VVDStRL 60 (2001), 416 (426).

1455 *Ehlers*, Gutachten DJT, S. 75 f.

se Begriffe auf eine Relation zwischen der wirtschaftlichen Betätigung der Kommune und den von ihr verfolgten Zweck abstellen.[1456] Bei Verwendung des Begriffes „erfordert" sind die Voraussetzungen für die wirtschaftliche Betätigung gegenüber dem Begriff „rechtfertigt" angehoben.[1457] Eine „Rechtfertigung" des öffentlichen Zwecks wird bereits anzunehmen sein, wenn sie einem gemeinnützigen Zweck dienlich ist, es sei denn gewichtigere Gründe sprechen gegen eine kommunale Wirtschaftstätigkeit.[1458] Eine wirtschaftliche Tätigkeit wird hingegen nur durch einen öffentlichen Zweck „erfordert", wenn die für diese Betätigung sprechenden Gründe die dagegen sprechenden Gründe erheblich überwiegen.[1459] Das OVG NRW hat den Begriff „erfordern" dahingehend konkretisiert, dass er zwar nicht bedeute, dass die wirtschaftliche Betätigung für den öffentlichen Zweck unausweichlich sei. Es reiche vielmehr wie im Planungsrecht aus, dass die wirtschaftliche Betätigung für den öffentlichen Zweck objektiv erforderlich im Sinne von vernünftigerweise geboten sei. Der durch die wirtschaftliche Betätigung bewirkte Eingriff müsse in einem angemessenen Verhältnis zum verfolgten öffentlichen Zweck stehen. Je schwerer der Eingriff ist, desto dringlicher von der Art des öffentlichen Zwecks oder von der Gebotenheit im Rahmen des Erfordernisses müsse die wirtschaftliche Betätigung sein.[1460] Dabei unterscheidet das OVG NRW hinsichtlich der Anforderungen an das „erfordern" zwischen Fällen, in denen die kommunale wirtschaftliche Betätigung durch eigenes Tätigwerden selbst die Angebotsseite verändert und insofern rechtfertigungsbedürftig ist („unmittelbarer Zusammenhang"), und solchen, in denen der mittelbare Markteingriff von Kommunen – etwa durch die Vermietung von Gewerbeflächen – die Angebotsseite dahingehend verändert, dass das Angebot durch gewerbliche Tätigkeit privater Dritter ermöglicht oder erleichtert wird („mittelbarer Zusammenhang").[1461] Gemeindewirtschaftsrechtlich rechtfertigungsbedürftig sei der mittelbare Markteingriff erst insofern, als er die Angebotsseite der mittelbar betroffenen Wirtschaftsteilnehmer über die allgemeinen Wirkungen verbesserter Möglichkeiten der Gewerbeflächenanmietung hinaus marktinkonform beeinflusst, etwa durch subventionierte Vermietung oder durch mit der hoheitlichen Tätigkeit zusammenhängende Zusatzleistungen.[1462] Letztlich wird durch das Tatbestandsmerkmal „Erfordern" eine Verhältnismäßigkeitsprüfung eingeführt, in der eine Abwägung zwischen den Vor- und Nachteilen einer wirtschaftlichen Betätigung nach Maßgabe der öffentlichen Zweckset-

1456 *W. Meyer*, WiVerw 2003, 57 (64).
1457 *H. Pagenkopf*, KommunalR, Bd. 2, S. 150; *W. Meyer*, WiVerw 2003, 57 (64).
1458 *W. Meyer*, WiVerw 2003, 57 (65).
1459 *W. Meyer*, WiVerw 2003, 57 (64 f.); *H. Pagenkopf*, KommunalR, Bd. 2, S. 150.
1460 OVG NRW, NVwZ 2003, 1520 (1523); NVwZ-RR 2005, 198 (198 f.); VG Aachen, Beschl. v. 20.7.2994, Az 4 L 113/04.
1461 OVG NRW, NVwZ-RR 2005, 198 (199).
1462 OVG NRW, NVwZ-RR 2005, 198 (199).

zung vorzunehmen ist.[1463] Auch hinsichtlich der Tatbestandsmerkmale „rechtfertigen" bzw. „erfordern" kommt den Gemeinden eine Einschätzungsprärogative zu.[1464]

b) Schutzzweck der Normierung über „Verhältnismäßigkeit zu Leistungsfähigkeit und Bedarf"

aa) Regelungsgehalt

Selbst bei Bejahung des öffentlichen Zwecks ist die Errichtung, Erwerb oder wesentliche Erweiterung eines wirtschaftlichen Unternehmens unzulässig, wenn dies unwirtschaftlich wäre und die gemeindliche Leistungsfähigkeit übersteigen würde.[1465] Beide Zulässigkeitsvoraussetzungen sind jeweils im Einzelfall anhand der tatsächlichen Verhältnisse und örtlichen Gegebenheiten gemeindeindividuell zu prüfen.[1466] In erster Hinsicht bedingt dies eine Orientierung am Leistungsspektrum vergleichbarer Kommunen und in letzterer eine überzeugende Bedarfsprognose.[1467] Dabei bezieht sich die Frage der Leistungsfähigkeit der Kommune und ihres Bedarfs auch auf die Frage angemessener personeller Ressourcen.[1468] Unter Leistungsfähigkeit ist die Fähigkeit der Gemeinde, die für den Betrieb des Unternehmens erforderlichen Mittel bereit zu stellen bzw. bereit zu halten (einschließlich der Mittel für die Haftung aus Unternehmensverbindlichkeiten), zu verstehen.[1469] Es kommt danach auf die konkrete Finanzausstattung, den Schuldenstand und den finanziellen Spielraum an.[1470] Dabei handelt es sich lediglich um eine spezielle Ausprägung des Grundsatzes der pfleglichen und wirtschaftlichen Vermögensverwaltung.[1471] Durch die Anforderung des angemessenen Verhältnisses zum voraussichtlichen Bedarf soll sichergestellt werden, dass dem gemeindlichen Unternehmen nicht Aufgaben übertragen werden, für die gar keine ausreichende Nachfrage besteht.[1472] Dabei kommt es auf Gemeindegröße,

---

1463 *Ehlers*, Gutachten E zum 64 DJT, S. 76 f.; *W. Meyer*, WiVerw 2003, 57 (65).

1464 *W. Meyer*, WiVerw 2003, 57 (65).

1465 *Schmid*, BWVP 1995, 129 (133); *Seeberg*, LKV 1995, 353 (354); *Ipsen*, Niedersächs. KommunalR, Rn. 641 weist darauf hin, dass die Frage der „Angemessenheit" schwierig zu beurteilen sei.

1466 *Kunze/Bronner/Katz/v. Rotberg*, GemO f. BW, § 102 Rn. 38; *Hennerkes*, AfK 1999, 65 (69); *Stapel-Schultz*, VBlBW 2003, 90 (94).

1467 *Tettinger*, Bes. VerwR, Rn. 207; *Dazert/Mahlberg*, NVwZ 2004, 158 (160).

1468 *Henneke*, NdsVBl. 1999, 1 (2); *ders.*, Öff. Finanzwesen, Finanzverfassung, Rn. 510; *Cronauge*, AfK 1999, 24 (32); *Schmid*, BWVP 1995, 129 (133).

1469 *Köhler*, BayVBl. 2000, 1 (7); *Masson/Samper*, Bay. GemO, Art. 87 Rn. 23; Bericht des Unterausschusses „Kommunale Wirtschaft", S. 28.

1470 *Masson/Samper*, Bay. GemO, Art. 87 Rn. 23.

1471 *Hidien*, Positive Konkretisierung, S. 160.

1472 *Köhler*, BayVBl. 2000, 1 (7); Bericht des Unterausschusses „Kommunale Wirtschaft", S. 28; *Grimm-Benne*, LKV 1996, 54 (56); *Hidien*, Positive Konkretisierung, S. 160.

Einwohnerzahl und Gemeindestruktur an.[1473] Das Tatbestandsmerkmal der Angemessenheit lässt sich nur in Verbindung von Finanzausstattung und Bedarf bestimmen, da der Bedarf zumeist von den verfügbaren finanziellen Mitteln her definiert wird.[1474]

Mit der Bezugnahme auf die Leistungsfähigkeit der Gemeinde soll diese zum einen vor Aktivitäten geschützt werden, die ihre Verwaltungs- und Finanzkraft überfordern bzw. die erzielbaren Vorteile aufwiegen.[1475] Zum anderen darf die Gemeinde aufgrund der Bezugnahme auf den Bedarf aber auch keine wirtschaftlichen Unternehmen schaffen, deren Umfang und Ausmaß an dem gegenwärtig und in naher Zukunft zu befriedigenden Bedarf der Gemeinde vorbeigehen. Insofern muss vermieden werden, die Kapazität der wirtschaftlichen Unternehmen zu groß auszulegen, dadurch die Kosten zu steigern und damit die Wirtschaftlichkeit zu beeinträchtigen. Mit dem angemessenen Verhältnis zwischen Leistungsfähigkeit und gemeindlichem Bedarf soll insbesondere auch ein günstiger Betriebserfolg gesichert und gleichzeitig eine Haushaltsbelastung durch defizitär arbeitende Unternehmen vermieden werden.[1476] Darin kommt auch die Folgenverantwortung der kommunalen Vertretungskörperschaft für die Zukunft zum Ausdruck, indem sie sich die Frage stellen muss, welche Strukturen sie sich langfristig leisten kann.[1477] Der Bedarf für wirtschaftliche Unternehmen ist insbesondere dann zu verneinen, wenn die beabsichtigten Leistungen zu angemessenen Bedingungen am Markt durch vorhandene Unternehmen in ausreichendem Umfang angeboten werden. Da Unter- wie Überkapazitäten zu vermeiden sind, besteht dann grundsätzlich kein öffentliches Interesse an eigener Leis-

---

1473 *Masson/Samper*, Bay. GemO, Art. 87 Rn. 24.

1474 *Masson/Samper*, Bay. GemO, Art. 87 Rn. 22.

1475 *Wolff/Bachof/Stober*, VerwaltungsR I, § 23 II 3 Rn. 9d; *Gern*, KommunalR BW, Rn. 393; *ders.*, Sächs. KommunalR, Rn. 823; *Rehn/Cronauge*, GO NRW, Erl. IV. 1., S. 14; *Gerhold*, in: Bennemann/Beinlich/Brodbeck/u. a., HGO, § 121 Rn. 22; *Ade*, GemO BW, § 102 Erl. 2; *Engellandt*, Einflussnahme, S. 18 f.; *Kluth*, Grenzen, S. 90; *Köhler*, BayVBl. 2000, 1 (7); *Gerke*, Jura 1985, 349 (352); *Stapel-Schultz*, VBlBW 2003, 90 (94); *Schmahl*, LKV 2000, 47 (50); *Schmid*, BWVP 1995, 129 (133); *Hösch*, DÖV 2000, 393 (402); *ders.*, GewArch 2001, 223 (231); *Schönershofen/Binder-Falcke*, VR 1997, 109 (112); *W. Meyer*, WiVerw 2003, 57 (76); *Ruffert*, VerwArch 92 (2001), 27 (43); *Pünder*, DVBl. 1997, 1355 (1359); *Cronauge/Westermann*, Kommunale Unternehmen, Rn. 249.

1476 *Kunze/Bronner/Katz/v. Rotberg*, GemO f. BW, § 102 Rn. 40; *Ade*, GemO BW, § 102 Erl. 2; *Ehlers*, DVBl. 1998, 497 (503); *Kluth*, Grenzen, S. 90; *W. Meyer*, WiVerw 2003, 57 (76); *Hösch*, GewArch 2001, 223 (231); *Schmid*, in: Faiss/Giebler/Lang/Notheis/Schmid, Kommunales WirtschaftsR in BW, Rn. 902.

1477 *Hill*, BB 1997, 425 (431); *Henneke*, NdsVBl. 1999, 1 (2); *ders.*, Der Landkreis 1999, 226 (233); *ders.*, Öff. Finanzwesen, Finanzverfassung, Rn. 510; *Cronauge*, AfK 1999, 24 (32).

tungserbringung.[1478] Insofern kann man davon sprechen, dass dadurch das Subsidiaritätsprinzip zur Wirkung kommt.[1479]

Die Begriffe „Leistungsfähigkeit“ und „Bedarfsbezogenheit“ stellen unbestimmte Rechtsbegriffe mit Beurteilungsspielraum dar, deren Vorliegen jeweils durch Prognoseentscheidungen unter abwägender Einschätzung der wirtschaftlichen Chancen, Risiken und sonstigen Folgen zu ermitteln ist. Die gerichtliche Überprüfbarkeit folgt den für Entscheidungen mit Entscheidungsprärogative bzw. Prognoseentscheidungen entwickelten Grundsätzen.[1480] In der Praxis kommt diesem Tatbestandsmerkmal aber bislang nur untergeordnete Bedeutung zu.[1481]

bb) Schutzzweck

Relativ knapp abzuhandeln ist die Frage nach dem Schutzzweck der Relationsklausel: Der Anbindung an den Bedarf kann man zwar entnehmen, dass ein allgemeiner Schutz der Wirtschaft intendiert ist, da gemeindliche wirtschaftliche Unternehmen nur dann zulässig sind, wenn auf Seiten der Einwohnerschaft Bedarf für sie besteht. Allerdings ist dieser Schutz nur als allgemeiner „Mittelstandsschutz“ gehalten, der sich als bloßer tatsächlicher Reflex objektiven Rechts darstellt.[1482] Zwar könnte man auf den Zusammenhang mit der Bestimmung des öffentlichen Zwecks und der Subsidiaritätsklausel in der textlichen Zusammenfassung in einem einzigen Absatz abstellen und darauf, dass die drei Schranken insgesamt zu dem Zweck beitragen sollen, eine Ausuferung der Kommunalwirtschaft zu Lasten der Privatwirtschaft zu verhindern und somit dieser Klausel als Bestandteil der „Schrankentrias“ ebenfalls drittschützende Wirkung zusprechen.[1483] Die Bindung an die Leistungsfähigkeit rührt aber aus historischen Erfahrungen her und ist deshalb nur aus dem wohlverstandenen Eigeninteresse der Gemeinden insbesondere vor Überlastung mit funktionsfrem-

---

1478 *Gern*, KommunalR BW, Rn. 393; *Cronauge/Westermann*, Kommunale Unternehmen, Rn. 249.

1479 So *Gern*, KommunalR BW, Rn. 393; *ders.*, Sächs. KommunalR, Rn. 824; ähnl. *Kunze/Bronner/Katz*, GemO f. BW, § 102 Rn. 40; *Hösch*, DÖV 2000, 393 (402).

1480 *Gern*, KommunalR BW, Rn. 393; *Boysen*, VR 1996, 73 (76 f.); *Engellandt*, Einflussnahme, S. 19; *Henneke*, NdsVBl. 1999, 1 (2); *Moraing*, Der Städtetag 1998, 523 (524); *ders.*, WiVerw 1998, 233 (260); *M. Pagenkopf*, GewArch 2000, 177 (179 f., 184); *W. Meyer*, WiVerw 2003, 57 (76); einschränkend *Ruffert*, VerwArch 92 (2001), 27 (43).

1481 *Cronauge*, AfK 1999, 24 (32); *W. Meyer*, WiVerw 2003, 57 (76); *Wittig*, VR 2002, 90 (92).

1482 *Schliesky*, Öff. Wettbewerbsrecht, S. 442; *Lerche*, JurA 1970, 821 (853); *Schlacke*, NordÖR 2001, 229 (231); *dies.*, JA 2002, 48 (50); a. A. *Diefenbach*, WiVerw 2003, 115 (125), wonach die private Wirtschaft ins Blickfeld gerückt wird; noch a. A. *Knauff/Nolte*, VR 2003, 3 (3): gar kein Bezug zur Privatwirtschaft.

1483 So *Diefenbach*, WiVerw 2003, 115 (125).

den Betätigungen zu verstehen.[1484] Diesen Vorschriften kommt deshalb keine drittschützende Wirkung zu.[1485] Verfehlt wäre es aber gleichermaßen, von der mangelnden drittschützenden Wirkung dieser Bestimmungen zu folgern, dass deshalb auch den Erfordernissen des öffentlichen Zwecks und der Subsidiaritätsklausel keine drittschützende Wirkung zukommen könnte.[1486] Hätten diese Bestimmungen ebenfalls lediglich den Zweck, die Gemeinden vor der Eingehung wirtschaftlicher Risiken zu schützen, wären sie an sich ohne eigene Bedeutung. Zu einer solchen Annahme besteht jedoch kein Anlass.[1487]

4. Schutzzweck der Subsidiaritätsklauseln

a) Praktischer Anwendungsbereich

Die Subsidiaritätsklauseln verlangen den Gemeinden Transparenz und Rationalität beim Nachweis ihrer Gründe für eine wirtschaftliche Betätigung ab.[1488] Zudem ist eine vorherige Kosten-Nutzen-Analyse zu erstellen.[1489] Verschiedentlich wird an diesen Normierungen Kritik dahingehend geübt, dass diese vor dem Hintergrund der Liberalisierung der Märkte nicht mehr zeitgemäße ordnungspolitische Elemente seien, da danach entschieden werden müsse, von wem die konkrete wirtschaftliche Betätigung besser oder wirtschaftlicher ausgeübt werden könne. In einem marktwirtschaftlichen System solle der Wettbewerb entscheiden, ob Güte und Wirtschaftlichkeit einer Leistung ausreichende Absatzchancen für das Produkt zulassen. Deshalb solle im Sinne der Deregulierung auf solche Klauseln verzichtet werden.[1490] Demgegenüber wurde die Einführung von verschärften Subsidiaritätsklauseln u. a. von der *Monopolkommission* vorgeschlagen, da GG und Haushaltsrecht keine nachhaltige Begrenzung der unternehmerischen Tätigkeit der öffentlichen Hand ermöglichten und es an Anreizen

---

1484 *Lerche*, JurA 1970, 821 (853); *Ruffert*, VerwArch 92 (2001), 27 (43); *Gröning*, WRP 2002, 17 (19); *Knemeyer*, Bay. KommunalR, Rn. 334; *Hidien*, Positive Konkretisierung, S. 160; *Masson/Samper*, Bay. GemO, Art. 87 Rn. 22; *W. Meyer*, WiVerw 2003, 57 (76); *H. Pagenkopf*, KommunalR, Bd. 2, S. 151.

1485 *Erichsen*, Gemeinde und Private, S. 45; *Schoch*, Jura 1979, 601 (606); *ders.*, Übungen im Öffentlichen Recht II, S. 215; *Ehlers*, Verwaltung, S. 100; *Gerke*, Jura 1985, 349 (355); *Hösch*, DÖV 2000, 393 (402); *ders.*, Kommunale Wirtschaftstätigkeit, S. 96; *Lindner*, Verwaltungsgerichtliche Klagemöglichkeit, S. 81; *Püttner*, KommunalR BW, Rn. 303 m. Fn. 37; *Oster*, in: Gabler/Höhlein/Klöckner/u. a., GemO Rh.-Pf., § 85 Erl. 3.1.; *Schliesky*, Öff. Wettbewerbsrecht, S. 441 f.; *Dolde*, ZHR 166 (2002), 515 (521).

1486 So aber *Knauff/Nolte*, VR 2003, 3 (3).

1487 *Zumpe*, Rechtliche Grenzen, S. 34 f.; *Fuchs*, in: FS Brohm, 275 (292).

1488 *Hadamek*, Ausarbeitung wiss. Dienste des Bundestags, S. 33; *Engellandt*, Einflussnahme, S. 18.

1489 *Engellandt*, Einflussnahme, S. 18.

1490 *Moraing*, Der Städtetag 1998, 523 (524); *ders.*, WiVerw 1998, 233 (262); *Cronauge*, AfK 1999, 24 (32).

fehle, über eine unzureichende Organisationsprivatisierung hinauszugehen.[1491] Die verschärften Subsidiaritätsklauseln bezweckten eine merkliche Zurückdrängung der kommunalen Wirtschaftstätigkeit und drängten auf die ernsthafte Anwendung des Subsidiaritätsprinzips.[1492]

aa) Problematik der Vergleichbarkeit und Vergleichsfaktoren

(1) Allgemeines

Vor Aufnahme einer marktbezogenen Wirtschaftstätigkeit muss eine Gemeinde bei beiden Formen der Subsidiaritätsklausel die relevanten Marktgegebenheiten im Hinblick auf Vorhandensein, Leistungsfähigkeit und Effizienz privater Anbieter ermitteln sowie einen konkreten Vergleich zwischen der Leistungserbringung durch ein kommunales Unternehmen und einen privaten Anbieter anstellen.[1493] Die Schwierigkeit eines solchen Vergleichs liegt aber aus strukturellen Erwägungen heraus auf der Hand: Wie bereits im Rahmen der Ausführungen zum Schutzzweck des öffentlichen Zwecks ausgeführt wurde, verfolgt nämlich der private Unternehmer primär sein Profitinteresse, während die kommunalen Unternehmen in erster Linie auf die Erfüllung des öffentlichen Zwecks ausgerichtet sind.[1494] Der Gemeinde ist wirtschaftliches Engagement dann untersagt, wenn ein Dritter den öffentlichen Zweck mindestens „ebenso gut und wirtschaftlich" bzw. „besser und wirtschaftlicher" erfüllen kann. Maßgebend sind damit zwei grundsätzlich gleichwertige Kriterien, die kumulativ erfüllt sein müssen: die Wirtschaftlichkeit der Leistung und ihre Güte.[1495] Wird der (private) Dritte

---

1491 Monopolkommission, Hauptgutachten 1994/95, S. 40, Ziff. 116 f.; in diese Richtung schon Monopolkommission, Hauptgutachten 1990/1991, S. 26 f., Ziff. 53; *Möschel*, in: FS Gernhuber, 905 (914 f.); Darstellung der Argumente bei *Wieland*, in: Henneke (Hrsg.), 17 (17 f.); krit. *Wendt*, in: Henneke (Hrsg.), 115 (123).

1492 *Hadamek*, Ausarbeitung wiss. Dienste des Bundestags, S. 20.

1493 Gesetzentwurf Landesregierung BW, LT-Drs. 12/4055, S. 24; *Lang*, GK BW 1999, 241 (244); *Engellandt*, Einflussnahme, S. 18; *Weiblen*, BWGZ 2000, 177 (180); *Werner*, VBlBW 2001, 206 (210); krit. *Eujen*, BWGZ 2000, 185 (189); abschwächend *Boysen*, VR 1996, 73 (77).

1494 *Boysen*, VR 1996, 73 (77); Gesetzentwurf Landesregierung BW, LT-Drs. 12/4055, S. 41; Bericht des Unterausschusses „Kommunale Wirtschaft", S. 41; *Hill*, BB 1997, 425 (430); *Werner*, VBlBW 2001, 206 (210); *Hölzl/Hien*, Bay. GemO, Art. 87 Anm. 2.5; *Hennerkes*, AfK 1999, 65 (66 f.); *W. Meyer*, WiVerw 2003, 57 (70); krit. *Rennert*, DV 35 (2002), 319 (336); *Wittig*, VR 2002, 90 (92); *Gusy*, JA 1995, 166 (170); *Moraing*, WiVerw 1998, 233 (260 f.); *Cronauge*, AfK 1999, 24 (32); *Cronauge/Westermann*, Kommunale Unternehmen, Rn. 250.

1495 VerfGH Rh.-Pf., DVBl. 2000, 992 (995); *Dazert/Mahlberg*, NVwZ 2004, 158 (160); *Schmid*, in: Faiss/Giebler/Lang/Notheis/Schmid, Kommunales WirtschaftsR in BW, Rn. 901; *Püttner*, Gutachten zur Reform des Kommunal-Wirtschaftsrechts, S. 6; *Stern*, AfK bei einem dieser beiden Merkmale schlechter bewertet, ist der Gemeinde die Aufnahme ihres wirtschaftlichen Engagements gestattet.[1496] Das Erfordernis besserer und wirtschaftlicherer Zweckerfüllung stellt auch darauf ab, dass die Überlassung bestimmter Versorgungsaufgaben an die Privatwirtschaft die öffentlichen Belange nicht beeinträchtigt.[1497] Zur Ausschaltung von „Lockvogel"-Angeboten ist im Übrigen für die Wirtschaftlichkeitsuntersuchung ein längerer Zeitraum zu betrachten.[1498]

Problematisch an der gebotenen Beurteilung ist, dass sie notwendigerweise ex ante erfolgen muss und denkbare Prognosefehler die Tragfähigkeit des gefundenen Ergebnisses belasten.[1499] Zudem unterliegen die Begriffe „gut" und „wirtschaftlich" einem stetigen Bedeutungswandel, da Qualität und Preis in ständiger Anpassung an die Wettbewerbslage unter Berücksichtigung des Verhaltens von Mitbewerbern und Nachfragern festgelegt werden. Ein Vergleich zwischen kommunalem und privatem Unternehmen lässt sich deshalb mit Anspruch auf Gewissheit an sich nur konkret-individuell und nachträglich vornehmen.[1500] Da die Betriebsdaten privater Anbieter in der Regel nicht bekannt sind, kann eine Vergleichsbetrachtung auch nur auf Grundlage einer (Eigen-) Analyse des geplanten kommunalen Unternehmens sowie im Übrigen auf Grundlage allgemeiner Wirtschaftlichkeitseinschätzungen und Marktbetrachtungen erfolgen.[1501] Problematisch ist zudem, dass die zur Anwendung kommenden Berechnungs- und Vergleichsmaßstäbe öffentlicher und privater Wirtschaft stark voneinander abweichen[1502] und bislang keine gesicherten nachvollziehbaren ökonomischen Kriterien existieren, nach denen die Preisbildung öffentlich oder privat angebotener Produkte und Dienstleistungen verglichen werden könnten.[1503] Eine retrospektive Betrachtung wäre aber gleichwohl nicht zielführend und ließe auch die Subsidiaritätsklausel in ihrer praktischen Anwendung leer laufen. Marktzu-

---

1964, 81 (102); nach *Ehlers*, NWVBl. 2000, 1 (2) kommt der „Güte" ein höherer Stellenwert zu.

1496 VerfGH Rh.-Pf., DVBl. 2000, 992 (995); *Oster*, DNV 5/1998, 8 (9); *Dazert/Mahlberg*, NVwZ 2004, 158 (160); krit. *Püttner*, Gutachten zur Reform des Kommunalwirtschaftsrechts, S. 6 f.

1497 *Isensee*, Subsidiaritätsprinzip, S. 79.

1498 *Schmid*, in: Quecke/Schmid, Sächs. GO, § 97 Rn. 69; ausf. *ders.*, in: Faiss/Giebler/Lang/Notheis/Schmid, Kommunales WirtschaftsR in BW, Rn. 901.

1499 *Püttner*, Gutachten zur Reform des Kommunal-Wirtschaftsrechts, S. 7.

1500 *Köhler*, WRP 1999, 1205 (1209); *ders.*, BayVBl. 2000, 1 (8).

1501 *Werner*, VBlBW 2001, 206 (210); *Kuntze*, Die Grenzen der erwerbswirtschaftlichen Betätigung der Kommunen, S. 46, verlangt einen Sachverständigenbericht und eine Marktanalyse der Gemeinde; *Teufel/Kempkes*, AbfallR 2005, 57 (61), diskutieren die Möglichkeit eines kalkulatorischen Vergleichs der Kostenstrukturen.

1502 *Fuest/Kroker/Schatz*, Wirtschaftliche Betätigung von Kommunen, S. 21; *Teufel/Kempkes*, AbfallR 2005, 57 (61).

1503 *Berg*, WiVerw 2000, 141 (151 f.).

gangsregeln wie auch die Subsidiaritätsklausel sind sinnvollerweise bereits ex ante auf ihre (voraussichtliche) Einhaltung zu überprüfen und nicht nur erst nachträglich während des Betriebs des wirtschaftlichen Unternehmens, wenn mit einem etwaigen rechtswidrigen Marktzutritt bereits gegen die Subsidiaritätsklausel verstoßen wurde. Eine vorherige Prüfung der Voraussetzungen der Subsidiaritätsklausel ist auch ohne weiteres möglich, da unbestimmte Rechtsbegriffe mit Prognoseelementen auch ansonsten in der Praxis angewendet werden.[1504] Sind die Kommunen somit zu einem Vergleich verpflichtet, empfiehlt sich zur Sicherstellung, dass er auch wirklich stattfindet, die Normierung der Verpflichtung zu einer Marktanalyse.[1505] Im Übrigen kommt die Subsidiaritätsklausel – wie bereits beim öffentlichen Zweck herausgearbeitet – auch während des Betriebs des kommunalen Betriebs zur Anwendung. Handelt es sich bei dem kommunalen Unternehmen um ein Verbundunternehmen mit verschiedenen Unternehmenssparten, soll Bezugspunkt für den Vergleich nach überwiegender Ansicht das gesamte Unternehmen und nicht seine einzelnen Sparten oder Teile sein.[1506] Bei der Beurteilung der beiden Kriterien und ihrer Prognoseentscheidung kommt der Gemeinde wiederum eine Einschätzungsprärogative zu.[1507] Dabei muss sie ihre eigene Leistungsansetzung einschätzen und gleichzeitig beachten, ob die fragliche wirtschaftliche Betätigung nicht besser und wirtschaftlicher von einem anderen erfüllt werden kann.[1508] Zeigt eine Analyse der eigenen Betriebsstruktur sowie der Marktgegebenheiten nicht eindeutig, dass Private die betroffene Leistung besser und wirtschaftlicher anbieten können, ist das kommunale Vorhaben zulässig.[1509]

1504 *Dreher*, in: FS BGH, 713 (725); *Fuchs*, in: FS Brohm (275 (293).

1505 *Ehlers*, Gutachten DJT, S. 83; *Rennert*, DV 35 (2002), 319 (336).

1506 VerfGH Rh.-Pf., DVBl. 2000, 992 (995); ebenso *Oster*, in: Gabler/Höhlein/Klöckner/u. a., GemO Rh.-Pf., § 85 Erl. 2.3.; *Schwarting*, ZögU 24 (2001), 286 (299); *Jarass*, NWVBl. 2002, 335 (339); ebenso *Ehlers*, Gutachten DJT, S. 81; krit. *Oebbecke*, in: Wallerath (Hrsg.), 13 (22).

1507 VerfGH Rh.-Pf., DVBl. 2000, 992 (995, 997); *Schink*, NVwZ 2002, 129 (137); *W. Meyer*, WiVerw 2003, 57 (70 f.); *Schmid*, in: Faiss/Giebler/Lang/Notheis/Schmid, Kommunales WirtschaftsR in BW, Rn. 901; Bericht des Unterausschusses „Kommunale Wirtschaft", S. 43; *Schoch*, DÖV 1993, 377 (380); *ders.*, DVBl. 1994, 962 (972); *Burgi*, VerwArch 93 (2002), 256 (261).

1508 *Habermehl*, VR 1987, 105 (108); *Schmidt-Jortzig*, in: Püttner (Hrsg.), HKWP V, § 93 B, S. 61 f.; *ders.*, KommunalR, Rn. 691; *Reinhard*, DÖV 1990, 500 (505); *Hill*, BB 1997, 425 (430); *Ehlers*, NWVBl. 2000, 1 (2); *M. Pagenkopf*, GewArch 2000, 177 (179 f., 184); *Oster*, DNV 5/1998, 8 (9); *Tomerius*, LKV 2000, 41 (45); *Werner*, VBlBW 2001, 206 (210); *Schink*, NVwZ 2002, 129 (132); *Seewald*, in: Steiner (Hrsg.), Rn. 296; *Schricker*, Wirtschaftliche Tätigkeit, S. 57 spricht von „Ermessen"; *Stern*, AfK 1964, 81 (102); krit. *Schoch*, DÖV 1993, 377 (380).

1509 *Werner*, VBlBW 2001, 206 (210).

Aufgrund der vorstehenden Ausführungen ist auch der teilweise erhobene Vorwurf mangelnder Bestimmtheit der Subsidiaritätsklauseln[1510] zurückzuweisen: Das BVerfG hat im Hinblick auf die Bestimmtheit von Normen wiederholt hervorgehoben, dass Gesetze so bestimmt sein müssen, dass eine wirkliche rechtliche Bindung der Staatsgewalt entsteht und staatliches Handeln vorhersehbar und berechenbar wird.[1511] Der Betroffene soll die Rechtslage konkret erkennen und sein Verhalten an ihr ausrichten können. Das Gesetz braucht aber nur so bestimmt zu sein, wie dies nach der Eigenart der zu regelnden Sachverhalte mit Rücksicht auf den Normzweck möglich ist; Auslegungsschwierigkeiten sind hinnehmbar, wenn sie mit herkömmlichen juristischen Methoden bewältigt werden können. Auslegungsspielräume bei unbestimmten Rechtsbegriffen sind unschädlich, weil und soweit sie von den Fachgerichten präzisiert werden können.[1512] In Anwendung dieser Grundsätze lassen sich auch die Bedenken insbesondere im Hinblick auf die im Rahmen des Leistungsvergleichs zu berücksichtigenden Dritten ausräumen.[1513] Die mangelnde Bestimmtheit ergibt sich auch nicht aus einer ggf. fehlenden gesetzlichen Normierung eines Markterkundungsverfahrens für die anzustellenden Vergleiche.[1514]

(2) Die Güte der Leistung („besser")

Zur Beurteilung, was „besser" ist, kommt es darauf an, wer, gemessen an der öffentlichen Zwecksetzung, den höheren Nutzen zu stiften vermag.[1515] Mit der Güte ist neben der Qualität der Leistung v. a. deren Nachhaltigkeit, d. h. Dauerhaftigkeit und Zuverlässigkeit (des privaten Bewerbers), angesprochen. Je wichtiger eine durch den öffentlichen Zweck gerechtfertigte Leistung ist, desto größer ist das Bedürfnis nach einem krisenfesten, stetigen und möglichst ungestörten Angebot und einer örtlich wie sozial gleichmäßigen Versorgung der Einwohner zu sozial gerechtfertigten Bedingungen. Die Kontinuität der Aufgabenerfüllung kann den Ausschlag dafür geben, dass ein Privater den öffentlichen Zweck nach der gemeindlichen Einschätzung nicht „ebenso gut" verwirklichen wird wie sie, da der Private unter stärkerem betriebswirtschaftlichem Erfolgszwang steht, was selbst eine mögliche Einstellung des Betriebs einschließt.[1516] Zu berücksichtigen sind zudem auch soziale oder ökologische Komponenten.[1517]

1510 *Püttner*, Gutachten zur Reform des Kommunal-Wirtschaftsrechts, S. 8; *Moraing*, Der Städtetag 1998, 523 (524); *Cronauge*, AfK 1999, 24 (30).

1511 BVerfGE 49, 89 (137); 168 (181); 59, 104 (114); 71, 108 (114); 85, 69 (72 f.)

1512 VerfGH Rh.-Pf., DVBl. 2000, 992 (997) m. w. N; *Degenhart*, StaatsR, Rn. 243, 302.

1513 VerfGH Rh.-Pf., DVBl. 2000, 992 (997).

1514 VerfGH Rh.-Pf., DVBl. 2000, 992 (997).

1515 *Ehlers*, Gutachten DJT, S. 80.

1516 VerfGH Rh.-Pf., DVBl. 2000, 992 (995); zust. *Henneke*, DVBl. 2000, 997 (998); *Schwarting*, ZögU 24 (2001), 286 (299); *Schlacke*, NordÖR 2001, 229 (234); ähnl. *Ade*,

Dagegen wird eingewandt, dass die Frage nach demjenigen, der „besser" arbeitet, sich einer rationalen Beurteilung entziehe, da für diese Beurteilung nur andere als „wirtschaftliche" Aspekte in Betracht kommen könnten. Insbesondere wären zu nennen die Qualität des Managements, bessere Kunden- oder Personalbehandlung, mehr Umweltschutz, bessere Zusammenarbeit mit anderen städtischen Einrichtungen usw. Wie man in Würdigung solcher Aspekte zu einem nachvollziehbaren Urteil über die Qualität konkurrierender Unternehmen gelangen solle, erscheine mehr als unsicher und fraglich.[1518] Möglich wäre auch die Interpretation des Begriffs des „besseren" dahingehend, dass das Unternehmen das Beste sei, das den städtischen Gestaltungswünschen am „besten" nachkomme. Dann könnte wohl das stadteigene Unternehmen Vorteile vor den „anderen" für sich reklamieren, weil es schon wegen der Inhaberstellung der Stadt die Erfüllung derer Wünsche am sichersten gewährleisten könnte. Wie dann die Wirtschaftlichkeit gewahrt werden sollte, bliebe ungewiss.[1519] Trotz gewisser Plausibilität kann gegenüber diesen Bedenken auf die obigen Ausführungen zur Bestimmtheit verwiesen werden.

(3) Die Wirtschaftlichkeit der Leistung („wirtschaftlicher")

Für die Wirtschaftlichkeit der Leistung kommt es zum einen auf die „Wirtschaftlichkeit" hinsichtlich der Lieferungsbedingungen und Preisgestaltung,[1520] zum anderen auf die größere Rentabilität und Betriebsführung der konkurrierenden Unternehmen an.[1521] Das Kriterium der Wirtschaftlichkeit stellt eine Beziehung zwischen Zwecksetzung und Mitteleinsatz her.[1522] Dieses ist weiter zu präzisieren zu einer Zweck-Mittel-Relation, die auch die Entscheidung darüber einschließt, ob Aufwand und Nutzen insgesamt reduziert oder erhöht werden sol-

---

GemO BW, § 102 Erl. 2; *Kluth*, Grenzen, S. 89; *Schmid*, in: Faiss/Giebler/Lang/Notheis/Schmid, Kommunales WirtschaftsR in BW, Rn. 901; *W. Meyer*, WiVerw 2003, 57 (71); *Schneider*, DVBl. 2000, 1250 (1257); *Reinhard*, DÖV 1990, 500 (505); *Stapel-Schulz*, VBlBW 2003, 90 (97); *Weiblen*, BWGZ 2000, 177 (180); *Schmid*, in: Quecke/Schmid, Sächs. GO, § 97 Rn. 68; *Tintelnot/Pommer*, SächsVBl. 2003, 205 (208).

1517 Weiterführend *Hill*, BB 1997, 425 (430); vgl. auch Gesetzentwurf Landesregierung BW, LT-Drs. 12/4055, S. 24; *Weiblen*, BWGZ 2000, 177 (180); *Ade*, GemO BW, § 102 Erl. 2; *Oster*, in: Gabler/Höhlein/Klöckner/u. a., GemO Rh.-Pf., § 85 Erl. 2.3.; *ders.*, DNV 5/1998, 8 (9).

1518 *Püttner*, Gutachten zur Reform des Kommunal-Wirtschaftsrechts, S. 7.

1519 *Püttner*, Gutachten zur Reform des Kommunal-Wirtschaftsrechts, S. 7 f.

1520 *Surén*, Die Gemeindeordnungen, S. 159 f.; *Köhler*, BayVBl. 2000, 1 (8).

1521 *Isensee*, Subsidiaritätsprinzip, S. 79; *Reinhard*, DÖV 1990, 500 (505).

1522 *Ehlers*, Gutachten DJT, S. 80; *Ruffert*, VerwArch 92 (2001), 27 (45); *W. Meyer*, WiVerw 2003, 57 (71).

len, so dass die Differenz aus Aufwand und Nutzen als zusätzliche Größe hinzutritt.[1523]

bb) Praktische Wirksamkeit dieser Klauseln

Die einfache Subsidiaritätsklausel hat in der Praxis bislang kaum Auswirkungen gehabt.[1524] Dies resultiert aus der kommunalen Einschätzungsprärogative bei der Ausfüllung der unbestimmten Rechtsbegriffe „besser und wirtschaftlicher" und aus der Nicht- oder nur zurückhaltenden Anwendung der Klausel von den Kontrollinstanzen Kommunalaufsicht und Verwaltungsgerichtsbarkeit.[1525] Ob die von der verschärften Subsidiaritätsklausel bezweckte merkliche Zurückdrängung kommunaler Wirtschaftstätigkeit in der Praxis tatsächlich erreicht wird, ist derzeit noch nicht absehbar. Sie fordert zumindest der Gemeinde ein noch größeres Bemühen um Transparenz und Rationalität ab.[1526]

b) Schutzzweck der Subsidiaritätsklauseln

aa) Ausgangslage

Als Anknüpfungspunkt für die drittschützende Wirkung zugunsten privater Konkurrenten wird vielfach auch die Subsidiaritätsklausel herangezogen, sei es allein oder in Verbindung mit dem Kriterium des öffentlichen Zwecks.[1527] Dabei kommt für die rechtliche Einordnung erschwerend hinzu, dass die Ausgestaltungen der Subsidiaritätsklauseln in den einzelnen Bundesländern voneinander ab-

---

1523 Weiterführend *Ruffert*, VerwArch 92 (2001), 27 (45 ff.).

1524 *Schmidt-Jortzig*, in: Püttner (Hrsg.), HKWP V, § 93 B, S. 62; *Ehlers*, DVBl. 1998, 497 (502); *ders.*, Gutachten DJT, S. 80; *Kluth*, Grenzen, S. 89; *Püttner*, Gutachten zur Reform des Kommunal-Wirtschaftsrechts, S.4; *Schoch*, DÖV 1993, 377 (379 f.); *ders.*, DVBl. 1994, 962 (972); *Werner*, VBlBW 2001, 206 (210); krit. *Gerke*, Jura 1985, 349 (352, 355 f.).

1525 Zum Ganzen *Hadamek*, Ausarbeitung wiss. Dienste des Bundestags, S. 19 m. w. N.

1526 *Hadamek*, Ausarbeitung wiss. Dienste des Bundestags, S. 32 f.; ebenso Gesetzentwurf Landesregierung BW, LT-Drs. 12/4055, S. 41.

1527 BVerwGE 39, 329 (336); LG Kassel, VKU-Nachrichten Ausgabe 606; Juni 1999, S. 15 ff.; OLG Düsseldorf, NVwZ 2000, 714 (714); OLG Düsseldorf, DVBl. 2001, 1283 (1284 f.); VG Gießen, NVwZ-RR 2005, 201 (201 f.); *Knauff/Nolte*, VR 2003, 3 (7); *Faber*, DVBl. 2003, 761 (764); *Schlacke*, NordÖR 2001, 229 (231); *dies.*, JA 2002, 48 (50); *Teufel/Kempkes*, AbfallR 2005, 57 (60 f.); *Mann*, JZ 2002, 819 (824); *Ruffert*, NVwZ 2000, 763 (764); *Löwer*, VVDStRL 60 (2001), 416 (446); *Ipsen*, Niedersächs. KommunalR, Rn. 642 f., 647 f.; *Cronauge/Westermann*, Kommunale Unternehmen, Rn. 250, 259; *Gröning*, WRP 2002, 17 (19 f.); *Stapel-Schultz*, VBlBW 2003, 90 (94); *Rennert*, DV 35 (2002), 319 (342); *Brede*, ZögU 26 (2003), 176 (177); nach *Hösch*, WiVerw 2000, 159 (180) haben die Subsidiaritätsklauseln lediglich deklaratorische Bedeutung; zweifelnd auch OVG NRW, NVwZ 2003, 1520 (1521), weil diese erst bei Bejahung des öffentlichen Zwecks eingreift, zust. *Antweiler*, NVwZ 2003, 1466 (1467).

weichen und der Schutzzweck dieser Parallelnormen deshalb nicht einheitlich beurteilt werden kann.[1528] Diese unterschiedliche landesgesetzliche Ausgestaltung ist aber nicht verfassungswidrig[1529] und verstößt insbesondere nicht gegen den allgemeinen Gleichheitssatz des Art. 3 Abs. 1 GG, der nur bei der Behandlung zweier Sachverhalte durch die gleiche Rechtsetzungsgewalt anwendbar ist,[1530] kann aber doch zur Folge haben, dass sich aus der konkreten Fassung der Subsidiaritätsklausel und ihrer Bewertung durch die Rechtsprechung unterschiedliche Ergebnisse hinsichtlich des Schutzzwecks bzw. zumindest hinsichtlich dessen Intensität ergeben können. Solche Unterschiede sind jedoch hinzunehmen.[1531] Deshalb sind auch zumindest die Entscheidungen des BVerwG aus den Jahren 1972 und 1995 und des VGH BW im Hinblick auf den Schutzzweck der kommunalen Wirtschaftsklauseln nicht verallgemeinerungsfähig, da sie zur baden-württembergischen Gemeindeordnung in der alten Fassung ohne Subsidiaritätsklausel ergangen sind.[1532] Zudem ist bereits einleitend zu bemerken, dass sich die beiden Zulässigkeitskriterien „öffentlicher Zweck" und Subsidiaritätsklausel auch hinsichtlich ihres Schutzzwecks nicht gänzlich trennen lassen, da sie aufeinander bezogen sind.

Exemplarisch wird nun der Schutzzweck der Subsidiaritätsklauseln am Beispiel des § 102 Abs. 1 Nr. 3 GemO herausgearbeitet, daneben wird aber auch auf die anderen Formen der Subsidiaritätsklauseln eingegangen. Dabei ist zu unterscheiden zwischen den Ländern, die die Klausel des § 67 Abs. 1 Nr. 3 DGO unverändert übernommen haben, und denjenigen, die diese Klausel sogar verschärft haben. Einleitend soll – zusagen rechtshistorisch – auf die Vorschriften ohne entsprechende Subsidiaritätsklausel eingegangen werden.

1528 *Jaeger*, in: Schwarze (Hrsg.), 165 (171); *Storr*, Der Staat als Unternehmer, S. 442; krit. *Tettinger*, NJW 1998, 3473 (3474); *Köhler*, NJW 2002, 2761 (2762).

1529 BVerfGE 32, 346 (360).

1530 *Osterloh*, in: Sachs (Hrsg.), GG, Art. 3 Rn. 81.

1531 BVerwGE 39, 329 (336);VGH BW, VBlBW 1983, 78; VerfGH Rh.-Pf., DVBl. 2000, 992 (995); OLG Düsseldorf, WuW/E Verg 611 (622); *Lerche*, JurA 1970, 821 (853); *Klein*, Teilnahme, S. 78; *Mann*, JZ 2002, 819 (824); *Köhler*, WRP 1999, 1205 (1206); *Rennert*, DV 35 (2002), 319 (342); *Gröning*, WRP 2002, 17 (26); krit. *Lindner*, Verwaltungsgerichtliche Klagemöglichkeit, S. 94; a. A. *Henneke*, DVBl. 2000, 997 (998), nach dem es auf die konkrete Fassung der jeweiligen Klausel nicht ankommen soll; abl. auch *Köhler*, GRUR 2001, 777 (782); *ders.*, NJW 2002, 2761 (2762), der einen solchen „kleinstaaterischen" Beurteilungsansatz aufgrund der daraus resultierenden Wettbewerbsverzerrung für verfehlt hält; demgegenüber *Püttner*, Gutachten F zum 49. DJT, S. 42 ff.: seitens der privaten Wirtschaft und der Bürger bestehe nur ein begrenztes Interesse an einer Vereinheitlichung des Kommunalrechts.

1532 Ebenfalls *Gröning*, WRP 2002, 17 (21).

(1) *Bedeutung des Fehlens einer Subsidiaritätsklausel*

Nach der erstmaligen Einführung von Subsidiaritätsklauseln in Baden-Württemberg und Hessen und deren Wiedereinführung in Nordrhein-Westfalen gibt es mittlerweile keine Gemeindeordnung mehr ohne eine solche Normierung. Der bewusste gesetzgeberische Verzicht auf eine Subsidiaritätsklausel im Sinne des § 67 Abs. 1 Nr. 3 DGO war grundsätzlich hin- und auch ernst zu nehmen.[1533] So wird teilweise vorgebracht, dass neben den praktischen Abgrenzungsschwierigkeiten auch deshalb auf eine solche Regelung verzichtet wurde, weil man kommunale Unternehmen nicht grundsätzlich nur mit den schlechteren Risiken belasten wollte, weil der Gemeinde dann nämlich nur die Aufgaben blieben, die keinen Gewinn abwerfen; zudem würde der Gemeinde die gemeinhin anerkannte Möglichkeit genommen, innerhalb ihrer Versorgungswirtschaft Gewinne und Verluste auszugleichen.[1534] Diese Entscheidung ist dem Gesetzgeber auch nicht aufgrund des Subsidiaritätsprinzips verwehrt. Andererseits kann die Streichung aber nicht zur Folge haben, dass private Belange überhaupt nicht mehr zu beachten sind.[1535] Dies ergibt sich, wie bereits dargelegt, aus dem Kriterium des „öffentlichen Zwecks" und den Grundrechten des Bürgers, die insoweit jedenfalls zu beachten sind.[1536]

(2) *Länder mit § 67 Abs. 1 Nr. 3 DGO entsprechenden Subsidiaritätsklauseln*

Hier könnte man – ausgehend von dem weithin angenommenen mangelnden Schutznormcharakter der reichsrechtlichen Regelung – aus der unveränderten Übernahme der Subsidiaritätsklausel den Schluss ziehen, dass sich daran bis heute nichts geändert hat.[1537] Damit würde aber dreierlei verkannt: Erstens ist dieser fehlende Schutznormcharakter, wie oben herausgearbeitet, durchaus nicht zweifelsfrei. Außerdem ist die Rechtsordnung, deren Bestandteil die DGO war, mit Ende des Zweiten Weltkriegs weggefallen, und schließlich ist das Verfassungsbild des Grundgesetzes ein gänzlich anderes als das bei Inkrafttreten der Vorschriften der DGO. Dieses neue Verfassungsbild beeinflusst auch die Auslegung einfach-gesetzlicher Vorschriften, bei deren Ermittlung ihres Sinn und

---

1533 So ausdrücklich Hess. VGH, NVwZ-RR 2005, 425 (427); VG Gießen, NVwZ-RR 2005, 201 (202)

1534 Hess. VGH, NVwZ-RR 2005, 425 (427); zust. VG Gießen, NVwZ-RR 2005, 201 (202).

1535 Sie spricht aber nach *Klein*, Teilnahme, S. 78, gegen eine drittschützende Wirkung; ebenso *Gröning*, WRP 2002, 17 (25).

1536 *Lerche*, JurA 1970, 821 (855 mit 842 ff.); *Gerke*, Jura 1985, 349 (355 f.); *Knemeyer/Kempen*, in: Achterberg/Püttner/Würtenberger (Hrsg.), Bes. VerwR II, § 17 Rn. 21, 51; *Ehlers*, Gutachten DJT, S. 85; *Diefenbach*, WiVerw 2003, 115 (124); *Faber*, DVBl. 2003, 761 (764 f.); a. A. *Wahl*, in: Henneke (Hrsg.), 15 (27).

1537 So *Klein*, Teilnahme, S. 78; *Gröning*, WRP 2002, 17 (25), der aber für die baden-württembergische Neuregelung eine Ausnahme machen will.

Zwecks es allein auf die gegenwärtige Beurteilung ankommt, und zwar dergestalt, dass bei Zweifeln hinsichtlich der Auslegung eines Gesetzes, das den Behörden zugunsten eines bestimmten Personenkreises eine Verpflichtung auferlegt, diejenige Interpretation zu wählen ist, die dem Bürger einen Rechtsanspruch einräumt. Allerdings ist an dem grundsätzlichen gesetzgeberischen Spielraum festzuhalten, welche Position er zu einer Rechtsposition erstarken lassen will. Die dieser Argumentation zukommende Indizwirkung kann aber durchaus Wirkung entfalten, wenn entgegenstehende Anhaltspunkte fehlen. Aus der bloßen Übernahme des § 67 Abs. 1 Nr. 3 DGO lässt sich nicht notwendig auf dessen fehlende Schutznormqualität schließen.[1538] Qualifiziert man hingegen die reichsrechtliche Vorschrift entsprechend der hier vertretenen Ansicht als drittschützend, liegt auch die Bejahung der drittschützenden Wirkung für gleich lautende Nachfolgenormen auf der Hand. Interessanterweise liefert das BVerwG mit folgender Aussage selbst eine weitere Argumentationsstütze: *„Das baden-württembergische Recht enthält im Gegensatz zu § 67 Abs. 1 Nr. 3 DGO keine Subsidiaritätsklausel und schreibt auch nicht vor, dass ein dringender öffentlicher Zweck das kommunale Unternehmen erfordern muß. Dies lässt den Schluß zu, dass § 85 GemO nicht dazu bestimmt ist, den einzelnen Unternehmer oder die Privatwirtschaft insgesamt vor der Konkurrenz der öffentlichen Hand zu schützen."*[1539] Aus dieser Formulierung lässt sich ableiten, dass es auch das BVerwG für möglich hält, dass der Subsidiaritätsklausel drittschützende Wirkung zukommt.

(3) Länder mit gegenüber § 67 Abs. 1 Nr. 3 DGO verschärfter Subsidiaritätsklausel

Bejaht man den Schutznormcharakter bereits bei unverändertem Wortlaut, so ist dieser im Falle der Verschärfung „erst recht" zu bejahen. Denn die Verschärfung zielt ja gerade auf die privaten Drittinteressen.[1540] Ausgehend hiervon ist nun eine vertiefte Auseinandersetzung mit den Begriffen des „besser und wirtschaftlicher" und des „anderen" angezeigt.

1538 *Lerche*, JurA 1970, 821 (855 f. mit 850 ff., 864); BVerfGE 15, 275 (281 f.); *Hidien*, Positive Konkretisierung, S. 36; *Ruffert*, NVwZ 2000, 763 (764); *Schoch*, Jura 1979, 601 (607); *ders*., Übungen im Öff. Recht II, S. 216 f.; *Gerke*, Jura 1985, 349 (356); krit. *Schricker*, Wirtschaftliche Tätigkeit, S. 56 m. w. N., nach dem dieser Satz eben nur „im Zweifel" gelte.

1539 BVerwGE 39, 329 (336).

1540 *Lerche*, JurA 1970, 821 (856 f); *Klein*, Teilnahme, S. 78, 86; *Kopp*, BayVBl. 1967, 159 (161); für diesen Fall zust. VerfGH Rh.-Pf., DVBl. 2000, 992 (995); *Gröning*, WRP 2002, 17 (25).

bb) *Schutzzweck der Begriffe „besser und wirtschaftlicher" und des „anderen"*

Im Anschluss an die überwiegende Auffassung zu § 67 Abs. 1 Nr. 3 DGO wird der Subsidiaritätsklausel vielfach der Schutzzweck zugunsten privater Konkurrenten abgesprochen. Dieser Ansicht ist aber vorzuwerfen, dass sie sich zu wenig mit dem Sinngehalt der Begriffe „besser und wirtschaftlicher" und des „anderen" auseinandersetzt und infolgedessen deren Bedeutung verkennt. In anderem Zusammenhang wurde schon dargestellt, dass dem Begriffspaar „besser und wirtschaftlicher" der Sinn einer „ökonomischen Vorrangentscheidung"[1541] zukommt. Selbst wenn die Leistungserbringung der Gemeinde als „gut und wirtschaftlich" anzusehen wäre, ist ihr diese dennoch verwehrt, wenn ein „anderer" diese Leistung noch „besser und wirtschaftlicher" erbringen kann. Bestünde der Zweck dieser Klausel allein darin, die Gemeinde vor wirtschaftlichen Risiken zu bewahren und eine optimale kommunale wirtschaftliche Betätigung zu erreichen und zu sichern, dann hätte es einer solchen Regelung und insbesondere des Verweises auf den „anderen" nicht bedurft. Das in § 77 Abs. 2 GemO normierte allgemeine Wirtschaftlichkeitsgebot hätte dazu ausgereicht.[1542] Damit wird zugleich deutlich, dass der Schutzzweck des § 102 Abs. 1 Nr. 3 GemO nur aus dem Begriff des „anderen" herausgearbeitet werden kann.

Die überwiegende Zahl der Gemeindeordnungen verwendet in den Subsidiaritätsklauseln lediglich den Begriff des „anderen". Wird dieser Begriff nicht näher präzisiert, wie etwa in Rheinland-Pfalz, Sachsen, Brandenburg, Hessen und dem Saarland, so kommen nach dem Wortlaut neben Privaten und insbesondere privaten (Konkurrenz)Unternehmen als „andere" auch andere Träger öffentlicher Verwaltung in Betracht. Nach ganz h. A. ist deshalb unter dem „anderen" neben der bürgerlichen Selbsthilfe oder privatwirtschaftlichen Angeboten auch ein anderer Träger öffentlicher Verwaltung als die Gemeinde selbst zu verstehen, insbesondere die übergeordneten Gemeindeverbände und andere öffentliche Aufgabenträger.[1543] Im Interesse der kommunalen Finanzen soll derjenige begüns-

---

1541 Begriff bei *Stern*, AfK 1964, 81 (99).

1542 *Lindner*, Verwaltungsgerichtliche Klagemöglichkeit, S. 98; *Ehlers*, Gutachten DJT, S. 84; nach a. A. entspricht diese Klausel lediglich dem Gebot der Wirtschaftlichkeit, woraus keine Folgen zugunsten der Privater folgen, vgl. Stellungnahme Wirtschaftsministerium BW, LT-Drs. 12/1329, S. 6.

1543 *Isensee*, Subsidiaritätspinzip, S. 74 ff., 79 f. m. w. N.; *Surén*, Die Gemeindeordnungen, S. 159 f.; *Klein*, Teilnahme, S. 78; *Lerche*, JurA 1970, 821 (853); *Schmahl*, LKV 2000, 47 (51); *Schmidt-Jortzig*, in: Püttner (Hrsg.), HKWP V, § 93 B, S. 60; *ders.*, KommunalR, Rn. 692; *Ehlers*, Verwaltung, S. 99 f.; *Gerke*, Jura 1985, 349 (356); *Hoffmann-Becking*, in: FS Wolff, 445 (447); *H. Pagenkopf*, KommunalR, Bd. 2, S. 151; *Heintzen*, Rechtliche Grenzen und Vorgaben, S. 86 f.; *W. Meyer*, WiVerw 2003, 57 (70); *Knemeyer/Kempen*, in: Achterberg/Püttner/Würtenberger (Hrsg.), Bes. VerwR II, § 17 Rn. 49; *Löwer*, Der Fall „Gelsengrün", S. 107 ff.; *Wieland/Hellermann*, Schutz des Selbstvertigt werden, der eine Leistung am besten und billigsten erbringt, wer immer dies ist.[1544] Insofern ist immer zu fragen, ob nicht der privaten Wirtschaft oder einer überörtlichen Wirtschaftsbetätigung durch andere öffentliche Träger Vorrang vor der gemeindlichen Erbringung wirtschaftlicher Tätigkeiten zukommt,[1545] auch wenn sich in der Praxis die Subsidiaritätsklausel im wesentlichen nur zugunsten privater Unternehmer auswirken dürfte.[1546] Aus diesen möglichen Zielrichtungen wird gefolgert, dass die Subsidiaritätsklausel eine „wertfreie, begünstigungslose Zurückdrängung kommunaler Wirtschaftstätigkeit" zum Inhalt habe und somit nur in „spezieller Ausrichtung die Wirkung eines Privatrechtsschutzes" erreiche, insbesondere wenn dieser „ausdrücklich prädiziert" werde.[1547]

Gegenüber dem Ergebnis der obigen Auslegung wird eingewandt, dass die Reichweite der Subsidiaritätsklausel auf das jeweilige Gemeindegebiet als gemeindlichem Betätigungsfeld begrenzt sei. Die Gewährleistung gemeindlicher Selbstverwaltung in Art. 28 Abs. 2 GG garantiere den Gemeinden nur die Erledigung von Angelegenheiten der „örtlichen Gemeinschaft". Eine überörtliche wirtschaftliche Betätigung werde durch Art. 28 Abs. 2 GG nicht garantiert und falle auch nicht in den Anwendungsbereich des § 102 Abs. 1 GemO. Deshalb könne sich eine Gemeinde bei überörtlichem Bezug ihrer Wirtschaftstätigkeit nicht auf ihre Berechtigung zu wirtschaftlicher Betätigung aus des § 102 Abs. 1 Nr. 3 GemO berufen. Wegen der örtlichen Radizierung könne ein „anderer" nur ein Privater, nicht ein anderer Verwaltungsträger sein.[1548]

Einigkeit dürfte zumindest darüber bestehen, dass der Begriff des „anderen" nicht ausschließlich so verstanden werden darf, dass es sich dabei ausschließlich oder immer um einen übergeordneten Träger öffentlicher Verwaltung handelt.[1549] Das Argument, dass die Reichweite der kommunalen Wirtschaftsklausel und der Subsidiaritätsklausel auf das jeweilige Gemeindegebiet als gemeindlichem Betätigungsfeld begrenzt sei, führt nicht weiter. Zunächst kommt es für die hier untersuchte Fragestellung nicht auf die vielfach erörterte Problematik an, ob die Gemeinden bei ihrer wirtschaftlichen Betätigung auf das jeweilige

---

waltungsrechts, S. 46 f.; *Zumpe*, Rechtliche Grenzen, S. 32; a. A. *Backhaus*, Öff. Unternehmen, S. 163.

1544 *Löwer*, Der Fall „Gelsengrün", S. 116; ebenso *M. Pagenkopf*, GewArch 2000, 177 (181); *Heintzen*, Rechtliche Grenzen und Vorgaben, S. 86.

1545 *Surén*, Die Gemeindeordnungen, S. 160; *Klein*, Teilnahme, S. 78.

1546 *Zumpe*, Rechtliche Grenzen, S. 32.

1547 *Schmidt-Jortzig*, in: *Püttner* (Hrsg.), HKWP V, § 93 B, S. 60.

1548 *Lindner*, Verwaltungsgerichtliche Klagemöglichkeit, S. 98 f.; *Hösch*, DÖV 2000, 393 (402 f. m. Fn. 144); *ders.*, GewArch 2001, 223 (229); abgeschwächt *Gerke*, Jura 1985, 349 (356); ebenso *Köttgen*, in: FS DJT, 577 (598); *ders.*, Gemeindliche Daseinsvorsorge, S. 67; *Stern*, AfK 1964, 81 (99 f.).

1549 *Gerke*, Jura 1985, 349 (356).

Gemeindegebiet beschränkt sind oder nicht.[1550] Zudem besteht zwischen den beiden Auffassungen kein wirklicher Gegensatz: Bei der Berücksichtigung der kommunalen Wirtschaftsklausel für eine konkrete Tätigkeit in ihrem Gemeindegebiet besagt die Subsidiaritätsklausel mit dem Begriff des „anderen" lediglich, dass die Gemeinde in ihren Leistungsvergleich nicht nur private Dritte sondern auch andere, übergeordnete Verwaltungsträger, die die von der Gemeinde geplante Tätigkeit bereits erbringen oder sich mit dem Gedanken tragen, diese Leistung zu erbringen, mit einzubeziehen hat. Mit dem grundsätzlichen Bezug der wirtschaftlichen Betätigung der Kommune auf das Gemeindegebiet hat dies jedoch nichts zu tun; dieser Bezug bleibt durch die Subsidiaritätsklausel unberührt, da die fraglichen Angebote der „anderen" sich ebenfalls auf das Gemeindegebiet der Kommune beziehen müssen. Im Übrigen hat die Kommune bei dem anzustellenden Leistungsvergleich nicht nur die Angebote Privater aus dem jeweiligen Gemeindegebiet zu berücksichtigen sondern gleichfalls Leistungsangebote von gebietsfremden Privaten, die aktuell oder potentiell in ihrem Gemeindegebiet umgesetzt werden könnten. Der Differenzierung zwischen „örtlicher" und „überörtlicher" Wirtschaftstätigkeit fehlt es somit an argumentativer Durchschlagskraft. Auch das Argument, dass die interkommunalen und verwandten Zuständigkeitsabgrenzungen nicht in § 102 Abs. 1 GemO, sondern anderweitig geregelt seien,[1551] überzeugt nicht, weil es hinsichtlich des Leistungsvergleichs nicht in erster Linie auf die jeweilige Kompetenzgrundlage des jeweiligen übergeordneten Verwaltungsträger ankommt. Es sollte sich an sich von selbst verstehen, dass die Gemeinde bei dem Leistungsvergleich nur solche Angebote übergeordneter Verwaltungsträger zu berücksichtigen hat, die von diesen entsprechend ihrer jeweiligen kompetenziellen Vorschriften erbracht werden können.[1552]

Für die Frage des drittschützenden Gehalts der Subsidiaritätsklausel für private Konkurrenten kommt es somit nicht darauf an, ob unter dem Begriff des „anderen" ausschließlich private Konkurrenzunternehmen verstanden werden können oder nicht. Sprechen die Subsidiaritätsklauseln von einem „anderen", so sind damit jedenfalls auch private Konkurrenzunternehmen gemeint, was ausreichend ist und in unserem Wirtschaftssystem zumindest der Regelfall sein wird.[1553] In aller Regel werden sich nur private Konkurrenten der Gemeinde gegenüber auf einen Verstoß gegen die Subsidiaritätsklausel berufen. Auf diese Weise wird der

---

1550 Aus dem Spezialschrifttum vgl. *C. Braun*, SächsVBl. 1999, 25; *F. Becker*, DÖV 2000, 1032; *Heintzen*, NVwZ 2000, 743; *Kühling*, NJW 2001, 177; *Oebbecke*, ZHR 164 (2000), 375; *Gern*, NJW 2002, 2593; *Scharpf*, NVwZ 2005, 148.

1551 *Köttgen*, Gemeindliche Daseinsvorsorge, S. 67; *ders.*, in: FS DJT, 577 (598).

1552 Gleichwohl führen gebietsüberschreitende Tätigkeiten von Zweckverbänden im Rahmen der Beteiligung an öffentlichenAusschreibungen häufig zu zu vergaberechtlichen Streitigkeiten.

1553 *Schoch*, Jura 1979, 601 (607); *ders.*, Übungen im Öff. Recht II, S. 216 f.

Begriff des „anderen" zumindest faktisch auf die privaten Konkurrenten reduziert. Kann somit der „andere" zumindest auch ein Privater sein, so ist daraus zu schließen, dass der durch die ökonomische Vorrangentscheidung des „besser und wirtschaftlicher" objektiv bewirkte Schutz zu dessen Gunsten auch bezweckt ist. Denn die Gemeinde muss hinter einer besseren und wirtschaftlicheren privaten Leistungserbringung zurücktreten. Dies gilt natürlich erst recht für die Subsidiaritätsklausel in ihrer verschärften Form. Mit der Subsidiaritätsklausel werden somit die „Zuständigkeitsbereiche" von Staat und Privaten und die Chance der privaten Anbieter zur wirtschaftlichen Betätigung konkretisiert. Sie ist eine Regelung im grundrechtsrelevanten Raum, da die grundrechtlich geschützte Betätigung Privater in eine staatlich definierte Marktordnung eingefügt wird. Da die Subsidiaritätsklausel letztlich die Aussage trifft, dass jenseits ihrer tatbestandlichen Voraussetzungen der Markt den privaten Anbietern überlassen bleiben soll, stellt sie eine Art grundrechtlicher Betätigungsgarantie für Private dar, welcher letztlich auch eine drittschützende Interpretation dieser Klauseln entspricht.[1554] Unerheblich ist hierfür, dass die Subsidiaritätsklausel den Schutz privater Interessen nicht primär bezweckt, sondern daneben andere öffentliche Zielsetzungen als Primärzwecke verfolgt.[1555] Die Subsidiaritätsklausel ist damit im Grundsatz auch ein „schärferes Schwert" als die Bindung an den öffentlichen Zweck. Denn ein wirtschaftliches Unternehmen der Gemeinde darf trotz Bejahung eines öffentlichen Zwecks eine wirtschaftliche Tätigkeit nicht aufnehmen, wenn dieser durch einen Privaten besser und wirtschaftlicher erfüllt werden kann. Aufgrund der uneingeschränkten Formulierung der Subsidiaritätsklausel muss dem anderen der Vortritt gelassen werden.[1556]

cc) Subsidiaritätsklauseln als Ausprägungen des Subsidiaritätsprinzips?

In Zusammenhang mit dem Begriff des „anderen" steht auch die Frage, ob die Subsidiaritätsklauseln als einfach-gesetzliche Ausprägungen des Subsidiaritätsprinzips anzusehen sind. Die Diskussion um eine allgemeine Geltung des Subsidiaritätsprinzips hat sich im Gemeindewirtschaftsrecht immer wieder an der Subsidiaritätsklausel des § 67 Abs. 1 Nr. 3 DGO und deren Nachfolgebestimmungen entzündet.[1557] Die Subsidiaritätsklausel wurde von zahlreichen Vertretern der Literatur in den 50er und 60er Jahren, aber auch von zahlreichen Autoren noch heute als Ausdruck bzw. gesetzliche Ausprägung des Subsidiaritäts-

[1554] *Kluth*, in: Stober/Vogel (Hrsg.), 23 (33 f.); ähnl. *Pielow*, NWVBl. 1999, 369 (379).

[1555] *Lerche*, JurA 1970, 821 (855); *Schmahl*, LKV 2000, 47 (51); *Zumpe*, Rechtliche Grenzen, S. 33; a. A. *Klein*, Teilnahme, S. 77 f.

[1556] *Lindner*, Verwaltungsgerichtliche Klagemöglichkeit, S. 100; *Knemeyer/Kempen*, in: Achterberg/Püttner/Würtenberger (Hrsg.), Bes. VerwR II, § 17 Rn. 58.

[1557] *Isensee*, Subsidiaritätsprinzip, S. 74 ff.; *Hoffmann-Becking*, in: FS Wolff, 445 (446 f.).

prinzips gedeutet.[1558] Dabei wurde bereits frühzeitig zutreffend darauf hingewiesen, dass die unterschiedlichen Fassungen der Subsidiaritätsklauseln zu der Fragestellung führen, wie sich diese verschiedenartigen Ausprägungen zu einem – dessen verfassungsrechtliche Wirksamkeit unterstellten – Subsidiaritätsprinzip verhalten würden. Dabei wären drei verschiedene Deutungen möglich: Zum einen könnten die Subsidiaritätsklauseln den notwendigen Ausdruck des Subsidiaritätsprinzips darstellen, was zur Konsequenz hätte, dass Gemeindeordnungen ohne sie verfassungswidrig wären. Zum anderen könnten sie eine verzichtbare bloße Verdeutlichung des Subsidiaritätsprinzips sein. Schließlich könnten sie aber auch eine Anordnung ohne Bezug zum Subsidiaritätsprinzip darstellen.[1559]

Der Qualifizierung der Subsidiaritätsklauseln als Ausprägung des Subsidiaritätsgrundsatzes ist namentlich *Isensee* mit überzeugender Argumentation entgegengetreten:[1560] Danach deckt sich die Subsidiaritätsklausel nicht völlig mit dem Subsidiaritätsprinzip. Denn die Regelung des § 67 Abs. 1 Nr. 3 DGO lässt den Leistungsnachrang der Gemeinde gegenüber den gesellschaftlichen Kräften erst eintreten, wenn diese die Aufgaben „besser und wirtschaftlicher" wahrnehmen, nicht schon dann, wenn diese die Aufgaben „gleich gut" bewältigen können, wie dies nach dem Subsidiaritätsprinzip der Fall sein müsste. Zudem wirkt diese Regelung nicht nur „nach unten" zu den freien Unternehmern, sondern auch „nach oben" zu den übergeordneten Gemeindeverbänden und anderen öffentlichen Aufgabenträgern. Nach dem Subsidiaritätsprinzip wird aber die Initiative nur gegenüber der kleineren Einheit begrenzt, gegenüber der größeren aber geschützt. Die angedachte Wirkungsweise des Subsidiaritätsprinzips und die der Subsidiaritätsklausel führen somit nicht zu denselben Ergebnissen. Weiterhin spräche auch die historische Betrachtung des Gesetzes gegen die Annahme der Verankerung des Subsidiaritätsprinzips.[1561] *Isensee* erkennt aber an, dass bei entsprechender Verschärfung der gemeindewirtschaftlichen Bestimmungen (etwa durch das „Erfordernis" des öffentlichen Zwecks und verschärfte Subsidiaritätsklauseln) die Subsidiaritätsklausel als Konkretisierung des Subsidiaritäts-

---

1558 *Dürig*, JZ 1953, 193 (198); *ders.*, in: *Maunz/Dürig*, GG, Art. 2 Abs. 1 Rn. 52 (alte Kommentierung); Art. 19 Abs. 3 Rn. 48; *ders.* BayVBl. 1959, 201 (202 f.); *Gönnenwein*, GemeindeR, S. 56 f.; *Köttgen*, in: FS DJT, 577 (598); *Peters*, AfK 1967, 5 (15 f., 21); *Stern*, AfK 1964, 81 (99); *Emmerich*, Wirtschaftsrecht, S. 109; *Zumpe*, Rechtliche Grenzen, S. 64; *Isensee*, DB 1979, 145 (150); *Vitzthum*, AöR 104 (1979), 580 (599); *Pöpel*, JA 1988, 127 (130); *Scholler*, Grundzüge, S. 218; *Ehlers*, JZ 1990, 1089 (1096 f.); *Broß*, VerwArch 87 (1996), 731 (737); *Britz*, NVwZ 2001, 380 (383); *Knemeyer*, Bay. KommunalR, Rn. 335; *Rennert*, JZ 2003, 385 (394); *Held*, in: Held/Decker, GO f. NRW, § 107 Erl. 7.1.

1559 *Zuck*, Subsidiaritätsprinzip, S. 36.

1560 Zum Folgenden *Isensee*, Subsidiaritätsprinzip, S. 79 f.; *Hoffmann-Becking*, in: FS Wolff, 445 (447); *Hidien*, Positive Konkretisierung, S. 160 f.; *Ehlers*, Verwaltung, S. 99 f.; *Dickersbach*, WiVerw 1983, 187 (196 f.); *Hellermann*, Örtliche Daseinsvorsorge, S. 214 f.

1561 *Isensee*, Subsidiaritätsprinzip, S. 80 ff.

prinzips erscheinen könne.[1562] Angesichts dieser Ausführungen ist die Annahme der Subsidiaritätsklauseln als gesetzliche Ausprägung des Subsidiaritätsprinzips heute nicht mehr haltbar. Die h. M. geht deshalb heute davon aus, dass kein ursächlicher Zusammenhang zwischen dem Subsidiaritätsprinzip und der Subsidiaritätsklausel besteht.[1563] Ein echter Vorrang der Privatwirtschaft ließe sich ohnehin nur bei den verschärften Subsidiaritätsklauseln erreichen.[1564] Insofern lassen sich aus der Heranziehung des Subsidiaritätsprinzips keine weitergehenden Erkenntnisse hinsichtlich der drittschützenden Wirkung gewinnen.

dd) Individualisierbarkeit des geschützten Personenkreises

Mit der Anerkennung des „anderen“ als auch „der Privatwirtschaft Zugehörigem“ und der damit einhergehenden Bejahung des Schutzzwecks und der Anwendung des Übermaßverbots wäre nicht viel gewonnen, wenn durch Normen wie § 102 Abs. 1 Nr. 3 GemO nur die Privatwirtschaft insgesamt, nicht aber die einzelnen Unternehmer geschützt würden. Bislang konnte eine Eingrenzung des Kreises der Drittinteressenten unterbleiben, da ein eingegrenzter Personenkreis als solches nichts für den Schutzzweck beweist. Denn die Gewährung subjektiver Rechte kann auch durch Rechtssätze geschehen, die sich an alle wenden und dabei das Individuum im Blick haben.[1565] Das bloße Vorliegen eines erkennbar begrenzten Personenkreises indiziert zudem auch noch nicht notwendigerweise die Individualisierbarkeit, weil das Gesetz den Schutz der Interessen dieses abgegrenzten Kreises auch ausschließlich als öffentliches Interesse verfolgen kann.[1566] Neben den allgemein geschützten öffentlichen Interessen muss somit ein Kreis von Individualbegünstigten ermittelt werden können, der einen bestimmten, abgrenzbaren, individualisierbaren und nicht übermäßig weiten Kreis von Berechtigten darstellt.[1567] Lässt sich ein solcher Personenkreis nicht feststel-

---

1562 *Isensee*, Subsidiaritätsprinzip, S. 83 f.; ebenso *Hoffmann-Becking*, in: FS Wolff, 445 (447).

1563 *Dickersbach*, WiVerw 1983, 187 (196 f.); *Badura*, ZHR 146 (1982), 448 (460); *Boysen*, VR 1996, 73 (77); *Schmidt-Jortzig*, in: Püttner (Hrsg.), HKWP V, § 93 B, S. 60 f.; *ders.*, KommunalR, Rn. 692; *Hidien*, Positive Konkretisierung, S. 161 m. w. N.; *v. Mutius*, KommunalR, Rn. 293; *Wieland/Hellermann*, Schutz des Selbstverwaltungsrechts, S. 46 f.; *Zumpe*, Rechtliche Grenzen, S. 48.

1564 *R.-G. Müller*, DVBl. 2002, 1014 (1019 f.).

1565 *Bachof*, in: GS Jellinek, 287 (297); *Huber*, Konkurrenzschutz, S. 110.

1566 *Schmidt-Aßmann*, in: Maunz/Dürig, GG, Art. 19 Abs. 4 Rn. 140; *Bachof*, in: GS Jellinek, 287 (297); *Schmidt-Preuß*, Kollidierende Privatinteressen, S. 101.

1567 *Huber*, Konkurrenzschutz, S. 110; *Lindner*, Verwaltungsgerichtliche Klagemöglichkeit, S. 60 f.; *Schmidt-Aßmann*, in: Maunz/Dürig, GG, Art. 19 Abs. 4 Rn. 140; *Wolff/Bachof/Stober*, VerwR I, § 43 Rn. 33; *Preu*, Subjektivrechtliche Grundlagen, S. 168 ff; *R. Schmidt.*, Öff. Wirtschaftsrecht AT, S. 461 f.

len, dient die gesetzliche Regelung lediglich dem Allgemeininteresse.[1568] Kommt es somit in erster Linie auf die Individualisierbarkeit der Betroffenen an, spielt die Intensität des Eingriffs allenfalls dann eine Rolle, wenn die Einwirkungen für den Betroffenen schwere und unzumutbare mittelbare Folgen haben.[1569]

Nach der einen Auffassung wird durch Normen wie § 102 Abs. 1 Nr. 3 GemO nur die Privatwirtschaft insgesamt bzw. die ganze Gruppe möglicher Betroffener geschützt wird; der einzelne Unternehmer soll hingegen nicht ohne weiteres als „mittelbarer Sachwalter“ für das Gruppeninteresse auftreten und klagen können, sondern nur im Sinne eines Rechtsreflexes tatsächlich begünstigt sein.[1570] Nach der Gegenauffassung ist mit dem Begriff des „anderen“ der Kreis der geschützten Interessenten hinreichend bestimmt, da die Vorschrift nicht „die Gesamtheit der Staatsbürger“ im allgemeinen, „sondern einen abgrenzbaren Personenkreis und damit zugleich jeden Einzelnen, der diesem Personenkreis angehört“, schützen wolle.[1571] Der ersten Ansicht wäre zuzustimmen, wenn zwischen der Privatwirtschaft insgesamt und dem einzelnen Unternehmer ein qualitativer Unterschied bestünde. Dies ist gerade nicht der Fall, denn die Privatwirtschaft setzt sich ja erst aus der Summe der Einzelunternehmen zusammen. Wenn daher die Gesamtheit geschützt werden soll, muss dieser Schutz auch dem einzelnen Unternehmer als Bestandteil der Privatwirtschaft zukommen.[1572] Der Schutz der Privatwirtschaft insgesamt und Vorschriften wie § 102 Abs. 1 GemO bliebe wirkungslos, wenn sich kein Angehöriger dieses Personenkreises auf den der Privatwirtschaft allgemein eingeräumten Schutz berufen könnte.[1573] Der Bürger bedarf aber gerade des Rechtsanspruchs und des gerichtlichen Schutzes.[1574] Die Unterscheidung zwischen Privatwirtschaft insgesamt und einzelnem Unterneh-

---

1568 *Schmidt-Aßmann*, in: Maunz/Dürig, GG, Art. 19 Abs. 4 Rn. 140; *Huber*, Konkurrenzschutz, S. 110.

1569 VGH BW, VBlBW 1983, 78 (79).

1570 BayVGH, GewArch 1976, 326 (328); VG Gießen, NVwZ-RR 2005, 201 (202); *Bohley*, BayVBl. 1959, S. 320 (323); *Klein*, Teilnahme, S. 76; *Isensee*, Subsidiaritätsprinzip, S. 81 f.; *Badura*, DÖV 1998, 818 (821); *Habermehl*, VR 1986, 269 (279); *Cosson*, DVBl. 1999, 891 (895 f.); *Möstl*, BayVBl. 1999, 547 (552); *H. Meyer*, LKV 2000, 321 (322); *Otting*, DÖV 1999, 549 (552); *Schönershofen/Binder-Falcke*, VR 1997, 109 (110); *Stober*, KommunalR, S. 241 f.; *Schlacke*, JA 2002, 48 (50; 51); *Vitzthum/Kämmerer*, VBlBW 197, 395 (396); *Wieland*, DV 32 (1999), 217 (239); *Zundel*, VR 1996, 340 (342); krit. *Lerche*, JurA 1970, 821 (858, 839).

1571 BGH, JZ 1962, 217 (218); DVBl. 1965, 362 (363); *Lerche*, JurA 1970, 821 (858); wohl auch *Dorn*, NJW 1964, 137 (138); *Schoch*, Jura 1979, 601 (607); *ders.*, Übungen im Öff. Recht II, S. 216; *v. Mutius*, JuS 1979, 342 (344); *ders.*, KommunalR, Rn. 521; *Darsow*, LKV 2002, 1 (5).

1572 *Lindner*, Verwaltungsgerichtliche Klagemöglichkeit, S. 113.

1573 Vgl. *Habermehl*, VR 1987, 105 (110).

1574 *Adam*, BayVBl. 1962, 140 (141).

mer ist somit lediglich quantitativer Art, für die Individualisierbarkeit des Personenkreises ist diese aber unbeachtlich.[1575] Vorzugswürdig ist deshalb die zweite Auffassung: Denn die Privatwirtschaft hebt sich als solche deutlich von der Allgemeinheit ab. Nicht jeder Bürger ist wirtschaftlich tätig. Der durch die Subsidiaritätsklausel geschützte Personenkreis ergibt sich, ähnlich wie bei dem im Bau und Umweltrecht herangezogenen, Individualschutz vermittelnden Begriff der „Nachbarschaft" bzw. des „Einfügens" i. S. v. § 34 Abs. 1 BauGB, aus dem Einwirkungsbereich der jeweiligen Beeinträchtigungen, die durch die betreffende Norm abgewehrt werden sollen.[1576] Dies wird auch durch die grundsätzliche Beschränkung der gemeindlichen Wirtschaftstätigkeit auf den Bereich des Gemeindegebiets bestätigt. Denn Kollisionen der Privatwirtschaft mit der gemeindlichen Wirtschaft können nur dort entstehen, wo sich der Interessenbereich der Privatwirtschaft mit solchen der Gemeindewirtschaft deckt. Der Kreis der geschützten Interessenten wird somit auch durch die Bindung der kommunalen Wirtschaft auf das Gemeindegebiet weiter eingegrenzt.[1577] Anders ist dies allerdings, wenn die Gemeindeordnungen gemeindegebietsüberschreitende wirtschaftliche Betätigungen ausdrücklich erlauben.

Wurde bisher festgestellt, dass ein Konkurrenzverhältnis zwischen dem einzelnen privater Unternehmer und dem gemeindlichen Unternehmen bestehen muss,[1578] ist weitergehend abzugrenzen, ob nur der bereits tätige Privatunternehmer oder auch der potentielle Unternehmer vom Schutzzweck des § 102 Abs. 1 Nr. 3 GemO erfasst wird: Nach einer Ansicht wird ein „konkretes Wettbewerbsverhältnis" im Sinne einer situations- und einzelfallbezogenen Bestimmung gefordert. Dies geschieht v. a. aus der praktischen Erwägung, dass der Kreis subjektiv-berechtigter Konkurrenten möglichst überschaubar sein sollte.[1579] Auch das BVerwG hat in einer älteren Entscheidung einen Eingriff in die Rechte der „nichtzugelassenen Unternehmen" verneint, da diese noch nicht betrieben würden und somit noch keine Konkurrenzunternehmen darstellten.[1580] Bereits der Wortlaut der Subsidiaritätsklausel legt aber bereits nahe, auch den potentiellen Unternehmer in den Schutzzweck einzubeziehen („kann"), wobei unter „potentiell" neu zu errichtende oder im Hinblick hierauf zu erweiternde Privatunternehmen zu verstehen sind. Die Gegenmeinung vertritt die Auffassung, dass die Privatwirtschaft unabhängig von einer bereits vorhandenen effek-

---

1575 *Bachof*, in: GS Jellinek, 287 (297).
1576 *Diefenbach*, WiVerw 2003, 115 (2003) m. w. N.
1577 *Lindner*, Verwaltungsgerichtliche Klagemöglichkeit, S. 114.
1578 *Wahl*, in: Schoch/Schmidt-Aßmann/Pietzner, VwGO, Vorb. § 42 Abs. 2 Rn. 113.
1579 *R. Schmidt*, Öff. Wirtschaftsrecht AT, S. 461 f.; *Diefenbach*, WiVerw 2003, 115 (123).
1580 BVerwGE 30, 191 (197 f.); abl. *Lerche*, JurA 1970, 821 (848 f.).

tiven Kapazität geschützt ist.[1581] Allerdings ist der Begriff des „potentiellen Unternehmers" für sich allein zu weit, da im Ergebnis doch wieder jeder Einzelne als ein solcher in Betracht käme, da ja grundsätzlich jeder Einzelne zum Unternehmer werden kann. Der Begriff des potentiellen privaten Unternehmers ist deshalb dahingehend zu präzisieren, dass damit nur solche gemeint sind, „die die von der Kommune beabsichtigten Leistungen schon anbieten oder konkret bereit sind, das zu tun".[1582] Über diese unmittelbar betroffenen Marktteilnehmer hinausgehend erstreckt das OVG NRW den Schutz des Gemeindewirtschaftsrechts auf alle örtlichen Wirtschaftsteilnehmer, deren Marktinteressen durch die kommunale wirtschaftliche Betätigung beeinträchtigt werden.[1583] Auch wenn von dieser weiten Begriffsbestimmung auch solche Personen erfasst werden, die lediglich ein mittelbares Interesse an der im Streit stehenden wirtschaftlichen Betätigung haben, etwa weil sie als Subunternehmer für einen anderen örtlichen Unternehmer tätig werden wollen, ist dieser Definition zuzustimmen, da diese die Voraussetzung schafft, dass nur dem Personenkreis ein Klagerecht eingeräumt wird, bei dem auch ein erhebliches Konfliktpotential im Zusammenhang mit gemeindlicher Wirtschaftstätigkeit besteht. Eine „Klageflut" sonstiger Privater wird dadurch vermieden.

5. „Kombinierter Ansatz"

a) Ausgangspunkt

Die bisherige Untersuchung hat ergeben, dass die Zulässigkeitskriterien für kommunale wirtschaftliche Betätigungen in Form des öffentlichen Zwecks und der Subsidiaritätsklauseln drittschützende Wirkung entfalten. Abschließend ist zu klären, ob diese beiden tatbestandlichen Voraussetzungen der kommunalen Wirtschaftsklausel in ein logisches System der Über- und Unterordnung zu bringen sind bzw. wie diese beiden Ansätze zu einem „umfassenden" Schutzzweckansatz zugunsten privater Konkurrenten zusammengefügt werden können. Ausgangspunkt ist dabei, dass die Bindung an den öffentlichen Zweck und die Sub-

---

1581 *Surén*, Die Gemeindeordnungen, S. 159; *Stern*, BayVBl. 1962, 129 (132); *ders.*, AfK 1964, 81 (102); *Lerche*, JurA 1970, 821 (866); *Sailer*, BayVBl. 1974, 549 (551 f.); *Zumpe*, Rechtliche Grenzen, S. 52 f.

1582 VerfGH Rh.-Pf., DVBl. 2000, 992 (997); zust. *Henneke*, DVBl. 2000, 997 (998); *Schlacke*, NordÖR 2001, 229 (234); *W. Meyer*, WiVerw 2003, 57 (70); ähnl. *Surén*, Die Gemeindeordnungen, S. 159; *Köttgen*, in: FS DJT, 577 (598); *ders.*, Gemeindliche Daseinsvorsorge, S. 66 f.; *Siedentopf*, Grenzen und Bindungen, S. 44; *Wahl/Schütz*, in: Schoch/Schmidt-Aßmann/Pietzner, VwGO, § 42 Abs. 2 Rn. 296; *Widtmann/Grasser/Glaser*, Bay. GemO, Art. 87 Rn. 11; *Hölzl/Hien*, Bay. GemO, Art. 87 Anm. 2.5; *Antweiler*, NVwZ 2003, 1466 (1468).

1583 OVG NRW, NVwZ 2003, 1520 (1522); NVwZ-RR 2005, 198 (199); NZBau 2005, 167 (167); a. A. *Antweiler*, NVwZ 2003, 1466 (1468).

sidiaritätsklausel nicht unverbunden nebeneinander stehen, sondern vielmehr die Bindung an den öffentlichen Zweck durch die Subsidiaritätsklausel konkretisiert wird.[1584] Es besteht somit zwischen diesen beiden Erfordernissen ein enger Zusammenhang, und es sind zumindest auch bereits im Erfordernis des öffentlichen Zwecks wesentliche Elemente auch der Subsidiarität enthalten.[1585] Nach *Isensee*[1586] bilden diese beiden Zulässigkeitsvoraussetzungen eine „integrale Einheit" mit einer Rollenverteilung dahingehend, dass der öffentliche Zweck den gegenständlichen Umfang der kommunalprivatwirtschaftlichen Konkurrenzzone umschreibe, während die Subsidiaritätsklausel darüber entscheide, wer primär die Kompetenz ausüben dürfe, d. h. die Rechtfertigung konkretisiere.[1587] Dies legt den Schluss nahe, dass die Subsidiaritätsklausel eine Verdeutlichung darstellt, durch die dem Erfordernis des öffentlichen Zwecks durch ihre Kompetenzentscheidung eine den Schutz der Privatwirtschaft betonende Präzisierung gegeben wird.[1588]

Andererseits wurde bereits festgestellt, dass auch dem öffentlichen Zweck als solches drittschützende Wirkung zukommt. Insofern wäre das Abstellen auf die Subsidiaritätsklausel an sich nicht mehr erforderlich.[1589] Teilweise wird im Schrifttum auch vertreten, dass sich die Anforderungen der Subsidiaritätsklausel auch dem Kriterium des öffentlichen Zwecks entnehmen ließen, so dass sich aus einem etwaigen Fehlen der Subsidiaritätsklausel keinerlei Bedeutungsänderung ergebe.[1590] Denn ein öffentlicher Zweck rechtfertige und erfordere grundsätzlich nicht die Aufnahme einer kommunalen Wirtschaftstätigkeit, wenn private Unternehmen den Zweck besser und wirtschaftlicher erfüllen als die Kommune.

1584 *Hidien*, Positive Konkretisierung, S. 161 f.

1585 *W. Meyer*, WiVerw 2003, 57 (63) m. w. N.; *Löwer*, VVDStRL 60 (2001), 416 (439) m. w. N.; *Rennert*, DV 35 (2002), 319 (335 m. Fn. 63), der darauf hinweist, dass daraus Irritationen entstehen können.

1586 *Isensee*, Subsidiaritätsprinzip, S. 79; zust. *Hidien*, Positive Konkretisierung, S. 161 f.; *Diefenbach*, WiVerw 2003, 115 (124); a. A. *Uechtritz/Otting*, in: Hoppe/Uechtritz (Hrsg.), § 6 Rn. 56 ff.

1587 Ähnlich *Rehn/Cronauge*, GO NRW, Erl. III. 3., S. 13; Erl. III. 4., S. 14; Erl. V. 1. S. 15; ebenso *Rennert*, DV 35 (2002), 319 (337).

1588 In diese Richtung *Badura*, DÖV 1998, 818 (821); *Hösch*, GewArch 2001, 223 (299).

1589 So das OVG NRW, NVwZ 2003, 1520 (1521).

1590 *Hösch*, GewArch 2000, 1 (4); *ders.*, DÖV 2000, 393 (402 f.); *Hill*, BB 1997, 425 (430); *ders.*, Kommunalwirtschaft, S. 48; *Knemeyer/Kempen*, in: Achterberg/Püttner/Würtenberger (Hrsg.), Bes. VerwR II, § 17 Rn. 51; *Schmidt-Jortzig*, KommunalR, Rn. 686; *Erichsen*, KommunalR NRW, S. 292; *Pünder*, DVBl. 1997, 1355 (1359); *Kunze/Bronner/Katz/v. Rotberg*, GemO f. BW, § 102 Rn. 14; a. A. *Hofmann*, VBlBW 1994, 121 (126); *Cronauge/Westermann*, Kommunale Unternehmen, Rn. 248; ebenso *Rehn/Cronauge*, GO NRW, Erl. III. 3., S. 13; Erl. III. 4., S. 14; Erl. V. 1. S. 15; *Moraing*, Der Städtetag 1998, 523 (524); *ders.*, WiVerw 1988, 233 (261); *Jarass*, NWVBl. 2002, 335 (339); *Hellermann*, Örtliche Daseinsvorsorge, S. 215 ff.; vermittelnd *Henneke*, Öffentliches Finanzwesen, Finanzverfassung, Rn. 509.

Insofern bestehe ohnehin ein inhaltlicher Zusammenhang zwischen dem Zweckerfordernis und dem Subsidiaritätsgedanken.[1591] Diese Argumentation, welche die Subsidiaritätsklausel letztlich in den öffentlichen Zweck als quasi „immanent“ hinein interpretiert, wird in Rechtsprechung und Literatur aber überwiegend abgelehnt.[1592] Unabhängig von einer Parteinahme für die eine oder andere Auffassung ist in jedem Falle festzustellen, dass es an der Erforderlichkeit der wirtschaftlichen Betätigung und damit am öffentlichen Zweck fehlt, wenn Private die Aufgabe besser und wirtschaftlicher erfüllen.[1593] Angesichts dieser Diskussion wird teilweise geltend gemacht, dass die Bedeutung der Subsidiaritätsklauseln überschätzt würde, die Hauptlast der Abgrenzung zwischen Kommunalwirtschaft und Privatwirtschaft liege vielmehr auf dem Kriterium des öffentlichen Zwecks. Sei einmal ein öffentlicher Zweck bejaht, erweise sich die Subsidiaritätsklausel lediglich als eine „Art Optimierungsgebot im Interesse des Leistungsfähigsten“.[1594] Insofern spiele es für das Verhältnis von Kommunalwirtschaft und Privatwirtschaft keine Rolle, ob das jeweilige Kommunalrecht des betreffenden Bundeslandes eine Subsidiaritätsklausel enthalte oder nicht.[1595]

b) Entwicklung eines „kombinierten Ansatzes“

Zunächst ist davon auszugehen, dass Subsidiaritätsklausel und Zweckerfordernis nicht miteinander verwechselt bzw. vermengt werden dürfen.[1596] Deshalb dürfen Kommunen auch nicht von grundsätzlich eröffneten Betätigungen aufgrund von Subsidiaritätserwägungen aus dem Zweckerfordernis ausgeschlossen werden.[1597] Es bietet sich vielmehr eine kombinierte Prüfungsfolge an, die auch der gesetzlichen Abfolge entspricht:

Vorrangig ist zunächst das Vorliegen eines öffentlichen Zwecks zu prüfen (erste Stufe). Ist für die konkrete in Frage stehende kommunale wirtschaftliche Betäti-

---

1591 *Diefenbach*, WiVerw 2003, 115 (124 m. Fn. 40); ähnl. *Ehlers*, DVBl. 1998, 497 (500); *Badura*, DÖV 1998, 818 (821).

1592 VG Gießen, NVwZ-RR 2005, 201 (202): „Mindermeinung“; *Henneke*, NdsVBl. 1999, 1 (1); *Ruffert*, VerwArch 92 (2001), 27 (44 f.); *Neutz*, in: Wurzel/Schraml/Becker (Hrsg.), Rechtspraxis, Teil C Rn. 126: Allein die Subsidiaritätsklausel regele die Abgrenzung der zulässigen von der unzulässigen kommunalwirtschaftlichen Tätigkeit im Verhältnis zu privaten Wettbewerbern.

1593 *Henneke*, NdsVBl. 1999, 1 (1 f.); *Ehlers*, DVBl. 1998, 497 (500); *Schmidt-Jortzig*, in: Püttner (Hrsg.), HKWP V, § 93 B, S. 61; *Schönershofen/Binder-Falcke*, VR 1997, 109 (113); *Löwer*, Der Fall „Gelsengrün“, S. 116.

1594 *Heintzen*, Rechtliche Grenzen und Vorgaben, S. 86; *Löwer*, Der Fall „Gelsengrün“, S. 116.

1595 *Heintzen*, Rechtliche Grenzen und Vorgaben, S. 87.

1596 VerfGH Rh.-Pf., DVBl. 2000, 992 (994 f.).

1597 *W. Meyer*, WiVerw 2003, 57 (63).

gung ein öffentlicher Zweck positiv zu bejahen, ist als zweite Stufe die Subsidiaritätsklausel heranzuziehen.

Diese beansprucht ja auch nur für den Fall Geltung, dass ein öffentlicher Zweck bejaht wurde.[1598] Die Subsidiaritätsklausel erfüllt insofern eine Filterfunktion, indem trotz Bejahung des öffentlichen Zwecks zu prüfen ist, ob ein „anderer" diesen öffentlichen Zweck „besser und wirtschaftlicher" erfüllt oder erfüllen kann, was kommunales Tätigwerden im Falle der Leistungsparität erlaubt (im Falle der einfachen Subsidiaritätsklausel), bzw. ob der öffentliche Zweck nicht ebenso gut durch einen anderen ein anderen erfüllt wird oder erfüllt werden kann, was kommunales Tätigwerden nur im Falle der besseren Aufgabenerfüllung gegenüber den „anderen" erlaubt (im Falle der verschärften Subsidiaritätsklausel). Insofern wird hieran auch die zwischen einfacher und verschärfter Subsidiaritätsklausel bestehende „abgestufte" Schutzzweckintensität deutlich. Kann ein solcher „besserer" oder „wirtschaftlicherer" individualisierter Dritter im oben herausgearbeiteten Sinne ermittelt werden, ist die kommunale wirtschaftliche Betätigung unzulässig und muss unterbleiben. Für die Erbringung des Nachweises hinsichtlich der Tatbestandsmerkmale „besser" und „wirtschaftlicher wäre – soweit gesetzlich normiert – auf die gemeindliche Verpflichtung zur vorherigen Durchführung von Markterkundungsverfahren und die dort gewonnenen Erkenntnisse zurückzugreifen. Aber auch ohne diesbezügliche Verpflichtung sollte die Gemeinde vor der beabsichtigten Aufnahme einer wirtschaftlichen Betätigung Gemeinde zumindest Konkurrenzangebote einholen und die eingegangen Angebote mit der gemeindlichen Planung vergleichen.[1599] Dadurch könnte auch die Marktrelevanz der geplanten wirtschaftlichen Tätigkeit für die örtlichen Wirtschaftsteilnehmer festgestellt werden[1600] und wäre die Vergleichbarkeit der Alternativkosten gegeben.[1601]

Kann ein „besserer" oder „wirtschaftlicherer" Dritter nicht ermittelt werden – so dass die kommunale wirtschaftliche Betätigung auch nach der Prüfung der Subsidiaritätsklausel zulässig wäre –, ist wiederum als dritte Stufe am Tatbestandsmerkmal des „Erforderns" bzw. des „Rechtfertigens" des öffentlichen Zwecks anzusetzen und zu versuchen, auf dieser Ebene den notwendigen Interessenausgleich zwischen gemeindlicher und privater Wirtschaftstätigkeit im Wege einer Verhältnismäßigkeitsprüfung herbeizuführen. Dafür ist eine Abwägung zwischen den Vor- und Nachteilen einer wirtschaftlichen Betätigung nach Maßgabe

---

[1598] *Köhler*, BayVBl. 2000, 1 (5); *Umlandt*, DNV 5/2000, 12 (15); krit. *Eujen*, BWGZ 2000, 185 (188 f.)

[1599] *Püttner*, Gutachten zur Reform des Kommunal-Wirtschaftsrechts, S. 6; *Zumpe*, Rechtliche Grenzen, S. 52 f.; *Held*, in: Held/Decker, GO f. NRW, § 107 Erl. 7.1

[1600] *Erdmann*, DVBl. 1998, 13 (18).

[1601] *Henneke*, in: FS *Maurer*, 1137 (1146).

der öffentlichen Zwecksetzung vorzunehmen:[1602] Dabei kann an die Argumentation des OVG NRW angeknüpft werden, wonach die wirtschaftliche Betätigung für den öffentlichen Zweck nicht unausweichlich sein müsse, sondern es vielmehr wie im Planungsrecht ausreiche, dass die wirtschaftliche Betätigung für den öffentlichen Zweck objektiv erforderlich im Sinne von vernünftigerweise geboten sei. Der durch die wirtschaftliche Betätigung bewirkte Eingriff müsse in einem angemessenen Verhältnis zum verfolgten öffentlichen Zweck stehen. Je schwerer der Eingriff ist, desto dringlicher von der Art des öffentlichen Zwecks oder von der Gebotenheit im Rahmen des Erfordernisses müsse die wirtschaftliche Betätigung sein.[1603] Dabei ist zwischen eigenen („unmittelbaren") wirtschaftlichen Betätigungen der Kommune und Fällen, in denen der mittelbare Markteingriff von Kommunen die Angebotsseite dahingehend verändert, dass das Angebot durch gewerbliche Tätigkeit privater Dritter ermöglicht oder erleichtert wird („mittelbarer Zusammenhang") zu unterscheiden.[1604]

Dieser „kombinierte Ansatz" verknüpft die beiden, bereits per se drittschützenden, Tatbestandsmerkmale des „öffentlichen Zwecks" und der Subsidiaritätsklausel mit dem Verhältnismäßigkeitsgrundsatz und bringt die gesetzlichen Zulässigkeitskriterien in ein sachgerechtes, einheitliches Schutzzweck-System, das sowohl den Selbstschutz der Gemeinden als auch den Schutz betroffener privater Unternehmen beinhaltet. Insofern spricht auch nichts dagegen, dieser „Kombination" einen drittschützenden Schutzzweck zuzusprechen. Die Einräumung eines subjektiven öffentlichen Rechts liegt auch im Interesse der betroffenen privaten Konkurrenten, die dadurch das Vorliegen der Voraussetzungen des § 102 Abs. 1 GemO kontrollieren lassen können. Dies bewirkt einen erheblichen Transparenz- und Kontrollgewinn bei der kommunalwirtschaftlichen Betätigung.[1605] Befürchtungen von kommunaler Seite, dass sich durch die Einräumung drittschützender Wirkung eine Verschlechterung ihrer Position ergeben könnte, ist entgegenzuhalten, dass trotz einer vielleicht ansteigenden Zahl von verwaltungsgerichtlichen Verfahren ihre Position nicht wesentlich gefährdet wird. Im gerichtlichen Verfahren müsste nämlich erst eine Überschreitung der gemeindewirtschaftsrechtlichen Grenzen dargetan werden. Die kommunalen Einschätzungsspielräume tun dazu ein Übriges. Eine verwaltungsgerichtliche Überprüfungsmöglichkeit würde dagegen eine gewisse Befriedungsfunktion für die private Wirtschaft haben, das Gefühl der Machtlosigkeit ausräumen und so positive Auswirkungen für das Miteinander von privater und kommunaler Wirtschaft haben. Trotz der Schwierigkeiten in rechtlicher und tatsächlicher Hinsicht bei

---

[1602] *Ehlers*, Gutachten E zum 64 DJT, S. 76 f.; *W. Meyer*, WiVerw 2003, 57 (65).
[1603] OVG NRW, NVwZ 2003, 1520 (1523); NVwZ-RR 2005, 198 (198 f.); VG Aachen, Beschl. v. 20.7.2994, Az 4 L 113/04.
[1604] OVG NRW, NVwZ-RR 2005, 198 (199).
[1605] *Hidien*, Positive Konkretisierung, S. 36.

der Geltendmachung eines Unterlassungsanspruchs kann deshalb auch das Argument, man könne dem Gesetzgeber wohl nicht unterstellen, einen Unterlassungsanspruch einzuräumen, der nur bei ganz wenigen evidenten Verstößen zum Ziel führen könne,[1606] als widerlegt betrachtet werden. Angesichts der gleichfalls schützenswerten kommunalwirtschaftlichen Betätigung und des deshalb gebotenen verhältnismäßigen Ausgleichs zwischen den Grundrechten der privaten Wettbewerber und der verfassungsrechtlichen Gewährleistung der kommunalen Selbstverwaltung und auch der kommunalen Wirtschaftstätigkeit ist es sachgerecht, an einen Unterlassungsanspruch bestimmte „erschwerende" Anforderungen zu stellen bzw. solche aufrechtzuerhalten. Für die Beurteilung des Vorliegens eines Unterlassungsanspruchs kann es nicht darauf ankommen, in welchen und wie vielen Fällen der betreffende Anspruch wirksam geltend gemacht werden kann.

Im Übrigen verdeutlicht diese „Kombination" auch die norminterne Wirkung der Grundrechte: Die wirtschaftliche Betätigung der Gemeinden und ihrer Unternehmen ist zwar durch Art. 28 Abs. 2 GG verfassungsrechtlich gewährleistet, auf der anderen Seite aber auch im Hinblick auf die Grundrechte der privaten Wettbewerber erheblich.[1607] Dient die Subsidiaritätsklausel als Teilbereich dieser „Kombination" aber dadurch den Interessen der privaten Anbieter, dass jenseits ihrer tatbestandlichen Voraussetzungen der Markt den privaten Anbietern überlassen bleiben soll und sie damit eine „grundrechtliche Betätigungsgarantie" darstellt, wirkt diese Grenzziehung zugleich als Schranke der Grundrechtseinschränkung der privaten Marktteilnehmer.[1608] In den gemeindewirtschaftlichen Vorschriften liegt deshalb der verfassungsrechtlich gebotene verhältnismäßige Ausgleich zwischen den Grundrechten der privaten Konkurrenten und der verfassungsrechtlichen Gewährleistung kommunaler Wirtschaftstätigkeit bzw. die Konkretisierung des Zuständigkeitsbereichs von Staat und Privaten und der Chance der privaten Anbieter zur wirtschaftlichen Betätigung.[1609] Dies ist deckungsgleich mit der Forderung nach einer subjektiv-rechtlichen Interpretation

---

1606 *Schricker*, Wirtschaftliche Betätigung, S. 57 f.

1607 *Erichsen*, Gemeinde und Private, S. 34, 45; *ders.*, KommunalR NRW, S. 291 f.; *v. Mutius*, JuS 1979, 342 (345); *ders.*, KommunalR, Rn. 522; *Diefenbach*, WiVerw 2003, 115 (122).

1608 *Kluth*, in: Stober/Vogel (Hrsg.), 23 (33 f.); *ders.*, Grenzen, S. 90; *ders.*, WiVerw 2000, 184 (205 f.); *Diefenbach*, WiVerw 2003, 115 (122).

1609 *Erichsen*, Gemeinde und Private, S. 34, 45; *ders.*, KommunalR NRW, S. 291 f.; *Ehlers*, *Jura* 1999, 212 (215 m. Fn. 23); *ders.*, Gutachten DJT, S. 84; *Kluth*, in: Stober/Vogel (Hrsg.), 23 (33 f.); *ders.*, WiVerw 2000, 184 (205 f.); *Faber*, DVBl. 2003, 761 (765); *Held*, in: Held/Decker, GO f. NRW, § 107 Erl. 5.1; *Maurer*, in: Maurer/Hendler (Hrsg.), S. 245, insbes. auch Fn. 237; wohl auch *Schink*, NVwZ 2002, 129 (137); *Zumpe*, Rechtliche Grenzen, S. 32; *Frenz*, DÖV 2000, 802 (809) im Hinblick auf § 1 UWG a. F.; *ders.*, WRP 2003, 455 (458); a. A. *Reinhard*, DÖV 1990, 500 (503): *Singer*, ZKF 1998, 218 (221).

der gemeindewirtschaftsrechtlichen Vorschriften im Lichte obiger Grundrechte,[1610] wonach im Zweifel derjenigen Gesetzesinterpretation der Vorzug zu geben ist, die dem Bürger einen Rechtsanspruch einräumt.[1611]

V. Prozessuale Aspekte

Grundsätzlich ist Anspruchsgegner eines Unterlassungsanspruchs eines privaten Konkurrenten die Kommune selbst.[1612] Wendet sich dieser dagegen gegen das kommunale Unternehmen, sind die kommunalen Wirtschaftsklauseln nicht unmittelbar einschlägig, da sich diese Bestimmungen nur an die Gemeinde selbst richten.[1613] Allerdings kann sich der Rechtsschutzsuchende gegenüber den Eigenunternehmen und gemischt-öffentlichen Unternehmen der Kommune auf die Grundrechte berufen, da in diesem Fall der Anwendungsvorrang einfachen Rechts nicht eingreift, und auf diesem Wege Unterlassung verlangen.[1614] Wird die Rechtsverletzung hingegen von einem gemeindlichen Unternehmen in Privatrechtsform begangen, so kommt nur ein Unterlassungs- und Folgenbeseitigungsanspruch gegenüber der Kommune als Muttergemeinwesen in Betracht, eine unzulässige wirtschaftliche Betätigung zu unterlassen und auf die Eigengesellschaft dahingehend einzuwirken, dass diese den fraglichen Eingriff unterlässt.[1615] Allerdings sind auch Eigengesellschaften und die Handlungen ihrer Organe der Gemeinde als Trägerkörperschaft zuzurechnen.[1616]

Für das Vorliegen des öffentlichen Zwecks einer wirtschaftlichen Betätigung obliegt der Gemeinde grundsätzlich eine Darlegungs- und Begründungslast, welche sie verpflichtet, das Vorliegen des unbestimmten Rechtsbegriffs nachzuweisen. Dabei kommt ihr allerdings ein beachtlicher Beurteilungsspielraum zu.[1617] Um Verschleierungsversuchen hinsichtlich tatsächlich überwiegender

---

1610 *V. Mutius*, JuS 1979, 342 (345); *ders.*, KommunalR, Rn. 522; *Ehlers*, Verwaltung, S. 100 m. Fn. 137; *Pünder*, DVBl. 1997, 1355 (1360); *Grawert*, in: FS Blümel, 119 (136); *H. Meyer*, NVwZ 2002, 1075 (1076); *Schink*, NVwZ 2002, 129 (138); *Diefenbach*, WiVerw 2002, 115 (122 f.); tendenziell *Löwer*, VVDStRL 60 (2001), 416 (445 f.); *Wolff/Bachof/Stober*, VerwR I, § 43 Rn. 21a; vgl. auch OVG Bremen, NVwZ 2002, 873 (874 f.) zum Ladenschlussgesetz; a. A. *Schricker*, Wirtschaftliche Betätigung, S. 56.

1611 BVerfGE 15, 275 (281 f.); *Knauff/Nolte*, VR 2003, 3 (10); *Diefenbach*, WiVerw 2003, 115 (122 f.).

1612 *Ehlers*, Gutachten DJT, S. 91.

1613 *Ehlers*, Gutachten DJT, S. 91; a. A. OLG München, GewArch 2000, 279 (280).

1614 *Ehlers*, Gutachten DJT, S. 91; *Grupp*, ZHR 140 (1976), 367 (392).

1615 OVG NRW, NVwZ 2003, 1520 (1521); *Grupp*, ZHR 140 (1976), 367 (392); *Meier*, VR 1998, 340 (343); *Schlacke*, JA 2002, 48 (51 f.); *Sollondz*, LKV 2003, 297 (302).

1616 *Schliesky*, DVBl. 2004, 138.

1617 Ausf. *Schmidt-Jortzig*, in: Püttner (Hrsg.), HKWP V, § 93 B, S. 57 f.; *Kunze/Bronner/Katz/v. Rotberg*, GemO f. BW, § 102 Rn. 37; *Reichert/Baumann*, Kommu-

Gewinnabsichten durch Vorschieben anderer öffentlicher Zwecke entgegenzuwirken, sind an ihre Darlegungen deshalb strenge Anforderungen anzulegen.[1618] Die Subsidiaritätsklausel hat für die Gemeinde zur Folge, dass sie nicht ohne weiteres wirtschaftlich tätig werden darf, sondern nur dann, wenn sich kein anderer findet, der den Anforderungen der jeweiligen Klauseln genugt. Für Ausnahmevorschriften gilt insofern generell, dass derjenige, der sich darauf beruft, das Vorliegen der Voraussetzungen dieser Vorschriften dartun und beweisen muss. Im Falle geplanter wirtschaftlicher Betätigung müsste die jeweilige Gemeinde beweisen, dass es keinen anderen gibt, der die in Frage stehende Aufgabe ebenso gut und wirtschaftlich übernehmen könnte. Unsicherheiten bei dem erforderlichen Vergleich gingen dann zu Lasten der Gemeinde. Das gilt auch bei der Klage eines privaten Konkurrenten.[1619]

---

nalR BW, Rn. 145; VerfGH Rh.-Pf., DVBl. 2000, 992 (994); OVG NRW, NVwZ 2003, 1520 (1523); *Grimm-Benne*, LKV 1996, 54 (56).

1618 *Pielow*, NWVBl. 1999, 369 (377 f.), der sogar eine objektive Schutzpflicht des Landesgesetzgebers dahingehend annimmt, detaillierte Anforderungen an die Begründung des öffentlichen Zwecks zu stellen.

1619 *Püttner*, Gutachten zur Reform des Kommunal-Wirtschaftsrechts, S. 6; LG Offenburg, NVwZ 2000, 717 (718); *Kluth*, in: Stober/Vogel (Hrsg.), 23 (34 f.); *Pöpel*, JA 1988, 127 (130); *Oster*, in: Gabler/Höhlein/Klöckner/u. a., GemO Rh.-Pf., § 85 Erl. 2.3.: „Beweislastumkehr"; *Widtmann/Grasser/Glaser*, Bay. GemO, Art. 87 Rn. 11; *Held*, in: Held/Decker, GO f. NRW, § 107 Erl. 7.1; *Darsow*, LKV 2002, 1 (6); *Erdmann*, DVBl. 1998, 13 (18); krit. *Wieland/Hellermann*, Schutz des Selbstverwaltungsrechts, S. 53, 56; *Hellermann*, Örtliche Daseinsvorsorge, S. 214; a. A. Nachweispflicht des Privaten (im Rahmen eines Zivilprozesses): *Werner*, VBlBW 2001, 206 (210); *Cronauge*, AfK 1999, 24 (32); *Rehn/Cronauge*, GO NRW, Erl. V.3., S. 17; *Wahl*, in: Henneke (Hrsg.), 15 (26 f.); *Lux*, NWVBl. 2000, 7 (9); krit. *Grimm-Benne*, LKV 1996, 54 (56 f.).

Fünfter Abschnitt: Zusammenfassung der Ergebnisse in Thesenform

A. Europarechtliche und verfassungsrechtliche Vorgaben

I. Dem europäischen Gemeinschaftsrecht lassen sich keine Schlussfolgerungen für oder gegen die Zulässigkeit kommunaler wirtschaftlicher Betätigung entnehmen. Dieses steht der kommunalen wirtschaftlichen Betätigung vielmehr neutral gegenüber.

II. Das Grundgesetz enthält kein Subsidiaritätsprinzip zu Lasten der kommunalen wirtschaftlichen Betätigung. Im Übrigen ist das Grundgesetz gegenüber der kommunalen wirtschaftlichen Betätigung „wirtschaftspolitisch neutral“. Deshalb gebietet die Verfassung auch nicht, einfach-gesetzliche Vorschriften über die Zulässigkeit der kommunalen wirtschaftlichen Betätigung restriktiv auszulegen.

III. Aus dem Prinzip des „Steuer- und Abgabenstaats“ und dem Rechtsstaatsprinzip folgt, dass rein erwerbswirtschaftliches Handeln der öffentlichen Hand bereits per se verfassungsrechtlich unzulässig ist.

IV. Sozialstaats- und Demokratieprinzip sind hinsichtlich der Zulässigkeit kommunaler wirtschaftlicher Tätigkeit nicht aussagekräftig.

V. Die Gemeinden und ihre wirtschaftlichen Unternehmen sind bei ihrer wirtschaftlichen Betätigung in den Rechtsformen des privaten Rechts grundrechtsverpflichtet und nicht –berechtigt. Besonderheiten gelten für gemischt-wirtschaftliche Unternehmen, bei denen es auf die Möglichkeit der entscheidenden Einflussnahme auf die Geschäftsführung durch einen Hoheitsträger ankommt.

VI. Art. 28 Abs. 2 GG stellt eine institutionelle Garantie der kommunalen Selbstverwaltung dar und gewährleistet die Angelegenheiten der örtlichen Gemeinschaft. Diese Garantie bedarf der gesetzlichen Ausgestaltung und Formung. Auch die wirtschaftliche Betätigung der Kommunen wird grundsätzlich von Art. 28 Abs. 2 GG geschützt. Allerdings wird diese Gewährleistung durch die einfach-gesetzlichen Vorschriften zur wirtschaftlichen Betätigung in zulässiger Weise eingeschränkt und konkretisiert.

VII. Der kommunalen Selbstverwaltungsgarantie als staatsorganisationsrechtlicher Vorschrift kann kein Aussagegehalt zum Verhältnis von Kommunal- und Privatwirtschaft entnommen werden. Sie berechtigt inbesondere nicht zu Grundrechtseingriffen. Die kommunalrechtlichen Regelungen über verschärfte Subsidiaritätsklauseln sind nicht verfassungswidrig.

B. Zivilrechtliche Abwehransprüche

I. Wettbewerbsrechtliche Unterlassungsansprüche gegen kommunale wirtschaftliche Betätigungen sind auf das konkrete Wettbewerbsverhalten beschränkt. Mit wettbewerblichen Unterlassungsansprüchen kann der Marktzutritt kommunaler wirtschaftlicher Unternehmen nach der „*Elektroarbeiten*"-Entscheidung des BGH bzw. der UWG-Reform 2004 nicht mehr verhindert werden, da den zugrunde liegenden kommunalrechtlichen Vorschriften keine sekundäre wettbewerbs- bzw. marktbezogene Schutzfunktion zukommt.

II. Sonstige zivilrechtliche Abwehransprüche setzen entweder besondere Sachverhaltskonstellationen wie das Bestehen einer marktbeherrschende Stellung voraus oder sind nur auf bestimmte Bereiche wie die Vergabe öffentlicher Aufträge beschränkt. Gegen den kommunalen Marktzutritt als solchen kann damit nicht vorgegangen werden.

C. Grundrechtliche Abwehransprüche

I. Die überkommene Dogmatik der Rechtsprechung zum Grundrechtseingriff durch kommunale wirtschaftliche Betätigung ist zu eng und bedarf einer Neuorientierung. Als Eingriff in Art. 12 Abs. 1 GG ist jedes rechtswidrige oder nicht marktkonforme kommunale wirtschaftliche Handeln anzusehen.

II. Hinsichtlich der Rechtfertigung von Eingriffen in Art. 12 Abs. 1 GG stellen die einfach-gesetzlichen Vorschriften über die kommunale wirtschaftliche Betätigung hinreichende Ermächtigungsgrundlagen dar. Die Rechtfertigung des Grundrechtseingriffs ist mit Hilfe des Grundsatzes der Verhältnismäßigkeit zu bestimmen. Insbesondere das Prinzip der „Erforderlichkeit" des Eingriffs kann zur Folge haben, dass eine Kommune auf ein Leistungsangebot verzichten muss, das vor Ort durch private Unternehmen besser und wirtschaftlicher erfüllt wird.

III. Eine Berufung auf Art. 3 Abs. 1 GG kann bei einer unzulässigen Koppelung der Wahrnehmung kommunaler Aufgaben mit erwerbswirtschaftlicher Betätigung gewisse Erfolgsaussichten haben.

D. Auslegung der kommunalen Wirtschaftsklauseln

I. Die drittschützende Wirkung dieser Vorschriften ergibt sich bereits aus dem Wortlaut derjenigen Klauseln, die ausdrücklich auf „private Anbieter" Bezug nehmen.

II. Die systematische Auslegung ergibt, dass die kommunalen Wirtschaftsklauseln keinen rein binnen- bzw. haushaltsrechtlichen Normenkomplex darstellen, sondern eine dauerhafte Aufgabenkritik hinsichtlich des Vorliegens der Zulässigkeitsvoraussetzungen kommunaler wirtschaftlicher Tätigkeit fordern. Diesen Vorschriften kommt auch deshalb Außenwirkung zu, weil sie die Ermächtigungsgrundlage für kommunales wirtschaftliches Tätigwerden im Außenverhältnis darstellen und damit die Rechtsbeziehungen zwischen privaten und öffentlichen Unternehmen geregelt werden sollen.

Die Annahme eines drittschützenden Schutzzwecks wird auch durch den Vergleich mit den Subsidiaritätsklauseln in § 3 MFG und § 65 Abs. 1 Nr. 1 BHO/LHO gestützt.

Auch die teilweise gesetzliche Normierung von Markterkundungsverfahren macht deutlich, dass die kommunalen Wirtschaftsklauseln auch die Interessen der privaten Unternehmen neben dem kommunalen Interesse für schützenswert erachten. Daraus ergibt sich, dass die kommunale wirtschaftliche Betätigung auch als mögliche Beeinträchtigung der örtlichen Wirtschaft angesehen wird.

III. Die historische/genetische Analyse von § 67 Abs. 1 DGO spricht nicht gegen, sondern eher für die Annahme eines drittschützenden Normzwecks der kommunalen Wirtschaftsklauseln. Dies gilt auch für landesrechtliche Nachfolgeregelungen wie in Baden-Württemberg oder Nordrhein-Westfalen, die einen solche Schutzzweck zwar nicht ausdrücklich in den Gesetzesmaterialien enthalten, aber eine „mittlere Linie“ verfolgen und damit einen Ausgleich zwischen den Interessen der Kommunalwirtschaft und den Belangen der privaten Wirtschaft bezwecken.

IV. Die teleologische Auslegung der kommunalen Wirtschaftsklauseln erhellt, dass sowohl das Tatbestandsmerkmal des öffentlichen Zwecks als auch die Subsidiaritätsklausel neben dem Schutz der Kommune vor finanziellen/wirtschaftlichen Risiken *auch* den Schutz der privaten Konkurrenten in Form der örtlichen Wirtschaftsteilnehmer bezwecken.

Der öffentliche Zweck dient auch der Entfaltungsfreiheit privater Unternehmer und soll im Interessengeflecht zwischen der Kommunalwirtschaft und den örtlichen Wirtschaftsteilnehmern einen Ausgleich erzielen.

Trotz gewisser Schwierigkeiten bei der praktischen Umsetzung des erforderlichen Vergleichs zwischen privater und kommunaler Aufgabenerfüllung sind auch die Subsidiaritätsklauseln in ihren unterschiedlichen Ausprägungen drittschützend. Soweit diese nur auf den Begriff des „anderen“ abstellen, werden davon zwar auch andere Träger öffentlicher Verwaltung erfasst. In der Praxis wird dieser Begriff allerdings faktisch auf die privaten Konkurrenten reduziert. Die Subsidiaritätsklauseln stellen keine gesetzliche Ausprägung des Subsidiaritätsprinzips dar.

Von den kommunalen Wirtschaftsklauseln werden die örtlichen Unternehmer (Wirtschaftsteilnehmer) geschützt, und zwar sowohl diejenigen, die die von der Kommune beabsichtigte Tätigkeit bereits selbst anbieten bzw. erbringen, als auch diejenigen, die konkret bereit sind, dies in einem absehbaren Zeitraum zu tun. Dabei kommt es darauf an, ob die Marktinteressen der betroffenen Person beeinträchtigt werden.

Da öffentlicher Zweck und Subsidiaritätsklauseln einen inneren Zusammenhang aufweisen, sind diese beiden Zulässigkeitskriterien miteinander zu kombinieren und in ein Stufenverhältnis zu bringen: Vorrangig ist der öffentliche Zweck zu prüfen und damit der sachlich zulässige Bereich kommunaler wirtschaftlicher Betätigung zu ermitteln. Auf der zweiten Stufe ist die Subsidiaritätsklausel zu prüfen und zu untersuchen, ob ein „besserer“ oder „wirtschaftlicherer“ Privater ermittelt werden kann. Ist dies nicht der Fall, ist das Kriterium des „Erforderns“ bzw. „Rechtfertigens“ auf der Ebene des öffentlichen Zwecks heranzuziehen, um damit den erforderlichen Interessenausgleich zwischen privater und kommunaler wirtschaftlicher Tätigkeit herbeizuführen.

Anhang

Verzeichnis wichtiger Entscheidungen

I. Entscheidungen der Verwaltungsgerichtsbarkeit

- BayVGH, Urt. v. 16.1.1959, BayVBl. 1959, 90 m. Anm. *Masson*, BayVBl. 1959, 92; *Bohley*, BayVBl. 1959, 320; *Adam*, BayVBl. 1962, 140; *Kopp*, BayVBl. 1967, 159
- BVerwG, Urt. v. 22.2.1972, BVerwGE 39, 329 (Bestattungsordner) = DB 1972, 1332 = MDR 1972, 804 = JuS 1972, 596 = BayVBl. 1973, 49 = VBlBW 1972, 105 m. Anm. *Emmerich*, JuS 1972, 596
- BayVGH, Urt. v. 23.7.1976, GewArch 1976, 326 = BayVBl. 1976, 628 = JZ 1976, 641 = JuS 1977, 199
- BVerwG, Beschl. v. 1.3.1978, BayVBl. 1978, 375 (Kommunale Wohnungsvermittlung) = NJW 1978, 1539 = DVBl. 1978, 639
- VGH BW, Beschl. v. 21.7.1982, VBlBW 1983, 78 = NJW 1984, 251
- OVG NRW, Urt. v. 2.12.1985, DÖV 1986, 339 = NVwZ 1986, 1046 = GewArch 1986, 157
- VGH BW, Urt. v. 15.8.1994, VBlBW 1995, 99 = BB 1994, 1956 = NJW 1995, 274
- BVerwG, Beschl. v. 21.3.1995, NJW 1995, 2938 (2939) = GewArch 1995, 329 = DVBl. 1996, 152 = JuS 1995, 1136 m. Anm. *Selmer*, JuS 1995, 1136
- Hess. VGH, Beschl. v. 17.1.1996, NVwZ 1996, 816 = DÖD 1998, 39 = DÖV 1996, 476
- VerfGH Rh.-Pf., Urt. v. 28.3.2000, DVBl. 2000, 992 = NVwZ 2000, 801 m. Anm. *Henneke*, DVBl. 2000, 997; *Ruffert*, NVwZ 2000, 763
- OVG NRW, Beschl. v. 13.8.2003, NVwZ 2003, 1520 = DVBl. 2004, 133 m. Anm. *Antweiler*, NVwZ 2003, 1466; *Schliesky*, DVBl. 2004, 138
- VG Aachen, Beschl. v. 20.7.2004, Az. 4 L 113/04
- Hess. VGH, Beschl. v. 12.8.3004, NVwZ-RR 2005, 425 = DÖV 2005, 210 = GewArch 2004, 482
- OVG NRW, Beschl. v. 21.9.2004, NVwZ-RR 2005, 198 = NWVBl. 2005, 68
- OVG NRW, Beschl. v. 12.10.2004, Az. 15 B 1889/04 und 15 B 1873/04, NZBau 2005, 167 = GewArch 2005, 75
- VG Gießen, Beschl. v. 14.10.2004, NVwZ-RR 2005, 201
- VG Trier, Beschl. v. 20.10.2004, Az. 1 L 1216/04.TR, AbfallR 2004, 292
- OVG NRW, Beschl. v. 23.3.2005, Az. 15 B 123/05, NWVBl. 2005, 343 = DÖV 2005, 616
- VG Trier, Urt. v. 23.6.2005, Az. 1 K 1217/04.TR, IR 2005, 236

II. Entscheidungen der ordentlichen Gerichtsbarkeit

- BGH, Urt. v. 26.5.1961, JZ 1962, 217 (Blockeis I) = GRUR 1962, 159 m. Anm. *Gönnenwein*, JZ 1962, 219
- BGH, Urt. v. 12.2.1965, DVBl. 1965, 362 (Blockeis II) = GRUR 1965, 373 = WRP 1965, 139 m. Anm. *v Falck*, GRUR 1965, 374
- BGH, Urt. v. 26.4.1974, DÖV 1974, 785 (KfZ-Schilderverkauf) = NJW 1974, 1333 = GRUR 1974, 733 = WRP 1974, 397 = GewArch 1974, 330 m. Anm. *Püttner*, DÖV 1974, 787; *Rathjen*, DVBl. 1975, 649
- BGH, Urt. v. 19.6.1986, GewArch 1987, 13 (Kommunaler Bestattungswirtschaftsbetrieb I) = NJW 1987, 60 = GRUR 1987, 116 = WRP 1987, 22
- BGH, Urt. v. 19.6.1986, GewArch 1987, 15 (Kommunaler Bestattungswirtschaftsbetrieb II) = NJW 1987, 62
- OLG Karlsruhe, Urt. v. 22.2.1995, NJW-RR 1996, 231 (Schilderverkauf im Bürgeramt) = WRP 1995, 857
- OLG Düsseldorf, Urt. v. 10.10.1996, WRP 1997, 42 (Nachhilfeunterricht) = NWVBl. 1997, 353 = NJW-RR 1997, 1470 m. Anm. *Otting*, SächsVBl. 1998, 93; *Moraing*, NWVBl. 1997, 355 = *ders.*, Der Städtetag 1997, 285 = *ders.*, Anlage zum VKU-Nachrichtendienst März 1997, Folge 579; *Ennuschat*, WRP 1999, 405; *Singer*, ZKF 1998, 218
- OLG Hamm, Urt. v. 23.9.1997, NJW 1998, 3504 (Gelsengrün) = JuS 1999, 191 (*Emmerich*) = BB 1999, 493 = JZ 1998, 576 = GewArch 1998, 197 = DVBl. 1998, 792 = NWVBl. 1998, 456 m. Anm. *Beckmann/David*, DVBl. 1998, 1041; *M. Müller*, JZ 1998,. 578; *Tettinger*, NJW 1998, 3473; *Schliesky*, JA 1998, 930; *Ennuschat*, BB 1999, 494; *ders.*, WRP 1999, 405; *Singer*, ZKF 1998, 218; *Storks*, Kommmunalpolitische Blätter 11/98. S. 36
- LG Wuppertal, Urt. v. 29.10.1998, DVBl. 1999, 939 (939) (Altautoentsorgung) = NWVBl. 1999, 275
- LG München, Urt. v. 19.5.1999, GewArch 1999, 413
- OLG Düsseldorf (2. Zivilsenat), Urt. v. 28.10.1999, DVBl. 2000, 284 (Altauto-Entsorgung) = DÖV 2000, 157 = NVwZ 2000, 111 = GewArch 2000, 169 = NWVBl. 2000, 75 m. Anm. *Otting*, NWVBl. 2000, 206; *M. Müller*, NVwZ 2000, 769; *R.-G. Müller*, DVBl. 2002, 1014 (1017)
- LG Offenburg, Urt. v. 13.10.1999, NVwZ 2000, 717 (TBO) = GewArch 2000, 151 = BWGZ 1999, 1007 m. Anm. *Wagner*; BWGZ 1999, 1007
- OLG Düsseldorf (Vergabesenat), Beschl. v. 12.1.2000, NVwZ 2000, 714 (AWISTA) = NJW 2000, 714 = NZBau 2000, 155 m. Anm. *Horn*, NVwZ 2001, 647
- OLG München, Urt. v. 20.4.2000, GewArch 2000, 279 = NVwZ 2000, 835
- LG Düsseldorf, Urt. v. 26.7.2000, GewArch 2001, 238 (239) = WRP 2001, 61 m. Anm. *Jahn*, GewArch 2001, 240

- OLG Karlsruhe (4. Zivilsenat), Urt. v. 16.11.2000, NVwZ 2001, 712 = VBlBW 2001, 234 = WRP 2001, 426 = DÖV 2001, 431 = BWGZ 2001, 73 m. Anm. *Stehlin*, NVwZ 2001, 645; *Werner*, VBlBW 2001, 206
- LG Potsdam, Urt. v. 1.1.2001, Az 2 O 453/00
- OLG Düsseldorf (20. Zivilsenat), Urt. v. 29.5.2001, DVBl. 2001, 1283 (1284) = NVwZ 2002, 248 = GewArch 2001, 370 = DÖV 2001, 912 = NWVBl. 2001, 443 m. Anm. *Gundlach/Schmidt*, EwiR 2002, 545
- OLG Karlsruhe (6. Zivilsenat), Urt. v. 14.11.2001 – 6 U 43/01 = OLGR Karlsuhe 2002, 131
- BGH, Urt. v. 25.4.2002, NJW 2002, 2645 (Elektroarbeiten) = BGHZ 150, 343 = NVwZ 2002, 1141 = DVBl. 2002, 1282 = WRP 2002, 943 = GewArch 2002, 322 = ZIP 2002, 1645 = GRUR 2002, 825 = JZ 2003, 315 m. Anm. *Köhler*, NJW 2002, 2761; *Dreher*, ZIP 2002, 1648; *Gundlach/Schmidt*, EWiR 2002, 829; *H. Meyer*, NVwZ 2002, 1075; *Knauff/Nolte*, VR 2003, 3; *Ehlers*, JZ 2003, 318; *Glahs/Külpmann*, VergabeR 2002, 555; *Haslinger*, WRP 2002, 1023; *Warnecke*, JuS 2003, 958
- OLG Düsseldorf, Beschl. v. 17.6.2002, WuW/E Verg 611 (DAR) = NZBau 2002, 626 = ZIP 2002, 1651 m. Anm. *Glahs/Külpmann*, VergabeR 2002, 555; *Heßhaus*, NWVBl. 2003, 173; *Dietlein*, NZBau 2003, 141
- BGH, Urt. v. 24.9.2002, DÖV 2003, 249 (Kommunaler Schilderprägebetrieb) = NVwZ 2003, 246 = WuW/E DE-R 1003
- BGH, Urt. v. 26.9.2002, DVBl. 2003, 267 (Altautoverwertung) = WRP 2003, 262 m. Anm. Heßhaus, NWVBl. 2003, 173

Schrifttumsverzeichnis

Ackermann, Rüdiger, Zur wirtschaftlichen Betätigung der öffentlichen Hand. Unzulässige Erweiterung des Warenkatalogs eines kommunalen Obst- und Gemüsegroßmarktes, DVBl. 1965, S. 353

Achterberg, Norbert, Allgemeines Verwaltungsrecht: ein Lehrbuch, 2. Aufl., Heidelberg, 1986

Achterberg, Norbert/Püttner, Günter/Würtenberger, Thomas (Hrsg.), Besonderes Verwaltungsrecht, 2 Bände, 2. Aufl., Heidelberg, 2000

Adam, Klaus, Wirtschaftliche Betätigung der Gemeinden und Privatwirtschaft, BayVBl. 1962, S. 140

Ade, Klaus, Gemeindeordnung für Baden-Württemberg, in: Kommunalverfassungsrecht Baden-Württemberg, Wiesbaden, Stand März 2004

Ade, Klaus (Hrsg.), Handbuch Kommunales Beteiligungsmanagement, Stuttgart u.a., 1997

Alber, Siegbert, Unternehmen der Daseinsvorsorge im europäischen Wettbewerbsrecht, in: Schwarze, Jürgen (Hrsg.), Daseinsvorsorge im Lichte des Wettbewerbsrechts, Baden-Baden, 2001, S. 73

Altmeppen, Holger, Die Einflussrechte der Gemeindeorgane in einer kommunalen GmbH, NJW 2003, S. 2561

Antweiler, Clemens, Öffentlich-rechtliche Unterlassungsansprüche gegen kommunale Wirtschaftstätigkeit, NVwZ 2003, S. 1466

von Arnauld, Andreas, Grundrechtsfragen im Bereich von Postwesen und Telekommunikation, DÖV 1998, S. 437

Arndt, Hans-Wolfgang, Wirtschaftsverwaltungsrecht, in: Steiner, Udo (Hrsg.), Besonderes Verwaltungsrecht, 7. Aufl., Heidelberg, 2003

Bachof, Otto, Die Dogmatik des Verwaltungsrechts vor den Gegenwartsaufgaben der Verwaltung, 1. Bericht, VVDStRL 30 (1972), S. 193

ders., Die verwaltungsgerichtliche Klage auf Vornahme einer Amtshandlung: zugleich eine Untersuchung über den öffentlichrechtlichen Folgenbeseitigungsanspruch nach Aufhebung eines rechtswidrigen Verwaltungsaktes, 2.Aufl., Tübingen, 1968

ders., Reflexwirkungen und subjektive Rechte im öffentlichen Recht, in: Bachof, Otto/Drath, Martin/Gönnenwein, Otto/Walz, Ernst (Hrsg.), Forschungen und Berichte aus dem Öffentlichen Recht. Gedächtnisschrift für Walter Jellinek, München, 1955, S. 287

Backhaus, Jürgen, Öffentliche Unternehmen: zum Wirtschaftsrecht, der Funktionen und Rechtsformen öffentlicher Unternehmen, 2. Aufl., Frankfurt/Main, 1980

Badura, Peter, Die Erfüllung öffentlicher Aufgaben und die Unternehmenszwecke bei der wirtschaftlichen Betätigung der öffentlichen Hand, in: von Münch, Ingo (Hrsg.), Staatsrecht – Völkerrecht – Europarecht. Festschrift für Hans-Jürgen Schlochauer zum 75. Geburtstag am 28. März 1981, Berlin u.a., 1981, S. 3

ders., Die Unternehmensfreiheit der Handelsgesellschaften – Ein Problem des Grundrechtsschutzes juristischer Personen des Privatrechts, DÖV 1990, S. 353

ders., Die wirtschaftliche Betätigung der öffentlichen Hand mit besonderer Berücksichtigung der öffentlich-rechtlichen Wettbewerbs-Versicherungsunternehmen, ZHR 146 (1982), S. 448

ders., Staatsziele und Garantien der Wirtschaftsverfassung in Deutschland und Europa, in: Burmeister, Joachim (Hrsg.), Verfassungsstaatlichkeit. Festschrift für Klaus Stern, München, 1997, S. 409

ders., Wirtschaftliche Betätigung der Gemeinde zur Erledigung von Angelegenheiten der örtlichen Gemeinschaft im Rahmen der Gesetze, DÖV 1998, S. 818

ders., Wirtschaftliche Betätigung der öffentlichen Hand zur Gewährleistung von Daseinsvorsorge, in: Schwarze, Jürgen (Hrsg.), Daseinsvorsorge im Lichte des Wettbewerbsrechts, Baden-Baden, 2001, S. 25

ders., Wirtschaftsverwaltungsrecht, in: Schmidt-Aßmann, Eberhard (Hrsg.), Besonderes Verwaltungsrecht, 12. Aufl., Berlin, NewYork, 2003

Barden, Stefan, Die Grundrechtsfähigkeit privatisierter Unternehmen. Zur Notwendigkeit einer verfassungsrechtlichen Neuorientierung, ZögU 25 (2002), S. 375

Bauer, Hartmut, Geschichtliche Grundlagen der Lehre vom subjektiven öffentlichen Recht, Berlin, 1986

Baumbach, Adolf/Hefermehl, Wolfgang, Wettbewerbsrecht, kommentiert von *Helmut Köhler* und *Joachim Bornkamm*, 23. Aufl., München, 2004

Battis, Ulrich, Grenzen gewerblicher Betätigung des Friedhofträgers, GewArch 1982, S. 145

Beater, Axel, Unrechtmäßige Wirtschaftstätigkeit der Kommunen und Wettbewerbsrecht, in: Wallerath, Maximilian (Hrsg.), Kommunen im Wettbewerb. Wirtschaftliche Betätigung der Gemeinden, Baden-Baden, 2001, S. 67

Becker, Florian, Grenzenlose Kommunalwirtschaft, DÖV 2000, S. 1032

Becker, Jürgen, Öffentliche Unternehmen als Gegenstand des Wirtschaftsverwaltungsrechts. Rechtsdogmatische und rechtsvergleichende Aspekte, DÖV 1984, S. 313

Beckmann, Martin/David, Hans-Joachim, Kommunale Abfallwirtschaft als unlauterer Wettbewerb, DVBl. 1998, S. 1041

Bechtoldsheim, Caroline von/Heilfort, Kathleen,, Auswirkungen des neuen Sächsischen Gmeindewirtschaftsrechts auf gemischtwirtschaftliche Unternehmen, LKV 2005, S. 546

Bennemann, Gerhard/Beinlich, Rudolf/Brodbeck, Frank/Daneke, Uwe/Heinrich, Gerhold/Meiß, Enst/Simon, Arnulf/Teschke, Sven/Unger, Walter/Zahradnik, Stefan, Hessische Gemeindeordnung (HGO), in: Kommunalverfassungsrecht Hessen, Wiesbaden, Stand 8. Nachlieferung Dezember 2002

zitiert: *Bearbeiter*, in: Bennemann u.a. (Hrsg.), HGO, ...

Berg, Wilfried, Die wirtschaftliche Betätigung des Staates als Verfassungsproblem, GewArch 1990, S. 225

ders., Die wirtschaftliche Betätigung von Kommunen – kommunale Selbstverwaltung und Wettbewerb, WiVerw 2000, S. 141

ders., Verfassungsfragen wirtschaftlicher Betätigung des Staates, ThürVBl. 1994, S. 145

Blaum, Kurt, Öffentliche Verwaltung und wirtschaftliche Unternehmen, DVBl. 1958, S. 666

Bleckmann, Albert, Staatsrecht I – Staatsorganisationsrecht: Grundlagen, Staatszielbestimmungen und Staatsorganisationsrecht, Köln u.a., 1993

ders., Staatsrecht II – Die Grundrechte, 4. Aufl., Köln u.a., 1997

ders./Helm, Franziska, Die Grundrechtsfähigkeit juristischer Personen – Die Funktion des Art. 19 III GG, DVBl. 1992, S. 9

Bohley, Erich, Aus der neueren Rechtsprechung des Bayer. Verwaltungsgerichtshofs auf dem Gebiet des Kommunalrechts, BayVBl. 1959, S. 320

Bolsenkötter, Heinz/Dau, Horst/Zuschlag, Eckhard, Gemeindliche Eigenbetriebe und Anstalten. Länderübergreifende Darstellung, 5. Aufl., Stuttgart, 2004

Boysen, Harald Johannes, Kommunales out-sourcing – Rechtsprobleme der privatrechtlich verselbständigten Erfüllung kommunaler Aufgaben, VR 1996, S. 73

Braun, Christian, Tätigwerden von Stadtwerken außerhalb ihrer Gemeindegrenzen, SächsVBl. 1999, S. 25

Braun, Klaus, Kommentar zur Verfassung des Landes Baden-Württemberg, Stuttgart u.a., 1984

Brauser-Jung, Gerrit/Gerking, Wiebke, Staat und Kommunen als Konkurrenten der Privatwirtschaft? – Bericht über den 2. Hamburger Wirtschaftsrechtstag 1999 –, DVBl. 1999, S. 1491

Brede, Helmut, In der Zange: Unternehmen der öffentlichen Hand unter dem Druck von Subsidiaritätsprinzip und Marktöffnung in Deutschland, ZögU 26 (2003), S. 176

Breitkreuz, Tilman, Kommunale Freizeit- und Spaßbäder im System des Gemeindewirtschaftsrechts, ZögU 25 (2002), S. 209

Brenner, Michael, Die Neugestaltung gemeindlicher Einwirkungs- und Kontrollrechte auf privatrechtliche Unternehmen in Thüringen und die kommunale Selbstverwaltungsgarantie, LKV 2002, S. 7

ders., Gesellschaftsrechtliche Ingerenzmöglichkeiten auf privatrechtlich ausgestaltete kommunale Unternehmen, AöR 127 (2002), S. 222

Bretzinger, Otto N. (Hrsg.), Staats- und Verwaltungsrecht für Baden-Württemberg, Baden-Baden, 1991.

ders., Verfassung der Kommunen, in: Bretzinger, Otto N. (Hrsg.), Staats- und Verwaltungsrecht für Baden-Württemberg, Baden-Baden, 1991

Britz, Gabriele, Funktion und Funktionsweise öffentlicher Unternehmen im Wandel: Zu den jüngsten Entwicklungen im Recht der kommunalen Wirtschaftsunternehmen, NVwZ 2001, S. 380

Brohm, Winfried, Die Dogmatik des Verwaltungsrechts vor den Gegenwartsaufgaben der Verwaltung, 2. Mitbericht, VVDStRL 20 (1972), S. 245

ders., Die Konkurrentenklage, in: Erichsen, Hans-Uwe (Hrsg.), Festschrift für Christian-Friedrich Menger, Köln, Berlin, Bonn u.a., 1985, S. 235

ders., Wirtschaftstätigkeit der öffentlichen Hand und Wettbewerb, NJW 1994, S. 281

Broß, Siegfried, Ausgewählte Probleme des Wettbewerbs der öffentlichen Hand, VerwArch 87 (1996), S. 731

ders., Überlegungen zum Wettbewerb der öffentlichen Hand, in: Erdmann, Willi/Gloy, Wolfgang/Herber, Rolf (Hrsg.), Festschrift für Henning Piper, München, 1996, S. 107

ders., Zur Grundrechtsfähigkeit juristischer Personen des öffentlichen Rechts, VerwArch 77 (1986), S. 65

Bühler, Ottmar, Altes und Neues über Begriff und Bedeutung der subjektiven öffentlichen Rechte, in: Bachof, Otto/Drath, Martin/Gönnenwein, Otto/Walz, Ernst (Hrsg.), Forschungen und Berichte aus dem Öffentlichen Recht. Gedächtnisschrift für Walter Jellinek, München, 1955, S. 269

ders., Die subjektiven öffentlichen Rechte und ihr Schutz in der deutschen Verwaltungsrechtsprechung, Berlin u.a., 1914

Bulla, Eckart, Kommunale Wohnungsvermittlung – unzulässige wirtschaftliche Betätigung der Gemeinden?, DVBl. 1975, S. 643

Burgi, Martin, Das Kartellvergaberecht als Sanktions- und Rechtsschutzinstrument bei Verstößen gegen das kommunale Wirtschaftsrecht?, NZBau 2003, S. 539

ders., Kommunales Privatisierungsfolgenrecht: Vergabe, Regulierung und Finanzierung, NVwZ 2001, S. 601

ders., Neue Organisations- und Kooperationsformen im europäisierten kommunalen Wirtschaftsrecht – ein Plädoyer für die kommunale Organisationshoheit, in: Ruffert, Matthias (Hrsg.), Recht und Organisation. Staatsrecht – Verwaltungsrecht – Europarecht – Völkerrecht. Vorträge und Diskussionen zum Symposium anlässlich des 60. Geburtstages von Prof. Dr. Meinhard Schröder in Trier, Berlin, 2002, S. 55

ders., Verwalten durch öffentliche Unternehmen im europäischen Institutionenwettbewerb, VerwArch 93 (2002), S. 255

Classen, Claus Dieter, Wirtschaftliche Betätigung der Gemeinde und EG-Recht, in: Wallerath, Maximilian (Hrsg.), Kommunen im Wettbewerb. Wirtschaftliche Betätigung der Gemeinden, Baden-Baden, 2001, S. 85

Cosson, Rainer, Begrenzungen kommunaler wirtschaftlicher Betätigung im Bereich der Abfallwirtschaft, DVBl. 1999, S. 891

Cronauge, Urich/Westermann, Ulrich, Kommunale Unternehmen. Eigenbetriebe – Kapitalgesellschaften – Zweckverbände, 4. Aufl., Berlin, 2003

ders., Kommunale Wirtschaft zwischen Recht und Realität, Zur aktuellen Diskussion einer Anpassung des Gemeindewirtschaftsrechts an wettbewerbliche Rahmenbedingungen, AfK 1999, S. 24

Darsow, Thomas, Rechtsfragen im Zusammenhang mit der Subventionierung kommunaler Unternehmen, LKV 2002, S. 1

Dazert, Andreas/Mahlberg, Dirk, Betrieb eines kommunalen Windparks – Voraussetzungen und Grenzen nach dem Gemeindewirtschaftsrecht, NVwZ 2004, S. 158

David, Hans-Joachim, Wettbewerbsrechtliche Ansprüche gegen Betätigung von Kommunen und deren Gesellschaften, NVwZ 2000, S. 738

Degenhart, Christoph, Staatsrecht I - Staatszielbestimmungen, Staatsorgane, Staatsfunktionen, 19. Aufl., Heidelberg, 2003

Denninger, Erhard/Ridder, Helmut/Simon, Helmut/Stein, Ekkehart, Kommentar zum Grundgesetz für die Bundesrepublik Deutschland, Reihe Alternativkommentare, Band 1: Art. 1-37, 2. Aufl., Neuwied, 1989

Dickersbach, Alfred, Die wirtschaftliche Betätigung der öffentlichen Hand im Verhältnis zur Privatwirtschaft aus öffentlichrechtlicher Sicht, WiVerw 1983, S. 187

Diefenbach, Wilhelm, § 1 UWG als Schranke wirtschaftlicher Betätigung der Kommunen, WiVerw 2003, S. 99

ders., Zur Konkurrentenklage gegen unzulässige kommunale Wirtschaftstätigkeit, WiVerw 2003, S. 115

Dietlein, Johannes, Gebietsübergreifende kommunale Abfallentsorgung und Vergaberecht, NZBau 2003, S. 141

Doepner, Ulf, Unlauterer Wettbewerb durch Rechtsbruch – Quo vadis?, GRUR 2003, S. 825

ders., Unlauterer Wettbewerb durch Verletzung von Marktzutrittsregelungen?, WRP 2003, S. 1292

Dohms, Rüdiger, Die Vorstellungen der Kommission zur Daseinsvorsorge, in: Schwarze, Jürgen (Hrsg.), Daseinsvorsorge im Lichte des Wettbewerbsrechts, Baden-Baden, 2001, S. 41

Dolde, Klaus-Peter, Mehr Wettbewerb durch kommunale Unternehmen?, ZHR 166 (2002), S. 515

Dolzer Rudolf/Vogel, Klaus/Graßhof, Karin (Hrsg.), Kommentar zum Bonner Grundgesetz, Stand 111. Lieferung, Mai 2004

zitiert: BK-*Bearbeiter*

Dorn, Horst, Schadensersatzansprüche des Privatunternehmers wegen schädigenden Wettbewerbs durch Gemeindebetriebe, NJW 1964, S. 137

Döring, Thomas/Wohltmann, Matthias, Ausweitung kommunaler Wirtschaftstätigkeit aus finanzwirtschaftlicher Sicht, AfK 1999, S. 45

Dreher, Meinrad, Anmerkung zum Urteil des BGH v. 25.4.2002 – I ZR 250/00, ZIP 2002, S. 1648

ders., Wirtschaftsrecht und Wirtschaftsaufsicht, in: Canaris, Claus-Wilhelm/Heldrich, Andreas/Hopt, Klaus J./Roxin, Claus/Schmidt, Karsten/ Widmaier, Gunter (Hrsg.), 50 Jahre Bundesgerichtshof. Festgabe aus der Wissenschaft, Band II. Handels- und Wirtschaftsrecht, Europäisches und Internationales Recht, herausgegeben von Andreas Heldrich und Klaus J. Hopt, München, 2000, S. 713

Dreier, Horst (Hrsg.), Grundgesetz Kommentar,
Band I: Art. 1-19, Tübingen, 1996
Band II: Art. 20 82, Tübingen, 1998

Dürig, Günter, Die Geltung der Grundrechte für den Staatsfiskus und sonstige Fiskalate, BayVBl. 1959, S. 201

ders., Verfassung und Verwaltung im Wohlfahrtsstaat, JZ 1953, S. 193

Ehlers, Dirk, Anmerkung zum Urteil des BGH v. 25.4.2002 – I ZR 250/00, JZ 2003, S. 318

ders., Das neue Kommunalwirtschaftsrecht in Nordrhein-Westfalen, NWVBl. 2000, S. 1

ders., Die Anstalt des öffentlichen Rechts als neue Unternehmensform der kommunalen Wirtschaft, ZHR 167 (2003), S. 546

ders., Die verfassungsrechtliche Garantie der kommunalen Selbstverwaltung, DVBl. 2000, S. 1301

ders., Die wirtschaftliche Betätigung der öffentlichen Hand in der Bundesrepublik Deutschland, JZ 1990, S. 1089

ders., Die Zulässigkeit einer erwerbswirtschaftlichen Betätigung der öffentlichen Hand, Jura 1999, S. 212

ders., Empfiehlt es sich, das Recht der öffentlichen Unternehmen im Spannungsfeld von öffentlichem Auftrag und Wettbewerb national und gemeinschaftsrechtlich neu zu regeln? Gutachten E zum 64. Deutschen Juristentag Berlin 2002, München 2002; Kurzfassung in NJW Beilage 23/2002, S. 33

ders., Kommunalaufsicht und europäisches Gemeinschaftsrecht, DÖV 2001, S. 412

ders., Rechtsprobleme der Kommunalwirtschaft, DVBl. 1998, S. 497

ders., Verwaltung in Privatrechtsform, Berlin, 1984

Emmerich, Volker, Das Wirtschaftsrecht der öffentlichen Unternehmen. Zur Stellung der Gemeinden in der Energieversorgung, Bad Homburg u.a., 1969

ders., Die kommunalen Versorgungsunternehmen zwischen Wirtschaft und Verwaltung. Zur Stellung der Gemeinden in der Energieversorgung, Frankfurt am Main, 1970

ders., Entscheidungsbesprechung BVerwG vom 22.2.1972, JuS 1972, S. 596

ders., Entscheidungsbesprechung OLG Hamm vom 23.9.1997, JuS 1999, S. 191

ders., Neues zur Zulässigkeit der wirtschaftlichen Betätigung der öffentlichen Hand, AG 1985, S. 293

ders., Unlauterer Wettbewerb. Ein Studienbuch, 6. Aufl., München, 2002

Enkler, Claus, Wirtschaftliche Betätigung der Kommunen in neuen Geschäftsfeldern, ZG 1998, S. 328

Ennuschat, Jörg, BB-Kommentar zum Urteil des OLG Hamm vom 23.9.1997, BB 1999, S. 494

ders., Kommunalwirtschaft und Wettbewerbsrecht, WRP 1999, S. 405

Erbguth, Wilfried/Schlacke, Sabine, Zur gemeindewirtschaftsrechtlichen Zulässigkeit kommunaler Wirtschaftsförderung in Nordrhein-Westfalen – Zugleich ein Beitrag zu den Grenzen der Privilegierung des § 107 II GO, NWVBl. 2002, S. 258

Erdmann, Joachim, Die Anstalt öffentlichen Rechts – eine neue Rechtsform für gemeindliche Betriebe in Niedersachsen, NdsVBl. 2003, S. 261

ders., Wirtschaftliche Betätigung von Wirtschaftskammern, DVBl. 1998, S. 13

Erichsen, Hans-Uwe, Gemeinde und Private im wirtschaftlichen Wettbewerb, Heidelberg, 1987

ders., Kommunalrecht des Landes Nordrhein-Westfalen, 2. Aufl., Siegburg, 1997

ders./Ebber, Bodo, Die Grundrechtsbindung des privatrechtlich handelnden Staates, Jura 1999, S. 373

Eujen, Heiko, Neues kommunales Unternehmensrecht und Beteiligungsmanagement – ein kritischer Überblick, BWGZ 2000, S. 185

Eyermann, VwGO, 11. Aufl., München, 2000

Faber, Angela, Aktuelle Entwicklungen des Drittschutzes gegen die kommunale wirtschaftliche Betätigung, DVBl. 2003, S. 761

dies., Die Zukunft kommunaler Selbstverwaltung und der Gedanke der Subsidiarität in den Europäischen Gemeinschaften, DVBl. 1991, S. 1126

Fabry, Beatrice/Augsten, Ursula (Hrsg.), Handbuch Unternehmen der öffentlichen Hand, Baden-Baden, 2002

Faiß, Friedrich/Faiß, Konrad/Giebler, Peter u.a., Kommunales Wirtschaftsrecht in Baden-Württemberg – Systematische Darstellung zur Finanzwirtschaft der Kommunen –, 7. Aufl., Stuttgart u.a., 2002

von Falck, Kurt, Anmerkung zum Urteil des BGH „Blockeis II", GRUR 1965, S. 375

Fees, Karl/Jäkle, Eduard/Brunner, Erwin, Deutsche Gemeindeordnung vom 30. Januar 1935 mit amtlicher Begründung und den Vollzugsbestimmungen unter besonderer Berücksichtigung der Verhältnisse des Landes Baden, Stuttgart u. Karlsruhe, 1936

Fehling, Michael, Zu Möglichkeiten und Grenzen identischer Wettbewerbsbedingungen für öffentliche Unternehmen der Daseinsvorsorge und private Konkurrenten, in: Schwarze, Jürgen (Hrsg.), Daseinsvorsorge im Lichte des Wettbewerbsrechts, Baden-Baden, 2001, S. 195

Feuchte, Paul (Hrsg.), Verfassung des Landes Baden-Württemberg, Stuttgart u.a., 1987

Fischerhof, Hans, „Daseinsvorsorge" und wirtschaftliche Betätigung der Gemeinden, DÖV 1960, S. 41

ders., Öffentliche Versorgung mit Wasser, Gas, Elektrizität und öffentliche Verwaltung, DÖV 1957, S. 305

Forsthoff, Ernst, Lehrbuch des Verwaltungsrechts. Erster Band: Allgemeiner Teil, 10. Aufl., München, 1973

Frenz, Walter, Verwaltungsgerichtlicher Rechtsschutz in Konkurrenzsituationen, Berlin, 1999 *ders.*, Wettbewerbsrechtliche Absicherung privater Entsorgungsverantwortung – Zum Spannungsfeld von KrW-/AbfG, GO und UWG, DÖV 2000, S. 802

ders., Wettbewerb in der Abfallwirtschaft, WRP 2003, S. 455

Friehe, Heinz-Josef, Das Abwehrrecht des Wettbewerbers gegen die Subventionierung eines Konkurrenten, JuS 1981, S. 867

Fröhler, Ludwig/Kormann, Joachim, Die Handwerkskammer als Unternehmer?, GewArch 1984, S. 177

Frotscher, Werner, Wirtschaftsverfassungs- und Wirtschaftsverwaltungsrecht, 3. Aufl., München, 1999

Fuchs, Andreas, Zivilrechtliche Sanktionen gegen gesetzwidrigen Wettbewerb durch die öffentliche Hand? Eine Untersuchung zum Wettbewerbsverstoß durch Rechtsbruch am Beispiel der kommunalrechtlichen Vorschriften über die wirtschaftliche Betätigung der Gemeinden, in: Eberle, Carl-Eugen/Ibler, Martin/Lorenz, Dieter (Hrsg.), FS f. Winfried Brohm, München, 2002, S. 275

Fuest, Winfried/Kroker, Rolf/Schatz, Klaus-Werner, Die wirtschaftliche Betätigung der Kommunen und die Daseinsvorsorge, Köln, 2002

Gaa, Meinhard, Anwendung privaten Wettbewerbsrechts bei schlicht hoheitlichem Handeln?, WRP 1997, S. 837

Gabler, Manfred/Höhlein, Burkard/Klöckner, Werner/Lukas, Helmut/Oster, Rudolf/Rheindorf, Beate/Schaaf, Edmund/Stubenrauch, Hubert/Tutschapsky, Uwe, Gemeindeordnung (GemO), Landkreisordnung (LKO), Bezirksordnung (BezO), in: Kommunalverfassungsrecht Rheinland-Pfalz, Wiesbaden, Stand 20. Nachlieferung März 2003

zitiert: *Bearbeiter*, in: Gabler u.a. (Hrsg.), GemO Rh.-Pf., ...

von Gamm, Otto-Friedrich, Verfassungs- und wettbewerbsrechtliche Grenzen des Wettbewerbs der öffentlichen Hand, WRP 1984, S. 303

Gassner, Ulrich M., Der praktische Fall – Öffentliches Recht: Außenpolitik versus Außenwirtschaft, JuS 1994, S. 684

Geis, Max-Emanuel, Die öffentliche Förderung sozialer Selbsthilfe. Verfassungsrechtliche Grundlagen und verwaltungsrechtliche Ausgestaltung, Baden-Baden, 1997

ders., „Political question doctrine“ im Recht des kommunalen Finanzausgleichs?, in: Geis, Max- Emanuel/Lorenz, Dieter (Hrsg.), FS f. Hartmut Maurer, München, 2001, S. 79

Geist-Schell, Franz, Verfahrensfehler und Schutznormtheorie: die verwaltungsprozessuale Handhabung verfahrensfehlerhaften Verwaltungshandelns, Frankfurt/Main, 1988

Gerke, Jürgen, Die wirtschaftliche Betätigung der Gemeinden, Jura 1985, S. 349

Gern, Alfons, Deutsches Kommunalrecht, 3. Aufl., Baden-Baden, 2003

ders., Kommunalrecht Baden-Württemberg, 8. Aufl., Baden-Baden, 2001

ders., Sächsisches Kommunalrecht, 2. Aufl., Baden-Baden, 2000

ders., Wirtschaftliche Betätigung der Gemeinden außerhalb des Gemeindegebiets, NJW 2002, S. 2593

Gerstner, Stephan, Die Drittschutzdogmatik im Spiegel des französischen und britischen Verwaltungsgerichtsverfahrens: eine vergleichende Untersuchung zur öffentlich-rechtlichen Klagebefugnis am Beispiel des Umweltschutzes, Berlin, 1995

Gersdorf, Hubertus, Öffentliche Unternehmen im Spannungsfeld zwischen Demokratie- und Wirtschaftlichkeitsprinzip, Tübingen, 2000

Glahs, Heike, Anmerkung zum Beschluss des OLG Naumburg vom 9.9.2003, VergabeR 2004, S. 85

dies./ Külpmann, Christoph, Die kommunalrechtlich unzulässige Betätigung öffentlicher Unternehmen im Vergaberecht – zugleich Anmerkung zu BGH, Urteil vom 24.5.2002 – I ZR 250/00 -, VergabeR 2002, 467 sowie OLG Düsseldorf, Urteil vom 17.6.2002 – Verg 18/02 -, VergabeR 2002, 471, VergabeR 2002, S. 555

Glauben, Paul J., Wirtschaftliche Betätigung der Kommunen in Privatrechtsform. Zulässigkeit und gesetzliche Einrichtung einer Rechnungsprüfung, ZG 1997, S. 148

Glietsch, Carsten, Kommunale Forderungen im EU-Verfassungsentwurf weitgehend berücksichtigt, BGWZ 2003, S. 674

ders., Kommt bald ein Europäisches Gesetz zur Daseinsvorsorge, BWGZ 2003, S. 679

Gloy, Wolfgang/Loschelder, Michael (Hrsg.), Handbuch des Wettbewerbsrechts, 3. Aufl., München, 2005

Göbel, Kurt, Gemeindeordnung für Baden-Württemberg, erläutert unter Mitwirkung von Verwaltungsrat *Karl Fröhner*, Stuttgart, 1956

Gönnenwein, Otto, Anmerkung zum Urteil des BGB vom 26.5.1961, JZ 1962, S. 219

ders., Gemeinderecht, Tübingen, 1963

Gottschalk, Wolf, Staat und Gemeinden als Konkurrenten der Privatwirtschaft? – Aus Sicht der kommunalen Unternehmen –, in: Wallerath, Maximilian (Hrsg.), Kommunen im Wettbewerb. Wirtschaftliche Betätigung der Gemeinden, Baden-Baden, 2001, S. 39

Götz, Volkmar, Die Betrauung mit Dienstleistungen von allgemeinem wirtschaftlichen Interesse (Art. 86 Abs. 2 EG) als Akt der öffentlichen Gewalt, in: Geis, Max- Emanuel/Lorenz, Dieter (Hrsg.), FS f. Hartmut Maurer, München, 2001, S. 921

Grawert, Rolf, Zuständigkeitsgrenzen der Kommunalwirtschaft, in: Grupp, Klaus/Ronellenfitsch, Michael (Hrsg.), Festschrift Blümel, Berlin, 1999, S. 119

Grimm-Benne, Petra, Die Möglichkeiten einer wirtschaftlichen Betätigung von Gemeinden im Land Sachsen-Anhalt, LKV 1996, S. 54

Gronemeyer, Steffen, Rechtsschutz gegen gewinnorientierte Tätigkeit der öffentlichen Hand, in: Stober, Rolf/Vogel, Hanspeter (Hrsg.), Wirtschaftliche Betätigung der öffentlichen Hand. Staat und Kommunen als Konkurrent der Privatwirtschaft, Köln u.a., 2000, S. 167

Gröning, Jochem, Kommunalrechtliche Grenzen der wirtschaftlichen Betätigung der Gemeinden und Drittschutz auf dem ordentlichen Rechtsweg, WRP 2002, S. 17

ders., Public Private Partnerships unter den Zwängen des Vergabe-, Gemeindewirtschafts- und Wettbewerbsrechts, ZIP 2001, S. 497

Gröpl. Christoph, Beeinträchtigung kommunaler Aufgaben durch die Zulassung privater Feuerbestattungsanlagen?, BayVBl. 1995, S. 485

Grupp, Klaus, Haushaltsrecht, in: Achterberg, Norbert/Püttner, Günter/Würtenberger, Thomas (Hrsg.), Besonderes Verwaltungsrecht Band II, 2. Aufl., Heidelberg, 2000

ders., Steuerung des Verwaltungshandelns durch Wirtschaftlichkeitskontrolle? Zum zweiten Beratungsgegenstand der Staatsrechtslehrertagung, DÖV 1983, S. 661

ders., Wirtschaftliche Betätigung der öffentlichen Hand unter dem Grundgesetz, ZHR 140 (1976), S. 367

Gundlach, Ulf, Das Gesetz zur Änderung kommunalwirtschaftlicher Vorschriften der Gemeindeordnung Sachsen-Anhalt, LKV 2001, S. 354

ders., Die Erweiterung des kommunalen Wirtschaftsrechts in Sachsen-Anhalt, LKV 2002, S. 264

Gundlach, Ulf/Schmidt, Nikolaus, Kurzkommentar zum Urteil des BGH v. 25.4.2002 – I ZR 250/00, EWiR 2002, S. 829

dies., Kurzkommentar zum Urteil des OLG Düsseldorf v. 29.5.2001 – 20 U 152/00, EWiR 2002, S. 545

Gusy, Christoph, Die wirtschaftliche Betätigung des Staates, JA 1995, S. 166, S. 253

Habermehl, Kai, Der praktische Fall: Stadtwerke-Kurier, VR 1986, S. 269

ders., Wirtschaftliche Betätigung der Kommunen und Abwehransprüche des privaten Konkurrenten, VR 1987, S. 105

Hadamek, Zulässigkeit und Grenzen der wirtschaftlichen Betätigung der Kommunen, Ausarbeitung der wissenschaftlichen Dienste des Deutschen Bundestages, Reg.-Nr.: WF III – 188/96, Bonn, 1996

Hannamann, Isolde, Standortvorteile der öffentlichen Hand und kartellrechtliches Behinderungsverbot – Dargestellt am Beispiel des KfZ-Schilderverkaufs durch Gebietskörperschaften, Der Städtetag 1996, S. 738

Hailbronner, Kay, Öffentliche Unternehmen im Binnenmarkt – Dienstleistungsmonopole und Gemeinschaftsrecht, NJW 1991, S. 593

Harks, Thomas, Kommunale Beschäftigungsgesellschaften zwischen sozialem Auftrag und wirtschaftlichem Wettbewerb, DÖV 2003, S. 114

Harms, Wolfgang, Unlauterer Wettbewerb durch wirtschaftliche Aktivitäten öffentlicher Hände, Bemerkungen zu den Augenoptiker-Urteilen des BGH, BB 1986, Beilage 17, S. 1

Harte-Bavendamm, Henning/Henning-Bodewig, Frauke (Hrsg.), Gesetz gegen den unlauteren Wettbewerb (UWG) – Kommentar, München, 2004

Hartung, Sven, Zur Grundrechtsfähigkeit der Betreiber von Kernkraftwerken, DÖV 1992, S. 393

Haslinger, Stephanie, Schutzlos gegen rechtswidrigen Marktzutritt der öffentlichen Hand, WRP 2002, S. 1023

Häuselmann, Holger, Kommunale Unternehmensformen, VBlBW 1983, S. 230

Hattig, Oliver/Ruhland, Bettina, Kooperationen der Kommunen mit öffentlichen und privaten Partnern und ihr Verhältnis zum Vergaberecht, VergabeR 2005, S. 425

Hecker, Jan, Privatisierung unternehmenstragender Anstalten öffentlichen Rechts – Anstaltsrechtliche, demokratiestaatliche und privatisierungstheoretische Überlegungen am Beispiel der Teilprivatisierung der Berliner Wasserbetriebe (BWB), VerwArch 92 (2001), S. 261

Heimlich, Jörn, Zur Zulässigkeit der Werbung von Hoheitsträgern am Beispiel der öffentlichen Feuerwehr, NVwZ 2000, S. 746

Heintzen, Markus, Rechtliche Grenzen und Vorgaben für eine wirtschaftliche Betätigung von Kommunen im Bereich der gewerblichen Gebäudereinigung, Bonn, 1998

ders., Zur Tätigkeit kommunaler (Energieversorgungs-) Unternehmen außerhalb der kommunalen Gebietsgrenzen, NVwZ 2000, S. 743

Held, Friedrich Wilhelm, Änderungsnotwendigkeiten und Änderungsmöglichkeiten des Gemeindewirtschaftsrechts, in: Henneke (Hrsg.), Organisation kommunaler Aufgabenerfüllung: Optimierungspotentiale im Spannungsfeld von Demokratie und Effizienz. Professorengespräch 1997 des Deutschen Landkreistages am 20. und 21. März 1997 im Rhein-Sieg-Kreis, Stuttgart u.a., 1998, S. 113

ders., Die Neufassung des NRW-Gemeindewirtschaftsrechts, Ziele und Wege, NWVBl. 1995, S. 325

ders., Die Zukunft der Kommunalwirtschaft im Wettbewerb mit der privaten Wirtschaft – Änderungen des Gemeindewirtschaftsrechts in Nordrhein-Westfalen, NWVBl. 2000, S. 201

ders., Die Zukunft der Kommunalwirtschaft im Wettbewerb mit der privaten Wirtschaft – Änderungen des Gemeindewirtschaftsrechts in Nordrhein-Westfalen, DNV 2/2000, S. 8

ders., Ist das kommunale Wirtschaftsrecht noch zeitgemäß? – Zugleich ein Beitrag zur wirtschaftlichen und nichtwirtschaftlichen Betätigung der Gemeinden, WiVerw 1998, S. 264

ders./Becker, Ernst/Decker, Heinrich/Kirchhof, Roland/Krämer, Franz/Wansleben, Rudolf, Gemeindeordnung für das Land Nordrhein-Westfalen (GO), in: Kommunalverfassungsrecht Nordrhein-Westfalen, Wiesbaden, Stand 9. Nachlieferung September 2000

zitiert: Bearbeiter, in: Held u.a. (Hrsg.), GO NRW, ...

Heller, Robert F., Haushaltsgrundsätze für Bund, Länder und Gemeinden: systematische Darstellung, Heidelberg, 1998

Hellermann, Johannes, Örtliche Daseinsvorsorge und gemeindliche Selbstverwaltung. Zum kommunalen Betätigungs- und Gestaltungsspielraum unter den Bedingungen europäischer und staatlicher Deregulierungspolitik, Tübingen, 2000

Henke, Wilhelm, Das subjektive öffentliche Recht, Tübingen, 1968

Henneke, Hans-Günter, Anmerkung zum Urteil des VerfGH Rh.-Pf. vom 28.3.2000, DVBl. 2000, S. 997

ders., Auf ein Wort: Perspektiven der Kommunalwirtschaft, Der Landkreis 2000, S. 169

ders., Das Recht der Kommunalwirtschaft in Gegenwart und Zukunft, NdsVBl. 1999, S. 1

ders., Differenzierung zwischen Marktverhaltens- und Marktzugangsrecht statt Wettbewerbsverstoß durch Rechtsbruch – Neue Rechtsprechungslinie zum Rechtsschutz gegen kommunalwirtschaftliche Betätigung, NdsVBl. 2002, S. 318

ders., Einnahmeerzielung aus kommunalwirtschaftlicher Betätigung – eine Alternative zum kommunalen Finanzausgleich?, Der Landkreis 1999, S. 226

ders., Gewinnerzielung und Arbeitsplatzsicherung als Legitimation kommunalwirtschaftlicher Betätigung? – Verfassungsrechtliche Aspekte, NdsVBl. 1998, S. 273

ders., Öffentliches Finanzwesen, Finanzverfassung, 2. Aufl., Heidelberg, 2000

ders., Optimale Aufgabenerfüllung im Kreisgebiet? – Bericht über das Professorengespräch 1998 des Deutschen Landkreistages am 19./20. März im Landkreis Oberhavel, DVBl. 1998, S. 685

ders. (Hrsg.), Organisation kommunaler Aufgabenerfüllung: Optimierungspotentiale im Spannungsfeld von Demokratie und Effizienz. Professorengespräch 1997 des Deutschen Landkreistages am 20. und 21. März 1997 im Rhein-Sieg-Kreis, Stuttgart u.a., 1998

ders. (Hrsg.), Stärkung der kommunalen Handlungs- und Entfaltungsspielräume. Professorengespräch 1994 des Deutschen Landkreistages am 24. und 25. März im Landkreis Bamberg, Stuttgart u.a., 1996

ders., Weiterentwicklung des kommunalen Wirtschafts- und Sparkassenrechts im Lichte des EG-Vertrags, ?, in: Geis, Max- Emanuel/Lorenz, Dieter (Hrsg.), FS f. Hartmut Maurer, München, 2001, S. 1137

ders., Wind of Change – Neue Entwicklungen im Recht der Kommunalwirtschaft, Der Landkreis 1999, S. 577, 656

Hennerkes, Jörg, Für eine Zukunft der Stadtwirtschaft, 13 Thesen, AfK 1999, S. 65

Henning-Bodewig, Frauke, Das neue Gesetz gegen den unlauteren Wettbewerb, GRUR 2004, S. 713

Heßhaus, Matthias, Kommunale Wirtschaftsbetätigung und Lauterkeit des Wettbewerbs – Zugleich eine Anmerkung zum Urteil des BGH vom 26.9.2002 – I ZR 293/99 sowie zum Beschluss des OLG Düsseldorf vom 17.6.2002 – Verg 18/02, NWVBl. 2003, S. 173

Heuer, Ernst (Hrsg.), Kommentar zum Haushaltsrecht, Band 1, Neuwied, Stand 16. EL Dezember 1992

Heugel, Klaus, Die Debatte über die wirtschaftliche Betätigung der Gemeinden im Rahmen der neuen Gemeindeordnung, NWVBl. 1995, S. 329.

Hidien, Jürgen W., Das Ermessen der Gemeinden über die Zweckbindung ihrer wirtschaftlichen Unternehmen, DÖV 1983, S. 1002

ders., Die positive Konkretisierung der öffentlichen Zweckbindung kommunaler Wirtschaftsunternehmen, Frankfurt am Main u.a., 1984 *ders.*, Gemeindliche Betätigungen rein erwerbswirtschaftlicher Art und „öffentlicher Zweck" kommunaler wirtschaftlicher Unternehmen, Berlin, 1981

ders., Zur rechtlichen Zulässigkeit wirtschaftlicher Nebentätigkeiten kommunaler Einrichtungen, GewArch 1983, S. 177

Hill, Hermann, In welchen Grenzen ist kommunalwirtschaftliche Betätigung Daseinsvorsorge?, BB 1997, S. 425;
abgedruckt auch in *ders.*, Kommunalwirtschaft, 1998, S. 21 – 40.

ders,. Kommunalwirtschaft, Speyerer Arbeitshefte Nr. 118, Speyer, 1998

Hoffmann-Becking, Michael, Die Begrenzung der wirtschaftlichen Betätigung der öffentlichen Hand durch Subsidiaritätsprinzip und Übermaßverbot, in: Menger, Christian-Friedrich (Hrsg.), Festschrift für Hans J. Wolff, München, 1973, S. 445

Hofman, Rainer, Privatisierung kommunaler Verwaltungsaufgaben – Rechtliche Rahmenbedingungen am Beispiel Baden-Württembergs, VBlBW 1994, S. 121

Hollenbach, Axel, Zur Rechtsaufsicht der Gemeinden in Baden-Württemberg, VBlBW 2000, S. 464

Hölzl, Josef/Hien, Eckart, Gemeindeordnung mit Verwaltungsgemeinschaftsordnung, Landkreisordnung und Bezirksordnung für den Freistaat Bayern. Kommentar, München u.a., Stand 31. EL, Mai 2003

Hoppe, Werner/Uechtritz, Michael (Hrsg.), Handbuch Kommunale Unternehmen, Köln, 2004

Horn, Lutz, Neuere Tendenzen im Vergaberecht – Die Kommune als Auftragsgeberin, NVwZ 2001, S. 647

Hösch, Ulrich, Daseinsvorsorge und Territorialitätsprinzip im öffentlichen Personennahverkehr, GewArch 2001, S. 223

ders., Der öffentliche Zweck als Voraussetzung kommunaler Wirtschaftstätigkeit, GewArch 2000, S. 1

ders., Die kommunale Wirtschaftstätigkeit: Teilnahme am wirtschaftlichen Wettbewerb oder Daseinsvorsorge, Tübingen, 2000

ders., Öffentlicher Zweck und wirtschaftliche Betätigung von Kommunen, DÖV 2000, S. 393

ders., Wirtschaftliche Betätigung von gemeindlichen Unternehmen und von Privaten – ein Vergleich, WiVerw 2000, S. 159

Huber, Peter Michael, Konkurrentenklagen, in: Stober (Hrsg.), Rechtsschutz im Wirtschaftsverwaltungs- und Umweltrecht, Stuttgart u.a., 1993, S. 50

ders., Konkurrenzschutz im Verwaltungsrecht: Schutzanspruch und Rechtsschutz bei Lenkungs- und Verteilungsentscheidungen der öffentlichen Verwaltung, Tübingen, 1991

Hubmann, Heinrich, Der unlautere Wettbewerb der öffentlichen Hand, WiVerw 1982, S. 41

Hübschle, Wolfgang, Wettbewerbsrechtliche Abwehransprüche gegen die unternehmerische Betätigung der öffentlichen Hand, GewArch 2000, S. 186

Hufen, Friedhelm, Aufgabenentzug durch Aufgabenüberlastung – Verfassungsrechtliche Grenzen der Überwälzung kostenintensiver Staatsaufgaben auf die Kommunen, DÖV 1998, S. 276

ders., Die Zukunft der kommunalen Selbstverwaltung, in: Geis, Max- Emanuel/Lorenz, Dieter (Hrsg.), FS f. Hartmut Maurer, München, 2001, S. 1177

ders., Fehler im Verwaltungsverfahren: Ein Handbuch für Ausbildung und Praxis, 4. Aufl., Baden-Baden, 2002

Hülsdünker, Stefan, Privatisierung stärkt kommunale Kernkompetenzen, DNV 3/99, S. 27

Immenga, Ulrich, Wettbewerbsrechtliche Grenzen von Standortvorteilen der öffentlichen Hand, NJW 1995, S. 1921

Ipsen, Jörn, Allgemeines Verwaltungsrecht, Köln u.a., 2000

ders., Niedersächsisches Kommunalrecht, 2. Aufl., Stuttgart u.a., 1999

Isensee, Josef, Privatwirtschaftliche Expansion öffentlich-rechtlicher Versicherer. Zur verfassungsrechtlichen Zulässigkeit der Gründung einer Krankenversicherungs-Aktiengesellschaft durch öffentlich-rechtliche Versicherungsunternehmen, DB 1979, S. 145

ders., Subsidiaritätsprinzip und Verfassungsrecht, Eine Studie über das Regulativ des Verhältnisses von Staat und Gesellschaft, Berlin, 1968

Isensee, Josef/Kirchhof, Paul (Hrsg.),Handbuch des Staatsrechts der Bundesrepublik Deutschland,

Band III: Das Handeln des Staates, 2. Aufl., Heidelberg, 1996

Band IV: Finanzverfassung – Bundesstaatliche Ordnung, Heidelberg, 1990

Band V: Allgemeine Grundrechtslehren, Heidelberg, 1992

Band VI: Freiheitsrechte, Heidelberg, 1989

zitiert: *Bearbeiter*, in: HdBStR III, § xy Rn. xy

Jaeger, Wolfgang, Kommunen und Wettbewerbsrecht – Erfahrungen aus der Praxis, in: Schwarze, Jürgen (Hrsg.), Daseinsvorsorge im Lichte des Wettbewerbsrechts, Baden-Baden, 2001, S. 165

Jahn, Ralf, Anmerkung zum Urteil des LG Düsseldorf vom 26.7.2000 – 34 O 15/2000 (GewArch 2001, 238), GewArch 2001, S. 240

Jänicke, Katrin/Betz, Kora, Die Anstalt öffentlichen Rechts – Ausgestaltungsmöglichkeiten, Anstaltslast, Gewährträgerhaftung und Vergaberecht, AbfallR 2002, S. 232

Jarass, Hans D., Die Vorgaben des Gemeinderechts für rechtlich selbständige Unternehmen der Kommunen, NVWBl. 2002, S. 335

ders., Kommunale Wirtschaftsunternehmen und Verfassungsrecht, DÖV 2002, S. 489

Jarass, Hans D./Pieroth, Bodo, Grundgesetz für die Bundesrepublik Deutschland, 7. Aufl., München, 2004

Kämmerer, Jörn Axel, Daseinsvorsorge als Gemeinschaftsziel oder: Europas „soziales Gewissen“, NVwZ 2002, S. 1041

Kaltenborn, Markus, Gemeinden im Wettbewerb mit Privaten – Zu den Änderungen des kommunalen Wirtschaftsrechts in Nordrhein-Westfalen, WuW 2000, S. 488

Kämper, Norbert/ Heßhaus Matthias, Beteiligung öffentlicher Unternehmen an Ausschreibungen, NWVBl. 2001, S. 377

Karst, Thomas, Die Garantie kommunaler Selbstverwaltung im Spannungsfeld zwischen konservativer Verfassungslehre und faktischen Marktzwängen – Dargestellt am Beispiel der kommunalen Energiewirtschaft, DÖV 2002, S. 809

Katz, Alfred, Kommunale Wirtschaft. Öffentliche Unternehmen zwischen Gemeinwohl und Wettbewerb, Stuttgart, 2004

ders. Neuordnung des Rechts der kommunalen Unternehmen? Beschlüsse des 64. Deutschen Juristentags in Berlin zum Recht der öffentlichen Unternehmen, BWGZ 2003, S. 207

ders., Wirtschaftliche Betätigung der Kommunen zwischen Gesetzesvorbehalten und Wettbewerb, BWGZ 1998, S. 687

Keßler, Jürgen, Die kommunale GmbH und Aktiengesellschaft. Zu den gesellschaftsrechtlichen Grenzen privatwirtschaftlicher Gestaltungsfreiheit, DNV 4/2000, S. 14

Kimminich, Otto, Der Schutz kommunaler Unternehmen gegen konfiskatorische Eingriffe, Köln u.a., 1982

Kirchmer, Manfred, Fortentwicklung des Gemeindewirtschaftsrechts in Sachsen-Anhalt, LKV 1999, S. 446

Kirchhof, Paul, Der Leistungswettbewerb unter Einsatz der Beitragshoheit – Zum rechtsstaatlichen Gehalt von Geld- oder Sachleistungen durch den gesetzlichen Krankenversicherer, DVBl. 1982, S. 933

ders., Die Steuerung des Verwaltungshandelns durch Haushaltsrecht und Haushaltskontrolle, NVwZ 1983, S. 505

Klang, Klaus A./Gundlach, Ulf, Gemeindeordnung und Landkreisordnung Sachsen-Anhalt: Kommentar, 2. Aufl., Stuttgart u.a., 1999

Klein, Hans H., Die Teilnahme des Staates am wirtschaftlichen Wettbewerb, Stuttgart u.a., 1968

Klüber, Hans, Das Gemeinderecht in den Ländern der Bundesrepublik Deutschland, Berlin u.a., 1972

Kluth, Winfried, Eingriff durch Konkurrenz. Zur grundrechtsdogmatischen Verortung kommunaler Teilnahme am wirtschaftlichen Wettbewerb, WiVerw 2000, S. 184

ders., Grenzen kommunaler Wirtschaftsteilnahme, Grenzen wirtschaftlicher Betätigung von Gemeinden und Gemeindeverbänden im Wettbewerb mit Privaten im Bereich der Sozialwirtschaft, Zur Dogmatik der wirtschaftlichen Betätigung des Staates, Köln u.a., 1988

ders., Öffentlich-rechtliche Zulässigkeit gewinnorientierter staatlicher und kommunaler Tätigkeit, in: Stober, Rolf/ Vogel, Hanspeter (Hrsg.), Wirtschaftliche Betätigung der öffentlichen Hand. Staat und Kommunen als Konkurrent der Privatwirtschaft, Köln u.a., 2000, S. 23

Knauff, Matthias/Nolte, Frank, Narrenfreiheit für kommunale Unternehmen? Das Urteil des BGH vom 25. April 2002 betreffend die fehlende Wettbewerbswidrigkeit gemeindeordnungswidriger wirtschaftlicher Betätigung und seine Folgen, VR 2003, S. 3

Knemeyer, Franz-Ludwig, Bayerisches Kommunalrecht, 10. Aufl., Stuttgart u.a., 2000

ders., Das selbständige Kommunalunternehmen des Öffentlichen Rechts, in: Henneke (Hrsg.), Organisation kommunaler Aufgabenerfüllung: Optimierungspotentiale im Spannungsfeld von Demokratie und Effizienz. Professorengespräch 1997 des Deutschen Landkreistages am 20. und 21. März 1997 im Rhein-Sieg-Kreis, Stuttgart u.a., 1998, S. 131

ders., Staatsaufsicht über Kommunen, JuS 2000, S. 521

ders., Vom kommunalen Wirtschaftsrecht zum kommunalen Unternehmensrecht – Beispielhafte Fortentwicklung eines überalterten Rechtsbereichs, BayVBl. 1999, S. 1

ders./Kempen, Bernhard, Kommunales Wirtschaftsrecht, in Achterberg, Norbert/Püttner, Günter/Würtenberger, Thomas (Hrsg.), Besonderes Verwaltungsrecht, Band II, 2. Aufl., Heidelberg, 2000

ders./Wehr, Matthias, Die Garantie der kommunalen Selbstverwaltung nach Art. 28 Abs. 2 GG in der Rechtsprechung des Bundesverfassungsgerichts, VerwArch 2001, S. 317

von Köckritz, Sieghardt/Ermisch, Günter, weitergeführt von *Dittrich, Norbert/Lamm, Christel*, Bundeshaushaltsordnung. Kommentar. München u.a., Stand 1.5.2000

Köhler, Helmut, Das neue kommunale Unternehmensrecht in Bayern, BayVBl. 2000, S. 1

ders., Das neue UWG, NJW 2004, S. 2121

ders., Der Rechtsbruchtatbestand im neuen UWG, GRUR 2004, S. 381

ders., Wettbewerbsrecht im Wandel: Die neue Rechtsprechung zum Tatbestand des Rechtsbruchs, NJW 2002, S. 2761

ders., Wettbewerbsrechtliche Grenzen der Betätigung kommunaler Unternehmen, WRP 1999, S. 1205

ders., Wettbewerbsverstoß durch rechtswidrigen Marktzutritt?, GRUR 2001, S. 777

ders./Piper, Henning, Gesetz gegen den unlauteren Wettbewerb mit Preisangabenverordnung. Kommentar, 3. Aufl., München 2002

Koehler, Matthias, Die Reform des Gemeindewirtschaftsrechts in Nordrhein-Westfalen – zu Inhalt und Verfassungsmäßigkeit des § 107 GO NW n.F., VR 2000, S. 44

König, Sigurd, Drittschutz: der Rechtsschutz Drittbetroffener gegen Bau- und Anlagengenehmigungen im öffentlichen Baurecht, Immissionsschutzrecht und Atomrecht, Berlin, 1993

Kopp, Ferdinand O./ Schenke, Wolf-Rüdiger, Verwaltungsgerichtsordnung, 13. Aufl., München, 2003

Kopp, Otto, Zum Begriff „wirtschaftliche Unternehmen der Gemeinde", BayVBl. 1967, S. 159

Koppensteiner, Hans-Georg, Zur Grundrechtsfähigkeit gemischtwirtschaftlicher Unternehmungen, NJW 1990, S. 3105

Köttgen, Arnold, Die wirtschaftliche Betätigung der Gemeinden. Eine verfassungsrechtliche Untersuchung, in: von Caemmerer, Ernst/Friesenhahn, Ernst/Lange, Richard (Hrsg.), Hundert Jahre Deutsches Rechtsleben. Festschrift zum hundertjährigen Bestehend des Deutschen Juristentages 1860 –1960, Band I, Karlsruhe, 1960, S. 577

ders., Gemeindliche Daseinsvorsorge und gewerbliche Unternehmerinitiative im Bereiche der Wasserversorgung und Abwässerbeseitigung, Göttingen, 1961

Kratzer, Jakob, Gemeindeordnung und kommunale Wirtschaftsbetätigung, BayVBl. 1962, S. 133

Krebs, Ulrich, Zur verfassungsrechtlichen Verortung und Anwendung des Übermaßverbotes, Jura 2001, S. 228

Krölls, Albert, Grundrechtliche Schranken der wirtschaftlichen Betätigung der öffentlichen Hand, GewArch 1992, S. 281

Kühling, Jürgen, Verfassungs- und kommunalrechtliche Probleme grenzüberschreitender Wirtschaftsbetätigung der Gemeinden, NJW 2001, S. 177

Kühne, Günther, Anmerkung zum Beschluß der 3. Kammer des 1. Senats des BVerfG vom 16.5.1989 – 1 BvR 705/88, JZ 1990, S. 335

Kuntze, Christian, Die Grenzen der erwerbswirtschaftlichen Betätigung der Kommunen – Ein Leitfaden für die Praxis, Köln 2002

Kunze, Richard/Bronner, Otto/Katz, Alfred, u.a., Gemeindeordnung für Baden-Württemberg. Kommentar, 4. Aufl., Stuttgart u.a., Stand 12. EL Mai 2002

Lang, Michael, Gesetz zur Änderung gemeindewirtschaftlicher Vorschriften (Teil 1), Die Gemeindekasse Baden-Württemberg 1999, S. 241

Larenz, Karl, Methodenlehre der Rechtswissenschaft, 6. Aufl., Berlin u.a., 1991

Lechleitner, Marc, Tagungsbericht zum 64. Deutschen Juristentag, Abteilung Öffentliches Recht, JZ 2003, S. 193

Leidinger, Tobias, Energiewirtschaftsgesetz contra kommunale Selbstverwaltungsgarantie? Zur Verfassungsmäßigkeit des neuen Energiewirtschaftsgesetzes, DÖV 1999, S. 861

Lerche, Peter, Wirtschaftliche Agenda der Gemeinden und Klagerecht Privater, JurA 1970, S. 821

Leutner, Barbara/Lattmann, Jens, Kommunalwirtschaft im Umbruch. Neue Herausforderungen für die kommunale Selbstverwaltung, DNV 4/2000, S. 8

Lettl, Tobias, Das neue UWG, München, 2004

ders., Rechtsprechungsübersicht zum Wettbewerbsrecht 2003/2004 – Relevanz im neuen UWG, BB 2004, S. 1913

Lindner, Volker, Verwaltungsgerichtliche Klagemöglichkeiten für Private gegen privatrechtliche kommunale Wirtschaftsbetätigung, Würzburg, 1974

Lorenz, Dieter, Der Rechtsschutz des Bürgers und die Rechtsweggarantie, München, 1973

Loschelder, Wilhelm, Die Entwicklung des Kommunalverfassungsrechts seit 1945, DÖV 1959, S. 409

Löw, Peter, Kommunalgesetzgebung im NS-Staat am Beispiel der Deutschen Gemeindeordnung 1935, Baden-Baden, 1992

Löwer, Wolfgang, Der Staat als Wirtschaftssubjekt und Auftraggeber, 1. Bericht, VVDStRL 60 (2001), S. 417

ders., Die Stellung der Kommunen im liberalisierten Strommarkt, NWVBl. 2000, S. 242

ders., Energieversorgung zwischen Staat, Gemeinde und Wirtschaft, Köln u.a., 1989

ders., Organisationsrechtliche und materiell-rechtliche Grenzen kommunaler konkurrenzwirtschaftliche Betätigung – Der Fall „Gelsengrün" –, Rechtsgutachten, Bonn, 1997

Lux, Christina, Das neue kommunale Wirtschaftsrecht in Nordrhein-Westfalen, NWVBl. 2000, S. 7

von Mangoldt, Hermann v./Klein, Friedrich/Starck, Christian (Hrsg.), Das Bonner Grundgesetz,
Band 1: Präambel, Artikel 1 bis 19, 4. Aufl., München, 1999
Band 2: Artikel 20 bis 78, 4. Aufl., München, 2000

Mann, Thomas, Das „Kommunalunternehmen" – Rechtsformalternative im kommunalen Wirtschaftsrecht, NVwZ 1996, S. 557

ders., Öffentliche Unternehmen im Spannungsfeld von öffentlichem Auftrag und Wettbewerb, JZ 2002, S. 819

Masson, Christoph, Anmerkung zum Urteil des BayVGH vom 16.1.1959 (BayVBl. 1959, 90), BayVBl. 1959, S. 92

Masson, Christoph/Samper, Rudolf, neu bearbeitet von *Bauer, Martin* und *Böhle, Thomas,* Bayerische Kommunalgesetze. Gemeindeordnung, Landkreisordnung, Bezirksordnung. Kommentar, 4. Aufl., München u.a., Stand 80. EL, März 2003

Maunz, Theodor/Dürig, Günter, Grundgesetz Kommentar, Band III: Art. 22 bis 69, Stand: 36. Lieferung Juli 2000

Maurer, Hartmut, Allgemeines Verwaltungsrecht, 14. Aufl., München, 2002

ders., Staatsrecht, München, 3. Aufl., München 2003

ders., Verfassungsrechtliche Grundlagen der kommunalen Selbstverwaltung, DVBl. 1995, S. 1037

ders., Kommunalrecht, in: Maurer, Hartmut/Hendler, Reinhard (Hrsg.), Baden-Württembergisches Staats- und Verwaltungsrecht, Frankfurt am Main, 1990

ders./Hendler, Reinhard (Hrsg.), Baden-Württembergisches Staats- und Verwaltungsrecht, Frankfurt am Main, 1990

Mees, Hans-Kurt, Normwidrigkeit und § 1 UWG, WRP 1985, S. 373

Menold Herrlinger Rechtsanwälte/Ernst & Young (Hrsg.), Stadtwerke im liberalisierten Energieversorgungsmarkt. Betriebswirtschaftliche, rechtliche und steuerliche Rahmenbedingungen, Baden-Baden, 2000

Menzel, Matthias, Neue Rechtsform für kommunale Betriebe, BWGZ 2000, S. 198

Meier, Norbert, Mögliche Konsequenzen für kommunale Telekommunikationsgesellschaften bei Verstoß gegen § 107 Abs. 1 Satz 2 GO NW, VR 1998, S. 340

Meyer, Hubert, Nichtwirtschaftliche Betätigung der Kommunen: Spiel ohne Grenzen?, LKV 2000, S. 321

ders., Wettbewerbsrecht und wirtschaftliche Betätigung der Kommunen, NVwZ 2002, S. 1075

Meyer, Werner, Kommunalwirtschaftsrecht und kommunale Handwerkstätigkeiten, WiVerw 2003, S. 57

Miebach, Peter, Die negative öffentlich-rechtliche Konkurrentenklage im wirtschaftlichen Wettbewerb, JuS 1987, S. 956

Monopolkommission, Wettbewerbspolitik vor neuen Herausforderungen: Hauptgutachten 1988/89 (Hauptband), Baden-Baden, 1990

dies., Wettbewerbspolitik oder Industriepolitik: Hauptgutachten 1990/91 (Hauptband), Baden-Baden, 1992

dies., Wettbewerbspolitik in Zeiten des Umbruchs: Hauptgutachten 1994/1995 (Hauptband), Baden-Baden 1996

Moraing, Markus, Anmerkung zum Urteil des OLG Düsseldorf vom 10. Oktober 1996, NWVBl. 1997, S. 355

ders., Kommunale Wirtschaft in einem wettbewerbsrechtlichen Umfeld – Gemeindewirtschaftsrechtliche Aspekte, Der Städtetag 1998, S. 523

ders., Kommunales Wirtschaftsrecht vor dem Hintergrund der Liberalisierung der Märkte – Handlungsbedarf und Handlungsmöglichkeiten aus Sicht der Kommunalwirtschaft, WiVerw 1998, S. 233 = Anlage zum VKU-Nachrichtendienst, Folge 589, Januar 1998

ders., Konkurrentenabwehrklagen – Wirtschaftliche Betätigung der Gemeinden und Subsidiaritätsprinzip, Der Städtetag 1997, S. 285 = Anlage zum VKU-Nachrichtendienst, Folge 579, März 1997

Möschel, Wernhard, Privatisierung als ordnungspolitische Aufgabe, in: Lange, Herrmann/Nörr, Knut Wolfgang/Westermann, Harm Peter (Hrsg.), FS f. Joachim Gernhuber, Tübingen, 1993, S. 906

Möstl, Markus, Grundrechtsbindung öffentlicher Wirtschaftstätigkeit – Insbesondere die Bindung der Nachfolgeunternehmen der Deutschen Bundespost an Art. 10 GG nach der Postreform II, München, 1999

ders., Zur Zulässigkeit kommunaler Telekommunikationsdienstleistungen, BayVBl. 1999, S. 547

Mückl, Stefan, Finanzverfassungsrechtlicher Schutz der kommunalen Selbstverwaltung. Kommunale Selbstverwaltung im Spannungsfeld von Aufgabenverantwortung und Ausgabenlast, Stuttgart u.a., 1998

Müller, Kaharina/Müller, Jürgen, Empfiehlt es sich, das Recht der öffentlichen Unternehmen im Spannungsfeld von öffentlichem Auftrag und Wettbewerb national und gemeinschaftsrechtlich neu zu regeln? der gemeindehaushalt 2003, S. 54

Müller, Jürgen, Interkommunale Zusammenarbeit und Vergaberecht, VergabeR 2005, S. 436

Müller, Martin, Anmerkung zum Urteil des OLG Hamm vom 23. September 1997, JZ 1998, S. 578

ders., Erwerbswirtschaftliche Betätigung von Kommunen zwischen Grundgesetz und Kommunalverfassungsrecht, NVwZ 2000, S. 769

ders., Kommunale Telekommunikationsdienstleistungen contra Grundgesetz, in: Stober, Rolf/Vogel, Hanspeter (Hrsg.), Wirtschaftliche Betätigung der öffentlichen Hand. Staat und Kommunen als Konkurrent der Privatwirtschaft, Köln u.a., 2000, S. 145

ders., Zur verfassungsrechtlichen Problematik kommunaler Unternehmen auf dem Telekommunikationsmarkt, DVBl. 1998, S. 1256

Müller, Rolf-Georg, Kommunale Abfallwirtschaft und unlauterer Wettbewerb, DVBl. 2002, S. 1014

Müller-Terpitz, Ralf, Die wirtschaftliche Betätigung von Kommunen im Bereich der Telekommunikation, NWVBl. 1999, S. 292

von Münch, Ingo/Kunig, Philip (Hrsg.), Grundgesetz-Kommentar, Band 1 (Art. 1-19), 5. Aufl., München, 2000

Münker, Reiner/Kaestner, Jan, Das reformierte UWG im Überblick – Die Sicht der Praxis, BB 2004, S. 1689

von Mutius, Albert, Die Steuerung des Verwaltungshandelns durch Haushaltsrecht und Haushaltskontrolle, VVDStRL42 (1984), S. 147

ders., Grundfälle zum Kommunalrecht, JuS 1979, S. 342

ders., Kommunalrecht, München, 1996

ders., Neues Steuerungsmodell in der Kommunalverfassung, in Burmeister, Joachim (Hrsg.), Verfassungsstaatlichkeit. Festschrift für Klaus Stern, München, 1997, S. 685

Nagel, Bernhard, Die öffentlichen Unternehmen im Wettbewerb – Kommunalrecht und europäisches Gemeinschaftsrecht, ZögU 23 (2000), S. 428

ders., Gemeindeordnung als Hürde? Zur Reichweite der Betätigung von kommunalen Unternehmen nach § 107 der nordrhein-westfälischen Gemeindeordnung vor dem Hintergrund des europäischen Gemeinschaftsrechts und des Grundgesetzes, Baden-Baden, 1999

ders., Norm und Markt bei den kommunalen Stromversorgern, NVwZ 2000, S. 758

Neutz, Wolfgang, Gemeindewirtschaftsrecht – Verschärfte Subsidiaritätsklausel und Berichtspflicht sind mit der Verfassung von Rheinland-Pfalz vereinbar. Das Urteil des Verfassungsgerichtshofs Rheinland-Pfalz vom 28. März 2000 (VGH N 12/98), ZG 2000, S. 279

Niebuhr, Frank, Die Wettbewerbsteilnahme gemischtwirtschaftlicher Unternehmen im Spannungsfeld der Grundrechte, Bern, Frankfurt, 1994

Nordemann, Jan Bernd, Wettbewerbsverzerrung durch die öffentliche Hand: Die Entdeckung des Kartellrechts, WRP 1996, S. 383

Oebbecke, Janbernd, Die örtliche Begrenzung kommunaler Wirtschaftstätigkeit, ZHR 164 (2000), S. 375

ders., Kommunalaufsicht – nur Rechtsaufsicht oder mehr?, DÖV 2001, S. 406

ders., Kommunalverfassungsrechtliche Aspekte wirtschaftlicher Betätigung der öffentlichen Hand, in: Wallerath, Maximilian (Hrsg.), Kommunen im Wettbewerb. Wirtschaftliche Betätigung der Gemeinden, Baden-Baden, 2001, S. 13

Ohly, Ansgar, Das neue UWG – Mehr Freiheit für den Wettbewerb?, GRUR 2004, S. 889

Ossenbühl, Fritz, Bestand und Erweiterung des Wirkungskreises der Deutschen Bundespost, Berlin, 1980

ders., Energierechtsreform und kommunale Selbstverwaltung, Köln u.a., 1998

ders., Verwaltungsvorschriften und Grundgesetz, Bad Homburg u.a., 1968

Oster, Rudolf, Wirtschaftliche Betätigung der kommunalen Gebietskörperschaften in Rheinland-Pfalz, DNV 5/1998, S. 8

Otting, Olaf, Die Aktualisierung öffentlich-rechtlicher Schranken kommunalwirtschaftlicher Betätigung durch das Wettbewerbsrecht, DÖV 1999, S. 549

ders., Neues Steuerungsmodell und rechtliche Betätigungsspielräume der Kommunen, Köln, 1997

ders., Öffentlicher Zweck, Finanzhoheit und fairer Wettbewerb – Spielräume kommunaler Erwerbswirtschaft, DVBl. 1997, S. 1258

ders., Sittenwidriger Nachhilfeunterricht in der Volkshochschule? Anmerkungen zu einem Urteil des OLG Düsseldorf, SächsVBl. 1998, S. 93

ders., Wirtschaftliche Betätigung im Gewande nichtwirtschaftlicher Einrichtungen – Zum Urteil des OLG Düsseldorf vom 28.10.1999 (NWVBl. 2000, 75), NWVBl. 2000, S. 206

Otto, Christian, Wettbewerbsrechtlicher Schutz gegen kommunale Wirtschaftstätigkeit?, GewArch 2001, S. 360

Pagenkopf, Hans, Kommunalrecht, Bd. 2, 2. Aufl., Köln u.a., 1976

Pagenkopf, Martin, Einige Betrachtungen zu den Grenzen für privatwirtschaftliche Betätigung der Gemeinden – Grenzen für die Grenzzieher?, GewArch 2000, S. 177

Papier, Hans-Jürgen, Art. 12 GG – Freiheit des Berufs und Grundrecht der Arbeit, DVBl. 1984, S. 801

ders., Kommunale Daseinsvorsorge im Spannungsfeld zwischen nationalem Recht und Gemeinschaftsrecht, DVBl. 2003, S. 686

Paschke, Marian, Die kommunalen Unternehmen im Lichte des GmbH-Konzernrechts, ZHR 152 (1988), S. 263

Paschlau, Helmut/Wendler, Olaf, Neue Entwicklungen in der kommunalen Abfallwirtschaft – (k)eine Chance im Wettbewerb?, AfK 1998, S. 354

Patzig, Werner, Haushaltsrecht des Bundes und der Länder. Kommentar zu den Rechts- und Verwaltungsvorschriften, Band II, Baden-Baden, Stand 8. EL 1991

Pegatzky, Claus, Oderwitz und die Folgen – Haftung der Kommunalaufsicht für begünstigende Maßnahmen, LKV 2003, S. 451

Pencereci, Turgut, Quo vadis interkommunale Zusammenarbeit?, LKV 2005, S. 137

Peters, Hans, Die kommunale Selbstverwaltung und das Subsidiaritätsprinzip, AfK 1967, S. 5

Piduch, Adolf, fortgeführt von *Dreßler, Hans-Heinrich,* Bundeshaushaltsrecht, Stuttgart u.a., 5. EL der 2. Auflage, Juli 1999

Pielow, Johann-Christian, Gemeindewirtschaft im Gegenwind? – Zu den rechtlichen Grenzen kommunaler Wettbewerbsteilnahme am Beispiel der Telekommunikation, NWVBl. 1999, S. 369

Pieroth, Bodo, Die Grundrechtsberechtigung gemischt-wirtschaftlicher Unternehmen, NWVBl. 1992, S. 85

ders./Hartmann, Bernd J., Grundrechtsschutz gegen wirtschaftliche Betätigung der öffentlichen Hand, DVBl. 2002, S. 421

ders./ Schlink, Bernhard, Grundrechte – Staatsrecht II, 19. Aufl., Heidelberg, 2003

Pietzcker, Jost, Der Staatsauftrag als Instrument des Verwaltungshandelns: Recht und Praxis der Beschaffungsverträge in den Vereinigten Staaten von Amerika und der Bundesrepublik Deutschland, Tübingen, 1978

Piper, Henning, Zum Wettbewerb der öffentlichen Hand, GRUR 1986, S. 574

Plumbaum, Werner, Wirtschaftliche Betätigung von Kommunen – Fortentwicklung des Gemeindewirtschaftsrechts, Der Landkreis 2000, S. 433

Pöpel, Volker, Wettbewerbsverzerrungen durch die öffentliche Hand, JA 1988, S. 127

Portz, Norbert, Kommunale Einrichtungen als Bieter in Vergabeverfahren – Teil 1, AbfallR 2005, S. 160

Poschmann, Thomas, Konkurrenzschutz Privater gegen öffentliche Unternehmen – Möglichkeiten zur Aktivierung des Wettbewerbsrechts, in: Storr, Stefan (Hrsg.), Öffentliche Unternehmen im Wettbewerb und Vergaberecht, Berlin, 2002, S. 63

Preu, Peter, Subjektivrechtliche Grundlagen des öffentlichrechtlichen Drittschutzes, Berlin, 1990

Pünder, Hermann, Die kommunale Betätigung auf dem Telekommunikationssektor, DVBl. 1997, S. 1355

Püttner, Günter, Anmerkung zum Urteil des BGH v. 26.4.1974 – I ZR 8/73, DÖV 1974, 785, S. 787

ders., Die öffentlichen Unternehmen. Verfassungsfragen zur wirtschaftlichen Betätigung der öffentlichen Hand, Bad Homburg u.a., 1969

ders., Die öffentlichen Unternehmen. Ein Handbuch zu Verfassungs- und Rechtsfragen der öffentlichen Wirtschaft, 2. Aufl., Stuttgart u.a., 1985

ders., Das Recht der kommunalen Energieversorgung, Zum Problem der besonderen öffentlichen Aufgaben der Gemeindeunternehmen, Stuttgart u.a., 1967

ders., Empfiehlt es sich, durch Einfügung einer Ziffer 6 in den Art. 75 des Grundgesetzes dem Bund die Befugnis zum Erlaß von Rahmenvorschriften im Gemeindewesen zu verleihen?, Gutachten F zum 49. Deutschen Juristentag, München, 1972 *ders.* (Hrsg.), Handbuch der kommunalen Wissenschaft und Praxis, 2. Aufl., Berlin u. a., 1984

ders., Kommunalrecht Baden-Württemberg, 2. Aufl., Stuttgart u.a., 1999

ders., Neue Regelungen für öffentliche Unternehmen?, DÖV 2002, S. 731

ders., Wirtschaftsverwaltungsrecht, Stuttgart u.a., 1989

ders., Öffentliches und privates Recht, in: Geis, Max- Emanuel/Lorenz, Dieter (Hrsg.), FS f. Hartmut Maurer, München, 2001, S. 713

ders., Unlauterer Wettbewerb der öffentlichen Hand, GRUR 1964, S. 359

ders., Zur Reform des Kommunal-Wirtschaftsrechts in Rheinland-Pfalz, Rechtsgutachten für den Verband kommunaler Unternehmen e.V. (VKU), Anlage zum VKU-Nachrichtendienst, Folge 587, November 1997

Quack, Friedrich, Vom Beitrag des unlauteren Wettbewerbs zur Entwicklung des Wirtschaftsverwaltungsrechts. Anmerkungen zur Auslegung des Wirtschaftsverwaltungsrechts durch höchstrichterliche Rechtsprechung zum UWG, in: Westphalen, Friedrich Graf von/Sandrock, Otto (Hrsg.), Lebendiges Recht: von den Sumerern bis zur Gegenwart; Festschrift für Reinhold Trinkner zum 65. Geburtstag, Heidelberg, 1995, S. 265

Quecke, Albrecht/Schmid, Hansdieter, Gemeindeordnung für den Freistaat Sachsen: ergänzbarer Kommentar mit weiterführenden Vorschriften, Berlin, 1993

Quensell, Tilman, Gewinnorientierte Betätigung von Kommunen und Verbänden am Beispiel der Entsorgungswirtschaft, in: Stober, Rolf/Vogel, Hanspeter (Hrsg.), Wirtschaftliche Betätigung der öffentlichen Hand. Staat und Kommunen als Konkurrent der Privatwirtschaft, Köln u.a., 2000, S. 159

Rathjen, Peter, Zum unlauteren Wettbewerb der öffentlichen Hand, DVBl. 1975, S. 649

Rechenberg, Zur Frage des zulässigen Ausmaßes der wirtschaftlichen Betätigung der Kommunen, Ausarbeitung der wissenschaftlichen Dienste des Deutschen Bundestages, Reg.-Nr.: WF III – 178/99, Berlin, 1999

Rehn, Erich/Cronauge, Ulrich/v. Lennep, Hans Gerd, Gemeindeordnung für das Land Nordrhein-Westfalen. Kommentar, Band II, 2. Auflage der Loseblatt-Ausgabe, Siegburg, Stand 24. EL Mai 2000

Reichert, Bernd/ Baumann, Roland, Kommunalrecht, Baden-Baden, 1996, 2. Aufl., 2000

Reinhard, Rolf, Die Zulässigkeit kommunaler Wohnungsunternehmen, DÖV 1990, S. 500

Remmert, Barbara, Die verfassungsrechtliche Stellung der Gemeinden bei der Zuweisung überörtlicher Aufgaben durch Bundesgesetz, VerwArch 94 (2003), S. 459

Rennert, Klaus, Der Selbstverwaltungsgedanke im kommunalen Wirtschaftsrecht, JZ 2003, S. 385

ders., Kommunalwirtschaft und Selbstverwaltungsgarantie, DV 35 (2002), S. 319

Rocke, Burghard, Rechtsfragen der kommunalen Wohnungsvermittlung, DVBl. 1973, S. 398

Ronellenfitsch, Michael, Staat und Markt: Rechtliche Grenzen einer Privatisierung kommunaler Aufgaben, DÖV 1999, S. 705

Rothe, Klaus-Michael, „Staat und Gemeinde als Konkurrenten der Privatwirtschaft?“ – Aus Sicht der Privatwirtschaft –, in: Wallerath, Maximilian (Hrsg.), Kommunen im Wettbewerb. Wirtschaftliche Betätigung der Gemeinden, Baden-Baden 2001, S. 43

Ruffert, Matthias, Grundlagen und Maßstäbe einer wirkungsvollen Aufsicht über die kommunale wirtschaftliche Betätigung, VerwArch 92 (2001), S. 27

ders., Kommunalwirtschaft und Landes-Wirtschaftsverfassung, NVwZ 2000, S. 763

Rupp, Hans Heinrich, Grundfragen der heutigen Verwaltungsrechtslehre: Verwaltungsnorm und Verwaltungsrechtsverhältnis, 2. Aufl., Tübingen, 1991

Rüthers, Bernd, Rechtstheorie: Begriff, Geltung und Anwendung des Rechts, München, 1999

Sachs, Michael, Entscheidungsrezension zum Beschluß der 3. Kammer des 1. Senats des BVerfG vom 16.5.1989 – 1BVR 705/88, JuS 1990, S. 755

ders. (Hrsg.), Grundgesetz Kommentar, 3. Aufl., München, 2003

Sack, Rolf, Das Anstandsgefühl aller billig und gerecht Denkenden und die Moral als Bestimmungsfaktoren der guten Sitten, NJW 1985, S. 761

ders., Die lückenfüllende Funktion der Sittenwidrigkeitsklauseln, WRP 1985, S. 1

ders., Regierungsentwurf einer UWG-Novelle – ausgewählte Probleme, BB 2003, S. 1073

Sailer, Christian, Ist die kommunale Wohnungsvermittlung unzulässig?, BayVBl. 1974, S. 549

Schachtschneider, Karl Albrecht, Staatsunternehmen und Privatrecht: Kritik der Fiskustheorie, exemplifiziert an § 1 UWG, Berlin, New York, 1986

Scharpf. Christian, Der Einfluss des Europarechts auf die Daseinsvorsorge, EuZW 2005, S. 295

ders., Rechtsprobleme der Gebietsüberschreitung – Kommunale Unternehmen extra muros?, NVwZ 2005, S. 148

Schink, Alexander, Wirtschaftliche Betätigung kommunaler Unternehmen, NVwZ 2002, S. 129

Schlacke, Sabine, Konkurrentenklage gegen die Wirtschaftstätigkeit von Gemeinden, JA 2002, S. 48

dies., Wirtschaftsförderung in Mecklenburg-Vorpommern, Niedersachsen und Schleswig-Holstein im Spannungsfeld zwischen Kommunal- und Wettbewerbsrecht, NordÖR 2001, S. 229

Schliesky, Utz, Anmerkung zum Beschluss des OVG NRW vom 13.8.2003, DVBl. 2004, S. 138

ders., Einwirkungen des Staates auf den Wettbewerb, JA 1997, S. 902

ders., Entscheidungsbesprechung zum Urteil des OLG Hamm vom 23. September 1997, JA 1998, S. 930

ders., Öffentliches Wettbewerbsrecht – Verhaltensrechtliche Determinanten von wirtschaftsbezogenem Staatshandeln, Berlin, 1997

ders., Öffentliches Wirtschaftsrecht, Heidelberg, 2000

ders., Über Notwendigkeit und Gestalt eines Öffentlichen Wettbewerbsrechts, DVBl. 1999, S. 78

Schmahl, Stefanie, Umfang und Grenzen wirtschaftlicher Betätigung von Gemeinden in Brandenburg, LKV 2000, S. 47

Schmehl, Arndt, Teilprivatisierung der Daseinsvorsorge, Demokratieprinzip und Gewinnerzielungsmaxime – BerlVerfGH, NVwZ 2000, 794, JuS 2001, S. 233

Schmid, Hansdieter, Wirtschaftliche Unternehmen der Kommunen, BWVP 1995, S. 106, 129

Schmidt, Reiner (Hrsg.), Kompendium Öffentliches Wirtschaftsrecht, Berlin, Heidelberg, 1998

ders., Öffentliches Wirtschaftsrecht, Allgemeiner Teil, Berlin u.a., 1990

ders., Wirtschaftspolitik, Wirtschaftsverwaltungsorganisation, Wirtschaftsförderung, in: Achterberg, Norbert/Püttner, Günter/Würtenberger, Thomas (Hrsg.), Besonderes Verwaltungsrecht Band I, 2. Aufl., Heidelberg, 2000

Schmidt-Aßmann, Eberhard, Der Grundrechtsschutz gemischt-wirtschaftlicher Unternehmen nach Art. 19 III GG, BB 1990, Beilage 34 zu Heft 27/1990

ders., Kommunalrecht, in: Schmidt-Aßmann (Hrsg.), Besonderes Verwaltungsrecht, 12. Aufl., Berlin, New York, 2003

Schmidt-Jortzig, Edzard, Kommunalrecht, Stuttgart u.a., 1982

ders. u. *Schink, Alexander*, Subsidiaritätsprinzip und Kommunalordnung, Köln u.a., 1982

Schmidt-Preuß, Matthias, Anmerkung zum Beschluß des BVerwG vom 20.7.1998, DVBl. 1999, S. 103

ders., Das Allgemeine des Verwaltungsrechts, in: Geis, Max- Emanuel/Lorenz, Dieter (Hrsg.), FS f. Hartmut Maurer, München, 2001, S. 777.

ders., Kollidierende Privatinteressen im Verwaltungsrecht. Das subjektive öffentliche Recht im multipolaren Verwaltungsrechtsverhältnis, Berlin, 1992

Schmidt-Wottrich, Jörg/Harms, Andreas, Zum Ausschluß der öffentlichen Hand bei der Vergabe von Bau- oder Dienstleistungsaufträgen, VergabeR 2004, S. 691

Schmittat, Karl-Oskar, Rechtsschutz gegen staatliche Wirtschaftskonkurrenz, ZHR 148 (1984), S. 428

Schnapp, Friedrich E., Amtsrecht und Beamtenrecht: Eine Untersuchung über normative Strukturen des staatlichen Innenbereichs, Berlin, 1977

ders., Dogmatische Überlegungen zu einer Theorie des Organisationsrechts, AöR 105 (1980), S. 243

ders., Grundbegriffe des öffentlichen Organisationsrechts, Jura 1980, S. 68

Schneider, Jens-Peter, Der Staat als Wirtschaftssubjekt und Steuerungsakteur, DVBl. 2000, S. 1250

Schneider, Matthias/Häfner, Sascha, Konkurrenz durch die öffentliche Hand? Zur wirtschaftlichen Betätigung von Kommunen im Entsorgungsbereich und zur Frage der zulässigen Betätigung kommunaler Eigenbetriebe im Vergabeverfahren, AbfallR 2005, S. 31

Schoch, Friedrich, Der Beitrag des kommunalen Wirtschaftsrechts zur Privatisierung öffentlicher Aufgaben, DÖV 1993, S. 377

ders., Der verfassungsrechtliche Schutz der kommunalen Selbstverwaltung, Jura 2001, S. 121

ders, Die Dogmatik zum finanzverfassungsrechtlichen Schutz der kommunalen Selbstverwaltung, AfK 2000, S. 225

ders, Die Verwaltungsgerichtsbarkeit vor den Herausforderungen der jüngeren Rechtsentwicklung – Einführung in die Thematik –, VBlBW 2000, S. 41

ders., Übungen im Öffentlichen Recht II – Verwaltungsrecht und Verwaltungsprozessrecht, Berlin, New York, 1992

ders., Übungsklausur Öffentliches Recht, Jura 1979, S. 601

ders., Verfassungsrechtlicher Schutz der kommunalen Finanzautonomie, Stuttgart u.a., 1997

ders./Schmidt-Aßmann, Eberhard/Pietzner, Rainer, Verwaltungsgerichtsordnung, München, 1998

Scholler, Heinrich, Grundzüge des Kommunalrechts in der Bundesrepublik Deutschland, 4. Aufl., Heidelberg, 1990

Scholz, Rupert, Neue Entwicklungen im Gemeindewirtschaftsrecht – Strukturfragen und Verfassungskritik, DÖV 1976, S. 441

ders., Wettbewerb der öffentlichen Hand – Sanktions- und Rechtswegprobleme zwischen öffentlichem Recht und Privatrecht, NJW 1974, S. 781

ders., Wettbewerbsrechtliche Klagen gegen Hoheitsträger: Zivil- oder Verwaltungsrechtsweg?, NJW 1978, S. 16

Schöne, Wulf, Gemeinderechtliches Betätigungsverbot als Schutzgesetz, BayVBl. 1966, S. 312

Schönershofen, Peter/Binder-Falcke, Doris, Zur wirtschaftlichen Betätigung der Gemeinden, VR 1997, S. 109

Schoepke, Peter, Zur Problematik der Gesellschaftsform für kommunale Unternehmen, VBlBW 1994, S. 81

Schricker, Helmut, Wirtschaftliche Tätigkeit der öffentlichen Hand und unlauterer Wettbewerb, 2. Aufl., Köln u.a., 1987

Schröder, Holger, Die vergaberechtliche Problematik der interkommunalen Zusammenarbeit am Beispiel der Bildung von Zweckverbänden, NVwZ 2005, S. 25

ders., Die vergaberechtliche Stellung des Kommunalunternehmens als Anstalt des öffentlichen Rechts, NZBau 2003, S. 596

Schulz, Norbert, Die Neuordnung des kommunalen Unternehmensrechts am Beispiel Bayerns, DNV 4/2000, S. 22

ders., Wirtschaftliche, nichtwirtschaftliche und nicht nichtwirtschaftliche Unternehmen, BayVBl. 1997, S. 518

Schünemann, Wolfgang B., Der Maßstab der guten Sitten für die wirtschaftende öffentliche Hand, WRP 2001, S. 466

ders., Die wirtschaftliche Tätigkeit der öffentlichen Hand zwischen öffentlichem und privatem Wettbewerbsrecht, WRP 2000, S. 1001

ders., Wettbewerbsrechtliche Zulässigkeit wirtschaftlicher Tätigkeit der öffentlichen Hand, in: Stober, Rolf/Vogel, Hanspeter (Hrsg.), Wirtschaftliche Betätigung der öffentlichen Hand. Staat und Kommunen als Konkurrent der Privatwirtschaft, Köln u.a., 2000, S. 41

Schuppert, Gunnar Folke, Staatsaufsicht im Wandel, DÖV 1998, S. 831

Schwarting, Gunnar, Kommunale Wirtschaft – Vor großen Herausforderungen, ZögU 24 (2001), S. 286

Schwarze, Jürgen (Hrsg.), Daseinsvorsorge im Lichte des Wettbewerbsrechts, Baden-Baden, 2001

ders., Einführung: Daseinsvorsorge im Lichte des Wettbewerbsrechts, in: Schwarze, Jürgen (Hrsg.), Daseinsvorsorge im Lichte des Wettbewerbsrechts, Baden-Baden, 2001, S. 9

Schwintowski, Hans-Peter, Gemeinwohl, öffentliche Daseinsvorsorge und Funktionen öffentlicher Unternehmen im europäischen Binnenmarkt, ZögU 26 (2003), S. 283

Seeberg, Hans, Die Möglichkeiten und Grenzen der wirtschaftlichen Betätigung der Kommunen nach den Regelungen der neuen Kommunalverfassung Brandenburg vom 15.10.1993, LKV 1995, S. 353

Seewald, Otfried, Kommunalrecht, in: Steiner, Udo (Hrsg.), Besonderes Verwaltungsrecht, 7. Aufl., Heidelberg, 2003

Selmer, Peter, Anmerkung zum Urteil des BVerwG vom 21.3.1995, JuS 1995, S. 1136

ders., Wirtschaftliche Betätigung der öffentlichen Hand und Unternehmergrundrechte, in: Stober, Rolf/Vogel, Hanspeter (Hrsg.), Wirtschaftliche Betätigung der öffentlichen Hand. Staat und Kommunen als Konkurrent der Privatwirtschaft, Köln u.a., 2000, S. 75

Siedentopf, Heinrich, Grenzen und Bindungen der Kommunalwirtschaft. Die wirtschaftliche Betätigung der Gemeinden im System des Privatrechts und Verwaltungsrechts, Stuttgart, 1963

Siekmann, Helmut, Wirtschaftliche Betätigung der öffentlichen Hand und ökonomische Analyse des Rechts, in: Stober, Rolf/Vogel, Hanspeter (Hrsg.), Wirtschaftliche Betätigung der öffentlichen Hand. Staat und Kommunen als Konkurrent der Privatwirtschaft, Köln u.a., 2000, S. 103

Singer, Jens Peter, Wettbewerbsrecht gegen kommunale wirtschaftliche Betätigung, ZKF 1998, S. 218

Sodan, Helge, Vorrang der Privatheit als Prinzip der Wirtschaftsverfassung, DÖV 2000, S. 361

Sollondz, Frank, Neues kommunales Unternehmensrecht im Freistaat Sachsen, LKV 2003, S. 297

Ständige Konferenz der Innenminister und –senatoren der Länder, Wirtschaftliche Betätigung der Kommunen in neuen Geschäftsfeldern, Bericht des Unterausschusses „Kommunale Wirtschaft“ des AK III, erarbeitet von den Innenministerien der Länder Baden-Württemberg, Bayern, Brandenburg und Nordrhein-Westfalen unter Mitarbeit des Deutschen Städte- und Gemeindebundes und des Verbandes kommunaler Unternehmen; verabschiedet in der Sitzung des Unterausschusses „Kommunale Wirtschaft“ am 05./06.Mätz 1998

zitiert: Bericht des Unterausschusses „Kommunale Wirtschaft“

Stapel-Schulz, Claudia, Kommunalwirtschaftsrechtliche Zulässigkeit städtisch betriebener Online-Informationsportale am Beispiel der „CityMall 21“ in Esslingen, VBlBW 2003, S. 90

Steckert, Uwe, Kommunales Wirtschaftsrecht contra Diversifizierung und Wettbewerb, ZKF 1996, S. 170

Stern, Klaus, Das Staatsrecht der Bundesrepublik Deutschland,

Band I Grundbegriffe und Grundlagen des Staatsrechts, Strukturprinzipien der Verfassung, 2. Aufl., München, 1984

Band III Allgemeine Lehren der Grundrechte, 1. Halbband, München, 1988 (unter Mitwirkung von Michael Sachs)

ders., Der rechtliche Standort der Gemeindewirtschaft, AfK 1964, S. 81

ders., Gemeindeordnung und kommunale Wirtschaftsbetätigung, BayVBl. 1962, S. 129

ders., Postreform zwischen Privatisierung und Infrastrukturgewährleistung, DVBl. 1997, S. 309

ders./Püttner, Günter, Die Gemeindewirtschaft – Recht und Realität, Zum staats- und kommunalverfassungsrechtlichen Standort der kommunalen Wirtschaft, Stuttgart u.a., 1965

Stehlin, Volker, Wirkt die Subsidiaritätsklausel des § 102 I Nr. 3 BadWürttGO drittschützend?, NVwZ 2001, S. 645

Stober, Rolf, Die privatrechtlich organisierte öffentliche Verwaltung. Zur Problematik privatrechtlicher Gesellschaften und Beteiligungen der öffentlichen Hand, NJW 1984, S. 449

ders., Eigenwirtschaftliche Betätigung der öffentlichen Hand. Zulässigkeit und Grenzen, BB 1989, S. 716

ders., Handbuch des Wirtschaftsverwaltungs- und Umweltrechts, Stuttgart u.a., 1989

ders., Kommunalrecht in der Bundesrepublik Deutschland, 2. Aufl., Stuttgart, 1992

ders., Neuregelung des Rechts der öffentlichen Unternehmen?, NJW 2002, S. 2357

ders. (Hrsg.), Rechtsschutz im Wirtschaftsverwaltungs- und Umweltrecht, Stuttgart u.a., 1993

ders., Rein gewerbliche Betätigung der öffentlichen Hand und Verfassung, ZHR 145 (1981), S. 565

ders., Wirtschaftsverwaltungsrecht. Ein Rechtsgebiet zwischen staatlicher Steuerung und unternehmerischer Verantwortung, in: Geis, Max- Emanuel/Lorenz, Dieter (Hrsg.), FS f. Hartmut Maurer, München, 2001, S. 827

Stober, Rolf/Vogel, Hanspeter (Hrsg.), Wirtschaftliche Betätigung der öffentlichen Hand. Staat und Kommunen als Konkurrent der Privatwirtschaft, Köln u.a., 2000

Stolterfoht, Joachim N., Der Wettbewerbsrichter als Verwaltungsjurist. Erwägungen zum Vorsprung durch Rechtsbruch, in: Löwisch, Manfred/Schmidt-Leithoff, Christian/Schmiedel, Burkhard (Hrsg.), Beiträge zum Handels- und Wirtschaftsrecht. Festschrift für Fritz Rittner zum 70. Geburtstag, München, 1991, S. 695

Storks, Michael, Rote Karte für Gelsengrün, Kommunalpolitische Blätter Heft 11 1998, S. 36

Storr, Stefan, Der Staat als Unternehmer: Öffentliche Unternehmen in der Freiheits- und Gleichheitsdogmatik des nationalen Rechts und des Gemeinschaftsrechts, Tübingen, 2001

ders. (Hrsg.), Öffentliche Unternehmen im Wettbewerb und Vergaberecht, Berlin, 2002

Strobel, Brigitte, Verschwiegenheits- und Auskunftspflicht kommunaler Vertreter im Aufsichtsrat öffentlicher Unternehmen, Baden-Baden, 2002

dies., Weisungsfreiheit oder Weisungsgebundenheit kommunaler Vertreter in Eigen- und Beteiligungsgesellschaften?, DVBl. 2005, S. 77

Surén, Friedrich-Karl, Die Gemeindeordnungen in der Bundesrepublik. Ein systematisch vergleichender Gesamtkommentar. Band II Gemeindewirtschaftsrecht, Köln u.a., 1960

ders./Loschelder, Wilhelm, Die Deutsche Gemeindeordnung vom 30. Januar 1935, Kommentar, Band II Die §§ 60 – 123 der Deutschen Gemeindeordnung, bearbeitet von Dr. Wilhelm Loschelder, Berlin, 1940

Tettinger, Peter J., Besonderes Verwaltungsrecht/1 – Kommunalrecht, Polizei- und Ordnungsrecht, 6. Aufl., Heidelberg, 2001

ders., Rechtsschutz gegen kommunale Wettbewerbsteilnahme, NJW 1998, S. 3473

ders., Verfassungsrecht und Wirtschaftsordnung – Gedanken zur Freiheitsentfaltung am Wirtschaftsstandort Deutschland, DVBl. 1999, S. 679

Teufel, Günther/Kempkes, Jan Hendryk, Die Kommune als Wettbewerber im Entsorgungsmarkt, AbfallR 2005, S. 57

Tintelnot, Albrecht/Pommer, Sophia, Das neue Gemeindewirtschaftsrecht der Sächsischen Gemeindeordnung vom 18. März 2003, SächsVl. 2003, S. 205

Thode, Bernd/Peres, Holger, Die Rechtsform Anstalt nach dem kommunalen Wirtschaftsrecht des Freistaates Bayern, BayVBl. 1999, S. 6

Tomerius, Stephan, Wirtschaftliche Betätigung der Kommunen zwischen Gemeindewirtschafts- und Wettbewerbsrecht, LKV 2000, S. 41

ders./Breitkreuz, Tilman, Selbstverwaltungsrecht und „Selbstverwaltungspflicht" – Verfassungsrechtliche Überlegungen zur Rolle von Art. 28 Abs. 2 S. 1 GG bei der Privatisierung kommunaler Aufgaben, DVBl. 2003, S. 426

Ullmann, Eike, Das Koordinatensystem des Rechts des unlauteren Wettbewerbs im Spannungsfeld von Europa und Deutschland, GRUR 2003, S. 817

Ulmer, Peter, Die Anwendung von Wettbewerbs- und Kartellrecht auf die wirtschaftliche Tätigkeit der öffentlichen Hand beim Angebot von Waren oder Dienstleistungen, ZHR 146 (1982), S. 466

Umlandt, Hans-Friedrich, Gestaltungsfreiheit für Unternehmen und Beteiligungen. Die Gemeindewirtschaftsrechts-Novelle 1999, DNV 5/2000, S. 12

ders., Novellierung des Mittelstandsförderungsgesetzes, BWGZ 2001, S. 276

Vitzthum, Wolfgang Graf, Gemeinderechtliche Grenzen der Privatisierung kommunaler Wirtschaftsunternehmen, AÖR 104 (1979), S. 580

ders./Kämmerer, Jörn Axel, Die kommunale Konkurrenzsauna, VBlBW 1997, S. 358, 395

Volkmann, Uwe, Der Anspruch der Kommunen auf finanzielle Mindestausstattung, DÖV 2001, S. 497

Vollmöller, Thomas, Formelle Privatisierung als eigenverantwortliche Entscheidung der Gemeinden, ThürVBl. 1996, S. 193

Waechter, Kay, Kommunalrecht, 3. Aufl., Köln u.a., 1997

Wagner, Volkmar, Das „Gärtnerurteil" des LG Offenburg – Anfang vom Ende privatwirtschaftlicher Betätigung der Gemeinden außerhalb der Daseinsvorsorge?, BWGZ 1999, S. 1007

Wahl, Rainer, Organisation kommunaler Aufgabenerfüllung im Spannungsfeld von Demokratie und Effizienz, in: Henneke (Hrsg.), Organisation kommunaler Aufgabenerfüllung: Optimierungspotentiale im Spannungsfeld von Demokratie und Effizienz. Professorengespräch 1997 des Deutschen Landkreistages am 20. und 21. März 1997 im Rhein-Sieg-Kreis, Stuttgart u.a., 1998, S. 15

Wallerath, Maximilian (Hrsg.), Kommunen im Wettbewerb. Wirtschaftliche Betätigung der Gemeinden, Baden-Baden, 2001

ders., Ladenschluss und Konkurrentenschutz. Die ungleiche Kontingentierung im Lichte des subjektiven öffentlichen Rechts, NJW 2001, S. 781

Warnecke, Nikolai, Die wirtschaftliche Betätigung von Gemeinden und das Wettbewerbsrecht, JuS 2003, S. 958

Weiblen, Willi, Die Novellierung des Gemeindewirtschaftsrechts zur besseren Steuerung und zu mehr Verantwortung für die Gemeinden, BWGZ 1999, S. 1005

ders., Das neue kommunale Unternehmensrecht: Freibrief für neue Märkte oder Interessenausgleich?, BWGZ 2000, S. 177

Weidemann, Clemens, Deregulierung und kommunales Wirtschaftsrecht – Zu den bundesrechtlichen Grenzen kommunaler Abfallwirtschaft, DVBl. 2000, S. 1571

ders., Die duale Abfallwirtschaft – moderner Steuerungsansatz oder regulatorische Überforderung?, VerwArch 1999, S. 533

Wendt, Rudolf, Haushaltsrechtliche und gemeindewirtschaftliche Hemmnisse, in: Henneke (Hrsg.), Stärkung der kommunalen Handlungs- und Entfaltungsspielräume. Professorengespräch 1994 des Deutschen Landkreistages am 24. und 25. März im Landkreis Bamberg, Stuttgart u.a., 1996, S. 115

Wenzel, Karl Egbert, Wirtschaftliche Betätigung der öffentlichen Hand. Anmerkung zum Urteil des LG Wiesbaden vom 25.5.1961 = NJW 1961, 2118, NJW 1961, S. 2102

Werner, Gerhard, Die Gemeinde- und Kreisfinanzierung auf dem verfassungsrechtlichen Prüfstand – Rechtsschutz bei unzureichender Finanzausstattung, VBlBW 1997, S. 1

ders., Wirtschaftliche Betätigungen von Kommunen. Anmerkungen zur Novellierung des Kommunalwirtschaftsrechts in Baden-Württemberg, VBlBW 2001, S. 206

Wernsmann, Rainer, Klagearten und Klagebefugnis im Konkurrentenrechtsstreit, Die Verwaltung 36 (2003), S. 67

Wessel, Markus, Energieversorgung als wirtschaftliche Betätigung kommunaler Gebietskörperschaften im Licht der Selbstverwaltungsgarantie, NVwZ 2002, S. 1083

Widtmann, Julius/Grasser, Walter, Glaser/Erhard, Bayerische Gemeindeordnung. Kommentar, München, Stand Mai 2003

Wieland, Joachim, Die Stellung der nordrhein-westfälischen Kommunen im liberalisierten Strommarkt, NWVBl. 2000, S. 246

ders., Kommunale Selbstverwaltung zwischen Privatisierung öffentlicher Aufgaben und Ausdehnung wirtschaftlicher Betätigung, in: Henneke (Hrsg.), Stärkung der kommunalen Handlungs- und Entfaltungsspielräume. Professorengespräch 1994 des Deutschen Landkreistages am 24. und 25. März im Landkreis Bamberg, Stuttgart u.a., 1996, S. 17

ders., Konkurrentenschutz gegen kommunale Wirtschaftsbetätigung – Analyse der neueren Rechtsprechung, Die Verwaltung 36 (2003), S. 225

ders., Konkurrentenschutz in der neueren Rechtsprechung zum Wirtschaftsverwaltungsrecht, Die Verwaltung 32 (1999), S. 217

ders. und Hellermann, Johannes, Das Verbot ausschließlicher Konzessionsverträge und die kommunale Selbstverwaltung, DVBl. 1996, S. 401

ders. und Hellermann, Johannes, Der Schutz des Selbstverwaltungsrechts der Kommunen gegenüber Einschränkungen ihrer wirtschaftlichen Betätigung im nationalen und europäischen Recht, Köln, 1995

Wirtschaftsministerium Baden-Württemberg (Hrsg.), Mittelstandsbericht 2000 (Berichtszeitraum 1995-1999)

Wittig, Oliver, Fesselung kommunaler Unternehmen durch das Gemeindewirtschaftsrecht?, VR 2003, S. 90

Wohltmann, Matthias/Döring, Thomas, Finanzierung kommunaler Haushalte durch Ausweitung kommunaler Tätigkeit?, DNV 5/1998, S. 11

Wolfers, Benedikt, Privatisierung unter Wahrung der öffentlich-rechtlichen Rechtsform: Der Modellfall Berliner Wasserbetriebe, NVwZ 2000, S. 765

Wolff, Hans J., Rechtsformen gemeindlicher Einrichtungen, AfK 1963, S. 149

ders./Bachof, Otto/Stober, Rolf
Verwaltungsrecht Band 1, 11.Aufl., München, 1999
Verwaltungsrecht Band 2, 6. Aufl., München, 2000

Wolff, Heinrich, Die Zulässigkeit der kommunalen Unternehmen auf dem Telekommunikationsmarkt – keine Frage des Verfassungsrechts, VR 1999, S. 420

Wolf, Jens, Kontrolle kommunaler Unternehmen, GewArch 1999, S. 177

Wurzel, Gabriele/Schraml, Alexander/Becker, Ralph (Hrsg.), Rechtspraxis der kommunalen Unternehmen, München, 2005

Zacharias, Diana, Wirtschaftliche Betätigung der Kommunen, VR 2000, S. 271

Zajonz, Stefan, Kommunale Regelungskompetenzen für Indirekteinleitungen, Berlin, 2000

Zeichner, Wolfgang, Die Voraussetzungen für die Beteiligung des Bundes/ eines Landes an einem Unternehmen nach § 65 Abs. 1 BHO/LHO und ihre Prüfung durch den Rechnungshof, AG 1985, S. 61

Zeiss, Christopher, Wechselwirkungen zwischen kommunalem Wirtschaftsrecht und Vergaberecht, NZBau 2003, S. 475

Zilkens, Martin, Kommunalwirtschaftliche Betätigung nach der Reform des Gemeindewirtschaftsrechts am Beispiel der Stadt Düsseldorf, NWVBl. 2002, S. 294

Zimmermann, Norbert, Zur Grundrechtssubjektivität kommunaler Energieversorgungsunternehmen – BVerfG, NJW 1990, 1783, JuS 1991, S. 294

Zuck, Rüdiger, Subsidiaritätsprinzip und Grundgesetz, München, 1968

Zugmaier, Oliver, Gemeindliche Unternehmen in Privatrechtsform, BayVBl. 2001, S. 233

Zumpe, Michael, Rechtliche Grenzen der kommunalen Wohnraumvermittlung, Baden-Baden, 1976

Zundel, Frank P., Unternehmerische Tätigkeit der öffentlichen Hand – am Beispiel der Vermarktung von Software, VR 1996, S. 340

Tina Sandmann

Kommunale Unternehmen im Spannungsfeld von Daseinsvorsorge und europäischem Wettbewerbsrecht

Frankfurt am Main, Berlin, Bern, Bruxelles, New York, Oxford, Wien, 2005. 236 S.
Schriften zum Europa- und Völkerrecht und zur Rechtsvergleichung.
Herausgegeben von Manfred Zuleeg. Bd. 16
ISBN 3-631-53248-2 · br. € 42.50*

Das Buch behandelt die Stellung der kommunalen Unternehmen zwischen Wettbewerb und Daseinsvorsorge. In einer durch Marktöffnung und Wettbewerbsintensivierung veränderten Lage versuchen sich die kommunalen Unternehmen neu zu positionieren. Dafür fordern sie verschiedene rechtliche Änderungen. Mit diesen, sowie mit den naturgemäß entgegengesetzten Forderungen der Privatwirtschaft beschäftigt sich die Arbeit. Eingehend wird geprüft, ob Änderungen für die rechtliche Situation der kommunalen Unternehmen durch das Gemeinschaftsrecht geboten sind. Dies erfolgt u.a. durch Vertragsauslegung und Auswertung von Literatur und Rechtsprechung des Europäischen Gerichtshofs. Ferner wird die optimale Erbringungsmöglichkeit der Daseinsvorsorge ausgelotet. Ein wesentliches Fazit dabei ist, dass die Sorge um einen bestimmten Unternehmenstyp nicht mit der Sorge um die Daseinsvorsorge an sich verwechselt werden darf.

Aus dem Inhalt: Begriff der Daseinsvorsorge · Wahrnehmung der Daseinsvorsorge durch kommunale Unternehmen in Deutschland · Kommunale Unternehmen zwischen nationalem und Gemeinschaftsrecht · Anforderungen des nationalen Rechts an kommunale und private Unternehmen · Anforderungen des Gemeinschaftsrechts an kommunale Unternehmen · Unterschiedliche Betrachtungsweise von kommunalen Unternehmen durch nationales und Gemeinschaftsrecht · Entstehen eines Spannungsfelde · uvm.

FSC
www.fsc.org
MIX
Papier | Fördert gute Waldnutzung
FSC® C083411

Kolibri 360 GmbH
Ferdinand-Jühlke-Straße 7
99095 Erfurt, Deutschland
produktsicherheit@kolibri360.de

Druck:
CPI Druckdienstleistungen GmbH
im Auftrag der
Kolibri 360 GmbH
Ferdinand-Jühlke-Str. 7
99095 Erfurt